Grenzenlose Lei(s)tung

Klaus Kinkel (Hg.)

Grenzenlose Lei(s)tung – Die deutsche Einheit und der Einsatz der Telekom beim »Aufbau Ost«

Deutsche Verlags-Anstalt

Inhalt

Vorwort

Sehr gerne habe ich meinem langjährigen Kabinettskollegen und Weggefährten aus der FDP, Herrn Dr. Klaus Kinkel, heute Vorsitzender der Deutsche Telekom Stiftung, zugesagt, das Vorwort für das vorliegende Buch der Telekom zu schreiben. Es ist eine hervorragende und vorbildliche Idee, dass die Telekom als ein ganz wesentlicher Akteur im Aufbau Ost – und damals noch bis 1995 zu 100 Prozent in Bundesbesitz – anlässlich des 25. Jahrestags des Mauerfalls eine Bilanz der vergangenen zweieinhalb Jahrzehnte in ihrem Bereich der Telekommunikation zieht.

Am 9. November 1989 fiel die Berliner Mauer – über vier Jahrzehnte nach Beginn des Kalten Krieges und 28 Jahre nach ihrer Errichtung. Die Mauer von Berlin war das Symbol des Kalten Krieges. Sie stand für die Spaltung Berlins, unseres Landes, Europas und der Welt in einen freien und einen unfreien Teil. Nach dem Mauerfall im November 1989 gelang es uns in nicht einmal einem Jahr, am 3. Oktober 1990 die Wiedervereinigung unseres Landes in Frieden und Freiheit und mit Zustimmung unserer Partner und Verbündeten in der Welt zu erreichen. Es war der Triumph der Freiheit, der Weg war gleichwohl keineswegs vorgezeichnet, und es kommt mir auch heute immer noch wie ein Wunder vor, dass uns dies gelungen ist. Das wollen wir nie vergessen, daran sollten wir uns anlässlich des 25. Jahrestags des Mauerfalls in diesem Jahr vor allem erinnern.

Mit der Öffnung der Grenzen und auch der Wirtschaft der DDR zu den Weltmärkten offenbarte sich neben aller Freude abrupt vor allem aber auch ein enormer Rückstand der DDR-Wirtschaft im internationalen Vergleich, über den die SED durch geschickte Propaganda über Jahrzehnte erfolgreich hinweggetäuscht hatte. Wir haben damals in vielen Bereichen vielfältige Maßnahmen für den Aufbau Ost unternommen und angestoßen, um den Nachholbedarf schnellstmöglich zu überwinden, private Investitionen zu fördern und die Lebensverhältnisse für die Menschen im Osten unseres Landes so weit wie möglich an jene im Westen anzugleichen.

In dem wirtschaftssensiblen Bereich der Telekommunikation, von dem das vorliegende Buch handelt, war die Situation für jedermann offenkundig spürbar schlecht. Das Netz in der DDR war marode, es war technisch überaltert und physisch verschlissen. Die ganz überwiegende Zahl der Haushalte in der DDR hatte nicht einmal einen eigenen Telefonanschluss. Neben ersten Sofortmaßnahmen unmittelbar nach dem Mauerfall beschlossen wir bereits im März 1990 das zentrale Aufbauprogramm »Telekom 2000« mit einem Investitionsvolumen von 60 Milliarden DM, mit dem die Telekommunikationsinfrastruktur in der damaligen DDR innerhalb von sieben Jahren auf den Stand wie im Westen unseres Landes gebracht werden sollte.

Die Entwicklung im Telekommunikationsbereich gehört zweifelsohne zu den Erfolgsgeschichten des Aufbau Ost. Mit großem, auch finanziellem Aufwand, aber rund zehn Milliarden DM unter der veranschlagten Summe, sowie vielen engagierten Mitarbeiterinnen und Mitarbeitern in Ost und West ist es uns damals gelungen, in diesem Bereich die Lücke zwischen Ost und West in nur wenigen Jahren vollständig zu schließen. Damit wurde eine wichtige Grundlage für den wirtschaftlichen Neubeginn in den neuen Ländern gelegt und es zugleich den Menschen ermöglicht, ihre neue Freiheit auch in der Kommunikation leben zu können.

Der 25. Jahrestag des Mauerfalls in Berlin und der Öffnung der Grenzen zwischen Ost und West ist für uns Deutsche vor allem ein Tag großer Freude und Dankbarkeit. Er ist zugleich Anlass für uns, auf das, was wir in den vergangenen 25 Jahren gemeinsam geleistet und erreicht haben, mit Stolz zurückzublicken sowie diesen Teil unserer Geschichte für die Nachwelt zu bewahren und lebendig zu halten.

In diesem Sinne wünsche ich dem vorliegenden Buch eine weite Verbreitung und viele Leser.

Dr. Helmut Kohl

Bundeskanzler vom 1. Oktober 1982 bis 27. Oktober 1998

Klaus Kinkel

Einleitung

Mit dem vorliegenden Buch erinnert die Deutsche Telekom zu Recht stolz im 25. Jahr nach dem Mauerfall von 1989 an das siebenjährige gewaltige Aufbauprogramm der Telekommunikationsinfrastruktur in den neuen Bundesländern. Das 1997 abgeschlossene Aufbauprogramm hat ganz wesentlich zum Wieder-Zusammenwachsen der Menschen in Ost und West und vor allem auch zur Wettbewerbsfähigkeit der Wirtschaft in den neuen Bundesländern beigetragen.

Als Staatssekretär im Bundesjustizministerium und später als Bundesjustizminister durfte ich an der juristischen Gestaltung der Wiedervereinigung mitwirken. Bei unseren damaligen täglichen morgendlichen Treffen der hauptbeteiligten fünf Staatssekretäre der Bundesregierung im Bundeskanzleramt war die total marode Telekommunikationssituation in der früheren DDR einer der Hauptsorgenpunkte. Neun von zehn Einwohnern in den neuen Bundesländern hatten kein Telefon. Zwischen Ost und West in Deutschland existierten lediglich 800 Leitungen. Zwei Drittel der technischen Einrichtungen waren älter als 40 Jahre, zum Teil stammten sie noch aus den 1920er Jahren. 1,3 Mio. unerledigte Telefonanschlussanträge lagen vor. Teilweise musste über 20 Jahre auf einen Telefonanschluss gewartet werden. Nur der Improvisationskunst der Mitarbeiter der ehemaligen Deutschen Post der DDR war es zu verdanken, dass das Uralttelefonsystem nicht total zusammenbrach. Das Reiseverbot und die sehr eingeschränkten Möglichkeiten, miteinander zu telefonieren, verstärkten noch die Isolation der Menschen im geteilten Deutschland. Die fehlende Kommunikation vor der Wende ließ die Mauer und die Grenzen noch höher erscheinen, als sie eigentlich schon waren.

Der im März 1990 verabschiedete Masterplan »Telekom 2000« hat dann die wesentlichen Weichen für das Aufbauwerk gestellt. Das Investitionsvolumen betrug 50 Mio. D-Mark. Innerhalb von nur sieben Jahren wurde das modernste Kommunikationsnetz der Welt auf die Beine gestellt; die Zahl der Telefonanschlüsse wurde mehr als vervierfacht. Mehr als 140.000 km Glasfaser wurden verlegt.

Ein ganz wichtiges Kapitel war die Integration der Mitarbeiterinnen und Mitarbeiter aus der Deutschen Post der DDR in die Deutsche Bundespost. Durch speziell geförderte Partnerschaftsprogramme entstand schnell ein Zusammengehörigkeitsgefühl zwischen den alten und neuen Mitarbeitern. Die Deutsche Telekom kann wahrlich stolz sein auf die Erfolgsstory dieser einmaligen Aufbauleistung, einer der wichtigsten Beiträge zur Wiedervereinigung.

Dieses Buch folgt einer etwas ungewöhnlichen Konzeption. Neben Beiträgen von Historikern, die jedem Kapitel einleitend vorangestellt sind, stehen Aufsätze von Zeitzeugen: Politiker, Führungskräfte und Mitarbeiter der Deutschen Bundespost Telekom und der Deutschen Post der DDR. In vielen Treffen, Gesprächen und Workshops haben sie ihr Wissen zusammengetragen und schriftlich festgehalten.

Da in Zeiten des Umbruchs nicht immer alles aufgeschrieben wurde, ist gerade die erste Phase des »Aufbau Ost« in den offiziellen Akten nicht umfassend dokumentiert. Die Umstände, die Entscheidungsfindung und das tatsächliche Handeln sind durch die Zeitzeugen nun zusätzlich dokumentiert. Nicht jedes Detail, nicht jede Geschichte findet sich in diesem Buch. Aber an den entsprechenden Stellen sind die (teils viel) längeren Manuskripte mit einem QR-Code verknüpft und lassen sich auf einer eigens dafür eingerichteten Homepage (www.grenzenloseleistung.de) finden. Über die Codes gelangt der Leser darüberhinaus auch zu weiterführenden Bildern und Filmen.

Das erste Kapitel des Buches »Politik und Telekommunikation« befasst sich mit den politischen Rahmenbedingungen – einmal der Wendesituation in der DDR, aber natürlich auch den Rahmenbedingungen im Telekommunikationsbereich bei der Deutschen Bundespost Telekom und der eingeleiteten Postreform I. Neben politischen Akteuren kommen hier auch die früheren, damals verantwortlichen, Vorstände der Deutsche Bundespost Telekom zu Wort. Die entscheidenden Weichenstellungen der Wiedervereinigung werden aus Sicht des Westens wie des Ostens dargestellt. Die Chancen sowie die Herausforderungen eines Projektes von erheblichem Umfang werden sichtbar gemacht.

Im folgenden Kapitel »Technik – Von Provisorien, Kreativität und Spitzentechnologie« werden die technische Ausgangssituation sowie die technischen Herausforderungen des »Aufbau Ost« vorgestellt. Die permanente Mangelsituation der DDR hatte zu einer Rückständigkeit der technischen Ausstattung geführt, die sich in der Nutzung von Verbindungselementen aus den 1930er Jahren zeigte. Die große Herausforderung, die veraltete Technik und den immensen Bedarf schnell zu meistern, trieb die beiden Telekommunikationsunternehmen geradezu zwingend in innovative Lösungen. Es entstand in kürzester Zeit das modernste Telekommunikationsnetz der Welt. Den Wandel dorthin beschreibt dieses Kapitel.

Das Kapitel »Organisation – Strukturelle Herausforderungen des Zusammenwachsens« setzt sich mit organisatorischen Elementen der Unternehmen Deutsche Bundespost Telekom und Deutsche Post der DDR auseinander. Sowohl der organisatorische Aufbau der beiden Unternehmen in Ost und West als auch die Bereiche Finanzen, Logistik und Immobilien werden vorgestellt, ebenso wie die erstmals mit dem »Aufbau Ost« erprobte neue Form der Zusammenarbeit mit anderen Unternehmen des Telekommunikationsbereichs in Form der »Turn-key-Projekte«.

Das Kapitel »Zusammen arbeiten – Der Faktor Mensch« führt die Herausforderungen beim Zusammenwachsen zweier Behörden/staatlicher Unternehmen vor Augen. Es zeigt aber auch die Einsatzfreude der Beschäftigten aus Ost und West, den festen Willen, die Probleme zu bewältigen. Dazu gehörten unter anderem die Lohngefälle zwischen Ost und West, schwierige Fragen bei der Integration des neuen Personals in das westliche Unternehmen und natürlich auch die Sonderproblematik der Stasi-Zugehörigkeiten.

Unter dem Titel »›Ruf doch mal an!‹ – Marketing und Vertrieb« werden die kundenorientierten Bereiche der Deutschen Bundespost Telekom behandelt, aber auch hier vor allem die Ausgangslage in der DDR geschildert. Die neuen Ost-Mitarbeiter mussten sich an neue Begrifflichkeiten gewöhnen wie auch neues Verständnis im Umgang mit den nun als »Kunden« gesehenen Telefonteilnehmern lernen. Auch hier war der Sprung von einer relativ rückständigen Ausstattung in das Kommunikationszeitalter spürbar.

Schließlich wird mit dem Kapitel »West-Berlin und Ost-Berlin – ›So nah und doch so fern‹« die Sonderrolle der späteren Hauptstadt, die auch zu besonderen Herausforderungen für alle Beteiligten führte, sichtbar gemacht. Die besondere Dramatik zeigte sich unmittelbar nach dem Fall der Berliner Mauer bei den Telefonverbindungen; fast alle Leitungen von Ost nach West waren gekappt worden. In Berlin spitzte sich aber auch die Problematik der Sondernetze zu. Gleichfalls waren die personellen Herausforderungen stark ausgeprägt, da nirgends sonst so viele Mitarbeiter aus Ost und West direkt zusammenarbeiteten. In Berlin war es besonders schwierig, Tausende von Ost-Mitarbeitern in das Westunternehmen zu integrieren. Das Kapitel zeigt auch ganz besonders die menschliche Seite des Zusammenwachsens.

Das Schlusskapitel widmet sich der historischen Einordnung des »Aufbau Ost« als Resümee der vorangegangenen Kapitel sowie einer kritischen Würdigung der telekommunikativen Entwicklung bis heute. Es wirft mit einem Beitrag des amtierenden Vorstandsvorsitzenden der Deutschen Telekom AG gleichfalls einen Blick in die Zukunft.

Die Autoren dieses Buches haben sich zum Ziel gesetzt, die gesammelten Erfahrungen, die Begegnungen zwischen den Menschen, die historischen und technischen Abläufe in einer facettenreichen Dokumentation nochmals aufleben zu lassen. Allen, die an diesem Buch mitgewirkt haben, herzlichen Dank. Besonderer Dank gebührt dem Vorstand der Deutschen Telekom, der die Herausgabe des Werkes möglich gemacht hat. Initiator des Buches, dauernder Ideengeber und lange begleitender Treiber war Hermann Josef Becker; wichtige Unterstützer Michael Ropers und Hans Gusbeth.

Der Entstehungsprozess eines guten Buches erfordert ein erhebliches Maß an Projektmanagement und einen großen Koordinierungsaufwand. An dieser Arbeit war ein ganzes Team beteiligt. Dieses Buch hätte nicht erscheinen können ohne die unschätzbare Arbeit und Hingabe des Projektleiters Dr. Wolfgang Brnjak, der über die letzten zwei Jahre hinweg dieses umfassende und zeitintensive Projekt maßgeblich gesteuert und begleitet hat. In gleicher Weise haben die Mitglieder des Projektteams, Mao Hibben, Ulrike Hoffmann-Hunschok, Jessica Möller, Anette Strehl und Julija Zaft, unter stetigem Zeitdruck und mit unglaublicher Geduld und Ausdauer zum Projekterfolg beigetragen.

Für die professionelle konzeptionelle Begleitung danke ich der Gesellschaft für Unternehmensgeschichte, insbesondere der Geschäftsführerin Frau Dr. Andrea H. Schneider. Sie hat die dreigeteilte Konzeption – Historiker, Fachbeiträge und Zeitzeugen – entwickelt und die Projektsteuerung beratend begleitet. Gemeinsam mit Frau Dr. Tanja Roos zeichnet sie verantwortlich für die redaktionelle Überarbeitung und Zusammenstellung der Beiträge für das nun vorliegende Buch.

Ich selbst bin gern Herausgeber des Buches, weil ich als Zeitzeuge ein klein wenig auch als Mitgestalter der Wiedervereinigung weiß, welchen gewaltigen Beitrag die Deutsche Telekom zum Wiederzusammenwachsen unseres Landes geleistet hat.

I
Politik und Telekommunikation

Ralph Jessen

Telekommunikation in der Wiedervereinigung – Historische Voraussetzungen und politische Rahmenbedingungen

Die Vereinigungsgeschichte der beiden deutschen Telekommunikationssysteme gilt als Erfolgsgeschichte. In wenigen Jahren gelang der Neuaufbau leistungsfähiger und hochmoderner Fest- und Mobilfunknetze in den neuen Ländern, wurde das Telefon vom raren Luxusgut zum selbstverständlichen Gebrauchsgegenstand und wurden die infrastrukturellen Grundlagen für die rasante Ausbreitung netzgestützter digitaler Kommunikation in ganz Deutschland gelegt. Die Integration der beteiligten Behörden bzw. Unternehmen aus Ost und West vollzog sich ohne allzu große Reibungen. Trotz der enormen Anstrengungen, die der »Aufbau Ost« zweifellos erforderte, bewältigte die Telekom schon kurz darauf weitere tief greifende Umbrüche im Zuge der Liberalisierung und Privatisierung des Telekommunikationsmarktes. Vergleicht man diesen geradlinigen Integrationspfad mit der Krisen-, Verlust- und Konfliktgeschichte anderer Branchen im Vereinigungsprozess, kann man in der Tat von einem »besonders geglückten Stück Einigungspolitik« sprechen.[1]

Diesen Eindruck gewinnt man jedenfalls aus der Rückschau nach 25 Jahren. Blickt man vom Anfang her auf das Umbruchgeschehen, erscheint diese Entwicklung alles andere als selbstverständlich. Im Gegenteil – die Verhältnisse des Jahres 1989 ließen eine reibungslose »Vereinigung« der beiden Post- und Telefonsysteme als eher unwahrscheinlich erscheinen, arbeiteten diese doch nicht nur unter ganz unterschiedlichen politischen, wirtschaftlichen und technischen Rahmenbedingungen, sondern hatten sich gerade in den 1980er Jahren in gegensätzliche Richtungen entwickelt: In der Bundesrepublik fand 1989 eine mehrjährige kontroverse Debatte über die Zukunftsfähigkeit des staatlichen »Fernmeldemonopols« und seiner behördlichen Organisation ihr vorläufiges Ende mit der Postreform I, deren Umsetzung just zu dem Zeitpunkt einsetzte, als in der DDR die SED-Diktatur zusammenbrach.

Während in Westdeutschland unter den Bedingungen eines flächendeckend ausgebauten Telefonnetzes über das Tempo der Digitalisierung, die Einschränkung staatlicher Monopolrechte und die

Linke Seite: Die Finanzminister von BRD und DDR unterzeichnen den Vertrag für eine Währungs-, Wirtschafts- und Sozialunion zwischen beiden Staaten, 18. Mai 1990.

Eine einmalige Hektik
Erschwerend für die Zusammenführung von Ost und West war die Strukturveränderung, die zum 1. Juli 1989 durch das erste Gesetz zur Neustrukturierung des Post- und Fernmeldewesens und der Deutschen Bundespost – Poststrukturgesetz – in Kraft getreten war. Diese Neustrukturierung hatte auch Auswirkungen auf die Direktionen und damit ebenfalls auf die Landespostdirektion Berlin. Zum 1. März 1990 war die Neustrukturierung durchgeführt, obwohl zwischendurch durch den Fall der Mauer am 9. November 1989 das »postalische Leben« eine einmalige Hektik angenommen hatte.
Lothar Kipf

Überführung des »Fernmeldesektors« in privatrechtliche Organisationsformen gestritten wurde, herrschten in der DDR eklatanter Mangel und extremer technologischer Rückstand im Gehäuse einer ineffizienten staatlichen Verwaltung. Wie sollte hier zusammenkommen, was zusammengehört? Und zu welchen Kosten?

Viel hing vom politischen Rahmen des Vereinigungsgeschehens ab. Dieser beschränkte sich freilich nicht auf die Vorgabe der politischen Ziele durch Regierungen und Gesetzgebung und auf das Handeln des politischen Führungspersonals. Von fundamentaler Bedeutung waren zweifellos die grundlegenden Entscheidungen über die institutionelle Form der staatlichen Vereinigung und die Konsequenzen, die diese für die Infrastrukturpolitik im Allgemeinen und die Telekommunikationspolitik im Besonderen hatten. Zum politischen Bedingungsrahmen gehörten aber auch die außerstaatlichen Akteure, die mit ihren Anliegen und Forderungen in die Öffentlichkeit drängten und Einfluss auf den Transformationsprozess nahmen: Parteien, Interessenverbände und Wirtschaftsunternehmen, wissenschaftliche Experten, die Massenmedien und natürlich die Kunden, die ungeduldig darauf warteten, endlich von überall nach überall telefonieren zu können. Und schließlich ist in Rechnung zu stellen, dass 1989/90 keine »Stunde Null« geschlagen hatte, sondern dass die durch die unterschiedlichen Entwicklungswege der beiden deutschen Staaten geprägten Organisationsstrukturen und materiellen Gegebenheiten, Erfahrungen und Erwartungen als historische Voraussetzungen der Vereinigung allgegenwärtig waren. Will man das politische Umfeld abstecken, in dem seit Herbst 1989 ein gesamtdeutsches Telekommunikationssystem entstand, empfiehlt es sich also, zunächst die historischen Ausgangsbedingungen in West und Ost zu betrachten, bevor in einem nächsten Schritt die grundlegenden Weichenstellungen der Jahre 1989/90 und dann die wichtigsten Stationen des Vereinigungs- und Transformationsprozesses skizziert werden sollen.

In der Bundesrepublik waren die 1980er Jahre ein Jahrzehnt des Übergangs, in dem der politische und institutionelle Rahmen der Kommunikationsinfrastruktur zwar nicht neu konstruiert, aber doch grundlegend infrage gestellt und bis zu einem gewissen Grade auch umgebaut wurde. Wie in vielen Fällen führt auch hier der Wandel der öffentlichen Sprache auf die richtige Spur. Wo Fachleute und Politiker Ende der 1970er, Anfang der 1980er Jahre noch vom »Fernmeldewesen« sprachen, redeten sie zehn Jahre später von »Telekommunikation«, von »Telekommunikationspolitik« oder vom »Telekommunikationsmarkt«. Dahinter steckte weit mehr als der Austausch von angestaubtem Behördendeutsch gegen modische Anglizismen. Zum einen reflektierte der sprachliche Wandel technologischen Wandel: Es ging jetzt und in Zukunft nicht mehr nur ums Telefonieren, also um Sprachdienste in analogen Kabelnetzen (an Telex und Telegrafie dachte ohnehin kaum noch jemand), sondern um eine Fülle neuer, in ihrer Vielfalt und technischen Form noch kaum abzusehender Kommunikationsdienstleistungen in digitalen Kabel- und Funknetzen. Zum anderen zeigt der sprachliche Wandel den Bedeutungsgewinn eines bisher eher marginalen Politikfeldes. In den 1980er Jahren etablierte sich überhaupt erst die Vorstellung, dass die Entwicklung des Kabelnetzes, die Herstellung und der Vertrieb von Telefonapparaten, das Angebot von netzgebundenen Dienstleistungen sowie die staatliche Organisation und die behördenförmige Verwaltung des ganzen Sektors Gegenstände von »Politik« sein könnten und sollten: Worte wie »Fernmeldepolitik«, »Telekommunikationspolitik« oder »Telekommunikationsmarkt« waren vor 1980 praktisch unbekannt, nach 1990 aber gängige Münze.[2]

Der an der Sprache ablesbare Politisierungsprozess hatte in den 1970er Jahren begonnen und sich nach dem Wechsel von der sozialliberalen zur christlich-liberalen Koalition unter der Kanzlerschaft von Helmut Kohl intensiviert. Er stand im Zusammenhang mit einer (begrenzten) Verschiebung des politischen Koordinatensystems in Richtung Entstaatlichung, Deregulierung und Privatisierung bisher staatlicher oder halbstaatlicher Unternehmen.[3] Im Zentrum der hochkontroversen Debatte stand die Frage, ob das traditionelle »Post- und Fernmeldemonopol« des Staates und die behördliche Organisation der verschiedenen Dienste weiter aufrechterhalten oder zugunsten einer privatwirtschaftlichen, durch Markt und Wettbewerb gesteuerten Ordnung aufgegeben werden sollten. Wenn in den 1980er und 1990er Jahren über »Telekommunikationspolitik« geschrieben und gestritten wurde, ging es letztlich immer um diese ordnungspolitische Kernfrage. Dass sie ab der zweiten Hälfte der 1980er Jahre auf die politische Agenda gelangte, war vier sich wechselseitig verstärkenden Impulsen zu verdanken: Erstens der christlich-liberalen Koalition, die einen deutlichen Akzent in Richtung Entstaatlichung und Deregulierung setzte, ohne allerdings den marktradikalen Weg der USA unter Reagan oder Großbritanniens unter Thatcher einzuschlagen. Zweitens der technischen Entwicklung auf dem Feld der Mikroelektronik, der EDV und der elektronischen Medien, die mit großer Dynamik neue Produkte und Märkte entstehen ließ, die auf die Infrastruktur der Telekommunikationsnetze angewiesen waren. Drittens dem Vorbild der früher einsetzenden Liberalisierung der Telekommunikationsmärkte vor allem in den USA und Großbritannien und viertens der Wettbewerbspolitik der Europäischen Kommission, die schon 1984 eine einheitliche europäische Telekommunikationspolitik auf die Agenda gesetzt und ab 1987 konkrete Schritte in Richtung eines gemeinsamen europäischen Marktes für Telekommunikationsdienstleistungen und einer schrittweisen Liberalisierung der Dienste unternommen hatte.[4]

Der Übergang von der »Verwaltung des Fernmeldewesens« zur »Telekommunikationspolitik« bedeutete fast zwangsläufig, dass die bisher wenig aufregenden Angelegenheiten von Post und Telefon zum Gegenstand scharfer politischer Auseinandersetzungen wurden. Es verwundert daher nicht, dass die Reform, die zum 1. Juli 1989 mit dem »Poststrukturgesetz« in Kraft trat, ein Kompromiss war. Er ließ das staatliche Netz- und Telefonmonopol unangetastet, trennte aber hoheitliche und unternehmerische Aufgaben, schuf die drei separat geführten und wirtschaftenden Unternehmensbereiche Postdienst, Postbank und Telekom, gab den Wettbewerb für bestimmte Telekommunikationsdienste frei und hob das »Endgerätemonopol« auf.[5] Dies entsprach in etwa den Liberalisierungszielen der Europäischen Kommission zum Ende der 1980er Jahre und balancierte die verschiedenen Positionen und Interessen in der Bundesrepublik aus.[6]

Im Hinblick auf die kommende Vereinigungskonstellation lassen sich die politischen Voraussetzungen auf westlicher Seite in drei Punkten zusammenfassen: Erstens war der Sektor der Post- und Telekommunikationsdienste in der Bundesrepublik in Bewegung geraten – unter technischen, ordnungspolitischen und unternehmensorganisatorischen Gesichtspunkten. Zweitens hingen diese Veränderungsimpulse immer weniger von nationalen, innerstaatlichen Faktoren ab: Der Wandel in Richtung Digitalisierung war Teil eines globalen technologischen Umbruchs, die neoliberale Wende bekam einen starken Schub aus den USA und Großbritannien, und die Wettbewerbspolitik der Europäischen Gemeinschaft erhielt wachsenden Einfluss auf die innerstaatliche politische Agenda. Allerdings muss man drittens die engen Grenzen des Wandels betonen: Das Netz- und Telefonmonopol blieb erhalten, die verselbstständigte Telekom war ein öffentliches Unternehmen, und nach wie vor war die Bereitstellung und Aufrechterhaltung eines flächendeckenden Telekommunikationsnetzes eine zentrale Infrastrukturaufgabe des Staates, der sich zur »Herstellung gleichwertiger Lebensverhältnisse« im ganzen Bundesgebiet verpflichtet hatte.[7]

Welche Voraussetzungen herrschten auf östlicher Seite für die Telekom-Vereinigung? Wie ähnlich oder unterschiedlich hatten sich das System der Telekommunikation, seine wirtschaftliche Bedeutung, seine Eigentumsstruktur, seine administrative Verfassung und seine ordnungspolitische Rahmung in Ost und West entwickelt? Eine kurze Inspektion der Verhältnisse gegen Ende der 1980er Jahre zeigt zahlreiche gravierende Unterschiede und wenige, allerdings wichtige Gemeinsamkeiten. Blickt man zunächst auf die Unterschiede, so ist unschwer zu erkennen, dass sich beide Systeme während der über 40jährigen Trennungsgeschichte immer weiter auseinanderbewegt haben. Die eben beschriebenen Entwicklungen in der Bundesrepublik der 1980er Jahre haben den Abstand noch einmal deutlich vergrößert.

Im planwirtschaftlichen System der SED-Diktatur spielte das Telefonnetz eine nachrangige, ja geradezu untergeordnete Rolle. Dieses Schicksal teilte es mit anderen Branchen der technischen Infrastruktur wie dem Eisenbahnwesen, dem öffentlichen Personennahverkehr, dem Straßenbau oder der Abwasserentsorgung.[8] Was im Schienennetz der Deutschen Reichsbahn die berüchtigten eingleisigen Strecken waren, die den Verkehr zum Stocken brachten, waren im Telefonverkehr das grobmaschige Kabelnetz, die technisch veralteten Vermittlungsstellen und die permanent störanfälligen oberirdischen Verbindungen. Nach der herrschenden wirtschaftspolitischen Doktrin galten Infrastrukturaufgaben als nachrangig gegenüber der industriellen Produktion. Also herrschte, wie in vielen Bereichen der DDR-Wirtschaft, auch im Bereich des Fernmeldewesens ein riesiger Investitionsrückstand und vorhandene Anlagen wurden auf Verschleiß gefahren. Telefonanschlüsse waren ein nützliches und notwendiges Kommunikationsmittel für Partei, Staat und Wirtschaft. In Privathaushalten galten sie als Luxusgut: Von den Bürgern heiß begehrt, von der Planbürokratie mit Desinteresse behandelt, politisch ohne jede Priorität. Dabei waren Post- und Telefondienste sogar eine wichtige Devisenquelle für den Staatshaushalt der DDR. Die 1970 zwischen der BRD und der DDR getroffene »Vereinbarung über die Verrechnung der im Post- und Fernmeldewesen erbrachten Leistungen« brachte der DDR in den 1980er Jahren immerhin eine »Postpauschale« von 200 Mio. D-Mark pro Jahr ein, die freilich für alle möglichen Zwecke, nur nicht für die Modernisierung des Telefonsystems eingesetzt wurde.

Die systematische Vernachlässigung des Telefonnetzes ging mit einem wachsenden technologischen Rückstand gegenüber dem Westen einher. Die durch fehlende Investitionen entstandene technologische Lücke hatte sich hier wie in anderen Bereichen der Wirtschaft durch den Übergang zur elektronischen Datenverarbeitung und zur Digitalisierung noch einmal deutlich vergrößert. Die westlichen Beschränkungen beim Export von Hochtechnologieprodukten in den Ostblock auf Basis der sogenannten CoCom-Listen[9] haben zweifellos ihren Teil zu diesem Rückstand beigetragen, auch wenn sich schwer bestimmen lässt, wie wirksam dieses Technologieembargo letztendlich war. Die Entwicklung in Richtung Digitalisierung, die in der Bundesrepublik während der 1980er Jahre voll in Gang gekommen war, hatte in der DDR jedenfalls noch nicht begonnen. Dafür hatten mangelnder Netzausbau und technologischer Rückstand in Verbindung mit den Kontrollbedürfnissen und Herrschaftsinteressen der SED-Diktatur zu netzpolitischen Entscheidungen geführt, die das ostdeutsche Telekommunikationssystem noch weiter vom westlichen entfernten: Neben dem traditionellen Sondertelefonnetz der Bahn wurden umfangreiche Spezialnetze für die Bedürfnisse der SED, der

Regierung und der »bewaffneten Organe« aufgebaut, die die Kommunikation im Herrschaftsapparat sicherstellten, ohne dass man auf das marode allgemeine Netz angewiesen war.[10]

Während das Telefon also auf der einen Seite als Instrument der vertikalen Herrschaftskommunikation von oben nach unten leidlich funktionierte, konnte es sich als Medium der horizontalen Kommunikation zwischen den einzelnen Bürgern der DDR aufgrund des extremen Mangels kaum etablieren: 1988 hatten ganze 16 Prozent der ostdeutschen Privathaushalte einen Telefonanschluss, verglichen mit 93 Prozent in der Bundesrepublik. Wer einen Anschluss beantragte, musste sich auf Wartezeiten von 20 Jahren einstellen, während es in der Bundesrepublik gut drei Wochen dauerte.[11] Ging es wesentlich schneller, machte man sich leicht verdächtig, ein Funktionär oder Zuträger des Regimes zu sein.[12] Diese Telefonpolitik in der Diktatur ließ eine andere Telefonkultur entstehen: Improvisation und Leben mit dem Mangel prägten den Alltag auch hier. »Doppelanschlüsse« oder das Telefonieren beim Nachbarn erzeugten andere soziale Beziehungen, Abhängigkeiten und Kommunikationspraktiken. Das Wissen, dass der Staatssicherheitsdienst vielleicht mit in der Leitung saß, hatte Einfluss darauf, wem man was am Telefon anvertraute, und manchmal konnte man dieses Wissen auch »eigensinnig« nutzen und den Mächtigen auf diese Weise eine indirekte Botschaft senden – Manfred Stolpe berichtet in diesem Band davon.[13]

Auch wenn sich in über 40 Jahren der Teilung viel auseinanderentwickelt hatte, gab es Ende der 1980er Jahre zwischen den Telekommunikationssystemen Ost und West doch noch einige wichtige Gemeinsamkeiten. Sie gingen auf die Zeit vor 1945/49 zurück, in der Strukturen mit großem Beharrungsvermögen entstanden waren, an die beide deutsche Staaten in der Nachkriegszeit anknüpften.[14] Die erste wichtige Gemeinsamkeit bestand im staatlichen Postmonopol, das in der DDR wie in der BRD mit einem starken zentralstaatlichen Zugriff auf das Telekommunikationssystem verbunden war; rein äußerlich schon daran erkennbar, dass beide Staaten ein eigenes Ministerium für Post- und Fernmeldewesen als oberste Behörde und politische Leitungsinstanz unterhielten.[15] Wie wichtig diese Gemeinsamkeit im Vereinigungskontext war, kann man sich leicht anhand der kontrafaktischen Überlegung vor Augen führen, wie der Verlauf wohl gewesen wäre, wenn es in der Bundesrepublik ein privates Netz mit konkurrierenden Anbietern von Telefondiensten gegeben hätte oder die Postverwaltung Ländersache geworden wäre. Zudem waren die Telekommunikationssektoren hüben wie drüben stark »horizontal integriert«, das heißt, Post, Telegrafie und Telefon standen unter einer einheitlichen staatlichen Verwaltung. Zwar hatte die Bundesrepublik mit der Postreform vom Sommer 1989 begonnen, sich von diesem Modell zu entfernen und die drei Bereiche als separate öffentliche Unternehmen zu organisieren, allerdings waren durch diese Reform, deren Umsetzung eben begonnen hatte, noch keine unüberwindbaren strukturellen Unterschiede entstanden. Gleiches gilt für die »Sondernetze« in der DDR, die die horizontale Integration zwar schwächten, aber doch nicht grundsätzlich infrage stellten. Ähnlich sieht das Bild hinsichtlich der sogenannten vertikalen Integration aus. Ein hoher Grad vertikaler Integration liegt vor, wenn alle Produktionsstufen eines Gutes oder einer Dienstleistung in einer Organisation zusammengefasst sind, in diesem Fall also die Stufen von der Entwicklung und Produktion der technischen Anlagen und Endgeräte über den Aufbau und den Betrieb des Netzes bis hin zum Angebot der entsprechenden Dienste. Bis zur Postreform von 1989 war die vertikale Integration in der Bundesrepublik insofern sehr hoch, als dass die »Hardware« von Netz und Endgeräten von einigen wenigen »Hoflieferanten« produziert wurde, die in langjährigen, engen Geschäftsbeziehungen zur Bundespost standen. In der DDR lag dieser Part beim »Kombinat Nachrichtenelektronik«, das alle einschlägigen Betriebe zusammenfasste. Auch hier hatte die westdeutsche Postreform mit der Aufhebung des Endgerätemonopols weitreichende Veränderungen eingeleitet, die Ende 1989 aber noch kaum in Gang gekommen waren. Insgesamt herrschte also Ende der 1980er Jahre zwischen den Telekommunikationssektoren beider Länder trotz aller Differenzen hinsichtlich Ausstattung und Leistungsfähigkeit »ein hohes Maß an Ähnlichkeit der institutionellen Strukturen«.[16]

Auch im Fall der DDR lassen sich die politischen Voraussetzungen im Hinblick auf die anstehende Vereinigung also in drei Punkten zusammenfassen. Erstens befand sich fast alles, was mit dem Telefonieren zu tun hatte, in einem beklagenswerten Zustand: Das Netz war technisch veraltet, grobmaschig und mit strukturellen Mängeln behaftet. Der Versorgungsgrad der ostdeutschen Haushalte mit Tele-

Bürgerkomitees und Stasi-Objekte

Am 10. November 1989, also einen Tag nach dem Mauerfall, war das Amt Cottbus nur noch zu etwa 50 Prozent besetzt; die nicht anwesenden Mitarbeiter waren in West-Berlin, aber am nächsten Tag wieder im Dienst. Es herrschte fast überall eine große Freude, aber auch Ungewissheit, wie es weitergehen würde. Die Ereignisse überschlugen sich. Es bildeten sich Bürgerkomitees, das Ministerium für Staatssicherheit wurde aufgelöst und das Amt für nationale Sicherheit gebildet. Das Bürgerkomitee der Stadt bat das Fernmeldeamt, die Nachrichtentechnik der Bezirksbehörde für Staatssicherheit zu überprüfen. Was die Mitarbeiter dort feststellten war sagenhaft. Ganze Räume voller Abhörtechnik, teilweise mit Technik aus dem westlichen Ausland bestückt, Tonbänder in Massen, die aus Paketen der BRD entwendet waren, mit Gesprächsaufzeichnungen, abgeschriebene Gesprächsprotokolle und Technik zur Beobachtung von Bürgern. Die Staatssicherheit hatte nicht einmal ihren eigenen Mitarbeitern vertraut, denn innerhalb ihrer Objekte waren auch die Abhöranlagen für die eigenen Beschäftigten, einschließlich der Leitenden, installiert. Am 26. Februar 1990 übernahm das Fernmeldeamt die in diesem Bereich verlegten Stasi-Kabel. Für eine Nutzung zur Fernmeldeversorgung der Bevölkerung waren sie aber nicht geeignet.

Siegfried Fenske

fonanschlüssen hinkte meilenweit hinter dem Bedarf her, weil dem gesamten Sektor von der politischen Führung nur eine geringe Priorität eingeräumt wurde. Telefonieren sollte in erster Linie den Erfordernissen des Herrschaftsapparates und der Wirtschaft dienen; die gewaltigen technologischen Umbrüche, mit denen sich die Kommunikationsrevolution des digitalen Zeitalters ankündigte, hatten in der DDR noch nicht einmal in Ansätzen begonnen. Zweitens gab es aber trotz aller qualitativen und quantitativen Unterschiede erhebliche strukturelle Ähnlichkeiten zwischen den Telekommunikationssektoren in Ost und West. Diese zeigten sich in der staatlichen Monopolstellung, in der ähnlich aufgebauten Verwaltung sowie im Ausmaß der horizontalen und vertikalen Integration. In dieser Hinsicht hatten sich beide Staaten noch kaum vom gemeinsamen Erbe entfernt. Zwar waren im Westen die Weichen für tief greifende Veränderungen gestellt worden, aber der Zug hatte sich – um im Bild zu bleiben – noch kaum in die neue Richtung bewegt. Als dritter politisch relevanter Faktor sind die symbolische Aufladung des Telefonierens und die Erwartungen und Hoffnungen der DDR-Bevölkerung in Rechnung zu stellen. Die politisch erzeugten Mängel des Telefonnetzes waren für jeden DDR-Bürger unmittelbar fühlbar. Viele empfanden sie als eine deutliche Beschränkung der Lebensqualität und der freien Kommunikation, die immer weniger akzeptiert wurde. Sicher wäre ein Vergleich mit der Forderung nach Reise- und Pressefreiheit überzogen, aber zweifellos gehörte das Telefon zu den Dingen, die den Unterschied zwischen der diktatorisch durchherrschten Mangelgesellschaft und den Freiheitsversprechen der demokratisch verfassten, liberalen Marktgesellschaft auf sehr fassbare Weise symbolisierten. Entsprechend hoch waren die Erwartungen an schnelle Verbesserungen, die sich im Vereinigungsprozess aufbauten.

Die Geschichte von der friedlichen Revolution und vom Ende der SED-Diktatur muss an dieser Stelle nicht noch einmal erzählt werden.[17] Was mit einer schleichenden Krise des Regimes und wachsender Unzufriedenheit begonnen und sich dann im Wechselspiel von Fluchtbewegung und Straßendemonstrationen zu einer revolutionären Situation aufgeschaukelt hatte, die zwischen dem 9. Oktober und dem 9. November 1989 den Zusammenbruch der SED-Herrschaft und einen grundlegenden Systemwandel in der DDR ermöglichte, mündete bekanntlich nach dem Mauerfall innerhalb weniger Wochen in eine Bewegung zur Abschaffung der DDR und zur Herstellung der staatlichen Einheit in Deutschland. Der konkrete Weg zur staatlichen Einheit, der zwischen November 1989 und dem 3. Oktober 1990 ausgehandelt und umgesetzt wurde, definierte zugleich die grundlegenden Parameter für die Vereinigungsgeschichte der Telekom.

Noch vor der ersten freien Parlamentswahl in der DDR am 18. März 1990, die eine klare Mehrheit für jene politischen Kräfte brachte, die auf eine rasche Vereinigung setzten, hatten sich Bundeskanzler Helmut Kohl und die Bonner Bundesregierung am 6. Februar 1990 darauf festgelegt, einer frei gewählten DDR-Regierung umgehend Verhandlungen über eine Währungs- und Wirtschaftsunion anzubieten.[18] Unter dem Eindruck der ungebremsten Abwanderung aus der DDR setzte die Regierung entgegen dem Rat fast aller Wirtschaftsexperten auf eine stufenlose, schnelle Einführung der D-Mark als alleinige Währung in der DDR. So sollten den Noch-DDR-Bürgern Anreize zum Bleiben gegeben und zugleich die Voraussetzungen für einen einheitlichen, gesamtdeutschen Wirtschaftsraum geschaffen werden. Damit wurde ein Vereinigungspfad angelegt, der in den folgenden Monaten mit dem Vertrag über die Währungs-, Wirtschafts- und Sozialunion vom 18. Mai 1990 und dem Einigungsvertrag vom 31. August 1990 konsequent weiterverfolgt wurde und der am 3. Oktober 1990 zum Beitritt der fünf neuen Bundesländer zum Geltungsbereich des Grundgesetzes und damit zur Herstellung der staatlichen Einheit führte. Dieser Weg zur Einheit setzte ganz darauf, die »nachholende Modernisierung«[19] der ostdeutschen Gesellschaft durch den Transfer der westdeutschen Institutionenordnung zu bewerkstelligen. Nicht nur die Verfassungsprinzipien des Grundgesetzes und die D-Mark, sondern das ganze Rechts- und Wirtschaftssystem der Bundesrepublik, ihre Eigentumsordnung und Sozialverfassung, ihr Bildungs- und ihr Wissenschaftssystem wurden in der bestehenden Form auf die neuen Länder ausgedehnt.[20]

Einreisende DDR-Bürger werden am Grenzübergang Helmstedt/Marienborn begrüßt, 11. November 1989.

Diese Grundsatzentscheidung zur Systemtransformation durch Institutionentransfer hatte gravierende Konsequenzen, von denen hier nur einige kurz angedeutet werden sollen, die für die Telekomgeschichte von besonderer Bedeutung sind. Institutionentransfer bedeutete, dass nicht nur das Recht der alten Bundesrepublik übernommen wurde, sondern auch der Zuschnitt von Organisation und Verwaltungen: von den Bundesländern bis zur Kommune, vom öffentlich-rechtlichen Rundfunk bis zu den Sozialversicherungsträgern. Insbesondere bei bundeseinheitlichen Organisationen – wie der Bundeswehr, der Rentenversicherung oder eben auch der Post und der Telekom – mussten die entsprechenden Einrichtungen der DDR in das gesamtdeutsche, sprich bundesrepublikanische Modell überführt werden. Dieser Umbau hatte sich an dem grundgesetzlichen Auftrag zur »Herstellung gleichwertiger Lebensverhältnisse« in allen Landesteilen zu orientieren, war also darauf ausgelegt, die Ausstattung und die Leistungsfähigkeit in Ost und West in Zukunft auf das gleiche Niveau zu heben. Eine dauerhafte strukturelle Schlechterstellung der neuen Länder wäre weder grundgesetzlich zulässig noch politisch durchsetzbar gewesen.[21]

Mit Einrichtung der Währungsunion und dem anschließenden Komplettbeitritt zum westlichen Modell baute sich folgerichtig – noch befeuert durch das vielzitierte Kanzlerwort von den »blühenden Landschaften« – in großen Teilen der ostdeutschen Bevölkerung ein Erwartungshorizont auf, der durch die weitere Entwicklung fast zwangsläufig enttäuscht werden musste. Denn trotz des Transfers von Personal, Know-how, Technologie und Geld in Richtung der neuen Länder musste der Anpassungsschock in der »Vereinigungskrise« zahllose Härten, Verwerfungen und auch Verlierer produzieren, vor allem aufgrund des nahezu vollständigen Zusammenbruchs der ostdeutschen industriellen Produktion unter den Bedingungen eines offenen Marktes und eines einheitlichen Währungsgebietes.[22] Wie schnell und erfolgreich sich andere, weniger dem Markt ausgesetzte Wirtschaftssektoren oder öffentliche und private Organisationen in den neuen Ländern an die geänderten Umstände anpassten, hing im Einzelfall von vielen Faktoren ab: dem Ausmaß der »Umbaunotwendigkeit«, der strukturellen »Passförmigkeit«, den spezifischen historischen Voraussetzungen, den beteiligten Akteuren, den politisch definierten Prioritäten und den zur Verfügung stehenden Geldmitteln, aber auch von schwer kalkulierbaren Aspekten wie der Fremdheit oder Vertrautheit der jeweiligen »Organisationskulturen«.

Blendet man von diesen generellen Bedingungen des Vereinigungsprozesses wieder auf die spezielle Situation der Telekom über, dann lassen sich einige konkretere Feststellungen hinsichtlich ihres politischen Rahmens treffen. Zum einen ergibt sich aus dem bisher Gesagten, dass ein sehr hoher Erwartungsdruck in Richtung einer schnellen und umfassenden Modernisierung des Telekommunikationssystems existierte. Alle wollten so schnell wie möglich ordentlich telefonieren: die vielen Behörden und Verbände im Umbau und Neuaufbau, die ostdeutschen Unternehmen, die sich auf einem extrem schwierigen Markt behaupten mussten, und natürlich die Bürgerinnen und Bürger in den neuen Ländern, die seit Jahrzehnten auf ihren Telefonanschluss gewartet hatten. Es ist bezeichnend, wie häufig in den Erinnerungen der Beteiligten von extremem Zeitdruck, dauernder Beschleunigung, von Tempo um jeden Preis die Rede ist. Zum anderen muss man sich noch einmal vergegenwärtigen, dass während der Telekom-Vereinigung mehrere große Veränderungsimpulse zugleich wirkten und sich wechselseitig beeinflussten: die nachholende Modernisierung der gesamten ostdeutschen Telekommunikationsinfrastruktur, die mit der Postreform I in der alten Bundesrepublik angestoßene, aber nicht abgeschlossene Strukturreform in Richtung Entstaatlichung und die sich ändernden Vorgaben der europäischen Wettbewerbspolitik. Die ohnehin schon anspruchsvolle Aufgabe, das Leistungsgefälle zwischen Ost und West möglichst zügig abzubauen und die getrennten Kommunikationsnetze zu verknüpfen, wurde damit noch komplizierter.

Trägt man all diese Faktoren zusammen, lassen sich die politischen Rahmenbedingungen des Transfer- und Transformationsprozesses der Telekom in den frühen 1990er Jahren vielleicht am besten als fünf Spannungsfelder beschreiben: erstens zwischen dem »Aufbau Ost« und dem unabgeschlossenen Strukturwandel des gesamten Telekommunikationssektors, zweitens zwischen dem nationalen Ordnungsrahmen und der europäischen Wettbewerbspolitik, drittens zwischen den Zielen staatlicher Infrastrukturpolitik und privatwirtschaftlichen Marktinteressen, viertens zwischen der Nutzung etablierter technischer Lösungen und der Implementierung von Zukunftstechnologien und fünftens zwischen dem öffentlichen Druck in Richtung schneller Verbesserung und den Erfordernissen eines nachhaltigen Neuaufbaus. Der Verlauf der Telekom-Vereinigung hing zum Gutteil davon ab, ob sich aus diesen Spannungen Blockaden ergaben oder ob es gelang, sie als dynamisierende Impulse im Modernisierungsprozess zu nutzen.

Aus der Rückschau ist es immer noch überraschend, wie schnell die Situation des Fernsprechnetzes in der DDR und der deutsch-deutschen Telefonbeziehungen im Herbst 1989 auf die politische Agenda rückten – angesichts der historischen Dimension von Revolution und Mauerfall war das nicht unbedingt zu erwarten. Bereits am 17. November 1989 – acht Tage nach dem Mauerfall – nannte der neue Ministerratsvorsitzende der DDR, Hans Modrow, das Post- und Fernmeldewesen als Feld zukünftiger enger Kooperation im Rahmen einer Vertragsgemeinschaft beider deutscher Staaten, und schon drei Tage später war dies ein Thema bei ersten Sondierungen zwischen Kanzleramtsminister Rudolf Seiters und der Modrow-Regierung.[23] Auch im berühmten Zehn-Punkte-Programm vom 28. November 1989, mit dem Bundeskanzler Kohl erstmals die deutsche Wiedervereinigung als Perspektive formulierte, fand sich an prominenter Stelle die Forderung nach dem »möglichst baldigen umfassenden Ausbau der Fernsprechverbindungen mit der DDR und des Telefonnetzes der DDR«.[24]

Pionierarbeit hoch zwei
Aus dem »Hohen Haus« der Fernmelder – unserem ehemaligen Ministerium – wuchs nun, geboren aus der Reform des Fernmeldewesens Stück für Stück die Zentrale der Deutschen Bundespost Telekom heraus. Das war Pionierarbeit für uns »Neu-Telekomer«. Für mich war dies eine ganz besondere Herausforderung und Chance zugleich, so nah an der Unternehmensspitze arbeiten zu dürfen, meinen kleinen Beitrag zum Gelingen der Transformation des Telekommunikationswesens als Leiter des Vorstandsbüros leisten zu können – und, was für mich als Beamter das Wichtigste war, unternehmerisches Handeln und Arbeiten zu lernen, zu lernen und noch mal zu lernen.
Ich brannte nun darauf, Herrn Ricke zu beweisen, dass ich seine Forderungen schnellstens erfüllen konnte. Als Vorstandsbüroleiter wollte ich nicht nur der »Kofferträger« und »Brieföffner« für ihn sein, sondern auch die Deutsche Bundespost Telekom oder besser die sich dahin zu entwickelnde Telekombehörde in all ihren Facetten dem Vorstand näher bringen und mit ihm auch geschäftlich-inhaltliche Gespräche führen. Voraussetzung dafür war, dass der Aufbau des ersten Vorstandsbüros im Bereich der deutschen Telekommunikation und all seinen Serviceleistungen sehr gut verlief.
Frank Uhland

Die frühe Aufmerksamkeit für das Thema hatte sicher etwas mit dem großen Problemdruck zu tun, der nach der Öffnung der Grenze noch viel fühlbarer geworden war. Eine Rolle dürfte aber auch gespielt haben, dass es sich um ein eher »unproblematisches«, pragmatisch anzugehendes Thema handelte, das keine hoch komplizierten Grundsatzfragen der beiderseitigen Beziehungen berührte. Überdies konnte man auf eine längere, bis 1970 zurückreichende Vorgeschichte der Kontakte und des schrittweisen, freilich sehr begrenzten Ausbaus der zwischenstaatlichen Telefonverbindungen zurückblicken. Auch die von Bonn gezahlte Postpauschale von zuletzt 200 Mio. D-Mark jährlich war ein Ergebnis dieser Vereinbarungen. Hieran konnte man anknüpfen.[25]

Sehr schnell verdichteten sich jetzt die Kontakte zwischen den beiden Fachministerien: Am 29. November 1989 gab es Gespräche auf Expertenebene, bei denen die Vertreter des Bonner Bundesministeriums für Post und Telekommunikation eine Erhöhung der Postpauschale von 200 auf 300 Mio. D-Mark in Aussicht stellten, wenn dieses Geld tatsächlich zur Verbesserung der Telefoninfrastruktur genutzt wurde und nicht zur Querfinanzierung ganz anderer Aufgaben. Als dies von Ministerpräsident Modrow zugestanden wurde, war ein konkreter Schritt in Richtung substanzieller Verbesserungen getan. Bei einem ersten Treffen am 12. Dezember 1989 konnten die beiden Postminister Christian Schwarz-Schilling für die Bundesrepublik und Klaus Wolf für die DDR daher bereits darüber sprechen, dass beim Ausbau und der Modernisierung des DDR-Netzes möglichst gleich auf digitale Übertragungs- und Vermittlungstechnik gesetzt werden solle.[26]

Baustelle für den Neubau des Fernmeldeamtes Dresden.

Schon in dieser allerersten Phase der improvisierten Kontakte nach dem Mauerfall zeigten sich Besonderheiten im Verhältnis der beiden Seiten, die auch im Folgenden zu beobachten waren: Die Telekommunikationsbeziehungen galten als ein aus praktischen Gründen hochrangiges, aber zugleich politisch unbelastetes Problem, das pragmatisch und ergebnisorientiert angegangen werden konnte. Im Unterschied zu anderen Politikfeldern ließ sich hier sowohl über kurzfristige (bedarfsdeckender Leitungsausbau zwischen Ost und West) als auch langfristige Ziele (grundlegende Modernisierung des Fernmeldewesens in der DDR) schnell Übereinstimmung erreichen. Die Kooperationsbereitschaft der östlichen Seite hatte nicht nur damit zu tun, dass der seit dem 18. November amtierende Postminister Wolf ein pragmatischer, an den technischen Betriebsabläufen interessierter Politiker war, sondern auch damit, dass er mit der absehbaren Verfügung über die Postpauschale ein früher »Gewinner« des Umbruchs war, dem sich völlig neue Handlungsspielräume eröffneten.[27] Und es zeichnete sich schon bald ab, dass sich die östliche Seite sowohl technisch als auch organisatorisch immer mehr an der Bundesrepublik orientierte. Ein wichtiges Indiz hierfür ist die im März 1990 anlaufende Organisationsreform im DDR-Ministerium für Post und Fernmeldewesen, das nun in die vier Bereiche Telekommunikation, Post- und Pressevertrieb, Unternehmens-, Betriebs- und Finanzwirtschaft sowie industrielle Produktion unterteilt wurde – »im Grunde eine durch die institutionellen Spezifika der DDR modifizierte Kopie der bundesdeutschen Postreform«.[28]

Kabelverlegearbeiten.

In einem politischen Umfeld, in dem quasi im Wochentakt kontrovers diskutierte Grundsatzfragen des Einigungsprozesses auf der Tagesordnung standen, knüpften die Telekom-Verantwortlichen mit erstaunlicher Effizienz und Schnelligkeit ihr Beziehungsnetz und eilten in ihren Planungen den übergeordneten politischen Entscheidungen zum Teil sogar voraus. Fünf Tage vor den ersten freien Parlamentswahlen in der DDR am 18. März 1990 vereinbarten die beiden Ministerien die Schaffung einer Postunion bis zum Jahr 1995 sowie die Übernahme aller technischen Standards der Bundesrepublik mit dem Ziel, die Verhältnisse in Ost und West bis zum Jahr 2000 einander anzugleichen. Bereits im folgenden Monat legte man die Grundlinien für die Fusion beider Behörden/Unternehmen auf Basis der durch die bundesrepublikanische Postreform geschaffenen Strukturen fest und begann die Planungen für das langfristige Ausbauprogramm »Telekom 2000«.[29]

Mehrere Faktoren begünstigten diesen Schnellstart: Sowohl der Handlungsdruck als auch die Handlungsspielräume waren groß, und die Beteiligten waren in der Lage, diese Spielräume für rasche Entscheidungen zu nutzen. Dabei kam ihnen der völlig desolate Zustand des östlichen Telefonsystems entgegen. Wo es faktisch um den Neuaufbau der technischen Infrastruktur ging, gab es keine einschränkenden technologischen »Pfadabhängigkeiten«. Die große strukturelle Ähnlichkeit der beiden Monopolbehörden bzw. -unternehmen trug das ihre zur Verständigung bei, und dort, wo sich beide unterschieden, wurden die Differenzen durch eine zügige Selbstanpassung der östlichen Seite an die westlichen Strukturen ausgeglichen. Auch hat man den Eindruck, dass die Beteiligten durch den gleichen Geist verbunden waren, den man wohl am ehesten als eine technisch-pragmatische »Macher«-Haltung beschreiben kann.

In der Vereinigungskonstellation der Telekom ging es vordringlich und vor allem um den Neuaufbau der Telekommunikationsinfrastruktur in der DDR bzw. den neuen Ländern unter den Bedingungen eines west-östlichen Institutionentransfers. Schon bald machte sich jedoch bemerkbar, dass auch das westliche Modell selbst in einem unabgeschlossenen Umbauprozess steckte. Kaum waren die Pflöcke für den Fusionsprozess eingeschlagen und die Zielperspektiven des Ausbauprogramms formuliert, brach der durch die Postreform von 1989 nur vorläufig beigelegte ordnungspolitische Konflikt um die

Frage »Staat oder Privat« wieder auf – jetzt zusätzlich aufgeladen durch den Streit darüber, wie die Herkulesaufgabe in den neuen Ländern am besten zu lösen sei. Die Telekom setzte auf das staatliche Netz- und Telefonmonopol als Voraussetzung für einen nachhaltigen Aufbau der Telekommunikationsinfrastruktur in den neuen Ländern. Dagegen drängten Wirtschaftsverbände, einschlägig interessierte Unternehmen aus dem In- und Ausland sowie die FDP darauf, privaten Unternehmen den Aufbau und Betrieb eigener Netze und Telefondienste zu genehmigen, um den »Aufbau Ost« durch die Freisetzung wirtschaftlichen Wettbewerbs zu beschleunigen. Zusätzlicher Druck kam dadurch in die Debatte, dass Politik, Wirtschaft und Bevölkerung eine umgehende, durchgreifende Leistungsverbesserung erwarteten und sei es durch kurzfristige Improvisationen oder unorthodoxe Maßnahmen, während die Planer der vereinten Telekom auf langfristig zukunftsfähige Lösungen setzten. Sollte es nicht gelingen, die durch den Vereinigungsprozess noch einmal schlagartig gestiegene Nachfrage nach einem reibungslos funktionierenden Telefonsystem zu befriedigen, hätten die Befürworter einer umgehenden Privatisierung weiter Auftrieb erhalten. Erst als sich die Verhältnisse Mitte 1991 mit Inbetriebnahme des Overlay-Netzes fühlbar verbesserten, konnte die Telekom die Leistungsfähigkeit ihres Modernisierungskonzeptes öffentlich demonstrieren und die Akzeptanz für ihren Weg stieg. Der Druck der wieder aufgeflammten politischen Debatte um die Berechtigung der verbliebenen Monopolrechte hatte den Aufbauprozess beschleunigt, ohne dass damit allerdings die ordnungspolitische Grundfrage geklärt worden wäre.

Wie eng der »Aufbau Ost« und die Liberalisierung des Telekommunikationssektors miteinander verzahnt waren, zeigte sich schließlich auch in den politischen Auseinandersetzungen um die Finanzierung der Einheit. So erwogen Bundeskanzler und Finanzminister Ende 1990, die Telekom zu privatisieren und zu verkaufen, um die Gelder zur Finanzierung der Wiedervereinigung heranzuziehen.[30] Da sich dies kurzfristig nicht realisieren ließ, forderte der Finanzminister eine drastisch erhöhte Ablieferung der Telekom an den Bundeshaushalt in Höhe von 20 Mrd. D-Mark. Auch wenn der Betrag letztlich auf eine zusätzliche Ablieferung von vier Mrd. D-Mark gesenkt wurde, trugen dieser Aderlass und die exorbitanten Kosten des Aufbaus in den neuen Ländern dazu bei, die Ertragslage der Telekom erheblich zu verschlechtern.[31] So stimulierten die Folgeeffekte des Vereinigungsprozesses Mitte 1991 eine Debatte, die schließlich in die Postreform II vom September 1994 mündete, die den Weg zur definitiven Privatisierung der Telekom wie auch der anderen ehemaligen Postdienste ebnete.[32]

Diese Entwicklung zeigt deutlich, wie sehr das Verhältnis zwischen der Telekom im Vereinigungsprozess und ihrem politischen

Umfeld ein Wechselwirkungsverhältnis war: Die Politik setzte den Rahmen, innerhalb dessen sich das Unternehmen in den Turbulenzen der Vereinigung bewegte; der Vereinigungsprozess generierte allerdings seinerseits Effekte, die auf das politische Umfeld zurückwirkten und dem in den 1980er Jahren begonnenen Strukturwandel neue Impulse gaben. Im Ergebnis verschränkten sich so Vereinigung und strukturelle Innovation auf überraschend erfolgreiche Weise. Auch dies unterscheidet die Vereinigungsgeschichte der Telekom von anderen Politikfeldern, Branchen oder Sektoren der öffentlichen Verwaltung, in denen die Herausforderungen der Wiedervereinigung eher zur Konservierung eingefahrener »westlicher« Lösungen führten.[33]

Wolfgang Brnjak

Globalisierung und technologischer Fortschritt in der Telekommunikation – Von der Notwendigkeit, bewährte Dinge zu verändern

Die Telekommunikation spielt seit langer Zeit im Leben des Menschen eine immens wichtige Rolle. Um ihre Bedeutung aufzuzeigen, ist es wichtig, die Kommunikation selbst zu beleuchten. Dabei wird ihr zentraler Platz in unserer Gesellschaft deutlich, da sie die Grundvoraussetzung für die Ausübung der meisten Grundrechte schafft, die in unserer Verfassung verankert sind.[34] Denn um eine Individualität und Identität erst entstehen zu lassen, bedarf es der Kommunikation untereinander. Sie ist daher Fundament für das selbstständige Lernen und die Herausbildung eigener Werte. Ohne Kommunikation wäre weder eine wirtschaftliche noch eine berufliche Betätigung möglich.

Außerhalb der Rufweite ist eine Kommunikation untereinander auf technische Unterstützung angewiesen. Mithilfe der Technik werden uns zeitliche und räumliche Möglichkeiten der Kommunikation eröffnet. Eine Veränderung der Telekommunikation, wie sie mit der raschen Entwicklung der letzten Jahrzehnte erfolgt ist, beeinflusst verschiedene Bereiche der Gesellschaft, der Arbeitswelt und des privaten Lebens immens.

Neben den rasanten Fortschritten auf dem Gebiet der Telekommunikation – von den Erfindungen des elektronischen Telegrafen und des Telefons im frühen bzw. späten 19. Jahrhundert über die heutigen mobilen Cloud-Anwendungen – ist in unserer Gesellschaft das grundsätzliche Ansteigen des Kommunikationsaufkommens die nachhaltigste Änderung.

Früher sorgten Massenkommunikationsmittel wie z. B. Zeitungen dafür, dass die Menschen besser informiert waren. Sie konnten verfolgen, was sich außerhalb ihres Einzugsgebietes ereignete, und gewannen durch die Zunahme an Informationen auch die Möglichkeit, ihren Wissenshorizont zu erweitern. Mithilfe der neuen Kommunikationsmittel wurden die Ereignisse der Welt zum Gesprächsthema für jedermann. Damit war der Grundstein für unsere heutige Informationsgesellschaft gelegt.

Nach der Erfindung des Telefons dauerte es noch einige Jahrzehnte, bis sich die technischen Voraussetzungen zur Etablierung landeswei-

Linke Seite: Alte und neue Welt. Umsetzerrichtfunkanlage und historischer Turm.

ter Telekommunikationsnetze Anfang des 20. Jahrhunderts ergaben. Die fundamentale Bedeutung von Telekommunikationsnetzen für das gesamte gesellschaftliche Leben führte schnell zu einer flächendeckenden Organisation in den meisten europäischen Ländern. Die Bedeutung der Telekommunikation war für den Staat so herausragend, dass der Aufbau einer Netzinfrastruktur als staatliche Aufgabe gesehen wurde. Der Ausbau der Netze durch die Deutsche Reichspost sowie die Durchdringung des privaten und wirtschaftlichen Lebens mit Telefonen waren vor allem seit den 1920er Jahren stark wachsend.

Entwicklung und Rolle der Telekommunikation während des Übergangs von der Industrie- zur Wissensgesellschaft

Nach Ende des Zweiten Weltkriegs mussten zunächst die Kriegsschäden beseitigt werden; insbesondere an Sendemasten und Telefonvermittlungsstellen. Daneben wurde die Hörfunkübertragung und später die Fernsehübertragung aufgebaut. Aufgrund der politischen und wirtschaftlichen Entwicklung der 1950er Jahre entstand in Westdeutschland rasch ein modernes Fernverkehrsnetz. Die hierfür nötigen zusätzlichen Personalkapazitäten ließen den Fernmeldebereich der Deutschen Bundespost in die roten Zahlen rutschen. Der technische Fortschritt ließ 1955 das »Fräulein vom Amt« bei innerdeutschen Gesprächen zur Geschichte werden; ganz im Gegensatz zur Deutschen Post im Osten, wo auf diese Weise noch bis zur Wiedervereinigung die Auslandsgespräche vermittelt wurden.

Bis Ende der 1980er Jahre war die Basis der Fernmeldetechnik weitgehend die analoge Signalverarbeitung. Für einzelne Dienste wurden spezifische Netze und Endgeräte bereitgestellt. Die Vermittlung der Gespräche übernahmen in den technischen Vermittlungsstellen elektromechanische Wählsysteme. Ende der 1980er Jahre begann der Übergang von den analogen zu den digitalen Netzen.

Im Zuge der rasanten Entwicklung des technologischen Fortschritts auf dem Gebiet der Telekommunikation sowie der weltweit fortschreitenden Globalisierung lassen sich übergreifende Merkmale hinsichtlich eines strukturellen und gesellschaftlichen Wandels beobachten. Dabei vollzieht sich dieser gesellschaftliche Wandel gegenwärtig von einer insbesondere bis zum Ende der 1980er Jahre des letzten Jahrhunderts geprägten Industriegesellschaft hin zu einer Wissensgesellschaft.

Bereits seit den 1970er Jahren wurden die Auswirkungen der Technologisierung auf die gesellschaftliche Entwicklung im Allgemeinen und den Menschen als Individuum im Besonderen kontrovers diskutiert. Die Informations- und Kommunikationstechnologien sind aus dem Leben des modernen Menschen nicht mehr wegzudenken: Digitalisierung, Electronic Commerce, Internet, Breitband, WLAN oder soziale Netzwerke sind nur einige Schlagworte der Wissensgesellschaft. Mit der Schaffung der strukturellen Voraussetzungen für einen Wandel von einer Industrie- zu einer Wissensgesellschaft durch die Liberalisierung bisheriger monopolgeprägter Telekommunikationsmärkte, die in Westdeutschland durch die Postreformen der 1990er Jahre sowie die Deregulierung des Telekommunikationsmarktes gekennzeichnet ist, wurde ein Prozess in Gang gesetzt, der heute als Revolution der Informations- und Kommunikationstechnologie bezeichnet werden kann.

Vorboten einer Postreform in der Bundesrepublik

Bereits Mitte der 1960er Jahre bestanden Zweifel daran, inwieweit die nach dem Zweiten Weltkrieg geschaffene traditionelle Organisationsstruktur der Deutschen Bundespost den Anforderungen einer hochtechnisierten Wirtschaft und modernen Industriegesellschaft gerecht werden konnte. Die erste Postreform hatte also, bevor sie zu Beginn der 1990er Jahre rechtskräftig wurde, eine relativ lange Vorlaufzeit.

Seit den 1950er Jahren stieg der Bedarf an Telefonanschlüssen und Datenverbindungen kontinuierlich an. Die Deutsche Bundespost war zunächst nicht in der Lage, diese Nachfrage zu befriedigen (bis zur Mitte der 1960er Jahre hatte sich ein Auftragsbestand von 500.000 Telefonanschlüssen angesammelt). Gleichzeitig stiegen die Kosten, ohne dass die Möglichkeit bestand, hierauf mit einer Erhöhung der Gebühren zu reagieren, da dies politisch nicht tragfähig war. Von 1961 bis 1965 summierten sich die Verluste der Bundespost auf mehr als 560.000 D-Mark. In der Bevölkerung machte sich Unmut über die mangelnde Versorgung und die bürokratische Schwerfälligkeit der Bundespost breit und stieg weiter an, als Ende 1964 die Gebühren als Reaktion auf die zugespitzte finanzielle Lage doch noch erhöht wurden.

Die Organisationsform der Bundespost erwies sich in jeglicher Hinsicht als ineffizient. Die Reformversuche der 1960er Jahre zielten auf eine organisatorische und finanzielle Umgestaltung der Bundespost, während ordnungspolitische oder regulatorische Fragen noch nicht zur Diskussion standen. Die Debatte führte jedoch zu keiner Einigung, weswegen die Reformideen schließlich fallen gelassen wurden. Auch erneute Diskussionen in den 1970er Jahren, welche auf eine Verbesserung der Finanzierungsgrundlage zielten, scheiterten.

Zunehmend kam seitens der Industrie Kritik an der Monopolstellung der Bundespost auf; zunächst von Unternehmen der Informationstechnologiebranche. Nun wurde über die Ordnungspolitik im Telekommunikationsbereich öffentlich diskutiert, allerdings auch hier ohne Ergebnis.

Die Deutsche Bundespost vor der Reform und die Notwendigkeit zur Veränderung

Die Grundversorgung mit Leistungen des Telekommunikationsbereichs sollte flächendeckend gesichert und für alle zugänglich sein. Die Ausschaltung von Wettbewerb durch ein staatlich verordnetes Monopol galt als die effizienteste Lösung, um eine flächendeckende und preisgünstige Versorgung mit Telekommunikationsdiensten zu garantieren; analog zu anderen Infrastrukturleistungen. Nachfolgender historischer und gesetzlicher Rahmen regelte das Monopol:

1892: Gesetz über das Telegrafenwesen des Deutschen Reichs
1899: Telegrafenwegegesetz
1924: Reichspostfinanzgesetz
1928: Weimarer Gesetz über Fernmeldeanlagen
1949: Gesetz über den Amateurfunk
1949: Grundgesetz der Bundesrepublik Deutschland
1953: Postverwaltungsgesetz

Mit der Entstehung des Telegrafengesetzes von 1892 wurde das durch den Staat bereits von Anfang an praktizierte Monopol auf dem Gebiet des Fernmeldewesens gesetzlich manifestiert. Die Ende des 19. Jahrhunderts aufkommenden Fernsprecher wurden in das bereits bestehende staatliche Monopol des Telegrafenwesens eingegliedert. Die Väter des Grundgesetzes (GG) ließen das ordnungspolitische Modell der Telekommunikation in seinen Grundstrukturen unangetastet. Auf verfassungsrechtlicher Ebene der Bundesrepublik legte nun der Artikel 87 I GG (alte Fassung) fest, dass die Deutsche Bundespost in bundeseigener Verwaltung mit einem eigenen Verwaltungsunterbau zu führen sei.[35]

Das Fernmeldeanlagengesetz wies dem Bund ein umfassendes Alleinrecht zum Errichten und Betreiben sämtlicher Telekommunikationssysteme und -dienstleistungen zu. Ein Monopol bestand daher beim Errichten und Betreiben von Fernmeldenetzen (Netzmonopol), beim Angebot von Diensten zur Nachrichtenübermittlung (Dienstemonopol), bei der Überlassung und Wartung von Endgeräten (Gerätemonopol) sowie bei Entscheidungen über technische Ausgestaltung (Infrastrukturmonopol). Das 1953 in Kraft getretene Postverwaltungsgesetz regelte, dass sämtliche Ausgaben der Bundespost durch eigene Einnahmen zu decken waren. Aufgrund ihrer Stellung als Sondervermögen genoss die Deutsche Bundespost eine verhältnismäßig große Unabhängigkeit von äußerer politischer Einflussnahme. Einen relativ großen Einfluss auf die Deutsche Bundespost hatte neben dem Bundespostminister auch der Bundesfinanzminister, insbesondere bei der Festlegung des Haushaltsplans und der Höhe der Gewinnabführung an den Bundeshaushalt.

Die Notwendigkeit einer Reform des Post- und Fernmeldewesens ergab sich aus mehreren Faktoren: Die Bereiche des Fernmeldewesens und der Datenverarbeitung bildeten früher klar voneinander abgegrenzte Marktsegmente, die auf technologischen Unterschieden basierten. Es gab Geräte und Anwendungen. Jedes bildete ein klar voneinander differenziertes Segment. Mit der technologischen Weiterentwicklung wurden Endgeräte und Softwareprodukte kombiniert, und die Märkte wuchsen zusammen. Dabei wurde das Monopol im Telekommunikationsbereich erstmals zum Hemmnis für die notwendige Entwicklung. Das Fernmeldeanlagengesetz traf nämlich zwischen Netz- und Dienstleistung keine Unterscheidung. Nun aber teilten sich die Telekommunikationssysteme in die drei Ebenen Netz, Dienst und Endgeräte. Durch das in Westdeutschland ausgebaute lückenlose Netz konnten die Konsumenten freie Dienstleistungen in Anspruch nehmen und durch die Einführung von universellen Netzanschlüssen unterschiedliche Endgeräte anschließen.

Der Bereich der traditionellen Fernmeldedienste (Telefon, Telex, Telegrammdienst) stagnierte seit den 1970er Jahren. Der Rückgang der Neuanschlüsse konnte auch durch das Verkehrswachstum im Telefondienst von jährlich ca. fünf Prozent nicht kompensiert werden. Stattdessen eröffneten sich neue Märkte für erweiterte und neuartige Telefondienste: Telefondienste mit höherwertigen Komfortmerkmalen, Telefondienste mit besserer Sprachqualität, Dienste zur Übermittlung von Texten und Grafiken sowie Mehrwertdienste (z. B. Teleeinkauf, Kontoführung per Telefon oder Computer, internationale Buchungs- und Reservierungssysteme, Börseninformationen etc.).

Für die Telekommunikationsindustrie, die immer Voraussetzung für das Wachstum anderer Branchen war, bedeutete dies hohe Wachstumsraten für die folgenden Jahre. Die monopolistische Organisationsform des Telekommunikationsbereichs behinderte nicht nur das Wachstum der privaten Anbieter von Datenverarbeitung und Bürokommunikation, sondern auch die eigenen Wachstumsmöglichkeiten.

Neben dem nationalen Markt spielten auch internationale Aspekte eine wichtige Rolle bei der Argumentation für eine Postreform. In zahlreichen Industrieländern wie den USA, Japan und Großbritannien setzte die Deregulierung bereits zwei bis drei Jahrzehnte früher als in der Bundesrepublik ein. Immer mehr Länder wie z. B. die Schweiz, Belgien, Australien oder die skandinavischen Länder zogen nach. Um international wettbewerbsfähig zu bleiben, war die Bundesregierung gezwungen, ihre Telekommunikationspolitik zu überdenken und an die Entwicklungen des Weltmarktes anzupassen. Eine Abschottung der deutschen Telekommunikationsindustrie hätte deutsche Unternehmen behindert und ihre Wettbewerbsfähigkeit auf dem Weltmarkt eingeschränkt. Als Mitglied der Europäischen

Gemeinschaft war die Bundesrepublik Deutschland auch deren Richtlinien und Leitgedanken verpflichtet. Diese Politik zielte auf die Öffnung und Vereinheitlichung der nationalen Märkte sowie auf eine Umstrukturierung der Informations- und Kommunikationsindustrien der einzelnen Länder ab, um einen gemeinsamen, global wettbewerbsfähigen, europäischen Markt zu schaffen.

Ziele der Umstrukturierung der Bundespost waren insbesondere die Ausschöpfung der Wachstumschancen auf den Informations- und Kommunikationsmärkten (Mehrwertdienste). Ende der 1980er Jahre betrug in Westdeutschland der Anteil der Telekommunikationsindustrie am Bruttosozialprodukt zwei Prozent. Bis zum Jahr 2000 wurde eine Steigerung auf sieben bis neun Prozent erwartet. Technologische und anwendungsbezogene Innovationen sollten durch Intensivierung des Wettbewerbs gefördert werden. Der Infrastrukturauftrag war zu sichern: Das weiterhin bestehende Netzmonopol der Deutschen Bundespost sollte eine flächendeckende Versorgung mit Grunddiensten, dem Grundgesetz entsprechend, garantieren. Schließlich sollte sich die Deutsche Bundespost auf den EG-Binnenmarkt ausrichten. Die nationalen Fernmeldemärkte sollten nach den Grundsätzen der Europäischen Gemeinschaft geöffnet werden. Außerdem sollte ein Abbau von ordnungspolitischen und institutionellen Hemmnissen im Fernmeldewesen erfolgen.

Ergebnis der ersten Postreform: Die Deutsche Bundespost Telekom entsteht

Das im Rahmen der ersten Postreform geschaffene Poststrukturgesetz gliederte die Deutsche Bundespost in eigenständige öffentliche Unternehmen mit Teilsondervermögen: Deutsche Bundespost Telekom, Deutsche Bundespost Postdienst und Deutsche Bundespost Postbank.

Es trat zum 1. Juli 1989 in Kraft und nahm eine klare Trennung von hoheitlichen und unternehmerischen Aufgaben vor. Letztere wurden aus dem Ministerium ausgegliedert und in drei Segmente aufgespalten. Die hoheitlichen und politischen Aufgaben wurden dem Bundesminister für Post- und Telekommunikationswesen zugewiesen. Die Aufsichtsräte und die Leitungen der Unternehmen waren verpflichtet, ihm bei Anforderung Auskunft zu erteilen und Wirtschaftsprüfungen zuzulassen. Zusätzlich war die Vertretung der Bundespost gegenüber dem Ausland durch den Bundespostminister vorgesehen.

Telefon der Deutschen Bundespost, Modell Porsche.

Da die hoheitlichen Aufgaben des Bundespostministers eine maßgebliche Auswirkung auf die infrastrukturelle, wirtschaftspolitische, regional- und strukturpolitische Entwicklung der Bundesrepublik hatten, wurde im Poststrukturgesetz die Bildung eines Infrastrukturrates festgelegt. Der Infrastrukturrat, der sich aus je elf Vertretern von Bundestag und Bundesrat zusammensetzte, wirkte bei Entscheidungen des Bundespostministers, die die Daseinsvorsorge und die infrastrukturelle Entwicklung betrafen, in Form von Stellungnahmen bzw. Empfehlungen mit. Dadurch sollte eine flächendeckende Grundversorgung mit Telekommunikationsdienstleistungen garantiert werden.

Die Dienstleistungen der Deutschen Bundespost Telekom setzten sich nunmehr aus zwei Arten von Diensten zusammen: einerseits aus den Infrastrukturdiensten und andererseits aus den freien Leistungen. Zu den Infrastrukturdiensten gehörten die Monopolleistungen (Netz- und Telefondienst) und die Pflichtleistungen. Pflichtleistungen waren Dienste, die im Interesse der Öffentlichkeit durch das Gesetz vorgegeben waren, die aber auch im Wettbewerb mit privaten Konkurrenten standen. Hierzu zählten beispielsweise Endgeräte, der Satellitenfunk und der Mobilfunk. Die möglichen Verluste, die daraus resultieren konnten, sollten durch Überschüsse aus dem Monopolbereich ausgeglichen werden.

Telefon der Deutschen Bundespost, Modell Mickey Mouse.

Wie gezeigt, ließen sich aufgrund der technischen Entwicklung die einst getrennten Marktsegmente der Telekommunikation nicht mehr klar voneinander separieren. Dennoch musste die Grundversorgung sichergestellt werden. Aus diesem Grund wurde eine vollständige Öffnung des Telekommunikationsmarktes für den Wettbewerb (seinerzeit noch) abgelehnt. Die Deutsche Bundespost Telekom nahm somit auch nach der Reform eine Sonderstellung auf dem Telekommunikationsmarkt ein. Allerdings wurden die Telekommunikationsdienste, die Mehrwertdienste und die Endgeräte für den Wettbewerb freigegeben.

Die neue Vielfalt an Endgeräten.

»Kann ich das dann sofort mitnehmen?«
Im April 1990 traf eine Abordnung der Geschäftsleitung des Fernmeldeamtes und des Fernmeldebauamtes Magdeburg bei uns im Fernmeldeamt Braunschweig ein. Nach einem vorsichtigen Abtasten und Kennenlernen kamen wir intensiver ins Gespräch. Es wurde viel fachlich ausgetauscht, da waren die Ingenieure unter sich. Dabei erinnere ich mich an eine Situation im Telefonladen, den wir besichtigten. Hier waren Telefone wie Mickey Mouse, Potsdam, Telefone mit Wählscheibe oder Tasten in Farngrün, Lachsrot etc. ausgestellt. Die nachfolgende Konversation spielte sich etwa so ab: Ein Magdeburger Kollege fragte eine Verkäuferin: »Wenn ich mich für dieses Telefon entscheide, kann ich das dann sofort mitnehmen?« »Ja, kein Problem.« »Und wenn ich zwei haben will?« »Auch kein Problem.« Die Verkäuferin schaute in einen Schrank und sagte: »Davon habe ich hier noch sieben und im Lager noch so etwa 20 Stück.« Mit einem lachenden Gesicht fuhr sie fort: »Wenn Sie mir das nötige Geld geben, können Sie alle mitnehmen.« Der Magdeburger Kollege nickte und grinste ein wenig verhalten. Erst später konnte ich in meiner »Magdeburger Zeit« diese Frage des Kollegen wirklich einordnen.
Reinhard Genderka

An den Monopolen der folgenden Bereiche wurde jedoch weiterhin festgehalten: Übertragungswege (Netzmonopol), Funkanlagen (Funkanlagenmonopol), Vermittlung von Sprache (Telefondienstmonopol), Briefmonopol der Deutschen Bundespost Postdienst.

Unter Kosten- und Effizienzgesichtspunkten schien es nicht sinnvoll zu sein, mehrere oder auch nur ein weiteres Netz neben dem der Bundespost in Deutschland zu betreiben. Bei einer Öffnung der Netze für den Wettbewerb lag es auf der Hand, dass private Anbieter sich nur auf hochfrequentierte – und damit lukrative – Verbindungen spezialisieren würden. Einzelne Übertragungsstrecken im Fernnetz hätten sich für private Anbieter nicht rentiert, sodass sich in der Folge eine Wettbewerbsverzerrung zugunsten der Kunden an rentablen Strecken ergeben hätte. Investitionen wären vom Wettbewerb vorwiegend in die rentablen Fernverbindungsnetze geflossen, während insbesondere die ländliche Netzinfrastruktur vernachlässigt worden wäre. Das Ziel der damaligen Bundesregierung war es somit, ein flächendeckend ausgebautes und in allen Regionen zu gleichen Bedingungen zugängliches Netz sicherzustellen.

Neben dem Argument der gleichmäßigen Versorgung hatten auch Gründe der Finanzkraft der Bundespost ihre Berechtigung, denn sie wäre mit einem Mittelabfluss aus rentablen Strecken nicht mehr in der Lage gewesen, flächendeckend auch Nebenstrecken zu bedienen.

Im Vergleich zu dem Fernmeldemonopol der Bundespost vor der Reform unterschied sich das Monopol nach der Reform in der Definition des Begriffs des Netzmonopols und trennte die Dienste nun strikt voneinander. Während vor der Reform noch alle Grundfunktionen eines Fernmeldenetzes unter den Monopolbegriff fielen, bezog es sich nun nur noch auf die reinen Übertragungsfunktionen. Wenige Monate nach der Neustrukturierung der Deutschen Bundespost ereignete sich ein weitaus bedeutsameres nationales Ereignis: der Fall der innerdeutschen Mauer am 9. November 1989 und knapp ein Jahr danach die Wiedervereinigung.

Die Notwendigkeit weiterer grundlegender Reformen

Die erste Postreform brachte entscheidende organisatorische Fortschritte, dienstrechtliche Veränderungen und ordnungspolitische Neuorientierungen im Telekommunikationssektor mit sich. Die positiven Folgen dieser Liberalisierung führten zu einem dynamischen Wachstum des inländischen Marktes und einer deutlichen Verbesserung der Stellung der Bundesrepublik auf dem internationalen Telekommunikationsmarkt. Trotz dieser Erfolge wurde kritisiert, dass die Postreform nicht weit genug gegangen sei. Der Fall der Mauer stellte die Bundespost-Unternehmen, besonders die Deutsche

Bundespost Telekom, vor eine schwierige Herausforderung. In den neuen Bundesländern herrschte bei einer sehr geringen Telefonanschlussdichte (sieben Prozent der Haushalte mit Anschluss im Vergleich zum damaligem Westdeutschland mit 92 Prozent der Haushalte) ein erheblicher Nachholbedarf. Von der ehemaligen Deutschen Post der DDR übernahm die Deutsche Bundespost Telekom 1,3 Mio. unerledigte Anträge von Privatkunden. Und dies war nur die Spitze des Eisberges. Obwohl bis 1993 von der Telekom zusätzlich mehr als 2,2 Mio. Anschlüsse im Osten Deutschlands neu geschaltet wurden, wuchs der Bestand an unerledigten Aufträgen in diesem Zeitraum auf deutlich mehr als zwei Mio. an. Hinzu kam noch der steigende Bedarf seitens der Wirtschaft. Ein immenser Kapitalaufwand war erforderlich. Ziel der Telekom war es, in einem Zeitraum von sieben Jahren ein modernes Telekommunikationsnetz in Ostdeutschland aufzubauen.

In den Jahren 1989 und 1990 fuhr die Telekom noch relativ hohe Gewinne ein. In den folgenden Jahren jedoch verschlechterte sich ihre finanzielle Lage drastisch aufgrund der immensen Summen, die in den Aufbau der Telekommunikationsinfrastruktur der neuen Bundesländer flossen. So hatte die Telekom 1991 zum ersten Mal seit 20 Jahren keinen Gewinn zu verzeichnen. Dagegen stiegen die Investitionen in Ostdeutschland von ca. zehn Mrd. Euro im Jahr 1990 auf mehr als 14 Mrd. Euro im Jahr 1992. Insgesamt sah ein Siebenjahresplan Investitionen in Höhe von ca. 102 Mrd. Euro in ganz Deutschland vor. Dies führte zu einem Anstieg der Nettokreditaufnahme der Deutschen Bundespost Telekom, bis diese 1992 mit nahezu neun Mrd. Euro ihren Spitzenwert erreichte.

Mit der zunehmenden Verschuldung sank zwangsläufig der Anteil des Eigenkapitals der Telekom. Bereits im ersten Jahr der Existenz der Deutschen Bundespost Telekom unterschritt der Anteil des Eigenkapitals die gesetzlich vorgeschriebene Mindestgrenze von 33 Prozent, und bis 1993 sank der Eigenkapitalanteil auf 22 Prozent. In diesem Jahr wurden auch die höchsten Verluste realisiert (ca. 1,5 Mrd. Euro). Um die finanzielle Lage der Telekom zu verbessern, forderte der Vorstand Geldzuschüsse vom Bund als Eigentümer. Auch die Ablieferungen an den Bund sollten gemindert und die Verluste des Schwesterunternehmens DBP Postdienst im Osten nicht mehr ausgeglichen werden. Diese Maßnahmen sollten zu einem Anstieg der Eigenkapitalquote auf 40 Prozent führen. Der Bund ging jedoch auf diese Forderungen nicht ein. Aufgrund der ökonomischen Transformationsprozesse sah sich der Bund nicht in der Lage, die für die Eigenkapitalaufstockung notwendigen Zahlungen zu leisten. Die Verhandlungen zwischen dem Finanz- und dem Postminister endeten damit, dass die Deutsche Bundespost Telekom in den neuen Bundesländern keine Abgaben mehr an den Bund zahlen musste. Dies führte jedoch zu Einsparungen von insgesamt nur 0,87 Mrd. Euro, sodass die Verschuldung des Unternehmens bis 1994 auf ca. 63,9 Mrd. Euro anstieg.

Die dynamische Entwicklung der technischen Möglichkeiten führte außerdem zu Veränderungen in der Kundennachfrage. Besonders Großkunden waren zunehmend auf weltweit integrierte Telekommunikationslösungen angewiesen. Die Deutsche Bundespost Telekom war von der internationalen Entwicklung durch das Fortbestehen des Artikels 87 GG (alte Fassung) und der dadurch auferlegten Schranken jedoch weitgehend ausgeschlossen. Für das Agieren auf internationalen Märkten, bei denen ein Wettbewerb bestand, vor dem das Unternehmen im eigenen Land gesetzlich geschützt wurde, war ein hohes Maß an Flexibilität und betriebswirtschaftlicher Orientierung erforderlich. Darüber hinaus traten am 1. Januar 1993 die Regelungen zum Europäischen Binnenmarkt in Kraft. Eine Privatisierung des Telekommunikationssektors war durch europäisches Recht zunächst nicht zwingend vorgeschrieben. Dennoch geriet die Bundesregierung zunehmend unter Zugzwang, da durch die Rechtsakte der Europäischen Kommission sowie die Urteile des Europäischen Gerichtshofs zur Telekommunikation die Entwicklung zur konkreten Umsetzung der Empfehlungen verstärkt gefordert wurde.

Aufgrund der oben aufgeführten Gründe war eine erneute Reform des Telekommunikationssektors unumgänglich. Dabei stand die Notwendigkeit einer Verfassungsänderung außer Frage. Deshalb galt es, die Schranken, die durch den Artikel 87 GG (alte Fassung) gegeben waren, zu beseitigen. Außerdem musste das Problem des Kapitalmangels, das Investitionen auf den internationalen Märkten verhinderte, selbst wenn sie gesetzlich möglich gewesen wären, gelöst werden. Da der Bund als Eigentümer nicht imstande war, die nötige Eigenkapitalaufstockung zu leisten, musste privates Kapital hinzugezogen werden, was nur durch eine entsprechende Änderung der Rechtsform der Deutschen Bundespost Telekom in eine Aktiengesellschaft möglich war. Auch dem stand der Artikel 87 GG entgegen.

Bereits 1991 begründete die Bundesregierung ihre Privatisierungsforderungen damit, dass die umgerechnet erwarteten zehn bis 15 Mrd. Euro Erlös aus dem Verkauf von Aktien zur Finanzierung des Transformationsprozesses in den neuen Bundesländern dienen könnten. Das Eigenkapital-Argument spielte hierbei zunächst keine Rolle. Das Verfassungsänderungsgesetz trat am 3. September 1994 in Kraft. Der Artikel 87 GG legte nunmehr die aus dem Sondervermögen Deutsche Bundespost hervorgegangenen Unternehmen als private Unternehmen fest. Dienstleistungen konnten fortan von privatwirtschaftlichen Unternehmen erbracht werden; genauer gesagt durch die aus der Deutschen Bundespost hervorgegangenen privatisierten, ursprünglich zur bundeseigenen Verwaltung gehörenden Unternehmen sowie weitere Wettbewerber. Hoheitsaufgaben im Bereich des

Postwesens und der Telekommunikation waren auch weiterhin in bundeseigener Verwaltung auszuführen.

Der einheitlich hohe Standard des Post- und Telekommunikationswesens in den einzelnen Ländern der Europäischen Union sollte die Infrastruktur Europas als wesentliche Grundlage der Wirtschaftsentwicklung, aber auch als einen eigenständigen zukunftsträchtigen und wachstumsfähigen Markt verbessern und damit den europäischen Markt stärken. Ebenso sollte die Wettbewerbsfähigkeit gegenüber dem amerikanischen und japanischen Markt erhöht werden. Die Unternehmen Deutsche Bundespost Postbank, Deutsche Bundespost Postdienst und Deutsche Bundespost Telekom wurden juristisch zu Aktiengesellschaften umgewandelt, die nunmehr als Deutsche Postbank AG, Deutsche Post AG und Deutsche Telekom AG firmierten. Die Notwendigkeit der dritten Postreform beruhte auf einem Beschluss des Rates der Europäischen Union, die gesamte Telekommunikationsinfrastruktur für den Wettbewerb zum 1. Januar 1998 zu öffnen. Das Argument der Größenvorteile, das lange Zeit für die Monopolisierung bestimmter Bereiche der Telekommunikation sprach, verlor zunehmend gegenüber anderen Faktoren, wie zum Beispiel der Vielfalt der Dienste, an Bedeutung. Die Vorstellung, dass ein staatliches Monopol zur flächendeckenden Versorgung notwendig sei, wurde abgelöst von der Leitidee, dass eine Ordnung, die auf Gewerbefreiheit, Individualrecht und Wettbewerb beruht, eine gesamtwirtschaftlich überlegenere Lösung ist. Mit der Öffnung der Märkte und dem Wegfall des Sprachmonopols entfiel auch die politische Ebene, die durch den Bundespostminister repräsentiert wurde.

Für die Deutsche Telekom AG aber bestand seit dem Fall der Mauer die Herausforderung nunmehr darin, neben den Vorbereitungen auf den zu erwartenden Wettbewerb und dem Meistern der zunehmenden Globalisierung inklusive des permanenten technologischen Fortschritts, die Telekommunikationsinfrastruktur in den neuen Bundesländern aufzubauen.

Eine moderne Telekommunikationsinfrastruktur als Grundlage für das wirtschaftliche Wachstum im Osten Deutschlands

Mit Einführung der Wirtschafts- und Währungsunion brach die industrielle Produktion der ehemaligen DDR in weniger als einem Jahr seit dem Mauerfall um rund die Hälfte ein und stürzte umso tiefer, als der Zustand der DDR-Wirtschaft so viel maroder war als zunächst erwartet.[36] Damit einher gingen der rapide Verfall und Abbau von Arbeitsplätzen in Ostdeutschland. So sank die Gesamtbeschäftigung in den neuen Bundesländern von ehemals 9,7 Mio. auf 5,3 Mio.

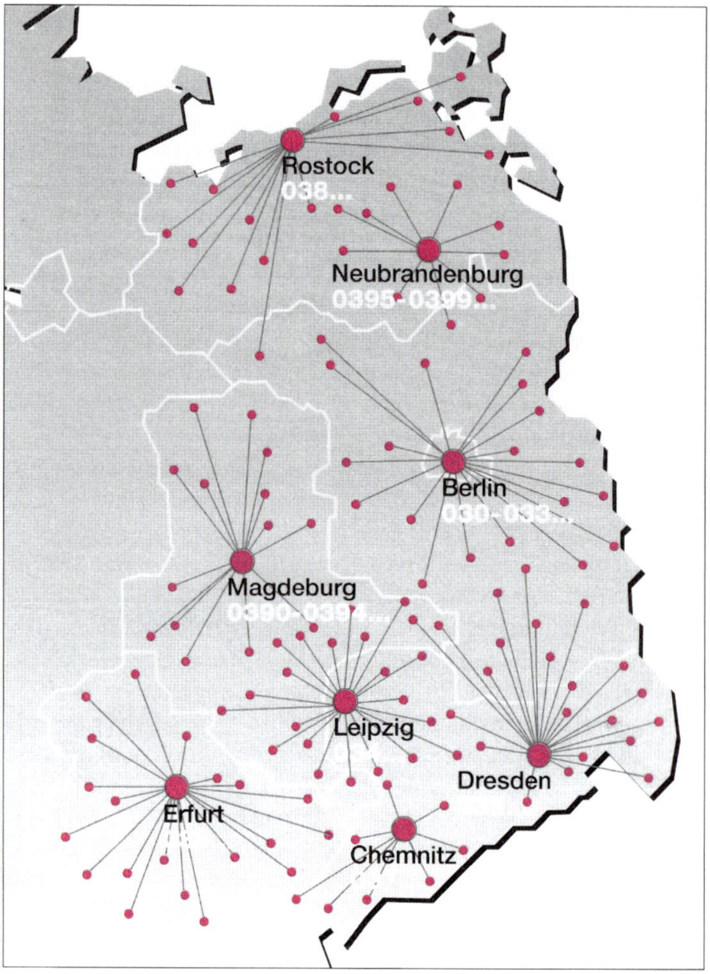

Die künftigen Kennzahlenbereiche in den neuen Bundesländern ab Sommer 1992. Abgebildet sind ebenfalls die neu entstandenen acht Haupt- und ihre zugehörigen Knotenvermittlungsstellen.

Erwerbstätige im Jahr 1994.[37] Die Arbeitsproduktivität in den Beitrittsländern lag, auch vor dem Hintergrund, dass der Export in die osteuropäischen Länder kurzfristig zusammenbrach, im Vergleich zur westdeutschen Wirtschaft bei nur rund 25 Prozent.[38] Die Wirtschaft in den neuen Bundesländern musste insbesondere den bislang verschleppten volkswirtschaftlichen Strukturwandel der Nachkriegszeit, der im Westen über Jahrzehnte in Gang und durch Arbeitsplatzabbau im hohen Maße gekennzeichnet war, möglichst kurzfristig nachholen.[39]

Im Westen vollzog sich bereits Anfang der 1990er Jahre ein doppelter struktureller Wandel. Neben dem bis zum heutigen Tag anhaltenden rasanten technologischen Fortschritt stellten die Globalisierung und der gesellschaftliche Wandel von einer Industrie- zu einer

Wissensgesellschaft eine für die Beitrittsländer zusätzliche enorme Herausforderung dar. Diese Umstände verschlechterten die Ausgangslage für eine erfolgreiche Transformation von Wirtschaft und Gesellschaft. Die damalige Bundesregierung sah sich folglich mit wirtschaftlichen und sozialgesellschaftlichen Problemen konfrontiert. Soziale Stabilität geht nur zu oft mit wirtschaftlichem Erfolg einher. Daher war es von entscheidender Bedeutung, auch vor dem Hintergrund anhaltender politischer Diskussionen in Ost und West zur Sinnfrage der Wiedervereinigung, äußerst schnell wirtschaftliche Erfolge zu erzielen. Eine wesentliche Voraussetzung für einen wirtschaftlichen Aufschwung stellt eine intakte Telekommunikationsinfrastruktur dar. Die Versorgung der Bevölkerung mit Telekommunikationsdienstleistungen war darüber hinaus zu einer gesellschaftspolitischen Dringlichkeit geworden. Ein schneller und erfolgreicher Auf- und Ausbau einer exzellenten Netzinfrastruktur im Osten Deutschlands wurde folglich als ein wesentlicher Faktor für eine erfolgreiche Transformation in den neuen Bundesländern und somit als Erfolg für das Unternehmen »Wiedervereinigung« gesehen.

In den Jahrzehnten nach dem Krieg bis zur Wende in der DDR hatte sich die Telekommunikationstechnologie und -infrastruktur in West und Ost sehr weit auseinanderentwickelt. Während die Netzinfrastruktur im Westen permanent bedürfnisorientiert weiterentwickelt wurde, wies die Versorgung im Osten erhebliche Engpässe auf, die nach der Wiedervereinigung in voller Tragweite offenkundig wurden.[40] Um diese Mammutaufgabe zu lösen, entwickelte die Telekom das Transformationsprogramm »Telekom 2000«, durch das innerhalb von nur sieben Jahren flächendeckend in den neuen Bundesländern die modernste Telekommunikationsinfrastruktur der Welt geschaffen werden sollte.

Kein Projekt wie andere

In der Evolution des deutschen Telekommunikationsnetzes hatte es immer wieder große Projekte gegeben: die Digitalisierung des Übertragungs- und des Telefonnetzes, die Verlegung des Koax-Netzes für die TV-Verteilung, der Einstieg in die Satellitenkommunikation, die Errichtung der Mobilfunknetze und so fort. Das Projekt »Telekom 2000« – der Aufbau einer modernen, flächendeckenden Kommunikationsinfrastruktur in den neuen Bundesländern in einem extrem knappen Zeitrahmen – sprengte jedoch alle vertrauten Vorstellungen, und dabei war die technische Seite nur eine Dimension dieses vielschichtigen Programms. Die Daten und Fakten dieses Netzausbaus sind gut dokumentiert; sie erstaunen noch im Nachhinein. Erinnerungen daran knüpfen sich aber mit Vorliebe an einzelne Augenblicke [...].
Franz Hiergeist

Lothar de Maizière
Ministerpräsident a. D. der DDR

Telekommunikation als Staatsaufgabe

Einfach so – so einfach
»[…] haben wir uns dazu entschlossen, eine Regelung zu treffen […]. Also Genossen, ich bin jetzt […], ist mir mitgeteilt worden, dass eine solche Mitteilung heute schon verbreitet worden ist. Sie müsste eigentlich in Ihrem Besitz sein […] Nach meiner Kenntnis sofort. Unverzüglich […]«. Die Sensation machte selbst das SED-Politbüromitglied Günter Schabowski beinahe sprachlos. Die Betroffenheit, die Verlegenheit standen ihm ins Gesicht geschrieben. Es war raus. Einfach so – so einfach. Es war öffentlich. Die Medien hatten es verkündet – alle Welt hatte es am 9. November 1989 um 18:57 Uhr über die Liveausstrahlung des DDR-Fernsehens gesehen und gehört. Nichts davon konnte zurückgenommen werden. Die Grenzanlagen waren auf einmal für jedermann durchlässig. Dieser Augenblick. Was für eine Kraft steckt hinter dem öffentlichen Wort und hinter den Medien.
Und alles bewirkt durch den sozialen Protest wirtschaftlicher und politischer Unzufriedenheit der zunehmend öffentlich rebellierenden Menschen. Die Lösung der Probleme sollte jedoch viel Zeit und viel Verständnis in den kulturell unterschiedlich geprägten Gesellschaften brauchen.
Wolf Reiner Menzel

Der Fall der Mauer liegt nun ein Vierteljahrhundert zurück. Auch nach 25 Jahren gibt es Zeitgenossen, die sagen, sie hätten damals schon gewusst, dass mit dem Mauerfall die Einheit Deutschlands beginnt. Das zeigt mir, dass die Propheten, die die Vergangenheit voraussagen können, nicht weniger werden. Ich selbst konnte mir jedenfalls im Herbst 1989 noch nicht vorstellen, dass die Sowjetunion die DDR, ihr wichtigstes Faustpfand als Ergebnis des Zweiten Weltkriegs, ohne Widerstand loslassen würde, auch wenn Gorbatschow noch im Juli auf dem Ostblock-Gipfeltreffen in Bukarest das Ende der Breschnew-Doktrin verkündet hatte. Nach meiner festen Überzeugung war die DDR für die Sowjetunion wirtschaftlich zu wichtig. Deshalb ist die friedliche Wiedervereinigung Deutschlands eines der ganz großen Verdienste von Michail Sergejewitsch Gorbatschow. Die Deutschen können ihm gar nicht dankbar genug sein.

Dass der Fall der Mauer so friedlich und ohne Blutvergießen ablief, grenzt an ein Wunder. Immerhin war der Schießbefehl noch nicht aufgehoben. Und der Grenzoffizier, der an der Bornholmer Straße die Schranke öffnen ließ, zeigte schon sehr viel Mut. Es muss wohl auch ein Herr der Geschichte schützend die Hände über uns gehalten haben. Das ist meine feste Überzeugung.

Auch wenn ich manchmal etwas spöttisch von einer Feierabend-Revolution spreche – es war tatsächlich eine Revolution und keine Wende. Die DDR-Bürger haben sich selbst befreit. Uns wurde die Demokratie nicht von außen verordnet. Deshalb interpretiere ich die Wiedervereinigung am 3. Oktober 1990 nicht als Anschluss, sondern als Beitritt einer demokratischen und rechtsstaatlichen DDR zur Bundesrepublik Deutschland. Als typisch für diesen Herbst 1989 werte ich das hohe Maß an Disziplin. Man wollte die Obrigkeit nicht provozieren. Von sieben bis 17 Uhr wurde gearbeitet, erst danach machte man Revolution. So gab es bei der großen Demonstration auf dem Alexanderplatz am 4. November 1989 sogar eine Sicherheitspartnerschaft zwischen Polizei und Künstlerverband. Und so diszipliniert, wenn auch ungleich chaotischer, lief es im Grunde am 9. November ab. Für mich persönlich ging es dann Schlag auf Schlag: Am 10. November wählte man mich zum CDU-Vorsitzenden, am 13. erhielt Hans Modrow den Auftrag, eine Regierung zu bilden, am 17. war ich Minis-

Die deutsch-deutsche Grenze ist offen, 9. November 1989.

ter und am 18. erfolgte die Vereidigung. Innerhalb einer Woche wurde ich so vom braven Anwalt in Ost-Berlin zum Mitglied einer Übergangsregierung und wenige Monate später Ministerpräsident. Spannender geht es nicht.

Über die neue Regierung brach von Anfang an eine Flut von Aufgaben herein: Wiedereinführung der kommunalen Selbstverwaltung, Schaffung der neuen Bundesländer, Installierung eines einheitlichen Währungs- und Wirtschaftsraums, Transformation von der Planwirtschaft zur Marktwirtschaft, Öffnung aller Zoll- und Devisengrenzen etc. Wir standen vor einer ungeheuren Herausforderung. Dies galt gerade auch bei der Frage der Telekommunikation. Sie spielte von Anfang an eine entscheidende Rolle. Sowohl innerhalb der DDR als auch aus der DDR hinaus. Nachdem wir die Regierungsverantwortung übernommen hatten, war uns von vornherein klar: Wenn wir wirtschaftlich vorankommen wollten, mussten wir uns vorrangig um die Kommunikationsnetze kümmern. Vor allem damit die Betriebe kommunizieren konnten. Das bewahrheitete sich dann sehr schnell. Alle Westunternehmen, die wir als Investoren gewannen, legten Wert auf einen schnellen und sicheren Kommunikations- und Datenaustausch zwischen den Zentralen im Westen und den Niederlassungen im Osten. Ich glaube, es ist mir damals gerade durch die intensiven Gespräche mit westlichen Politikern und Unternehmern so frühzeitig deutlich geworden, wie wichtig die Telekommunikation ist. Ich muss aber zu meinem Leidwesen gestehen, dass ich bis zur Wende noch nie ein Faxgerät gesehen hatte.

Das DDR-Telefonnetz war bekanntlich restlos überlastet und überaltert. Die meisten Relais stammten noch aus den 1930er oder gar 1920er Jahren. Anschlüsse wurden nach Dringlichkeit vergeben. Knei-

»Wir machen die Grenzen auf«
Am 9. November 1989 hatte ich Angst, hatte ich richtig Angst, dass geschossen wird. Es war ja für uns klar, dass etwas geändert wird. Sie erinnern sich vielleicht, dass die SED Erich Honecker am 18. Oktober stürzte. Und schon am 19. Oktober empfing sein Nachfolger Egon Krenz die Spitze der Evangelischen Kirche auf Schloss Hubertushöhe in der Schorfheide. Dort sagte er, dass sie alles ändern, Reformen machen und auch die Menschen reisen lassen wollen. Bis Weihnachten 1989 sollte jeder DDR-Bürger eine Reisegenehmigung erhalten. Wir haben das nicht verbreitet. Trotzdem sickerte es durch. Ich sollte ein Gespräch vermitteln in Ost-Berlin zwischen dem Ost-Berliner Oberbürgermeister Erhard Krack und dem West-Berliner Regierenden Bürgermeister Walter Momper. Es fand im damaligen Palasthotel statt. Der erste Sekretär der SED-Bezirksleitung Günter Schabowski war ebenfalls anwesend. Wir redeten über alles Mögliche, auch darüber, was Egon Krenz in Aussicht gestellt hatte. Da sagte Günter Schabowski: »Stellen Sie sich darauf ein, wir machen die Grenzen auf. Die Leute können alle reisen, Sie werden überrannt. Ich kann Ihnen aber den Termin noch nicht sagen. An den Reisegesetzen wird noch gearbeitet. Aber es wird kommen; und es wird vor Weihnachten kommen.« Und dann kam der 9. November [...]
Manfred Stolpe

pen mussten sich verpflichten, ihre Geräte als öffentliche Telefone anzubieten gegen Erstattung der Gebühren. Ärzte bekamen ein Telefon. Anwälte nicht unbedingt. Ich war damals mit einer Oberschwester der chirurgischen Klinik der Charité verheiratet. Als Anwalt erhielt ich kein Telefon, aber meine damalige Frau musste im Notfall erreichbar sein. Deshalb verfügten wir über einen Telefonanschluss. Später wurden Lösungen gesucht, indem man Doppelanschlüsse schaltete – auf einer Leitung mit unterschiedlichen Endnummern. Das führte zu stundenlangen Wartezeiten, wenn ein Nachbar Endlosgespräche führte. Ganz dramatisch stellte sich die Situation der Telefonanschlüsse nach Westdeutschland dar, anfänglich noch handvermittelt. Erst im Laufe der 1980er Jahre gab es einige wenige durchschaltbare Leitungen. Die Herrschenden wollten die Kommunikation mit dem Westen erschweren, wenn nicht sogar unterbinden.

Deshalb war es eine meiner ersten Maßnahmen nach den freien Wahlen, die Kommunikationswege unverzüglich auf- und auszubauen. Die elektronischen Wege mussten schneller funktionieren als die Straßen. Telekommunikationsinfrastruktur hatte Priorität vor anderen Infrastrukturen, die aber natürlich auch nicht vernachlässigt werden durften. Doch uns war klar, dass wir gerade mithilfe der Telekommunikation den wirtschaftlichen Aufschwung beschleunigen konnten. Das Thema Telekommunikation stand daher immer wieder ganz oben auf unserer Tagesordnung. Ich kann mich noch gut erinnern, dass wir im Kabinett oft darüber diskutierten, wie wichtig es ist, die Netze zum Laufen zu bringen. Das ging bis dahin nur mit Einschränkungen, was übrigens auch mit der Stromversorgung zusammenhing. Durch die ständige Überlastung des DDR-Stromnetzes konnte eine Frequenzsicherheit nicht gewährleistet werden. Moderne Technologien brauchen aber Frequenzsicherheit.

Als Ministerpräsident sagte ich meinem Postminister Emil Schnell immer wieder, dass wir vordringlich dafür sorgen müssen, viele, viele Kommunikationsleitungen nach Westdeutschland herzustellen. Einmal kam er nach einer Amerikareise mit der Vorstellung von einem eigenständigen Mobilfunknetz zurück. Ich bestand darauf, dass erst einmal das konventionelle Netz als Basisinfrastruktur in Ordnung gebracht werden sollte. Damals konnte ich mir überhaupt nicht vorstellen, welche Rolle der Mobilfunk einmal spielen würde – wer konnte das schon, selbst im Westen. Der aufkommende Wettbewerb in der Telekommunikation sorgte zudem für eine wesentliche Beschleunigung des Auf- und Ausbaus. Denn die freien Anbieter am Markt konnten sich die Gegend mit vielen Kunden aussuchen, während ein Staatsunternehmen mit hoheitlichen Aufgaben wie die Telekom verpflichtet war, auch das letzte Dorf zu erreichen. Das ist unter marktwirtschaftlichen Gesichtspunkten natürlich etwas schwieriger. Ich denke, die Telekom hat das aber ganz gut gemeistert.

Nach meiner Wahl zum Ministerpräsidenten am 12. April 1990 erhielt ich an meinem Ost-Berliner Amtssitz sehr schnell eine West-Berliner Telefonnummer. Schließlich war es nicht zumutbar, dass der erste frei gewählte Ministerpräsident der DDR stundenlang warten musste, bis ein Gespräch etwa nach Bonn zustande kam. Damit konnte ich, anders als zuvor, problemlos überallhin telefonieren. Vor dem Mauerfall pflegte ich einen etwas engeren Telefonkontakt mit meinem Cousin Thomas, der in West-Berlin wohnte. Das beschränkte sich aber in aller Regel auf den Hinweis »Wir müssen mal miteinander reden« und die Verabredung eines persönlichen Treffens. Mit meiner Schwester, die kurz vor dem Mauerfall in den Westen gegangen war, versuchten wir regelmäßig zu telefonieren, aber man kam selten durch. Wir besprachen dabei keine weltbewegenden Fragen. Denn es war uns immer bewusst, dass wir abgehört werden. Immerhin unterhielt die Staatssicherheit, wie wir später erfuhren, rund 8.000 Mitarbeiter, die nichts anderes machten als Telefonüberwachung. Man stelle sich vor, 8.000 hauptamtliche Mitarbeiter für Telefonüberwachung!

Der 1994 fertiggestellte Sendeturm in Gera-Roschütz dient sowohl dem Mobil- und Richtfunk als auch dem Rundfunk (DVB-T und Hörfunk). Er hat eine Höhe von 97 m und ein Gewicht von 110 t.

Ich telefonierte häufig mit meinem Berliner Rechtsanwalt-Kollegen Gregor Gysi. Wenn es in der Leitung knackte, meinte Gregor schmunzelnd: »Warte mal, die Jungs müssen das Band wechseln.« Man besprach allerdings mitunter ganz bewusst Dinge am Telefon, die sie wissen sollten, wobei man sich darüber im Klaren war, dass sie die Quelle nicht benutzen konnten. Bei Themen, die nicht für ihre Ohren bestimmt waren, ging man spazieren. Wenn man das Abgehörtwerden gewohnt ist, geht man damit entsprechend um und macht sich daraus unter Umständen sogar einen Sport. Eine Bemerkung aus unseren Gesprächen haben wir später sogar in unseren Akten wiedergefunden. Ich wurde im Januar 1986 zum Vizepräsidenten der EKD-Synode gewählt. Der Bericht darüber kam – spätabends – zuerst im West-Fernsehen. Nachts um eins rief mich Gysi an, um zu gratulieren. Dann meinte er, jetzt kannst du sagen, was du willst, den Vizepräsidenten der Synode kann keiner mehr einsperren. Aber jetzt musst du auch sagen, was gesagt werden muss. Übrigens tauchte in DDR-Strafakten immer wieder der Hinweis auf: »Dem Ermittlungsorgan ist bekannt geworden [...]«. Wenn man als Anwalt in der Verhandlung danach fragte, wurde es als unwichtige »Randinformation« abgetan. Das erlebte ich oft bei sogenannten Schleuserprozessen. Die Schleuser benutzten damals unverständlicherweise häufig das Telefon. Ich konnte einfach nicht fassen, wie man so unvorsichtig sein kann, zum Beispiel Treffpunkte über Telefon zu vereinbaren. Während der DDR-Staat das öffentliche Telefonnetz also bewusst vernachlässigte, wurde den Sondernetzen wesentlich mehr Aufmerksamkeit gewidmet. So verfügte zum Beispiel die Reichsbahn über ein eigenes Telefonnetz. Ebenso verfügte das Ministerium für Staatssicherheit über ein eigenes Netz. Eine Besonderheit war das R-Netz – das Regierungsnetz –, ein angeblich von außen nicht zugängliches Netz. In der Modrow-Zeit war ich Besitzer eines dieser roten R-Netz-Telefone. Allerdings erhielt ich über das R-Netz anonyme Drohanrufe. Wenn ich mich nicht in Berlin aufhielt, gingen Anrufe wie »Dein Schätzchen ist gerade unterwegs, aber der kommt auch noch dran« an meine damalige Frau.

Dann bestand noch ein sogenanntes WGT-Netz, ein codiertes Netz, das im Rahmen des Warschauer Vertrages entstand. Hier konnte nur immer einer reden und danach der andere darauf antworten und umgekehrt. Im Verzeichnis stand nur ein ganz kleiner Kreis von Auserwählten, zum Beispiel Gorbatschow oder Wladimir Alexandrowitsch Ryschkow (Vorsitzender des Ministerrates der Sowjetunion), zu denen damit eine direkte Verbindung bestand. Die Sowjets stellten bei den 2-plus-4-Verhandlungen eine für sie offenbar ganz wichtige Forderung an uns: Dieses Netz sollte an sie zurückgehen und wir durften den Code auf keinen Fall freigeben. Das sicherten wir ihnen auch zu. Wenige Tage vor der Wiedervereinigung kam jemand zu mir nach Hause; ich war nicht da. Er sagte zu meiner Frau, er hätte den Auftrag, dieses WGT-Netz abzubauen und das Telefon mitzunehmen. Sie hielt ihn für befugt, allein aus der Tatsache, dass er von diesem Netz wusste. Doch vier oder fünf Wochen nach der Wiedervereinigung kam der Nächste mit dem gleichen Anliegen. Ich weiß bis heute nicht, wer der wirklich Berechtigte war. Ich weiß auch nicht, ob der Westen einen großen Gewinn davon gehabt hätte, den Code zu besitzen. Aber es war den Sowjets damals wahnsinnig wichtig.

Für den technologischen Rückstand der DDR gegenüber dem Westen fanden sich vielerlei Gründe. Ein ganz wesentlicher war die CoCom-Liste (Koordinationsausschuss für multilaterale Ausfuhrkontrollen). Die westliche Welt hatte bereits 1949/50 beschlossen, den Osten von den modernen technologischen Entwicklungen abzuhängen. Die Liste diente also im Kalten Krieg der Regulierung des Exports westlicher Technologien in Staaten des Ostblocks. Darunter fielen praktisch alle Hochtechnologie-Erzeugnisse, insbesondere die Mikroelektronik und damit später auch die digitale Telekommunikation. Nicht, dass unsere Ingenieure diese nicht kannten. Aber es blieb ihnen nur die theoretische Kenntnis. Ein Zugriff auf diese Technologie blieb uns verwehrt, und die Aktivitäten von Alexander Schalck-Golodkowski, der sich bemühte, als Embargobrecher für die DDR tätig zu sein, erwiesen sich als Tropfen auf den heißen Stein. Auch meine eigenen Bemühungen noch im Sommer 1990 bei einer Reise in die USA verliefen ergebnislos. Präsident George Bush sen. blieb in Gesprächen über die Lockerung der CoCom-Liste hart. Das geschieht erst mit der Wiedervereinigung, war sein Credo. Auch die Meistbegünstigungsklausel wollte er nicht einmal als Signal an die Menschen in

Festveranstaltung in Dresden anlässlich der Einschaltung des Overlay-Netzes, 6. Juli 1991.

der DDR gewähren. Doch die Lockerung vollzog sich bei uns inzwischen auf pragmatische Weise, denn es gab keine Grenze mehr.

Die innerdeutsche Grenze war mit dem Fall der Mauer am 9. November 1989 und den Wahlen am 18. März 1990 obsolet geworden. Diese ersten freien und zugleich auch letzten Wahlen in der DDR waren ein Plebiszit für die deutsche Einheit. Alle Parteien, die etwas anderes forderten, zum Beispiel einen dritten Weg, wurden abgestraft. Die Wahlergebnisse erwiesen sich auch als ein Plebiszit für einen föderalen, grundgesetzkompatiblen Staat und einen Staat mit einer klaren Gewaltenteilung. Wir empfanden es als unsere Aufgabe, dies zu realisieren. Und es war unsere Aufgabe, für allgemein zugängliche, sichere und freie Informations- und Kommunikationswege zu sorgen. Dies wurde innerhalb weniger Jahre von der Telekom erfolgreich realisiert.

Manfred Stolpe
Ministerpräsident a.D. des Landes Brandenburg

Der Fall der Kommunikationsmauer

Ich habe gelernt, dass Telekommunikation der Motor jeder Entwicklung ist. Natürlich sind Straßen, Eisenbahn etc. als Infrastruktur ebenfalls von großer Bedeutung. Aber wenn ich Prioritäten setzen sollte, wäre es für mich die Telekommunikation. Es gehören auch die Erfahrungen dazu, die zur Zeit der DDR diesbezüglich gemacht wurden. Dieser Rückstand in Sachen Telekommunikation – gewissermaßen ein ganzes Zeitalter – war bewusst und gewollt. Zwar auch technisch bedingt, aber die damaligen Postler haben aus dem veralteten Technikstand alles herausgeholt, was nur möglich war. Der Rückstand aber war gewollt, denn das wesentliche Ziel war es, die Kommunikation zu überwachen, zu kontrollieren. Man kann sich kaum vorstellen, wie viele Leute hier beschäftigt waren, um die Gespräche abzuhören.

Ich habe das geradezu drastisch erfahren, als ich die Stasiakten auch von meiner Frau und von meiner Tochter angefordert habe, die zu der Zeit 16 Jahre alt war. Da haben diese Herrschaften die Telefongespräche meiner Tochter sorgfältig mitgeschnitten; völlig unpolitische Gespräche. Das war das System: Kommunikation kontrollieren. Unfreiheit lässt sich an überwachter, kontrollierter Kommunikation festmachen. Denn Freiheit bedeutet, frei kommunizieren zu können.

Man hatte eine Kommunikationsmauer aufgebaut gegenüber dem Westen, aber auch viele Kommunikationshürden im Inland installiert. Bestimmte Regionen wurden regelrecht ausgeschlossen von der Kommunikation; zum Beispiel der Bezirk Frankfurt/Oder, der ganz schlechte Verbindungen hatte, da dort die Nationale Volksarmee und die Staatssicherheit in großem Umfang angesiedelt waren. Die spärliche Vergabe von Telefonanschlüssen wurde gezielt genutzt. Wer gebraucht wurde und erreichbar sein musste, der bekam relativ schnell ein Telefon. Ich habe nie einen Antrag gestellt, weil ich mir sagte, als Kirchenjurist bekommst du ohnehin nie einen Anschluss. Meine Frau war Ärztin, die bekam innerhalb von einem Vierteljahr einen Anschluss. Ein Kollege von mir, in der Kirche für Jugendarbeit zuständig und ziemlich aufmüpfig, hat 20 Jahre lang auf einen Telefonanschluss gewartet.

Westgespräche gingen grundsätzlich über die Vermittlung. Und ich bin mir ganz sicher, dass alles abgehört wurde. Es dauerte auch

Ewigkeiten, bis man eine Verbindung erhielt. Wir haben aber aus dieser Dauerabhörerei zum Teil ein bisschen Politik gemacht. Wir hatten einen sehr klar artikulierenden Bischof in Görlitz, der hieß Joachim Fränkel. Er sagte bei jeder Gelegenheit, was er vom System hielt. Er wusste, dass wir abgehört wurden. Da hat er dann losgelegt: »Stellen Sie sich mal vor, was da wieder schiefläuft, da muss doch was unternommen werden.« Und ich habe zu ihm gesagt: »Aber Herr Bischof, Sie haben da doch sicher noch nicht die Westpresse informiert.« Er darauf: »Noch nicht, aber ...« Das war manchmal ein Mittel, um etwas zu erreichen.

Als die Deutsche Bundespost Telekom einrückte, war das für mich wie ein Licht am Horizont. So sieht Freiheit aus: Wir hatten Geld in der Hand, konnten frei reisen, und nun konnten wir unbeschwert kommunizieren. Allerdings: Der Anfang für die Telekom war unglaublich schwer, weil alle auf einmal ein Telefon haben wollten. Es gab ein unheimliches Gedränge, und die vorhandenen Leitungen waren natürlich total überlastet. Gegen die Wunder-Erwartung anzugehen, jedermann sofort einen Anschluss zu ermöglichen, war schon eine Herausforderung. Es war klug von der Telekom, nicht allen gleich den Himmel auf Erden zu versprechen. Die Telekom hat für meine Begriffe, anstatt große Sprüche zu klopfen, hart gearbeitet und Erstaunliches geleistet.

Wir haben hier in Potsdam im Vergleich zu den anderen Länderregierungen einen Vorteil gehabt, als wir Anfang 1991 als Landesregierung begannen. Wir hatten zwei Telefonzellen an der Glienicker Brücke. Also sind ausgewachsene Regierungsmitglieder über die Glienicker Brücke gefahren und haben dann die Münzfernsprecher genutzt, um schnell nach Bonn oder Düsseldorf zu telefonieren. Das waren unsere Hauptziele; Nordrhein-Westfalen war unser Partnerland. Ich weiß gar nicht, wie oft ich in diesen Telefonzellen war. Es war schließlich immer besser, man redete mit Johannes Rau persönlich, als dass man andere Leute hinschickte oder Briefe schrieb.

Mit dem schnellen Fortschritt der Aufbauarbeit der Telekom haben wir hier dann einen Quantensprung erlebt – für die ganze Gesellschaft. Was mich sehr beeindruckt hat, war, wie die Telekom eine faire Zusammenarbeit mit den Leuten von der Deutschen Post der DDR umgesetzt hat. Die Telekom hatte zeitweise bis zu 5.000 Aufbauhelfer gleichzeitig in Marsch gesetzt. Das war fast so viel wie Nordrhein-Westfalen für Brandenburg im Bereich Verwaltung und Wirtschaft. Es bildeten sich die Ost-West-Teams, Leute von hier mit der Ortskenntnis, der Kenntnis des Vorhandenen und der Bereitschaft, etwas zu machen. Da entwickelte sich Einheit durch Zusammenwachsen. Besser kann man es eigentlich nicht machen.

Ich habe erst hinterher begriffen, wie die Vorgehensweise der Deutschen Bundespost Telekom zu diesem Zeitpunkt zu bewerten war.

Projektmanagement für ein gewaltiges Vorhaben

Dieses Projekt brauchte Menschen, Manager, Führungskräfte der Generaldirektion, der Direktionen und Ämter und Verbündete in der Wirtschaft, die eine Vielzahl von Problemen gleichzeitig anpackten und rasch lösten. Die es verstanden, die Fäden eines in seinen Ausmaßen wie in der zeitlichen Komponente gewaltigen Vorhabens in der Hand zu halten.
Anlässlich der Beendigung seines Vorstandsbereichs – des Projektmanagements »Aufbau Ost« zum 31. Juli 1994 – hatte Dr. Pällmann die bisherige Arbeit in den neuen Bundesländern in einem Abschlussbericht zusammengestellt. Er resümierte, dass »[...] die für die bisherige Aufbauetappe vorgesehenen Zielstellungen deutlich überboten wurden und dass dies zugleich ein in der nationalen und internationalen Öffentlichkeit Beachtung findender Erfolg unseres Unternehmens ist, zu dem wir alle, insbesondere die Telekom-Mitarbeiter der neuen Bundesländer und die im Partnerschaftsprogramm vor Ort wirkenden Kräfte aus den alten Bundesländern, beigetragen haben. Über die erreichten Ergebnisse und erzielten Fortschritte wurde regelmäßig in den Publikationen der Telekom und auf den Tagungen der TOP 500 informiert.«
Karl-Heinz Haufe

Sie befand sich ja gerade erst am Beginn eines Umstrukturierungsprozesses, hatte die erste Postreform hinter sich gebracht, und zu dem Zeitpunkt kam auch noch der Aufbau im Osten auf sie zu. Hinzu kommt, dass die Telekom ganz anders gehandelt hat, als dies normalerweise eine Verwaltung tut. Sie hatte den Aufbau schon gestartet, als die Einheit noch gar nicht unterschrieben und rechtskräftig war. Es hätte ja auch schiefgehen können. Das muss man mit großem Respekt anerkennen, und ich weiß gar nicht, ob es je ein vergleichbares Projekt gegeben hat.

Für Brandenburg war die Telekom der größte und schnellste Investor, mit den wenigsten Diskussionen. Das hat für uns drei ganz wichtige Ergebnisse erbracht: Erstens wurde durch den Aufbau der Netzinfrastruktur Arbeit geschaffen. Nicht nur für die Deutsche Bundespost Telekom, sondern auch für die vielen Unternehmen, die daran teilhatten. Zum Zweiten hat die Telekom, und das ist gar nicht hoch genug einzuschätzen, eine wirtschaftliche Entwicklung ermöglicht, allein dadurch, dass die Standorte hier in Brandenburg plötzlich erreichbar waren. Dies hat maßgeblich dazu beigetragen, dass sich Investoren entschlossen haben, nach Brandenburg zu kommen. Die Investoren haben im Zeitalter der Globalisierung ja auch schon weiter nach Osten, nach Polen oder nach Rumänien geblickt. An zwei Faktoren hat es dann gelegen, dass sie sich entschlossen haben, doch nach Guben, Schwedt, Schwarzheide oder Eisenhüttenstadt zu gehen: Zum einen haben sie gesehen, dass die Leute willig waren und arbeiten wollten, und das Zweite ist, dass diese Standorte, von denen sie vorher nie etwas gehört hatten, erreichbar waren. Man konnte telefonieren. Beispielsweise schwärmten mir italienische Firmenchefs vor, man könne hier mit Mailand sprechen wie zu Hause. Insofern war die Telekommunikation für uns von ganz entscheidender Bedeutung. Und der dritte Faktor, den man nicht unterschätzen soll: Gute Telekommunikation trägt ja zu einer erheblichen Verbesserung des Lebens bei. Auch für den Einzelnen bedeutete das eine erheblich verbesserte Lebensqualität. Genau das haben wir hier erlebt.

Interview mit
Christian Schwarz-Schilling
Bundesminister für Post und
Telekommunikation a. D.

Zeitenwende – Reform und Aufbau

Frage: Herr Professor Schwarz-Schilling, hatten Sie bereits vor der Wende Kontakt mit den Verantwortlichen in der DDR?

Antwort: Ja, aber sehr wenig. Ich kann mich noch erinnern an Gespräche vor dem 9. November 1989 mit Minister Rudolph Schulze und Staatssekretär Manfred Calov der DDR. Vor der Wende ging es darum, wenigstens ein paar zusätzliche Verbindungen zwischen Ost und West, insbesondere Ost-Berlin und West-Berlin, auszuhandeln. Es war natürlich nur ein Tropfen auf den heißen Stein. Aber ich hatte schon immer den Verdacht gehabt, dass das Tempo dieses Ausbaus von der Möglichkeit bestimmt wird, möglichst alle Leute abzuhören und alles zu kontrollieren. Deshalb durfte nur eine kleine Zahl von Telefonleitungen geschaltet werden – ganz gleich, wie hoch der Bedarf war. Es gab damals auch noch keine Digitaltechnik, sondern alles war noch analog und brauchte seine Zeit.

Vor dem Mauerfall war ich ein- oder zweimal in Ost-Berlin. Einmal wurde ich gefragt, ob ich einen Wunsch hätte. Ich bat darum, meine ehemalige Schule, das Viktoria-Gymnasium in Potsdam, auf das ich bis 1946 ging, besuchen zu dürfen. Dies wurde mir überraschenderweise gestattet – unter Aufsicht und Begleitung versteht sich. Da ich die Örtlichkeiten noch kannte, habe ich aber das Besuchsprotokoll etwas durcheinandergebracht.

Bundespostminister Christian Schwarz-Schilling und Helmut Ricke, Vorstandsvorsitzender der Deutsche Bundespost Telekom.

Startschuss im Kronprinzenpalais
Am 4. Oktober 1990, einem Donnerstag, begann die gesamtdeutsche Realität auch für die erst zum Jahresanfang neu formierte Deutsche Bundespost Telekom.
Die Feierlichkeiten zur Wiedervereinigung, das bunte Volksfest rund um das Brandenburger Tor, waren gerade verklungen.
Im nüchtern-klassizistischen Saal des Berliner Kronprinzenpalais versammelten sich Vertreter beider Telekom-Organisationen zu einer Auftaktveranstaltung. Unter den vielen neuen Gesichtern fanden sich auch einige bekannte: Seit der Maueröffnung hatte sich eine intensive Zusammenarbeit in mehreren Arbeitsgruppen entwickelt. Eine davon kümmerte sich koordinierend um den Ausbau des Netzes. Mit der Eingliederung der Fernmeldeorganisation der DDR ergab sich ab sofort eine neue Lage. Wir seien von heute an für ein gemeinsames Gesamtnetz verantwortlich, stellte der Vorstandsvorsitzende Helmut Ricke klar. Telekommunikation sei das entscheidende Nervensystem für den wirtschaftlichen Aufbau und das Zusammenwachsen von neuen und alten Bundesländern.
In meiner Erinnerung sehe ich mich mit Karl Thomas, einem (inzwischen leider verstorbenen) Kollegen, in einer Pause auf den Eingangstreppen des Kronprinzenpalais stehen, vor uns der breite Boulevard Unter den Linden. Wir blickten uns an mit einer Mischung aus Projektbegeisterung und Beklommenheit.
Franz Hiergeist

Frage: Zu dieser Zeit standen für das Ministerium für Post und Telekommunikation der Bundesrepublik Deutschland drei Mammutaufgaben an: Postreform, Liberalisierung des Mobilfunks und durch die Wende der »Aufbau Ost«.
Antwort: Nachdem am 1. Januar 1990 die Postreform in Kraft getreten war, fingen die Unternehmen Deutsche Bundespost Telekom, Deutsche Bundespost Postdienst und Postbank am 2. Januar 1990 erstmals an, eigenständig zu arbeiten. Die Aufmerksamkeit, die wir ursprünglich auf die Postreform im Westen lenken wollten, wurde allerdings durch den Fall der Mauer, nur sieben Wochen zuvor, stark reduziert, weil wir durch die Wende natürlich andere Prioritäten setzen mussten. Schließlich ging es nun darum, die absolut marode Telekommunikationsinfrastruktur in der DDR schnellstmöglich zu verbessern, um den Aufbau in der DDR und ab dem 3. Oktober 1990 in den neuen Bundesländern überhaupt erst möglich zu machen. Wir mussten also alle unsere Möglichkeiten sofort dort einzusetzen.

Frage: Was passierte nach dem Fall der Mauer konkret?
Antwort: Ganz wichtig waren Idee und Konzept zur Postunion. Wir haben uns sehr intensiv damit beschäftigt, wie wir zu diesem frühen Zeitpunkt – noch in 1989 – schon richtig koordinieren, um nicht falsche Wegentscheidungen in der DDR zuzulassen. Daraus resultierte die Idee der Postunion, die vorsah, die durch die Postreform im Westen entstandene Struktur der drei Unternehmen auch in der Noch-DDR zu installieren. Der damalige DDR-Postminister Dr. Wolf und ich haben diesen Vorschlag schon sehr früh – im Dezember 1989 – dem damaligen Ministerpräsidenten Modrow unterbereitet. Der hat dem auch zugestimmt, und nebenbei habe ich auch noch die Postpauschale erhöht, d.h. die Zahlungen an die DDR, allerdings mit der Maßgabe, dass sie nun bei der DDR-Post landet und nicht wie bis dato in den Kassen von Schalck-Golodkowski.

Nach den Volkskammerwahlen im März 1990 deutete vieles bereits auf eine Wiedervereinigung und damit auch auf eine Fusion der beiden Ministerien hin. Wir waren das einzige Ministerium, das bereits vor dem 3. Oktober eine vorbereitende Kooperation vorgenommen hat, wie wir es mit der Postunion gemacht haben. In der DDR bestanden schließlich keine Unternehmen wie im Westen, sondern die Abteilungen des Ministeriums für Post- und Fernmeldewesen, für Post, Brief- und Paketverkehr, Giroverkehr. Diese Abteilungen wurden den entsprechenden Unternehmen im Westen zugeordnet. Die Verantwortlichkeiten in dem Ministerium, bei der Telekom, bei der Post und Postbank waren also klar geregelt. Mit dem 3. Oktober drückten wir auf den Knopf, und die drei Unternehmen waren in ganz Deutschland tätig.

Frage: Gab es weitere entscheidende Weichenstellungen?
Antwort: Ganz entscheidend war die Frage des Mobilfunks. Wir beendeten im Westen den Ausbau des C-Netzes – das letzte Mobilfunknetz mit analoger Technik – und standen gerade vor der Einführung der zellularen D-Netze mit digitaler Technik. Der damalige, nach den Volkskammerwahlen im März neue Postminister der DDR, Emil Schnell, folgte im Frühjahr 1990 der Einladung amerikanischer Firmen in die USA, die ihm natürlich Mobilfunktechnologie verkaufen wollten. Dabei wurde die Frage nach der Kompatibilität mit dem in der Bundesrepublik vorhandenen und künftig geplanten Technologiestandard gar nicht behandelt. Als ich das erfuhr, bat ich sofort um ein Treffen mit Dr. Schnell und sagte, dass wir alles tun werden, um zu verhindern, dass in der DDR ein anderer Mobilfunkstandard als im Westen eingeführt würde. Wir konnten doch nicht in dem Augenblick, in dem wir anfangen, zusammenzuwachsen, ausgerechnet beim Mobilfunk getrennte Wege gehen! Ich habe also mit Herrn Schnell ein sehr ernstes Wort gesprochen und darauf hingewiesen, dass wir es nicht zulassen werden, dass in der DDR eine mit der Technologie im Westen inkompatible Technologie aufgebaut wird. Das Argument wurde akzeptiert, und die DDR – die ja zu diesem Zeitpunkt nach der Wahl im März 1990 noch als souveräner Staat bestand – ging nicht auf das amerikanische Angebot ein.

Frage: Für das Programm »Aufbau Ost« wurden Milliardensummen bereitgestellt.
Antwort: Wir hatten das Aufbauprogramm von 60 Mrd. D-Mark bis 1997 beschlossen. Das war natürlich auch für die Bundespost eine enorme Summe. Aber sie war notwendig, auch im Sinne der Menschen in den neuen Bundesländern. Es gab viele Sonderaktionen, die wir unter normalen Umständen niemals erlaubt hätten, zum Beispiel die Turn-key-Projekte.

Frage: Von denen westdeutsche Unternehmen profitierten.
Antwort: Ja natürlich, aber nicht nur westdeutsche. Zunächst wollte jeder allein die Aufträge haben. Aber für einen allein war das eine Nummer zu groß. Bei Siemens gab es einen Aufschrei, als ich dann – neben den deutschen Konkurrenten – auch noch die französische Firma Alcatel ins Boot holte. Ich wies darauf hin, dass es kein Monopol mehr gäbe und auch andere zum Zuge kommen, wenn Preis und Qualität stimmen. So kam Frankreich ins Spiel. Der Präsident von Alcatel, Herr Suard, und Herr Zeidler als SEL-Vorstandsvorsitzender in Deutschland haben sich sehr engagiert und gute Projekte geliefert. Aber die alten Postzulieferer wie Siemens etc. waren natürlich alle böse auf mich. Die Technik könne doch nicht zusammenpassen, hieß es immer wieder. Ich verwies darauf, dass alle die gleichen Spezifika-

Telekommunikationsversorgung der Volkskammerwahl 1990
Eine große Herausforderung war die Telekommunikationsversorgung der Volkskammerwahl am 18. März 1990. Es mussten grenzüberschreitende Telefonverbindungen zwischen den Wahlkampfleitungen der DDR-Parteien und den Parteizentralen der bundesdeutschen Schwesterparteien hergestellt werden, ebenso innerhalb der DDR zwischen den Parteigliederungen und zwischen den Wahlleitungen auf den verschiedenen Ebenen. Dazu setzte die Bundespost Telekom mobile Telefonvermittlungsstellen und Richtfunkanlagen ein, die der Notstandsreserve entnommen wurden. Auch hier wurde nicht ordentlich geplant, dazu war gar keine Zeit. Aber so, wie viele es sich vorstellten, dass man nur ein paar Drähte von Baum zu Baum zieht, ging es auch nicht. Vor allem konnte so kein funktionsfähiges, wirtschaftlich zu betreibendes Netz entstehen.
Ronald Dingeldey

tionen hätten und deshalb auch alles zusammenpassen müsse. Ich habe das aus unternehmerischer Sicht gesehen und bewertet. Auch Siemens hat sich dann damit abgefunden – aber zunächst war für sie die Welt nicht mehr in Ordnung.

Frage: Mit den Turn-key-Projekten erhielten die früheren »Hoflieferanten« also plötzlich Wettbewerb.
Antwort: Alcatel SEL begriff sehr schnell die Marktchance, in Deutschland ganz neue Investitionsmöglichkeiten zu bekommen dadurch, dass sie gleichberechtigt mit Siemens in den Turn-key-Projekten aktiv werden durften. Die SEL ging damals frisch und frei an die Dinge ran. Sie hatten ja auch nicht die Probleme mit der verzögerten Ablieferung von anderen Aufträgen, wie zum Beispiel dem C-Netz. Ich muss sagen, Dr. Zeidler hat das auch sehr geschickt gemacht. Bei denen war ein gewisses Know-how privatwirtschaftlicher Tätigkeit schon stärker vorhanden. Siemens, als ehemaliger »Hoflieferant« der Post, musste sich so etwas erst mühsam aneignen.

Frage: Die Postreform an sich war ja auch schon eine Revolution. Wie schnell waren Politik und Unternehmen im Prozess des Umdenkens?
Antwort: Die Politik, gerade in Westdeutschland, war noch nicht so weit. Da hatte man die ganze Postreform noch nicht verinnerlicht. Der Postminister konnte nicht mehr über die Unternehmen verfügen – das entsprach schlicht nicht mehr der Gesetzeslage. Ich war sehr verärgert, als Politiker der damaligen Koalition sich einfach ausgedacht hatten, die Deutsche Bundespost Telekom mit einer Sonderabgabe von 20 Mrd. D-Mark innerhalb der nächsten fünf Jahre zu belasten. Und das neben den bereits fest geplanten Investitionen von 60 Mrd. D-Mark bis 1997. Das habe ich über das Autoradio erfahren! Ich habe mich dann massiv dagegen gewehrt, da Finanzminister Waigel in der früheren DDR öffentlich den Vorschlag machte, die Telekom könne doch die Minutentakte der Telefongespräche verkürzen und dadurch die Preise pro Telefoneinheit anheben. Ihm war noch nicht klar, dass dies nicht mehr Angelegenheit der Politik, sondern Sache des Vorstands war. Damals rief sogar der Kanzler bei mir an und sagte, dies sei so beschlossen worden. Allerdings geschah dies im Rahmen einer Koalitionsrunde, bei der ich nicht dabei war. Es gab eine ziemliche Kontroverse. Der Kanzler fragte sogar, ob ich noch Lust habe, das Amt in entsprechender Weise auch nach 1990 weiter auszuüben. Ich sagte ja, aber nur bei fairen Rahmenbedingungen für die drei Unternehmen, sodass sie im Wettbewerb bestehen können. Meine Nachfrage beim Finanzministerium als Eigentümer der Unternehmen, ob man uns Eigenkapital zur Verfügung stellen könne, wurde natürlich negativ beschieden. Auch die Frage, ob wir Gebühren erhöhen dürften, wurde negativ beschieden – schließlich waren gerade Landtagswahlen in

Rheinland-Pfalz. Und die Aufnahme von Fremdkapital ging auch nicht, weil das Eigenkapital schon zu stark gesunken war.

Eines Tages sollte ich zur Koalitionsrunde kommen, wusste aber gar nicht, worum es sich handelte. Es ging um die 20 Mrd. Ich habe erklärt, dass wir keine zusätzlichen 20 Mrd. D-Mark aufbringen können, da wir schon außerplanmäßig 60 Mrd. Investitionen haben, von denen wir nicht wissen, wie wir sie finanzieren. Man versuchte, mich umzustimmen, es ist aber nicht gelungen. Der Kanzler gab das Thema dann an Herrn Finanzminister Waigel weiter, der später seinen Staatssekretär, Herrn Köhler, den späteren Bundespräsidenten, zu mir schickte. Dieser sowie der weitere Finanz-Staatssekretär Dr. Grünewald gingen die Probleme mit viel Verständnis und Sachverstand an, sodass wir uns am Ende bei ca. fünf Mrd. D-Mark einigen konnten.

Für mich war es traurig festzustellen, dass die Politik überhaupt noch nicht verstanden hatte, dass sie so nicht mehr handeln kann. Es gab inzwischen per Gesetz einen Vorstand, der hatte über Gebührenerhöhung etc. zu entscheiden, und niemand anders. Ich habe versucht, mich vor die Bundespost zu stellen und deutlich zu machen, dass diese Einmischung nicht machbar ist und auch nicht unseren Zielen entspricht, die wir mit der Postreform festgelegt hatten und die gegen die Front von Gewerkschaft und SPD-Opposition schwer genug durchzusetzen war. Meine Aufgabe war es, auf der politischen Seite den Verantwortlichen klarzumachen, was die Postreform bedeutet.

Gegen US-West behauptet

Anfang März 1990 rief mich Herr Ricke in sein Büro. Er saß an seinem Schreibtisch und wies auf einen geöffneten Brief auf dem Besprechungstisch. »Jetzt haben wir den Salat. Damit war ja zu rechnen.« Er zeigte mir die Kopie eines Briefes an unseren Minister Schwarz-Schilling. Absender war US-West, ein US-amerikanisches Telekommunikationsunternehmen, das seine Hilfe beim Netzausbau der neuen Bundesländer anbot. Das tat es natürlich nicht uneigennützig. US-West forderte als Gegenleistung für die Investitionen in Ostdeutschland eine Lizenz zum Betrieb von Netzen in den neuen Bundesländern. »So baut man Druck auf. Der Minister hat uns ein Ultimatum gesetzt, dass er nicht anders kann, als den Amerikanern – US-West war nämlich nicht das einzige Unternehmen, das ein solches Ansinnen an den Minister gestellt hatte – diese Lizenz zum Geldverdienen an deutschen Kunden zu erteilen, wenn die Deutsche Bundespost Telekom nicht in den nächsten Wochen ein großes, mit Investitionen belegtes Ausbauprogramm im Osten vorweisen konnte«, erläuterte Herr Ricke die kritische Sachlage.

Das war eine sehr brenzlige Situation. Wenn der Minister dieses US-Angebot annehmen würde, bedeutete dies das vorzeitige Ende unserer Vormachtstellung im Angebot von Festnetzleistungen im deutschen Markt. Dass wir über kurz oder lang auch in diesem Marktsegment eine liberale Wettbewerbssituation bekommen würden, war klar. Aber nicht so schnell. Herr Ricke bat mich umgehend, Telefontermine mit den Vorstandsvorsitzenden der großen deutschen Hersteller im Telekommunikationsmarkt, Siemens AG, Alcatel SEL AG, ANT/Bosch Telecom und DeTeWe, zu machen und die Tagesordnung der nächsten Vorstandssitzungsagenda um ein Thema zu ergänzen, »Ausbauprogramm Ost mit deutschen Partnern«. Das war die Geburtsstunde des Turn-key-Programms in Partnerschaft mit den in Deutschland tätigen Herstellern, das dann im Januar 1991 gestartet wurde und zu einer Beschleunigung der in vielen Fällen über Jahrzehnte erwarteten Versorgung der Menschen in den östlichen Bundesländern mit Telefonanschlüssen führen sollte. So hatten wir den Eintritt der Amerikaner auf unseren Markt zu diesem Zeitpunkt verhindert.

Frank Uhland

Bundespostminister Christian Schwarz-Schilling beim Einschaltfest des Overlay-Netzes, am 6. Juli 1991 in Dresden.

Wir konnten uns dann mit der Zeit immer mehr auf den Wiederaufbau konzentrieren. Es gab genug Leute, die dachten, jetzt ist der Westen da und morgen können wir telefonieren. Aber die Infrastruktur musste erst aufgebaut werden. Das DDR-Netz war total veraltet und zu einem großen Teil praktisch gar nicht vorhanden, da es nicht funktionsfähig war und sogleich wegen Überlastung ausfiel.

Frage: Aus der veröffentlichten Meinung gab es viel Kritik und Druck. Wie sind Sie damit umgegangen?
Antwort: In den Runden beim Bundeskanzler wurde ich immer kritisiert und gefragt, was denn nun mit dem Aufbau los sei. Herr Mischnik berichtete aus seinen Erfahrungen im Krieg, als mit einer Kabeltrommel schnell eine Leitung erstellt worden sei, um deutlich zu machen, wie einfach es sei, eine Telefonleitung zu legen. Ich musste der Runde erst einmal klarmachen, dass der landesweite Aufbau eines komplexen Telekommunikationssystems nicht mit einer Kabeltrommel realisiert werden könne. Ministerpräsident Biedenkopf beschwerte sich mehrere Male energisch über das katastrophale Tele-

fonnetz und die Hindernisse, die dadurch für den Aufbau der Wirtschaft entstanden. Es dauerte eine ganze Zeit, bis man das begriff. Die massive Kritik endete urplötzlich. Und das resultierte aus der Einschaltung des sogenannten Overlay-Netzes im Juli 1991, das mit einem Schlag wesentliche Erleichterung brachte. So schnell hat es in keinem Land der Welt den Aufbau eines modernen Kommunikationsnetzes gegeben. Aber bis zur Einschaltung des Overlay-Netzes hat man mich gerne als Blitzableiter für alle möglichen Schwierigkeiten benutzt.

Frage: Einmal hieß es sogar, dass die Bundeswehr eingesetzt werden müsse, damit es schneller vorangeht?
Antwort: Das war ein wenig die Fortführung der Idee von Herrn Mischnik mit der Kabeltrommel. Die Fachleute der Bundeswehr haben gesagt, wo und wie sie helfen könnten. Daraus ist nichts geworden, die Arbeiten der Telekom waren absolut in Ordnung und konnten durch den Einsatz der Bundeswehr nicht beschleunigt werden.

Frage: Welche Rolle spielte der Personalaustausch zwischen Ost und West?
Antwort: Es war enorm wichtig, dass ich eine ganze Reihe von Fernmeldeamtsleitern in die neuen Bundesländer versetzt habe. Ich habe ihnen klargemacht, dass sie dort unter ganz anderen Rahmenbedingungen und Freiräumen arbeiten und Investitionen tätigen können. Das galt insbesondere im Zusammenhang mit den Turn-key-Projekten, für die wir vom Ministerium ja alle Absicherungen geben mussten. Die meisten waren begeistert, als sie dann merkten, wie sie ohne bürokratische Einschränkungen arbeiten konnten. Das waren die Mitarbeiter der Bundespost im Westen nicht gewohnt. Jetzt konnten sie selbst entscheiden und die Dinge sofort in Gang setzen – das waren plötzlich lauter Unternehmer geworden. Das habe ich als früherer selbstständiger Unternehmer natürlich sehr unterstützt und gesagt: »Machen, machen, machen«. Die deutsche Wirtschaft braucht die Telefone, diese Infrastruktur wird am allerdringendsten gebraucht! Viele Mitarbeiter wollten gar nicht mehr zurück, als die Rückkehr in den Westen anstand.

Genauso wichtig war es, dass wir Mitarbeiter aus dem Osten in den Westen schickten, damit sie dort Erfahrungen sammeln konnten. Es war technologisch eine ganz andere Welt. Das hat sich genauso bewährt, denn sie konnten das neue Wissen dann wieder in den neuen Bundesländern anwenden. Für die Mitarbeiter war dies eine einmalige innovative Zeit.

Frage: Hatte der »Aufbau Ost« Auswirkungen auf Osteuropa und Asien?

Es war ein Glücksfall,
dass Postreform und Wende zusammenfielen. Natürlich war es auch eine Mammutaufgabe, die auf die Telekom hereinstürzte – ob Postreform, Digitalisierung, Internationalisierung oder Vorbereitung auf den Börsengang und dazu noch gleichzeitig der »Aufbau Ost«. Hier wird deutlich, wozu eine Betriebsverwaltung, denn nichts anderes war die Telekom damals noch, in der Lage war, wenn man die Menschen nur machen ließ. Mitentscheidend war aus meiner Sicht, dass die beiden Telekom-Unternehmen in Ost und West bereits zum 4. Oktober 1990 fusionierten und dass es das Partnerschaftsprogramm gab. Denn wenn die rund 5.000 Wessis, die in den Osten gegangen sind, wieder nach Hause kamen, erzählten sie dort natürlich, was im Osten technologisch bereits existierte. Das sorgte doch für etwas Unruhe bei den Kollegen im Westen, die vielleicht noch zu sehr auf ihrem »Ruhekissen« saßen.
Hermann Josef Becker

Antwort: Ja natürlich. Schließlich war nicht nur die Mauer, sondern der gesamte Eiserne Vorhang gefallen, und das politische Satellitensystem der ehemaligen Sowjetunion brach zusammen. Plötzlich schrieben alle Demokratie und Freiheit auf ihre Fahnen und fragten sich, was machen wir mit dem Telefon. Da habe ich die Chance gesehen und auch in Gang gesetzt, dass die Postminister von Osteuropa bis nach Usbekistan – also von überall, wo es plötzlich eigenständige Staaten gab – auf unsere Kosten zu einer Tagung auf dem Petersberg in Bonn eingeladen wurden. Da ging es natürlich um das Thema Privatisierung und die weitere Rolle des Staates in der Telekommunikation. Ich plädierte dafür, dass diese Staaten sofort eine hoheitliche Behörde installieren, die Themen wie Frequenz- und Lizenzvergabe in die Hand nehmen sollte. Dies umso mehr, wenn ausländische Unternehmen zum Aufbau der Netze ins Land gelassen werden. Privatisierung heißt ja nicht, dass der Staat alle Rechte aus der Hand gibt, sondern Privatisierung bedeutet, dass der Staat alle hoheitlichen Aufgaben in der Hand behält. Das war mein Petitum an die Postminister. Ich hatte dazu auch sehr viele Einzelgespräche mit den Ministern und Staatssekretären jener Länder geführt. Einige haben sich dies zu Herzen genommen. Aber die meisten Länder haben unsere Ratschläge nur sehr unvollkommen befolgt und die großen Firmen aus dem Westen haben viel Geld angeboten, wenn sie den Netzausbau und die dazugehörigen Dienste komplett übernehmen dürften.

Frage: Wie gestaltete sich die Zusammenarbeit des Ministeriums mit den Postnachfolgeunternehmen?
Antwort: Wir haben sehr gut, zum Beispiel mit Helmut Ricke, dem Telekom-Chef, zusammengearbeitet. Natürlich gab es hoheitliche Themen wie etwa Lizenzen, bei denen ich als Minister darauf Wert gelegt habe, dass sie mit mir zu besprechen sind. Ab und an fand ich es nicht angenehm, dass Entscheidungen, wie etwa die Magenta-Farbe bei der Telekom oder der Name DHL bei der Post, getroffen wurden, an denen ich nichts mehr ändern konnte. Das war nicht ganz in meinem Sinne, aber es waren ja unabhängige Unternehmen, die selbst entscheiden konnten und mussten, da sie ja selbst die Verantwortung für ihre Entscheidung zu tragen hatten.

Frage: Mauerfall und Wiedervereinigung bedeuteten gewissermaßen eine Zeitenwende. Schlummerten hier auch Gefahren für die Neuausrichtung des Post- und Fernmeldewesens insgesamt?
Antwort: Allerdings. Es bestand die Gefahr, dass die wichtigste Postreform seit 100 Jahren – und das war diese Reform – nicht mit der entsprechenden Aufmerksamkeit durchgezogen würde. Sie wurde ja ausgerechnet am 1. Januar 1990 in Gang gesetzt, nachdem nur sieben Wochen zuvor der von niemandem erahnte Mauerfall und nur zehn

Monate später die auch von niemandem eingeplante Wiedervereinigung stattfanden.

In dieser Wendezeit war eben ein Anruf vom Fernmeldeamtsleiter in Dresden viel wichtiger als die Frage, läuft diese oder jene Freigabe nun über das Ministerium oder über das jeweilige Unternehmen. Ohne Wiedervereinigung hätten wir die Postreform doch ganz anders, mit viel mehr Akribie gemacht. Aber man musste Prioritäten setzen, die friedliche Wiedervereinigung eines Landes gibt es schließlich nur ein Mal, der Wiederaufbau in der früheren DDR war in dieser historischen Stunde die erste Priorität. Und so wurde der schnelle und einwandfreie Aufbau einer neuen Telekommunikationsinfrastruktur und eines modernen Postdienstes zur großen Bewährungsprobe der gerade erst verabschiedeten Postreform.

Das Interview mit Prof. Dr. Christian Schwarz-Schilling führte Hans Gusbeth am 22. Juli 2013 in Büdingen.

Klaus Wolf
Minister für Post- und
Fernmeldewesen a. D. der DDR

Überwinden, Zusammenfinden und Verbinden – Die Anfänge des »Aufbau Ost«

Da sitzt nun, allein, nachdenklich – der am 18. November 1989 gewählte und auf die Verfassung der DDR vereidigte Minister für Post und Fernmeldewesen.

Es herrscht Stille im ehrwürdigen historischen Gebäude des Postministeriums. Wenige sind im Haus – besonders die Mitglieder aus dem engsten Arbeitskreis des Ministers. Erwartungsvoll, ob der Neue den Samstag zur Begegnung nutzt. Im Rundfunk oder Fernsehen konnten sie verfolgen, wo er sich gerade befand. Dass er kommt, verbreitete sein persönlicher Fahrer ohne Auftrag. Das Dienstzimmer ungewöhnlich groß. Länger als breit und annähernd so hoch wie breit. Die Höhe eines Raumes soll auf die drinnen inspirierend wirken – hoffentlich stimmt das auch für diesen. Im Rücken zum Schreibtisch eine Fensterfront mit integrierter Tür zum kleinen, von hohen Mauern umgebenen Garten. In ihm eine Bank, ein Obstbaum und aus der Ordnung gewachsenes Gebüsch. Es gab sicher in letzter Zeit Wichtigeres, als sich um den kleinen Garten zu kümmern. Der Schreibtisch aufgeräumt. Unübersehbar in seiner Mitte ein Telegramm. Der Minister aus der BRD gratuliert seinem Kollegen in der DDR mit guten Wünschen zum Dienstbeginn.

Die Amtskollegen treffen sich: Klaus Wolf, Minister für Post- und Fernmeldewesen der Deutschen Post der DDR, und Christian Schwarz-Schilling, Bundesminister für Post und Telekommunikation.

Erstes Treffen mit dem Amtskollegen

Am Montag kam es zum ersten Telefonat beider Minister. Überraschend gut auf beiden Seiten der Leitung zu verstehen, freundlich mit beidseitigem Wunsch einer baldigen persönlichen Begegnung. Zwei von Herkunft, Erfahrung und Schöngeist so unterschiedliche Typen trafen sich in Berlin. Der eine zuvor nie in der DDR, der andere nicht in der BRD, nur in West-Berlin. Fazit der Begegnung: Die »Chemie« stimmt. Neugier auf beiden Seiten. Der BRD-Kollege brachte auch einen Protokollauszug aus der Bundestagsrede des Bundeskanzlers Helmut Kohl vom 9. November 1989 zu dessen Zehn-Punkte-Plan einer Konföderation mit. Darin stand: »Die Bundesregierung wird wie bisher die Zusammenarbeit mit der DDR in allen Bereichen fortsetzen, die den Menschen auf beiden Seiten unmittelbar zugutekommt. Das Gleiche gilt – der Bundespostminister hat die entsprechenden Gespräche eingeleitet – für einen möglichst baldigen umfassenden Ausbau der Fernsprechverbindungen mit der DDR und des Telefonnetzes der DDR. (Beifall bei der CDU/CSU, der FDP und der SPD)«. Postunion war das im Vier-Augen-Gespräch entstandene Ziel. Sofortmaßnahmen im Sinn dieser Union und Tempo bei nachweisbaren Verbesserungen im Post- und Fernsprechverkehr der DDR und zwischen beiden deutschen Staaten, das war der Wille beider Minister. Maßnahmen sofort, die auch in Zukunft ihren Zweck erfüllen. Sie beauftragten Mitarbeiter, bis zum 12. Dezember 1989 eine unterschriftsreife Vereinbarung über Sofortmaßnahmen zu erarbeiten. Noch nicht im Detail, aber schon mit finanziellen Eckzahlen. Ein wichtiger Termin, weil der Ministerpräsident meiner Bitte entsprach, beide Minister zum Arbeitsgespräch zu empfangen. Sein Terminkalender ermöglichte den 12. Dezember 1989.

Erste Kontaktaufnahme zu den West-Kollegen

Zu den ersten Kontakten mit unseren Kollegen im Westen kam es folgendermaßen. Die Minister Dr. Schwarz-Schilling und Dr. Wolf hatten zwar mit ihren Erklärungen zur verstärkten Zusammenarbeit und zur Schaffung einer Postunion einen gewissen Handlungsrahmen geschaffen, aber einen direkten Handlungsauftrag gab es (noch) nicht. Allerdings erhielt ich Ende 1989 den Auftrag, eine Generaldirektion Telekom zu schaffen, deren Leitung mir später übertragen wurde. Anfang 1990 habe ich mir nach schlaflosen Nächten gesagt, »Du musst jetzt etwas tun. Du musst Verbindung aufnehmen mit der Deutschen Bundespost Telekom«. Ich habe dann den Namen von Herrn Ricke und seine Telefonnummer ermittelt, denn wir hatten ja keinerlei Unterlagen. Dann habe ich meiner Sekretärin diesen Zettel gegeben und gesagt: »Wir rufen heute den Vorstandsvorsitzenden der Telekom in Bonn an.« Meine Sekretärin sagte: »Wie? So was haben wir doch noch nie gemacht.« Ich sagte: »Aber heute passiert es.« Dabei hatte ich so ein Herzklopfen. Ich wusste doch nicht, wie wird die Reaktion sein? Bist du mit deinem Anruf auch wirklich willkommen? So hatte ich, als ich die Tür hinter mir zumachte, plötzlich die Hoffnung, dass Herr Ricke vielleicht gar nicht da wäre. Aber weit gefehlt, er war da. Aus seinen ersten Worten ging mehr als deutlich hervor, dass er sich ehrlich über meinen Anruf freute. Offensichtlich war eben die Zeit reif dafür. Jedenfalls war der Stein riesig, der mir vom Herzen gefallen war. Wir haben dann schnell unser erstes Treffen verabredet.

Heinz Uhlig

Gemeinsames Vorgehen der beiden Minister

Erstmalig empfing Hans Modrow, trotz umfangreicher anderer Aufgaben, zwei Fachminister, die es gewohnt waren, nicht so oft im Rampenlicht der politischen Bühne zu stehen. Beide informierten über die abgestimmten Sofortmaßnahmen:

- Bildung einer gemeinsamen Regierungskommission als Plattform aller Entscheidungen hin zur Postunion; gut vorbereitet konstituierte sich diese am 25. Januar 1990.
- Ausbau der oberen Netzebene, beginnend im Raum Rostock in Richtung Süden, deren Teilprojektierung seit Jahren vorhanden ist.
- Vorrangiger Neuaufbau des C-Mobilfunknetzes entlang von Transitautobahnen wegen des geringeren Aufwands bei Grundstückserwerb und Genehmigungsverfahren.
- Glasfaserverbindung von Ost- nach West-Berlin – Anschluss zum Transitkabel West-Berlin – BRD.
- Fernsprechvermittlung in der DDR mit der digitalen Technik der Hersteller Alcatel SEL S 12 und Siemens EWSD zukunftsorientiert ausstatten.
- Die nach wie vor existierende CoCom-Liste wurde ignoriert.
- Aus der Störreserve der Telekom digitale Vermittlungscontainer in das Fernmeldenetz der DDR einbinden.
- Schulungsmaßnahmen an digitaler Technik für DDR-Ingenieure und -Monteure bei der Telekom bzw. den Herstellern.

Unterzeichnung des Vorvertrags zwischen den Postministern der DDR und der BRD.

- Finanzierung der Sofortmaßnahmen aus Mitteln des DDR-Ministers sowie der Verdopplung der für 1990 vereinbarten Postpauschale aus der BRD.
- Kostenlose Bereitstellung von Gebraucht- oder Neufahrzeugen aus der BRD für den Brief- und Paketdienst.

Der Vorsitzende des Ministerrates akzeptierte diese Maßnahmen, drängte auf Tempo, sicherte seinen Einfluss auf die direkte Bereitstellung der von der Bundespost gezahlten Postpauschale für Aufgaben der DDR-Post zu. Er informierte den BRD-Minister über die seinem Kollegen übertragene Verantwortung als Minister und Generaldirektor des Post- und Fernmeldewesens sowie ministerielle Zuordnung des Kombinates Nachrichtenelektronik und Befugnisse gegenüber dessen Generaldirektor.

Mithilfe des Kombinates gelte es, kurzzeitig neueste Nachrichtentechnik in Gemeinschaft mit Unternehmen der BRD in der DDR zu produzieren. Er teilte die Sorge des Ministers, durch die veränderten Bedingungen im bevorstehenden Weihnachtsgeschäft, die Bevölkerung im Paketdienst pünktlich zu versorgen, sicherte bei Bedarf seine Unterstützung zu. Sein Dank galt beiden Ministern für die so schnell entstandenen Gemeinsamkeiten.

Dieses Arbeitstreffen bedeutete den Startschuss für umfassende Aktivitäten im Raum der DDR und den Einsatz vorhandener Kapazitäten aus der BRD; ermöglichte dem Minister der Deutschen Post einen zuvor nie gekannten Spielraum. Beide Minister versuchten natürlich, wie bei Politprofis in Regierungsverantwortung üblich, den Umständen und der Zeit etwas Positives abzugewinnen. Der in der DDR musste als »Neuer« seine Strategie unter den veränderten Bedingungen der Staatsführung finden und festlegen. Auch zuverlässige, vertrauensvolle, fachlich kompetente Mitarbeiter für sein direktes Umfeld finden. Ebenso wichtig war für ihn, Wissen zur Bundespost, deren unternehmerische Dreiteilung und das Verhältnis zwischen den dortigen Unternehmen zum Bundespostminister zu erarbeiten.

Es war Zufall und Glück zugleich, dass sich das am 8. Juni 1989 vom Bundestag beschlossene und am 1. Juli 1989 in Kraft getretene Poststrukturgesetz in den ersten Zügen seiner Umsetzung befand. Die Unternehmen Postdienst, Postbank und Telekom waren noch damit beschäftigt, ihre Strukturen zu finden bzw. zu festigen. Der Vorstandsvorsitzende der Telekom kam vom Fernsehhersteller Loewe und der vom Postdienst von der Quelle-Gruppe. Die hatten sicher auch selbst Informationsbedarf zum neuen Job.

Nach Ausschaltung aller über staatliche Entscheidungen gesetzten Machtbefugnisse des Politbüros der SED konnte der Minister die im *Gesetz über das Post- und Fernmeldewesen* (GBl. I Nr. 31, S. 345. Abschnitt II § 2 / § 3 / § 4 Beschluss der Volkskammer vom 29. November 1985) übertragenen Aufgaben, Rechte und Pflichten voll wahrnehmen. Dies galt für alle dort definierten Aufgaben sowie insbesondere für die Verpflichtung zur Durchführung des Nachrichtenverkehrs.

Die Situation im Fernsprechnetz der DDR-Post war im November 1989 durch veraltete und auf Verschleiß gefahrene Vermittlungs- und Übertragungstechnik gekennzeichnet, die mit hohem Reparaturaufwand funktionsfähig gehalten wurde. Im Vergleich zur BRD war die Versorgung der Bevölkerung mit Telefonhauptanschlüssen, die in den Bezirken auch unterschiedlich war, völlig unzureichend. Die Forderungen nach Anschlüssen in der Wohnung wurden immer massiver und teilweise aggressiv.

Politiker und Wirtschaftslenker aus der BRD fragten aus unterschiedlicher Interessenlage die Verantwortlichen der Deutschen Post nach dem »Warum« dieses in der Summe unvergleichbaren Rückstandes zum westlichen Standard. Ihnen waren Begriffe wie »Planwirtschaft« oder »Mangelwirtschaft« geläufig. Sie verstanden darunter aber vorrangig die komplizierte tägliche Versorgungslage oder Wartezeiten auf langlebige Konsumgüter wie Pkw oder Fernseh-

Eine von oben gewollte Vernachlässigung

Es lag quasi etwas in der Luft. Natürlich konnte niemand den Mauerfall vorhersehen, aber Veränderungen schienen unausweichlich zu sein. Vor allem kann ich mich daran erinnern, dass der Ruf nach Übernahme der Reformen von Gorbatschow umso lauter wurde, je starrsinniger die DDR-Führung solche Reformen für die DDR nicht für notwendig hielt. Der allgemeine Unmut betraf natürlich auch die Deutsche Post. Als ich Ende 1987 ins Ministerium für Post- und Fernmeldewesen geholt wurde, geriet ich von einem durchaus bevorzugten Bereich, nämlich der EDV-Einsatzvorbereitung, in einen total zurückgebliebenen Bereich. Aber dass es sich hier um eine bewusste, also von oben gewollte Vernachlässigung der Post und vor allem des Fernmeldewesens handelte, wurde mir selbst erst in einem schmerzlichen Erkenntnisprozess klar.

Das Wort »Kommunikationsbedürfnis« gehörte nicht zum offiziellen Sprachgebrauch. Wollten zum Beispiel Diplomanden oder Doktoranden diesen Begriff in ihren Arbeiten verwenden, hat ihr betreuender Professor davon abgeraten, weil das nicht gewollt war. Aber die Bevölkerung wollte das nicht mehr so hinnehmen. Tausende unserer Mitarbeiter waren allein damit beschäftigt, die immer energischer werdenden Beschwerden der Bürger zu beantworten. Und viele Wirtschaftsbereiche sahen die Lösung des Problems darin, sich von ganz oben eigene Netze, übrigens unter Umgehung des Postministers, genehmigen zu lassen.

Bei den Mitarbeitern der Deutschen Post wurde der Frust darüber, dass sie trotz aller Anstrengungen vorwiegend unzufriedene Kunden hatten, immer stärker. Und sie haben diesen Frust auch rausgelassen. So war ich Zeuge, wie in Magdeburg die Postler mit einem großen Transparent mit der Aufschrift demonstrierten: »Wir wollen nicht mehr fünftes Rad am Wagen sein!« Im Juni 1989 wandte sich der Ingenieurverband der Nachrichtentechniker »in tiefer Sorge« und mit der Forderung an die Regierung, »mehr Mittel für die kommunikationstechnische Infrastruktur bereitzustellen«. Aber dass Veränderungen in der Luft lagen, führte auch dazu, dass kritische oder sagen wir eher realistische Einschätzungen zunehmend »geduldet« wurden. Nur so kann ich mir erklären, dass das Postministerium Ende 1988 den »Mut« aufbringen konnte, in einer Regierungsvorlage den desolaten Zustand der Infrastruktur erstmals kritisch darzustellen und tatsächlich als Ziel (wenn auch als langfristiges) die Befriedigung der Kommunikationsbedürfnisse zu formulieren. Und dafür wurde ein Ausbauprogramm vorgeschlagen, was allerdings bis zur Vollversorgung mit Fernsprechanschlüssen sage und schreibe bis zum Jahr 2040 gebraucht hätte. Aber immerhin. Zumindest konnten wir diese Unterlagen nutzen, als wir nach der Wende mit unserem großen gemeinsamen Programm begonnen haben.[41]

Heinz Uhlig

geräte. Mit dem Slogan »Export geht vor Eigenversorgung« konnten sie überhaupt nichts anfangen.

Denen aus der Wirtschaft grauste es bei dem Begriff des staatlich – parteipolitisch – regulierten Marktes. Es war Mitleid für diejenigen erkennbar, die unter solchen Bedingungen ergebnisorientiert hatten wirtschaften sollen. Da war Nachhilfe erforderlich bei der Erklärung der Begriffe »frei« bzw. »nicht konvertierbare Währung« oder des auf die RGW-Staaten (Rat für Gegenseitige Wirtschaftshilfe) begrenzten Verrechnungssystems Transferrubel. Rubel nicht als Zahlungsmittel, sondern Erdöl gegen Nachrichtentechnik. Erdgas gegen Glasfaserkabel. Obst und Gemüse aus Ungarn gegen Trabant. Im Prinzip beherrschte nicht Geldwirtschaft, sondern Naturalwirtschaft die Wirtschaftsbeziehungen zwischen befreundeten Staaten. Fachleute der Wirtschaft, die hinter diese Freundschaft blicken konnten, begriffen sehr bald, was sie – diese brüderliche Freundschaft – wert war. Die jährlich reduzierte Erdölmenge aus der UdSSR wurde immer mehr zum Gradmesser eines wirtschaftlichen Desasters.

Die Sozialpolitik sollte nicht darunter leiden. Der Wohnungsbau wurde forciert, Mieten, Tarife und Preise staatlich gelenkt und teilweise seit Gründung der DDR »eingefroren«. Auch die Preise für Leistungen des Post- und Fernmeldewesens blieben unverändert. Der Brief im Ortsverkehr kostete 1989 noch wie im Jahr 1970 zehn Pfennige – der im Fernverkehr 20 Pfennige –, das Paket bis fünf kg und bis 100 km 60 Pfennige. Eine Gebühreneinheit im Ortstarif kostete 15 Pfennige ohne Zeitbegrenzung, im automatisierten Fernverkehr gestaffelt nach drei Entfernungszonen 15 Pfennige pro Zeiteinheit mit 60 bzw. 90 Sekunden, die monatliche Grundgebühr nach Ortsnetzgröße 4,50 bis 9 Mark. Im vom Führungsanspruch der SED dominierten politischen und wirtschaftlichen System der DDR nahm das Post- und Fernmeldewesen nur einen geringen Stellenwert ein.

Die für die Aufgaben im Fernmeldewesen notwendigen Produkte waren jährlich mit über 90 Prozent für den Export geplant. Importe verhinderten der Mangel an Valuta und die CoCom-Liste. Vom Rest der Inlandsprodukte waren vor der Deutschen Post noch zunächst die Sondernetze der Armee, der Staatssicherheit, des Staates u. a. zu bedienen. Für die Bevölkerung blieb nichts außer der Kreativität der Fernmeldetechniker, welche die Hebdrehwähler aus dem Jahre 1928 auch in einer großen Zentrale in Berlin am Laufen hielten oder besser gesagt »täglich gesundbeteten«. Sie erfanden auch den Zweieranschluss. Zwei Wohnungen auf einer Leitung – Not macht erfinderisch.

Obwohl es gelang, auch für das Post- und Fernmeldewesen eine vom »Wirtschaftslenker« Mittag akzeptierte Hauptaufgabe zu definieren: »Befriedigung der Nachrichtenverkehrsbedürfnisse der Bevölkerung und der Wirtschaft sowie der staatlichen Nachrichtenverkehrsbedürfnisse in der entsprechenden Quantität und in hoher Qualität«,

Zum Telefonieren nach Schönefeld
In den letzten DDR-Jahren bin ich oft mit dem Auto nach Ost-Berlin gefahren über Teltow; und in Schönefeld stand die erste Telefonzelle Berlins. Da konnte man mit 20 Ost-Pfennig telefonieren; die waren besonderes Metall, und überall, wo ich die bekam, habe ich sie mitgenommen, um telefonieren zu können. Und da habe ich alle Anrufe, die ich von Potsdam aus nicht führen konnte, von der ersten Telefonzelle in Schönefeld – die stand auf der linken Seite, die gibt es nicht mehr – ausgeführt.
Manfred Stolpe

änderte sich bei der Einordnung in die Fünfjahres- bzw. Jahrespläne nichts am Stellenwert der Deutschen Post. Der Postminister legte 1988 dem Ministerrat eine Konzeption inklusive Zustandsanalyse vor, die auf die schrittweise Bedarfsdeckung gerichtet war. Als nach dem Ministerrat wie üblich das Politbüro die Konzeption behandelte, wurde dort deutlich gemacht, Export, Wohnungsbau, Landesverteidigung, Energieprogramm u. a. seien jetzt wichtiger, als Wohnungen mit einem Telefonanschluss auszustatten. Auch noch 1988, als die Unzufriedenheit der Bevölkerung verstärkt zunahm, war das Kombinat Nachrichtentechnik beauftragt, 94 Prozent seiner Übertragungstechnik zu exportieren. Schon jährlich 30 Prozent dieser Produktion hätten zumindest für den dringendsten Bedarf an Telefonanschlüssen – z. B. für Menschen mit Behinderung – ausgereicht.

Der einzige Vorteil der 1988 erarbeiteten Konzeption war, dass unter den veränderten Bedingungen und aufgrund seiner Neueinordnung der DDR-Postminister schon im November/Dezember 1989 auf teilweise bis ins Detail ausgearbeitete Unterlagen oder Projekte zugreifen konnte. Der Ministerrat hat schon in seiner konstituierenden Sitzung übereinstimmend festgelegt, dass die Minister für ihren Verantwortungsbereich bis zum 1. Dezember – also innerhalb von zwei Wochen – alle Fragen klären, die mit der Neubildung der Ministerien zusammenhängen. Struktur- und Personalentscheidungen sollten die Minister eigenverantwortlich treffen, sich auch von durch Partei- und Staatssicherheit belasteten Leitern trennen. Aus diesem Auftrag resultierte der Vorschlag, im Rahmen der Reduzierung der Industrieministerien von elf auf drei dem Minister für Post- und Fernmeldewesen das Kombinat für Nachrichtenelektronik verantwortlich zuzuordnen und den Generaldirektor weisungsbefugt zu unterstellen. Die Exportverträge mit der Sowjetunion und Staaten des RGW sollten zweitrangig zugunsten der Deutschen Post der DDR geändert werden. Im gleichen Beschluss wurde die Funktion des Ministers um die des Generaldirektors der Deutschen Post erweitert.

In meinem Ministerium gab es eine größere Anzahl von Frauen und Männern, die sowohl dienstlich als auch privat mit Mitarbeitern des Ministeriums für Staatssicherheit zusammenarbeiteten. Meine Priorität war es nicht, jetzt nach denen zu suchen, die von Abhöranlagen, angezapften Leitungen, Brief- und Paketüberwachung wussten. Wichtig war, die Abhöranlagen zu finden und zu beseitigen und die Einbindung in das Telefonnetz – auch in das zwischen West-Berlin und der BRD – umgehend zu kappen. Mit dieser Aktion waren die Abhörer der Staatssicherheit arbeitslos. Auch die Adressaten für das Abgehörte wurden täglich weniger. Der Fortgang dieser Arbeit war Gegenstand im Tagesrapport an den Minister.

Um Weihnachten 1989 gab es nach wie vor Rückstände im Paket- und Briefverkehr. In Gesprächen mit Postlern und ihren Helfern, die auch an den Feiertagen ihren Dienst versahen, waren private Sorgen um die Zukunft und um den Arbeitsplatz dominierend. Dort begegnete ich auch den Mitarbeitern, die eigentlich schon nicht mehr im Osten sein wollten. Sie erzählten über abenteuerliche Wege, Fluchten über Ungarn oder die ČSSR. Jetzt waren sie wieder da, aufgenommen in ihrem Arbeitskollektiv, enttäuscht vom »Goldenen Westen« oder auch nur wegen Heimweh nach Familie oder Freunden. Sie machten mir mit ihrem unkomplizierten Denken und Handeln deutlich, wie wichtig es ihnen war: »Ich kann gehen und auch kommen, wenn ich es will – ohne Antrag, ohne Mauer, und ich bin auch kein Verräter, dem nach Honecker keine Träne nachzuweinen ist.« Sie hatten wieder Arbeit, Vertrauen entwickelte sich langsam, Ängste blieben. Sie und auch diejenigen, die immer ihrem Dienst treu geblieben waren, wollten natürlich vom Minister Genaueres zur Zukunft wissen. In dieser Zeit des Jahreswechsels wurde die Notwendigkeit klar, mehr Zeit für die Hiergebliebenen, auch solche für die Rückkehrer und weniger für die westlichen Neuankömmlinge zu verwenden.

Die im »Osten« brauchten neue, verständliche und besonders zuverlässige Informationen. Die aus Bonn, München, Stuttgart oder West-Berlin nahmen in den letzten Wochen viel Zeit in Anspruch, wollten mehr wissen als von ihrem Wissen preisgeben. Die in Dresden, Schwerin, Potsdam oder Ost-Berlin hatten einen größeren Anspruch auf Informationen zur Lage oder Zukunft als die vom anderen deutschen Staat. Mit dieser Erkenntnis wollte ich in das neue Jahr starten. 90.000 Frauen und 40.000 Männer der Deutschen Post hatten ein Recht auf bessere, verständliche Informationen. An alle

Der Potsdamer Kreis

Die anderen Ost-Präsidenten waren bereits seit Oktober 1990 auf ihren Posten. Ich überlegte, wie ich diesen Wissens- und Erfahrungsvorsprung aufholen könnte, und schlug dem Präsidenten der Direktion Potsdam vor, dass wir Ost-Präsidenten uns regelmäßig zum Erfahrungsaustausch treffen sollten. Und so entstand der nach ihm benannte Potsdamer Kreis. Die »Alten Herren« treffen sich übrigens noch heute einmal jährlich zusammen mit ihren Ehefrauen an einem Wochenende Anfang Juni. Natürlich war von Anfang an der »Altpräsident« der Direktion Berlin mit integriert.
Dieses Vorgehen wirkte sich ausgesprochen positiv aus, da einerseits auf die jeweilige Vorgehensweise und den gemachten Erfahrungen aufgebaut werden konnte und anderseits eine gemeinsame Strategie gegenüber von uns nicht als sinnvoll empfundenen, westlich geprägten Anordnungen der Zentrale in Bonn erfolgreich verfolgt werden konnte.
Einen besonders positiven Impuls erfuhren diese Zusammenkünfte durch die Schaffung des Vorstandsbereichs »Aufbau Ost« mit dem dazu berufenen Vorstand Dr. Wilhelm Pällmann. Mit ihm gab es ebenfalls monatliche Treffen in seiner Stabsstelle in der Mauerstraße in Berlin, ggf. unter Hinzuziehung von Experten aus seinem Stab und/oder der Zentrale in Bonn. Auf diese Weise wurde in kurzer Zeit eine Vielzahl wichtiger Entscheidungen zum »Aufbau Ost« getroffen, die sonst erst viel später – wenn überhaupt – gefallen wären. Wichtig war auch, dass er für »seine Ost-Präsidenten« sofort (!) erreichbar war, wenn es einmal brannte und man sofort seine Entscheidung bekam. Überflüssig zu erwähnen, dass es nicht zu häufig brennen durfte.
Meine Zeit in Rostock zählt für mich zu den erfolgreichsten Jahren meiner beruflichen Tätigkeiten. Ich möchte die dabei gesammelten Erfahrungen – auch und gerade mit Dr. Pällmann als Chef und den anderen Ost-Präsidenten – nicht missen.

Eike Rolf Michael

Beschäftigten einen Offenen Brief des Ministers zu schreiben, nahm ich mir vor. Leider war dieser erst drei Monate später fertig. Es war ein Versuch, auf Fragen zu antworten, deutlich zu machen, dass ihre Erfahrung, ihr Fleiß und ihre Kreativität gebraucht wurden, über die Zusammenarbeit mit dem Bundespostminister und den drei Unternehmen der ehemaligen Bundespost zu informieren.

Das Tempo in Richtung Neuwahlen der Volkskammer beschleunigte sich. Als Termin festgesetzt wurde der 18. März 1990. Wahlkampf, der in diesem Lande 40 Jahre ein Fremdwort war, setzte mit allen Varianten ein. Die Ost-CDU wurde mithilfe ihrer Schwester Wahlsieger und stellte den Ministerpräsidenten. Dieser bildete eine Koalition mit der SPD und anderen Parteien. Die SPD beanspruchte das Postministerium für sich. Der neue Postminister Emil Schnell wollte mich, seinen Vorgänger, als Staatssekretär behalten – ich war damit einverstanden. Nach ca. drei Monaten verließ die SPD die Regierung, und die Post der DDR war von diesem Zeitpunkt an bis zu ihrem Ende ohne Minister. Wie in der Zeit als Minister verantwortete ich das operative Geschäft mit zunehmender Überleitung in die drei Unternehmensbereiche der Bundespost. In dieser Zeit war die Umstellung aller Systeme im Rahmen der Währungsunion eine herausragende Anforderung an die Postler. Ohne politischen Widerspruch und ohne Widerstand der über 100.000 Beschäftigten der Deutschen Post der DDR vollzog sich der Prozess der Eingliederung. Am Tag der Deutschen Einheit war mein letzter Arbeitstag, der mit der Selbsterkenntnis endete: Die vergangenen Monate seit dem 18. November 1989 waren sicher nicht fehlerfrei. Aber sie waren interessant, lehrreich, risikofreudig, hektisch – ein guter Anfang für die überwiegende Anzahl der ehemals stolzen DDR-Postler in eine gesicherte Zukunft.

Wichtig für die Betrachtung dieser Zeit des Um- und Aufbruchs nach dem 18. November 1989 ist, dass es keine Zeit der Gesetz- oder Rechtlosigkeit war, aber eine Zeit, in der durch Tempo und Erfolg Bürokratie in den Hintergrund trat bzw. überwunden wurde.[42]

Interview mit Wilhelm Pällmann (†)
Vorstand »Aufbau Ost« a.D. der
Deutschen Bundespost Telekom

»Aufbau Ost« – Eine nationale Aufgabe für die Telekom

Wilhelm Pällmann gehörte von 1991 bis 1995 dem Vorstand der Deutschen Bundespost Telekom an und zeichnete für den »Aufbau Ost« verantwortlich. Er verstarb am 25. Dezember 2013.

Frage: Wann sind Sie erstmals mit der Frage konfrontiert worden, ob Sie bei der Telekom den Vorstand »Aufbau Ost« übernehmen würden?
Antwort: Ich war im Vorstand der Deutschen Bundesbahn. Eines Tages kam Postminister Dr. Schwarz-Schilling und sagte, dass man mich brauche und man sich freuen würde, wenn ich zur Telekom wechseln würde. Ich hatte bei der Bahn mehrere große Infrastrukturprojekte mit Erfolg durchgezogen – und bei der Telekom war ein Infrastrukturprojekt etwas notleidend. Ich habe mich dann beworben und dem Aufsichtsrat vorgestellt. Ich sagte dem Aufsichtsrat, ich sei der Auffassung, dass meine Aufgabe als Antreiber vielleicht drei, allenfalls vier Jahre dauern werde. Nur wenn ich meine Aufgabe schlecht lösen würde, müssten sie meinen Vertrag verlängern. Der Aufsichtsrat war amüsiert – und ich war bei der Telekom.

Frage: Als Sie 1991 zur Telekom kamen, waren bereits einige Weichen gestellt. Sie fanden Rahmenbedingungen vor, die Sie selbst nicht mit entschieden hatten.
Antwort: Meine Hauptaufgabe war, einen straffen Zeitplan aufzustellen. Es gab zwar bereits eine Planung, aber hier griff ich am stärksten ein, damit der Zeitplan auch eingehalten wurde. Wir haben für die nächste Ebene, wie zum Beispiel die damals noch im Amt befindlichen Präsidenten, straffe Vorgaben eingeführt und haben diese scharf kontrolliert. Und siehe da, es klappte auch ganz gut.

Frage: Sie kannten komplexe Strukturen von der Bahn. Wie unterschied sich die Deutsche Bundespost Telekom von der Deutschen Bundesbahn?
Antwort: Der entscheidende Unterschied war, dass Großprojekte bei der Bahn viele Jahre dauerten. Bei der Telekom war mir klar, dass es um eine ganz andere Technik geht und dass man die Infrastrukturvorgabe in einigen wenigen Jahren durchziehen muss und kann. Eine neue Strecke bei der Bahn – es geht ja hier um eine physische Strecke – mag zehn bis zwölf Jahre dauern, bis sie fertig ist. Wenn es gut

Meine Zeit bei und mit Wilhelm Pällmann

Nach und nach kamen Politik und Vorstand zu der Erkenntnis, dass der Aufbau im Osten projektmäßig organisiert und ein eigener Vorstandsbereich hierfür geschaffen werden musste. Mit Dr. Wilhelm Pällmann hatte man – wie sich bald herausstellte – die ideale Besetzung für den Vorstandsbereich »Aufbau Ost« gefunden. Mit ihm war nun endlich auch meine Zeit gekommen. Ich wurde sein Vorstandsassistent in Bonn. Unser neuer Vorstand hatte u. a. zwei Grundsätze, die für den Erfolg des Projektes wichtig waren. Erstens: »Ich gebe die große Linie vor, und ihr (Stabsstelle) macht das Tagesgeschäft.« Dies bedeutete, dass er sich nicht in Kleinigkeiten einmischen wollte. Es gab breite Zustimmung, da man in einer Behörde eher gewohnt war, dass sich die Vorgesetzten in vieles einmischten und sich auch durch das Korrigieren von Schreiben (Rechtschreibung, Zeichensetzung, Satzstellung) gerne hervortaten.

Zweitens gab es einen Hinweis an die Mitarbeiter der Stabsstelle: »Da das Projekt ›Aufbau Ost‹ einmal zu Ende gehen wird, sollen sich die Mitarbeiter rechtzeitig nach einem neuen Job umsehen. Jeder, der gehen will, kann gehen.«

Die Reaktion der am »Aufbau Ost« beteiligten Beschäftigten war Unverständnis und teilweise sogar Entsetzen. Man befürchtete, die gewaltige Aufgabe mit einer zurückgehenden Belegschaft nicht schaffen zu können. Wilhelm Pällmann hatte am Ende Recht. Das Projekt konnte planmäßig beendet werden, und alle Projektmitarbeiter hatten eine Anschlussbeschäftigung bzw. konnten aus Altersgründen in den Ruhestand gehen.

Er wusste insbesondere durch seine Tätigkeit als Bahnvorstand sowie als Aufsichtsratsvorsitzender von Schenker & Co, wie Betriebsverwaltungen einerseits und Wirtschaftsunternehmen andererseits funktionieren. Er hatte vielfältige Kontakte zu Politik und Wirtschaft, was vieles einfacher machte. Die für Infrastrukturausbau zuständigen Staatssekretäre in den neuen Bundesländern sowie die Industrievertreter gaben sich die Klinke in die Hand. Alle wollten Telefon, sodass der öffentliche Druck auf die Telekom insbesondere in der ersten Zeit immer größer wurde. Der Erfahrung Wilhelm Pällmanns im Umgang mit kritischen Situationen ist es zu verdanken, dass es zu keiner gravierenden Eskalation kam. Regelmäßige Auftritte unseres Vorstands im Postausschuss des Deutschen Bundestages schafften das notwendige Vertrauen bei den Politikern. Daneben gab es viele Gespräche und Interviews mit Presse, Funk und Fernsehen.

Hermann Josef Becker

läuft. Das entscheidende Problem bei der Bahn war damals, dass man die Unternehmen, also Reichsbahn der DDR und Bundesbahn der BRD, hat nebeneinander bestehen lassen, und das jahrelang. Das war bei der Telekom ganz anders: Die jeweiligen Abteilungen des Ministeriums für Post- und Fernmeldewesen der DDR wurden in die jeweiligen Unternehmen Telekom und Post eingegliedert.

Frage: Sind Sie beim Aufbau der neuen Organisation nicht auf Widerstände gestoßen?

Antwort: Selbstredend. Aber der entscheidende Punkt war, dass die Postreform bereits eine neue Organisation angestoßen hatte und wir diese nicht mehr erfinden mussten. Die Organisation aus dem Westen wurde auf die Organisation im Osten übertragen. Nur das konnte den schnellen Aufbau in den neuen Bundesländern sichern. Ich stehe heute noch dazu, dass es richtig war, die Organisation der Deutschen Bundespost zu nehmen und über die Struktur im Osten zu stülpen. Natürlich gab es hier und dort Probleme. Dann musste man die Organisation eben punktuell anpassen. Aber der Anfang war gemacht.

Frage: Wurde dieses Überstülpen der Organisation von den Mitarbeitern im Osten auch negativ gesehen?

Antwort: Bisweilen schon. Da war natürlich Überzeugungsarbeit notwendig. Ich denke, wir haben damals überwiegend die richtigen Führungskräfte ausgewählt, die ihre Mitarbeiter auch überzeugen konnten. Mir war im Übrigen sehr schnell klar, dass es im Osten ausgezeichnete Ingenieure und Fachleute gab. Es kam darauf an, die richtigen Leute an der richtigen Stelle einzusetzen. Wir bemühten uns natürlich auch, die richtigen Leute aus der DDR-Post auf höhere Stellen zu bekommen. Viele waren aber nicht gewohnt, sich ganz vorne anzustellen, und verhielten sich eher zurückhaltend. Das war denn auch die Chance einiger Westdeutscher, die dann im Osten schnell zum Beispiel Präsident wurden. Aber sie haben auch etwas geleistet, und wenn sie langsamer wurden, haben wir ihnen deutlich gemacht, wohin sie laufen müssen. Es waren viele Karrieren im Osten möglich, die im Westen so und vor allem so schnell nicht möglich gewesen wären. Für mich war vom ersten Tag an klar: Es muss schnell, schnell, schnell gehen. Denn dieses politisch wie tatsächlich komplexe Gebilde zusammenzubringen, erforderte in erster Linie Kommunikation.

Frage: Die Mittel standen Ihnen also zur Verfügung. Das müsste doch den Neid der anderen Vorstände geweckt haben?
Antwort: Das war etwas anders. Wir stellten zunächst einen Plan auf, welche Mittel wir im nächsten Jahr benötigten. Den haben wir durchgesetzt, aber das war hart. Wir hatten schließlich mit Dr. Kröske einen Finanzvorstand, der nicht mit sich spaßen ließ. Dann stellten wir früh im Jahr – wir nannten es die »Frühjahrsfestspiele« – fest, dass wir viel mehr Geld benötigten. Im Vorstand, dem ich ja angehörte, was im Übrigen existenziell für den Erfolg des »Aufbau Ost« war, musste ich in jeder Sitzung sagen: Wir müssen schneller bauen, und dafür brauchen wir mehr Geld. Das ist jetzt natürlich vereinfacht ausgedrückt. Meistens ist das dann so akzeptiert worden. Und wir haben sehr schnell gebaut.

Frage: In den Medien, zum Beispiel in SpiegelTV, klang das damals ganz anders. Aus der veröffentlichten Meinung kam starker Gegenwind. Es ging zu langsam.
Antwort: Das gibt es ja immer. Und vom Spiegel kann man doch nicht erwarten, dass er positiv über uns schreibt. Die Motivation der Leute, die am Aufbau mitgewirkt haben, ist dadurch nicht beschädigt worden. Die Politik ist eher medienfixiert. Ich erinnere mich an eine Sitzung im Wirtschaftsausschuss des Deutschen Bundestages. Da wurden wir aufgefordert, doch Freileitungen zu bauen, was schneller ginge und billiger sei, als Kabel in der Erde zu verlegen. Ich habe erläutert, warum wir das machen, und als einige noch immer zweifelten, sagte ich: Wir haben zu wenige Steigeisen.

Ein ganz entscheidender Faktor

Aber ein Faktor wurde bisher nicht erwähnt, der meines Erachtens ein ganz entscheidender für das Funktionieren an vielen Stellen war: Das war der Vorstand »Aufbau Ost«, also erst Dieter Gallist und dann Wilhelm Pällmann. Den haben wir von Anfang an gewollt. Wir haben das am 4. Oktober schon verkündet. Diese Intention hat meines Erachtens zur Integration wie auch zur Realisierung der Projekte beigetragen. Der Vorstand »Aufbau Ost« musste nämlich seinen Kollegen im Vorstand in Bonn »die Zähne ziehen«. Ich denke, es ist eine ganz entscheidende Größe, dass, wenn man ein derartiges Projekt angeht, wie wir es getan haben, es dann auch eine wirklich kraftvolle Präsenz der Interessenswahrung der Hinzukommenden in der Spitze des Unternehmens gibt. Das findet man selten, auch bei Unternehmensfusionen. Aber es ist meines Erachtens eine Schlüsselfrage für den Erfolg gewesen.
Helmut Ricke

Frage: Die Politik war also beeindruckt von der Medienberichterstattung und machte Druck auf die Telekom?
Antwort: Natürlich. Aber der gesamte Vorstand und die leitenden Mitarbeiter waren im Schulterschluss, dass wir den Aufbau vernünftig und schnell machen. Mögen die anderen reden oder schreiben, was sie wollen. Wir haben natürlich im System auch Probleme gehabt. Zum Beispiel war die Entscheidung für Turn-key für einen traditionellen Postler ein Problem. Wir haben es dann so begriffen: Den Telekom-Wagen ziehen zwei Pferde. Zum einen die klassische Planung und der herkömmliche Baustil und auf der anderen Seite das Zugpferd Turn-key. Ich muss sagen, diese Dualität hat geholfen, denn das klassische Postpferd hat dann gesagt, wir können das auch so schnell; und sie konnten es. Die Entscheidung für Turn-key war also richtig, denn damit konnten wir innerhalb des Unternehmens einen gewissen Wettbewerb herstellen.

Frage: Im Osten ging es voran, im Westen war Stillstand, also Rückschritt?
Antwort: Wir hatten im Westen ein exzellentes Netz, das allerdings einen Nachteil hatte: Es war analog. Im Osten bauten wir das weltweit modernste digitale Netz – sogar Glasfaser – auf. Wir vom »Aufbau Ost« versuchten den Kollegen im Westen klarzumachen: »Wenn ihr im Westen technologisch nicht nachzieht, dann wird es ein Problem geben.« Insofern kann man mit Fug und Recht sagen, dass die Wiedervereinigung und der schnelle Aufbau im Osten zur Erkenntnis führten, dass, obwohl wir das beste analoge Netz aller Zeiten hatten, dieses Netz plötzlich nichts mehr wert war. Wir haben dieses analoge Netz dann komplett abgeschrieben. Das waren, glaube ich, rund zwölf Mrd. D-Mark. Die Wiedervereinigung war also auch für die Entwicklung des Telekommunikationsnetzes im Westen außerordentlich wichtig. Denn als klar war, dass im Osten das modernste Netz entsteht, reifte im Westen die Erkenntnis, dass das dortige Netz nicht mehr up to date war. Ich würde fast sagen, im Westen hätten wir beinahe das Zeitalter der Digitalisierung verschlafen. Der »Aufbau Ost« war der Weckruf.

Bekanntlich startete dann auch die Digitalisierung im Mobilfunk, wo wir das zellulare, digitale D-Netz aufzubauen begannen. Erstmals kam hier auch Wettbewerb zwischen D1 (Telekom) und D2 (Mannesmann Mobilfunk, heute Vodafone) hinzu. Die Digitalisierung – schließlich auch im Festnetz – ist für all das, was wir heute an Kommunikation haben, die Grundvoraussetzung. Ohne Digitalisierung gäbe es kein Internet, keine Social Media, kein Twitter etc.

Frage: Bei der Vergabe der Turn-key-Projekte an SEL/Alcatel hat die Telekom erstmals den Franzosen den Weg nach Deutschland geöffnet.
Antwort: Ja – warum nicht. Das war ein neuer Weg. Und ein neuer Weg, der aufgestülpt wird auf ein bestimmtes Bewusstsein einer Organisation, ist immer ein Problem. Wenn etwas Neues gemacht werden soll, gibt es immer Zweifler, Bedenkenträger und Widersacher. Ich erinnere an mein Beispiel von der Bahn, als die Franzosen plötzlich über einen Hochgeschwindigkeitszug verfügten. Man musste die alten Strukturen aufbrechen. Auch die Vergabe der Turn-key-Projekte war eines der Mittel, dies zu tun. Es ist doch häufig so, dass wenn Sie Neuland betreten, es gar nicht so wichtig ist, was Sie machen. Nur: Sie müssen etwas Neues machen und nicht das Alte übernehmen. Im Übrigen hatten Unternehmen wie Siemens und SEL viel Auslandserfahrung, auch mit Turn-key-Projekten.

Frage: Auch die Postreform selbst war noch mit Leben zu füllen.
Antwort: Es war ein ständiger Anpassungsprozess der durch die Postreform festgelegten Organisation. Es hieß in den ersten Jahren ja auch noch Deutsche Bundespost Telekom, und die Abnabelung vom Staat dauerte noch einige Jahre. Anfang 1995 habe ich als kommissarischer Vorstandsvorsitzender die Urkunde zur Unternehmensgründung Deutsche Telekom AG unterschrieben. Herr Ricke war Ende 1994 ausgeschieden.

Frage: Für viele Politiker, aber auch Mitarbeiter war es offenbar nicht einfach, im Kopf plötzlich einen Schalter umzulegen und die Telekom als Unternehmen und nicht mehr als Teil einer Behörde zu sehen.
Antwort: Natürlich hat die Politik immer wieder reingeredet. Ich war auch bei der berühmten Kanzlerrunde Dauergast. Kohl kam, verteilte die Aufgaben – ohne jede Diskussion. Er war auf dem Höhepunkt seiner Laufbahn. Aber grundsätzlich muss ich feststellen: Wenn das Haus brennt, fragt man nicht, was das Löschwasser kostet. Wir hatten eine nationale Aufgabe, zu der es keine Alternative gab.

Das Interview mit Dr. Wilhelm Pällmann führte Hans Gusbeth am 31. Juli 2013 in Frankfurt a. M.

Helmut Ricke
ehemaliger Vorstandsvorsitzender
Deutsche Bundespost Telekom

»Gemeinsam Verbindungen schaffen«

Rede von Helmut Ricke anlässlich der Fusion von Deutscher Bundespost und Deutscher Post am 4. Oktober 1990 in Berlin

Meine Damen und Herren,
unser Land und unser Volk sind wieder eins geworden – im Ganzen und in seinen Teilen. Wir alle waren gestern Zeugen des historischen, bewegenden Ereignisses der Wiederherstellung der deutschen Einheit nach 45 Jahren der Teilung und der Trennung. Mit der nunmehr vollzogenen Wiedervereinigung sind wir, die wir uns in diesem Saal versammelt haben, nunmehr auch Mitarbeiterinnen und Mitarbeiter, Kolleginnen und Kollegen des gleichen Unternehmens, der Deutschen Bundespost Telekom!

Auch wir sind jetzt eins, ich heiße dabei Sie, die neuen Mitarbeiterinnen und Mitarbeiter, besonders herzlich willkommen. Gerade auf Sie, Ihre Wünsche und Ihren Informationsbedarf, kam es uns bei der Gestaltung dieser Veranstaltung am heutigen Tag an. Sie sollen wissen, dass uns bewusst ist, welche schwierige Phase Sie seit November des vergangenen Jahres bis heute hin im Unternehmen Deutsche Post Telekom durchgemacht haben. Sie haben dort – jeder an seinem Platz – gewirkt, in einer Zeit, die geprägt war von Unsicherheit, Ängsten und in der sicherlich jeder neue Tag auch neue Fragezeichen brachte. Dass Sie dabei trotzdem in der Zusammenarbeit mit uns in den ersten Monaten bei der Realisierung von Soforthilfemaßnahmen zur Verbesserung der Infrastruktur solch Hervorragendes geleistet haben, dafür gebührt Ihnen unser aller Hochachtung. Ich bin mir durchaus bewusst, dass Sie auch heute noch viele Fragen in Bezug auf Ihre beruflichen Perspektiven haben und auch noch Ungewissheit verspüren. Aber ich versichere Ihnen, dass wir uns bemühen, all diese Unsicherheiten und Ungewissheiten umgehend abzubauen und Sie dafür zu gewinnen, mit uns gemeinsam den Blick nach vorne zu richten.

Dies ist, so meine ich, auch dringend notwendig, denn wie unser ganzes Land, so stehen auch wir vor einer historischen Aufgabe. Denn wir sind Zeugen – oder besser mehr noch –, wir sind Akteure einer der größten, wenn nicht der größten Unternehmensfusion in der Welt der Wirtschaft überhaupt. Dabei fusionieren wir zwei Unternehmen,

Ein hartes Stück Arbeit
Es war ein Freitag im Dezember 1989, so gegen 18 Uhr. Ich, frisch ernannter Leiter des Vorstandsbüros der neuen Generaldirektion Deutsche Bundespost Telekom und persönlicher Assistent des Vorstandsvorsitzenden, krabbelte mit eben diesem Vorstandsvorsitzenden, Helmut Ricke, auf dem Boden seines kleinen Büros umher und sortierte die Seiten der Vorlagen für die erste Aufsichtsratssitzung. Vieles musste neu geschrieben oder überarbeitet werden. Es waren eben noch »Aufsichtsratsvorlagen for Beginners«. Herrn Rickes provisorisch eingerichtetes Büro befand sich im ehemaligen Ministerium für Post- und Fernmeldewesen, in dem außer in unserem in keinem Raum mehr Licht brannte.
Beim Zusammenstellen der Unterlagen bemerkte Herr Ricke: »Das wird ein hartes Stück Arbeit für uns, der Aufbau der Telekommunikation im Osten unseres Landes. Das wird uns bei der gleichzeitigen internen Transformation, dem zügigen Umbau der Telekommunikationsverwaltung Deutsche Bundespost in ein Unternehmen, ganz schön fordern. Hier heißt es jetzt: Ärmel hochkrempeln und ran.« Eine fast komische Situation. Führung und Mitarbeiter dieser Behörde kannten noch keinen Vorstandsvorsitzenden und auch noch keinen Aufsichtsrat, und der »neue Chef« konnte nun am eigenen Leibe die Andersartigkeit dieser Behörde im Vergleich zu seinem früheren Arbeitgeber Loewe spüren. Wenigstens seine Knie spürten es an diesem Freitag.
Frank Uhland

d. h., wir haben es nicht mit einer Einverleibung zu tun, sondern mit der Zusammenführung der beiden deutschen Telekommunikationsunternehmen und damit der Übernahme der vielfältigen Aufgaben der Telekommunikation in den neu geschaffenen fünf Bundesländern. Keine Seite ist »überlegen«, sondern beide werden mittel- und langfristig die Gewinner eines Prozesses sein, der notwendig war im Sinne von »Not wenden« – und um Fundamente zu schaffen, die dringend notwendig sind, um der Wirtschaft eine Ausgangsposition zu geben, die sie braucht, um möglichst rasch im Wettbewerb Erfolg zu haben.

Über 200.000 Mitarbeiter der bisherigen westdeutschen Telekom und über 40.000 Mitarbeiter der bisherigen ostdeutschen Telekom; unterschiedliche Netze; unterschiedliche Reifegrade der technischen und wirtschaftlichen Entwicklung; unterschiedliche Organisationsstrukturen; und unterschiedliche Führungsstile – das sind gigantische Herausforderungen an jeden von uns. Etwas Entscheidendes kommt noch hinzu: Wir werden diese Herausforderungen nicht mehr im Stile einer klassischen Postverwaltung bewältigen müssen, sondern als Telekommunikationsunternehmen. Sie wissen, dass die Deutsche Bundespost Telekom seit Beginn dieses Jahres auf dem Weg von einer Behörde zu einem Unternehmen ist. Auf diesem Weg werden Sie, die bisherigen Mitarbeiterinnen und Mitarbeiter der Deutschen Post Telekom, uns fortan begleiten.

Die Einübung unternehmerischen Handelns und der Aufbau einer Unternehmenskultur sind von jetzt an unsere gemeinsame Aufgabe. Unternehmerisches Handeln heißt für uns erstens, dass wir uns an den Wünschen der Kunden zu orientieren haben. Wir müssen unsere Kunden durch unsere Leistung überzeugen – also durch unsere Qualität, unseren Service und unsere Preise. Unternehmerisches Handeln bedeutet für uns zweitens, dass wir marktwirtschaftlich denken und uns dem Wettbewerb stellen. Dieser Wettbewerb aber endet – bei der weltweiten Verflechtung der Kommunikationssysteme – nicht an den Grenzen unseres Landes. Er ist international, er ist global. Auch unsere Kunden sind zunehmend international, und wir treffen zunehmend auf global operierende Konzerne, auf deren Wünsche wir uns einstellen müssen. Wir müssen Strategien entwickeln, wie wir langfristig eigenständige internationale Positionen aufbauen können, wobei die Brückenfunktion des sich nun nach Osten hin ausdehnenden neuen Deutschlands im Hinblick auf unser Engagement in den Ländern Osteuropas eine besondere Rolle spielt.

In diesem Prozess bringen Sie vieles an Know-how ein. Wir müssen nun den Aufbau der Telekommunikationsinfrastruktur in den fünf neuen Bundesländern offensiv vorantreiben. Ich möchte nochmals unterstreichen, wir sind ein Unternehmen im Wettbewerb! Der Wettlauf um Marktanteile gerade auf dem Gebiet der Telekommunikation als Wirtschaftsfaktor Nummer eins wird von uns gemeinsam

Kleiner grenzüberschreitender Telefonverkehr

Am 26. Juni 1993 wurde eine internationale Telefonverbindung zwischen den Städten Guben und Gubin offiziell eingeweiht. Vorangegangen waren vielfältige partnerschaftliche Absprachen mit Mitarbeitern der polnischen Telekom und der Kommunalpolitik im Rahmen des politischen Verbundes Euroregion »Spree-Neiße-Bober«. Daraus resultierte der Wunsch, eine unbürokratische und schnelle Einrichtung eines grenznahen Telefonverkehrs zur Förderung der etablierten Wirtschaft und der Erleichterung regionaler Kontakte der Bevölkerung beiderseits der Neiße zu ermöglichen. Das nur für Dienstzwecke genutzte alte Grenzkabel wurde unter Zeitdruck kurzfristig für den Selbstwählverkehr mit Ortstarif unter der Kurzwahl 44 aktiviert und mit hoher Presseresonanz durch die Ministerpräsidenten Stolpe und Rau der Nutzung feierlich übergeben. Diese Verbindung erfreute sich besonders bei der Gubiner Bevölkerung großer Popularität, bis die Regulierungsbehörde diesen Telefonverkehr aus Wettbewerbsgründen und den nicht genehmigten Ortstarif zum Provisorium erklärte. Die Telekom reagierte und kappte die Verbindung zum 1. Oktober 1997. Das Ortsnetz Gubins konnte mit entsprechender Tarifierung über die reguläre internationale Kennziffer inzwischen ohne Probleme telefonisch erreicht werden.

Siegfried Fenske

gute Leistungen und großes Engagement fordern. Konkret heißt das, dass wir – gerade auch im Hinblick auf den Aufbau der Telekommunikationsinfrastruktur in Mitteldeutschland – gut, ich darf sagen sehr sehr gut, sein müssen.

Der Druck der Öffentlichkeit wird vor allem für Sie hier im östlichen Bereich unseres Unternehmens, die Sie an Kundenorientierung und Öffentlichkeitsarbeit bisher nicht gewohnt waren, erheblich zunehmen. Wir werden nicht alle Anschlüsse, die nunmehr beantragt werden, gleich liefern können. Im Gegenteil: Die Wartelisten werden zunächst sogar dramatisch länger werden. Dies liegt nicht daran, dass es uns an Geld fehlt, unser Netz im östlichen Teil des gemeinsamen Landes so auszubauen, wie dies im westlichen Teil geschehen ist. Sondern es liegt daran, dass der Ausbau der terrestrischen Netze zwangsläufig Zeit erfordert. Zeit haben wir aber keine! Auf dem Gebiet der ehemaligen DDR gilt es, innerhalb von nur sieben Jahren eine Telekommunikationsinfrastruktur von einer Qualität aufzubauen, wofür wir im Westteil unseres Landes immerhin 45 Jahre gebraucht haben.

Dabei muss uns bei allen Bestrebungen zur Deckung des Telekommunikationsbedarfs in den fünf neuen Bundesländern bewusst sein, dass zur Schaffung von wirtschaftlicher Prosperität zunächst ein gut funktionierendes Netz an Telekommunikationsleistungen für die sich entwickelnden Wirtschafts- und Industrieunternehmen bereitstehen muss. Dafür müssen wir, so schnell es geht, leistungsfähige Instrumentarien für Kundenkontakte, Kundenpflege und Bedarfsdeckung im Bereich der Geschäftskommunikation aufbauen, ohne hierbei – und das dürfte uns allen klar sein – die Bedürfnisse der Privatkunden, der Bürger dieses Landesteils, zu vernachlässigen. Zur Lösung dieser Aufgaben haben wir gemeinsam in den vergangenen Monaten, und ich blicke jetzt ganz bewusst in die Richtung der Kolleginnen und Kollegen der ehemaligen Generaldirektion der Deutschen Bundespost Telekom, ein Konzept erarbeitet, das den Namen »Telekom 2000« trägt. Und ich möchte mich an dieser Stelle noch mal ganz herzlich bei den Damen und Herren, allen voran bei Herrn Dr. Uhlig, bedanken, die mit uns in den vergangenen Monaten in unserem gemeinsamen Unternehmensausschuss an diesem Werk gearbeitet haben. Das war eine große Leistung, das war und ist Ihre Leistung.

»Telekom 2000« ist ein mehr als ehrgeiziges Programm, das den schnellen Ausbau der traditionellen Telekommunikation, aber auch die Entwicklung neuer Dienste in bislang nicht vorstellbarem Umfang vorsieht. Dies ist unser konkreter Beitrag zur Wiedervereinigung, denn nur eine gut ausgebaute Telekommunikationsinfrastruktur bietet die Grundlage für eine florierende Wirtschaft. Denn – lassen Sie es mich bildlich ausdrücken – eine Volkswirtschaft ohne

Telekommunikation ist genauso wertlos wie ein Auto ohne Motor. Damit wird aber auch die Größe des nun vor uns liegenden Programms, mit den vielfältigen und schwierigen Anforderungen an uns alle, deutlich. Wenn Sie sich vorstellen, dass in den nächsten sieben Jahren 7,2 Mio. neue Telefonanschlüsse einzurichten sind und dass dabei die jährlichen Zuwachszahlen sehr schnell auf eine Zahl von ca. 1,2 Mio. Anschlüsse ansteigen, d.h. auf einen Wert, den wir derzeit in unseren hoch entwickelten Planungsprozessen und Ausführungszyklen jährlich in unseren westlichen Fernmeldeämtern erbringen, können Sie ermessen, welche Probleme es zu überwinden und welche großen Aufgaben es zu lösen gilt, um den Planungen dieses Programms »Telekom 2000« gerecht zu werden.

Dabei habe ich noch gar nicht über die anderen Zieleckwerte dieses Programms, wie Datenkommunikation, Kabel-TV und Mobilfunknetze C und D gesprochen. Wir müssen uns bewusst machen, dass die Deutsche Bundespost Telekom in Ost und West, und dies gilt besonders auch durch dieses zusätzliche Investitionsvolumen für das »Telekom 2000«-Programm, Deutschlands größter Investor ist. Wir werden sicherlich nicht unsere Investitionen sehr zögerlich, vorsichtig, ja sogar ängstlich tätigen, wie manche der derzeit hier im östlichen Teil unseres Landes startenden Industriezweige. Wir müssen investieren, und dieses vom heutigen Tag an, und deshalb lassen Sie mich an Sie alle hier im Saal appellieren: Zwischen der Wirtschaftlichkeit eines Staates oder einer Staatengemeinschaft und der Telekommunikationsinfrastruktur besteht eine enge Korrelation. Deshalb blicken Wirtschaft und Bürger in der gesamten Bundesrepublik ab heute auf die Telekom und setzen auf die Leistungsfähigkeit und Kreativität ihrer Mitarbeiterinnen und Mitarbeiter. Deshalb darf ich Sie aufrufen, zum Wohle unseres Landes, unserer Bürger und letztlich auch unseres Unternehmens, mit großem Engagement die an uns gestellten großen Herausforderungen anzugehen. Dabei wird es darauf ankommen, die notwendigen organisatorischen Voraussetzungen für den schnellen und möglichst reibungslosen Aufbau einer modernen Telekommunikationsinfrastruktur auch im östlichen Teil unseres Landes zu schaffen.

Meine Damen und Herren, dabei sollten wir lernfähig auf beiden Seiten sein; das heißt eben nicht, dass alle bisherigen Regelungen und organisatorischen Strukturen der Deutschen Bundespost Telekom unreflektiert übernommen werden können. Beide Seiten werden das Beste einbringen, was sie zu bieten haben. Wir wollen von beiden Seiten das Positive übernehmen und so im Sinne einer Addition der Tätigkeiten und des Know-hows optimale Ergebnisse erzielen.

Lassen Sie mich nun zu einem Themenblock überschwenken, der natürlich am heutigen Tag und in der derzeitigen Situation für Sie von besonderem Interesse sein wird. Das sind die Fragen aus dem Per-

»Und nur wir konnten es auch«

Zu diesem Zeitpunkt hatten wir natürlich nicht nur den »Aufbau Ost«. Wir hatten ein Unternehmen zu gründen, um uns auf den Wettbewerb vorzubereiten und strukturelle Veränderungen zu realisieren. Das vergisst man heute leicht. Wir waren damals acht Personen im neu installierten Vorstand, die sich nicht kannten. Aber wir haben den »Aufbau Ost« als ernsteste Aufgabe angesehen, die wir hatten. Wir haben es auch schnell geschafft, bei diesem Thema die Mannschaft hinter uns zu bringen. Wir müssen helfen, wir müssen die Situation verbessern – und nur wir konnten es auch –, das war die Motivation. Nur die Telekom konnte die Situation in der Wirtschaft und für die Privatleute verbessern. Denn das war es doch, was fehlte und nach Bedarf schrie. Kommunikation war auf der Prioritätenliste ganz oben. Das haben wir auch zu spüren bekommen. Wie sind wir am Anfang rasiert worden von den Medien und von allen möglichen Besserwissern. Der Druck auf uns wurde erhöht. Das hat, glaube ich, die Telekom auch zusammengeschweißt. Bei den Leuten, die helfen wollten, entstand das Gefühl, wir können das, wir schaffen das. Auch das hat dann dazu geführt, dass wir keine private Konkurrenz fürchten mussten.[43]

Gerd Tenzer

sonalbereich oder anders ausgedrückt Fragen wie: Werde ich auf Dauer einen Arbeitsplatz bei der Telekom haben, welche Aufgaben übernehme ich, welche Prüfungsverfahren wird es geben und welchen sozialen Status werde ich erhalten? Lassen Sie mich deshalb nur einige grundsätzliche Aspekte anschneiden:

Erstens: Wir brauchen für die riesigen vor uns liegenden Aufgaben viele gute Mitarbeiter! Die Zahl von gut 42.000 Mitarbeitern im bisherigen Bereich der Deutschen Post Telekom ist, gemessen an diesen Aufgaben, keineswegs zu hoch. Entscheidend ist dabei nur, dass der richtige Mann, die richtige Frau am richtigen Platz, d. h. an einer ihrer Qualifikation entsprechenden Aufgabe, arbeitet.

Zweitens: Wir werden im östlichen Teil unseres Landes in kurzer Zeit einen sehr großen technischen Fortschritt mit erheblichen organisatorischen Veränderungen erleben – die bisherige Entwicklung im westlichen Teil unseres Landes wird sich hier sozusagen im Zeitraffertempo wiederholen. Das erfordert große Anstrengungen von jedermann! Mobilität und Lernbereitschaft sind jetzt in sehr hohem Maße gefragt. Wir brauchen die vorbehaltlose Bereitschaft aller Mitarbeiter der Telekom auf allen Ebenen und in allen deutschen Ländern, die Integration so schnell und so gut wie möglich zu bewältigen, zu dem erlernten Wissen eine Menge Neues hinzuzufügen und neue Aufgaben mit Elan anzupacken. Die Führungskräfte der westdeutschen Seite unseres Unternehmens sind sich der Tatsache nachhaltig bewusst, dass es nicht ihr Verdienst ist, auf der westlichen Seite des ehemaligen Eisernen Vorhangs geboren und aufgewachsen zu sein. Und wir sagen dieses unseren Mitarbeitern immer wieder. Trotzdem haben wir die Verpflichtung unseren neuen Mitarbeitern sowie den Menschen im östlichen Teil unseres Landes gegenüber, dafür zu sorgen, dass nur solche Führungskräfte in Leitungsverantwortung kommen bzw. sie behalten, deren fachliche und menschliche Qualifikation unzweifelhaft ist und deren Vergangenheit sie nicht für die Realisierung unserer künftigen Führungsgrundsätze belastet. Die alten werden vielfach nicht die neuen Chefs sein. Damit wollen wir uns keineswegs zum Richter über zurückliegende politische Grundeinstellungen aufschwingen, sondern lediglich unserer Verantwortung für Sie als unsere Mitarbeiter gerecht werden. Dass diese uns auferlegte Aufgabe nicht leicht ist, auch zu Härten führen kann, erscheint unvermeidlich, doch werden wir hier mit großer Sorgfalt und natürlich auch absoluter Fairness zu Werke gehen. Doch nicht nur Sie, unsere neuen Mitarbeiterinnen und Mitarbeiter, sind herausgefordert, sondern auch wir, die Führung der Telekom. Wir werden Ihnen alle Möglichkeiten der Fortbildung und der damit verbundenen Qualifikation anbieten, auf die es jetzt ankommt.

Drittens: Sie, die Bewohner der ehemaligen DDR und Ost-Berlins, haben mit großem Mut eine politische und gesellschaftliche Wende herbeigeführt. Sie haben Rechtsstaat und Demokratie erkämpft, und diese Werte gelten für alle Bereiche unserer Gesellschaft, auch für die Zusammenarbeit in einem Unternehmen wie unserer Telekom. So gehört es zu unserer Unternehmensphilosophie, dass der Mensch im Mittelpunkt steht. Der Mensch als Kunde, aber auch – und darauf möchte ich besonders hinweisen – der Mensch als Mitarbeiterin und Mitarbeiter. Und so lassen Sie mich Ihnen versichern, bei all unseren Entscheidungen, die wir unter Berücksichtigung der hiesigen teilweise historisch/politisch bedingten Problemstellungen treffen, werden wir die persönlichen Belange eines jeden Mitarbeiters berücksichtigen. Menschen kann man nicht einfach »abwickeln«, wie es im Einigungsvertrag so juristisch exakt, aber bürokratisch kalt ausgedrückt ist. Zu den Führungseigenschaften in einem modernen Unternehmen – zu denen wir sicherlich zählen – gehört bei allen Managementfähigkeiten auch Einfühlsamkeit in die individuellen Problemstellungen eines jeden der Mitarbeiter. Nicht zuletzt aus diesem Grund kommt der Rolle der Personalvertretungen eine nicht unwesentliche Bedeutung zu. Zu unserer spezifischen Form der sozialen Marktwirtschaft gehört der partnerschaftliche Dialog mit dem Sozialpartner. Dialogbereitschaft in einem allgemeineren Sinne ist sogar ein wesentliches Kennzeichen unseres Führungsstils, der sich sicherlich auch sehr rasch bei Ihnen durchsetzen wird. Dauernde Kommunikation erhöht den Informationsstand! Auch aus diesem Grunde lebt ein Unternehmen der Telekommunikation im besonderen Maße von gut informierten Mitarbeitern.

Meine Damen und Herren, ich setze bei all den großen Aufgaben, die auf uns warten, auf Ihre Leistungsbereitschaft und auf die Aufbruchsstimmung, die uns heute alle erfassen und beseelen muss. Gerade im Zusammenhang mit der Formierung des vereinten Deutschlands haben wir von der Telekom eine der anspruchsvollsten, aber auch reizvollsten Aufgaben: die Kommunikation zwischen den Menschen in Ost und West, die so lange unterdrückt und aufgrund der unterschiedlichen technischen Entwicklungen so erschwert worden ist, wieder in Gang zu setzen und unserem östlichen Landesteil den Weg zu wirtschaftlicher Prosperität zu ebnen. Ich bin fest davon überzeugt, dass wir, wenn wir alle unser Tun auf die drei Säulen konzentrieren, zielgerichtet zusammenarbeiten, rasch, aber wohlüberlegt zusammenführen und mittelfristig homogen zusammenwachsen, die so lebensnotwendigen Verbindungen unter den Menschen dieses Landes gemeinsam schaffen werden.

Ich danke Ihnen für Ihre Aufmerksamkeit und freue mich auf den Dialog mit Ihnen.

Vorstandsvorsitzender Helmut Ricke auf »Fusionstournee«.

»Fusionstournee« mit Hindernissen:

II
Technik – Von Provisorien, Kreativität und Spitzentechnologie

Walter Kaiser

Technikhistorische Aspekte des »Aufbau Ost« der Deutschen Telekom – Voraussetzungen und Kontext

Einführung

In den 1980er Jahren, als die DDR einen anhaltenden und gegen Ende des Jahrzehnts sich beschleunigenden wirtschaftlichen Niedergang erlebte, der auch der Technikentwicklung enge Grenzen setzte, war die Entwicklung der Informations- und Kommunikationstechnik in den fortgeschrittenen Industriestaaten von enormer Dynamik geprägt. Den Mängeln in der technischen Infrastruktur der DDR und der Schwäche der DDR im Bereich der anspruchsvollen Alltagstechnik stand dort ein regelrechter Boom gegenüber. Ein Boom, der sich nicht auf die Konsumelektronik, also Gebrauchsgüter, beschränkte, sondern sich auf die gleichermaßen weit entwickelte Hochtechnik bei Investitionsgütern der IuK-Technologien abstützte, etwa bei großen Vermittlungsrechnern und gut ausgebauten Netzen. Umgekehrt verfiel vor allem das öffentliche Telefonnetz der DDR. Es besaß eine schlechte Sprachqualität, die Teilnehmer beklagten Leitungsengpässe. Außerdem verursachte das Netz wegen des zunehmend musealen Zustands der Vermittlungstechnik hohe Erhaltungskosten.

Man darf darauf verweisen, dass dieser Zustand einer »eingefrorenen« historischen Technik nach der Wiedervereinigung zum Fundus gegenständlicher technikhistorischer Quellen wurde: Im Rahmen des »Aufbau Ost« bauten zum Beispiel Techniker des damaligen Fernmeldeamtes Aachen vor allem in Potsdam und Cottbus technische Einrichtungen ab, die im Westen längst verschwunden waren. Sie wurden nun aufgrund ihres neuen historischen Wertes zu einer ganz wesentlichen Bereicherung des Bestandes des Aachener Fernmeldemuseums.[1] In großem Umfang wurde natürlich vor Ort DDR-Fernmeldetechnik erhalten und dokumentiert, etwa im Fernmeldemuseum in Dresden. Präsentiert wird dort Telefontechnik, wie sie bis Ende 1997 in der ehemaligen DDR in Betrieb war.[2] Das im Aufbau befindliche Fernmeldemuseum Bottmersdorf beabsichtigt, eine 1923 installierte und immerhin bis 1996 genutzte Vermittlungsstelle des betagten Systems 22 wieder zu aktivieren.[3]

Als würde man ein Technikmuseum betreten

Die Amtsleitung des Fernmeldeamtes Braunschweig besuchte die Kollegen in Magdeburg. Nach der Begrüßung und einem kurzen Gespräch ging es dann auf Besichtigungstour. Wir begannen mit dem Technikgebäude. Mein erster Eindruck war, wir würden ein Technikmuseum betreten. Aber das alles hier war noch in Betrieb und vermittelte Telefongespräche. Vorgestellt wurde uns eine Vermittlungstechnik mit Hebdrehwählern der Firma Siemens aus den 1930er Jahren. Da Ersatzteile natürlich nicht mehr zu beschaffen waren, erklärte uns ein Kollege, wie diese Technik noch weiter am Leben gehalten wurde. In der amtseigenen Feinmechanik-Werkstatt wurden Kontakte, Kontaktarme etc. hergestellt, und in der eigenen Ankerwickelei wurden defekte Spulen der Relais oder der Wählantriebe gerichtet. Ein solcher Aufwand war für mich unvorstellbar. Aber wir hatten ja im Westen auch jederzeit Zugriff auf die benötigten Materialien, und deshalb gab es diese Werkstätten bei uns nicht.

Reinhard Genderka

Linke Seite: Ehemaliger Stasi-Turm auf der Helenenhöhe in Thüringen, 1991.

Not macht erfinderisch
Almon B. Strowger (1839–1902) war – so heißt es – Inhaber eines Bestattungsunternehmens in Kansas City. Als einer seiner Freunde starb und dessen Familie ein Konkurrenzunternehmen beauftragte, soll er davon überzeugt gewesen sein, dass das Vermittlungspersonal Anfragen von Kunden bevorzugt an Konkurrenten leitete. Angeblich arbeitete die Ehefrau eines Konkurrenten in der Telefonvermittlung. In der Absicht, die Teilnehmer selbst entscheiden zu lassen, wen sie anrufen wollten, begann er 1888 mit der Entwicklung einer automatisch arbeitenden Telefonvermittlung und erhielt ein Patent auf seine Erfindung. Der auf Strowger basierende Hebdrehwähler wurde später modifiziert, das grundlegende Konzept blieb aber bis zur Einführung der digitalen Vermittlungstechnik gleich und war noch rund 100 Jahre im Einsatz. Strowger soll 1890 gesagt haben: »Mein Konkurrent wird mir nicht länger meine Kunden stehlen können, nur weil seine Frau eine Bell-Telefonistin ist.«
Wolfgang Brnjak

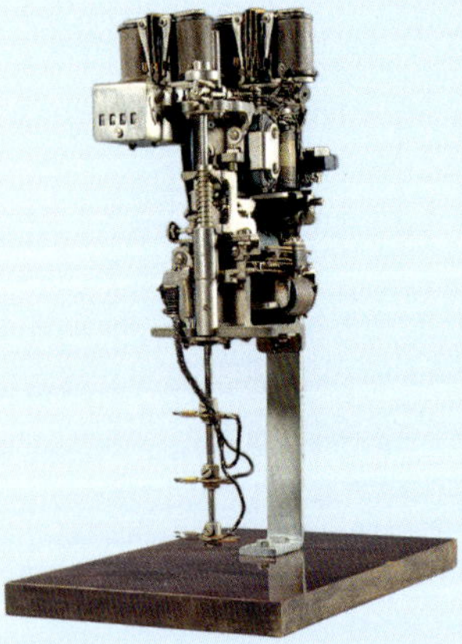

Strowger-Wähler, Bauart Hildesheim, aus den 1930er Jahren.

Analoge Telefontechnik

Die Vermittlungstechnik war tatsächlich neben den »Telefonapparaten« und den Leitungen von Beginn an eine der entscheidenden Komponenten der Telefonsysteme. Dabei nötigen bis heute der Umfang und die zunehmende Komplexität dieser Technik Respekt ab, zumal sich über die Jahrzehnte oft Generationen von technischen Lösungen in den Netzen überlagerten. Noch um 1910 mussten erwünschte Telefonverbindungen vielfach von Telefonistinnen im Dialog mit dem Teilnehmer aufgenommen werden und »von Hand«, also über Steckverbindungen, geschaltet werden. Nach einem kleinen vollautomatischen Amt in Hildesheim, das 1908 den Betrieb aufnahm, wurde allerdings schon 1909 das erste Großstadt-Selbstwählamt Europas in München-Schwabing mit zunächst 2.500 Anschlüssen eingerichtet. Mit Blick auf die wichtigsten Komponenten hatte sich diese Entwicklung längst abgezeichnet: So hatte der Amerikaner Almon B. Strowger bereits 1889 ein Patent für eine mechanisierte Vermittlung angemeldet.[4] Dieser elektromechanische Wähler gestattete es, innerhalb eines lokalen Netzes die gewünschte Verbindung ohne Vermittlungsperson aufzubauen. 1892 war in La Porte (Indiana), dem damaligen Wohnsitz von Strowger, die erste automatische Vermittlung für etwa 75 Teilnehmer in Betrieb gegangen. Außerdem mussten unter dem Gesichtspunkt der automatischen Vermittlung die Telefone, also die Endgeräte, mit einer Wählvorrichtung ausgerüstet werden. Als solche setzte sich der von Alexander E. Keith, John Erickson und Charles J. Erickson entwickelte Nummernschalter mit Wählscheibe durch.[5]

Nachdem schon im Strowger-Patent zur Vervielfachung der Anschlüsse die Funktion des Hebdrehwählers vorweggenommen war, entwickelte Siemens 1926 diesen Wähler als »Viereckwähler« weiter: Man ließ den vereinfachten Bewegungsablauf auf dem Kontaktblock (»heben«, »drehen«, »nach Erreichen des Kontaktes weiter drehen«, »fallen«, »zurückdrehen«) in einem Viereck verlaufen. Die Folge waren geringere Schaltwege und somit verkürzte Schaltzeiten. Seitdem wurde der stetig verbesserte Hebdrehwähler in der deutschen Telefontechnik für die automatische Verbindung von Fernsprechteilnehmern eingesetzt; ab 1927 bildete er als HDW 27 die Basis der Vermittlungstechnik bei der Deutschen Reichspost und später der Deutschen Bundespost.

Im Netz der ehemaligen Deutschen Post der DDR[6] waren Hebdrehwähler teilweise bis in die 1990er Jahre im Einsatz, ein Austausch erfolgte hier erst durch die Erneuerung des Netzes durch die Telekom.[7] Typisch ist ein Hebdrehwähler nach Strowger aus dem Jahr 1926, der bis 1991 im Bereich des Fernmeldeamtes Frankfurt/Oder »zuverlässig seinen Dienst versah«.[8] Die 1923 von Siemens & Halske gebaute und auf Hebdrehwählern aufbauende Ortsvermittlungsstelle

Schönebeck bei Magdeburg wurde bereits genannt; sie war sogar bis 1996 in Betrieb.[9]

Einen Höhepunkt der Entwicklung elektromechanischer Koppelelemente in der analogen Fernsprechvermittlungstechnik stellte der Edelmetall-Motor-Drehwähler (EMD-Wähler) dar. Von Siemens & Halske nach den Spezifikationen der Deutschen Bundespost entwickelt, wurde er in den deutschen Vermittlungssystemen 55 und 55v eingesetzt. Im Vergleich zu Hebdrehwählern besaß der EMD-Wähler deutlich höhere Schrittgeschwindigkeiten – bei größerer »Laufruhe«, geringerem Verschleiß und hoher Tonqualität. Seit 1953 wurde er in den nationalen und internationalen Fernsprechverkehr eingeführt. Als Produkt wurde der EMD-Wähler ebenfalls ein weltweiter Exporterfolg, z. B. in Italien, Luxemburg, Venezuela und Australien.

Edelmetall-Motor-Drehwähler (EMD-Wähler).

Mit dem Ziel einer einheitlichen Vermittlungstechnik beschloss die Deutsche Bundespost im Jahr 1955, sich auf den EMD-Wähler zu konzentrieren. Ein großer Vorzug des EMD-Wählers war seine geringe Wartungsanfälligkeit. Nach wie vor besaß er jedoch bewegliche mechanische Teile, die ihn anfällig machten und ihn letztlich auch in seiner Schaltgeschwindigkeit beschränkten. Erst elektronische Lösungen in der Vermittlungstechnik boten die Möglichkeit, auf die verschleißanfälligen mechanischen Bauteile zu verzichten. Vor allem konnten nur elektronische Systeme mithilfe von Rechnern sinnvoll gesteuert werden.

Eine Alternative in der analogen Vermittlungstechnik boten die in den 1930er Jahren entwickelten Koordinatenschalter. Sie arbeiteten zwar immer noch elektromechanisch, erbrachten aber durch die Reduktion von mechanischen Bewegungen und somit von störenden Geräuschen eine Verbesserung der Sprachqualität und eine deutliche Minderung des Wartungsbedarfs. Ein Koordinatenschalter ist – aufbauend auf dem Grundgedanken des Kreuzschienenverteilers bzw. der Crossbar-Technik – ein zweidimensionales Mehrfach-Relais, aufgebaut aus sich kreuzenden »Stangen« und »Brücken«. Durch gezielte Ansteuerung einzelner Stangen- und Brückenmagnete werden die gewünschten Verbindungen durchgeschaltet. Anlagen mit Koordinatenschaltern gehören zu den »indirekt« gesteuerten Vermittlungssystemen. Die von der Wählscheibe des Telefonapparates stammenden Wählimpulse stellen »nicht direkt« wie beim Drehwähler die erforderliche Position ein, sondern sie werden erst von Spezial-Relais (»Zählmagneten«) gezählt und zwischengespeichert, um anschließend mit dem Koordinatenschalter den Verbindungsweg durchzuschalten. Häufig eingesetzt wurde der Koordinatenschalter in Nebenstellenanlagen. In den öffentlichen Vermittlungsstellen der Deutschen Bundespost wurde er dagegen nur in wenigen Endämtern verwendet.

In Österreich wurde der Koordinatenschalter durchaus auch in den öffentlichen Voll- oder Teilvermittlungsstellen eingesetzt. Vor allem

Koordinatenschaltergestell.

wurden Koordinatenschalter jedoch in der Vermittlungstechnik der Deutschen Post der DDR verwendet.[10] Die Deutsche Post vollzog damit zum Teil eine Abkehr vom Hebdrehwähler und vom Motorwähler, jedenfalls repräsentierten die Vermittlungssysteme auf der Basis von Koordinatenschaltern Mitte der 1960er Jahre einen relativ modernen Teil der Telefontechnik der DDR – mit verbesserter Sprachqualität und vermindertem Wartungsaufwand. Nach dem für geringe Teilnehmerzahlen ausgelegten Vorläufersystem TA 57, das für die Durchschaltung des Sprechwegs eine Relaismatrix verwandte, wurde das Teilamtsystem TA 63 (von 1963) mit den neuen Koordinatenschaltern aufgebaut. Ebenfalls auf einer Sprechwege-Durchschaltung mit Koordinatenschalter beruhte das für Fernsprechsysteme mittlerer Größe (bis 600 Teilnehmer) ausgelegte System 64. Das erneut mit Koordinatenschaltern aufgebaute System 65 war dann beliebig erweiterbar und konnte folglich in Teil- und Vollvermittlungsstellen im Orts- und Fernverkehr eingesetzt werden. Noch um 1980 wurden in Fernvermittlungsstellen, etwa in Dresden und Chemnitz, Varianten des in Ungarn in Lizenz von Ericsson hergestellten und nun schon etwas in die Jahre gekommenen Koordinatenschaltersystems ARM 20 installiert.[11]

Elektronische Vermittlungssysteme

Die grundlegende Entwicklung digitaler Nachrichtennetze reicht in die Zeit des Zweiten Weltkriegs zurück. In den USA, Großbritannien und in Frankreich gingen u. a. Alec Reeves und Maurice Deloraine die ersten Schritte in Richtung digitaler Übertragung und Vermittlung. Mit Blick auf Übertragung im störungsanfälligen Weitverkehr steuerte Alec Reeves die erste Säule bei, nämlich die Pulscodemodulation (PCM). Bei der Pulscodemodulation werden die in gleichen Zeitabständen gemessenen Amplitudenwerte eines Signals quantisiert und codiert; sie dient damit zur vollständigen Umwandlung analoger in digitale Signale. Die zweite Säule stammte von Maurice Deloraine; er erhielt Patente für ein elektronisches Vermittlungssystem unter Nutzung des Time Division Multiplexing (TDM). Im »historischen« Zeitmultiplex-Verfahren werden in vorgegebenen Zeitabschnitten die Signale verschiedener Sender auf einem Kanal übertragen. Die Ansätze von Deloraine basierten allerdings noch auf einer Übertragung mithilfe der Pulsamplitudenmodulation (PAM), bei der in gleichen Zeitabständen die Amplitudenwerte eines Signals gemessen werden. Unverkennbar ist dies aber die Vorstufe zur Pulscodemodulation digitaler Übertragungssysteme. Mithin lagen schon früh wesentliche Elemente der digitalen Kommunikationstechnik vor, angewandt allerdings zuerst im militärischen Kontext.

Eine entscheidende technische Weiterentwicklung für zivile digitale Netze wurde Anfang der 1960er Jahre von den Bell Telephone Laboratories bzw. von der Muttergesellschaft American Telephone and Telegraph Company (AT&T) geleistet, nämlich die Schaffung eines digitalen 24-Kanal-PCM-Übertragungssystems im Jahr 1962. 1963 kam die Anwendung des Pulsamplitudenmodulation-Zeitmultiplex-Verfahrens PAM/TDM in der Telefon-Vermittlungstechnik hinzu. Mit dem Zeitmultiplex-Vermittlungssystem No. 101 ESS (Electronic Switching System) für Nebenstellentechnik gehörte Bell gleichzeitig zu den Vorreitern bei zivilen elektronischen und rechnergesteuerten Vermittlungssystemen.[12] Wichtige Motive für die Nutzung digitaler Mehrfachübertragung und digitaler Vermittlung waren die starke Zunahme der Anschlüsse und die hohen Baukosten bei der Erweiterung von Ortsnetzen in amerikanischen Großstädten.

Einen Schritt zurück bedeutete zunächst das auf große Vermittlungsämter zielende No. 1 Electronic Switching System (No. 1 ESS) von Bell.[13] Eine erste kommerzielle Anwendung erfuhr das No. 1 ESS im Jahr 1965 in Succasunna, New Jersey; eine weitere Anlage für 65.000 Teilnehmer wurde 1967 in Atlanta in Betrieb genommen.[14] Das No. 1 ESS von Bell basierte auf einem wuchtigen speicherprogrammierbaren Rechner, welcher der fast ideal angepassten Harvard-Architektur folgte. Damit war die Vermittlungsanlage No. 1 ESS zwar rechnergesteuert, aus der Sicht der späteren vollständigen Digitalisierung von Übertragung und Vermittlung gilt aber die Einschränkung, dass ein Raumvielfach-Koppelnetz zugrunde lag und außerdem in den Koppelpunkten noch miniaturisierte elektromechanische Schaltelemente (Reed-Relais) Verwendung fanden.[15]

In den 1960er Jahren in Deutschland erprobte teilelektronische Vermittlungsanlagen benutzten ebenfalls elektronische Schaltungen zur Steuerung sowie schnelle, miniaturisierte Relais in komplexen räumlichen Anordnungen zur Schaltung der Sprechwege. Zu den teilelektronischen Vermittlungsanlagen gehört das Vermittlungssystem HE 60 von Standard Elektrik Lorenz (SEL).[16] Ein weiteres Beispiel ist das von einem (AEG-Telefunken-) Rechner gesteuerte, aber noch analog, galvanisch durchschaltende Versuchs-Vermittlungssystem EZM 3 von Telefunken.[17] Hinter dem Akronym verbirgt sich die Beschreibung als »Elektronisch Gesteuertes, Zentral Markiertes Fernsprechvermittlungssystem«, also der Hinweis auf eine zentrale elektronische Ansteuerung der Koppelpunkte für den rufenden oder angerufenen Teilnehmer.

Industriell erfolgreicher waren Vermittlungssysteme, die auf dem von Siemens in München entwickelten und mit einer Palladium-Legierung realisierten ESK-Relais (Edelmetall-Schnellschaltekontakt-Relais) basierten, auf einem Relais mit besonders kurzen Schaltzeiten.[18] Im Jahr 1957 führte Siemens eine neue Generation mittelgroßer

Nebenstellenanlagen der Baustufe II ein, die statt Flachrelais und Drehwählern das neue ESK verwandten. In der öffentlichen Vermittlungstechnik in Deutschland wurde das ESK-Relais im Fernwählsystem T62 eingesetzt. So stattete die Deutsche Bundespost 1966 ihre Hauptvermittlungsstellen in Hamburg, Hannover und Berlin mit ESK-Anlagen aus, die für den Verkehr mit dem Ausland bestimmt waren. Solche großen Vermittlungsanlagen auf der Basis von ESK wurden jedoch auch in ausländischen Netzen installiert, etwa in Österreich.

Ein weiterer Typ teilelektronischer Vermittlungssysteme, die nach dem Raummultiplex-Verfahren arbeiteten, war das auf Reed-Kontakten beruhende Siemens-System ESM II (Elektronisch gesteuertes System mit Magnetfeldkopplern, zweite Generation). Darauf basierte die erste teilelektronisch gesteuerte Vermittlungsstelle in Deutschland, das im November 1962 von der Deutschen Bundespost in Betrieb genommene Versuchs-Fernsprechamt in München (Färbergraben).[19] »Teilelektronisch« bedeutet hier, dass es sich zwar um ein elektronisch gesteuertes Vermittlungssystem handelte, es arbeitete jedoch mit analogen Magnetkoppelfeldern. Dabei wurden in den Koppelpunkten mit magnetisch gesteuerten Reed-Relais die Sprechwege geschaltet. Die von Siemens entwickelte ESM-Matrix, also die Anordnung von Horizontal- und Vertikalspulen über die gesamte Zeile und Spalte im Koppelfeld, wobei im Kreuzungspunkt zweier eingeschalteter Spulen der Reed-Kontakt betätigt wurde, bildete gleichzeitig die Keimzelle des elektronisch gesteuerten Wählsystems EWS.[20]

Seit 1970 entwickelten Siemens, Standard Elektrik Lorenz (SEL), DeTeWe und Telephonbau & Normalzeit (T&N) gemeinschaftlich – und in komplizierter und nicht mehr zukunftsweisender Wechselwirkung mit der Bundespost – das Elektronische Wählsystem EWS, und zwar für die Orts- und Fernvermittlung.[21] Das EWS basierte auf einer Steuerung durch große zentrale Rechner aus der Siemens 7000er-Serie;[22] es benutzte aber immer noch die analoge Durchschaltung der Sprechwege im Raummultiplex-Verfahren.[23] Aufgebaut war das Koppelfeld aus Matrizen bistabiler Schutzgaskontakt-Relais (Herkon-Relais). 1974 wurden die ersten Versuchsanlagen für jeweils 1.000 Teilnehmer in den Ortsnetzen von Stuttgart und München eröffnet. 1978 begann der Serienbetrieb des rechnergesteuerten Wählsystems EWS. Die Vermittlungsgeschwindigkeit war deutlich höher, außerdem besaß das System eine Kurzwahleinrichtung. Gebaut wurden die Anlagen von Siemens, aber auch von den an der Entwicklung beteiligten Firmen SEL, DeTeWe sowie T&N.

Digitale Systeme der Übertragung und Vermittlung

Aus der Sicht einer kommenden einheitlichen und leistungsfähigen digitalen Übertragungs- und Vermittlungstechnik waren die mit großem finanziellem Aufwand in den USA und auch in der Bundesrepublik entwickelten und installierten teilelektronischen Vermittlungssysteme keine befriedigende Lösung, insbesondere das relativ spät eingeführte deutsche EWS. Die um 1965 zuerst entwickelten teilelektronischen Vermittlungssysteme, wie das No. 1 ESS von Bell oder auch das deutsche EWS, basierten zwar auf Rechnersteuerung, sie waren jedoch noch nicht in der Lage, schon bestehende digitale Übertragungswege ohne analoge Sprechwege-Durchschaltung zu verknüpfen.[24] Ein Hemmnis war, dass die Entwicklung der in volldigitalen Vermittlungssystemen notwendigen elektronischen Koppelfelder sehr zögerlich verlief. Zwar versuchte man seit den 1960er Jahren bereits, die elektromechanischen Komponenten in den Koppelfeldern der analogen Systeme durch Halbleiterbauelemente zu ersetzen, zunächst jedoch ohne durchschlagenden Erfolg. Elektronische Koppelpunkte für die Sprechadern-Durchschaltung litten noch unter zu starker Dämpfung und Nebensprech-Problemen.[25] Erst mit der Verfügbarkeit preisgünstiger und zuverlässiger integrierter Schaltkreise, mit der Leistungssteigerung von Mikroprozessoren und von anwendungsspezifischen integrierten Schaltkreisen und mit der wachsenden Kapazität von Speichermedien wurde seit Ende der 1970er Jahre eine breite kommerzielle Entwicklung einheitlicher digitaler Übertragungs- und Vermittlungssysteme möglich.

Mit dem von den Bell Laboratories unter enormem Aufwand (in Höhe von 400 Mio. US-Dollar) entwickelten und von Western Electric produzierten 4ESS wurde 1976 das erste elektronisch gesteuerte volldigitale Vermittlungssystem für den Fernverkehr von AT&T in Chicago in Betrieb genommen. Im Vermittlungssystem 4ESS wurde zum ersten Mal in einem großen Vermittlungssystem das Zeitmultiplexverfahren realisiert, unter Anpassung an die im PCM-Verfahren digitalisierte Übertragung.[26] Der spezielle Steuerungsrechner, der »1A Processor«, besaß eine Logik aus integrierten Schaltkreisen in Small- und Medium-Scale-Integration auf Keramiksubstraten; der anfänglich noch aus Ferritkernen bestehende Speicher wurde auf Halbleiterspeicher umgestellt.[27]

Das digitale Vermittlungssystem 4ESS und dessen Einbindung in das öffentliche Netz waren nicht nur für AT&T ein Sprung in der Vermittlungstechnik und ein Durchbruch im Telefonfernverkehr.[28] 1979 traf auch die Deutsche Bundespost in einer abrupten Wende eine Grundsatzentscheidung zur »Digitalisierung« des Telefonnetzes. Damit entschied sie sich entsprechend der Tendenzen in der internationalen Telekommunikationstechnik insbesondere für die Einführung der digitalen Vermittlung und stufte das ebenfalls seit 1979 mit hohem Aufwand eingeführte bzw. installierte Elektronische Wählsystem EWS zur Übergangstechnik herab. Trotz des Aufruhrs war die Entscheidung aber durchaus im Sinne der deutschen Industrie.[29]

Die erfolgreiche Lösung in der digitalen Vermittlungstechnik – und mittelfristig ein enormer Exporterfolg – wurde insbesondere das Elektronische Wählsystem Digital (EWSD) von Siemens. Die erste EWSD-Anlage wurde 1980 in Hamburg installiert. Die Sprechwege-Durchschaltung – einschließlich der Verarbeitung der ein- und ausgehenden PCM-Übertragungsstrecken – geschah nun in einem digitalen Koppelnetz in der typischen Zeit-Raum-Zeit-Struktur. Es war entsprechend dem Stand der Mikroelektronik in Gestalt eines digitalen Koppelfeldbausteins realisiert, eines integrierten Schaltkreises in Large-Scale-Integration (LSI). Die Hardware des Koordinationsprozessors, der für alle zentralen Systemaufgaben zuständig war, nutzte neben selbst entwickelten Prozessoren ebenso Standardprozessoren der Zeit, etwa den seit 1978 von Siemens in Lizenz hergestellten Intel 8086 sowie den seit 1984 verfügbaren 32-Bit-Mikroprozessor MC 68020 von Motorola. Schlaglichtartig wird hier die außerordentlich ökonomische Kombination von Eigenentwicklung und Nutzung des Mikroelektronik-Weltmarktes in der Bundesrepublik sichtbar.[30]

Zugelassen von der Deutschen Bundespost war neben dem EWSD das in Konkurrenz zu Siemens entwickelte System 12 von SEL (damals Tochter von ITT, heute Alcatel-Lucent). Basis des S12-Koppelnetzes war ähnlich wie im EWSD ein anwendungsspezifischer LSI-Koppelnetzbaustein, der den Anschluss an die digitalen PCM-Systeme leistete sowie die Raum- und Zeitstufe der Vermittlungsfunktion realisierte. Die Hardware unterschied sich aber insofern vom EWSD von Siemens, als für jedes Funktionsmodul der Steuerung ein eigener Prozessor eingesetzt wurde.

Ab 1984 wurden beide Systeme serienmäßig aufgebaut und in Betrieb genommen, wobei die Einführung der digitalen Vermittlung auf der Ebene des Weitverkehrsnetzes, also der obersten Netzebene, begann. Es folgten die Ortsnetze. Außerdem wurde mit der digitalen Vermittlungstechnik auch die Übertragungstechnik vollends auf digitale Systeme umgestellt. Schon Ende der 1960er Jahre hatte die Bundespost erste Versuche mit industriellen 24-Kanal-PCM-Systemen durchgeführt; sie waren z. B. von SEL und Telefunken bereitgestellt worden. 1974 war dann im Rahmen eines Großversuchs der Bundespost begonnen worden, die zur Mehrfachübertragung dienenden Trägerfrequenzsysteme durch digitale PCM-30-Systeme zu ersetzen.[31] Ab 1982 gab die Bundespost für die Übertragungstechnik im regionalen Bereich nur noch PCM-30- und PCM-480-Systeme in Auftrag; im Fernnetz wurde bis 1985 unter Ergänzung mit PCM 1920 und PCM 7680 die Übertragung ebenfalls digitalisiert.[32]

Einen weiteren Schub erhielt die Digitaltechnik durch die zunehmende Verfügbarkeit von Lichtwellenleitern. Mit ihrer hohen Reichweite und den enormen Datenraten erwiesen sich die zu Glasfaserkabeln gebündelten Lichtleiter mehr und mehr als ideale Träger digitaler Nachrichtenübermittlung. 1978 erprobte die Deutsche Bundespost erstmals in ihrem Fernmeldenetz Glasfaserkabel auf einer 130 km langen Teststrecke in Berlin. Seit 1987 verwendete sie ausschließlich Glasfaserkabel im Fernbereich. Zur Förderung der Digitaltechnik gehört aber auch die Optimierung der Nutzung von Richtfunkstrecken und Kommunikationssatelliten.

Für die Satellitenübertragung war – nach bald 20jähriger Vorgeschichte in der Nutzung von Nachrichtensatelliten – der Deutsche Fernmeldesatellit »DFS Kopernikus« in mehrfacher Hinsicht ein nationales Ereignis.[33] Das 1983 begonnene Satellitenprojekt war für den Fernmeldeverkehr, also für Fernsprechen und für die Übertragung von Fernsehsignalen gedacht. DFS Kopernikus war nicht ein direkt strahlendes, sondern ein konventionelles Satellitensystem bestehend aus drei Satelliten, bei dem den Satelliten allerdings relativ kleine Bodenstationen gegenüberstanden. Jeder Satellit besaß drei Nutzlasten, nämlich eine 14/11-GHz-Nutzlast, eine 14/12-GHz-Nutzlast und eine 30/20-GHz-Nutzlast. Dabei bezieht sich die erste Zahl auf die Aufwärtsstrecke, die zweite auf die Abwärtsstrecke. Diese Satelliten sollten Fernsprechen und Fernsehprogramme übertragen, wobei die jeweiligen Nutzlasten insgesamt 13 TV-Kanäle oder nahezu 6.000 Telefonleitungen bereitstellen konnten. Außerdem sollte DFS Kopernikus im TDMA-Betrieb (Time Division Multiple Access) beliebige digitalisierte Signale im 14/12-GHz-Bereich übertragen können. Der verbleibende 30/20-GHz-Bereich war eher eine experimentelle Nutzlast. Die beiden seit 1989 und 1990 zur Verfügung stehenden Satelliten DFS Kopernikus, die ursprünglich die alte Bundesrepublik und West-Berlin versorgen und vor allem die zwischen dem Bundesgebiet und West-Berlin bestehenden Nachrichtenverbindungen ergänzen sollten, wurden aber insofern besonders bedeutsam, als die Telekom nach der Wende über Kopernikus 2 sehr schnell die ersten Verbindungen zu den neuen Bundesländern herstellen konnte.[34] Kopernikus 1 und Kopernikus 2 erlaubten zudem eine leistungsfähige Abstrahlung – und umgekehrt einen guten Individualempfang – von Rundfunk- und Fernsehprogrammen in den neuen Ländern.

ISDN – Integrated Services Digital Network

Multitel 12: Komforttelefon und Btx-Gerät aus einer Hand.

Die Digitalisierung der Nachrichtennetze war nicht zuletzt deshalb forciert worden, weil in diesem digitalen Netz Text- und Datendienste zusammengefasst werden konnten, mit der Option, in einem zukünftigen Breitband-ISDN auch Bild- und Videodaten zu integrieren. Bis 1988 entwickelte sich aber die Netz- und Dienste-Struktur der Deutschen Bundespost immer noch sehr unübersichtlich und keinesfalls immer glücklich: Im Telefonnetz wurden Telefonie, Datenübertragung, das enorm erfolgreiche Telefax, der kurzlebige Dienst Temex (Telemetry Exchange) und der wirtschaftlich enttäuschende Bildschirmtext (Btx) abgewickelt, im integrierten Text- und Datennetz (IDN) Datex-L, Datex-P, Telex (Fernschreibdienst) sowie Teletex, der schnelle, aber erfolglose Nachfolger des Telex.[35]

Allerdings hatte sich die Deutsche Bundespost bereits 1982 entschieden, die ISDN-Technik einzuführen. Aktiv waren dann insbesondere die Standardisierungsorganisationen. 1984 wurden vom CCITT (Comité Consultatif International Téléphonique et Télégraphique) Grundzüge eines ISDN vorgeschlagen; Ergänzungen folgten 1988 und 1993.[36] Hinzu kamen nationale Richtlinien, etwa das 1TR6-Protokoll der Deutschen Bundespost Telekom, und die Formulierung eines auf dem CCITT-Standard »Digital Subscriber Signalling System No. 1«[37] basierenden »Euro-ISDN« durch das 1988 gegründete – und auch an der Standardisierung des europäischen Mobilfunksystems GSM beteiligte – European Telecommunications Standards Institute (ETSI). Die Technische Richtlinie (1TR6) der Bundespost wurde dabei auf das 1989 von Netzbetreibern aus 20 europäischen Ländern akzeptierte europäische E-DSS1-Protokoll umgestellt.[38]

Parallel lief die Realisierung von ISDN an. Im Herbst 1987 trat das ISDN-Pilotprojekt der Deutschen Bundespost in Mannheim und Stuttgart in seine entscheidende Phase: Durch Zusammenschaltung von SEL-Orts- sowie Fernvermittlungsstellen in System-12-Technik und EWSD-Vermittlungsstellen von Siemens wurden diese ISDN-Einrichtungen in *einem* Netz erprobt.[39] Auf der 5. Weltausstellung des Fernmeldewesens, der Ende Oktober 1987 in Genf durchgeführten »TELECOM '87«, war – neben der heute sogenannten E-Mail – die Demonstration des ISDN der damaligen Deutschen Bundespost der Höhepunkt. Ende November 1987 folgte mit dem ISDN-Kongress 87 in Stuttgart die Präsentation des ISDN-Pilotprojektes auf der nationalen Bühne. Auf einer von 13 Herstellern mit Endgeräten bestückten ISDN-Show wurden die im Pilotprojekt laufenden ISDN-Anwendungen »live« über Direktanschlüsse aus Stuttgart und Mannheim vorgeführt.[40] 1989 begann der offizielle ISDN-Betrieb nach dem 1TR6-Standard; er wurde damals durch die Deutsche Bundespost schlicht als ISDN bezeichnet, später firmierte er in eingeschränkter Form als »nationales ISDN«.

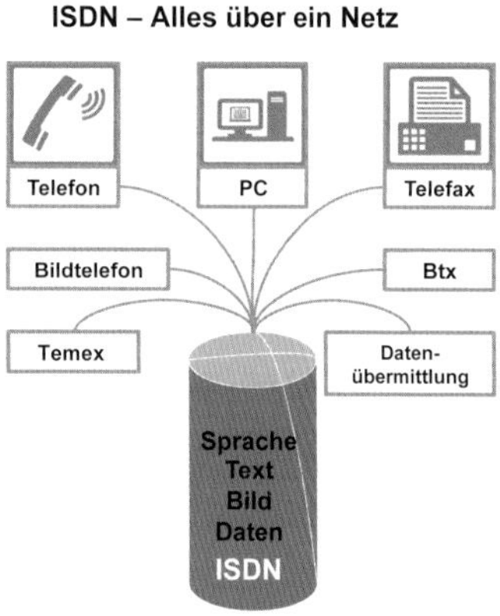

ISDN – Alles über ein Netz.

Nach der Anpassung der Software in den bestehenden digitalen Vermittlungsstellen[41] stand seit 1994 neben dem nationalen ISDN das einheitliche System Euro-ISDN zur Verfügung. Seit September 1995 war ISDN flächendeckend verfügbar, zum Teil durch Nutzung bereits digitalisierter »benachbarter« Vermittlungsstellen. Die vollständige Digitalisierung aller Vermittlungsstellen wurde Ende 1997 erreicht. Die andererseits auch beachtliche Zeitspanne hatte mit der Modernisierung der Kommunikationstechnik in der ehemaligen DDR zu tun. Als Teil des digitalen Overlay-Netzes der Deutschen Telekom waren immerhin acht Hauptvermittlungen und 142 Knoten in den neuen Bundesländern von analoger auf digitale Technik umgestellt worden; 1997 verfügten die neuen Bundesländer über ein voll digitalisiertes Netz.[42]

Mit der durchgehenden Digitalisierung der Übertragung und Vermittlung von Nachrichten und der darauf beruhenden Realisierung von ISDN, des »Dienste integrierenden digitalen Nachrichtennetzes«, zeichnete sich ein enormer Fortschritt in der privaten Kommunikation ab. Unverkennbar waren aber die neu entstehenden Risiken. Sie hatten vor allem mit der von den digitalen Vermittlungsrechnern durchgeführten Speicherung von Verbindungs- und Nutzerdaten zu tun. Ernsthafte Bedenken gab es hier seit dem beginnenden ISDN-Boom um 1985.[43]

Noch einmal verstärkt haben sich Chancen und Risiken durch die neue Breitband-Übertragungstechnik. Die ursprünglich geplante Erweiterung von ISDN als Breitband-ISDN wurde zwar nicht realisiert. Trotzdem gelang ein erneuter Sprung in der Leistungsfähigkeit privater Kommunikationstechnik, mit der in dramatischer Weise Telefonmodems (mit bis zu 56 kbit/s) und selbst ISDN-Verbindungen (mit zwei gebündelten Kanälen zu je 64 kbit/s) technisch obsolet gemacht wurden. Ende der 1990er Jahre standen nämlich neue Breitband-Anschlüsse mit hohen Übertragungsraten bereit, etwa DSL-Anschlüsse (von Digital Subscriber Line). Das T-DSL der Deutschen Telekom wurde 1999 verfügbar. Unter Nutzung höherer Frequenzbereiche und leistungsfähigerer digitaler Signalprozessoren konnten Daten mit hohen Bitraten über einfache Kupferdoppeladern – wenn die Teilnehmeranschlussleitung noch so realisiert war – gesendet und empfangen werden. Vermittelt durch die Server von Internet-Providern war damit ein breitbandiger Internetzugang möglich geworden. Ein wenig Ironie der Geschichte war, dass der forcierte Ausbau des Netzes der ehemaligen DDR mit »modernen« Glasfaserkabeln, insbesondere das System der optischen Anschlussleitung (OPAL), sich für die Einrichtung von DSL als Problem herausstellte.[44]

Mobilfunk – Der Weg zum weltweit führenden GSM-Standard

Ein zentrales und über Jahrzehnte bearbeitetes Gebiet der Kommunikationstechnik in der Bundesrepublik (und in der gesamten westlichen Welt) war der Mobilfunk, was aber bis Mitte der 1980er Jahre bei privater Verwendung nahezu gleichbedeutend mit dem Autotelefon war. 1958 beschloss die Deutsche Bundespost, zur Vereinheitlichung im »öffentlichen beweglichen Landfunkdienst« ein Autotelefon-Netz einzurichten, das sogenannte A-Netz. Dabei erhielt die später zur Philips Kommunikationsindustrie AG gehörende TeKaDe den Auftrag, das eigentliche Netz aufzubauen. Die für das A-Netz, also für das 2-Meter-Band (bzw. den Frequenzbereich um 160 MHz), konzipierten Autotelefone waren jedoch alles andere als mobil. Das A-Netz beruhte noch auf Handvermittlung. Außerdem bestanden typische Anlagen aus nicht weniger als sechs Geräten, sogar der Kofferraum wurde deshalb weitgehend in Beschlag genommen. Als Nachfolgesystem für das A-Netz wurde von TeKaDe das ebenfalls im 2-Meter-Band angesiedelte B-Netz entwickelt. 1972 wurde es von der Bundespost zugelassen, und 1978 war es mit etwa 150 Basisstationen annähernd flächendeckend ausgebaut. Das auch von Österreich, den Niederlanden und Luxemburg benutzte B-Netz war das erste deutsche Autotelefonnetz mit vollautomatischer Durchwahl und Gebührenerfassung. Allerdings lagen die Gerätepreise noch über 20.000 D-Mark, und immer noch waren Volumen und Gewicht alles andere als handlich.

1986 wurde das von einem Konsortium unter der Federführung von Siemens für den 70-cm-Bereich (bzw. den Frequenzbereich um 450 MHz) entwickelte C-Netz in Betrieb genommen. Während im B-Netz der Aufenthaltsort eines gewünschten mobilen Gesprächspartners annähernd bekannt sein musste, konnte im C-Netz bereits jeder Teilnehmer ohne Kenntnis des Aufenthaltsorts angerufen werden.

Pocky. Erstes Handy im C-Netz.

Die Verbindungen wurden über Funkfeststationen hergestellt, und beim Verlassen einer zur Funkfeststation gehörenden Zelle wurden die Gespräche automatisch zur nächsten Funkstation weitergeleitet. Da die Großzellen in kleinere Einheiten mit schwächeren Sendern unterteilt wurden, konnte man die Frequenzen in der Fläche häufiger wiederholen. Nachdem anfänglich von 200.000 Anschlüssen ausgegangen wurde, konnte damit insgesamt eine Teilnehmerzahl von etwa 500.000 erreicht werden. Vergleichbar mit dem C-Netz war das seit 1981 in den skandinavischen Ländern errichtete Nordic Mobile Telephone System (NMT). Weil es in unterschiedlichen Varianten auch in den Benelux-Staaten, in der Schweiz, in Österreich, Frankreich und Spanien verwendet wurde, war es Ende der 1980er Jahre sogar das bedeutendste europäische Mobilfunksystem.

Auf der Basis der bisherigen Analog-Technik wäre der Mobilfunk wegen der immer noch beschränkten Kapazitäten und den nach wie vor sehr hohen Preisen für die Hersteller und Netzbetreiber wie für die Kunden eine Nischentechnik geblieben. Der Aufschwung wurde dann durch die Einigung auf den einheitlichen europäischen Mobilfunkstandard eingeleitet. Ausgangspunkt war die Entscheidung der WARC '79 (World Administrative Radio Conference 1979), das 900-MHz-Band für terrestrische Mobilfunksysteme freizugeben. Um dem Entstehen verschiedener inkompatibler Systeme vorzubeugen, gründete die CEPT (Conférence Européenne des Administrations des Postes et Télécommunications) daraufhin im Juni 1982 auf ihrer Wiener Konferenz die »Groupe Spécial Mobile (GSM)«. Ihr Ziel war die Ausarbeitung eines einheitlichen europäischen Mobilfunkstandards. Politischen Schub erhielten die Aktivitäten, als sich Helmut Kohl und François Mitterrand 1984 auf die Einführung eines digitalen Mobilfunksystems einigten – nach wie vor unter dem Vorzeichen »Autotelefon«.[45] In der Folge wurde die Idee eines paneuropäischen Standards auch von der Europäischen Wirtschaftsgemeinschaft entscheidend gefördert. Umgekehrt blieb die zersplitterte und unentschlossen agierende US-amerikanische Mobilfunktechnik deutlich zurück. Der Groupe Spécial Mobile, die 1982 bis 1992 unter der Leitung des aus Norwegen stammenden und für die schwedische Fernmeldeverwaltung arbeitenden Thomas Haug stand, gelang es jedenfalls in etwa zehnjähriger Arbeit, den zunächst paneuropäischen, heute weltweit verbreiteten und insofern als »Global System for Mobile Communication« interpretierten Standard GSM zu schaffen.[46]

Die zu erfüllende Grundvoraussetzung war, dass ein Nutzer des GSM-Mobilfunks sich in das bestehende Telefonfestnetz einwählen und umgekehrt aus dem Festnetz ein Mobilfunkteilnehmer erreicht werden kann. Ein wichtiges Argument bei der Etablierung des Mobilfunkstandards GSM war aber die Kompatibilität mit ISDN. Garantiert wurde dies durch die Festlegung von ISDN-kompatiblen Schnittstellen und durch die Einführung von ISDN-Terminaladaptern. Entscheidend für den Erfolg von GSM war der die nationalen und industriellen Interessen überwindende Einigungswille einer kleinen Zahl führender Akteure der bestehenden Postverwaltungen in Frankreich, Italien, England und in der Bundesrepublik. Ende 1986, Anfang 1987 wurden in Feldtests bei Paris neun industrielle Prototyp-Funksysteme untersucht, was zu der allgemeinen Entscheidung führte, Funkstrecken mit digitaler Übertragung nach dem TDMA-Schmalbandverfahren mit 200 KHz Kanalabstand zu verwenden. Das Zeitmultiplex-Verfahren TDMA (Time Division Multiple Access) verweist explizit auf die unterschiedlichen Teilnehmer, die mit ihrem Sender auf einen Mobilfunkkanal zugreifen. Seit 1987 wurde dann der Standard unter maßgeblicher Beteiligung der europäischen IuK-Industrie

Potemkinsche Dörfer

Zur Leipziger Frühjahrsmesse im März 1990 sollte das erste persönliche Treffen zwischen dem Vorstandsvorsitzenden der Telekom, Herrn Ricke, und Dr. Uhlig, dem stellvertretenden DDR-Postminister, zu diesem Zeitpunkt verantwortlich für die Ausgliederung des Bereichs Telekommunikation, stattfinden. Dr. Petruschke, der für die Organisation dieses Treffens verantwortliche Mitarbeiter der Deutschen Post der DDR, holte uns vom Flugplatz ab. Wir fuhren durch schöne Landschaften, und auch Leipzig strahlte adrett in der Morgensonne, als wir durch die Stadt zum Messegelände fuhren. »Lassen Sie sich nicht täuschen«, erklärte Dr. Petruschke, »diese Pracht und Schönheit unserer Stadt sehen Sie nur auf dieser einen Straße. Wenn wir auf eine Nebenstraße abbiegen, sieht das ganz anders aus«, verriet er uns. Das taten wir dann auch mal schnell und waren nicht schlecht überrascht, was wir sahen. Graue, teilweise verfallene Hausfassaden, abblätternder Putz und große Löcher in der Fahrbahndecke. Das waren sie also, die Vorzeigestraßen Ostdeutschlands, mit denen das sozialistische Regime allen Gästen vormachen wollte, wie wirtschaftlich fortschrittlich der Osten war und wie gut es den Menschen hier ging – tatsächlich aber waren es die sprichwörtlichen Potemkinschen Dörfer, die wir hier sahen.

Frank Uhland

in etwa 20 Arbeitsgruppen ausgearbeitet. 1990 wurden im Sinne der für 1991 geplanten ersten Stufe der Realisierung die Spezifikationen »GSM Phase 1« des für das 900-MHz-Band ausgearbeiteten GSM-Standards »eingefroren«.

Mit GSM wurde ein Mobilfunksystem mit Zellradien von wenigen 100 m bis zu 35 km geschaffen, bei dem die Teilnehmer über Länder- und Netzgrenzen hinweg europaweit mobil telefonieren können (»Roaming«). Die digitale Übertragung über Funkstrecken wird durch Verschlüsselung – aus der Sicht der Zeit – abhörsicher gemacht. GSM benutzt ferner Fehlerkorrekturverfahren sowie das zur Reduktion von Störungen auf dem Übertragungsweg dienende langsame Frequenzsprungverfahren (Slow Frequency Hopping). Eröffnet wurde der kommerzielle GSM-Mobilfunk 1992, wobei in der Bundesrepublik die Deutsche Bundespost Telekom mit ihrem D1-Netz und die Mannesmann Mobilfunk GmbH mit dem D2-Netz den Anfang machten. 1994 begann mit dem Start des E1-Netzes der E-Plus Mobilfunk GmbH zudem die kommerzielle Verwertung des an eine Übertragung bei 1.800 MHz angepassten GSM, des sogenannten DCS-1.800-Standards. 1997 folgte die Viag Interkom (heute O2) mit dem E2-Netz.

Zur Förderung des Einigungsprozesses und zur Intensivierung des Wettbewerbs wurden 1991 die GSM-Lizenz für das D2-Netz von Mannesmann und die entsprechenden Verwaltungsvorschriften für das Betreiben des D1-Netzes durch die Telekom auf die östlichen Bundesländer ausgeweitet. Ein gewisses Hemmnis bestand allenfalls auf der außenpolitischen Ebene: Der Frequenzbereich der D-Netze konnte bis zu ihrem Abzug von den sowjetischen Streitkräften genutzt werden.[47] Mitte 1991 begann die Telekom das D1-Netz in den neuen Bundesländern aufzubauen.[48] Wegen der Engpässe in der Versorgung mit Kommunikationstechnik wurde aber auch das analoge C-Netz weiter gepflegt. Mit Blick auf die erkennbaren Mängel im Festnetz hatte die Telekom schon im Frühjahr 1990 auf der Leipziger Messe das C-Netz vorgestellt.

In einer Übergangszeit, beginnend im Frühjahr 1990, wurde tatsächlich bei der Versorgung des Beitrittsgebiets auf das analoge C-Netz zurückgegriffen. Im Prinzip erreichte es 1991 bereits 80 Prozent aller Ostdeutschen, bis 1993 wurde es in den neuen Bundesländern sogar noch flächendeckend ausgebaut. Schon im Juni 1992 war jedoch das digitale D2-Netz ebenfalls betriebsbereit.[49] Für Mitte 1993 plante Mannesmann eine vollständige Netzabdeckung. 1993 versorgte auch die Telekom mit dem D1-Netz 80 Prozent der Fläche; 1994 stand das D1-Netz dann in den neuen Ländern flächendeckend zur Verfügung.[50] Für den Start beider GSM-Mobilfunknetze war typisch, dass der Aufbau entlang der Autobahnen und in den Ballungsräumen begonnen wurde. Mehr als die Netzabdeckung waren aber anfangs die hohen Preise und die schlechte Verfügbarkeit der Mobiltelefone die limitierenden Faktoren.

Es wurde verschiedentlich berichtet,[51] dass Ingenieure des VEB Funkwerk Köpenick bereits 1979 bis 1981 für ein Demonstrationsprojekt in Mexiko als »technisches Husarenstück« ein Mobilfunksystem, ein »Handy«, entwickelt hätten. Es handelte sich dabei um ein kleines analoges Funktelefonnetz, das von den Entwicklern als »URTES« (UHF-Radio-Telefonie-System) bezeichnet wurde. Die mit Sender-Empfänger-Funktion ausgestatteten Telefongeräte hatten eine Senderreichweite von 40 km; im Netz konnten 120 Geräte betrieben werden. Dabei wurde auf einem Berg eine zentrale Basisstation eingerichtet, von der aus die Telefonate per Richtfunk in das normale Telefonnetz eingespeist wurden. In der Regel wurden die elf kg schweren Telefongeräte offenbar stationär eingesetzt. Berichtet wird aber auch, dass das Gerät in modifizierter Form als Autotelefon – insoweit der typische Start der Mobiltelefonie – betrieben werden konnte. Das System wurde anschließend in einigen Bundesstaaten Mexikos sowie in Algerien, Mosambik und im Jemen installiert. Nach der Wende wurde es noch einmal kurz für den öffentlichen Telefonverkehr in Berlin aktiviert. Zwar gab es seit September 1988 auch Pläne, ein dem entstehenden GSM-Standard entsprechendes digitales Mobilfunknetz in der DDR aufzubauen. Sie wurden im Mai 1989 vom Funkwerk Köpenick mit Blick auf eine zukünftige Entwicklung und Fertigung konkretisiert. Ähnlich wie beim existierenden beweglichen Landfunk der DDR stand auch hier die staatliche Verwendung im Vordergrund. Bedeutende Ergebnisse der Kommunikations- und Informationstechnik der DDR wurden jedoch auf anderen Gebieten erzielt.

Aufbau einer Richtfunkstrecke durch Alcatel SEL:

Wissenschaft und Technik in der DDR

Seit der Akademie- und Hochschulreform Ende der 1960er Jahre war das Innovationssystem der DDR davon geprägt, dass die Politik mit ihren Methoden von Planung und Steuerung direkt auf die Forschung zugreifen konnte. Dabei verfolgte die Wissenschaftspolitik der DDR durchaus das Ziel, über eine Förderung der Wissenschaft industrielle Ergebnisse hervorzubringen und wirtschaftlichen Erfolg zu erzielen. Ob die im Vergleich zur Bundesrepublik homogeneren Strukturen im Innovationssystem der DDR geeignet waren, sei dahingestellt. Die enorme Konzentration der Ressourcen und zugleich das Problem der personellen Überbesetzung zeigen sich jedenfalls in der dominierenden Rolle der Akademie der Wissenschaften in der nicht industriellen Forschung der DDR. Die Akademie beschäftigte 1989 etwa 18.000 Personen im Bereich Forschung und Entwicklung. Die Zahl überstieg damit deutlich die der DDR-Hochschulen mit etwa 14.000 Beschäftigten in Forschung und Entwicklung und lag damit auf einem Niveau, das die westdeutschen Großforschungseinrichtungen und

Bundesressortforschungseinrichtungen im Jahr 1989 zusammen ausgewiesen haben.[52] Auffällig ist dabei, dass die so mächtige Akademie der Wissenschaften der DDR sich einigermaßen schwertat, in ihren eigenen Organisationsstrukturen die Technikwissenschaften geeignet zu verorten.[53] Gegenüber den Fachgebieten Physik, Chemie, Biologie, Medizin, den Geowissenschaften und den Geisteswissenschaften wirkt deren Förderung eher bescheiden.[54]

Ungünstig für das Forschungsklima waren generell die politische Steuerung und die Nutzung der Forschung für die Autarkiepolitik des Landes. Außerdem litten Akademie, Universitäten und Technische Hochschulen an der kommunikativen Abschottung gegenüber der westlichen Wissenschaft; selbst im Vergleich zum restlichen Ostblock fand nur ein sehr geringer Wissenschaftsaustausch statt, etwa mit den USA.[55] Auf den ersten Blick hätten die umfangreichen internen Kooperationen ein »Asset« sein können. So waren dic Hochschulen durchaus gehalten, mit der Industrie zu kooperieren.[56] An der Akademie gab es Verträge über Zusammenarbeit, es gab informellen Erfahrungsaustausch, Übernahme von Wissenschaftlern aus der Praxis in die Akademie und die Delegierung leitender Akademiewissenschaftler in die Wirtschaft.[57] 1976 wurden zur Beschleunigung der Überführung von Grundlagenwissen in die technische Anwendung Akademie-Industrie-Komplexe geschaffen.[58] Umfangreiche Forschung betrieben vor allem die Kombinate. Gemessen an den personellen Ressourcen war die Industrieforschung sogar der wichtigste Träger.[59] Dabei waren ebenfalls Kooperationen bedeutend:[60] Das Kombinat Robotron unterhielt zum Beispiel Kooperationsbeziehungen zum Zentralinstitut für Kybernetik und Informationsprozesse der Akademie der Wissenschaften und zur Sektion Informatik der TU Dresden, wenngleich durchaus gefärbt vom Wettbewerb um Ressourcen.[61] Neben der Zusammenarbeit mit Hochschulen und Akademie wurde am Standort der Kombinate allerdings mit erheblichem Aufwand eigenständig geforscht. Zentren fortgeschrittener Technik der DDR wurden so das genannte Kombinat Robotron mit seinem Schwerpunkt in Dresden sowie die Kombinate Mikroelektronik Erfurt und Carl Zeiss Jena. Dabei war Carl Zeiss Jena möglicherweise der Standort, der wirklich auf Weltniveau konkurrenzfähige Ergebnisse hervorbrachte, etwa mit der seit 1976 in der sowjetischen Weltraumfahrt eingesetzten Multispektralkamera MKF 6.

Die Crux der DDR-Forschung waren aber die äußeren Rahmenbedingungen. Entscheidend war, dass die gesamte Infrastruktur in Industrie, Verkehr und Kommunikation zuerst stagnierte und dann verfiel. Trotz der ihr zugemessenen gesellschaftlichen Bedeutung war auch die wissenschaftliche Forschung durch den Mangel an materiellen Ressourcen massiv beeinträchtigt. Selbst die Industrieforschung in den Kombinaten stand unter diesem Vorzeichen. Oft konnten die

Kombinate der Mangelwirtschaft nur unter Einsatz extrem teurer Eigenentwicklung und -fertigung begegnen, also durch eine im Westen zunehmend kritisch bewertete hohe Fertigungstiefe. Hinzu kamen die Einbindung in den Rat für gegenseitige Wirtschaftshilfe (RGW) mit seinen problematischen Aufgabenteilungen, die viel zitierte chronische Devisenknappheit und die Beschränkungen der Beschaffungsmöglichkeiten durch die westliche Embargo-Politik mit ihrer CoCom-Liste für Hochtechnikprodukte. Diese Faktoren engten einerseits die Handlungsspielräume ein. Andererseits führten sie zur Anwendung aufwendiger illegaler Methoden.

Ökonomisch prekär war die teils verfehlte, teils durch die Abschottung erzwungene Autarkiepolitik, etwa bei der Mikroelektronik in den 1980er Jahren. Dabei war man mit den Grundzügen des Entwurfs hochintegrierter Schaltkreise sehr wohl vertraut, z. B. bei anwendungsspezifischen ICs für ISDN-Anlagen in der digitalen Kommunikationstechnik.[62] Politisch favorisierte Prestigeprojekte, wie der 1-Megabit-Speicherchip (U61000), banden dagegen enorme Personal- und Finanzmittel, ohne dass das angestrebte Ziel, nämlich mit dem Westen gleichzuziehen, auch nur annähernd erreicht werden konnte, vor allem nicht in der Produktion. Etwa zur Zeit der Wende wird der Rückstand der DDR bei Bauelementen und Industrieelektronik auf vier, in der Rechentechnik und Unterhaltungselektronik auf sieben und bei Erzeugnissen der Nachrichtentechnik auf 13 Jahre geschätzt.[63] Einem Kommissionsmitglied des Wissenschaftsrats, das an der Evaluierung von Forschungseinrichtungen und Hochschulen der DDR nach der Wende beteiligt war, schien z. B. die Rechnerausstattung in der Forschung der Informatik der TU Dresden mit dem Niveau eines Fortgeschrittenen-Praktikums an der TU Karlsruhe vergleichbar zu sein.[64] Zwar muss die Lebensleistung der handelnden Menschen in Wissenschaft und Technik der DDR genau aus solchen Gründen noch höher eingeschätzt werden. Trotz bester fachlicher Qualifikation von Wissenschaftlern und Technikern waren aber Durchbrüche in der Technikentwicklung unter diesen Umständen kaum zu erzielen; einen hohen Stellenwert hatte das »Reverse Engineering«, das mühevolle und keineswegs triviale Nachentwickeln.

Fortgeschrittene Kommunikations- und Informationstechnik der DDR

Als Paradebeispiel für dieses »Reverse Engineering« gilt der Mikroprozessor U880, der als nicht lizensierter Nachbau des ungemein erfolgreichen Mikroprozessors Zilog Z80 vom VEB Mikroelektronik »Karl Marx« Erfurt hergestellt wurde. Etwas zugespitzt könnte man ihn auch als Schlüsselkomponente des digitalen Vermittlungssystems OZ 100 D bezeichnen, das vom VEB Kombinat Nachrichtenelektronik Leipzig 1986 auf der CeBIT '86 in Hannover vorgestellt wurde.[65] Die elektronische Vermittlungszentrale OZ 100 D basierte in der Tat auf einer Steuerung durch den 8-Bit-Mikroprozessor U880 unter Verwendung des Speicherbausteins U555 (der wiederum kompatibel mit dem Speicherbaustein Intel 2708 war). Die Sprechwege wurden über ein digitales Bussystem geschaltet. Die 1987/88 eingeführte Anlage war zunächst als Teilamt für 32 bis 312 Teilnehmer konzipiert (gelegentlich wird die Zahl 96 genannt). Sie wurde in großstädtischen Neubaugebieten von der Deutschen Post erprobt, konnte jedoch wegen »vieler ungelöster Probleme wie ›veralteter Technik‹, zu geringer ›Produktionskapazität‹ und ›völlig unzureichender Entwicklungskapazitäten‹ nur eingeschränkt eingesetzt werden«. Ressourcen wurden sicher auch insofern vergeudet, als vergeblich eine Anpassung der Abhörtechnik des Ministeriums für Staatssicherheit an das neue digitale System versucht wurde.[66]

Bedeutender war, dass die DDR seit 1975 maßgeblich an der Entwicklung eines großen digitalen Vermittlungssystems beteiligt war, des »Einheitlichen Nachrichtensystems der analogen und digitalen Vermittlungstechnik (ENSAD)«.[67] Es zielte in Entwicklung und Verwendung zunächst auf den gesamten Raum des Rats für gegenseitige Wirtschaftshilfe (RGW). Abgesehen von einem Beitrag aus Riga wurde das Entwicklungsvorhaben aber weitgehend in der DDR durchgeführt. Beteiligt waren das Institut für Nachrichtentechnik in Berlin und das Fernmeldewerk Arnstadt für die Vermittlungstechnik sowie die Robotron-Standorte in Dresden und Radeberg für die elektronische Steuerung, für den »Steuerkomplex«. Das nun als »SK 4310 ENSAD« bezeichnete rechnerbasierte Vermittlungssystem war in der Lage, bis zu 4.096 Teilnehmeranschlussleitungen zu verarbeiten. Nachdem es 1981 serienreif zur Verfügung stand, wurde es am Robotron-Standort in Radeberg gefertigt. Verwendet wurde es allerdings aufgrund der speziellen Ausrichtung der Komponenten nur in der UdSSR und ihren Nachfolgestaaten.[68] Nach der Wende wurde das Vermittlungssystem ENSAD von der kurzzeitig existierenden und zu Bosch gehörenden ANT-Tochter »ANT Nachrichtentechnik Radeberg« übernommen. Samt einer modernisierten Version SK 4310 M konnte es bis 1993 immerhin in einer Stückzahl von 139 ausgeliefert werden.[69] Zur Relativierung muss man allerdings darauf verweisen, dass Siemens Ende 1988 bereits 840 Vermittlungsstellen in 32 Ländern mit EWSD-Systemen ausgerüstet hatte.

Mit Blick auf die sprunghafte Entwicklung moderner, digitaler Übertragungstechniken war die Politik der DDR ebenfalls darauf gerichtet, Anschluss an den Stand der Technik zu gewinnen. Entscheidend war hier die Nutzung des bereits genannten Pulscodemodulationsverfahrens PCM, wobei zunächst die Übertragung mit Kupferkabeln im Telefonnetz im Vordergrund stand. Bearbeitet wurde das PCM-Verfahren seit den 1970er Jahren am Institut für Nachrichtentechnik (INT) in Berlin, an der TH Ilmenau, im VEB RFT Fernmeldewerk Leipzig und in dessen Betrieb VEB Nachrichtenelektronik Greifswald. Bereits von 1968 bis 1971 führte die Fernmeldeverwaltung der Deutschen Post einen PCM-Pilotversuch zwischen dem damaligen Karl-Marx-Stadt, heute Chemnitz, und Limbach-Oberfrohna durch. Seit 1973 begann man, die digitalen Systeme PCM 30 und PCM 120 für 30 bzw. 120 Telefonkanäle einzusetzen.[70] Mitte der 1980er Jahre stand das ebenfalls für Kupferkabel entwickelte PCM 480 zur Verfügung; eine ausreichende Stabilität konnte jedoch nicht erreicht werden.[71]

Ein spezielles Ziel war es, die analoge Übertragungstechnik im Sondernetz der SED abzulösen. Dieses Sondernetz war ein Schmalbandrichtfunknetz, das zunächst vollkommen unabhängig von den Einrichtungen der Deutschen Post betrieben wurde. 1978 wurde von der staatlichen Planung ein Entwicklungsauftrag für ein digitales Richtfunkgerätesystem PCM 120-2000 erteilt. Es sollte in der Lage sein, im Frequenzbereich um 2.000 MHz einen Signalstrom von 8 Mbit/s zu übertragen und damit 120 Fernsprechkanäle zu realisieren. Durchgeführt wurde die Entwicklung in der Radeberger Richtfunktechnik. Eingeschlossen waren die in verschiedenen Technologien zu fertigenden Bauelemente der Mikrowellentechnik und der Mikroelektronik. 1984 war die Entwicklung des Systems PCM 120-2000 abgeschlossen, sodass nun die Fertigung in großem Maßstab hätte beginnen können. Nachdem jedoch das Sondernetz der SED im gleichen Jahr 1984 an die Deutsche Post übergegangen war und außerdem bekannt geworden war, dass der Bundesnachrichtendienst das Netz abhören konnte, wurde es als »Schweigenetz« für den »Ernstfall« behandelt und nur noch in geringem Umfang modernisiert.[72] Lediglich auf einer Erweiterung des Südringes und in einer Strecke entlang der Ostseeküste wurde das PCM 120-2000 installiert.

Die geplante Zahl von 2.000 Anlagen wurde nicht annähernd erreicht, was aber auch damit zu tun hatte, dass der Partnerbetrieb VEB Nachrichtenelektronik Greifswald die zugehörige 8-Mbit/s-Multiplextechnik nur in einer überholten und voluminösen Version bereitstellen konnte.[73] Die Produktion von PCM 120-2000 im Zeitraum 1987 bis 1990 betrug insgesamt etwa 70 Geräte. Erfolgreicher war das kleine, allerdings im Frequenzbereich unter einem GHz arbeitende Richtfunksystem PCM 10-300/400/800, das mit integrierter Multiplextechnik ausgelegt war und eine Übertragungsrate von 704 kBit/s aufwies. Die hier bereitgestellten zehn Kanäle konnten in neun Varianten digital oder auch analog realisiert werden. Die Produktion des Richtfunkgeräts PCM 10-300/400/800 belief sich auf etwa 250 Geräte. PCM-Richtfunktechnik aus Radeberg wurde außer-

Die Objekte des SFDR – Spezialfernmeldedienst der Regierung der DDR

1990 wurde der Spezialfernmeldedienst der Regierung der DDR, also das geheime Regierungsnachrichtennetz, das vom Ministerium für Staatssicherheit technisch betreut worden war, dem Ministerium des Inneren der DDR übergeben. Ab dem 3. Oktober 1990 unterstand es dem Bundesministerium des Inneren, das es 1991 der Deutschen Bundespost Telekom übertrug.

Übergeben wurden ein umfangreiches Kabelnetz, 29 Schaltpunkte in Waldgebieten und das ca. 130 ha große Grundstück Zühlsdorf mit einer Auslandssendeanlage sowie Lager- und Instandsetzungsbereichen. Während das Kabelnetz und die Schaltpunkte nicht in das Nachrichtennetz der Bundespost Telekom integriert werden konnten, war das Objekt Zühlsdorf ursprünglich als Ersatzstandort für den Sender Zehlendorf bei Berlin vorgesehen. Als die Verhandlungen zu dem Objekt mit der Treuhandanstalt im Sinne der Deutschen Bundespost Telekom abgeschlossen waren und einer Zuordnung nichts mehr im Wege stand, verzichtete der Funkbereich aus Kostengründen auf diesen Standort. Mit viel Mühe konnte danach die Zuordnung auf die tatsächlich für Lagerzwecke genutzten ca. 60.000 m^2 begrenzt werden.

Hans Schaffarzik

halb der DDR in den typischen Exportländern der DDR installiert, in der damaligen ČSSR, in Bulgarien, Kuba, Nicaragua, im Jemen, in einigen afrikanischen Ländern sowie in Madagaskar.[74]

Mit der Wende kam das Ende der Radeberger Richtfunktechnik, einschließlich der neueren digitalen Systeme. Gefördert durch Kontakte zu Mitarbeitern von ANT in Backnang seit 1988 ging die Radeberger Richtfunktechnik 1991 an die zu Bosch gehörende ANT und firmierte nun als ANT-Nachrichtentechnik Radeberg GmbH, später als Bosch-Telecom Radeberg GmbH. Nach Neuausrüstung wurden in Radeberg Varianten Backnanger Richtfunkgeräte für höhere Frequenzbereiche für das Overlay-Netz der Telekom entwickelt und – bis auf einzelne Baugruppen – zur Fertigung an den damaligen ANT- bzw. Bosch-Standort Offenburg überführt. Im Rahmen des Neuaufbaus einer digitalen Fernmeldeinfrastruktur ersetzte jedenfalls Bosch Telecom[75] zwischen 1992 und 1995 fast das gesamte Richtfunknetz in der ehemaligen DDR durch leistungsfähige ANT-Richtfunktechnik. Einen wesentlichen Anteil an der Übertragungstechnik des Overlay-Netzes hatten die in Radeberg auf der Basis von ANT-Richtfunksystemen für das Frequenzband 3.800 bis 4.200 MHz entwickelten digitalen Richtfunkgeräte DRS 155/3900-64 QAM, die eine Übertragungskapazität von 155 Mbit/s pro Richtfunkkanal besaßen.[76] Mit der Übertragungskapazität des DRS 155 und einem nutzbaren Datenstrom von 140 Mbit/s konnten nun nahezu 2.200 Telefonkanäle realisiert werden. An einem weiteren Brennpunkt der Modernisierung der Telekommunikationstechnik in den neuen Bundesländern waren ebenfalls Radeberger Ingenieure aktiv, nämlich beim Aufbau des D2-Mobilfunknetzes von Mannesmann. Außerdem waren sie am Ausbau der E-Netze beteiligt.[77]

Digitale PCM-Übertragungstechnik und optische Nachrichtentechnik gehörten zu den zentralen Aktivitäten des Ost-Berliner Instituts für Nachrichtentechnik (INT).[78] Seit 1970 forschte es auf dem Gebiet der digitalen Nachrichtenübertragung über Glasfaser- bzw. über Lichtwellenleiter. So war es insbesondere am Lichtleiter-Versuchssystem LLVS-PCM 120 beteiligt. In Kooperation von INT, Kombinat Kabelwerke Oberspree und Institut für Post- und Fernmeldewesen wurde 1979 ein 16 km langes und 13 mm starkes Lichtleiterkabel vom Ost-Berliner Zentrum nach Berlin-Oberschöneweide verlegt.[79] 120 Gespräche konnten über ein Lichtleiterpaar übertragen werden. Nach der Erprobung wurde es seit März 1981 im öffentlichen Telefonnetz genutzt. In den 1980er Jahren wurden in Ost-Berlin etwa 300 km Glasfaserkabel verlegt. Mit diesen Glasfaserkabeln wurden sowohl Vermittlungsstellen untereinander verbunden als auch Teilnehmer direkt angeschlossen. Noch im September 1989 weihte Harry Tisch, der Vorsitzende des Freien Deutschen Gewerkschaftsbundes FDGB, in Berlin-Mitte eine neue Fernsprech-Ortsvermittlungsstelle ein, die mit »Pulscodemodulationstechnik und Lichtwellenleitertechnik aus der Produktion unseres Landes« arbeitete.[80] Der eigentliche Glasfaserboom setzte allerdings erst ein, als die Telekom bis 1997 in den neuen Bundesländern allein auf der Fernebene mehr als 140.000 km Glasfaserkabel verlegte.[81]

Die »Datenfernverarbeitung« war ein weiteres Arbeitsfeld am bereits genannten Standort Radeberg des VEB Kombinat Robotron. Zum Kontext gehört, dass man sich im Westen seit Ende der 1950er Jahre mit der »Datenfernübertragung« über das Telefonnetz befasste und die zugehörigen »Modems« entwickelte (Modem steht für Modulation-Demodulation). Das erste 1959 kommerziell verfügbare Gerät war das »Bell 101 modem«. Mit diesem Modem konnten digitale Daten mit einer Rate von 110 bit/s im Telefonnetz übertragen werden. In der Bundesrepublik führte die Deutsche Bundespost 1966 im Sinne eines posteigenen Endgerätes das erste Modem ein, und zwar mit einer Datenrate von 1.200 bit/s. Mit Blick auf den Aufbau von Rechnernetzen und Rechner-Teilnehmersystemen befasste man sich seit Ende der 1960er Jahre auch in der Industrieforschung und in der technischen Informatik an den Hochschulen der Bundesrepublik intensiv mit der Datenfernverarbeitung. So versuchte man in typisch ingenieurwissenschaftlicher Manier zum Beispiel, Datenverkehrsströme oder System-Reaktionszeiten in Datenfernverarbeitungsnetzen zu simulieren.[82]

Vielfach dominiert im Rückblick jedoch die Entwicklung in den USA. Seit 1963 förderte das amerikanische Verteidigungsministerium Arbeiten an einem Computernetzwerk, was nach der zuständigen Administration, der Defense Advanced Research Projects Agency, den Namen ARPANET erhielt. Joseph C. R. Licklider und vor allem Lawrence G. Roberts wollten mit ihrer Forschungspolitik bei ARPA jedoch ganz allgemein Netzwerke schaffen, um damit Synergieeffekte in der Computerforschung auszulösen.[83] Als unmittelbar verfügbares Experimentierfeld boten sich die Vertragspartner von ARPA an den Universitäten und Forschungszentren an. Basierend auf der Technik paketvermittelter Datenübertragung sollte das realisierte Netz gleichberechtigte Rechner miteinander verbinden. 1969 wurden so Paketvermittlungsknoten an vier Forschungseinrichtungen miteinander verknüpft, nämlich an der University of California in Los Angeles, am Stanford Research Institute, an der University of California in Santa Barbara sowie an der University of Utah. 1971 war die Zahl der Teilnehmer bereits auf 15 angestiegen.

Ein organisatorisch klar strukturiertes Forschungsnetz ließ in der Bundesrepublik auf sich warten.[84] Zwar versuchte man seit 1981, existierende regionale Rechnernetze, z. B. in Berlin, Hannover und Kiel, zu einem größeren Verbund zusammenzuschließen. Auch gab es zu dieser Zeit bereits Pläne zur Schaffung eines Deutschen Forschungsnetzes. Diese Aktivitäten mündeten 1984 in die Gründung des Vereins zur Förderung eines Deutschen Forschungsnetzes (DFN-Verein). Wie seit der Gründung geplant, war das erste eigene Netz, das 1989/ 90 in Betrieb genommene Wissenschaftsnetz WiN, ein Teil des DATEX-P-Netzes der Deutschen Bundespost. Es beruhte auf der paketvermittelten Übertragung von Daten über das Telefonnetz nach dem X.25-Protokoll und stellte Anschlüsse bis zwei Mbit/s bereit.

In der UdSSR, in der DDR sowie in anderen Staaten des RGW arbeitete man in den 1960er und 1970er Jahren ebenfalls auf dem Gebiet der Datenübertragung mithilfe des öffentlichen Telefonnetzes.[85] Zu Beginn der 1970er Jahre wurde in der DDR ein Verbund aller sieben Großrechner BESM-6 eingerichtet, wobei das Akronym BESM in der Regel als »Bolshaya Elektronno-Schetnaya Mashina« oder »Große Elektronische Rechenmaschine« interpretiert wird. Der um 1966 eingeführte BESM-6 war ein besonders leistungsfähiger Computer sowjetischer Herkunft, der sehr wahrscheinlich gleichwertig mit Control-Data-Hochleistungsrechnern dieser Zeit war. Die Daten im BESM-6-Verbund wurden mittels Modem mit einer Übertragungsgeschwindigkeit von 1.200 bit/s über das Datennetz der Deutschen Post übertragen. Das Datennetz der Deutschen Post wurde im Übrigen bis 1989 auf bescheidene 3.600 Anschlüsse ausgebaut, zumeist mit Standleitungen höherer Bitrate (48.000 bit/s), aber auch auf der Basis eines »handvermittelten« Datennetzes mit 2.400 bit/s, bei dem die Kommunikation zwischen Modems manuell mit den jeweils angeschlossenen Telefongeräten aufgebaut werden musste.[86] Hinzu kam eine kleine Zahl von Datenanschlüssen auf der Basis von Fernschreibanschlüssen mit geringer Kapazität.

Zudem arbeitete man seit 1977 an der Akademie der Wissenschaften der DDR[87] auf der Grundlage des Paketvermittlungsnetzes KOMET[88] an einem Computernetzwerk mit der Bezeichnung DELTA. Nach seinem Vorbild sollte ein nationales Computernetzwerk zwischen Bildungs- und Forschungseinrichtungen in der DDR aufgebaut werden. 1982 wurde das System DELTA erfolgreich auf der Strecke Berlin–Prag getestet. Auch am Standort Radeberg war unter dem Vorzeichen der Datenfernverarbeitung die Vernetzung von Rechnern bearbeitet worden. In der Öffentlichkeit sichtbar wurden Radeberger Ergebnisse in der Datenfernverarbeitung z. B. bei Geldinstituten Ende der 1980er Jahre. Nicht mehr zum Erfolg führten Arbeiten an Komponenten eines geplanten X.25-Datennetzes. Geleitet wurde dieses Projekt »Paketvermittlungssystem A7800« von der Akademie der Wissenschaften in Berlin und vom Zentrum für Forschung und Technik (ZFT) am Kombinat Robotron in Dresden.[89]

Nach der Wende wurden die DDR bzw. die neuen Bundesländer in das noch auf dem X.25-Protokoll basierende erweiterte Wissenschaftsnetz WiN mit der Bezeichnung EWIN einbezogen. Die neuen Bundesländer wurden damit Teil des Wettlaufs um immer höhere Datenraten, beginnend mit dem Breitband-Wissenschaftsnetz (B-WiN), einem seit Herbst 1995 geschaffenen und nun auf dem Kommunikationsprotokoll Asynchronous Transfer Mode (ATM) aufbauenden Netz. Betrieben wurde es von DeTeSystem (heute T-Systems), einer Tochter der Deutschen Telekom. Zu Beginn betrug die Übertragungsgeschwindigkeit 34 Mbit/s; 1996 wurde sie auf 155 Mbit/s und später auf 622 Mbit/s erhöht.

Schlussbemerkungen

Offenkundig gab es durchaus fortgeschrittene Kommunikations- und Informationstechnik in der ehemaligen DDR, etwa die in den 1960er Jahren bemerkenswert modernen Vermittlungssysteme auf der Basis von Koordinatenschaltern oder – in den 1970er und 1980er Jahren – die Ansätze in der rechnergesteuerten digitalen Vermittlung, in der Datenfernübertragung und der Vernetzung von Rechnern sowie in der digitalen PCM-Übertragung mithilfe von Kupferkabeln, Lichtwellenleitern und Richtfunkstrecken. Sie dürfen jedoch nicht den Blick darauf verstellen, dass trotz der enormen Anstrengungen der handelnden Menschen der Stand der Technik nicht erreicht wurde. Vor allem in der Vermittlungs- und Übertragungstechnik konnte man zu dem in drei Jahrzehnten erreichten hohen Niveau der »nichtsozialistischen« Industrieländer nicht aufschließen. Manche Technikfelder blieben fast gänzlich unbearbeitet, wie der digitale Mobilfunk. Vor allem war die Durchdringung der gesamten Kommunikationsinfrastruktur der DDR mit aktueller Technik gering. Bei der Übertragungstechnik schätzt man, dass nur zehn Prozent in Richtung digitaler Systeme modernisiert worden waren. Im Hintergrund standen die finanziellen Engpässe des Staates und die – auch durch die Rahmenbedingungen des RGW – begrenzte Leistungsfähigkeit der Produktion. Entscheidend für die Nutzung durch die Bürger war, dass aufgrund des Ausbau- und Erhaltungszustands der vorhandenen Kommunikationstechnik auch die einfachsten Bedürfnisse der Bevölkerung nicht lückenlos zu befriedigen waren. Trotz der vielfältigen Aktivitäten musste der Stand der Kommunikations- und Informationstechnik 1990 in der Bundesrepublik, insbesondere der Stand des Netzausbaus durch die damalige Deutsche Bundespost Telekom, Ausgangspunkt für die Aufbauleistung in den neuen Bundesländern sein.

LPE 64

Werner Baudis
Wolf Kahle
Joachim Krumrei
Jürgen Lolischkies
Wolf Reiner Menzel
Gernod Stratenberg

Kommunikationsnotstand in der DDR

Im internationalen Maßstab nahm die DDR auf dem Gebiet der Telekommunikationstechnik einen hinteren Rang ein. Das waren die denkbar ungünstigsten Voraussetzungen, um den nach der Wende sprunghaft gestiegenen Anforderungen sowie den Erwartungen der Kunden an die Bereitstellung von Telekommunikationsdiensten und -leistungen schnell zu entsprechen. Die 1990 in Betrieb befindlichen technischen Anlagen der Deutschen Post waren quantitativ unzureichend und darüber hinaus zum größten Teil veraltet. Insbesondere die Vermittlungseinrichtungen wiesen gegenüber dem aktuellen Stand der Technik einen Rückstand von mehreren Generationen auf. 23 Prozent der Vermittlungsanlagen (technische Einrichtungen in den Vermittlungsstellen, um Verbindungen zwischen Teilnehmern herzustellen) waren Hebdrehwähler-Systeme aus den Jahren 1922 bis 1934; vereinzelt waren sogar noch Strowger-Wähler, die ersten automatischen Wähler aus der Zeit der Jahrhundertwende, im Einsatz.

Mehr zum Kommunikationsnotstand:

Weitere 43 Prozent des gleichen Systems waren mehr als 40 Jahre alt. Nur 28 Prozent waren weniger veraltete Koordinatenschaltersysteme, die Mitte der 1960er Jahre entwickelt worden waren. Sie wurden 1990 noch in verschiedenen ost- und südosteuropäischen Ländern sowie in Staaten der Dritten Welt regelmäßig verwendet. Digitale Vermittlungstechnik befand sich lediglich in der Entwicklung; erste Prototypen waren im Einsatz. Ihr Anteil betrug jedoch erst knapp ein Prozent an den gesamten vermittlungstechnischen Systemen. Die größte Herausforderung der Deutschen Post der DDR bestand darin, mit diesen musealen Einrichtungen den täglichen Betrieb aufrechtzuerhalten. Ersatzteile waren nicht mehr verfügbar und mussten unproduktiv – und damit auch viel zu teuer – zum Teil in eigenen Werkstätten bzw. in kleinen Betrieben hergestellt werden. Der Instandhaltungsaufwand dieser veralteten Systeme betrug mehr als das 40fache gegenüber modernen Vermittlungsanlagen. Darüber hinaus stellten Fehlverbindungen, elektrische Störgeräusche, häufige Wahlwiederholungen und Wartezeiten bereits vor der Wende für die damaligen Teilnehmer eine echte Behinderung dar. Selbst die für die technischen Einrichtungen genutzten Räume waren von der Bausubstanz her völlig ausgelastet. Erweiterungen in den bestehenden Gebäuden waren ohne technische Veränderungen vom Grundsatz her nicht mehr möglich.

Linke Seite: Alte Vermittlungsstelle der Deutschen Post der DDR.

Mehr zur Gebäudesituation:

Auch die Kabel waren sowohl im Fernnetz als auch in den Ortsnetzen überaltert. Im Einsatz waren nahezu ausschließlich Kupferkabel, einschließlich Koaxialkabel. 61 Prozent aller Kabel galten als verschlissen; bei den Kabeln im Fernnetzbereich waren es sogar 79 Prozent. Hinsichtlich der Instandhaltung herrschte also der gleiche Überalterungszustand wie bei der Vermittlungstechnik. Mitte der 1980er Jahre war in den Ortsnetzen mit der Verlegung von Glasfaserkabeln aus der Industrieproduktion der DDR begonnen worden, die allerdings nur eine Übertragung über kurze Entfernung erlaubten. Bis 1989 hatte man ca. 5.000 Adern-Kilometer dieses Kabels in Betrieb genommen. Die Übertragungstechnik (Bündelung und Übertragung elektrischer Signale auf einer Leitung) war also zu 90 Prozent analog. Zur Mehrfachausnutzung der Nachrichtenkabel und der Richtfunkverbindungen standen Trägerfrequenzsysteme zur Verfügung, die abgestuft die parallele Übertragung von 60 bis 1.800 Kanälen ermöglichten. Mit dem Einsatz digitaler Pulscodemodulations-Systeme war begonnen worden. Hier endete die Baureihe jedoch schon beim PCM-480-System, d. h. bei der Übertragung von 480 Kanälen.

Die Situation im Spätherbst 1989 – insbesondere im Fernmeldeverkehr zwischen den beiden deutschen Staaten – verschärfte sich zusehends von Tag zu Tag. Telefongespräche und Faxverbindungen kamen nur nach unerträglichen Wartezeiten, viele erst nach Mitternacht oder in den frühen Morgenstunden des folgenden Tages zustande. Für zehntausende gleichzeitige Kommunikationsbedürfnisse standen lediglich 1.461 Leitungen zur Verfügung, und zwar:

von der DDR in die Bundesrepublik	111
von der Bundesrepublik in die DDR	690
von der DDR nach West-Berlin	95
von West-Berlin in die DDR	565

Damit konnte der Bedarf nach innerdeutschen Telekommunikationsleistungen nicht im Entferntesten abgedeckt werden.

Im überregionalen Fernmeldenetz Ostdeutschlands standen ausschließlich analoge Verbindungen zur Verfügung. Übertragungstechnisch wurden Trägerfrequenzsysteme für symmetrische und koaxiale Kabel sowie Richtfunkverbindungen genutzt, die kapazitätsseitig zu über 90 Prozent ausgeschöpft waren. Mehr als 1.600 km Freileitungsfernlinien waren noch in Betrieb.

Das Telefonnetz war hierarchisch in drei Stufen mit einer internationalen Vermittlungsstelle in Ost-Berlin, zwei Kopfämtern in Magdeburg und Leipzig sowie 15 Hauptvermittlungsstellen am Ort der ehemaligen Bezirksstädte und 164 Knotenvermittlungsstellen am Ort der Kreis- und Bezirksstädte gegliedert.

Die im Fernnetz eingesetzte analoge Vermittlungstechnik und die starre Netzausrichtung auf 15 Hauptvermittlungsstellen hatten zur

In der DDR waren noch mehr als 1.600 km Freileitungslinien in Betrieb.

Folge, dass der Fernverkehr für einzelne Orte nicht über die allgemeingültige Ortsnetzkennzahl erfolgen konnte, sondern über eigene Ortsnetzkennzahlen erfolgen musste. Darüber hinaus bestand für 132 Ortsnetze aufgrund mangelnder technischer Voraussetzungen eine teilweise eingeschränkte Erreichbarkeit im automatischen nationalen und internationalen Verkehr, d. h. Teilnehmer aus diesen Ortsnetzen konnten bestimmte Ziele nur über das Fernamt erreichen.

Der Telefonverkehr zwischen beiden deutschen Staaten musste – aus von der DDR zu vertretenden politischen Gründen und ökonomischen Zwängen – wie internationaler Verkehr behandelt werden. Dementsprechend erfolgte auch die Verkehrsabwicklung zwischen den Auslandsvermittlungsstellen der Deutschen Bundespost und der Internationalen Vermittlungsstelle im Ostteil Berlins bzw. den internationalen Kopfämtern der Deutschen Post in Magdeburg und Leipzig. Da die Regierung der DDR dem Drängen des Bundespostministeriums nach mehr Verbindungsleitungen immer nur ungern und wenn, dann aus Gründen der dringend benötigten harten Devisen überwiegend in der Richtung West - Ost nachgekommen war, litt der Telefonverkehr innerhalb der DDR unter dem über Jahrzehnte gedrosselten Verkehrsfluss.

Im Telefonnetz Ostdeutschlands bestanden zum Jahresende 1989 in 1.484 Ortsnetzen mit 2.673 Ortsvermittlungsstellen gerade einmal 2.078.176 Anschlussmöglichkeiten (an Voll- oder Teilvermittlungsstellen). In den Kabeln der Ortsnetze gab es kaum Reserven an freien Anschlussleitungen. Die Kabelanlagen, -schächte und -kanalanlagen in den städtischen Netzen waren zu einem erheblichen Teil marode, der Rest – vorsichtig ausgedrückt – sanierungsbedürftig.

Maroder Kabelkeller des ehemaligen Dresdner Fernmeldeamtes, 1991.

Maroder Kanal in Suhl

In Suhl gab es einen großen unterirdischen, begehbaren Kanal für Wasser, Fernwärme, Gas, Strom und Fernmeldeanlagen. Die Fernwärmeleitungen waren undicht, schlecht isoliert, es trat heißes Wasser aus, und zum Teil mussten die Gehwege und Straßen gesperrt werden, weil die Anlage einzubrechen drohte. Ein Arbeiten war fast unmöglich wegen der großen Hitze und wegen der undichten Leitungen zudem sehr gefährlich.
Johann Nußbaum

Der Mangel an verfügbaren Leitungen erforderte grundsätzlich eine durchgängige Erweiterung. Gleichfalls gab es keine öffentlichen Mobilfunkdienste. Dafür aber einen nicht öffentlichen beweglichen Landfunk, der bei der Bau-, Land- und Wasserwirtschaft sowie bei Dienstleistern, wie z.B. dem Deutschen Roten Kreuz, Taxi-Unternehmen, Energieversorgern und Transportunternehmen zur Einsatzkoordinierung ihrer Fahrzeugflotten sehr begehrt war. Auch hier war infolge des chronischen Mangels an Frequenzen und wegen der ungenügenden Bereitstellung der Endgeräte keine bedarfsdeckende Versorgung möglich. Zu Beginn des Jahres 1990 waren 23.000 Geräte in Betrieb; für etwa 20.000 Geräte wurde auf die Genehmigung der Anträge gewartet, weil die benötigten Frequenzen überwiegend militärisch genutzt wurden und Funk-/Sendegeräte von der nachrichtentechnischen Industrie vorrangig für Belange der äußeren und inneren Sicherheit sowie für den Export bereitgestellt werden mussten.

Kaum günstiger war die Situation bei den sogenannten Non-Voice-Diensten oder Datendiensten. Zwar konnte mit ca. 18.000 Anschlüssen im Telexdienst die Nachfrage der Wirtschaft und anderer Bedarfsträger abgedeckt werden, darüber hinausgehende Dienste standen jedoch nur in stark eingeschränktem Maße oder gar nicht zur Verfügung. Es gab nur ca. 3.500 Datenanschlüsse, die über Standleitungen bzw. das handvermittelte Datennetz betrieben wurden. Praktisch ohne Bedeutung für die geschäftliche Kommunikation war der Telefaxdienst mit ca. 3.000 Telefaxanschlüssen, die ihren Besitzern aber meist wenig Freude bereiteten, da die Übertragungen – vor allem in den verkehrsreichen Zeiten – durch in den Vermittlungsstellen auftretende elektrische Störgeräusche oft lückenhaft und verzerrt waren. Moderne Datenmehrwertdienste, wie Datex-P, das erstmals einen Zugang in ein globales Datennetz erlaubte, existierten nicht.

Anschlussdichten im Vergleich
Und dann war es so weit: Eine Abordnung der Geschäftsleitung des Fernmeldeamtes Magdeburg und des Fernmeldebauamtes Magdeburg traf im April 1990 bei uns im Fernmeldeamt Braunschweig ein. Im Rahmen unseres Besichtigungsprogramms besuchten wir mit den Magdeburger Kollegen neben einem Telefonladen und einem Kabelschacht auch ein Betriebsgebäude. Hier stellten wir ihnen Vermittlungstechnik mit analoger Edelmetall-Motor-Drehwählertechnik und vollelektronische digitale Vermittlungstechnik (EWSD-Technik) sowie Übertragungs- und Funktechniken vor. Die Kollegen waren begeistert: Auf die Frage, wie hoch denn die Anschlussdichte in Braunschweig sei, antwortete ich, dass auf 100 Einwohner etwa 48 Telefonanschlüsse kämen. »Wahnsinn«, erwiderte der Magdeburger Kollege. »Echte Anschlüsse, also zwei Drähte vom Teilnehmer bis zur Technik?« »Ja, wir haben sicherlich noch einige Anschlüsse, wo sich zwei Kunden einen Anschluss teilen müssen, aber das ist im Vergleich zum Ganzen eher die Ausnahme«, entgegnete ich. »Wahnsinn, Wahnsinn«, wiederholte der Kollege und konnte sich kaum einkriegen. »Wir haben vielleicht zehn Anschlüsse auf 100 Menschen, und davon müssen sich in vielen Fällen zwei oder vier oder sogar zehn Teilnehmer einen Anschluss teilen!« Er schüttelte den Kopf und sagte noch einmal: »Wahnsinn!!!«
Reinhard Genderka

Der Bestand an Telefon-Hauptanschlüssen betrug Ende 1989 laut Statistik der Deutschen Post 1.826.190. Das entsprach einer Telefonanschlussdichte von 11,23 Telefonanschlüssen je 100 Einwohner. Analysiert man die Versorgung etwas genauer, stellt man beträchtliche regionale Unterschiede fest. Die bevorzugte Stellung Ost-Berlins zeigte sich hier mit einer Dichte von 28 Telefonanschlüssen je 100 Einwohner, gefolgt vom damaligen Bezirk Leipzig mit 17 Anschlüssen, während der Bezirk Dresden nur 10,9 Telefonanschlüsse je 100 Einwohner aufwies. Das bedauernswerte Schlusslicht war jedoch der Bezirk Rostock mit einer Teilnehmerdichte von 7,8 Anschlüssen. Nur ca. 1,2 Mio. Wohnungen, also noch nicht einmal jede fünfte, verfügten über einen Telefonanschluss. Dabei handelte es sich nahezu ausschließlich um Gemeinschaftsanschlüsse (ca. 98 Prozent), größtenteils um sogenannte Zweieranschlüsse. Aber auch Viereranschlüsse

Telefonhäuschen der Deutschen Post der DDR.

waren vorhanden, und eine besondere Spezialität boten sogenannte Zeitgemeinschaftsanschlüsse, bei denen nachts nicht genutzte Telefonanschlüsse von Betrieben und Geschäften zwischen Ladenschluss und morgendlicher Öffnung als Wohnungsanschlüsse zu Privatkunden geschaltet wurden.

Die Anzahl der nicht realisierten privaten Anträge auf Einrichtung eines Telefonanschlusses stieg ständig und betrug Ende 1989 1,3 Mio., wobei zu berücksichtigen war, dass dies nur die Spitze des Eisberges darstellte, da viele Bürger in Anbetracht der langen Wartezeiten bzw. der erwarteten Aussichtslosigkeit der Realisierung des Wunsches nach einem Telefon erst gar keinen Antrag gestellt hatten. Relativ günstig, gemessen an der Gesamtsituation im Telefondienst, war die Versorgung der Wirtschaft und des staatlichen Bereichs mit Telefonanschlüssen, auf die ca. 40 Prozent der vorhandenen Telefonanschlüsse entfielen. Im internationalen Vergleich der Telekommunikationsversorgung nahm die DDR damit nur einen hinteren Platz ein und lag auch gegenüber einer Reihe osteuropäischer Länder, wie z. B. der damaligen Sowjetunion, zurück.

Gleichfalls nicht den Anforderungen entsprach das Angebot an öffentlichen Fernsprechern. Bei einem Gesamtbestand von 21.900 Münzfernsprechern stand im Durchschnitt ein Münzfernsprecher für 750 Einwohner zur Verfügung. Hier bestand das Handicap darin, dass es sich bei einem großen Teil um sogenannte Ortsmünzer handelte, die für den Selbstwählfernverkehr nicht geeignet waren. Öffentliche

Vergleichsgrößen	DDR	BRD
Fläche (1.000 km²)	108.000	249.000
Einwohner	16.500.000	62.000.000
Haushalte	6.500.000	27.000.000
Telefonanschlüsse	1.800.000	29.400.000
davon Telefon-Zweieranschlüsse	1.097.000	89.000
Öffentliche Münztelefone	21.900	126.000
Telefondichte (Anschlüsse pro 100 Einwohner)	11,2	47,6
Mobilfunktelefone	0	163.600
Datenanschlüsse (Festverbindungen und wählbar im Westen und Festverbindungen und handvermittelt im Osten)	3.500	270.500

Tabelle 1: Statistische Vergleichsgrößen zum Entwicklungsstand der Telekommunikationsausstattung in der DDR und der BRD, Ende 1989.

Kartentelefone existierten nicht. Dagegen entsprachen Hörfunk und Fernsehen infolge der besonderen politischen Bedeutung hinsichtlich der Flächenversorgung weitgehend dem internationalen Niveau, jedoch nicht im Hinblick auf den zeitgemäßen technischen Stand der Anlagen. Nun sagen statistische Angaben über den Entwicklungsstand eines Landes zwar viel aus, aber die Größe des Rückstandes wird erst im absoluten Vergleich der Zahlen der DDR mit denen der BRD deutlich (siehe Tabelle auf S. 112).

Bleibt abschließend die Frage nach den Ursachen dieses hohen Rückstands. Die Aussage, dass die jahrzehntelange Vernachlässigung der Deutschen Post durch Politik und zentrale staatliche Planungsorgane der DDR vor allem in Bezug auf die Bereitstellung von Investitionen und materiell-technischer Ressourcen zu diesem bedrückenden Zustand geführt hat, trifft den Kern der Dinge, erfordert aber ein detaillierteres Eindringen in wirtschaftliche und technologische Zusammenhänge dieser Materie. Der Einsatz von Investitionsmitteln erfolgte nicht in Abhängigkeit von den finanziellen Ergebnissen der Deutschen Post, sondern wurde für einen Jahres- bzw. Fünfjahreszeitraum zentral durch die Staatliche Plankommission aufgrund von Beschlüssen des Zentralkomitees der SED nach bestimmten Prioritäten vorgegeben. Im Zeitraum 1971 bis 1990 stellte die Regierung der DDR dem Post- und Fernmeldewesen insgesamt 13,3 Mrd. Mark und somit im Schnitt 650 Mio. Mark jährlich bereit.

Der Investitionsanteil der Deutschen Post bewegte sich in diesem Zeitraum zwischen 0,7 bis 1,3 Prozent der Gesamtinvestitionen der Volkswirtschaft der DDR. Es handelte sich hierbei um die Investitionsmittel für den gesamten Wirtschaftszweig, d. h. für den Postdienst einschließlich Postscheckämtern sowie für die gesamte kabelgebundene und drahtlose Telekommunikation. Hierbei war jedoch noch eine weitere DDR-Besonderheit zu beachten: Im Februar 1956 war die Deutsche Post durch Regierungsbeschluss verpflichtet worden, die Verantwortung über den gesamten technischen Prozess der staatlichen Massenmedien Ton- und Fernsehrundfunk zu übernehmen, da man eine eindeutige technische Verantwortung vom Mikrofon bzw. von der Fernsehkamera über die Verbindungswege bis zur Ausstrahlung über

Telefonapparate der Deutschen Post der DDR.

Telefonapparate dienten der Devisenbeschaffung

Selbst bei den zugesicherten Lieferungen der eigenen Industrie bestanden oft Lieferrückstände von mehr als einem Jahr. Lieferungen an die Deutsche Post der DDR wurden ständig bei kurzfristigen Exportmöglichkeiten storniert. 1989 wurden z. B. alle in der DDR produzierten Telefonapparate zum Stückpreis von einer D-Mark zur Devisenbeschaffung verkauft. Die Deutsche Post sollte sich ausschließlich mit aufgearbeiteten Altapparaten behelfen.

Peter Welle-Broßwitz und Christoph Stephan

die Sender wünschte. In diesem Zusammenhang wurde der Deutschen Post auch die Durchführung sämtlicher Investitionen für den Rundfunk übertragen. Das betraf die gesamte Palette von Produktionsstudios über Redaktionsgebäude bis zu sozialen Einrichtungen.

Unter Berücksichtigung dieser umfangreichen Aufgaben auf dem Gebiet der ostdeutschen Telekommunikation betrug das jährliche Investitionsbudget in das Telekommunikationsnetz rund 500 Mio. Mark. Damit wurden im Schnitt 150 Mio. Mark weniger reinvestiert, als an die staatlichen Behörden abgeführt worden waren. Auf das leitungsgebundene Fernmeldewesen entfielen davon rund 400 Mio. Mark pro Jahr (zum Vergleich: Telekom investierte in den ersten Jahren nach der Fusion etwa das 25fache in D-Mark jährlich). Der Einsatz dieser Mittel oblag aber nur bedingt den Entscheidungen der Deutschen Post, da zweckgebundene Vorgaben, z. B. für militärische Sondernetze und für Aufgaben des Rundfunks, erfolgten. Ein weiteres Handicap bestand darin, dass finanzielle Mittel allein nichts nutzten, sondern erst dann für Investitionen eingesetzt werden konnten, wenn sie durch sogenannte Bilanzen für fernmeldetechnische Ausrüstungen und Geräte oder für Leistungen der Baubetriebe untersetzt waren. Oft konnten die geringen finanziellen Mittel nicht einmal ausgeschöpft werden, weil die ostdeutsche Industrie nicht in der Lage war, die von der Plankommission ausgestellten »ungedeckten Schecks« in Form von Bilanzanteilen für derartige Lieferungen und Leistungen vollumfänglich einzulösen. Hauptursache dafür war das ständige Eingreifen in die Verteilung der Produkte von oben, z. B. durch Verlagerung von für das Inland vorgesehenen Erzeugnissen auf den Export, wenn der chronische Devisenmangel dies erforderte.

Besonders fürchteten die Investitionsexperten der Deutschen Post die im Spätsommer regelmäßig erfolgenden ausländischen Anfragen nach kurzfristiger Lieferung von Vermittlungstechnik. Die vom staatlichen Außenhandel zulasten der Post immer positiv beantworteten Anfragen beschafften die so dringend benötigten Devisen, mit denen dann der Import von Rosinen, Orangen und Bananen ermöglicht wurde, mit deren Hilfe wiederum der »Weihnachtstisch der Republik« besser gedeckt werden konnte. So wiederholte sich von Fünfjahrplan zu Fünfjahrplan das gleiche Spiel, sodass etwa 15 Prozent der größtenteils für Telekommunikationsaufgaben verbindlich vorgegebenen Investitionsmittel nicht ausgeschöpft werden konnten, weil die Betriebe sich als »überbilanziert« betrachteten oder ihnen zusätzliche Exportaufgaben übertragen wurden. Diese Investitionspolitik hatte katastrophale Folgen. Die wenigen erhältlichen Ressourcen mussten fast ausschließlich für Erweiterungen genutzt werden. Damit verschlechterte sich die qualitative Situation von Jahr zu Jahr, weil überalterte und verschlissene Anlagen in Betrieb blieben und nicht ausgesondert werden konnten. So verwundert es nicht, dass sich die Zuwachsraten der Deutschen Post bei nur etwa 50.000 Telefonanschlüssen pro Jahr bewegten.

Neben dem quantitativen Zurückbleiben der technischen Ressourcen war der Rückstand im wissenschaftlich-technischen Niveau von noch größerer Bedeutung. Es hatte nicht an Forderungen der Deutschen Post gefehlt, neue, dem internationalen Stand entsprechende Technik zu entwickeln und zu produzieren. Auch hatte es Ansätze für den Einsatz moderner Nachrichtentechnik in der ehemaligen DDR gegeben. Das reichte einerseits von der Glasfaserkabeltechnik bis zur digitalen Vermittlungstechnik und andererseits von der PCM-Übertragungstechnik bis zur paketvermittelten Datenübertragung. Es wurden erhebliche finanzielle und personelle Aufwendungen betrieben, aber nur wenig spürbare Ergebnisse erzielt. Es mangelte an Bauleistungen und produktiven Maschinen, die dem Binnenmarkt kaum zur Verfügung standen. Meist gelang es in der DDR, ein Gerät als Prototyp herzustellen. Dann aber mangelte es an den Teilen, die auf dem Weltmarkt wegen Devisenmangels oder bestehender CoCom-Exportbeschränkungen – CoCom bezeichnet einen im Jahr 1949 von insgesamt 17 westlichen Staaten gegründeten Ausschuss, der seit dem Kalten Krieg den Export moderner Technologien in die Staaten des Ostblocks verhinderte – für eine Massenfertigung nicht zu beschaffen waren.

Zur Zeit des Mauerfalls herrschte jedenfalls ein unerträglicher Telekommunikationsnotstand, der zu entsprechender Kritik der Öffentlichkeit führte, und zwar im Westen noch massiver als im Osten, wo man ja ohnehin an Telekommunikationsprobleme gewöhnt war. Die Ereignisse drängten zum Handeln. In den letzten Novembertagen gingen die beiden deutschen Postminister aufeinander zu und vereinbarten kurzfristig eine Begegnung.

Schnelle Hilfe mit dem Notnetz der Telekom

Mit der Fusion der Deutschen Post und der Deutschen Bundespost am 3. Oktober 1990 übernahmen die Fachbereiche der Generaldirektion der Telekom praktisch über Nacht die Verantwortung für die Dienststellen in den fünf neuen Bundesländern. Die Aufbruchsstimmung schwappte auch bei uns über. Wir sind ein Unternehmen!

Alle technischen Ressourcen wurden aktiviert, alle verfügbaren Leitungen geschaltet und Handvermittlung, Klappenschränke, Notversorgungskabel und Fernmeldeeinrichtungen der Bundeswehr eingesetzt.

Ein Anruf aus der Uniklinik in München erreichte mich. In Leipzig sollte eine schwierige Operation durchgeführt werden, aber der Professor konnte die Uniklinik in Leipzig nicht erreichen. Mit einer Sofortmaßnahme wurde die Verbindung über das »Interne Notnetz« der Telekom hergestellt (handvermittelt). Die Operation konnte erfolgreich durchgeführt werden.

Jens Gollwitzer

»Land unter« in der Haupttelegrafenstelle

Am späten Abend des 9. November 1989 wurde in den Medien die Öffnung der Berliner Mauer verkündet. Sehr vielen Menschen wurde dieses Ereignis aber erst am nächsten Tag bekannt. Trotz aller Aufregung und Unruhe, die auch in der Haupttelegrafenstelle Cottbus herrschte, musste der Telegrammverkehr planmäßig abgewickelt werden. Dies war jedoch nach 18 Uhr nicht mehr möglich, denn die Menschen meldeten ihren Besuch bei den Freunden, Verwandten und Bekannten in West-Berlin für das Wochenende an. Im vereinigten Aufnahme- und Sendeverfahren war nur noch das telefonische Aufnehmen der Telegramme möglich. Wegen der Überlastung des Telegrafienetzes konnten sie aber nicht mehr versendet werden. Schon in der Nacht begannen wir, die Telegramme nach Leitzahlen zu ordnen und auf allen freien Plätzen in der Haupttelegrafenstelle zu lagern.

Die Überlastung des Netzes war auch nach vier Tagen nicht behoben, sodass die lagernden Telegramme nun per Lkw oder Bahn den zuständigen Endtelegrafenstellen und West-Berlin zugeführt wurden. Der Telegrammtext war meistens derselbe: »Warten auf einen Besuch, der Kaffee ist gekocht.« Zu unserem Bedauern war der Kaffee wahrscheinlich dann schon kalt geworden. Erst nach zwei bis drei Wochen hatten wir alles aufgearbeitet. Natürlich war auch die Eilbotenstelle völlig überlastet mit der Zustellung der ankommenden Telegramme.

Irene Hundt

Werner Baudis
Wolfgang Blaschke
Ronald Dingeldey
Siegfried Fenske
Karl-Heinz Haufe
Wolf Kahle
Jürgen Lolischkies
Wolf Reiner Menzel
Johann Nußbaum
Günter Rehs

Erste Hilfe – Sofortmaßnahmen der Telekom

Etablierung einer Regierungskommission

Mehr zu den Sofortmaßnahmen der Telekom:

Bereits am 12. Dezember 1989 war es so weit: Bundespostminister Christian Schwarz-Schilling und der neue Postminister der DDR Klaus Wolf trafen sich in Begleitung einer kleinen Gruppe von Experten in Ost-Berlin. Sie analysierten die Situation und vereinbarten Sofortmaßnahmen, um möglichst schnell eine Verbesserung im gegenseitigen Fernsprechverkehr zu erreichen. In erster Linie ging es um die Erhöhung der Anzahl der in die Bundesrepublik Deutschland führenden Leitungen. Um schnellstens eine, wenn auch minimale, Linderung zu erreichen, sollten innerhalb von acht Tagen weitere 188 Leitungen von Ost nach West geschaltet werden.

In diesem Zusammenhang wurden die Ortsnetze der Knotenvermittlungsstelle Leipzig in den halbautomatischen Fernsprechverkehr in der BRD einbezogen, indem 98 Leitungen bis zum 20. Januar 1990 geschaltet wurden. Das war ein erster Schritt in die richtige Richtung, der von den Medien auch so verstanden wurde. Obwohl es mathematisch eine Aufstockung um 260 Prozent bedeutete, war die praktische Wirkung allerdings nur ein Tropfen auf den heißen Stein. Damit war alles an schnell erschließbaren Ressourcen ausgeschöpft. Eine Bereitstellung von 200 weiteren Leitungen für den automatischen Fernsprechverkehr von der BRD in die DDR wurde bei vollem Einsatz erst zum 30. Juni 1990 als realistisch angesehen.

Die Gesprächspartner legten ebenfalls fest, dass die Deutsche Post der DDR bis zum Ende des Jahres 1989 weitere Ortsnetze in den von der Bundesrepublik bzw. von West-Berlin kommenden Selbstwählfernverkehr einbinden sollte. Außerdem sollten die Auskunftsdienste verbessert werden, denen bislang nur unzureichende Unterlagen über die Teilnehmer in dem jeweils anderen deutschen Staat zur Verfügung standen und die täglich von einer immensen Zahl von Anfragen überflutet wurden. Es wurde abgesprochen, die erforderlichen Teilnehmerdaten gegenseitig unverzüglich zur Verfügung zu stellen, was relativ schnell zu den gewünschten Ergebnissen führte.

Weitere Vereinbarungen betrafen den dringend erforderlichen schrittweisen Ausbau des Fernmeldenetzes der Deutschen Post, um damit die Verbindungen zwischen den Netzen der Deutschen Post und der Bundespost Telekom zeitnah spürbar zu erhöhen. In diesem Zusammenhang wurde auch erörtert, wie die Übertragungskapazitäten des Fernmeldetransits zwischen der Bundesrepublik Deutschland und West-Berlin erhöht werden konnten. Vereinbarungen der Deutschen Bundespost mit der Deutschen Post hatten 1987 dazu geführt, dass eine Glasfaser- sowie eine Richtfunkverbindung zwischen Hannover und dem Westteil Berlins aufgebaut und mit einer den damaligen Verkehrsanforderungen entsprechenden Kapazität in Betrieb genommen worden war. Nun galt es, schnellstens die Übertragungsmöglichkeiten dieser Verbindungen voll zu erschließen. Daher sollte bereits im Januar 1990 die ursprünglich für Mai geplante Vollausrüstung des Glasfasersytems erfolgen. Auch das Ersatz-Kanalbündel der digitalen Richtfunkverbindung sollte als zusätzliche aktive Verbindung genutzt werden. Weitere Vereinbarungen betrafen die Zusammenarbeit, um Funkfrequenzen zu koordinieren, um Konzepte zur künftigen Nutzung des Frequenzspektrums zu planen sowie auftretende gegenseitige Störungen von Funkdiensten zu beseitigen.

Im Januar 1990 wurde eine Paritätische Regierungskommission gegründet, welche die Umsetzung der vereinbarten Sofortmaßnahmen zur Verbesserung der Telekommunikationsmöglichkeiten zwischen Ost und West einleitete. Ein gemeinsamer Unternehmensausschuss, der sich in insgesamt sieben Arbeitsgruppen gliederte, war seitens der Deutschen Bundespost Telekom für die konkrete Gestaltung und Durchführung der einzelnen Maßnahmen verantwortlich. Der gemeinsame Unternehmensausschuss befasste sich auf jeder seiner Tagungen mit dem gesamten Aufgabenspektrum, das von den Arbeitsgruppen vorangetrieben wurde. Die breit gefächerten Arbeitsergebnisse gingen dabei weit über die Tagesfragen zur Überwindung des Telekommunikationsnotstands hinaus.

Unkonventionelle Lösungen
Neben der Arbeit für den Ausschuss fiel natürlich viel Ad-hoc-Arbeit an: Immer wieder kamen Forderungen von allen Seiten, in speziellen Fällen außer der Reihe schnell für Telefon- oder Datenverbindungen zu sorgen. Unkonventionelle Lösungen wurden gefordert und oft auch gefunden, aber ganz konnte die Wirtschaftlichkeit nicht außer Acht gelassen werden. Wir mussten ja immer im Auge behalten, dass ein ordentliches Netz aufzubauen war, und dass dieser Aufbau nicht durch »unkonventionelle« Lösungen über Gebühr behindert werden durfte. Aber der Druck von vielen Seiten, nicht zuletzt aus der Politik, war erheblich, und wie immer in solchen Situationen meldeten sich viele sogenannte Experten zu Wort, die alles besser wussten als die Fachleute.
Ronald Dingeldey

Sofortige Installation von Vermittlungseinrichtungen

Um Wirtschaft und Verwaltung schnell mit Telefonanschlüssen zu versorgen, konnte nicht erst auf die Errichtung neuer Vermittlungsstellen gewartet werden. Neue und vor allem kurzfristige Lösungen waren gefragt und wurden mit der Unterbringung digitaler Vermittlungseinrichtungen in speziell dafür ausgerüsteten Stahlcontainern geschaffen. Der erste dieser Container wurde bereits am 11. November 1989 in Berlin aufgestellt.[90] 1990 folgten 14 digitale Container-Vermittlungsstellen mit insgesamt ca. 34.000 Beschaltungseinheiten (Teilnehmeranschlüssen und Verbindungseinheiten) in Bedarfsschwerpunkten wie Dresden, Erfurt, Chemnitz und Zwickau. Außerdem wurden weitere Container-Vermittlungsstellen mit analoger

Vermittlungscontainer von Alcatel SEL, System 12.

EMD-Technik (Edelmetall-Motor-Drehwähler) aus Beständen der Deutschen Bundespost Telekom zum Einsatz gebracht, um weitere Versorgungsengpässe für einen gewissen Zeitraum zu überbrücken. Mit diesen Übergangslösungen konnten z. B. in Magdeburg, Gera, Leipzig, Eisenach und Rostock kurzfristig weitere Anschlussmöglichkeiten

Das Netz der sowjetischen Truppen

Es war ein heißer Augusttag 1994 in Berlin am Rande des Tierparks. In der Bibliothek der »Dänischen Gesandtschaft«, der Dependance der Telekom-Führungsakademie, saßen uns in dunklen Anzügen die Vertreter der Westgruppe der sowjetischen Streitkräfte gegenüber. Es ging um die Übernahme des verzweigten Kabelnetzes der Truppen durch die Telekom. Einige Verhandlungsrunden, u. a. in der sowjetischen Botschaft, lagen schon hinter uns, ohne dass wir uns bei den Konditionen nähergekommen wären. Die russische Seite rechnete uns immer wieder die enormen Investitionen für ein Netz dieser Größenordnung vor. Erst war von einer halben Mrd. D-Mark die Rede gewesen, jetzt schien bei 300 Mio. eine gewisse Grenze erreicht. Wir verwiesen geduldig auf die geringen Nutzungsmöglichkeiten von Kabelstrecken, die an entlegenen Kasernenbauten oder Truppenübungsplätzen endeten.

Zwei oder drei Stunden waren so dahingegangen. Der Gesprächston wurde rauer und lauter, der russische Verhandlungsführer, der offenbar feste Vorgaben hatte, schlug hin und wieder mit der Faust auf den Tisch. Bekümmert übersetzte die junge Dolmetscherin seine Statements. Auch wir standen unter massivem Druck. Über das Postministerium erkundigte sich das Auswärtige Amt jede Woche mit zunehmender Gereiztheit nach dem Stand der Verhandlungen: Auf keinen Fall dürfe der vereinbarte Termin für den Abzug der sowjetischen Truppen durch die Knauserigkeit der Deutschen Bundespost Telekom verzögert werden.

Nach einem längeren Wortwechsel schien es mir, als hätte mir der Leiter der russischen Delegation unauffällig zugezwinkert. Kurz danach stand er auf und winkte mir, ihm zu folgen. Gemeinsam mit der Dolmetscherin traten wir auf einen kleinen Balkon, der sich zum Zoogelände hin öffnete. Von unten stieg der Geruch der Tiere herauf. Wir hätten jetzt genug geredet, begann er ohne große Einleitung. Unsere Haltung könne er nachvollziehen, aber wir müssten auch die Situation der russischen Seite verstehen. Zehn Minuten später hatten wir einen Kompromiss gefunden, mit dem die Telekom gut leben konnte, mit dem aber auch er nicht unzufrieden schien.

Pünktlich am 31. August 1994 wurden in einem Festakt die letzten Soldaten der russischen Streitkräfte verabschiedet. Mein Bücherschrank bewahrt seither einen zweisprachigen Bildband (mit persönlicher Widmung) über die sowjetischen Truppen in Deutschland und einen kunstvoll verzierten Wimpel der für das Kabelnetz zuständigen Einheit.

Franz Hiergeist

bereitgestellt werden. Obwohl sie als Sofortmaßnahme überaus effizient waren, wurden die Container-Vermittlungsstellen nach dem Aufbau der digitalen Vermittlungsstellen wieder sukzessive abgeschafft.

Sofortmaßnahmen bei Netzen und Diensten

Mit dem Fall der Mauer war also der Druck immens, die Netze zwischen Ost und West zu verknüpfen. Ein Anschluss war jedoch nicht einfach möglich. Die direkte Vernetzung benachbarter Gebiete von Ost und West war ebenso schwierig wie die Erhöhung der Leitungskapazitäten von Ost nach West, um in Berlin in das östliche Netz zu gelangen. Auf allen Ebenen wurden daher Sofortmaßnahmen ergriffen, um wenigstens Schritt für Schritt die Kapazitäten zeitnah auszuweiten. In dieses Maßnahmenpaket gehörten auch regionale und örtliche Lösungen zur Verknüpfung benachbarter Verkehrsgebiete entlang der ehemaligen Zonengrenze. Vielfach scheiterten jedoch solche Versuche an technischen Problemen, die kurzfristig nicht gelöst werden konnten. Das größte Hemmnis bildete hierbei das nicht realisierbare Zusammenwirken zwischen beiden Telefonnetzen, die sich im Laufe der Zeit technologisch weit und in den Signalisierungsverfahren total auseinanderentwickelt hatten. Aus diesen Gründen lag weiterhin die Hauptlast der West-Ost-Verbindungen auf den internationalen Vermittlungsstellen. Die maximal möglichen Leitungsschaltungen über diese Wege waren Mitte 1991 mit ca. 10.800 Leitungen ausgeschöpft.

Auch die Sondernetze – für Militär, Wirtschaft, Staatssicherheit etc. – unterschiedlicher Betreiber und Nutzer aus der Zeit der ehemaligen DDR wurden nach den gegebenen Möglichkeiten in das Telekomnetz integriert und auch zur Überbrückung von Engpässen eingesetzt. Für spezielle Zwecke ermöglichte die Deutsche Bundespost Telekom die zeitlich befristete Mitnutzung einzelner Sondernetze. Jedoch bestand auch hier das Problem darin, dass in den meisten Fällen die ehemals für spezielle Anwenderfälle installierten Netze mit dem Fernmeldenetz der Telekom nicht kompatibel waren oder aufgrund ihrer regionalen Lage sich nicht dort befanden, wo die Nachfrage der Kunden herrschte.

Zusätzlich wurden Funkanschlussnetze, sogenannte drahtlose Anschlussleitungen, zur kurzfristigen Bedarfsdeckung für Geschäftskunden aufgebaut. Es wurden Übergangslösungen über Richtfunk- und Satellitenverbindungen geschaffen, die die Schaltung von 5.949 Verbindungsleitungen für folgende Verkehrsbeziehungen ermöglichten:

- von den neuen Bundesländern in die alten Bundesländer: 2.154 Leitungen,

Das rote Telefon Nr. 23

Nach der Begrüßung durch das »Kollektiv« (die deutsche Sprache hatte sich ganz schön auseinanderentwickelt) fiel mir neben dem antiquierten Reihen-Apparat sogleich ein einzelner roter Telefonapparat mit der Nummer 23 auf. Auf meine entsprechende Nachfrage wurde mir versichert, dass dessen Bedeutung unbekannt sei, da er nur vom Direktionspräsidenten bedient werden durfte.
Im Laufe des Tages fiel mir in meinem Schreibtisch ein Telefonbuch (das schon längst zu DDR-Zeiten hätte vernichtet werden sollen) des DDR-Behörden-Sondernetzes in die Hand, in dem die »Bezirksdirektion der Deutschen Post« mit der Nummer 23 verzeichnet war. Auch der »Rat der Republik« war mit einer zweistelligen Nummer angegeben, die ich wählte – und hatte den Oberbürgermeister vom Rathaus gegenüber an der Strippe. Wenig später war es dann nichts mehr mit dem »direkten Draht«, da die Telekom die Leitungen der zahlreichen DDR-Sondernetze in das völlig unterdimensionierte öffentliche Netz integriert hatte.
Eike Rolf Michael

- von den alten Bundesländern in die neuen Bundesländer: 2.207 Leitungen,
- von den neuen Bundesländern nach West-Berlin: 513 Leitungen,
- von West-Berlin in die neuen Bundesländer: 1.075 Leitungen.

Das war bereits ein Vielfaches der am 9. November 1989 vorhandenen Kapazitäten; eine gewaltige Leistung unter den damaligen Bedingungen. Jedoch lag der Bedarf zu diesem Zeitpunkt schon bei etwa 15.000 bis 20.000 Telefonleitungen. So gelang es bis zum Ende des Jahres 1990, die Anzahl der Leitungen auf das 20fache zu erhöhen.

Daneben wurde ein hoher Anteil ferngeschalteter Hauptanschlüsse (die aus Kapazitätsgründen an Vermittlungsstellen in der BRD angeschlossen waren), insbesondere für die Versorgung wichtiger Unternehmen und Institutionen, geschaltet. Dennoch war der Bedarf bei Weitem nicht gedeckt. Im Frühjahr 1991 wurde schließlich ein 80kanaliges Glasfaserkabel zwischen Ost- und West-Berlin in Betrieb genommen, über das ein erheblicher Anteil des Telefonverkehrs zwischen den beiden deutschen Fernmeldenetzen geleitet werden konnte. Die Überwindung der immer noch äußerst angespannten Versorgungssituation im Bereich der Telekommunikation war nicht durch weitere Übergangslösungen möglich. Nur ein neues Fernnetz, das den in den Ortsnetzen entstehenden Verkehr aufnehmen und weiterleiten konnte, würde zu normalen – dem Niveau der alten Bundesländer entsprechenden – Verhältnissen führen.

Erste Schritte im Mobilfunk

Genehmigung zum Betreiben der C-Netz-Messestation:

Verständlicherweise lenkte der Mangel an Leitungen den Blick auf den Mobilfunk. Im Mobilfunk bildete die anlässlich der Leipziger Frühjahrsmesse 1990 in Rekordzeit von drei Wochen aufgebaute C-Netz-Funkfeststation in Holzhausen bei Leipzig einen Meilenstein. Das neue C-Netz wurde von den Messebesuchern so gut angenommen, dass vorübergehend eine Gesprächsbegrenzungszeit eingeführt werden musste, um einen Zusammenbruch des Netzes zu vermeiden und die Verkehrsabwicklung sicherzustellen. Bis zur Herbstmesse erfolgte dann eine Erweiterung der überlasteten Leipziger Funkfeststation auf 54 Kanäle. Auch in Berlin wuchs der Mobilfunkverkehr von Woche zu Woche und führte zu schmerzhaften Engpässen im Netz. Das größte Problem bestand in der Überwindung des schon erwähnten damals herrschenden Frequenzmangels. Wichtige Frequenzbereiche unterlagen in Ostdeutschland noch immer der militärischen Nutzung und standen damit für eine Erhöhung der Anzahl der Funkkanäle nicht zur Verfügung. Durch Bildung eines gemeinsamen Frequenzpools, in dem beide Staaten ihre verfügbaren Frequenzen einbrachten, wurden

»Kopernikus« unterstützt den »Aufbau Ost«

Bereits wenige Tage nach dem Fall der Mauer machten wir uns als Zwei-Mann-Team des Bundespostministeriums auf den Weg in die künftigen fünf neuen Bundesländer. Mittels der Satellitensysteme DASAT und VSAT (Datenübertragung per Satellit und per Very Small Aperture Terminal) sollten kurzfristig zusätzliche Netzkapazitäten in die ostdeutschen Großstädte wie Frankfurt/Oder, Leipzig, Dresden etc. bereitgestellt werden. Unsere Reise begann in Ost-Berlin, Adlershof, dem Sitz des damaligen Rundfunk- und Fernsehtechnischen Zentralamtes der ehemaligen ostdeutschen Post. Ein sehr kompetenter »neuer Kollege« begleitete uns auf der Suche nach geeigneten Standorten für die Installation der Satellitentechnik. Daneben galt es, flexible Fundamente zu bauen, Stromanschlüsse zu erstellen und Verbindungen zu den nächstgelegenen Übertragungsstellen zu schaffen. Die mittels des Satelliten-Systems gewonnenen Übertragungswege wurden dann mit dem vorhandenen ostdeutschen Fernmeldenetz verbunden.
An dieser Stelle nochmals herzlichen Dank an »unsere Satellitenspezialisten«, die mit Flexibilität und Improvisationstalent oft rund um die Uhr gearbeitet haben, um möglichst schnell eine breite Kommunikation zwischen Ost- und Westdeutschland zu ermöglichen.

Horst Peter Kujath

Lösungen zur Erweiterung der Kanäle der Funkfeststationen gefunden; besonders betraf dies die Station Schäferberg zur Versorgung des Raumes Potsdam. All diese Maßnahmen blieben aber in Anbetracht der hohen Nachfrage letztlich Stückwerk.

Kurzfristige Nutzung des Datendienstes Btx

Drängenden Bedarf gab es auch für die Einführung umfassenderer Datenkommunikationsdienste. Wichtigen Kunden wurde deshalb in begrenztem Umfang die Möglichkeit geboten, Teilnehmer am West-Berliner Datex-P-Netz zu werden oder Standleitungen sowie das handvermittelte Datennetz zu nutzen. Außerdem wurden kurzfristig zwei Datenkommunikationsdienste über Satellit, der DAVID-Dienst (Direkter Anschluss zur Verteilung von Daten mit einer Übertragungsgeschwindigkeit bis 64 kbit/s) und der DASAT-Dienst (Datenübertragung über Satellit mit einer Übertragungsgeschwindigkeit von 64 bis 1.920 kbit/s) bereitgestellt. Im Dezember 1990 waren 84 DAVID-Stationen aufgebaut, die Standorte großer Unternehmen miteinander verbanden.

Daneben wurden im Rahmen eines Btx-Pilotprojektes ab Mai 1990 die technischen Möglichkeiten für einen Ausbau des Btx-Dienstes im Beitrittsgebiet geprüft und in diesem Zusammenhang auch Akzeptanzuntersuchungen bei der Bevölkerung angestellt. Da eine komplett neue Rechnergeneration (IBM IC) für das Jahr 1992 geplant war, wurden in den neuen Bundesländern keine Btx-Vermittlungsstellen der alten Generation (IBM S/1) aufgebaut. Die Versorgung sollte mittelfristig aus Btx-Vermittlungsstellen der Bundesrepublik Deutschland erfolgen, und in den neuen Bundesländern sollte lediglich eine ausreichende Anzahl von Einwahlknoten für die flächendeckende Versorgung geschaffen werden. Bereits am 8. Mai und am 28. Juni

Btx-Frühstart der DDR-Fluggesellschaft Interflug

Bereits 1987 hatten die Fernmeldeverwaltungen beider deutscher Staaten erstmals einen möglichen Auftritt der DDR-Fluggesellschaft Interflug als Anbieter im Bildschirmtextsystem (Btx) der Deutschen Bundespost diskutiert. Im Oktober 1988 sollte Interflug online gehen, jedoch verzögerten hoheits- und postrechtliche Differenzen in Berlin und Bonn die Inbetriebnahme. Im Februar 1989 konnte eine Einigung erzielt werden, und im Juni desselben Jahres öffnete die Interflug, die offiziell durch die Berliner Btx-Agentur WGH (Werbegemeinschaft für Handel) vertreten wurde, ihr 300 Seiten umfassendes Anbieterprogramm.
Nach all der bürokratischen Geduld erwies sich das gestaltete Programm als seinen westlichen Mitbewerbern in einigen Punkten voraus. Preise der Angebote konnten abgerufen werden; dies war ein Novum in der Luftlinienbranche. Kunden der Interflug erwarben mit dem bestätigten Reisebuchungsausdruck eine Hilfe zum leichten Grenzübertritt, um den DDR-Flughafen Schönefeld zu erreichen.

Wolfgang Blaschke

Mehr zum Btx-Pilotprojekt:

1990 gingen zwei Datenverbindungen in Betrieb. Die Leitungen fanden einerseits ihre Btx-Abstützung in der Btx-Vermittlungsstelle in West-Berlin in der Schöneberger Straße auf den in Betrieb befindlichen Rechnerkonfigurationen und andererseits in Ost-Berlin im Fernamt in der Dottistraße. Sie gehörten zunächst zur Testumgebung des Pilotprojektes, später nahmen sie den Btx-Verkehr des Einwahlknotens unter der Rufnummer 0150 in Berlin-Ost auf.

Maßnahmen für den Ton- und Fernsehrundfunk

DFS Kopernikus: das Deutsche Fernmeldesatelliten-System.

Von der Erkenntnis ausgehend, dass mit der wiedererfolgten Bildung der fünf Länder im Osten Deutschlands die Medienlandschaft grundlegend umgestaltet werden musste, wurden auch die Arbeiten zur Versorgung mit Ton- und Fernsehrundfunk in Angriff genommen. Hier waren die Ziele darauf ausgerichtet, trotz noch ausstehender medienpolitischer Entscheidungen ein zukunftssicheres, möglichst vielen Anforderungen entsprechendes System zu schaffen. Eine der dringendsten Aufgaben bestand in der Errichtung einer Senderkette zur Gewährleistung des Empfangs des ZDF in den Gebieten, die dieses Programm bisher nicht oder nur sehr schlecht empfangen konnten. Dazu wurden bis Dezember des Jahres 1990 vier Sendestationen aufgebaut, drei weitere folgten im Jahr 1991. Weiterhin wurden die technischen Voraussetzungen geschaffen, alle Fernsehsender im Jahr 1990 von der Fernsehnorm SECAM auf PAL umzustellen. Auch ging die Deutsche Bundespost Telekom bereits zu diesem Zeitpunkt daran, Breitbandverteilnetze zu etablieren.

Wie wir »Telekom 2000« entworfen haben

Als wir mit dem Programm »Telekom 2000« kamen, haben wir Minister Schwarz-Schilling überzeugt, dass wir das schaffen. Insbesondere hat er uns abgenommen, dass die anderen sich die Rosinen rauspicken wollten – also die großen Städte, wo die Investitionssumme pro Kunde geringer war. Die Risiken des ländlichen Bereichs wären bei uns verblieben. Ich glaube, das hat ihn überzeugt, dass man das auch regulatorisch nicht mit der Telekom machen kann. Dafür haben wir gekämpft. Termine wie der 1. Juli haben dann dazu gedient, die Überzeugung Realität werden zu lassen. Natürlich gab es in den ersten Monaten viel Aktionismus und Improvisation, Satellitentelefone, einzelne Vermittlungscontainer, C-Netz etc. Das hat zwar nicht viel gebracht, aber zumindest alle paar Wochen Zeilen für die Presse.
An dieser Stelle darf ich mal verraten, wie wir »Telekom 2000« entworfen haben. Wir hatten ein Gespräch mit der Führungsmannschaft der Deutschen Post der DDR im Maritim in Bonn. Wir haben immer von »Telekom 2000« gesprochen, aber keiner konnte eine Zahl nennen. Dann habe ich zusammen mit Dr. Uhlig eine Auszeit erbeten, bin mit ihm zusammen in die Lobby, wir haben ein DIN-A4-Blatt genommen, und ich habe exakt gefragt: Was kostet ein Hauptanschluss, was ein Mobilfunkanschluss, und dann machen wir noch einen Zuschlag von zehn Prozent für Daten. Und dann haben wir diese zehn Jahre und 60 Mrd. hochgerechnet.
Taktisch haben wir es nicht an die untere Grenze gelegt. Denn wenn wir das überschreiten, dann gibt es Kritik, auch wenn wir gut gearbeitet haben. Den Zeitrahmen haben wir auch als ehrgeizig empfunden. Aber die Zahl haben wir so definiert, dass wir hinterher erfolgreich zu einem Abschluss kamen. Für die Öffentlichkeit wollten wir immer stabile Zahlen haben.
Gerd Tenzer

Werner Baudis
Peter Eisenach
Wolf Kahle

Startschuss – »Telekom 2000«

Mehr zum Projekt »Telekom 2000«:

Schon die ersten Monate der gemeinsamen Arbeit in der paritätisch besetzten Regierungskommission machten deutlich, dass die in der DDR über Jahrzehnte entstandene Telekommunikationsmisere durch Sofortmaßnahmen und beispiellose Einsatzbereitschaft zwar gelindert, aber nicht grundlegend beseitigt werden konnte. Nötig war eine langfristige Strategie zur grundlegenden Erneuerung der gesamten Telekommunikationsinfrastruktur Ostdeutschlands. Ergebnis war ein machbares und finanzierbares, mittelfristiges komplexes Programm, mit dessen Realisierung ein mit den Ländern der alten Bundesrepublik vergleichbarer Telekommunikationsstandard erreicht werden sollte. Dies war mit dem ehrgeizigen Ziel verbunden, eines der modernsten Telekommunikationsnetze der Welt aufzubauen.

Experten aus Ost und West setzten in wochenlanger intensiver Arbeit den vom Unternehmensausschuss erteilten Auftrag um. Bedarfe der Wirtschaft und Bedürfnisse der Bevölkerung wurden analysiert, daraus resultierende Anforderungen an die Netze und die in den einzelnen Netzebenen erforderlichen technischen Anlagen bestimmt. Zunächst wurde von einer im Wesentlichen gleichbleibenden Siedlungs- und sozioökonomischen Struktur in Ostdeutschland ausgegangen. Als Letztes wurden die erforderlichen finanziellen Mittel

Alte Unternehmensnetze waren meist unbrauchbar
Es konnte auch passieren, dass neu angesiedelte Firmen alte Fabrikgebäude übernahmen und glaubten, damit auch die vorhandenen Telefonanschlüsse nutzen zu können. Das waren aber zum Teil »Stasi-Netze«, die auf keinem Plan zu finden waren, zudem gab es oft rechtlichen Klärungsbedarf.
Klaus Wirsing

Bald ist es so weit. Kurzfristige Einrichtung von öffentlichen Telefonstellen.

Das Programm »Aufbau Ost« – »Telekom 2000«

»Die Dimension des Anspruchs des Programms dokumentiert besonders anschaulich ein Vergleich des Zieles der Neueinrichtung von rund sechs Mio. Telefonanschlüssen in sieben Jahren mit dem bis dato praktizierten Aufbaurhythmus in den ostdeutschen Ländern: Dort waren in den zehn Jahren vor der Wende insgesamt lediglich rd. 500.000 Neuanschlüsse bereitgestellt worden. Hinzu kam, dass aufgrund des Zustandes der vorgefundenen Infrastruktur auch der Bestand total erneuert werden musste, ein Umstand, der durch fehlende technische Kompatibilitäten noch zusätzlich erschwert wurde. [...] Die Zeitspanne von 1990 bis 1997 wurde nach sorgfältiger Prüfung als unbedingt notwendig ermittelt, um die Ziele des Programms unter sozial und ökonomisch vertretbarer Ausschöpfung aller internen und externen personellen und materiellen Ressourcen zu erreichen. [...] Es war eine nachhaltige organisatorische und fachliche Neuorientierung des Personals erforderlich. Die Arbeitsbedingungen in den Ämtern und Dienststellen entsprachen bei weitem nicht einem zeitgemäßen Standard.«[91]

Wilhelm Pällmann (†)

hochgerechnet. Das umfangreiche Konzept nahm im Ergebnis zahlreicher Abstimmungen Anfang Juni 1990 seine endgültige Gestalt an und wurde noch im gleichen Monat vom Unternehmensausschuss verabschiedet. Es erhielt den Namen »Telekom 2000«.

Als quantitative Zielstellungen wurden die nachstehenden Zielvorgaben gesetzt: 5,7 Mio. Telefonanschlüsse, 70.000 öffentliche Telefonstellen, 90.000 Datenanschlüsse, 96.000 Btx-Anschlüsse/Datex und 500.000 Mobilfunkanschlüsse.

Die Umsetzung dieses Programms – für das zu diesem Zeitpunkt ein Finanzierungsbedarf von ca. 60 Mrd. D-Mark errechnet worden war – wurde sofort eingeleitet. Damit begann eine Aufholjagd, die in diesem Umfang – auch heute noch – in der Welt ohne Beispiel ist. Im Bewusstsein der besonderen Bedeutung der Telekommunikationsversorgung für die wirtschaftliche Entwicklung wurde ein enormer Zeitdruck in Kauf genommen. Das führte dazu, dass »Telekom 2000« auch als »Crash-Programm« oder »Super-Crash-Programm« bezeichnet wurde. »Telekom 2000« war das erste komplexe Aufbauprogramm für die nach der Wiedervereinigung als neue Bundesländer bezeichneten Regionen Ostdeutschlands. Derartige Initiativen waren zu jener Zeit keineswegs selbstverständlich, was *Die Zeit* zu der Feststellung veranlasste, dass »außer der vielgescholtenen Telekom, die bis 1997 [...] das Telephonnetz auf den neuesten Stand bringen will, [...] noch keine öffentliche Institution ein Konzept für den Aufbau einer modernen Infrastruktur in den Ost-Ländern vorgelegt [hat].«[92]

Das Programm war in sich sehr komplex angelegt und beinhaltete sowohl Sofortmaßnahmen als auch längerfristig angelegte Aufgaben. Ein Ziel war, bis Ende 1991 mehr als 31.000 Leitungen zwischen Ost und West bereitzustellen, um die immer noch bestehenden unerträglichen Verhältnisse im Fernmeldeverkehr endgültig zu beseitigen; das digitale Fernnetz sollte in drei inhaltlich und zeitlich definierten Etappen fertiggestellt werden; der Aufbau einer komplexen Mobilfunkinfrastruktur für das C-Netz, den Cityruf und Chekker einschließlich der Entwicklung der Dienste sowie die Vorbereitungen für D1 wurde geplant. Im zweiten Jahr intensiver Arbeit mit dem Programm »Telekom 2000« machten die inzwischen erfolgten politischen Veränderungen und die neuen Erkenntnisse über die Entwicklung im Beitrittsgebiet eine Aktualisierung erforderlich, in die auch die bis dahin gewonnenen Erfahrungen bei der Realisierung des Programms einflossen. Es ging nicht mehr nur um ein Entwicklungsprogramm in einer erneuerten DDR, sondern auch um die Einbeziehung aller Aufgaben, die sich aus dem Zusammenwachsen Deutschlands nach der Wiederherstellung seiner staatlichen Einheit ergaben.

Die für die Normalisierung des Ost-West-Verkehrs entscheidende erste Etappe, der Aufbau eines digitalen Fernnetzes, war bereits Mitte des Jahres 1991 erreicht worden. An der Einführung einheitlicher

»Kurze Dienstwege« für die Einrichtung neuer Telefonanschlüsse
Am zweiten Tag meines Einsatzes im Partneramt Chemnitz sollte ich mich zu einem anderen Kollegen setzen. Es handelte sich um den sogenannten Nummern-Ingenieur – eine mir bis dato völlig unbekannte Funktion. Dieser Nummern-Ingenieur hatte – so erzählte er mir – zu DDR-Zeiten die Aufgabe gehabt, die dem Amt zugeteilten Rufnummern-Kontingente zu verwalten. Das waren allerdings viel zu wenige Rufnummern in Anbetracht der Massen an unerledigten Anmeldungen.
Erst nach intensiver Prüfung aller vorgegebenen Parameter konnte der Auftrag zur Installation des Anschlusses erteilt werden. Aber so ganz rückte er mit der Sprache dann doch nicht heraus, und mir wurden die Hintergründe sehr schnell klar.
Doch er informierte mich über eine weitere Schwierigkeit: Da nicht nur die Ressourcen an Telefonnummern, sondern auch die Leitungen knapp bemessen waren, wurde jeweils eine Anschlussleitung für mehrere Nutzer zur Verfügung gestellt: Es konnten jeweils zwei Teilnehmer zu einem bestimmten Zeitfenster den Anschluss teilen – ähnlich unserer Zweieranschlüsse im Westen. Nur dass die Nutzung der Leitung zusätzlich in drei Zeitfenster je Tag unterteilt war: Zwei Teilnehmer konnten die Leitung von sechs bis zwölf Uhr, zwei von zwölf bis 18 Uhr und zwei weitere von 18 bis sechs Uhr am nächsten Morgen nutzen.
Das war Ressourcenmanagement erster Klasse. Ich fand diese Lösung unter den geschilderten Umständen genial und sagte das auch voller Begeisterung meinem »Betreuer« Winfried. Wir schauten uns an – mein Ost-Kollege und ich, die »Wessi-Tante« –, und ich entdeckte eine Spur von Traurigkeit in den Augen meines neuen Kollegen. Ich legte meine Hand vorsichtig auf seinen Arm und nickte nur verständnisvoll. Das war der Beginn einer wunderbaren Freundschaft zwischen Ost und West, die noch viel Jahre andauern sollte.
Wir überlegten nun gemeinsam, wie wir – ohne den ganzen Papierkram in den Schränken zu berücksichtigen – effektiv und strukturiert Telefonanschlüsse einrichten könnten. Denn eines war sicher: Jeder, der noch keinen Telefonanschluss hatte, wollte einen haben. Mein Nummern-Ingenieur informierte mich, in welcher Straße in Chemnitz der Netzausbau beendet war. Ich entwickelte eine Postwurfsendung, die wir nach Feierabend in alle Briefkästen dieser Ausbaustraße einwarfen. Inhalt: Ein offizieller, leerer Antrag für einen Fernsprechanschluss, ein Prospekt mit den wenigen Telefon-Modellen (rot oder grün, Tisch oder Wand, Typ 611), zwischen denen man sich damals entscheiden konnte, sowie Anrufbeantworter oder Faxgerät. Außerdem wurde dem Brief noch ein adressierter Rückumschlag beigefügt. Das war's!
Die Erfolgsstory begann: Wir erhielten gleich am nächsten Tag von den Anwohnern dieser Straße die ersten offiziellen Anträge für die Einrichtung eines Fernsprechanschlusses inklusive Bestellung eines Telefonapparates der gewünschten Farbe. Für jeden eingegangenen Antrag teilte mir Winfried, mein Nummern-Ingenieur, eine Telefonnummer zu, und ich erstellte den offiziellen Bauauftrag. Alle Aufträge des Tages nahm ich abends mit in mein Hotel nach Augustusburg und übergab sie dort meinem Zimmernachbarn Jürgen aus Bayreuth, der die Anschlüsse am nächsten Tag dann gleich installierte. Manchmal ist das Leben so einfach!
Anita Bartsch

Ortsnetzkennzahlen – als Voraussetzung zur Wiederherstellung eines einheitlichen deutschen Fernmeldenetzes – wurde gearbeitet.

Die Vereinigung der beiden Berliner Ortsnetze stand unmittelbar bevor. Die Versorgung mit Telefonanschlüssen war sogar noch stärker forciert worden, als im Programm für den Zeitraum 1991/92 vorgesehen war. Dies entsprach auch der Nachfrageentwicklung, die sowohl im kommerziellen als auch im privaten Bereich schneller stieg als angenommen. Während auch der Telefax-Dienst sich explosionsartig erweiterte, blieb der Telex-Dienst weit hinter den Planungen zurück.

Die sich in den neuen Bundesländern abspielenden Entwicklungen waren in Mitteleuropa beispiellos. Die vorhandenen Datengrundlagen waren vielfach veraltet oder unzuverlässig. Verlässliche Datensätze waren erst im Aufbau. Landes- und Kreisentwicklungspläne

Große Aufregung um neue, alte Ortsnetzkennzahlen

Spannend verlief auch die Umstellung auf die bundeseinheitlichen Vorwahlnummern im Sommer 1992. Die Vorbereitungen waren gekennzeichnet von der Erarbeitung einer Software, die neben der Umstellung auf die neuen Vorwahlkennziffern gleichzeitig die Aufhebung von drei Knotenvermittlungsstellen vorsah. Kurz nach Beginn des Softwarewechsels signalisierte ein Steuerprogramm einen gravierenden Fehler. Die Aktion geriet plötzlich unter Zeitdruck und drohte zu scheitern. Vier Stunden waren für das Einspielen der Daten vorgesehen. Nach einer fieberhaften Suche stellte sich heraus, dass die alten Cottbusser Vorwahlnummern mit denen im Nürnberger Raum identisch waren. Ein Hilfsprogramm und die Umbenennung einiger Programmdateien konnten die Umstellung dann letztlich zum Erfolg führen. Problemlos und mit großer Freude wurden die neuen Kennziffern anschließend erfolgreich getestet. Die telefonische Wiedervereinigung war vollzogen.

Günter Rehs

sowie Raumordnungs- und Bauleitpläne lagen noch nicht oder überwiegend erst in Entwürfen vor. Seriöse Fachleute räumten damals ein, dass die Entwicklung in vielen Bereichen erst in den kommenden drei bis fünf Jahren klare Konturen annehmen werde. Die Weichenstellungen der Deutschen Bundespost Telekom mussten aber sofort erfolgen. So wurde für Telekom die Beschäftigung mit komplexen Themen, wie Bevölkerungsrückgang, regionale Verschiebungen der Bevölkerungsverteilung oder generelle Veränderungen der Wirtschafts- und Beschäftigtenstruktur, ihre Auswirkungen auf die Kaufkraftentwicklung und damit auf die Inanspruchnahme von Telekommunikationsleistungen, erforderlich, um vertretbare Ansatzpunkte für eine möglichst reale Anpassung ihres Programms zu ermitteln. Diese komplexe Aufgabenstellung konnte nur in enger Zusammenarbeit mit den Landesregierungen, insbesondere den Wirtschaftsministerien und den Industrie- und Handelskammern der neuen Bundesländer, bewältigt werden.

1992 wurde das Programm »Telekom 2000« aktualisiert und berücksichtigte die Abwanderung von mehr als einer Mio. Menschen aus den neuen in die alten Bundesländer, die regional zu erwartenden weiteren Bevölkerungsrückgänge und -verschiebungen sowie Veränderungen in der Anzahl und Struktur der Beschäftigten und den sich daraus ergebenden Einfluss auf das verfügbare Haushaltseinkommen. Nachdem die Hauptstadtfrage geklärt war, wurden auch die daraus folgenden Wirkungen im Großraum Berlin in das Programm »Telekom 2000« aufgenommen. Der geschätzte Kostenumfang wurde um insgesamt fünf Mrd. D-Mark erhöht.

Das in seiner Dimension beispiellose Aufbauprogramm erforderte eine Reihe strategischer Entscheidungen, um die materiellen, finanziellen und personellen Ressourcen sinnvoll einzusetzen und um zweckmäßige Etappen festzulegen. Eine Grundsatzentscheidung wurde mit dem Beschluss zum kompletten Neuaufbau des Versorgungsnetzes getroffen, um von vornherein eine stabile und zukunftsfähige Infrastrukturbasis zu erhalten; die Telekommunikation sollte komplett digitalisiert werden »von oben nach unten«, beginnend mit einem digitalen Fernnetz (Overlay-Netz). Dies war wichtig, um beim Kunden nicht Angebote zu platzieren, die aufgrund noch fehlender Voraussetzungen in den übergeordneten Netzkomponenten nicht genutzt werden konnten. Ferner wurde ein schrittweiser systematischer Ausbau der Ortsnetze beschlossen, beginnend mit der Erschließung der wichtigsten Wirtschaftszentren und Regionen mit hoher Bevölkerungsdichte, um die Wirkung der Telekommunikation als Motor des Aufschwungs optimal zu nutzen. Höchste Priorität hatte dabei immer die Versorgung von Geschäftskunden, um die Handlungsfähigkeit der Wirtschaft schnellstmöglich sicherzustellen. Wie bereits ausgeführt, waren etliche Sofortmaßnahmen geplant: Mobilfunkdienste sollten zügig aufgebaut werden, ebenfalls ein dichtes Standortnetz öffentlicher Telefone, um die gravierendsten Engpässe bei der Basisversorgung auszugleichen. Die ostdeutschen Länder sollten in der Rundfunk- und Fernsehversorgung den westdeutschen Ländern gleichgestellt werden. Schließlich galt es, Berlin zu einer Telekommunikations-Metropole mit einem international konkurrenzfähigen Versorgungsstandard zu entwickeln, um die adäquate Entfaltung der Funktionen als Bundeshauptstadt und Wirtschaftszentrum sicherzustellen.

Um das Ausbautempo zu beschleunigen, ohne den Personalstand aufstocken zu müssen, mussten Generalunternehmen einbezogen werden. Das von der Regierungskommission mithilfe der Analyseergebnisse aktualisierte Programm fand die Zustimmung des Vorstands der Deutschen Bundespost Telekom. Es blieb Leitlinie für die Telekommunikationsentwicklung in den neuen Bundesländern und in Berlin bis zum Abschluss des »Aufbau Ost« zum Ende des Jahres 1997.

Neue Vorwahlen in die neuen Bundesländer.

Sprung ins 21. Jahrhundert – Ein digitales Overlay-Netz entsteht

Die Planungsexperten der Deutschen Bundespost Telekom und der Deutschen Post der DDR entwickelten im gemeinsamen Unternehmensausschuss im Laufe des Jahres 1990 ein Konzept für ein gesamtdeutsches Telefonnetz. Natürlich berücksichtigte es die Vorgaben des Programms »Telekom 2000«. Die Telekommunikations-Verhältnisse der neuen Bundesländer sollten an das Niveau der alten Bundesländer angeglichen werden. Mit ihm wurde auch die künftige Netzstruktur in den neuen Bundesländern festgelegt. Für den Weitblick der Planungen sprach, dass diese schon damals ein auf das Gesamtgebiet Deutschland ausgerichtetes Konzept für die Einführung neuer Ortsnetzkennzahlen berücksichtigten. Im Ergebnis eingehender Analysen wurde als Ausbaustrategie die Errichtung eines digitalen Fernnetzes konzipiert. Das Problem bestand nur darin, dass die analogen Verbindungen zwischen Orts-, Knoten- und Hauptvermittlungsstellen den Verkehr führten und nur langfristig durch ein neues Fernnetz ersetzt werden konnten. Das hieß, es musste eine Lösung gefunden werden, die über einige Jahre den parallelen und miteinander verbundenen Betrieb eines analogen mit einem digitalen Fernnetz ermöglichte. Digitales Overlay-Netz hieß die Lösung. Overlay-Netz deshalb, weil das neu entstehende digitale Fernnetz das vorhandene analoge Netz überlagerte und durch Übergänge vom analogen in das digitale Netz und umgekehrt den Verkehrsfluss so lange sicherte, bis das analoge Netz schrittweise durch das digitale vollständig ersetzt wurde.

Der Aufbau des Overlay-Netzes begann im Juli 1990 und bezog vorhandene Netzteile so weit wie möglich ein. Das betraf die bereits 1987 zur Versorgung West-Berlins fertiggestellten Glasfaserverbindungen, Koaxialkabellinien des Fernnetzes dieser Oberpostdirektion sowie ausgewählte Abschnitte aus damals aufgelösten Sondernetzen. Das Fernnetz wurde neu strukturiert, indem die Anzahl der Hauptvermittlungsstellen von 15 auf acht und die der Knotenvermittlungsstellen von 164 auf 142 reduziert wurde. Nach Abschluss der für den Baubeginn entscheidenden Vorarbeiten begannen die ersten Baumaßnahmen. Es waren maximal drei Jahre für die Durchführung vorgesehen. Von entscheidender Bedeutung war jedoch der erste Bauabschnitt, da mit seiner Fertigstellung die Überwindung des Telekommunikationsnotstandes im Verkehr zwischen Ost und West sowie in der umgekehrten Richtung erwartet wurde. Für das digitale Overlay-Netz mussten neue Glasfaserkabeltrassen errichtet, Richtfunkverbindungen neu aufgebaut bzw. erweitert und – wo möglich – analoge Trägerfrequenzlinien auf digitale Technik umgerüstet werden.

Auf ca. 1.250 km Trasse wurden neue Glasfaserkabel mit insgesamt 40.000 Faserkilometern neu verlegt und eine Fülle von für die

Betriebsfähigkeit des Netzes erforderlichen peripheren Bau- und Montagemaßnahmen durchgeführt.

Die Leitstelle für die Inbetriebnahme war in Berlin und bereits am 6. Juli 1991 wurde der erste Bauabschnitt des digitalen Overlay-Netzes eingeschaltet. An diesem Tag, der in vielen Städten der neuen Bundesländer den Charakter eines Volksfestes hatte, wurden acht digitale Hauptvermittlungsstellen und 32 teilweise oder voll digitalisierte Knotenvermittlungsstellen eingeschaltet.[93] Zum ersten Mal sparte die bis dahin immer noch sehr kritische Öffentlichkeit nicht mit Anerkennung. Über 1,17 Mrd. D-Mark waren in Glasfasertrassen, Richtfunkanlagen und Übertragungstechnik investiert worden.

Im darauffolgenden Jahr konnten weitere bedeutende Trassen des überregionalen Fernnetzes errichtet und in Betrieb genommen werden. Das überregionale digitale Fernnetz wurde 1993 komplettiert, indem digitale Netzübergänge zu den Nachbarländern Dänemark, Schweden, Polen und Tschechien geschaffen sowie noch vorhandene Lücken geschlossen wurden. Es bot sich an, bestehende analoge grenzüberschreitende Koaxialkabel Schritt für Schritt durch wenige, aber über erheblich höhere Kapazitäten verfügende digitale Übertragungswege zu substituieren. So wurde zwischen Polen, der Tschechischen Republik und der Bundesrepublik Deutschland jeweils ein modernes Glasfaserkabel verlegt und in Betrieb genommen.

Fernnetz – Eine Tür zur Welt

Samstag, der 6. Juli 1991 in Neubrandenburg, ein heller, warmer Sommertag. In den größeren Städten der neuen Bundesländer wird anlässlich der Fertigstellung des Overlay-Netzes der »Telekom-Tag« gefeiert, mit freiem Telefonieren, auch ins Ausland. Das neue digitale Netz überlagerte die vorhandenen analogen Strukturen und vermaschte mit Tausenden von Leitungen acht soeben aufgebaute Hauptvermittlungsstellen untereinander und mit den korrespondierenden westlichen Schaltzentren. »Wie wenn man einen Vorhang hochzieht. Plötzlich kann man mit der ganzen Welt telefonieren«, sagt ein Mann begeistert, nachdem er mit seiner Mutter im Schwarzwald gesprochen hat. Eine junge Frau mit Tränen in den Augen hat gerade ihre Schwester in Philadelphia aus dem Bett geklingelt. Vor den improvisierten Telefoninseln der Telekom bilden sich Schlangen.
Nach nur neun Monaten war ein leistungsfähiges Fernnetz in Betrieb gegangen, das schlagartig die Qualität des Telefondienstes normalisierte. Glasfaserstrecken und digitale Richtfunkverbindungen verknüpften nun Fernvermittlungsstellen, die oft noch provisorisch untergebracht werden mussten. Vorausgegangen war eine sorgfältige Leitungs- und Linienplanung einschließlich der Festlegung technischer Medien und Standorte als Basis für eine Fülle von Bauvorhaben. Schließlich – unter extremem Zeitdruck: Inbetriebnahmen und massenhafte Schaltungsarbeiten. Ein kurzes Aufatmen, keine Pause. Auf der Tagesordnung standen schon die nächste Stufe des Overlay-Netzes und der Einstieg in die moderne synchrone Übertragungstechnik.
Franz Hiergeist

Herkulesaufgabe Ortsnetze

Ein grau-gelber Morgen im Winter 1990/91. Die mühsame Fahrt vom Flughafen ins Dresdner Stadtzentrum in einem Strom von Trabbis, der Geruch der Braunkohleheizungen. Ich war unterwegs zu einer der vielen Projektbesprechungen über den Ausbau der Ortsnetze. Einige Monate nach der Wiedervereinigung wurden die wartenden Kunden immer ungeduldiger. Tausende Kabelkilometer waren zu verlegen, endlose Gehsteige aufzureißen, Vermittlungsstellen aufzubauen. Zwar gelang es den erfinderischen Kollegen vor Ort immer wieder, Leitungen für einzelne Anschlüsse durch die überlasteten Ortskabelabschnitte zu schalten; Notmaßnahmen mit Satellitentelefonen und drahtlosen Anschlussleitungen konnten in dringlichsten Fällen helfen. Aber es führte kein Weg vorbei an einem systematischen Ausbau der Ortsnetze – eine Herkulesaufgabe für die nächsten Jahre, für die alle Kräfte mobilisiert werden mussten, einschließlich der schlüsselfertigen Vergabe ganzer Bauabschnitte an Fachunternehmen.
Das Ausbauvolumen der ersten Jahre überstieg bei Weitem alles, was in den alten Bundesländern, bei regulärem Planungsvorlauf und intakter Organisation, je bewältigt worden war. Die neu strukturierten Niederlassungen und Direktionen, deren Personaldecke trotz intensiver Unterstützung aus dem Westen hinten und vorne zu kurz war, leisteten Unglaubliches in dieser Zeit. Gleiches gilt für die damals beteiligte Industrie, die – auch vor dem Hintergrund der sich abzeichnenden Sättigungserscheinungen auf dem westdeutschen Markt – ihr volles Potenzial für diese gigantischen Bauvorhaben mobilisierte. Und das unter einem sehr kritischen Blick der Öffentlichkeit, der Politik und der Medien. Auch der Bundesrechnungshof prüfte streng, aber nicht ohne Verständnis, was hier unter radikal vereinfachten Planungs- und Vergaberegelungen realisiert wurde.
Franz Hiergeist

Nach drei Jahren intensiver Arbeit am ostdeutschen digitalen Fernnetz waren mit einem Investitionsaufwand von 3,92 Mrd. D-Mark oberhalb der Knotenvermittlungsstellen die gleichen Bedingungen wie in den alten Bundesländern geschaffen worden. Weitere Kapazitätserweiterungen konnten nun nur noch durch den Aufbau neuer übertragungstechnischer Einrichtungen erfolgen. Unterhalb der Knotenvermittlungsstellen-Ebene wurde dieser Zustand 1995 erreicht.

Datum	NBL-ABL	ABL-NBL	NBL-Bln (W)	Bln (W)-NBL	Summe
09.11.1989	111	690	95	565	1.461
31.12.1989	395	690	95	565	1.745
30.06.1990	843	890	143	575	2.451
31.12.1990	2.154	2.207	513	1.075	5.949
30.06.1991	4.457	4.073	904	1.451	10.885
30.09.1991	18.900	18.900	1.226*	2.190*	41.216
31.12.1991	19.300	17.500	1.800*	2.190*	40.790
30.06.1992	16.700	15.200	Netzvereinigung am 27.06.92		31.900
31.12.1992	16.000	18.600			34.600
30.06.1993	17.400	18.500			35.900
31.12.1993	25.000	19.700			44.700

Tabelle 2: Entwicklung der Telefonleitungen zwischen den neuen und alten Bundesländern.

* *nur zwischen Ost- und West-Berlin geschaltete Leitungen*

NBL: neue Bundesländer; ABL: alte Bundesländer; Bln (W): West-Berlin.

Millionen Anschlüsse für die Kunden – Ausbau der Ortsnetze

Die größte Herausforderung bei der Realisierung des Programms »Telekom 2000« bildete der Ausbau der Ortsnetze. Unmengen an Kabeln – de facto in jeder Stadt, in jedem Ort oder ländlichen Siedlungsgebiet, in jeder Straße – waren neu zu verlegen und Tausende von vermittlungs- und übertragungstechnischen Anlagen zu errichten. Innerhalb der Ortsnetze gab es nahezu keine Reserven an freien Anschlussleitungen. In den städtischen Netzen waren die Kabelanlagen, -schächte und -kanalanlagen zu einem überwiegenden Teil in schlechtem, der Rest in sanierungsbedürftigem Zustand. Nur eine durchgängige Erweiterung konnte den Mangel an verfügbaren Leitungen dauerhaft beheben. Vor allem in den ländlichen Bereichen, aber nicht nur dort, waren insgesamt mehr als 37.000 Linienkilometer Freileitungslinien in Betrieb. In den vorhandenen Ortsvermittlungsstellen bestanden insgesamt 2.078.176 Anschlussmöglichkeiten. Die technischen Einrichtungen der Vermittlungsstellen waren ausschließlich analog und hatten zum Teil eine 40 bis 50jährige Betriebsdauer hinter sich. Sie bildeten die vermittlungstechnische Grundlage für die bestehenden 1.826.190 Telefonhauptanschlüsse; das entsprach einem durchschnittlichen Beschaltungsgrad der Vermittlungsstellen von 92,4 Prozent. Viele Vermittlungsstellen waren voll beschaltet; hier ging überhaupt nichts mehr. Über 60 Prozent der Hauptanschlüsse waren als Zweieranschlüsse ausgeführt. Als Wohnungsanschlüsse bestanden 1.119.180 Telefonanschlüsse (61,3 Prozent der Gesamtzahl der Anschlüsse).

Vor diesem Hintergrund war die entscheidende Aufgabe zum Ausbau der Ortsnetze schnell, klar und eindeutig formuliert. Sie konnte nur lauten: Jede Stadt, jeder Stadtteil, jede Gemeinde musste kabelseitig und vermittlungstechnisch einzeln angepackt werden, d.h. überall mussten neue Kabel verlegt werden. Das galt auch für die Gebiete, die als versorgt galten, da Qualität und Kapazität der vorhandenen Linientechnik in keiner Weise mehr den künftigen Anforderungen entsprachen. Was das materiell, personell und finanziell sowie hinsichtlich des Zeitaufwandes bedeutete, ist für den Außenstehenden nur sehr schwer vorstellbar. Das größte Problem spielte dabei der Gleichzeitigkeitsfaktor, denn niemand kann überall und zur gleichen Zeit bauen. In den Jahren 1990/91 konzentrierte sich der Ortsnetzausbau daher zunächst auf die Ballungszentren und Wirtschaftsräume, ab 1992 erfolgte auch zunehmend der Ausbau in der Fläche.

Umfang und Tempo der Ausbaumaßnahmen wurden in den Jahren 1991 bis 1993 sprunghaft erhöht. Dadurch erreichte der digitale Anteil in den Ortsvermittlungsstellen Ende 1994 schon 6,5 Mio. Beschaltungseinheiten. Die Digitalisierung wurde in den Folgejahren

Kabelarbeiten in Suhl, Herbst 1992.

Bau einer Kabelkanalanlage in Arnstadt auf engstem Raum – der Geschäftsbetrieb ging weiter und die Kinder schauten interessiert zu.

Eine Mio. neuer Anschlüsse pro Jahr

Dr. Pällmann gab den Direktionen und damit den Präsidenten große Freiheiten bei der Aufgabenerledigung. Keinen Spaß verstand er allerdings bei der Erfüllung der vorgegebenen Ziele. Es ging im Wesentlichen um die jährliche Neuinstallation von einer Mio. Telefonanschlüssen. Hierzu fragte die Stabsstelle so etwa Anfang Dezember die Präsidenten nach der Zielerreichung. Als Ergebnis der Meldungen der Arbeitsebene der Direktionen wurde die Zahl eine Mio. neue Anschlüsse nicht erreicht. Pällmann war natürlich nicht zufrieden. Er veranlasste uns, eine neue Abfrage zu starten mit der Aufforderung, die Präsidenten sollten die Antwortschreiben persönlich unterschreiben. Ergebnis: Die Zielzahl wurde erreicht. Herrn Pällmanns Kommentar gegenüber den Mitarbeitern der Stabsstelle: »Seht Ihr, so macht man das!«

Hermann Josef Becker

forciert weitergeführt. Im Dezember 1996 waren alle Anschlussbereiche des Ortsnetzes der Hauptstadt Berlin digital; im März 1997 folgte als erstes neues Bundesland Mecklenburg-Vorpommern. Dann ging es Schlag auf Schlag, und im November wurden im Freistaat Sachsen die letzten 1.190 analogen Beschaltungseinheiten durch digitale ersetzt. Damit waren alle Ortsnetze im Osten Deutschlands – zwei Monate vor dem Abschluss der Digitalisierung in der gesamten Bundesrepublik – digital.

Auch die Anzahl und Konfiguration der Ortsnetze hatten sich gewandelt. Die von der analogen Technik bekannte Begrenzung der Entfernung zwischen Vermittlungsstelle und Kundenanschluss war quasi aufgehoben und erlaubte eine Konzentration der Anschlüsse über größere Entfernungen. Davon ausgehend ist die Zahl der Ortsvermittlungsstellen von 2.673 auf 1.804 zurückgegangen, was mit entsprechenden Rationalisierungseffekten verbunden war. Mit dem flächendeckend auf der Basis digitaler Technik arbeitenden Netz realisierte die Deutsche Telekom in Deutschland eine der leistungsstärksten Telekommunikationsinfrastrukturen auf dem Globus. Die volle Digitalisierung des Netzes führte zu Einsparungen, die in Form sinkender Preise an die Kunden weitergegeben wurden. Die digitale Technik gewährleistete auch eine beträchtliche Steigerung der Leistungsfähigkeit des Netzes.

Jahr	Beschaltungseinheiten gesamt	Beschaltungseinheiten digital
1990	2.144.000	15.000
1992	4.351.179	2.271.000
1994	8.227.500	6.524.000
1996	11.784.650	11.612.800

Tabelle 3: Entwicklung der Beschaltungseinheiten und der digitalen Anteile.

Sondertechniken bringen Kunden ans Netz

Zwei Grundsätze prägten die Arbeit in der Anfangszeit des Aufbaus der neuen Telekommunikationsinfrastruktur: Erstens musste dafür gesorgt werden, dass diejenigen, die einen Telefonanschluss hatten, damit auch telefonieren konnten, und zweitens musste den Geschäftskunden Priorität eingeräumt werden, um die Wirtschaft wieder in Gang zu bringen. So richtig diese Orientierung im Prinzip war, so problematisch war sie auch, wie sich bei vielen individuell zu behandelnden Härtefällen, insbesondere bei behinderten und auf Pflege und Unterstützung angewiesenen Menschen, zeigte. Demzufolge mussten bei dringenden sozialen Gründen auch Einzelentscheidungen für die vorübergehende Zurückstellung eines Geschäftskundenanschlusses getroffen werden.

Um in noch nicht ausgebauten Gebieten dem Bedarf, vor allem an Geschäftsanschlüssen, so rasch wie möglich zu entsprechen, waren von der Telekom spezielle technische periphere Einrichtungen (Sondertechniken) beschafft bzw. ihre Entwicklung initiiert worden. Damit wurden z. B. fehlende Kabel durch Funkkanäle ersetzt bzw. unzureichende Kapazitäten im Anschlussleitungsnetz durch Mehrfachausnutzung erhöht. Das sollte sowohl mit drahtgebundenen als auch drahtlosen Sondertechniken erreicht werden. Zu den drahtgebundenen Sondertechniken gehörten PCM 4 (ein digitales Mehrkanal-Übertragungssystem, über das vier Telefonanschlüsse unabhängig voneinander über eine 2-Draht-Kupferleitung betrieben werden können), FONTAS (ein Anschlussleitungs-Multiplexer für 26 unabhängige Telefonanschlüsse über eine 4-Draht-Kupferleitung) und DCS 20 (ein digitales Mehrkanal-Übertragungssystem für 115 Telefonanschlüsse über 30 Anschlussleitungen). Bei drahtlosen Sondertechniken wurden Funkkanäle eingesetzt. Vorrangig kamen DAL-Einrichtungen (Drahtlose Anschlussleitung) und Punkt-zu-Multipunkt-Richtfunksysteme (PMP) zum Einsatz. Zwischen 1992 und 1995 konnten auf diese Weise knapp 245.000 Telefonanschlüsse geschaltet und damit die Wartezeiten deutlich verkürzt werden.

Auch Mobilfunk wurde mehrfach eingesetzt, um die Zeit bis zum Ausbau des Anschlussleitungsnetzes zu überbrücken. So wurden 1992 für Geschäftskunden 10.000 Mobilfunkanschlüsse zu Sonderkonditionen bereitgestellt. Ende des Jahres 1996 erfolgte im Zusammenhang mit dem energischen Abbau der Warteliste der Einsatz von sogenannten analogen Telefonanschlüssen Funk, als »aTF« bezeichnet. Der aTF war ein über die künftige terrestrische Vermittlungsstelle des Kunden geleiteter C-Netz-Anschluss zum Festnetztarif. Er wurde allen Kunden angeboten, bei denen abzusehen war, dass die Ausbaumaßnahmen im Anschlussbereichsnetz länger als ein halbes Jahr in Anspruch nehmen würden. Das Angebot wurde an 126.000 Kunden gerichtet; rund 57.000 nahmen es an.

»Fiber to the Home«

»Warum nutzt die Telekom nicht die Chance der offenen Kabelgräben für eine Verlegung von Glasfaser?«, wurde oft und nachdrücklich gefragt, auch vom Postminister und Regulierer: Glasfaser als zukunftsoffene Lösung für hohe Bandbreiten und Bitraten. »Fiber to the Home« war gerade Thema aller einschlägigen Fachkongresse. Mit hohem Aufwand versuchten wir in mehreren Pilotprojekten »OPAL« (u. a. in Sachsen), diese neuen Technologien für die praktische Anwendung zu erschließen. Aber technische Probleme, hohe Kosten und Terminverzögerungen warfen die vielversprechenden Ansätze zum damaligen Zeitpunkt aus dem Rennen.

Franz Hiergeist

Ausbau des Mobilfunknetzes

Im Telekommunikationsnotstandsgebiet DDR war der öffentliche Mobilfunk ein Fremdwort. Aus »Sicherheitsgründen« war er politisch nicht gewollt und unabhängig davon aufgrund der technologischen Voraussetzungen auch nicht machbar. Die für eine Entwicklung dieser Technik erforderlichen mikroelektronischen Bauelemente standen schlichtweg nicht zur Verfügung. Die wissenschaftlichen Einrichtungen der Deutschen Post und der Nachrichtenindustrie kannten zwar den Stand der Technik; einsetzen konnten sie diese jedoch nicht. Mit der Wende änderte sich dies rasant. Schon im Jahr

Peter Eisenach, Zeitzeugenbericht Mobilfunk:

Eine Mobilfunk-Notaktion

In den Anfangsjahren spielte der Mobilfunk eine sehr wichtige Rolle. Dazu ein Beispiel: Noch vor der Leipziger Frühjahrsmesse 1990 war ich in Leipzig. In unserem Hotel gab es nur ein Festnetztelefon, und wenn man damit in das Gebiet außerhalb der DDR telefonieren wollte, dauerte es stundenlang, bis man eine freie Leitung bekam. Ich sagte zu meinen Kollegen: »Wenn die Leipziger Messe kommt, müssen wir für die vielen Geschäftsleute aus Westdeutschland ein Mobilfunknetz aufbauen.« Das war der Anlass für eine Notaktion, bei der wir in großer Eile eine Mobilfunkstation mit zahlreichen Telefonen für die Leipziger Messe aufgebaut haben. Die Funkstationen wurden an das westdeutsche Telefonnetz angeschlossen. Allerdings war die Anzahl der Leitungen, die dafür auf DDR-Gebiet schnell zur Verfügung gestellt werden konnten, sehr begrenzt, und das Leitungsnetz musste rasch erweitert werden.

Hans Baur

Telefon-Oase von Alcatel SEL auf der Leipziger Frühjahrsmesse:

1990 entstanden in Berlin und Leipzig erste »Keimzellen« mit wenigen Mitarbeitern, die sowohl Technik als auch Organisationen aufbauten. In vielen Gesprächen konnten geeignete Mitarbeiter aus zum Teil abzuwickelnden Einrichtungen der Deutschen Post – wie der Studiotechnik Rundfunk, der Studiotechnik Fernsehen und der Funkdirektion beziehungsweise aus dem Rundfunktechnischen Zentralamt und den Fernmeldeämtern – für die neue Aufgabenstellung gewonnen werden. Bis zum Jahresende war die Zahl der Mitarbeiter bereits auf über 100 angestiegen.

Im Frühjahr 1990 stand die Leipziger Messe vor der Tür. Im Postministerium der »Noch-DDR« wurde darüber nachgedacht, wie die fernmeldetechnische Versorgung für die Aussteller und Messebesucher verbessert werden könne. Vorgeschlagen wurde, am Standort Leipzig-Holzhausen eine C-Netzstation für den Zeitraum der Messe zu betreiben. Die Mobilfunktechnik wurde aufgrund fehlender Gebäude erstmals in einem Container untergebracht. Nach nur fünf Wochen war es am 9. März 1990 um 15 Uhr so weit: Die Station war betriebsbereit und konnte den Ausstellern und Besuchern zur Verfügung gestellt werden. Unmittelbar nach der Inbetriebnahme tummelten sich schon die ersten Kunden im Netz. Für das Betreiben der Anlage vor Ort zeichneten Kollegen aus dem Westteil Berlins und dem Funkamt Leipzig verantwortlich. Die offizielle Eröffnung der Funkverbindung erfolgte mit einem Telefonat zwischen dem Stellvertreter des Ministers Heinz Uhlig und dem Vorstandsvorsitzenden der Deutschen Bundespost Telekom, Helmut Ricke.

In Berlin weitete man das bereits im Westteil der Stadt existierende C-Netz auf den Ostteil aus. Schon Ende 1991 waren die Bundeshauptstadt Berlin sowie die Landeshauptstädte Dresden, Erfurt, Magdeburg, Potsdam und Schwerin voll versorgt. Ebenso erreichbar waren die Ballungsräume um Leipzig/Halle, Chemnitz/Zwickau, Suhl, Frankfurt/Oder, Rostock, Neubrandenburg und Stralsund. Auch die Abdeckung der Bundesautobahnen war 1991 schon weitgehend abgeschlossen. Bereits im Jahr 1992 konnte für den Osten Deutschlands nicht ohne Stolz »Vollzug« gemeldet werden. Die nahezu völlige Flächendeckung war erreicht!

Heute ist es unvorstellbar, dass man aufgrund nicht vorhandener Übertragungswege einige Funkfeststationen des C-Netzes in den neuen Bundesländern beispielsweise per Satellit an Vermittlungseinrichtungen in den alten Bundesländern anbinden musste. Aber nicht nur die Mitarbeiter der Telekom waren ideenreich und improvisierten. Die Kunden waren es auch. Es war erstaunlich, was in dieser Zeit alles an einem einfachen Funktelefon betrieben wurde: Aus der Notsituation heraus waren ganze Nebenstellenanlagen einschließlich Faxgerät an ein Funktelefon des C-Netzes angeschlossen. Kunden in noch nicht versorgten Gebieten erzwangen ihre Anbindung an die

C-Netz-Zelle mithilfe einer hochempfindlichen Antenne über eine eigentlich viel zu große Entfernung. Bis Mitte 1991 war die fernmeldetechnische Versorgung der Bevölkerung ausschließlich eine Angelegenheit der Deutschen Bundespost Telekom. Dann änderte sich dies mit der Lizenzvergabe und der Einführung des digitalen Mobilfunks Mitte 1991. Mit Mannesmann D2 Privat kam zu diesem Zeitpunkt ein neuer, erstmals privater Anbieter auf dem Markt. Neben dem Kampf um den Kunden setzte nun auch ein Wettbewerb um Standorte, Netzversorgung, Netzqualität und Preise ein. Der zügige Ausbau des D2-Netzes in den neuen Bundesländern war für Mannesmann ein fester Bestandteil seiner Versorgungsstrategie. Häufig wurde seitens der Deutschen Bundespost Telekom und Mannesmann um zentrale Standorte, wie Kirchtürme, Rathäuser und Dachflächen, gerungen. 1993 erhielt E-Plus als ein weiterer Netzbetreiber eine Lizenz für das »Global System for Mobile Communication« (GSM) 1800-Netz. Der Netzstart wurde 1994 in Berlin und sieben weiteren Ballungsgebieten vollzogen. Damit wurde der Wettbewerb zwischen den Mobilfunkbetreibern weiter forciert und der Konkurrenzdruck für die Bereitstellung der technischen Infrastruktur für alle Netzbetreiber noch größer.

Am 31. Dezember 2000 um 24 Uhr wurde dann das C-Netz bundesweit außer Betrieb genommen. Einige Standorte wurden zurückgebaut, andere für die nachfolgende Mobilfunkgeneration D1 weiter genutzt. Nicht alle Kunden waren froh darüber, denn man hatte sich an das Verhalten eines analogen Netzes während eines Gespräches sehr gut gewöhnt. Eine Funkverbindung bei schlechter Qualität endet »schleichend« und nicht »abrupt« wie im digitalen Netz, so konnte man sich von seinem Gesprächspartner rechtzeitig verabschieden. War das C-Netz eine nationale analoge mobilfunktechnische Lösung, so wurde mit der Lizenzerteilung für das D1-Netz erstmals der Aufbau eines digitalen, ISDN-kompatiblen, europaweiten Mobilfunknetzes in Auftrag gegeben.[94] Mit der Versorgung der Autobahnverbindungen Berlin–Hannover und Berlin–Nürnberg setzte sich der Ausbau des D1-Netzes rasant fort. Bereits Ende 1991 waren im Osten Deutschlands 223 Standorte aufgebaut, 1994 war dann der Flächenausbau nahezu vollständig erreicht.

Flächendeckender Mobilfunk
Im Jahre 1992 wurden die Ballungsräume entlang der Bundesautobahnen und andere wichtige Verkehrsanbindungen erschlossen. Während im Jahre 1992 schon 40 Prozent der Fläche und ca. 60 Prozent der ostdeutschen Bevölkerung versorgt waren, waren es im Jahre 1993 80 Prozent der Fläche. Das Jahr 1994 wurde neben der selbstverständlichen Kapazitätserweiterung und Optimierung dazu genutzt, die Bevölkerung nahezu flächendeckend, nämlich zu 97 Prozent, zu versorgen. Damit wurde drei Jahre nach Ausbaubeginn der Funkbetrieb bereits über 1.025 Standorte abgewickelt. Ende 1997 standen rund 1.500 Standorte für die Versorgung im Osten zur Verfügung. Die Standortvarianten waren sehr vielseitig, für die Flächenversorgung und Autobahnen kamen vorwiegend Maststandorte zum Einsatz, in Städten und Gemeinden wurden überwiegend Dachstandorte mit kleineren Masten zum Aufbau der Sektor- oder Rundstrahlantenne verwendet. Die Anbringung einzelner Sektor-Antennen an Häuserwänden zur Ausleuchtung von Straßenzügen und engen Bebauungen war Neuland für alle Beteiligten.
Peter Eisenach

Einsatz von Cityruf und Bündelfunkdiensten

Mit dem Beschluss des Ausbaus des Cityruf-Netzes im Osten Deutschlands wurde ein weiterer Schwerpunkt gesetzt. 1992 sollten die Bürger der neuen Bundesländer in der Mehrzahl aller Städte mit über 30.000 Einwohnern diese Kommunikationsplattform nutzen können. Der Cityruf war ein regionaler Dienst, bei dem kein flächen-

»Zum Piepen« – Leipziger Kohlenhändler als Frontrunner für professionelle Mobilfunkanwendungen

Die »deutsch-deutsche Arbeitsgruppe Mobilfunk« hatte veranlasst, dass eine in Bonn betriebene Funkrufanlage kurzfristig innerhalb von zwei Wochen demontiert und in Leipzig aufgebaut wurde. Leipzig war dabei ein bewusst gewählter Standort, da man zuvor immer Ost-Berlin bevorzugt hatte und nach dem Mauerfall nun auch in anderen Regionen der ehemaligen DDR ein Zeichen gesetzt werden sollte. Am 10. Mai 1990 nahm die Deutsche Post der DDR erstmals das Funkrufsystem Cityruf in der ehemaligen DDR in Betrieb.

Zu den ersten Nutzern in Leipzig gehörten die Kohlenhändler. Denn sie hatten – bei der schlechten Versorgung mit Festnetzanschlüssen und einem nicht vorhandenen Mobilfunknetz – ein Riesenproblem: Einmal pro Woche kam im Rahmen der Energieversorgung ein Zug beladen mit Kohlen. Niemand wusste allerdings, wann der Zug eintraf, ob am Mittwoch oder Donnerstag, ob vormittags oder nachmittags. Zudem wurde nach dem Motto verfahren, wer zuletzt kommt, den bestraft das Leben. So kamen die Kohlenhändler sehr schnell auf die Idee, eine ganz einfache Mobilfunkanwendung mit sehr hohem Nutzen zu etablieren: Sobald der Zug eintraf, bekamen entsprechende Cityruf-Anwender ein Signal. Für die Kohlenhändler war dies das Zeichen, so schnell wie möglich mit dem Lkw zum Bahnhof zu fahren, um noch eine »Schippe Kohlen« zu ergattern.

Detlef F. Firch

deckendes Netz entstand. 1990 war der Cityruf nur in den beiden Städten Berlin und Leipzig verfügbar. Nur ein Jahr später waren bereits 60 Prozent der Bevölkerung mit dem Cityruf versorgt. 1993 war der bedarfsgerechte Ausbau abgeschlossen. Die Eigenart dieses Netzes führte jedoch zu besonderen Stabilitätsproblemen. In der Anfangsphase, als das Festnetz noch keine stabilen Leitungen zur Verfügung stellen konnte, musste die sehr empfindliche Technik über Zweidrahtleitungen mit äußerst schlechter Qualität angebunden werden. In der nachfolgenden Zeit wurden alle Standorte über stabile Leitungen angeschlossen.

Auch die Bündelfunkdienste Chekker und Modacom, die das Versenden von Kurznachrichten, aber auch Einzel- und Gruppenruf sowie Telefonie ins Festnetz ermöglichten, wurden in den neuen Bundesländern eingerichtet und von der Bevölkerung gut angenommen. Vor allem in den Ballungsgebieten Berlin/Potsdam, Halle/Leipzig, Dresden, Chemnitz und Erfurt/Gera waren sie maßgebliche Kommunikationsplattformen in den ersten Jahren nach der Wende für die Wirtschaft, insbesondere im Transport und Güterverkehr. Im Zuge des weiteren Ausbaus des D1-Netzes verloren das Chekker- und das Modacom-Netz jedoch zunehmend an Bedeutung und wurden schließlich 1996 (Chekker) und 2002 (Modacom) verkauft bzw. außer Betrieb genommen. Daneben gab es auch noch die Pagingsysteme Scall und Skyper, die 1994 bzw. 1996 eingeführt wurden. Ende 1999 übernahm *Message sämtliche Funkrufdienste von DeTeMobil (nunmehr T-Mobile).

Aus dem Nichts heraus, jedoch mit klaren Zielen, starteten die Mitarbeiter der Telekom 1990 den Aufbau des Mobilfunks im Osten. Mit neuen Technologien der Telekommunikation sollte die schnelle Versorgung der Bevölkerung, der Industrie und der gewerblichen Wirtschaft gesichert werden. Bereits Ende 1991 waren wichtige Städte, Verkehrsbeziehungen und Wirtschaftsräume mit den mobilen Diensten wie dem C-Netz, dem D1-Netz, Cityruf etc. ausgestattet. Die nahezu flächendeckende Versorgung konnte bis auf das D1-Netz für alle anderen Mobilfunkdienste bereits 1992/93 vermeldet werden.[95]

Nachdem die verschiedenen Mobilfunknetze ausgebaut waren, konzentrierte sich die Deutsche Bundespost Telekom auf das D1-Netz. Die innovativen Angebote ließen hier den größten Kundenzuwachs für die Zukunft erwarten. Daher mussten die entsprechenden technischen Ressourcen geschaffen werden. Obwohl der Bedarf nach Telekommunikationstechnik im Osten sehr groß war, waren nicht immer alle Bürger mit dem Ausbau der Mobilfunktechnik und der Standortwahl einverstanden. Das Thema Elektrosmog gewann bundesweit durch eine Vielzahl von Bürgerinitiativen und die Aufmerksamkeit in den Medien und der Öffentlichkeit bei der Standortrealisierung immer mehr an Bedeutung. Die Techniker mussten sich einer völlig

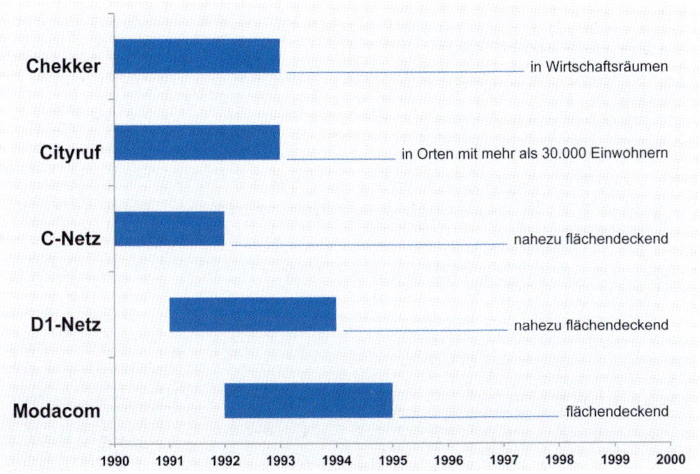

Bilanz Netzausbau Mobilfunkdienste im Osten.

neuen Aufgabe, nämlich der Aufklärungsarbeit gegenüber den Bürgern hinsichtlich Wellenausbreitung, Feldstärken und deren Wirkungen auf die Umwelt und Gesundheit im Verbund mit den entsprechenden Experten und anderen Netzbetreibern, stellen.

Beeinflusst der Mobilfunk die Gesundheit? Und welche Konsequenzen stellen sich für die Anwohner von Standorten ein? Die inhaltlichen Diskussionen wurden mit großer Emotionalität geführt, die sachliche Auseinandersetzung mit den Fakten und wissenschaftlichen Erkenntnissen aus der Forschung wurde häufig nicht zur Kenntnis genommen. Obwohl die Grenzwerte, die in der DIN-Norm 0848 auf der Grundlage weltweiter Erkenntnisse fixiert sind, durch Messungen nachweislich unterschritten wurden, wurde es immer schwieriger, die Standorte für Mobilfunktürme zu platzieren. Insbesondere in der Nähe von Schulen und Kindergärten wurde die Auseinandersetzung sehr intensiv und teilweise aggressiv geführt; Protestdemonstrationen an den Standorten inklusive. Die Suche nach Alternativen wurde häufig gemeinsam mit den Kommunen gestartet, die im Ergebnis nicht immer eine optimale versorgungstechnische Lösung darstellten und häufig einen betreibswirtschaftlichen Mehraufwand zur Folge hatten, jedoch im Interesse der Akzeptanz der Mobilfunkdienste von den Netzbetreibern realisiert wurden.

Commerzbank beliefert das Post- und Fernmeldeamt mit D-Mark-Münzen

Mit der Währungsunion stand die Aufgabe an, alle Münzfernsprecher technisch auf DM-Münzen umzustellen. Ich organisierte die technische Umstellung aller Münzfernsprecher im Gebiet der Kreise Brandenburg, Rathenow und Belzig. Als Problem wurde im Vorfeld der Umstellung erkannt, dass nicht genügend Münzgeld für die Bevölkerung zur Verfügung stehen würde. In der Vorbereitungsphase sprachen u. a. auch Vertreter der Banken wegen der Bereitstellung von Fernsprechanschlüssen bei mir vor. Einen Vertreter der Commerzbank aus Potsdam, der die Aufstellung eines Bank-Containers in Brandenburg plante, konfrontierte ich mit der Bitte, dem Post- und Fernmeldeamt D-Mark-Münzen zur Verfügung zu stellen. Dies sicherte er mir zu, und so ließ ich mehrere Transportbehälter mit D-Mark-Münzen von der Filiale der Commerzbank Potsdam nach Brandenburg transportieren und auf die Postämter verteilen. Die Umstellung sowohl im technischen als auch im organisatorischen Bereich mit dem Vorhalten von D-Mark-Münzen für die Bürger lief zum Termin reibungslos. Selbstverständlich wurde auch der Container der Commerzbank termingerecht mit einem Fernsprechanschluss versorgt.

Fred Kagels

Mehr öffentliche Sprechstellen

Einen wesentlichen Schwerpunkt im Aufbauprogramm nahm der Bereich der öffentlichen Telefonstellen ein. Sie wurden dringend in unversorgten Wohngebieten benötigt, da sie das Fehlen eines eigenen Telefonanschlusses wirksam überbrücken konnten. Die Deutsche Bundespost Telekom hatte dafür ein spezielles Programm zur Entwicklung von Münz- und Kartentelefonen aufgelegt. Neben dem forcierten Neuaufbau von Münz- und Kartentelefonen waren die Bestandssicherung vorhandener Standorte und die rasche Auswechslung verschlissener Münztelefone vorrangige Aufgabe.

Leider wurde eine Zunahme von Vandalismus an Münztelefonen registriert, der nur durch die Inbetriebnahme modernerer Münz- oder gar Kartentelefone unterbunden werden konnte. Der Ausbau der

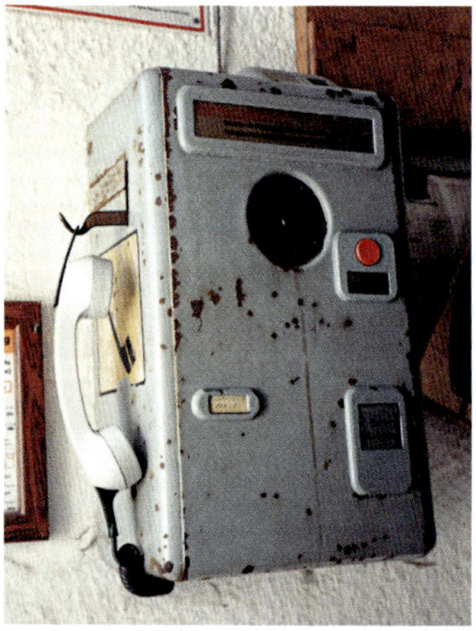

Öffentliches Kartentelefon (West) von Siemens, Typ 1989, und ein in die Jahre gekommener DDR-Münzer.

öffentlichen Fernsprecher hatte hohe Priorität im Unternehmen und wurde mithilfe regelmäßig geführter Erfolgsnachweise kontrolliert. Bis Ende 1991 waren schon 12.000 zusätzliche neue bzw. gegen alte ausgewechselte Telefone in Betrieb genommen worden. Bei den Sofortmaßnahmen waren der Fantasie kaum Grenzen gesetzt. Als eine weitere schnelle Hilfe stellten die damaligen Niederlassungen der Telekom Fernsprechhäuschen, die an bundesdeutsche Ortsnetze angeschlossen waren, in Grenznähe auf dem Gebiet der DDR auf; alles ohne viel Rücksicht auf ordentliche Planungsverfahren und technische Richtlinien. Die Hauptsache war, dass es funktionierte. Allerdings waren auch diese nur Tropfen auf den heißen Stein.

Mitte November 1990 wurden durch den Fernmeldenotdienst 30 Leitungen direkt von Coburg nach Suhl geschaltet. Diese Leitungen endeten in einem Container, der im Hof des Postamtes Suhl aufgebaut worden war. Diese 30 Leitungen wurden für die Telefonzellen »West Direkt«, für Behörden und für größere Geschäftskunden verwendet. Der Maßnahmenkatalog dieser sofortigen Hilfen war lang, erfindungsreich und durchaus wirksam. Obwohl es ad hoc Abhilfe schuf, konnte es den real existierenden Bedarf doch nur annäherungsweise decken. Daher waren langfristige Programme nötig, um den Kommunikationsrückstand zu minimieren.

Ein für extreme Notfälle konzipierter mobiler Fernmeldecontainer aus dem Bestand des Katastrophenschutzes der Telekom wurde Mitte 1991 für die Abwicklung dringender Geschäftsgespräche in Cottbus aufgestellt. In der Region Cottbus brachten daneben 24 Leitungen, die an das Ortsnetz von Hannover angeschaltet wurden, für Behörden und große Unternehmen spürbare Erleichterung. Die Verbindungen wurden ohne lange Verzögerungen handvermittelt in die alten Bundesländer weitergeleitet. Diese sichere Brückentechnologie konnte Anfang 1992 nach Inbetriebnahme des neu etablierten Overlay-Netzes, das die Netze im gesamten Bundesgebiet zusammenbrachte, abgeschaltet werden.

Auch in Erfurt wurde ein Notfallcontainer vor der Hauptpost stationiert, der bis zu 300 Kunden für zwar handvermittelte, aber sekundenschnell geschaltete Gespräche in die alten Länder Platz bot. Der Pferdefuß war der Tarif. Das Monatsabonnement für einen Platz kostete 627 D-Mark Grundgebühr. Trotzdem waren 40 Abonnenten bis Mitte Februar gefunden worden.[96]

Telehäuser und Telebüros

In Wittstock/Dosse trug Landrat Christian Gilde durch Bereitstellung der Räumlichkeiten dazu bei, dass ab Mai 1991 die dort vom Selbstwählfernverkehr in den Westen noch total abgeschnittenen Geschäftsleute über alte Telegrafenleitungen via Fernmeldeamt Potsdam telefonieren, faxen und Telexverkehr in alle Welt durchführen konnten. Diese provisorische Geschäftsstelle nannte man dann Telehaus. Andere vergleichbare Absatzkanäle für Geschäftskunden wurden später unter dem Namen Telebüro in Hotels in Potsdam, Wernigerode und weiteren Städten eingerichtet.

Karl-Heinz Haufe

Die Brücke der Einheit

Besonders kreativ gingen einige Fernmeldeämter Ost bei der Einrichtung öffentlicher Telefonstellen vor: Die Glienicker Brücke zwischen Berlin und Potsdam bekam Mitte 1990 endlich ihre echte Bedeutung als »Brücke der Einheit«. Auf West-Berliner Seite standen lange Schlangen vor drei neuen Telefonzellen, die dort nur zu dem Zwecke aufgestellt worden waren, dass die Potsdamer Bürger über das West-Berliner Telefonnetz weltweit telefonieren konnten. Derartige Kontaktmöglichkeiten wurden auch im Nahbereich ehemaliger Grenzübergänge geschaffen. Wer in Neubrandenburg die Straßen entlangfuhr, sah plötzlich überall Gelb beim Anblick der knallgelben Telefonzellen, die in ungewöhnlich kurzem Abstand die Straßen fast wie Bäume säumten. Immerhin konnten die Menschen hier telefonieren, wenn auch auf der Straße.

Karl-Heinz Haufe

III
Organisation – Strukturelle Herausforderungen des Zusammenwachsens

Jan-Otmar Hesse

Die Organisation der telekommunikativen Wiedervereinigung

Die Organisationsstruktur der beiden deutschen Postunternehmen:

Im Gegensatz zu vielen anderen Bereichen verlief die Wiedervereinigung der deutschen Telekommunikationsnetze vergleichsweise reibungslos. In kürzester Zeit wurde das marode ostdeutsche Telefonnetz ausgebaut und in das westdeutsche Netz integriert. Schon nach wenigen Jahren verfügte Ostdeutschland über eine leistungsfähige Kommunikationsinfrastruktur und damit über eine wichtige Voraussetzung für wirtschaftliche Prosperität. Diese »Erfolgsstory«[1] wurde in der Vergangenheit häufig darauf zurückgeführt, dass es letztlich zwei Staatsunternehmen waren, die nach 1989 organisatorisch zusammengeführt wurden: die höchstens in Ansätzen deregulierte Deutsche Bundespost Telekom (wie der westdeutsche Fernmeldebereich nach der ersten Poststrukturreform hieß) und die Deutsche Post der DDR. Weil die Arbeitsabläufe in den Staatsunternehmen sich strukturell glichen – so die mit dieser These verbundene Annahme –, habe es bei der Zusammenarbeit der beiden Organisationen weniger Reibungsverluste gegeben als in anderen Wirtschaftssektoren, wo die planwirtschaftliche Organisationsweise der Kombinate im Osten mit voller Wucht auf die konkurrenzwirtschaftlichen Ansprüche der expandierenden westdeutschen Industrie trafen.

Tatsächlich trifft eine solche Vorstellung auf die Entwicklung der Jahre nach der Wiedervereinigung höchstens teilweise zu.[2] Denn zum einen zeigen sich die beiden Unternehmen unter der Oberfläche der Staatsunternehmen bei näherer Betrachtung als zutiefst verschieden, zum anderen wurden die Strukturen von Staatsunternehmen im Westen gerade deshalb reformiert, weil sie bei einer sehr dynamischen Entwicklung der Technologie zu inflexibel schienen. Schließlich ließe sich aus der Tatsache, dass in den Jahren nach 1989 eben nicht nur die DDR-Telekommunikation in die westdeutsche integriert, sondern zugleich die Organisationsstrukturen der westdeutschen Telekommunikation tief greifend verändert wurden, auch ein Unsicherheitspotenzial ableiten, das eine reibungslose Integration gerade hätte verzögern können. Beachtet man also nur die Rahmenbedingungen, so erweisen sich diese als jedenfalls nicht zwangsläufig günstig für eine rasche Integration der telekommunikativen Infrastruktur nach der Wende.

Linke Seite: Das schiere Volumen des Aufbauprogramms erforderte ungeheuren planerischen Einsatz.

Wir haben sie gemeinsam gelöst!
Hier muss man besonders auf eine sehr gute, konstruktive, pragmatische und unbürokratische Zusammenarbeit zwischen allen Beteiligten hinweisen. Es gab in der täglichen Arbeit überhaupt keine Vorbehalte zwischen Mitarbeitern aus Ost und West!
Ich habe es immer als sehr angenehm empfunden, dass die »Wessis« nie überheblich oder besserwisserisch gegenüber uns »Ossis«, sondern mit viel Verständnis für die Situation und Orientierung auf die Sacharbeit auftraten. Ich hoffe, dass wir dem im Gegenzug mit Ehrlichkeit, Offenheit und Engagement begegnen konnten. In vielen Treffen und Beratungen wurde ohne Vorbehalte und zielorientiert diskutiert, die gegenseitigen Meinungen wurden anerkannt und respektiert.
Diese Arbeitsweise hat mich für meine Zukunft geprägt und bestimmt noch heute – so denke ich zumindest, einschätzen müssen es meine Kollegen – meine Arbeit. Nicht zuletzt fand sich das z. B. in einer Freundschaft zwischen Rudi Sanker und mir wieder. Noch heute telefonieren wir miteinander, treffen uns zum Motorradfahren und kennen unsere Sorgen und Freuden.
Wir hatten eine Aufgabe, und wir haben sie gemeinsam gelöst!
Lutz Straube

Schließt man also sämtliche Vermutungen einer organisatorischen Symmetrie zwischen ost- und westdeutscher Organisation als Erklärungsansatz für den reibungslosen Übergang aus, so scheint sich der Erfolg der telekommunikativen Wiedervereinigung – wie auch die folgenden Zeitzeugenberichte illustrieren – realhistorisch aus drei maßgeblichen Quellen gespeist zu haben: 1. Aus dem herausragenden Engagement einer Gruppe ost- und westdeutscher Spitzenfunktionäre, die gleichsam wie die Glücksritter bei der Besiedelung des amerikanischen Westens in den fünf neuen Bundesländern einen hervorragenden Freiraum fanden, ihren Gestaltungswillen in die Tat umzusetzen, wie es ihnen weder im Westen und noch in der DDR vorher möglich gewesen ist. 2. Dem historischen Zufall, dass Wiedervereinigung, Deregulierungspolitik und technologische Transformation zu digitalen Netzen im Grunde zeitgleich stattfanden, sodass sich der »Aufbau Ost« gleichzeitig mit einem »Umbau West« vollzog. 3. Einer offensichtlich kaum ausgeprägten Kultur des Widerstandes gegen die überwiegend vom Westen aus gesteuerte tiefe organisatorische Strukturveränderung der ostdeutschen Telekommunikation. Im Gegensatz zu anderen Wirtschaftsbereichen waren – das machen die Berichte der Akteure deutlich – die Vorbehalte der ostdeutschen Kollegen offenbar wesentlich weniger ausgeprägt, und anfängliche Zurückhaltung wich schnell einer kooperativen Unterstützung.

Zu diesen drei günstigen Rahmenbedingungen ließe sich die großzügige Finanzausstattung als ein vierter Aspekt noch hinzuzufügen, wodurch ein Investitionsvolumen von mehr als 60 Mrd. D-Mark verfügbar gemacht wurde, das zweifellos ohne die Wiedervereinigung nicht bereitgestanden hätte; ein Aspekt, der allerdings nicht in den Themenbereich der Organisation fällt.

Die Ausgangslage

Die Kommunikationsinfrastruktur der DDR war zum Zeitpunkt der Wiedervereinigung antiquiert. Weder in Bezug auf den technischen Standard noch in Bezug auf die Versorgung der Bevölkerung war Ostdeutschland mit den westlichen Industrienationen noch vergleichbar. Während in einigen Bereichen der Konsumindustrie, beispielsweise bei der Versorgung der Haushalte mit elektrischen Kühlschränken und Fernsehgeräten, westliche Versorgungsgrade erreicht wurden,[3] hinkte das Land in der Verbreitung des Telefons hoffnungslos hinterher: Statistisch hatte nicht einmal jeder zehnte Bewohner der DDR ein Telefon. Dahinter verbarg sich nur zum Teil ein aus politischen Gründen verzögerter Ausbau des Netzes der Privathaushalte. Auch technische und organisatorische Schwierigkeiten behinderten die Entwicklung. Vielerorts waren in der DDR noch mechanische Vermittlungsstellen im Einsatz, die den Kapazitätsausbau begrenzten. Zum Zeitpunkt der Wiedervereinigung führte an einer Komplettsanierung des Telefonnetzes kein Weg mehr vorbei.

Zudem barg die Organisationsstruktur der ostdeutschen Post Schwierigkeiten. Das Telefonnetz war in 15 Fernmeldebezirke untergliedert, die weitgehend autonome Telefonnetze etabliert hatten und mit erheblichem Aufwand untereinander vernetzt werden mussten. Sämtliche organisatorischen Angelegenheiten und auch die gesamte Rechnungsführung oblagen dagegen zentralen Stellen, die dem Ministerium für das Post- und Fernmeldewesen unterstanden. Sucht man nach Strukturähnlichkeiten zwischen der westdeutschen und der ostdeutschen Postorganisation, dann findet sich eine solche am ehesten in der auf beiden Seiten der Grenze ungemein stabilen Kontinuität der Reichspost, denn die ostdeutsche Organisationsstruktur zeigt durchaus langfristige Anleihen an der Reichspost, von der beispielsweise sogar die »Allgemeinen Dienstanweisungen« für die Rechnungslegung und Buchhaltung übernommen worden waren. Auch die Gliederung des Betriebes in drei Ebenen ging auf die institutionellen Vorläufer am Ende des 19. Jahrhunderts zurück.[4]

Zu den Ausgangsbedingungen gehörte schließlich der gewaltige Nachfragestau, der durch den zögerlichen Netzausbau der ostdeutschen Post entstanden war. In allen Fernmeldeämtern türmten sich die Anträge auf Einrichtung eines Telefonanschlusses. In Hildburghausen stießen die staunenden Mitarbeiter der westdeutschen Telekom auf einen Antrag, der bereits 27 Jahre zuvor eingegangen war. Insgesamt lagen mehr als eine Mio. Einrichtungsanträge vor. Durch die Wiedervereinigung stieg diese Zahl jetzt aber noch rapide an, weil der Kommunikationsbedarf zwischen den nun auf Ost und West verteilten Familien zunahm und auch die wirtschaftliche Aufbauleistung gerade verstärkte Kommunikation erforderte. Die regulären telefonischen Ost-West-Verbindungen waren aber äußerst begrenzt, sodass es Stunden dauern konnte, bis solche Verbindungen hergestellt waren – einige Pioniere sprechen sogar von Tagen. Ein schon vor der Wiedervereinigung vollkommen überlastetes Telefonfernnetz stieß also nach 1989 auf ein stark steigendes Kommunikationsbedürfnis, sowohl von Privathaushalten als auch von Geschäftsleuten und Politikern.

Die Selbstauflösung des Ministeriums für das Post- und Fernmeldewesen

Die Bereitschaft der ostdeutschen Funktionselite im Ministerium für das Post- und Fernmeldewesen, unter diesen Rahmenbedingungen ihre institutionelle, technologische und selbst personalpolitische

Eigenständigkeit durchzusetzen, war von Anfang an relativ gering. Schon lange vor dem formellen Beitritt der DDR zur Bundesrepublik im Oktober 1990 hatte das Ministerium die aus dem Westen in die fünf neuen Länder drängende Hilfe nur allzu dankbar angenommen: Das erste gemeinsame Treffen zwischen Ost und West auf Ministerebene folgte nur einen Monat nach dem Mauerfall, und wiederum einen Monat später war eine mit Sachfragen beschäftigte gemeinsame Regierungskommission gegründet worden. Bereits im Mai 1990 hatte die DDR-Regierung entschieden, dass das ostdeutsche Fernmeldewesen analog zur Poststrukturreform in der Bundesrepublik als eigenständige Organisation aus dem gemeinsamen Verbund mit Postdienst und Postbankdienst herausgelöst werden sollte – gut ein halbes Jahr, bevor dies im Einigungsvertrag auch schriftlich fixiert wurde.[5] Damit waren die organisatorischen Leitlinien für die Zusammenarbeit von Telekom und ostdeutscher Post frühzeitig sehr klar vorgezeichnet, und die Vorbereitungen der organisatorischen Herauslösung des Fernmeldewesens aus der Postverwaltung konnten noch vor der Wiedervereinigung beginnen.

Begleitet war diese bereitwillige Selbstauflösung des Post- und Fernmeldewesens der DDR bereits von äußerst erfolgreichen und symbolträchtigen Aktionen westdeutscher Investoren zur Beseitigung von Kapazitätsengpässen im Ost-West-Verkehr. Hierzu gehören die Verlegung von Glasfaserleitungen zwischen Ost- und West-Berlin sowie die Errichtung eines lokalen Mobilfunknetzes auf der Leipziger Frühjahrsmesse im April 1990 in Kooperation der Telekom mit Siemens, die den nach Leipzig reisenden westdeutschen Geschäftsleuten die Kommunikation mit ihren Unternehmenszentralen im Westen ermöglichte. In kürzester Zeit wurden hierzu Mobilfunkmasten provisorisch errichtet und direkt an das westdeutsche Telefonnetz angeschlossen, zu einer Zeit, als diese Technologie noch in den Kinderschuhen steckte.[6]

Die Kooperationsbereitschaft der ostdeutschen Funktionselite war dabei alles andere als selbstverständlich und verlangt nach besonderen Erklärungen. Ein Hintergrund für die große, im Vergleich zu anderen Bereichen vielleicht sogar übergroße Kooperationsbereitschaft mag darin zu finden sein, dass innerhalb der Deutschen Post bereits vor der Wiedervereinigung das Bewusstsein für eine grundlegende Änderung der Ausbaupolitik entstanden war. Noch im Frühjahr 1989 war sogar ein konkreter Ausbauplan an die Staatliche Plankommission geschickt, dort aber ignoriert worden.[7]

Insbesondere eine engagierte technokratische Funktionselite innerhalb der DDR-Strukturen musste sich also durch die Wiedervereinigung und die technologische Partnerschaft mit der Telekom beflügelt fühlen. In anderen Wirtschaftsbereichen regte sich nach der Wiedervereinigung dagegen Widerstand gegen den Westimperialismus,

Aufbauhilfe mit Hindernissen
In der Anfangszeit gab es vor allem in den mittelbaren Bereichen große Hindernisse. So war es oft sehr schwer, für die Nacht ein Bett zu finden; nicht selten waren die Warteschlangen vor den wenigen Hotels 30 bis 40 m lang. Dieses Problem konnte dann allerdings im Leipziger Umfeld mit Insider-Hilfe durch Anmietung eines Appartements in einem Hotel in Leipzig etwas entspannt werden. Eine Garantie für ein Bett war das anfangs aber leider auch nicht immer, weil dort z. B. irgendwann ganz plötzlich die Toilette auf dem Flur stand oder der Bodenbelag im Zimmer herausgerissen war, und zwar ohne vorherige Information.
Hans Edingloh und Addi Hübner

Mehr Informationen zu Finanzen und Rechnungswesen im »Aufbau Ost«:

häufig durchaus berechtigt. Vielerorts waren vor allem die Spitzenmanager der ostdeutschen Betriebe durch Westpersonal ausgetauscht worden, welches wenig Zutrauen in die Fähigkeiten der ostdeutschen Betriebe hatte und nur in seltenen Fällen den Nutzen der ostdeutschen Corporate Identity erkannte.[8] Auch wenn hierfür vielleicht zu wenige Zeugnisse von ehemaligen ostdeutschen Beschäftigten des Fernmeldezweiges vorliegen, scheint es zu einem solchen »Überstülpen« der westlichen Unternehmenskultur über die ostdeutschen Betriebe und Ämter im Fall der Übernahme durch die Telekom nicht gekommen zu sein, schon weil das westdeutsche Unternehmen selbst gerade erst im Begriff war, eine eigene Identität auf dem Weg zum Privatunternehmen zu entfalten. Entscheidend dürfte aber gewesen sein, dass der gesamte »Aufbau Ost« der Telekom nicht als Unternehmensübernahme, sondern als ein Beratungs- und Umschulungsgeschäft realisiert wurde: Den ostdeutschen Fernmeldeämtern wurden westdeutsche Fernmeldeämter in Form von »Partnerschaften« zugeordnet. Über die Partner wurde die fachliche Aufbauhilfe organisiert, die nicht zwangsläufig in der Entsendung von Mitarbeitern bestand. Die frühen Infrastrukturprojekte waren von Beginn an als zeitlich befristetes Engagement für westliche Fachleute der Telekom eingerichtet,

Was hat mich fasziniert?

Nach über 20 Jahren denke ich bei meiner Zeit im zentralen Einkauf für den »Aufbau Ost« nicht an die Vertragsgestaltung, nicht an die zum Teil schwierigen Restabwicklungen des Projektes, sondern an den Aufbruchgeist, der uns alle bewegte: Seien es die Verhandlungspartner der Industrie, die neuen Kollegen der ehemaligen Deutschen Post oder aber wir selbst bei der Telekom, quer durch alle Bereiche. Wir wollten gemeinsam aufholen, was 40 Jahre geruht hatte. Die eigenen kommunikativen Erfahrungen in der frühen Zeit der Zusammenarbeit mit der Deutschen Post hatten auch ihre Spuren hinterlassen:
Ein Fax sandte man am besten zunächst zur Landespostdirektion Berlin und von dort mit dem Fahrer nach Ost-Berlin, später gab es ein Mobiltelefon im Amt, das dort herumgereicht wurde, normales Telefonieren war lange Zeit kaum möglich.
Nachhaltig beeindruckt hat mich das Engagement aller Beteiligten für die Sache. »Wie kriegen wir das hin?«, war die gemeinsame Frage, sowohl im eigenen Hause als auch bei der Industrie. Als es nach den ersten grundsätzlichen Vereinbarungen zu örtlichen Zuordnungen kam, kristallisierten sich viele persönliche Bindungen heraus. Fast alle Unternehmensvertreter hatten Wurzeln in den neuen Bundesländern: Sie wollten gern für ihren alten Standort, für ihren Geburts- oder ihren früheren Wohnort selbst tätig werden; einen Wunsch, den wir in einer gemeinsamen großen Vergaberunde durch Tausch der auszuführenden Objekte erfüllen konnten.
Nach der allerersten Bauphase – »Hauptsache, es telefoniert!« – kamen sehr schnell Schritte in Richtung Regelausbau, zumal mehr und mehr auch das dafür erforderliche Fernmeldebauzeug zur Verfügung stand. Dennoch war immer der Einfallsreichtum der Projektleiter vor Ort, insbesondere auch bei den Turn-key-Bauvorhaben, gefragt. Eine Fülle von Histörchen erreichte uns: Wie überzeugt man die Gemeindeoberen, dass ein Vermittlungsstellen-Gebäude an einer bestimmten Stelle stehen muss, eine Richtfunkstelle am besten auf einem Berg errichtet wird? Selbst kleine Widrigkeiten wie die der Reinigungskraft, die jeden Tag eine Richtfunkstrecke außer Betrieb nahm, da sie die »einzige« Steckdose für ihren Stabsauger benötigte, mussten beseitigt werden.
Die Verträge konnten die Fülle der Anforderungen keineswegs voll abbilden, ohne viel Improvisation, den guten Willen auf allen Seiten und den persönlichen Einsatz hätte es die schönen Momente nicht geben können: die Begeisterung der Menschen vor Ort, wenn wieder eine Lücke im Fernmeldenetz geschlossen und manchmal auch ordentlich gefeiert wurde!

T. Klaas von Ehren

wozu die Westdeutschen in Form einer »Buschzulage« noch finanziell motiviert wurden.

Die Tatsache aber, dass viele Mitarbeiter bis heute regelmäßige Treffen mit der Pionier-Generation des »Aufbau Ost« veranstalten, zeigt, dass diese Strategie der Unterstützung der Selbsthilfe vielfach sehr gut funktioniert hat. In dieser moderaten Form der Integration der ostdeutschen Netze in die westdeutsche Telekom ist zweifellos eine Ursache zu entdecken, dass von strukturellen Widerständen nicht zu berichten ist, wobei das gemeinsame technische Interesse der durchweg gut ausgebildeten ostdeutschen Kollegen zugleich eine rasche Integration über die Technik ermöglichte.

Die Schwierigkeiten des Netzausbaus

Weil faktisch die gesamte technische Infrastruktur der ostdeutschen Fernmeldetechnik überaltert war und ersetzt werden musste, gleichzeitig das Kombinat Nachrichtentechnik, das einen Großteil der Geräte für den Fernmeldedienst lieferte, die technischen Standards des Ostblocks zugrunde legte, waren die Ersatzinvestitionen für die Erneuerung und den Ausbau des Fernmeldenetzes faktisch vollständig aus den westlichen Bundesländern zu beschaffen.

Dies war schon allein deshalb schwierig, weil das Beschaffungswesen der Deutschen Bundespost Telekom auf die benötigten großen Mengen von Kabeln nicht vorbereitet war und den Lieferumfang für einen schlechten Scherz hielt. Aber auch wenn der reguläre Beschaffungsweg unter großzügiger Tolerierung des Vorgesetzten umgangen und direkt beim Produzenten bestellt wurde, war die Lieferung alles andere als unkompliziert. Das überlastete Straßennetz stellte in den Anfangsjahren zweifellos eine logistische Herausforderung dar. Anfänglich war aber selbst bei der Bestellung im Westen zum Teil noch Kreativität gefragt, da das Telefonnetz ja eben noch nicht zuverlässig funktionierte. Häufig war schon bei der Beschaffung wichtiger Ausstattungsgegenstände und auch von Messinstrumenten Eigeninitiative gefragt, und so manche knappe Ressource wurde von den Akteuren selbst während des Wochenendes im Westen beschafft.[9] Auf diese Weise konnte vor der Währungsunion im Oktober 1990 auch das Problem der Devisenbeschaffung umgangen werden.

Große Schwierigkeiten gingen von den ungeklärten Eigentumsverhältnissen sowohl einiger im Besitz der Telekom befindlicher Grundstücke und Gebäude sowie der Grundstücke aus, die zum Netzausbau verwendet werden sollten. Aus dem Bestand der Deutschen Post hatte die Telekom etwa 2.200 Grundstücke übernommen.[10] Für den Netzausbau waren aber 900 weitere Grundstücke und Gebäude erforderlich, die die Telekom käuflich von Dritten erwerben wollte.

Direktkauf von 100 Telefonhäuschen

Wir haben in Südthüringen den Ausbau der öffentlichen Telefonhäuschen von Anfang an stark forciert, damit jedermann telefonieren konnte. Es gab sogar größere Gemeinden ohne eine einzige öffentliche Telefonstelle. Als das Fernmeldezeugamt Erfurt nicht mehr lieferfähig war, kauften wir 100 Telefonhäuschen direkt beim Hersteller zum selben Preis – unter Umgehung des Zeugamtes.
So etwas wäre im Westen einem Amtsvorsteher – so hieß der Leiter eines Fernmeldeamtes – nie eingefallen und möglich gewesen.

Johann Nußbaum

Kreative Logistik

Ich erfuhr, dass ein Glasfaserkabel von Schmalkalden nach Suhl bereits verlegt, aber nicht in Betrieb war. Es fehlten noch die Übertragungseinrichtungen, die erst nach der Kabelverlegung bestellt werden konnten. Alles der Reihe nach. Wir brachten aus München die entsprechenden End- und die Einmessgeräte am nächsten Wochenende einfach mit, und die Glasfaserstrecke konnte in kürzester Zeit in Betrieb genommen werden.

Johann Nußbaum

Dieser Beschaffungsprozess gestaltete sich dabei schwierig, wenn beispielsweise die Eigentumsverhältnisse der Grundstücke unklar oder aber Grundstücke nicht verfügbar waren. Vor allem Vermittlungs- oder Dienststellen konnten dabei nur in solchen Gebäuden untergebracht werden, für die die Eigentumsrechte restlos geklärt werden konnten. Auch hier waren kreative Lösungen gefragt, und Siemens konnte eine Vermittlungsstelle in einer kleinen Gemeinde bauen, weil ein kleines Grundstück der örtlichen Kirche, das bei der Enteignung in der DDR vergessen worden war, durch den Pfarrer zur Verfügung gestellt wurde.[11] Die Räume der Rosa-Luxemburg-Kaserne bei Suhl wurden für die Telekom gesichert, noch bevor die thüringische Landesregierung die Hochschule Ilmenau dort unterbringen konnte, weil die Akteure vor Ort schnell handelten und die vorgesetzte Behörde nicht eingeschaltet werden musste.[12] Insgesamt stellten die ungeklärten Eigentumsrechte wie überall beim »Aufbau Ost« ein großes Problem für den Netzausbau dar. Der Aufbau des Mobilfunknetzes versprach nicht zuletzt eine Umgehung der vielerorts schwierigen Rechtslage und wurde daher von Beginn an sehr stark vorangetrieben.

Das sicherlich größte Problem des Netzausbaus stellte aber das schiere Volumen dar. Am Ende der Phase des verstärkten Netzausbaus hatte die Telekom Mitte 1992 die Zahl der Anschlüsse auf dem Gebiet der ehemaligen DDR schlicht verdoppelt. Diese Kapazitätserweiterung konnte das Unternehmen nicht ohne Mithilfe aus der Privatwirtschaft stemmen, und so wurde Ende des Jahres 1990 begonnen, Teilnetze in Ostdeutschland von privatwirtschaftlichen Unternehmen und Konsortien errichten zu lassen, von der Einrichtung von digitalen Telefonvermittlungen über den Leitungsbau bis hin zur Installation der Telefonanschlüsse in Privatwohnungen. Diese sogenannten Turn-key-Projekte waren insofern eine institutionelle Revolution, als die Telekom erstmals das Monopol zum Netzausbau aus der Hand gab. Allerdings schwebte über allem auch das Damoklesschwert einer vollständigen Vergabe des ostdeutschen Netzmonopols an ein amerikanisch-japanisch-deutsches Bieterkonsortium, das sowohl die Deutsche Bundespost Telekom als auch die etablierten Privatunternehmen auf dem Gebiet des Fernmeldewesens vollkommen vom ostdeutschen Expansionsmarkt verdrängt hätte.[13]

Diese Bedrohung scheint insbesondere den Weg für die Auftragsvergabe durch das von der Industrie vorgeschlagene und im Ausland bereits erfolgreich praktizierte Turn-key-Verfahren geebnet zu haben. Allerdings war von Beginn an klar, dass die privatwirtschaftlichen Aktivitäten auf die Phase des verstärkten Ausbaus nach der Wiedervereinigung beschränkt sein würden. Durch den Erfolg der ersten Turn-key-Projekte im Jahr 1991 wurde das Programm schließlich dreimal verlängert. Die Deutsche Bundespost Telekom hatte das

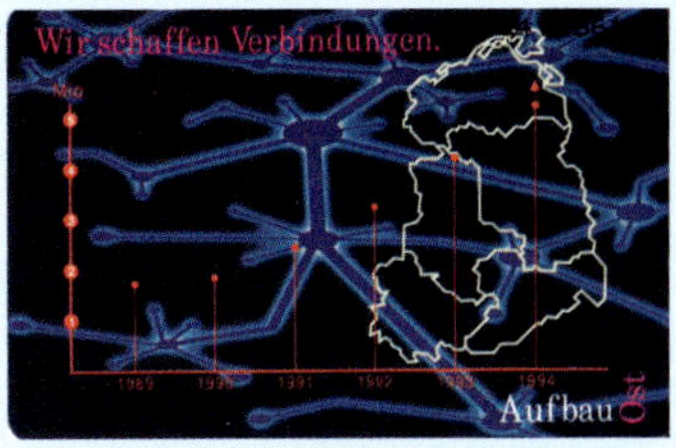

Bis Mitte 1992 hatte die Telekom die Zahl der Telefonanschlüsse auf dem Gebiet der ehemaligen DDR verdoppelt. Telefonkarte aus dem Jahr 1994.

In letzter Sekunde abgewendet

Ein amerikanisch-japanisch-deutsches Konsortium unter Federführung von MBB/Daimler Benz hatte angeboten, die gesamte Fernmelde-Infrastruktur in den neuen Ländern aufzubauen und eine Ablösesumme von 30 Mrd. D-Mark zu zahlen. Dieser Vorschlag wurde von der damaligen Bundesregierung unterstützt, die gerade im Aufbau befindliche Deutsche Bundespost Telekom sollte die Kröte schlucken, konnte aber noch rechtzeitig erreichen, dass wegen der Komplexität der digitalen Vermittlungstechnik selbige von Siemens und/oder Alcatel SEL beigestellt werden müsse.
So kamen wir frühzeitig ins Spiel. Unser kaufmännischer Leiter Günther Haller und ich durften die beiden entscheidenden Verhandlungen führen. In der Kaffeepause erfuhren wir, dass bereits 100 japanische Experten in Ottobrunn einquartiert seien, um sofort loslegen zu können. Als Bewährungsbauvorhaben war das Gebiet Prenzlauer Berg mit 50.000 Telefonanschlüssen ausgewählt worden.
Wolfgang P. Peters

Die Turn-key-Unternehmen veranstalteten – ebenso wie die Telekom – regelmäßige Informationstage.

privatwirtschaftliche Engagement auf ein Viertel des Netzausbaus beschränkt und die Auftragnehmer, unter denen Siemens und Alcatel SEL die größten waren, jeweils nach ihrem Marktanteil bedacht.

Auch wenn mit den Turn-key-Projekten letztlich keine Marktwirtschaft hergestellt worden ist und schon gar keine Konkurrenz, so ist ein großer Teil des Ausbauerfolgs wohl auf diese Indienstnahme der Privatwirtschaft zurückzuführen, schon weil sie der Deutschen Bundespost Telekom Freiräume schaffte, sich stärker auf die technische Integration der vorhandenen Netze und den Aufbau des Overlay-Netzes zur Verbesserung der Ost-West-Verbindungen zu konzentrieren sowie auf die Systematisierung der für den Netzbetrieb notwendigen Organisationsstruktur (Beschaffungs- und Reparaturwesen, Buchhaltung, usw.). Mit größerem Abstand betrachtet, stellt sich die Situation allerdings auch einigermaßen paradox dar: Denn das ehemalige Staatsmonopolunternehmen Deutsche Bundespost Telekom stand einer allzu raschen Überführung des Telekommunikationsmarktes in einen tatsächlichen Wettbewerbsmarkt Anfang der 1990er Jahre keineswegs aufgeschlossen gegenüber. Die »Liberalisierung« wurde von der Politik ungleich viel stärker gefördert als aus dem ehemaligen Staatsunternehmen heraus. Und nun bot ausgerechnet die Übernahme der planwirtschaftlichen Postverwaltung in der DDR ein Einfallstor für die Marktöffnung und Liberalisierung im Bereich der Telekommunikation; zunächst nur regional beschränkt und unter restriktiven Rahmenbedingungen, aber mit erheblichen Rückwirkungen auf den Liberalisierungsprozess in Westdeutschland – wie sich aus der langfristigen Perspektive zeigt. Die kurzfristige Lösung für das Problem der gewaltigen telekommunikativen Unterversorgung in den neuen Bundesländern lag ohne jeden Zweifel in der partiellen Liberalisierung der Ausbaupolitik und damit in der Deregulierung des deutschen Staatsmonopols, das zum Zeitpunkt der Wiedervereinigung erst in schemenhaften Umrissen in der Bundesrepublik erkennbar war. Die Wiedervereinigung hat damit die Liberalisierung der Telekommunikation entscheidend vorangetrieben, was vielleicht der wichtigste Einspruch gegen die Behauptung ist, die Strukturanalogie zwischen den beiden Staatsmonopolbetrieben habe den reibungslosen Übergang ermöglicht. Allerdings sind die Rückwirkungen des marktwirtschaftlichen Experiments in Ostdeutschland auf die weitere Entwicklung des westdeutschen Monopolunternehmens im Einzelnen bislang noch nicht erforscht worden. Desweiteren produzierte die Herstellung von Teilnetzen durch Fremdunternehmen auch Folgeprobleme bei der anschließenden vollständigen Integration.

Aktionstage, Alcatel SEL:

Vereinigungen

Obwohl den Turn-key-Partnern durch die Deutsche Bundespost Telekom genaue Vorgaben gemacht wurden, kam es bei der Umsetzung der Bau- und Einrichtungsverordnungen zu Fehlern und Missverständnissen, die die spätere Integration der privatwirtschaftlich gebauten Teilnetze erschwerte. Die Erstellung der Fernmelderechnungen krankte beispielsweise an falsch geschalteten Anschlussleitungen, was dazu führte, dass 1991 der erstaunliche Betrag von 16 Mio. D-Mark an Fernsprechgebühren abgeschrieben wurde.

Probleme bei den technologischen Standards kamen dagegen nicht auf, was nicht zuletzt daran lag, dass die Turn-key-Unternehmer als Vorproduktlieferanten der Telekom ohnehin gut bekannte Technologie zur Anwendung brachten und beispielsweise Alcatel SEL mit der Übernahme des wichtigsten Betriebes des Kombinats Nachrichtentechnik in Arnstadt seine Liefertätigkeit parallel in den Osten ausgedehnt hatte.

Diese Vielgestaltigkeit der organisatorischen Veränderungen im Zuge der Wiedervereinigung führte dazu, dass die Deutsche Bundespost Telekom es eigentlich nicht mit einer schlichten Übernahme eines einzigen und noch dazu kleinen ostdeutschen Partnerbetriebes zu tun hatte, sondern mit einer ganzen Serie von Vereinigungen, die parallel vorzunehmen waren. Insofern lässt sich der »Aufbau Ost« entgegen der persönlichen Erfahrung vieler Akteure, für die er gleichwohl prägend gewesen sein mag, keineswegs auf die kurze Phase nach der Wiedervereinigung und die fünf neuen Länder räumlich und zeitlich begrenzen, sondern dürfte das Unternehmen insgesamt, bis tief in den Westen erschüttert haben.

Drei »Vereinigungsprozesse« sind dabei besonders hervorzuheben: Faktisch synchron in Ost und West verlief die Herauslösung der Telekommunikation aus der gemeinsamen Verwaltung mit der Post, auf die sie in beiden deutschen Staaten auf fast 120 Jahre zurückblicken konnte. Bis 1876 waren in Preußen Post und Telegrafie selbstständig betrieben worden, in Württemberg noch bis 1919.[14] Die organisatorische Herauslösung des Fernmeldebereiches aus der Postverwaltung und die Vereinigung von Netzbetrieb und Finanzwirtschaft in beiden deutschen Staaten waren keineswegs ein trivialer Prozess, der mit zahlreichen Bewertungen von Betriebsvermögen und Immobilienbesitz verbunden war, was durch die Wiedervereinigung und den öffentlichkeitswirksamen Netzausbau höchstens überdeckt wurde. Innerhalb des Finanzbereiches stellte vor allem die Integration der unterschiedlichen Buchhaltungssysteme in Ost und West eine große Herausforderung dar. Denn – merkwürdig genug – die DDR hatte 1951 ein kaufmännisches Rechnungswesen mit doppelter Buchhaltung eingeführt, das freilich im System der Planwirtschaft keineswegs die

Turn-key – Es gab auch kritische Stimmen

Die Turn-key-Programme wurden damals zwiespältig gesehen. Sicher würden sie eine Hilfe bei der Abarbeitung der vielen unerledigten Anträge sein. Aber es hieß ja auch: Die Generaldirektion traute uns, den neuen Ämtern, nicht zu, dass wir das alleine schafften. Konnten Branchenfremde es überhaupt? Und vorschriftenkonform? Zu welchem Preis? Nahmen sie uns nicht die Arbeit weg?
Das Programm Turn-key 91 mit dem Ziel der provisorischen Versorgung mit Technikcontainern und überwiegend oberirdischer Versorgung von Antragsschwerpunkten hatte noch eine hohe Akzeptanz. Unsere internen Strukturen waren geschaffen und kamen gerade ins Rollen. Es hatte noch keiner eine klare Vorstellung, wie viel pro Jahr mit den vorhandenen und neu einzustellenden Mitarbeitern zu schaffen war. Die Aufgabe lautete ja letztendlich nicht nur, die überregionalen Kabel zu verlegen, Gebäude und Türme zu errichten und auszurüsten, sondern auch, jede bewohnte Straße für die Kabelverlegung einmal aufzugraben oder mit Masten für oberirdische Linien zu versehen. Auch für die Berater aus den alten Bundesländern eine völlig neue Herausforderung. Das Turn-key-Unternehmen und seine Sub- und Sub-Sub-Unternehmer konnten den anfänglichen Terminverzug zwar nicht ganz aufholen. Sie erreichten aber mit nur geringer Verspatung die beauftragten Ziele und waren eine echte Hilfe beim Abbau des Auftragsberges.

Siegfried Berthold

Grundlage für ein marktwirtschaftliches Unternehmen darstellte, da u. a. keine Abschreibungen vorgenommen wurden. Immerhin basierte die Buchhaltung der ostdeutschen Post aber auf einem systematischen Kontenrahmen, während der Haushalt der westdeutschen Post noch nach den Kapiteln und Titeln gegliedert war, die unter der Bezeichnung »gehobene Kameralistik« wenigstens Wertberichtigungen mit aufgenommen hatten. Letztlich flossen beide Buchhaltungssysteme in ein vollständig neues modernes Bilanzbuchhaltungssystem ein, das auf der Grundlage von SAP in beiden Unternehmensteilen gleichermaßen erst installiert werden musste.

Als zweite Vereinigung lässt sich die Integration der privatwirtschaftlich hergestellten Teilnetze im Rahmen der Turn-key-Projekte begreifen, die ebenfalls eine Innovation für beide Unternehmensteile darstellte, weil sie weder im Westen und schon gar nicht im Osten vorher bereits durchgeführt worden war. Dieser Prozess machte nicht nur zahlreiche Qualitätsprüfungen und Abnahmekontrollen durch die Telekom sowie Beratungstätigkeiten bereits in der Konzeptionsphase notwendig, sondern verlangte auch nach einer eigenständigen Integrationsexpertise beispielsweise im Bereich der Buchhaltung und Rechnungslegung wie auch der technischen Expertenstäbe.

Eine dritte Ebene der Vereinigung stellte die persönliche Kooperation von ostdeutschen und westdeutschen Funktionseliten dar, die – das zeigen die Zeitzeugenberichte – von gegenseitiger fachlicher Anerkennung geprägt gewesen zu sein scheint. Die gemeinsamen technischen Interessen führten offenbar zu einer politische und sozialisatorische Unterschiede unterdrückenden zielstrebigen Zusammenarbeit, die deutlich vom Pioniercharakter und der Aufbruchsstimmung getragen gewesen zu sein scheint. Die jeweiligen technischen Kenntnisse nötigten offenbar beide Seiten immer wieder zu gegenseitigem Respekt, und die westdeutschen »Entwicklungshelfer« mokierten sich stets nur über das technische Entwicklungsniveau der Geräte, während die Expertise der ostdeutschen Kollegen häufig gelobt wurde. Inwieweit dieser Zusammenhalt freilich über die Aufbruchsstimmung bis etwa 1993 hinaus Bestand hatte und ob er zum Bestandteil der gesamtdeutschen Unternehmenskultur der Telekom geworden ist, darüber geben die Zeitzeugenberichte keine Auskunft.

Hier war Expertenwissen gefragt.

Dieser letzte Vereinigungsprozess lenkt die Aufmerksamkeit auf die langfristigen Folgen der »Fusion«, die aus der Zeitzeugenperspektive zwangsläufig als Wendepunkt und »Stunde null« erlebt wird, tatsächlich aber ja wesentlich langfristigere Konsequenzen hatte. Durch die spezifische Organisationsweise des »Aufbau Ost« in Form von Projekten und mittels »Partnerschaften« für die neu gegründeten Fernmeldeämter erhielt die gesamte Fusion eine Art Baustellencharakter, der mit der Fertigstellung des Gebäudes zum Ende kommt. Tatsächlich ist aber die Fortsetzung des Integrationsprozesses nach der Aufbauphase wohl genauso spannend wie die Aufbauphase selbst. Denn offenbar zogen sich zahlreiche der westdeutschen Pioniere seit 1993 zunehmend wieder in den Westen zurück und überließen den »Normalbetrieb« der ostdeutschen Telekom der vorhandenen oder angelernten Funktionselite mit mindestens ebenso großem Erfolg wie der »Aufbau Ost« selbst. Es wäre also zunächst noch zu erkunden, ob nach 1993 die vorübergehend installierten Organisationsstrukturen beibehalten oder weiterentwickelt worden sind.

Telefonkarte aus dem Jahr 1991.

Mindestens ebenso interessant und für die Einschätzung des Erfolgs der Fusion von genauso großer Bedeutung ist zudem die Frage, auf welche Weise die Erfahrungen der westdeutschen Pioniere im Osten auch die Strukturveränderungen der westdeutschen (bzw. der gesamtdeutschen) Telekom prägten. Denn nicht nur die ostdeutsche Funktionselite fühlte sich durch die Wiedervereinigung aus der Enge der Deutschen Post befreit, sondern auch die westdeutschen Pioniere erlebten die Aufbauphase im Osten als unvergleichlichen Freiraum, in dem sie eigene Ideen und eigenes Engagement in einer Weise umsetzen konnten, wie das vorher auch im Westen nicht möglich gewesen war. Es fällt schwer, sich vorzustellen, dass diese selbstbewussten und energiegeladenen Projektleiter des »Aufbau Ost« in ein Schattendasein innerhalb des noch immer vom Geist des Staatsmonopolisten gezeichneten bundesdeutschen Mutterkonzerns zurückgekehrt wären. Insofern wäre es auch interessant zu erfahren, welche organisatorischen Innovationen die Aufbauhelfer nach ihrem Einsatz in den neuen Bundesländern in ihre westlichen Dienststellen mitbrachten und umsetzen konnten.

Schließlich müsste eine organisationshistorische Bilanz von 25 Jahren »Aufbau Ost« in die Gegenwart schauen und untersuchen, welche organisatorischen Provisorien der Transformationsphase und welche Traditionen aus der DDR-Postverwaltung bis heute überlebt haben. Nach allem, was wir aus der Unternehmenskulturforschung wissen, wäre alles andere als die dauerhafte Existenz sehr alter Traditionen äußerst verwunderlich.[15] Gibt es innerhalb der Telekom weiterhin kulturelle Differenzen zwischen ehemaligen DDR-Postlern und Bundespostlern bzw. zwischen Postbeamten und nach der »Liberalisierung« eingestellten Telekom-Beschäftigten, die den »Aufbau Ost« zusammen mit der Poststrukturreform als eigentliches Gründungsdatum »ihres« Unternehmens ansehen? Solche in der Unternehmenskulturforschung überwiegend als Schwierigkeiten bei Fusionen identifizierten Binnendifferenzierungen, die häufig kaum sichtbar sind und erst im Fall der Fusion überhaupt in Erscheinung treten, spielten offenbar bei der telekommunikativen deutsch-deutschen Wiedervereinigung Anfang der 1990er Jahre keine entscheidende Rolle, weil sie von der Mächtigkeit des historischen Moments und der allseitigen Aufbruchsstimmung überlagert wurden.

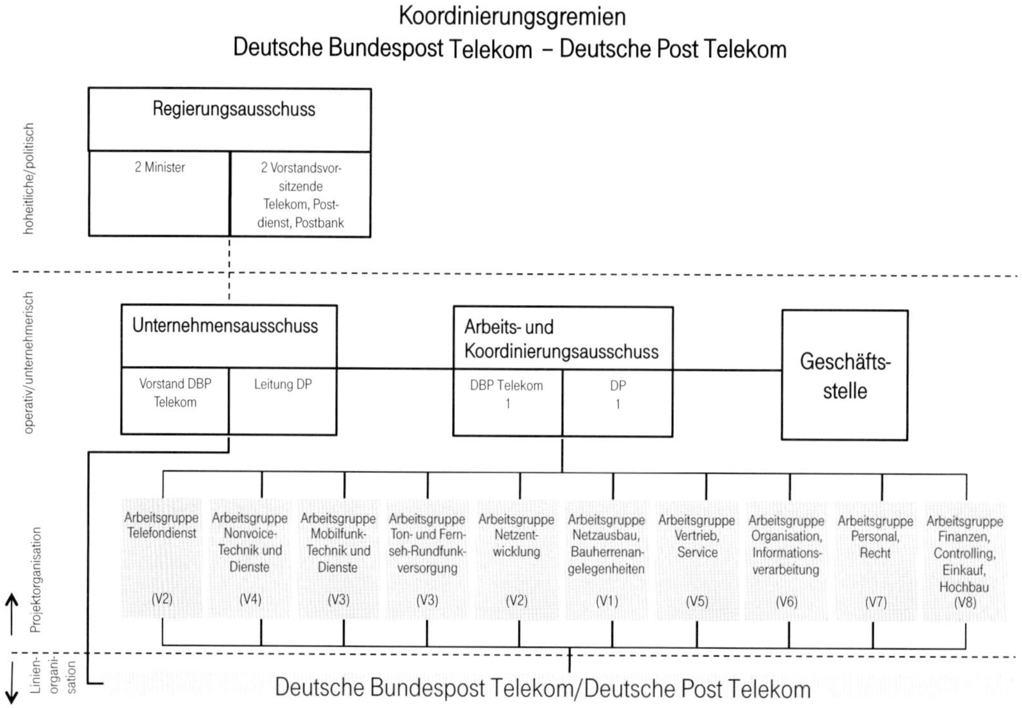
Koordinierungsgremien
Deutsche Bundespost Telekom – Deutsche Post Telekom
hoheitliche/politisch
Regierungsausschuss
2 Minister
2 Vorstandsvorsitzende Telekom, Postdienst, Postbank
operativ/unternehmerisch
Unternehmensausschuss
Vorstand DBP Telekom
Leitung DP
Arbeits- und Koordinierungsausschuss
DBP Telekom 1
DP 1
Geschäftsstelle
Projektorganisation
Arbeitsgruppe Telefondienst (V2)
Arbeitsgruppe Nonvoice-Technik und Dienste (V4)
Arbeitsgruppe Mobilfunk-Technik und Dienste (V3)
Arbeitsgruppe Ton- und Fernseh-Rundfunkversorgung (V3)
Arbeitsgruppe Netzentwicklung (V2)
Arbeitsgruppe Netzausbau, Bauherrenangelegenheiten (V1)
Arbeitsgruppe Vertrieb, Service (V5)
Arbeitsgruppe Organisation, Informationsverarbeitung (V6)
Arbeitsgruppe Personal, Recht (V7)
Arbeitsgruppe Finanzen, Controlling, Einkauf, Hochbau (V8)
Linienorganisation
Deutsche Bundespost Telekom/Deutsche Post Telekom

Jürgen Hoffmann

Zusammenarbeit auf Regierungsebene

Das bedeutendste Ergebnis des Treffens der beiden Minister für das Post- und Fernmeldewesen beider deutscher Staaten am 12. Dezember 1989 war die Erkenntnis, dass die Lösung der Vielzahl der sich über Jahrzehnte angehäuften Probleme auf dem Gebiet des Post- und Fernmeldewesens einer gemeinsamen systematischen Aufbereitung und Abarbeitung bedurfte. Beide Minister kamen überein, zu diesem Zweck eine »Gemeinsame Regierungskommission zur weiteren Ausgestaltung der Post- und Fernmeldebeziehungen zwischen der Bundesrepublik Deutschland und der Deutschen Demokratischen Republik« zu bilden.

Sechs Wochen nach dem ersten Ministertreffen erfolgte am 25. Januar 1990 in Bonn die konstituierende Sitzung der Gemeinsamen Regierungskommission. In ihrer Sitzung stellte die Kommission fest, »daß die in der gemeinsamen Erklärung vom 12. Dezember des Vorjahres vereinbarten Sofortmaßnahmen zur Verbesserung des gegenseitigen Fernsprechverkehrs bereits Früchte getragen bzw. einen beachtlichen Arbeitsstand erreicht hatten«. Ein wesentliches Ergebnis des Januartreffens war die Bildung spezieller Arbeitsgremien. Entsprechend der getroffenen Übereinkünfte wurden zur weiteren Ausgestaltung der Beziehungen sieben paritätisch besetzte Arbeitsgruppen gebildet, deren Mandate festgelegt und die von beiden Seiten vorgeschlagenen Leiter bestätigt. Von diesen Arbeitsgruppen befassten sich sechs mit Telekommunikations-Problemen, der siebenten wurden die anstehenden Aufgaben des Postverkehrs übertragen.

Die Aufgabe der »Arbeitsgruppe Gegenseitiger Fernmeldeverkehr« bestand darin, weitere kurzfristige Maßnahmen auszugestalten, um die Kapazität des Fernmeldenetzes der Deutschen Post und der Verkehrsverbindungen für den gegenseitigem Fernmeldeverkehr zu erhöhen. Dazu gehörte auch, sofern noch möglich, die durch Grenzziehung und Mauerbau einst gekappten Netzverbindungen wieder zu reaktivieren, ferner Glasfaserkabelverbindungen zwischen Ost- und West-Berlin zu schaffen und in Ost-Berlin die internationale Vermittlungsstelle bis Ende 1990 fertigzustellen. Wichtig war darüber hinaus, mittel- und langfristige Konzepte für den Aufbau einer bedarfsgerechten Telekommunikationsinfrastruktur der Deutschen Post der DDR im Inland und zwischen beiden deutschen Staaten zu erarbeiten.

Linke Seite: Koordinierungsgremien.

Die Erhöhung der Zahl der Telex-Verbindungsleitungen sowie der Mietleitungen für Telefon-, Telefax-, Datenübertragung und Bildschirmtext zur Verbesserung der Verkehrsabwicklung zwischen Ost und West war das Mandat der »Arbeitsgruppe Text- und Datendienste«. Diese Gruppe hatte weiterhin die Aufgabe, sich mit der Einführung neuer Dienste für die Text- und Datenübertragung über das Fernsprechnetz, über das aufzubauende paketvermittelte Datennetz sowie mit der Nutzung von Satellitendiensten zu beschäftigen.

Die »Fernmeldetransitgruppe« kümmerte sich um Maßnahmen zum weiteren Ausbau der Übertragungskapazitäten im Fernmeldetransit zwischen der Bundesrepublik Deutschland und West-Berlin. Im Zentrum stand dabei die volle Nutzung der bestehenden Glasfaserkabel-Transitverbindung. Die Gruppe erhielt darüber hinaus den Auftrag, eine Konzeption für eine digitale Übertragungsstrecke Frankfurt a. M.-Berlin-Moskau zu erarbeiten.

Die »Arbeitsgruppe Mobilfunkdienste« arbeitete an Vorschlägen, wie das West-Berliner Mobilfunknetz auf Ost-Berlin und dessen Randgebiete auszudehnen sei und wie der Aufbau des C-Netzes entlang der damaligen Transitautobahnen realisierbar wäre. Aber auch die Planung und Vorbereitung künftiger digitaler Mobilfunkdienste (des späteren D1-Netzes) standen schon auf der Tagesordnung. Wichtig waren damals die Vorschläge für Regelungen hinsichtlich des Mitführens und Betreibens von Mobilfunkgeräten; denn die DDR mit ihren »besonderen Sicherheitsbedürfnissen« erlaubte zwar die Mitführung von Mobilfunkgeräten, untersagte aber deren Nutzung. Besonders wichtig waren auch die Vorbereitung und Organisation eines Know-how-Transfers durch den Austausch von Mitarbeitern sowie in der Einbeziehung von Mitarbeitern der Deutschen Post in Ausbildungsmaßnahmen der Deutschen Bundespost Telekom. Es war zwar theoretisches Wissen über öffentliche Mobilfunkanlagen vorhanden, praktische Erfahrungen fehlten jedoch wegen des Verbotes solcher Anlagen in der DDR.

Die »Arbeitsgruppe Fernsehversorgung« wurde beauftragt, die technischen Möglichkeiten zur flächendeckenden Versorgung beider deutscher Staaten mit den Fernsehprogrammen ARD und ZDF sowie des DFF-1 und DFF-2 der DDR zu prüfen. Besonders diese heute nicht mehr zu verstehende Aufgabenstellung zeigt deutlich, dass die Frage der deutschen Einheit zu diesem Zeitpunkt nicht unbedingt schon ein Thema war. Dabei sollten auch Möglichkeiten des Einsatzes von Satellitenkanälen geprüft werden, was sich jedoch wegen der damals noch nicht geklärten urheberrechtlichen Fragen als außerordentlich kompliziert erwies.

Die »Arbeitsgruppe Organisation« bereitete die Zusammenführung der Unternehmen auf beiden Seiten vor. Anlässlich der Leipziger Frühjahrsmesse fand am 13. März 1990 ein weiteres Treffen der deutschen Postminister statt. In einer gemeinsamen Erklärung schätzten diese die bisherige Arbeit der Regierungskommission und ihrer Arbeitsgruppen als sehr positiv und ergebnisorientiert ein. In dieser Erklärung bekräftigten beide Minister »die Absicht und Notwendigkeit, noch schnellere Schritte einzuleiten, um ein rasches Zusammenwachsen der Deutschen Post und der Deutschen Bundespost im Interesse der Wirtschaftskooperation und der Menschen zu erreichen«. Notwendig war, dass die Unternehmen der Deutschen Bundespost und die Deutsche Post, ihre Generaldirektionen, wissenschaftlich-technischen Institute und Ämter noch enger zusammenarbeiteten, um die Verkehrs- und Netzstrukturen des Post- und Fernmeldeverkehrs anzugleichen. Erklärtes Ziel der Minister war es, durch eine Postunion einen Beitrag zu einem einheitlichen deutschen Post- und Fernmeldewesen zu leisten. Damit wurde zum ersten Mal das gemeinsame Ziel einer Postunion mit dieser Erklärung beschlossen und verkündet.

Am 17. Mai trat die Gemeinsame Regierungskommission erneut zusammen. Inzwischen war im Ergebnis der ersten demokratischen Wahlen in der DDR Emil Schnell mit der Leitung des Ministeriums für Post- und Fernmeldewesen betraut worden. Die historische Bedeutung dieser Mai-Tagung lag in der gemeinsamen Willenserklärung, ein Regierungsabkommen vorzubereiten, mit dem zentrale Gesetze und Regelungen des Post- und Fernmeldewesens der BRD seitens der DDR übernommen wurden. »Nach den ersten praktischen Sofortmaßnahmen steht nun eine weitere Stufe der Zusammenarbeit an, um sowohl auf politisch-hoheitlichem als auch auf unternehmerischem Gebiet die Phase bis zur endgültigen staatsrechtlichen Vereinigung der Verwaltungen zu gestalten«, führte Bundespostminister Schwarz-Schilling auf der anschließenden Pressekonferenz aus.

Damit wurden die Weichen gestellt, um für das Post- und Fernmeldewesen der damaligen DDR die ordnungspolitischen und organisatorischen Grundsätze des Poststrukturgesetzes der BRD schrittweise zu übernehmen. Gleichzeitig wurden die Aufgaben der bundesdeutschen Unternehmen Telekom, Postdienst und Postbank seitens der Deutschen Post übernommen. Mit diesem Wechsel der Rahmenbedingungen mussten auch Struktur und Aufgabenstellung der Paritätischen Regierungskommission umgestaltet werden. Die erforderliche Weichenstellung erfolgte noch während dieser Tagung.

Klaus Demmler
Siegfried Fenske
Reinhard Genderka
Jürgen Hoffmann
Lothar Kipf
Gerhard Lubosch
Günter Rehs
Klaus Wirsing

»Aus zwei mach eins« – Die Unternehmen wachsen zusammen

Die »Arbeitsgruppe Organisation«

Mehr zum Thema »Aus zwei mach eins«:

Zweifellos war es eine gewaltige Herausforderung, die Fusion der beiden Telekommunikationsunternehmen Deutsche Post und Deutsche Bundespost Telekom organisatorisch vorzubereiten und zu realisieren. Zwar ist die Fusion zweier Unternehmen an sich nichts Besonderes; insofern konnte man vorliegende Erfahrungen nutzen. Außergewöhnlich aber waren die Umstände dieser Fusion: die Dimension, die Unterschiede der beiden Fusionspartner in Struktur, Größe und ihrer »Mitgift«, die knappe Zeit und vor allem die Rahmenbedingungen während der Zeit des Fusionsprozesses. Die Entscheidung, die beiden Telekommunikationsunternehmen zu fusionieren, war nicht selbstverständlich. Es wäre durchaus möglich gewesen, beide Unternehmen bestehen zu lassen und lediglich in der Aufgabenerfüllung eng miteinander zu verzahnen. Für die Fusionsentscheidung ausschlaggebend war die Überzeugung, die gewaltige Aufholjagd in dieser Form schneller bewerkstelligen zu können, und zwar unter Ausnutzung der Erfahrungen der Deutschen Bundespost Telekom mit großen Investitionsprogrammen.

Wie war nun der organisatorische »Nullpunkt«, d.h. wie waren die beiden Unternehmen am Beginn der Fusionsüberlegung organisiert? Die 1989 aus der Postreform I hervorgegangene Deutsche Bundespost Telekom war damals zwar noch nicht optimal – wie sich später zeigte –, aber doch relativ klar und straff organisiert. Im Gegensatz dazu wirkte die Organisation der Deutschen Post äußerst unübersichtlich. Insbesondere in folgenden Punkten wich sie von der Organisation ihres westlichen Pendants ab: keine Trennung zwischen Hoheits-/Regulierungsaufgaben und Betriebsaufgaben, keine Ausrichtung auf Kundensegmente, eine große Anzahl (15) an Bezirksdirektionen, keine durchgängige organisatorische Trennung zwischen Post- und Fernmeldewesen, Sonderorganisation für den Fernmeldebau, zwölf zentrale Niederlassungen und eine spezielle Funkorganisation. Als Folge waren auch die Zuständigkeiten und Abläufe sehr unterschiedlich im Vergleich zu den westlichen Arbeitsverfahren.

Mit der Fusion mussten also die sehr unterschiedlichen Organisationsstrukturen verschmolzen werden.

Im April 1990 wurde der paritätisch von der Deutschen Bundespost Telekom und der Deutschen Post besetzte Arbeits- und Koordinationsausschuss mit zehn Arbeitsgruppen gegründet. Die erste Sitzung der Arbeitsgruppe Organisation fand bereits Ende Mai statt, wo auf der Grundlage detaillierter Bestandsaufnahmen und Aufgabengliederungen ein (grober) Zeitplan für die organisatorischen Maßnahmen der Fusion festgelegt wurde. Grundlage für die Überlegungen und Maßnahmen waren der Beschluss des Ministerrates vom 15. März 1990 »zur Ausgestaltung der Generaldirektion des Staatsunternehmens DP« und die Festlegung im Staatsvertrag, dass für das Post- und Fernmeldewesen der DDR die »ordnungspolitischen und organisatorischen Grundsätze des Poststrukturgesetzes der Bundesrepublik Deutschland schrittweise verwirklicht werden« sollten. Auf dieser Basis wurde am 5. Juni 1990 vom Ministerrat der DDR die »neue Profilierung der Deutschen Post« angeordnet und ihre konsequente Ausrichtung auf die Unternehmensbereiche Postdienst und Telekom eingeleitet: Mit der Einrichtung der Generaldirektion und der damit verbundenen Trennung vom Rest-Ministerium wurden (analog zur Postreform der Bundesrepublik Deutschland) die Aufgaben aufgeteilt. Politische und hoheitliche Aufgaben nahm von nun an der Minister für Post- und Fernmeldewesen wahr, den Post-Unternehmen oblagen dagegen die unternehmerischen und betrieblichen Aufgaben. Die

Der Koordinierungsausschuss

Ich wurde für den 12. März 1990 für ein Gespräch mit dem damaligen Vorstandsvorsitzenden der Telekom, Helmut Ricke, nach Bonn bestellt. Die Vorstände der öffentlichen Unternehmen Telekom, Post und Postbank hatten unter dem Bundespostminister die operative Leitung inne und sollten die Umwandlung der drei Teilunternehmen in Aktiengesellschaften vorbereiten. Herr Ricke eröffnete mir, dass zur Organisation der Zusammenarbeit der Telekommunikationsabteilung des DDR-Postministeriums mit der Telekom ein paritätisch aus den Spitzen beider Seiten besetzter Ausschuss mit einer Anzahl fachbezogener, ebenfalls paritätisch besetzter Arbeitsgruppen ins Leben gerufen werden sollte. Herr Ricke fragte mich, ob ich bereit wäre, zusammen mit einem DDR-Vertreter und einigen wenigen Mitarbeitern das Sekretariat des Ausschusses zu bilden. Die Aufgabe des Sekretariats sollte sein, die Beschlüsse des Ausschusses an die Arbeitsgruppen zu vermitteln, deren Arbeit zu koordinieren und die Arbeitsergebnisse für den Ausschuss zusammenzufassen und zu präsentieren. Die damalige Situation war nicht so, dass ich glaubte, in einer angemessenen Bedenkzeit eine genauere Beschreibung der Aufgaben oder meines Status in dieser Funktion herbeiführen zu können. Ich war der Meinung, die Aufgabe sei wichtig, die Zeit dränge und das Übrige werde sich regeln. Ich sagte also spontan zu.

Am 6. April 1990 fand im Ost-Berliner Postministerium eine Besprechung zwischen dem Telekom-Vorstand und der Generaldirektion Telekom der DDR statt. Das war die Gründungssitzung des Ausschusses. Gegenstand der damaligen Besprechung war das gemeinsame Ziel, das Telekommunikationsnetz der DDR so schnell wie möglich auf den Stand des Netzes in der Bundesrepublik zu bringen. Bei dieser Besprechung wurde ich von der Seite der Telekom als der vorgesehene Leiter des Ausschuss-Sekretariats vorgestellt, und die DDR-Seite stellte ihren Vertreter vor, einen etwa gleichaltrigen Kollegen, Ingenieur wie ich, Dr. Wolf Kahle. Gemeinsam leiteten wir dann das Sekretariat.

Ronald Dingeldey

Generaldirektion Telekom Ost wurde mit der Koordinierung der Vorbereitung der Fusion mit der Deutschen Bundespost Telekom »auf dem Weg der Angleichung der Netze und des Versorgungsniveaus« beauftragt.

Die vorhandenen 15 Bezirksdirektionen der DDR blieben zunächst bestehen, wurden aber in ihrer inneren Struktur aufgeteilt. Die Leitungsorganisation wurde konsequent auf die Unternehmensbereiche Telekom und Postdienst ausgerichtet. Im September 1990 war es dann so weit: Nach intensiven Beratungen in der Arbeitsgruppe Organisation und den Vorständen der Generaldirektion wurden die 15 Direktionen durch das Ministerium für Post- und Fernmeldewesen aufgelöst. Gleichzeitig wurden fünf neue Direktionen Telekom gebildet; und zwar eine Direktion in jedem künftigen neuen Bundesland. Die Aufhebung der Bezirksdirektionen noch vor der Wiedervereinigung war ein nicht zu unterschätzender Vorteil; denn später wäre dies zusätzlich zu den Anstrengungen des Aufbauprogramms erheblich schwieriger geworden. Auch die bestehenden zwölf zentralen Niederlassungen und das Kombinat Fernmeldebau wurden auf die Unternehmensbereiche aufgeteilt. Dabei wurden für den Bereich Telekom sechs neue zentrale Niederlassungen gebildet.

Gemäß Einigungsvertrag (Art. 13, Abs. 2) war vor der Fusion der beiden Unternehmen durch den »zuständigen Bundesminister« zu entscheiden, welche Organisationseinheiten der Deutschen Post auf die Deutsche Bundespost überführt und welche abgewickelt werden sollten. Nicht überführt werden sollten das Ministerium, das Zentralamt für Funkkontrolle, die Generaldirektion Telekom Ost sowie bestimmte Abteilungen aus dem Zentrum Funkdienste, das Zentrum für Bildung und Unternehmensführung und schließlich die Gerätefertigung Leipzig (Studiotechnik). Alle anderen Organisationseinheiten (Direktionen, Teile der zentralen Ämter, Ortsämter, Postmuseum) wurden überführt. Mit der Verfügung der Generaldirektion Telekom vom 2. Oktober 1990 traten die neuen Regelungen am 3. Oktober 1990 in Kraft.

Ein gemeinsamer Unternehmensausschuss nimmt seine Arbeit auf – Das politische Umfeld der Umorganisation

In der ersten Hälfte des Jahres 1990 fand die Zusammenarbeit zwischen den Telekom-Organisationen der BRD und der DDR noch unter den Gegebenheiten der Existenz zweier deutscher Staaten statt, die zwar langfristig auf eine Vereinigung zustrebten, jedoch noch immer getrennte Verantwortungen wahrnahmen. Die Grundlage für die ersten Schritte des Zusammenwachsens bildete die während der Leipziger Frühjahrsmesse von beiden deutschen Ministern angekündigte

Bildung einer Postunion. Die politischen Vorgaben für diesen Prozess wurden im Regierungsausschuss, dem die zuständigen Minister beider Seiten, die drei Vorstandsvorsitzenden der Unternehmen der Deutschen Bundespost und die drei Generaldirektoren der Deutschen Post angehörten, erarbeitet. Im Gegensatz dazu oblag die unternehmerisch-operative Leitung der Zusammenarbeit zwischen der Deutschen Bundespost Telekom und der Generaldirektion Telekom der Deutschen Post dem neu gebildeten Unternehmensausschuss.

Dieses Gremium bestand aus dem Vorstand der Deutschen Bundespost Telekom auf der einen Seite und dem Generaldirektor sowie den Geschäftsbereichsleitern der Deutschen Post Telekom unter Einbeziehung eines Geschäftsbereichsleiters der Generaldirektion »Postbank und Unternehmensfinanzen der Deutschen Post« auf der anderen Seite. Letzterer war erforderlich, da die ostdeutsche Telekom – entsprechend dem etwas halbherzig gefassten Regierungsbeschluss – sehr stark technologisch ausgerichtet war und über kein eigenes Finanzorgan verfügte, da alle Finanzierungsaufgaben der Deutschen Post von der eben erwähnten Generaldirektion Postbank und Unternehmensfinanzen wahrgenommen werden sollten. Gleichzeitig wurde, wie bereits ausgeführt, zur Steuerung und Koordinierung der Arbeiten ein Arbeits- und Koordinierungsausschuss mit zehn Arbeitsgruppen gebildet. Der Ausschuss und alle Arbeitsgruppen waren paritätisch besetzt und wurden gemeinsam von je einem Geschäfts- oder Fachbereichsleiter der beiden Generaldirektionen geleitet. Um alle Möglichkeiten einer schnellen Entwicklung der Telekommunikationsinfrastruktur im Osten Deutschlands zu nutzen, wurden den Arbeitsgruppen bei der Planung ihrer jeweiligen Entwicklungsziele zunächst keine finanziellen Beschränkungen auferlegt. Somit konnten Beschlüsse, auf die man sich in den Arbeitsgruppen verständigt hatte und soweit sie keiner bereichsübergreifenden Koordinierung bedurften, von den Arbeitsgruppenleitern ohne Verzug im Rahmen ihrer eigenen Zuständigkeiten umgesetzt werden. Gebildet wurden die Arbeitsgruppen Telefondienst, Non-Voice-Technik und -Dienste, Mobilfunktechnik und -dienste, Ton- und Fernsehrundfunkversorgung, Netzentwicklung, Netzausbau, Vertrieb und Service, Organisation und Informationsverarbeitung, Personal und Recht und schließlich Finanzen, Controlling, Einkauf und Hochbau.

Im Sommer 1990 wurde immer deutlicher, dass die sich rasant vollziehende politische Entwicklung auf eine Wiedervereinigung Deutschlands hinauslief. Das erforderte ein Umdenken in der gesamten Arbeit des Unternehmensausschusses, denn jetzt musste zusätzlich die Fusion der deutschen Telekom-Unternehmen vorbereitet werden. Die vierte Tagung des gemeinsamen Unternehmensausschusses wurde von dieser politischen Dynamik des Vereinigungsprozesses geprägt.

Sitzgelegenheiten für den Unternehmensausschuss

Ich erinnere mich an eine Sitzung des Unternehmensausschusses im September 1990 in Ost-Berlin. Nachdem die erste Berliner Sitzung im Juni 1990 noch im Gästehaus der DDR-Regierung, dem Hotel Johannishof an der Friedrichstraße, stattgefunden hatte, traf man sich diesmal in den Räumen des DDR-Ministeriums für Post- und Fernmeldewesen in der Mauerstraße. Die Sitzung sollte im Dienstzimmer von Dr. Heinz Uhlig, dem damaligen stellvertretenden Minister für den Bereich Telekommunikation stattfinden. Der Platz für etwa 20 Personen war im riesengroßen Ministerbüro zwar vorhanden. Aber woher sollte man so viele bequeme und halbwegs zeitgemäß aussehende Stühle bekommen? Schließlich gingen wir im ganzen Haus auf die Suche und trugen eine bunte Sammlung zusammen. Büromöbel waren nämlich ein absoluter Engpass in der DDR. Die Möbelkombinate produzierten vor allem für den Export, zum Beispiel für den Quelle-Versand. Und was dann im Inland blieb, war vorrangig für den »Bevölkerungsbedarf« vorgesehen. Für Betriebe und Verwaltungen blieb somit kaum etwas übrig. In besagter Sitzung jedenfalls wurden wichtige Weichen für die unmittelbar bevorstehende Fusion der beiden deutschen Telekommunikationsunternehmen gestellt.

Adelheid Schmalian

Wenn auch der Stichtag des Beitritts der ostdeutschen Länder zur Bundesrepublik Deutschland noch nicht exakt feststand, stimmten beide Seiten darin überein, dass mit der Festlegung des Tages der Wiedervereinigung auch der Tag für die juristische Fusion der beiden Telekom-Unternehmen fixiert werde. Das bedeutete, dass neben der bisherigen gemeinsamen unternehmerischen Zielsetzung »Verbesserung der Telekommunikation zwischen beiden deutschen Staaten und Verbesserung der Fernsprechversorgung in der DDR« auch die organisatorische Zusammenführung zu vollziehen war.

Mit einem Festakt im Kronprinzenpalais in Berlin wurde die Fusion am 4. Oktober 1990 vollzogen. Im Anschluss daran fand die sechste und letzte Tagung des Unternehmensausschusses statt, welche den Wirtschaftsplan für das zweite Halbjahr 1990 bestätigte. Am Tag darauf nahm die Stabsstelle Berlin der Generaldirektion der Deutschen Bundespost Telekom ihre Arbeit auf. Aus ihr wurde im Jahr darauf der Vorstandsbereich A als Projektmanagement für den »Aufbau Ost« gebildet.

Die Struktur nach der Fusion

Mit dem Beschluss, die Organisationsstrukturen in Ost und West anzupassen, begann ein intensiver Arbeitsprozess. Die Direktionen waren nunmehr in Ost und West gleich organisiert; die Amtsebenen und der Bereich der zentralen Niederlassungen waren dagegen noch weitgehend im »Urzustand«. Die Aufbau- und Ablauf-Organisation musste nun so gestaltet werden, dass die Organisationseinheiten ein normales Fernmeldeamt etablieren konnten. Die Stabsstelle Berlin in der Generaldirektion Telekom wurde im November 1990 eingerichtet. Sie brachte Ost-Know-how in die Generaldirektion Telekom West ein. Die Stabsstelle war an allen den Osten betreffenden Regelungen beteiligt, wenn es um die Frage der Umsetzbarkeit ging, und sollte darüber hinaus aus ihrer Sicht notwendige Maßnahmen initiieren. Daneben oblagen ihr die Abstimmung des Aufholprogramms »Telekom 2000« und ostspezifische Ausführungsaufgaben, insbesondere die Bearbeitung von Beschwerden und die Weiterführung des Ost-Buchungskreises. Letzteres war wegen der unterschiedlichen Finanz- und Buchungssysteme in Ost und West notwendig. Besonders hervorzuheben aus der Arbeit der Stabsstelle Berlin bzw. des Vorstandsbereichs »Aufbau Ost« sind im Rückblick die Abänderung des Programms auf regionale Teil-Programme, der Aufbau eines Berichts- und Besprechungssystems zum »Aufbau Ost«, die federführende Erarbeitung eines Partnerschaftsprogramms zwischen West- und Ost-Ämtern und die Zusammenarbeit für den Bereich Deutsche Bundespost Telekom mit dem »Bundesbeauftragten für die

Noch mehr deutsch-deutsche Partnerschaft

Alle 108 westlichen Fernmeldeämter ins Partnerschaftsprogramm integriert

Die Verlobungszeit war kurz, in der Ehe ging es gleich zur Sache: Die Generaldirektion spielte den Vermittler und im Nu waren sie verbunden, die alten und die neuen Fernmeldeämter. Das Partnerschaftsprogramm '90 startete gleich voll durch – mit rund 350 „Wessis", die ihr Know-how an ihre Kollegen im Ostteil des Landes weitergaben.

Ausschnitt eines Artikels aus der Mitarbeiterzeitschrift *Monitor*, April 1991.

Unterlagen des Staatssicherheitsdienstes der ehemaligen DDR« (»Gauck-Behörde«).

Die Fusions-Verfügung regelte, die sechs zentralen Mittelbehörden Ost zunächst als selbstständige Organisationseinheiten bestehen zu lassen, sie aber fachlich der jeweiligen Hauptabteilung des Fernmeldetechnischen Zentralamtes zu unterstellen. Ziel war es, den zentralen Bereich einheitlich aufzustellen. Der Vorstand in Berlin entschied, einen zweiten Standort einzurichten. Die bestehenden sechs zentralen Mittelbehörden Ost sollten sukzessive aufgelöst werden. Unstrittig war, dass die sogenannten nicht zentralen Aufgaben der Telekom nur vorübergehend zentral in Berlin wahrgenommen werden sollten und so bald wie möglich auf die Niederlassungen bzw. Direktionen der Telekom verlagert werden sollten. Bereits Anfang 1992 bestanden von den sechs zentralen Mittelbehörden nur noch das Zentrum für Telekommunikation und das Organisations- und Rechenzentrum.

Trotz der zu befürchtenden Reibungsverluste durch die Umorganisation wurde entschieden, die Organisation der Deutschen Bundespost Telekom auf der Niederlassungsebene auch im Beitrittsgebiet einzuführen. Hauptgründe dafür waren, dass diese Organisation für große Investitionsprogramme konzipiert und nur dadurch eine schnelle und wirksame personelle Unterstützung aus dem Westen in den Ostniederlassungen zu erreichen war. Bereits am 25. Oktober 1990 wurde daher von der Generaldirektion Telekom verfügt, 14 Fernmeldeämter der Normalform (ohne Berlin) »nach den bewährten aufbauorganisatorischen Grundsätzen der Deutschen Bundespost Telekom« einzurichten. Zugleich wurde zur Unterstützung des einheimischen Personals die zeitweise Entsendung von Mitarbeitern aus dem Westen im Rahmen des Partnerschaftsprogramms angekündigt.

Noch mehr deutsch-deutsche Partnerschaft:

Das Partnerschaftsprogramm

Ab Oktober 1990 legte der Vorstand der Telekom das Partnerschaftsprogramm »Projekt FA 90« auf. Damit wurde organisatorisch geregelt, was bereits im Laufe des Jahres 1990 spontan und »zentral unorganisiert« entstanden war: Hilfe aus den West-Ämtern in den Ost-Ämtern, oft über persönliche Bekanntschaften, Begegnungen, Erlebnisse. Mit dem Projekt FA 90 wurden die Ost-Ämter beim Aufbau der neuen Fernmeldeämter unterstützt.

Jedes Ost-Amt erhielt ein Partneramt aus dem Westen. So war beispielsweise das Fernmeldeamt Mönchengladbach das Partneramt für Potsdam, und das Fernmeldeamt 3 Berlin (West) engagierte sich im Partnerschaftsprogramm für das Fernmeldeamt 6 Berlin (Ost). In vielen Fällen konnte auf die bereits bestehenden inoffiziellen Hilfen aufgebaut werden. Die Partnerämter führten einzelne Projekte gemeinsam mit den ihnen zugeordneten künftigen Fernmeldeämtern in den neuen Bundesländern durch. Dabei hatten Effektivität und Schnelligkeit Vorrang vor Perfektionismus und der strikten Beachtung von Vorschriften; vertretbare Risiken wurden in Kauf genommen. Als Projektleiter für den Aufbau der neuen Fernmeldeämter wurden meist erfahrene West-Amtsvorsteher benannt.

Die neuen Ost-Ämter sollten mit allen Funktionen reibungslos und pünktlich zum 1. Januar 1991 in Betrieb gehen; Fernmeldeamt, Fernmeldebauamt, Funkamt, Betriebsschule, Kfz-Werkstätten und Teile der Bezirksdirektionen sollten organisatorisch zusammengeführt werden, die kombinierten Post- und Fernmeldeämter sollten getrennt sowie die Personalvertretungen gebildet werden. Daneben mussten die Ost-Kollegen mit den neuen Verwaltungs- und Betriebsabläufen vertraut gemacht werden – denn die beste Aufbauorganisation ist wertlos, wenn die darauf aufbauenden Abläufe nicht funktionieren.

Das Projekt FA 90 wurde ein großer Erfolg. Die neuen Fernmeldeämter gingen pünktlich am 1. Januar 1991 in Betrieb, die neue Organisation funktionierte sehr kurzfristig ohne größere Schwierigkeiten, nicht zuletzt aufgrund der enormen Motivation und Einsatzbereitschaft der Ost-Kollegen, unterstützt von ihren West-Kollegen. Mit der Inbetriebnahme der neuen Ämter war jedoch die Hilfe der West-Kollegen keinesfalls beendet. Die Projektarbeiten FA 90 gingen an vielen Orten in unterstützende Partnerschaften über. Waren also zunächst West-Mitarbeiter in den Osten geschickt worden, um dort selbst aktiv zu sein und Projekte umzusetzen, wurden nun Mitarbeiter entsandt, um Fortbildungen durchzuführen und um die Ost-Mitarbeiter bei der Umsetzung von Projekten zu unterstützen. Um das Wissen und die Erfahrungen der Fernmeldeämter in den alten Bundesländern möglichst schnell in die neuen Bundesländer zu transferieren, sah das Part-

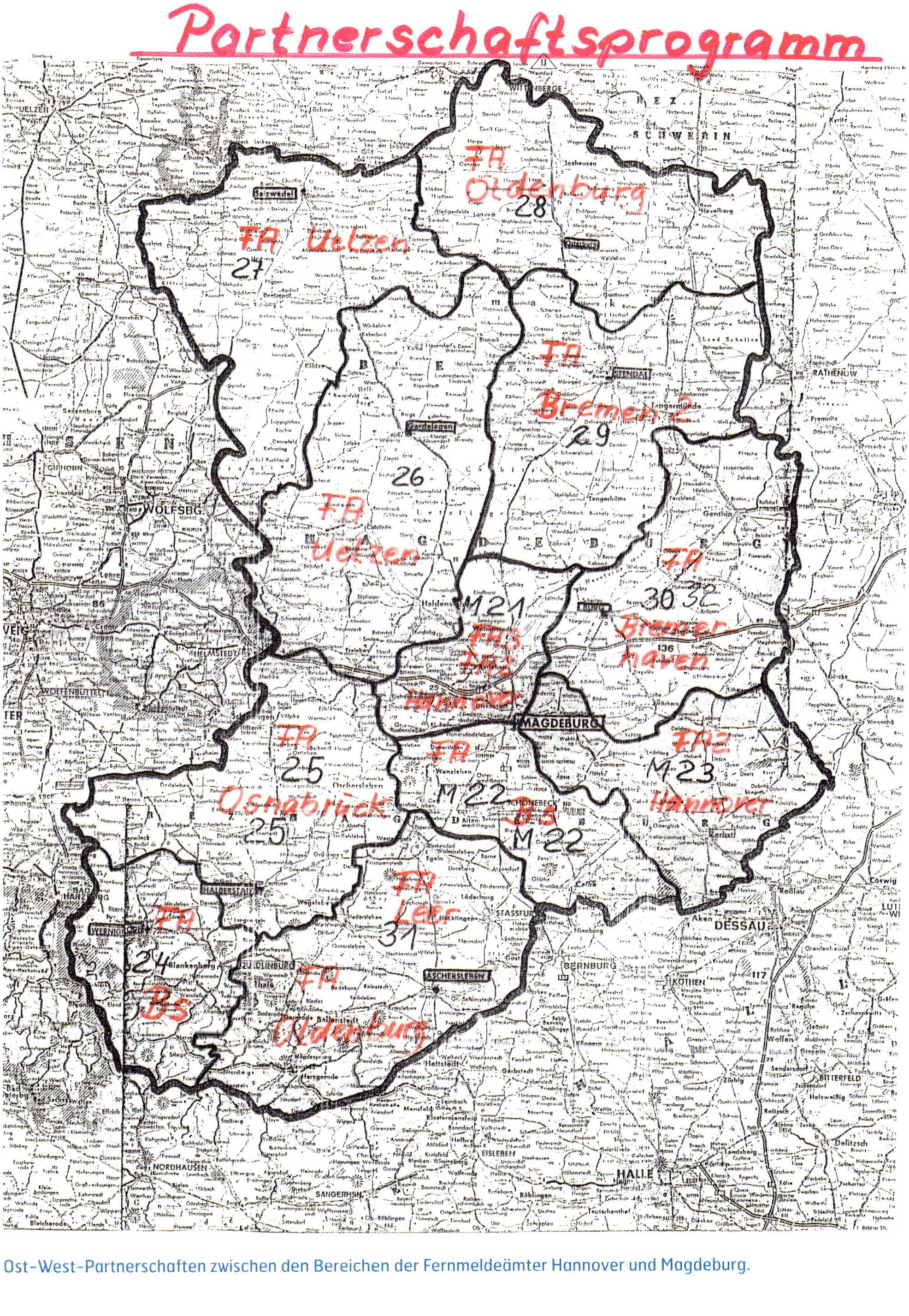

Ost-West-Partnerschaften zwischen den Bereichen der Fernmeldeämter Hannover und Magdeburg.

Partnerschaftsprogramm – »selbst gemacht«
Nebenbei bemerkt waren die Dienststellen der Teilnehmerdienste – dazu gehörte auch der Fernmelderechnungsdienst – beim Partnerschaftsprogramm total vergessen worden. Wir änderten das generelle Partnerschaftsprogramm für den Bereich des Fernmelderechnungsdienstes weitgehend ab, weil vielfach die Partner von der Größe her nicht zusammenpassten, oft sogar mehrere Fernmelderechnungsstellen bei demselben Fernmeldeamt tätig werden mussten. Die Partnerdienststellen sollten den Abrechnungsstellen beim organisatorischen Aufbau helfen und gegebenenfalls praktische Hilfestellung geben. Unser Fortbildungskonzept sah 38 Lehrgänge für etwa 600 Personen über alle Tätigkeiten im Bereich des Fernmelderechnungsdienstes vor. Dazu waren zum einen umfangreiches Schulungsmaterial zu erarbeiten und zum anderen im Fernmelderechnungsdienst erfahrenes Personal der Fernmeldeämter als Vortragende zu gewinnen. Weitere Theorie-Lehrgänge für 300 Mitarbeiter, die Folgemaßnahmen bei Zahlungsverzug und Beschwerden bearbeiten sollten, waren ab November 1991 vorgesehen. Während der Einschwingphase sollten Mitarbeiter aus den Partner-Fernmeldeämtern unterstützend mitarbeiten.
Horst Frickel

nerschaftskonzept außerdem vor, dass Fernmeldeämter aus Westdeutschland eine vorgegebene Fläche mit fest definierten Ortsnetzen eines Ost-Fernmeldeamtes eigenverantwortlich planerisch erschlossen und ausbauten – quasi als wäre es das eigene Gebiet. Diese Partnerämter sollten dabei nicht nur ihr eigenes Personal einsetzen, sondern gleichzeitig ihre ortsansässigen Tiefbau- und Montagefirmen mitbringen. Das Partnerschaftsprogramm nahm auch in personeller Hinsicht schon bald eine überwältigende Entwicklung: Anfang 1991 waren nur ca. 350 West-Kollegen in den Ost-Ämtern und -Direktionen tätig gewesen. Diese Zahl stieg in den nächsten Jahren auf bis zu 3.500 an – ein enorm wichtiger Beitrag zum erfolgreichen »Aufbau Ost« der Telekom.

Das Partnerschaftsprogramm in der Praxis
Um das Wissen und die Erfahrungen aus den Fernmeldeämtern der alten Bundesländer möglichst schnell zu transferieren, wurden Partnerschaften gegründet. Nun, wie sollte das funktionieren bei so unterschiedlichen Systemen und Strukturen im Fernmeldebereich, speziell für Geschäftskunden? Diese Probleme zumindest im Ansatz zu lösen, war ein Kraftakt, der allen Beteiligten viel abverlangte, zumal damals die Telekom dabei war, sich selbst neu aufzustellen. Die Dreiteilung der Deutschen Bundespost (Poststrukturgesetz, Postreform I) war gerade vollzogen. Wir hatten alle Hände voll zu tun, die Umstrukturierungen umzusetzen, da wurden wir in Teams mehrmals für Wochen oder Monate zur Unterstützung nach Chemnitz geschickt. Wir dachten schon, durch diese Neuorganisation sei bei uns in Würzburg viel durcheinandergeraten, aber was wir in Chemnitz antrafen, war schon chaotisch.
Die übertragenen Strukturen (Fernmeldeamt West – Fernmeldeamt Ost) gab es erstmal nur auf dem Papier oder in einem selbst gestrickten Telefonverzeichnis. Ich war schon froh, unter den angegebenen Telefonnummern eine kompetente Person zu erreichen. So baute man über persönliche Kontakte zu den Mitarbeiter der anderen Dienststellen, die auch aus Würzburg kamen, ein internes Netzwerk auf. Besprechungen über Arbeitsabläufe fanden dann meistens beim Abendessen in der Kneipe statt, weil hier alle Bereiche vertreten waren. Der nächste Schritt war, das hiesige Personal einzubinden. Denn ohne sie lief nichts! Schließlich wussten nur sie über die örtlichen Strukturen der Telefondienste und -netze Bescheid. Auch gab es hier und da einige Seilschaften, die nicht alles preisgeben wollten und an Althergebrachtem festhielten.
Klaus Wirsing

Hans Schaffarzik

Immobilien der Deutschen Post der DDR

Mehr zum Thema Immobilien der Deutschen Post der DDR:

Nach dem Mauerfall 1989 entstand innerhalb kurzer Zeit eine fruchtbare und umfassende Zusammenarbeit zwischen der Deutschen Post der DDR und der Deutschen Bundespost, die 1990 zur Vereinigung der beiden Postverwaltungen führte. Dies hatte auch die Zusammenführung beider Immobilienvermögen zur Folge. Da sich diese seit dem Ende des Zweiten Weltkriegs in den jeweiligen deutschen Staaten sehr unterschiedlich entwickelt hatten, war die Zusammenführung keine leichte Aufgabe. Zum besseren Verständnis werden hier zunächst Herkunft und Wandlung des Immobilienvermögens der Deutschen Post der DDR dargestellt. Es folgen wichtige Stufen und Ergebnisse der Vermögensvereinigung sowie die sich daran anschließenden Entwicklungen.

Die Verwaltungen der Deutschen Post der DDR und die der Bundespost haben ihren Ursprung in der Deutschen Reichspost, die eine Reichsbehörde war, seit 1924 ein Sondervermögen des Reiches verwaltete und in der das Post- und Fernmeldewesen vereinigt waren. Nach der Kapitulation 1945 beschlagnahmten die Siegermächte das Vermögen der Reichspost jeweils in ihren Besatzungsgebieten und überließen es später den sich neu entwickelnden Postverwaltungen zur Lösung ihrer Aufgaben (post- und fernmeldetechnische Versorgung ihres jeweiligen Bereiches). Nach der Gründung der Deutschen Demokratischen Republik wurde festgelegt, dass das ehemalige Reichsvermögen, also auch das ehemalige Sondervermögen Deutsche Reichspost, als Volkseigentum zu verwalten sei.[16] Die Grundstücke wurden daraufhin wie volkseigener Besitz in Rechtsträgerschaft der Deutschen Post übertragen und dies in den Grundbüchern entsprechend dokumentiert. Für die baulichen Anlagen und sonstigen Vermögenswerte erlangte die Deutsche Post Fondsinhaberschaft, was ihr z. B. auch die Veräußerung ermöglichte. Weitere Zugänge im Immobilienvermögen ergaben sich durch Grundstückskäufe von privaten Eigentümern und zunächst auch von staatlichen Stellen. Ab etwa 1953 wurden der Deutschen Post Grundstücke von staatlichen Stellen durch einen Rechtsträgerwechsel ohne Wertausgleich übertragen; bauliche Anlagen übernahm sie auf dem gleichen Weg, allerdings mit Wertausgleich. Daneben nahm die Deutsche Post Grundstücke von weniger als 40 m^2 für die Errichtung kleinerer fernmeldetechnischer

Der Immobilien-Deal
Eine Einladung der Direktion Potsdam Mitte des Jahres 1991 zu einer Informationsrunde über die vorgesehene Aufschlüsselung der Immobilien auf die Telekom und die Post flatterte überraschend auf den Tisch. Bisher war alles gemeinsam in »sozialistischer Hand« gewesen, und nun ging es ans Eingemachte. Wie sollte das nun vonstattengehen? Eine große Runde kam mit Vertretern der verschiedenen Post- bzw. Fernmeldeämter Cottbus, Potsdam und Frankfurt/Oder zusammen. Die Zielstellung einer klaren Immobilientrennung wurde kurz erläutert, und schon hatten alle ein Papier in der Hand, das die Objekte auflistete. Nun musste ganz schnell, aber gewissenhaft überlegt werden, wo die Telekom Ansprüche anmelden wollte. Es wurde hin- und hergeschoben, und innerhalb weniger Stunden war es gelungen, eine weitgehend gerechte Aufteilung als Entscheidungsvorschlag zu schaffen. Dabei konnte das Fernmeldeamt Cottbus sich besonders freuen, weil es gelungen war, das Hauptpostamt Cottbus am Berliner Platz auf die Telekomliste zu bekommen, sodass sich das Fernmeldeamt Cottbus nach der Sanierung des Gebäudekomplexes mit einem schönen »Aushängeschild« präsentieren konnte.
Fazit: die Zeichen der Zeit genutzt.
Klaus Demmler

Anlagen in Anspruch und nutzte volkseigene Grundstücke für funktechnische Anlagen im Außenbereich oder zur Errichtung von Vermittlungsstellen und Postämtern im komplexen Wohnungsbau. Abgänge im Immobilienvermögen der Deutschen Post ergaben sich durch Grundstücksverkäufe an staatliche Stellen (bis ca. 1953) bzw. Abgabe an diese Stellen durch Rechtsträgerwechsel ohne Wertausgleich sowie bei baulichen Anlagen mit Wertausgleich. Daneben musste sie auf Grundlage eines Ministerratsbeschlusses sieben Ferienobjekte an den Freien Deutschen Gewerkschaftsbund und einige Grundstücke an die SED (mit Tauschverträgen Ministerium für Finanzen/Fundament GmbH) abgeben. Verkäufe an private Bürger oder juristische Personen gab es nicht, da dies mit der Stellung des Volkseigentums nicht vereinbar war.

Aufgrund dieser besonderen Eigentumsverhältnisse war die vorgesehene Vereinigung der Anlagevermögen beider Verwaltungen zunächst problembehaftet. Das als volkseigenes Vermögen verwaltete Anlagevermögen der Deutschen Post musste erst wieder in Staats- und Privatvermögen umgewandelt werden. Dieses gesamtvolkswirtschaftliche Problem wurde durch eine Reihe von Regelungen und mithilfe von Gesetzen gelöst, die teilweise schon von der sogenannten Modrow-Regierung und danach durch die erste frei gewählte Regierung unter Lothar de Maizière erlassen wurden. Als eine wesentliche organisatorische Voraussetzung für die Zusammenführung der beiden Vermögen mussten zunächst wieder ein Sondervermögen Deutsche Post gebildet und eine Eröffnungsbilanz erstellt werden, die den Wert des gesamten Anlagevermögens der Deutschen Post zum Stand 30. September 1990 abbildete. Hierzu sollten alle Grundstücke und baulichen Anlagen (inklusive Türme und Masten) in das Immobiliendatensystem ISIS der Bundespost Telekom aufgenommen und parallel dazu deren Werte ermittelt werden. Dies war notwendig, weil die in der Grundmittelrechnung der Deutschen Post enthaltenen Werte nach Grundsätzen der DDR-Volkswirtschaft ermittelt und damit nicht geeignet waren, z. B. Wiederbeschaffungswerte auf D-Mark-Basis darzustellen, bzw. für Grundstücke ohnehin keine Werte vorlagen, da Grundstücke in der DDR keinen materiellen Wert besaßen. Insgesamt mussten etwa 5.600 Grundstücks- und etwa 11.000 Gebäudedatenblätter ausgefüllt, kontrolliert, registriert und EDV-mäßig erfasst werden! Dies betraf alle Immobilien des Post- und Zeitungswesens, des Fernmeldewesens sowie des Funkwesens, entsprechend der damaligen Verantwortung der Deutschen Post. Die Bewältigung dieser Aufgabe wurde durch immense organisatorische Probleme erschwert, die sich aus der Auflösung der alten Strukturen, der Neuorganisation sowie wechselndem Personal ergaben.

Die Neubewertung der Gebäude und baulichen Anlagen stellte eine weitere schwierige Aufgabe dar. Eine individuelle Neubewer-

Übernahme von Gebäuden der Sowjetarmee und der Stasi
Die geschichtsträchtige Übernahme von Masten und Türmen, welche nach der Räumung durch die Sowjetarmee zur Verfügung standen, ist besonders eindrucksvoll. An einem Standort mit Funkübertragungsstellen auf dem Schneekopf (Gehlberg) im Thüringer Wald haben wir zwar eine Bausubstanz vorgefunden, konnten aber weder die Anlagen noch die Technik nutzen. Die Militärs hatten alles rückgebaut, soweit sie dies als sinnvoll erachteten. Die Sanierung der Baukörper mit den notwendigen Montagemöglichkeiten für Antennen, auch für extremste winterliche Bedingungen, war eine gestalterische und statisch anspruchsvolle Bauaufgabe.
Wir hatten damals auch mit einigen baulichen Einrichtungen der Stasi zu tun. Es gab z. B. in der Landeshauptstadt Erfurt in der Andreasstraße einen Plattenbau, in dem die Stasi ein- und ausgegangen war. Selbst Telekom-Mitarbeiter hatten damals noch abgeschlossene Bereiche vorgefunden. Diese wurden sukzessive zurückgebaut und umgestaltet. Grundsätzlich ist zu sagen: Es ist in der heutigen Zeit für Außenstehende nicht mehr vorstellbar, welche baulichen Substanzen wir vorgefunden haben. Es handelte sich zwar meist um primitivste Ausstattungen und einfachstes Mobiliar, aber oftmals in den besten Lagen, wie z. B. beim Museum für Kommunikation oder der aktuellen Hauptstadtrepräsentanz in der Französischen Straße, beide in Berlin-Mitte.
Ewald Adam Teske

tung schied schon aus organisatorischen Gründen aus. Damit blieb nur eine Bewertung auf zentraler Basis. Hierfür wurden Gebäudegruppen geschaffen, die in ihrer Nutzung vergleichbar und damit mit noch festzulegenden Werten bewertet werden konnten. Die zunächst von der Deutschen Bundespost Telekom angeforderten Vergleichsdaten zur Erleichterung der Kategorisierung erwiesen sich als wenig brauchbar, sodass schließlich gemeinsam mit Vertretern des Bauwesens der Deutschen Bundespost vereinbart wurde, die Gebäude mit vorgeschlagenen Vergleichswerten in D-Mark pro m^3 umbauter Raum zu bewerten. Die Erstbewertung der Grundstücke wurde aufwendig auf Basis zentraler Vorgaben vorgenommen.

Bei der Vereinigung der beiden Postverwaltungen in den Jahren 1990/91 besaß die Deutsche Post, nach Reduzierung auf das in der BRD übliche Verantwortungsmaß, etwa 3.200 eigene Grundstücke. Dazu gehörten auch 53 Nachrichtenobjekte, die ihr nach der Auflösung des Ministeriums für Staatssicherheit übertragen worden waren. Von diesen eigenen Grundstücken verblieben nach der Postreform I,

Bei der Enteignung vergessen
Das Thema Eigentumsverhältnisse war ganz schwierig. Wir waren unter einem enormen Druck, sehr schnell alles aufzubauen. Von vielen Grundstücken wusste niemand, wem sie gehörten. Da konnten wir doch nicht warten, bis rechtliche Grundlagen geschaffen waren oder sich jemand erinnerte, wem welches Grundstück gehört. Wir haben die Einrichtungen einfach hingestellt. Es wollten nicht nur Geschäftsleute, sondern auch Privatleute ein Telefon haben, der Bedarf war groß. Die Gemeinden stellten die Grundstücke zur Verfügung, damit ihre Bürger endlich telefonieren konnten. Eine Gemeinde hatte z. B. 3.200 Anschlüsse angefordert, aber kein Gebäude und keinen Platz für den Container. Der örtliche Pfarrer bot uns ein kleines Gelände hinter der Kirche an, das bei der Enteignung vergessen worden war, also noch immer der Kirche gehörte. Wir könnten dort die Vermittlungsstelle hinstellen – und das taten wir dann auch. Als wir dem Bürgermeister sagten, dass der Container mit 3.200 Leitungen nun installiert werde, sagte der: »Wir brauchen doch nur 1.200, aber früher mussten wir immer doppelt und dreifach so viel bestellen, um das zu bekommen, was wir wirklich brauchten.« So etwas ist in der Anfangsphase häufiger vorgekommen.
Hans Baur und Diether Stroh

Baustelle eines neuen Fernmeldedienstgebäudes in Berlin, Prenzlauer Berg.

die auch eine Immobilienteilung beinhaltete, bei der Deutschen Bundespost Telekom etwa 2.200 Grundstücke. Zu einem knappen Viertel dieser Grundstücke lagen Anträge auf Rückerstattung vor. Die Telekom hatte ihrerseits knapp 400 Anträge auf Rückübertragung oder Zuordnung für Grundstücke gestellt, die in Händen Dritter befindlich waren. Im Zuge des Programms »Telekom 2000«, das mit einem geschätzten Investitionsaufwand von 60 Mrd. D-Mark die Modernisierung des Fernmeldewesens in der DDR bis hin zur Vollversorgung realisieren sollte, wurden umfangreiche Baumaßnahmen nötig, für die sehr schnell etwa 900 Grundstücke bereitgestellt werden mussten.

Dies stellte sich bald als Problem heraus, da ein funktionierender Grundstücksmarkt nicht existierte. Städte und Gemeinden kamen zunächst für Grundstücksbereitstellungen nicht infrage, weil der bisherige Weg über Rechtsträgerwechsel nach dem 3. Oktober 1990 nicht mehr möglich war. Ein Kauf schied wegen ungeklärter Eigentumsfragen weitgehend aus, da der nach Art. 21 und 22 im Einigungsvertrag festgelegte Eigentumsübergang für öffentliches Vermögen meist grundbuchamtlich noch nicht vollzogen war. So blieb als Partner zunächst nur die Treuhandanstalt, die gemäß Art. 25 des Einigungsvertrages die Verfügungsberechtigung über das übrige ehemalige volkseigene Vermögen erworben hatte. Hier ergab sich ein Problem mit weitreichenden Folgen: Zur Vermeidung von Spekulationsgeschäften war die Treuhandanstalt angehalten, Grundstücke nur gegen eine Investitionsverpflichtung an den Käufer abzugeben, die neben der Höhe der zu tätigenden Investitionen auch die Anzahl der zu schaffenden Arbeitsplätze und den Zeitpunkt für die Fertigstellung der Maßnahmen beinhaltete. Nichteinhaltung der Verpflichtungen hatte Konsequenzen, die – je nach Grad der Nichterfüllung – Straf-

Unkonventionelles Arbeiten
Meine Frage, wo in dem allgemeinen Durcheinander die Baugenehmigung für den Neubau in Erfurt so schnell hergekommen war, wurde beantwortet: »Brauchen wir nicht, holen wir später nach.« Im Erfurter Lagerbereich konnte auch relativ kurzfristig die erste große Umtrommelanlage für Kabel in den neuen Bundesländern installiert werden. Die Inbetriebnahme wurde mit Beteiligung des Fernsehens und in Anwesenheit des Präsidenten der Direktion Erfurt gebührend gefeiert.
Addi Hübner

zahlungen bis hin zur Rückabwicklung des Vertrages zur Folge hatten. Gegenüber der Treuhandanstalt bzw. ihren Nachfolgeorganisationen wurden demzufolge Investitionsverpflichtungen abgegeben, die dem jeweiligen Planungsstand entsprachen. Während Investitionen für technische Objekte weitgehend in der geplanten Form realisiert wurden, ergaben sich jedoch infolge struktureller Änderungen bei der Telekom Reduzierungen beim Bedarf von Verwaltungsdienststellen und Baubezirken. Da somit die geplanten Baumaßnahmen entfielen, die Grundstücke aber schon beschafft und Investitionsverpflichtungen abgegeben worden waren, waren Regressforderungen durch die Treuhandanstalt bzw. ihre Nachfolgeorganisationen unausweichlich. Beim Versuch, die Forderungen abzuwehren, war den Ländervertretungen der Treuhandanstalt bzw. der Bundesanstalt für vereinigungsbedingte Sonderaufgaben als ihrer Nachfolgerin nicht zu vermitteln, dass die Telekom einen Strukturauftrag so effektiv wie möglich zu erfüllen und nicht, wie Produktionsbetriebe, Güter herzustellen und Arbeitsplätze zu schaffen bzw. strukturellen Veränderungen zu folgen hatte. Nach mehreren Aussprachen gelang schließlich eine weitgehende Annäherung der Standpunkte.[17]

Wie bereits erläutert, gab es in der DDR im öffentlichen Bereich zumindest ab 1953 keine Grundstückskäufe und -verkäufe mehr. Der Grundstücksverkehr mit dem Instrument Rechtsträgerwechsel wurde durch ein vereinfachtes Formblattverfahren abgewickelt. Für diese Aufgaben genügte im Bereich Liegenschaftswesen pro Bezirksdirektion für Post- und Fernmeldewesen je ein Bearbeiter und im Ministerium für Post- und Fernmeldewesen ein Sachbearbeiter; jeweils in den Abteilungen Hochbau angesiedelt. Das Liegenschaftswesen der Deutschen Bundespost verfügte dagegen je nach Größe der Oberpostdirektion (OPD) über ein bis zwei Referate mit Referatsleiter und insgesamt jeweils fünf bis 15 Mitarbeitern, die für Vertragsverhandlungen zum Erwerb von Liegenschaften, das Führen der Anlagenbuchhaltung bis zum Nachhalten der Buchwerte sowie der Abschreibungen für die baulichen Anlagen zuständig waren. Daneben existierte im Bundespostministerium ein Referat mit Referatsleiter und sechs Mitarbeitern. Hier war man verantwortlich für Grundsatzfragen, Anleitung und Kontrolle.

In der Wendezeit kamen auf das Liegenschaftswesen der Deutschen Post umfangreiche und vor allem zahlreiche neue Aufgaben zu. Es musste zeitnah ein funktionierendes Liegenschaftswesen aufgebaut werden. Dies begann mit der Rekrutierung zusätzlicher Bearbeiter bei allen Bezirksdirektionen für Post- und Fernmeldewesen und später bei den Direktionen Telekom Berlin, Rostock, Potsdam, Magdeburg, Erfurt und Leipzig. Die wenigen nach der Auflösung der Bezirksdirektionen verbliebenen Liegenschaftler wurden natürlich integriert. Wenn auch ein großer Teil der Aufgaben organisatorisch

Zügig und legal

Wir haben Immobilien unterschiedlichster Bausubstanz vorgefunden, von Gebäuden aus der Kaiserzeit bis zu DDR-Plattenbauten, wie zum Beispiel das Fernmeldegebäude der ehemaligen Regierung in Berlin. Sie waren in den meisten Fällen quantitativ nicht ausreichend und außerdem bestückt mit einer völlig überalterten Technik. Das galt sowohl für die Haus- als auch für die Fernmeldetechnik. Dies alles musste im Bestand verändert und angepasst werden. Bei den Neubauten war es erstrebenswert, einen unkonventionellen Weg zu gehen, ein Grundstück in der jeweiligen Gemeinde zu finden, die Besitzverhältnisse zu klären und die Frage nach einer entsprechenden Baugenehmigung zu prüfen. Es war wichtig, ein Steuerungssystem mit Termin- und Kostenmanagement zu installieren, da innerhalb kürzester Zeit etliche Gebäude parallel fristgerecht erstellt werden mussten. Uns ist es dabei gelungen, sehr spontan mit den verantwortlichen Ansprechpartnern des Landes Thüringen Flächen vorzusehen, für die weitere telekomspezifische Verwendung freizugeben und abschließend mit der Baugenehmigung zu sichern. Somit konnten die Gebäude zügig und legal auf den jeweiligen Grundstücken erstellt werden.

Ewald Adam Teske

zu lösen war, fehlte doch überall das Grundwissen über das Liegenschaftswesen, wie es früher bei der Deutschen Bundespost üblich war. Unterstützung gab es, als ein Angehöriger des Fachbereiches Liegenschaften der Generaldirektion Telekom in Bonn im Sommer 1990 anbot, den Liegenschaftsmitarbeitern in den neuen Bundesländern die Richtlinien der Deutschen Bundespost für das Liegenschaftswesen zur Verfügung zu stellen. Da das eigentliche Schriftwerk vergriffen und der Neudruck erst für das letzte Quartal 1990 vorgesehen war, wurden alle Oberpostdirektionen gebeten, dort nicht benötigte Exemplare der Deutschen Post zu überlassen. Mit dieser Aktion gelang es, an allen Standorten mit Liegenschaftsbearbeitern ein oder zwei Exemplare zur Verfügung zu stellen und damit erstes Grundlagenwissen zu vermitteln. Als nächsten Schritt organisierten die Vertreter der Generaldirektion in Bonn mehrere Ausbildungsveranstaltungen zum Liegenschaftswesen und zu verschiedenen Rechtsthemen. Daneben wurde eigens Arbeitsmaterial zur Behandlung spezieller Grundstücksangelegenheiten im Beitrittsgebiet entwickelt.

Die Rosa-Luxemburg-Kaserne

Man hatte uns in einem alten Nebengebäude in der Nähe des Postamtes in Suhl einen 60 m^2 großen Raum gezeigt, der unser Büro sein sollte. Wir versuchten, uns büromäßig einzurichten, ausgerüstet nur mit den mitgebrachten Telefonapparaten. Diese funktionierten, weil es dieselbe Vermittlungstechnik wie im Westen war. Wir haben weitere Kollegen aus München und auch Mitarbeiter der ehemaligen DDR-Post, die uns geschickt wurden, dort zusammengepfercht. Es war ein Chaos, mit 20 Mitarbeitern in diesem kleinen Raum zu arbeiten.
Die erste Überlegung für neue Büroräume war, Container aufzustellen. Das wäre aber sehr teuer geworden und hätte viel zu lange gedauert. Dann habe ich in Suhl auf dem Friedberg, einer Anhöhe oberhalb der Stadt, die Rosa-Luxemburg-Kaserne entdeckt – die Offiziersschule der Grenztruppen der DDR. Ich habe mir dann das Objekt von Innen angeschaut und hatte von der Bausubstanz den Eindruck, dass man hier Büroräume schaffen könnte. Aber dann kam das Problem: Wer ist der Ansprechpartner für einen Mietvertrag? Dazu bin ich zum Telefonieren mit dem Auto auf den »Rennsteig« – ein Höhenwanderweg über Suhl gelegen – hoch gefahren, um per Funk mit Überreichweite in den Westen telefonieren zu können. Ich habe im Verteidigungsministerium in Bonn angerufen, nach vielen Weiterleitungen wurde ich an eine Außenstelle des Verteidigungsministeriums in Berlin verwiesen. Von dort bekam ich die Auskunft, dass die Bundesvermögensverwaltung in Frankfurt a. M. zuständig sei. Dort habe ich dann erfahren, dass zur Vorbereitung der Wiedervereinigung bereits eine Außenstelle der Bundesvermögensverwaltung in Suhl geschaffen worden sei. Das war nach sechs Stunden Telefonat im kalten Auto eine erfreuliche Nachricht. Ich traf mich dann mit dem Leiter dieser Außenstelle, einem Beamten aus Saarbrücken, der sehr aufgeschlossen für mein Anliegen war. Bereits im November 1990 konnte ich einen Mietvertrag unterschreiben, ohne die sonst übliche Zustimmung der Oberpostdirektion oder der Generaldirektion einzuholen. Das wäre bei den Fernmeldeämtern im Westen nicht möglich gewesen – man hat den Aufbauleitern im Osten viele Vollmachten und viel Vertrauen durch die Generaldirektion in Bonn eingeräumt. Ich hatte Glück, denn noch während der Unterzeichnung kam ein Anruf eines Ministers aus Thüringen bei der Bundesvermögensverwaltung an. Er wollte die gesamte Kaserne haben, um die Hochschule Ilmenau dorthin zu verlegen. Gott sei Dank kam er zu spät!

Johann Nußbaum

T. Klaas von Ehren
Siegfried Fenske
Jens Gollwitzer
Sabine Schulze
Lutz Straube

Neue Dimensionen der Materialbeschaffung

Die bereits genannten Herausforderungen des »Aufbau Ost«, die vor allem auch das Volumen betrafen, hatten immense Auswirkungen auf die Materialbeschaffung. Eingebunden in die nationalen und europäischen Einkaufsvorschriften, mussten Wege gefunden werden, die der besonderen Situation in den neuen Bundesländern gerecht wurden.

In vielen Gesprächen mit der nachrichtentechnischen »Industrie vor Ort« wurde immer wieder erläutert, dass es durch den Wegfall des Handels innerhalb des Rates für gegenseitige Wirtschaftshilfe[18] und wegen der zum Teil völlig veralteten Technologie praktisch keine Aufträge mehr gäbe. Hier erhoffte sich die Zulieferindustrie der neuen Bundesländer Abhilfe durch schnelle Kooperationen, Firmenübernahmen durch westliche Unternehmen und natürlich durch Aufträge für den »Aufbau Ost«. Neben den Materialbeschaffungen mussten auch gleichzeitig die kompletten Planungen im Rahmen des Turn-key-Projekts eingekauft werden. Mit dem Programm »Telekom 2000« und den Feinplanungen in den Planungsgruppen wurde der Bedarf an Materialien ermittelt.

Wochenendeinkäufe

Den Anwohnern all jener Straßen in Chemnitz, in denen der Netzausbau abgeschlossen war, ließen wir in einer Postwurfsendung einen leeren Antrag für einen Fernsprechanschluss und einen Prospekt mit der Auswahl der Telefonapparate zukommen. Gleich am nächsten Tag erhielten wir die ersten offiziellen Anträge inklusive Bestellung eines Telefons. Allerdings gab es in der ersten Woche ein Problem: Woher sollten wir die vielen Telefonapparate, Anrufbeantworter und Faxgeräte nehmen – denn es gab zum damaligen Zeitpunkt noch keine funktionierende Logistik. Die Lösung war ganz einfach: Wir Würzburger waren Wochenendpendler, und somit bestand die Möglichkeit, alle Geräte-Bestellungen gegen Quittung aus dem Würzburger Telefonladen zu organisieren. Die so nach Chemnitz mitgebrachten Telefonapparate, Anrufbeantworter, Faxgeräte, Mehrfach-Dosen usw. wurden inklusive Bauauftrag an Jürgen – meinen Zimmernachbarn im Hotel – übergeben, der diese dann ebenfalls gegen Quittung und Unterschrift als Kaufgeräte bar an den Antragsteller aushändigte und so den Auftrag zwar ungewöhnlich, aber ganz offiziell und legal und vor allem schnell und unbürokratisch erledigte. Er gab mir abends das Geld – wieder gegen Unterschrift –, und ich zahlte dieses beim nächsten »Warenlade-Termin« im Telefonladen in Würzburg ein.
Und so waren alle Beteiligten an diesem konstruktiven und unkomplizierten Verfahren die Gewinner: die Kunden, die umgehend einen Anschluss erhielten, sobald die Leitung in der Erde verlegt und geschaltet war, der Würzburger Telefonladen, der zu dieser Zeit einen zusätzlich enormen Umsatz zu verzeichnen hatte, und die gute Telekom, die einige Tage früher Einnahmen von Kunden hatte, die sonst viel länger darauf gewartet hätten, endlich telefonieren zu können.
Anita Bartsch

Kabelbestellung mit Hindernissen

Für die Vorbereitung des Programms »Telekom 2000« wurde in den Planungsgruppen sofort mit der Feinplanung begonnen und der Bedarf an Materialien ermittelt. Als erste Bestellung beim Logistikzentrum versuchten wir, 100 km 2.000-paariges Kabel und 1.000 Masten zu bestellen. Wir wollten umgehend mit der Verlegung beginnen, um die Voraussetzungen für die Verteilnetze zu schaffen. Das ging natürlich sofort schief. Eine Nachfrage Ende Dezember nach dem Stand der Lieferung ergab, dass wir das falsche Formblatt verwendet hatten, und das Ganze sei doch wohl ein Scherz gewesen. Diese Menge übersteige ja den Jahresbedarf der gesamten Telekom. Die Bestellung hatte man in den Papierkorb geworfen.
Wir versuchten dann über alle Leitungsebenen die Bestellung doch zu erreichen, jedoch ohne Erfolg. Als letzten Ausweg wandten wir uns an den Vorstand Technik. Auch seine Aussage war, diese Menge gehe nicht, da sie die Jahresproduktion der Kabelwerke übersteige. Die Anfrage, ob wir das Kabel auch in Frankreich bestellen könnten – dort könne ein Werk liefern – wurde negativ beschieden. Aber anschließend kam eine Lieferbestätigung vom Vorstand Technik, mit der Aussage an den Leiter des Fernmeldeamtes, wenn das Kabel bis Jahresende nicht verbaut sei, gäbe es ein Gespräch bei ihm. Die Fahrzeugkolonnen rollten auch sofort an, und unser Lagerplatz füllte sich. Schon im August 1990 orderten wir diesen Kabeltyp nach und teilten dies auch dem Vorstand Technik mit.
Siegfried Fenske

Prompte Lieferung

Das Logistikzentrum Euskirchen lieferte nach dem Fall der Mauer schnell benötigte Materialien in die neuen Bundesländer. So wurden z. B. 80 intelligente Datensichtgeräte in ein für die Datenerfassung provisorisch hergerichtetes ehemaliges Postgebäude in Berlin geliefert. Eine umfangreiche Untersuchung im Januar 1990 hatte ergeben, dass das System »Datenbank Teilnehmer« kurzfristig in den neuen Bundesländern eingesetzt werden sollte. Mit Rückenwind vom Vorstand konnten innerhalb von vier Wochen die erforderlichen PCs (bereits vorinstalliert) ausgeliefert werden. Das Logistikzentrum in Euskirchen hatte vorbildliche Arbeit geleistet.
Jens Gollwitzer

Im Rahmen des schnell steigenden Bedarfsvolumens wurde 1992/93 ein Warenwirtschafts- und Logistiksystem eingeführt: Damit war es nicht nur möglich, eine umfassende Übersicht über die Finanzdaten der Filialen zu erhalten, sondern auch eine elektronische Bestellung in den beteiligten Logistikzentren auszulösen – sowohl Nachbestellung bei ausverkaufter Ware als auch ordentliche Bestellvorgänge.

Unmengen an Material wurden bestellt.

Hans Edingloh
Addi Hübner

Viel bewegt – Logistik für die Telekommunikation

Um ein flächendeckendes Kommunikationsnetz in den neuen Bundesländern aufzubauen, war eine moderne, IT-gestützte logistische Infrastruktur Voraussetzung. In den westlichen Bundesländern war diese vorhanden, nicht aber in der ehemaligen DDR. Die flächendeckende Beschaffung, Lagerung und Bereitstellung der benötigten Materialien, Werkzeuge, Arbeitsgeräte, Fahrzeuge usw. waren eine große Herausforderung. Selbstverständlich mussten parallel für eine begrenzte Zeit auch noch die ehemaligen DDR-Produkte geliefert werden können.

Die Entscheidung, die drei Teile Deutsche Bundespost Postdienst, Deutsche Bundespost Telekom und Deutsche Bundespost Postbank zu etablieren, hatte auch Folgen für den Bereich Logistik. Um den Prozess möglichst effizient zu gestalten, wurde Addi Hübner aus der Oberpostdirektion Nürnberg eingesetzt. Der damalige zentral verantwortliche Leiter der Logistik, Hans Edingloh, schätzte dessen Erfahrungen und übertrug Hübner die Koordination dieser Aufgaben im Osten. Erster großer Schritt war die Teilnahme an einer hochrangig besetzten Konferenz in Berlin im April 1990 mit Vertretern des Ministeriums für das Post- und Fernmeldewesen Ost und der Deutschen Bundespost Telekom. Auf diesem Wege erhielten die Teilnehmer die so wichtigen Informationen über die in den neuen Bundesländern vorhandenen Logistikstrukturen, die Vielzahl vorhandener Werkstätten und die Namen der verantwortlichen Ansprechpartner.

Die nächsten Monate waren u. a. damit ausgefüllt, die vorhandenen Strukturen und Führungskräfte sowie die Arbeitsabläufe kennenzulernen. Gleichzeitig wurden auch schon Überlegungen angestellt, wie die Einbindung in die vorhandenen Logistikstrukturen der alten Bundesländer gestaltet werden könnte. Hierbei war zu berücksichtigen, dass die Versorgung mit ostspezifischen Artikeln noch für eine bestimmte Zeit gewährleistet war und dass das vorhandene Personal weitestgehend eingesetzt werden sollte. Zur Neugestaltung der Logistikinfrastrukturen waren frühzeitig die angrenzenden Fernmeldezeugämter (heute Logistikzentren) Berlin, Hamburg, Hannover und Nürnberg eingebunden.

Gleichzeitig wurden freiwillige Helfer in den alten Bundesländern gesucht. Das war damals sehr schwierig, weil es im Osten kaum Über-

Dienstfahrzeug – mal etwas anders

Nach der Wiedervereinigung waren die Führungskräfte der Telekom sehr oft auch in den neuen Bundesländern unterwegs, um sich an Ort und Stelle einen Eindruck vom Fortgang des Aufbauprogramms zu verschaffen. Eine dieser Reisen führte den Vorstand Carl-Friedrich Meißner nach Leipzig. Dort entdeckte er auf dem Hof der Telekom-Direktion einen ausgemusterten Dienst-Trabant in trister fernmeldegrauer Farbe. Herr Meißner, ein passionierter Oldtimer-Fan, war sofort Feuer und Flamme, denn so etwas fehlte noch in seiner Sammlung. Recht schnell war man sich über den Preis einig geworden. Und da der Trabbi noch fahrtüchtig war, konnte er sich auf die weite Reise quer durch Deutschland machen.

Einige Zeit später fand in Baden-Baden eine Vorstandssitzung statt. Herr Meißner reiste dazu von seinem Wohnort im Schwarzwald aus ganz stolz mit dem Trabbi an. Schon der Stopp vor dem Hoteleingang rief zahlreiche Zuschauer auf den Plan, denn normalerweise fuhren die Hotelgäste dort mit etwas nobleren Karossen vor. Als dann am Abend Herr Meißner seine Vorstandskollegen zu einer kleinen Spritztour einlud, musste er zunächst reichlich Überzeugungsarbeit leisten. Schließlich überredete er Helmut Ricke und Gerd Tenzer, zu ihm in das Gefährt einzusteigen. Bis Herr Tenzer mit seiner Größe von fast zwei Meter auf der Rückbank und Herr Ricke, nicht gerade klein und schlank von Statur, auf dem Beifahrersitz Platz gefunden hatten, waren schon einige akrobatische Verrenkungen nötig!

Beim Aussteigen sah man den Fahrgästen die Erleichterung an, alles unbeschadet überstanden zu haben. Aber letztlich bestätigte sich wieder einmal – Platz ist in der kleinsten Hütte.

Adelheid Schmalian

nachtungsmöglichkeiten gab, die Verkehrsverhältnisse katastrophal waren (Staus von fünf bis acht Stunden) und außer Reisekosten noch keine Entschädigungen gezahlt wurden. Das änderte sich später, als das sogenannte »Buschgeld« – eine Sonderzahlung für die Aufbautätigkeit im Osten – eingeführt wurde.

Bis dahin gab es im Osten das Zentralamt für Materialwirtschaft Berlin, mit Außenstellen in Dresden, Leipzig, Erfurt, Magdeburg, Potsdam und Schwerin, mit ca. 750 Mitarbeitern. Das Organisations- und Rechenzentrum Berlin beherbergte eine 19 Mann starke Forschungsgruppe Logistik. In verschiedenen Werkstätten arbeiteten weit über 1.000 Mitarbeiter. Für die Instandsetzung ost-spezifischer Technik waren das Zentrum für Funkdienste und das Zentrum für

Adelheid Schmalian und Carl-Friedrich Meißner vor fernmeldegrauem Trabbi.

Fernmeldebetrieb zuständig. Dies betraf die Übertragungs- und Messtechnik, Fernschreiber, Münzer und Telefone. Daneben gab es Anfertigungswerkstätten für Artikel in den Logistikzentren sowie Kraftfahrzeuge.

Nach zahlreichen Gesprächen, Abstimmungen und Besichtigungen stand das Grobkonzept für die Logistik im Osten fest: Das Zentralamt für Materialwirtschaft, die Drehscheibe für die Materialversorgung der ehemaligen Deutschen Post, sollte schrittweise aufgelöst werden. Das vorhandene Personal sollte zu einem großen Teil im Bereich Logistik verbleiben; ein kleinerer Teil dem Fernmeldetechnischen Zentralamt und den künftigen Fernmeldeämtern zugeordnet werden. Das Versorgungsgebiet der Logistikzentren Berlin, Hamburg, Hannover und Nürnberg wurde ausgedehnt und neue Zentren in nicht ausreichend versorgten Regionen wurden etabliert. Für Thüringen bot sich die Außenstelle des Zentralamtes für Materialwirtschaft in Erfurt an. Dort waren Gebäude, Lagerflächen und Erweiterungsflächen vorhanden.

Wesentlich schwieriger war die Situation in Sachsen. Weder in Leipzig noch in Dresden waren geeignete Objekte zu finden. Letztlich kam hier der Zufall zur Hilfe: Während einer Fahrt mit dem Leiter des ehemaligen Zentralamtes für Materialwirtschaft über die Autobahn kam zwischen Leipzig und Dresden das Gespräch auf das Kasernengelände in Oschatz, das zwar von der Nationalen Volksarmee belegt war, aber zur Deutschen Post gehörte.

Nach einer Besichtigung mit aufgeschlossenen Offizieren sowie nach Rücksprache und Abklärung mit der Zentrale wurde die Errichtung eines Logistikzentrums in Oschatz beschlossen. Das Personal sollte sowohl aus Mitarbeitern der Außenstellen des Zentralamtes für Materialwirtschaft, Dresden und Leipzig, als auch aus den vorhandenen Kräften der Nationalen Volksarmee gewonnen werden.

Auf dem Gebiet der neuen Bundesländer sollten 20 Außenlager mit jeweils mindestens 10.000 m² befestigter Lagerfläche zur Versorgung der neuen Fernmeldeämter mit schwerem und sperrigem Mate-

Böse Überraschung

Die Integration von Beschäftigten der Außenstellen Leipzig und Dresden des Zentralamtes für Materialwirtschaft und eines erheblichen Teils der dort ansässigen Angehörigen der Nationalen Volksarmee (NVA) schien gut gelungen. Nach etwa einem halben Jahr gab es dann aber doch eine sehr unangenehme Überraschung. Per Zufall wurde in dem weitläufigen Areal ein kleiner Raum mit technischer Ausstattung entdeckt. Wie sich herausstellte, konnten die ehemaligen Führungskräfte der NVA von hier aus alle interessanten Räume und damit natürlich auch alle aktuellen Konferenzen abhören. Diese Entdeckung hatte zur Folge, dass ein Teil dieses Personals entlassen werden musste.

Hans Edingloh

Unbefestigte Lagerplätze

Große Improvisationskunst verlangte auch der Ausbau der Lagerflächen für die Befahrbarkeit mit Gabelstaplern. Eine ordentliche Pflasterung mit Verbundsteinen dauerte viel zu lange und wurde auf später verschoben. So wurden zunächst an etlichen Stellen hilfsweise stabile Lochbleche verlegt, die sonst vorzugsweise in militärischen Flughafenbereichen Verwendung finden. Teilweise blieben die Flächen auch unbefestigt, und bei Regen waren Unebenheiten und Löcher häufig nicht mehr zu erkennen. Fahrten mit beladenen Gabelstaplern waren dann oft lebensgefährlich. Es gab auch leider einige schwere Unfälle, erfreulicherweise aber keinen mit Todesfolge. Besonders schwierig war die Situation in Thüringen. Dort waren kaum verfügbare ebene Lagerflächen zu finden. Wegen der gebotenen Eile mussten wir uns also auch mit geneigten Flächen abfinden. Ich habe selbst einige Male erlebt, wie große Kabeltrommeln die untergeschobenen Bremsklötze überrollten und unkontrolliert den Abhang hinuntersausten. Zum Glück ist auch dabei nie etwas Ernsthaftes passiert.

Addi Hübner

Das Funktelefon – kein Leichtgewicht
Die schlechte Netzversorgung in den neuen Bundesländern traf natürlich auch die eigenen Unternehmensbereiche. Die Arbeitsgruppe Logistik war auf eine laufende Abstimmung innerhalb der Gruppe und mit der Generaldirektion in Bonn, dem Fernmeldetechnischen Zentralamt in Darmstadt usw. angewiesen. Einige Mitglieder der Arbeitsgruppe Logistik, so auch ich, waren deshalb mit einem tragbaren, ca. zwei kg schweren C-Netz-Funktelefon ausgestattet. Schon das ständige Herumschleppen war kein Vergnügen; außerdem musste man höllisch aufpassen, dass der schwarze Kasten nicht plötzlich verschwunden war. Trotz dieser Ausstattung war eine Kommunikation nicht einfach, weil das Funknetz ständig überlastet war.
Addi Hübner

rial errichtet werden. Große Schwierigkeiten ergaben sich hier aus den häufig ungeklärten Eigentumsverhältnissen potenzieller Grundstücke. Nach dem Abschluss entsprechender Nutzungsvereinbarungen für verschiedene Gelände tauchten plötzlich ehemalige Eigentümer auf, die nun die Grundstücke zurückforderten, die sie im Rahmen staatlicher Enteignungsmaßnahmen vermeintlich verloren hatten. In den neuen Fernmeldeämtern sollten Betriebslager mit Vorräten eingerichtet werden, mit jeweils mindestens einem Mitarbeiter. Bei den neu zu bildenden Direktionen war eine Personalkapazität von etwa drei Mitarbeitern vorgesehen. Für die neuen Logistikzentren mussten rasch die erforderlichen Datenleitungen zur Verfügung gestellt werden, damit hinsichtlich der Informationsverarbeitung der Anschluss an das Rechenzentrum Berlin ermöglicht werden konnte.

Weitere wesentliche Aufgabenbereiche waren die Materialkatalogisierung der Artikel in den neuen Bundesländern, die Materialdisposition, -beschaffung und -versorgung, die Lagerhaltung im Stammlager der Logistikzentren (Steuerung der Informationsverarbeitung) sowie in den Außen- und Betriebslagern der Fernmeldeämter, die Einführung des computergestützten Schnell-Transport-Systems »JITEX«.[19] Im Bereich der Instandsetzung mussten sehr viele Werkstätten in die jeweils zuständigen Aufgabenbereiche eingegliedert und ihre Anzahl musste grundsätzlich reduziert werden. Bei der Güteprüfung wurden die Qualitätskontrollen bei den Logistikzentren Berlin, Hamburg und Hannover erweitert sowie eine entsprechende Stelle in Oschatz eingerichtet. Schließlich war die Altmaterialentsorgung und -verwertung nach den im Westen gültigen Regeln auszugestalten. Materiallieferungen wurden künftig durch die Einfügung entsprechender Kennzahlen in die Informationsverarbeitungsprogramme der Logistik bezahlt und verrechnet. Der Nachweis der technischen Ausstattung erfolgte nun nach den Regeln der Logistik

Anschluss an den Wirtschaftsraum Suhl.

Ein Kabellager bei Cottbus.

im Westen. Mit der Ausmusterung und Neubeschaffung von Fahrzeugen sowie der Neuzuordnung und Reduzierung der vorhandenen Kfz-Werkstätten (Post bzw. Telekom) wurde auch das Kraftfahrwesen im Osten neu strukturiert. Schließlich wurde das Personal im Bereich Logistik und Kraftfahrwesen durch ausreichende Maßnahmen auf kurzem Wege, durch Lehrgänge und Patenschaften mit westlichen Logistikzentren und Fernmeldeämtern, fortgebildet.

Im August 1990 wurde die zentrale Arbeitsgruppe »Logistik Ost« eingerichtet, um dieses Konzept umzusetzen. Diese Arbeitsgruppe umfasste 15 Untergruppen für die einzelnen Themenbereiche und war aus Mitgliedern aller beteiligten Organisationseinheiten sowie zahlreichen freiwilligen Helfern zusammengesetzt. Das von der Arbeitsgruppe ausgearbeitete detaillierte Umsetzungskonzept wurde im Dezember 1990 in einer großen Konferenz in Chemnitz mit allen beteiligten Entscheidungsträgern (mehr als 50 Personen) mit kleinen Änderungen verabschiedet.

Die Erweiterung der Versorgungsbezirke ging zügig voran. Vor allem das kleine Logistikzentrum Berlin übernahm viele Mitarbeiter aus dem Zentralamt für Materialwirtschaft mit den bestehenden Werkstätten. In Verbindung mit dem stark gestiegenen Aufgabenvolumen platzte es bald aus allen Nähten. Für den Aufbau der Logistikzentren in Erfurt und Oschatz mussten zahlreiche Führungskräfte aus dem Westen gewonnen werden. Dies war zunächst schwer, weil keinerlei Anreize geboten werden konnten und die Betroffenen erhebliche Widrigkeiten in ihrem jeweiligen neuen Wirkungskreis hinnehmen mussten. So waren in der Anfangsphase nur »Überzeugungstäter« am Werk, denen die Wiedervereinigung eine Herzensangelegenheit war. Trotzdem kam der Aufbau der neuen Logistikzentren schnell voran.

Ein weiteres drängendes Problem war der hohe Bedarf an Leitungsmasten bzw. Telefonstangen, wie sie oft genannt wurden. Da möglichst schnell ein flächendeckendes Kommunikationsnetz aufgebaut werden sollte, war entschieden worden, viele Leitungen möglichst schnell zunächst oberirdisch zu errichten. Dies führte dazu, dass zeitweise eine nicht enden wollende Schlange von Lkw mit Leitungsmasten zu den Außenlagern unterwegs war.

Die Flut der Leitungsmasten zeigte uns aber auch noch ein anderes Problem auf: Materialbedarf wurde nicht nur über die Logistikschiene an den Einkauf herangetragen – wie es die Regeln grundsätzlich vorgaben –, sondern auch von den im Entstehen befindlichen Fernmeldeämtern. Der zentrale Einkauf in Darmstadt musste seine Aktivitäten wegen der riesigen Bedarfsmengen weltweit ausdehnen, um den Anforderungen gerecht werden zu können. Dieser zeitweise aufgetretene Wildwuchs der Bedarfsmengen und deren Befriedigung nach dem Motto »Wer zuerst kommt, mahlt zuerst« konnten erst

Ein Lager imprägnierter Telefonmasten vor einer Multifunktionskabine und dem Richtfunkmast in Eisenach – modernste Technik und herkömmliche Holzbauweise.

Telefonmasten verschwinden
Ich kann mich noch erinnern, dass in Thüringen zeitweise mehr als 30 Lkw vor einem unserer Außenlager standen und dadurch viele Straßen im Umkreis blockiert waren, was wiederum einen größeren Polizeieinsatz auslöste. Diese Unmengen an Holz mussten teilweise provisorisch außerhalb der eigentlichen Lager aufgestapelt werden. Aufmerksame Mitbürger zeigten großes Interesse mit vermeintlicher Hilfsbereitschaft; das führte gelegentlich dazu, dass über Nacht ein Teil der gelieferten Masten verschwand.
Addi Hübner

nach mehreren Konferenzen mit der Leitung des Zentralen Einkaufs gestoppt werden.

Ein weiteres größeres Problem entstand im Großraum Berlin mit der Ausmusterung von Einrichtungen, Geräten und Materialien aus der DDR-Produktion. Diese Produkte waren vorher offenbar mit viel Herzblut und großem Engagement organisiert worden, und nun kamen die »Wessis« und stellten fest: »Taugt nichts mehr; ab auf den Schrott!« Diese Vorgehensweise wurde verständlicherweise auch öffentlich in Zeitungen angeprangert. Addi Hübner musste deswegen mehrfach vor dem Bundesrechnungshof Rede und Antwort stehen. Da es jedoch sachlich keine Mängel an diesem Vorgehen gab, liefen die Ausmusterungen weiter.

Auch der Aufbau der neuen Fernmeldeämter kam sehr zügig voran. Damit war natürlich auch das Anlegen der sogenannten Betriebsvorräte, ein Betriebslager mit IT-erfassten und -gesteuerten Materialvorräten, verbunden. Um auch dabei erfolgreich zu sein, wurden von der Arbeitsgruppe »Logistik Ost« zahlreiche Logistikberater im Westen gewonnen und den Fernmeldeämtern zugeordnet. Die Arbeitsgruppe hatte für diese Helfer auch ein Merkblatt bereitgestellt. Nach unzähligen Gesprächen und auch mithilfe der neu entstandenen Fernmeldeämter und Direktionen konnten allmählich viele Abläufe in den Normalbetrieb überführt werden. Viele Außenlager der Logistikzentren waren nach ein oder zwei Jahren mit Verbundpflaster befestigt und mit Kabelumtrommelanlagen (in einer Halle) und einem Gabelstapler ausgestattet. Die vorübergehend ausgeweiteten Versorgungsbezirke wurden nun neu organisiert und in die endgültige Lösung überführt: Beispielsweise wurde der große Bezirk des Fernmeldeamtes Chemnitz von Nürnberg an Oschatz abgegeben.

Dank des riesigen Engagements der Arbeitsgruppenmitglieder und der zahlreichen zusätzlichen Helfer gelang es in relativ kurzer Zeit, in den neuen Bundesländern eine funktionsfähige, den Anforderungen gewachsene Logistikstruktur zu installieren. Damit war getreu dem Motto »Die Deutsche Telekom schafft Verbindungen, die Logistik die materiellen Voraussetzungen« eine der Grundlagen für den zügigen Ausbau eines flächendeckenden Kommunikationsnetzes gelegt. Die Unterstützung durch die Arbeitsgruppe »Logistik Ost« konnte bereits nach zwei Jahren Zug um Zug zurückgefahren werden. Weitgehend eingestellt wurden die unterstützenden Tätigkeiten dann 1994.

Horst Frickel
Thomas Penndorf
Christoph Stephan
Peter Welle-Broßwitz

Zahlenwerke – Finanzen und Rechnungswesen

Die im Jahr 1990 abgeschlossenen Verhandlungen zur Vereinigung der Verwaltungen der Deutschen Bundespost Telekom und der Deutschen Post hatten natürlich auch Konsequenzen für das Finanz- und Rechnungswesen: Mit der Einführung der Währungsunion zum 1. Juli 1990 wurde eine D-Mark-Eröffnungsbilanz für das Vermögen des Unternehmensteils Deutsche Bundespost Telekom »Ost« zum Stichtag notwendig. Für die drei Jahre 1990 bis 1992 wurden eine Gewinn- und Verlustrechnung und eine Bilanz für die beiden Unternehmensteile »West« und »Ost« erstellt. Dabei wurden jedoch sowohl die in den alten Bundesländern angewandte gehobene Kameralistik als auch die vorhandene kaufmännische Buchführung in den neuen Bundesländern bis zum Jahresende 1992 beibehalten. Im Nachgang wurden diese beiden Abschlüsse zum Gesamtjahresabschluss Deutsche Bundespost Telekom zusammengefasst.

Der Gesamtbereich des Finanzwesens wurde bei der Deutschen Bundespost im Haushalts- und Kassenwesen abgewickelt. Hierzu gab es auf der Niederlassungsebene, bei den Oberpostdirektionen und beim Ministerium entsprechende Dienststellen, Abteilungen und Referate. Die Aufstellung, Bereitstellung und Abwicklung des Haushaltsplans wurden hier durchgeführt und überwacht. Die gesetzliche Grundlage war das Postverwaltungsgesetz vom 24. Juni 1953. Die Struktur für das Haushalts- und Kassenwesen bildete das Titelverzeichnis. Gegliedert in Klassen, Kapitel und Titel enthielt es die für die Zuordnung der Einnahmen und Ausgaben erforderlichen Angaben.

Im Kassendienst wurden alle Einnahmen und Ausgaben gebucht und in monatlichen Kassenberichten und einem Jahresabschlussbericht dokumentiert. Zeitpunkt der Erfassung war der Buchungstag, eine periodengerechte Abgrenzung des Geschäftsvorgangs am 31. Dezember fand nicht statt. Nach Vorgaben des Postverwaltungsgesetzes hatte die Deutsche Bundespost in Anlehnung an das Aktienrecht (und später Handelsrecht) einen Jahresabschluss unter Berücksichtigung ihrer Besonderheiten zu erstellen.[20] Die Konten der langlebigen Aktiva (Anlagevermögen) wurden daneben in einer gesonderten Datei je Konto je Oberpostdirektion und je Anschaffungsjahr als Grundlage für die Abschreibungsermittlung geführt und fortgeschrieben. Die Anlagen im Bau wurden auf besonderen Konten erfasst und erst im Jahr der

Die Größe eines halben Fußballfelds

Die Daten des Fernmelderechnungsdienstes wurden auf 1/2-Zoll-Magnetbändern an das jeweils zuständige Rechenzentrum übergeben. Die damalige Technik ist mit der heutigen nicht mehr vergleichbar. So verfügten wir über eine maximale Hauptspeicherkapazität von einem Megabyte (ich habe mich nicht verschrieben) und eine maximale Direktzugriffsspeicherkapazität von 240 Megabyte. Der Raumbedarf dieser Technik hatte die Größe eines halben Fußballfeldes. Dennoch war es möglich, Rechnungen in verschiedenen Formaten zu erstellen und zu drucken, Datenträger für den Zahlungsverkehr zu erstellen und zu verarbeiten sowie umfangreiche Listen für die Dienststellen zu produzieren.

Thomas Penndorf

Fertigstellung auf das entsprechende Anlagenkonto umgebucht. Die in der Kameralistik übliche Erfassung des Zahlungsvorgangs am Buchungstag erforderte zusätzliche Erhebungen zur periodengerechten Zuordnung der Geschäftsvorgänge und Abgrenzung der Forderungen und Verbindlichkeiten zum Bilanzstichtag.[21]

Ein besonderer Fall war die Rechnungsabgrenzung im Fernmelderechnungsdienst, der nach einem 20tägigen Arbeits- und Fristenplan arbeitete. Je nachdem, wie die Weihnachts- und/oder Silvesterfeiertage zum Jahresende auf ein Wochenende fielen, standen mehr oder weniger Arbeitstage zur Verfügung, mit der Folge einer von Jahr zu Jahr variierenden Umsatzabgrenzung (pro Arbeitstag ca. 140 Mio. D-Mark). Der Zahlungsverkehr wurde über den Kassendienst abgewickelt. Der Fernmelderechnungsdienst bildete mit seinem System eine eigenständige Rechnungsabteilung, deren Ergebnisse in den Kassendienst übernommen wurden. In vielen Bereichen wurden zur Kontoführung, Nachweisung und Berechnung Anwendungen der Datenverarbeitung eingesetzt: Kassendienst, Fernmelderechnungsdienst, Grundstücke und Gebäude, Kraftfahrzeuge, Dienstausstattung, Materialwesen (Vorräte), pauschale Anlagevermögenskontenführung für die Finanzbuchführung, Hauptbücher für die Gewinn- und Verlustrechnung und die Bilanz.[22]

Die Deutsche Post hatte bereits seit 1951 die doppelte Buchführung eingeführt. Der Kontenrahmen ersetzte das Verzeichnis der Titel und Kapitel. Die Ämter wurden im kaufmännischen Sinn relativ selbstständig. Es wurden Buchhaltungen auf Ämterebene eingerichtet und der Zahlungsverkehr von den Oberpostkassen auf die Finanzbuchhaltungen der Ämter verlagert. Schrittweise wurden eingerichtet: Finanzbuchhaltung, Kostenrechnung, Anlagenbuchhaltung, Lohnbuchhaltung, Fernmelderechnungsdienst, Auftrags- und Umsatzabrechnung, Statistik, Bilanzierung und Berichtswesen. In den späteren Jahren wurden die Abrechnungsprozesse nach und nach zentralisiert und über Datenverarbeitungssysteme abgewickelt. Wichtigstes Arbeitsmittel war damals die Buchungsplatte mit Journalen und Blaupapier, denn es wurde manuell im Durchschreibeverfahren gebucht. Die Neuorganisation folgte zwei Prinzipien: Die Gliederung in Ämter hatte der politischen Gliederung der DDR in Bezirke und Kreise zu folgen. Demzufolge wurden die Oberpostdirektionen aufgelöst und Bezirksdirektionen für Post- und Fernmeldewesen gebildet. Die Direktionen und Ämter waren nach Grundsätzen der wirtschaftlichen Rechnungsführung und der Planung zu leiten.

Die nun wirtschaftlich relativ selbstständigen Ämter stellten eigene Bilanzen und Ergebnisrechnungen auf, die dann für Bezirke und die Deutsche Post insgesamt verdichtet wurden. Eine Besonderheit war die Passivposition für den Eigenanteil an Fonds. Zur Deckung der Aktivposten gab es auf der Passivseite der Bilanz den Grundmittelfonds und den Umlaufmittelfonds anstelle des in »kapitalistischen« Unternehmen ausgewiesenen Eigenkapitals. Dabei handelte es sich um rechnerisch ermittelte Anteile der Kapitaldeckung als Teil der Deutschen Post. Die benötigten Geldmittel wurden bei der Jahresplanung errechnet und als Finanzausgleich in Form von Zugängen oder Abgängen im Umlaufmittelfonds angepasst. Analog zur volkseigenen Wirtschaft gab es auch bei der Deutschen Post keine Bilanzposition Eigenkapital. Als Finanzierungsquelle wurde statt eines Eigenkapitals der Anteil an gesellschaftlichen Fonds getrennt nach Grundmitteln und Umlaufmitteln in den Bilanzen ausgewiesen. Das galt so auf allen Ebenen.

Für das Rechnungswesen ergab sich mit der Fusion der beiden Unternehmen die Aufgabe, in seiner Organisation den strukturellen Veränderungen nach der Herauslösung der Telekomeinheiten aus der Deutschen Post zu folgen. Auf der Grundlage der Wirtschaftlichen Rechnungsführung hatten alle 220 Ämter, Zentralen Ämter, Direktionen, Leitung Kombinat und Zentralbuchhaltung des Ministeriums für Post- und Fernmeldewesen der Deutschen Post der DDR eigenständige Buchungskreise mit kaufmännischer Buchführung. Die Deutsche Bundespost Telekom übernahm folgende Struktureinheiten mit selbstständigen Finanzbuchhaltungen: Funkdirektion, Stammbetrieb des ehemaligen Kombinates Fernmeldebau, Fernmeldeamt der Regierung, Institut für sozialistische Wirtschaftsführung, Postmuseum, Zentralamt für Funkkontroll- und Messdienst und das Zentralamt für Materialwirtschaft. Ferner 15 Fernmeldeämter, 15 Fernmeldebauämter, zum Fernmeldewesen gehörende Teile aus 81 Post- und Fernmeldeämtern, Funkämter, Betriebsberufsschulen, Bezirkswerkstätten für Kraftwagen, das Fernsprechamt Berlin und das Fernamt Berlin.

Eine erste Aufgabe für das Rechnungswesen bestand darin, die Buchungskreise der dem Bereich Telekom zuzuordnenden Ämter zu übernehmen und in Bilanzen zu erfassen. Die in den neuen Bundesländern abweichende Ämterstruktur wurde schrittweise den Strukturen der Telekom angepasst. Mit der Vereinigung von Telekom Ost und Telekom West galten plötzlich neue Strukturen und Vorschriften. Im Finanzbereich gab es für einen begrenzten Zeitraum (bis 31. Dezember 1992) ein Nebeneinander von Kameralistik und kaufmännischer Buchführung. Für die beteiligten Mitarbeiter war dies eine erhebliche Umstellung. Sie mussten sich in kurzer Zeit mit dem westlichen Vorschriftenwerk vertraut machen. Ein weiteres Problem waren die fehlenden Regelungen zur Bewertung von Eigenleistungen. Die bisher übliche Auftragsabrechnung für Fernmeldebauleistungen gab es nicht mehr. Vorschriftenwerke für Arbeitsnormen und Preise hatten keine Gültigkeit mehr. So legte die Stabsstelle »Aufbau Ost« in Eigenverantwortung eine Regelung für die monatliche Bewertung der Eigenleistungen fest, und zwar mit Erfahrungswerten aus der

Preisbildung für Fernmeldebauleistungen beim ehemaligen Kombinat Fernmeldebau. Das war vielleicht nicht 100prozentig genau, war aber eine praktikable und vor allem sofort anwendbare Lösung. Absolut neu war die Buchung von Mehrwertsteuern. Forderungen und Verbindlichkeiten für die Abrechnung der Mehrwertsteuern nach der Rechnungsmethode gab es im Kontenrahmen der Deutschen Post der DDR nicht. So war auch die Buchung von Vorsteuern nicht bekannt. Konten und Verfahrensweisen wurden erarbeitet und gehörten bald zum täglichen Arbeitsablauf. Weiterhin gehörten bis dato die Begriffe Debitoren und Kreditoren nicht zum Sprachgebrauch in den Buchhaltungen Ost. Mit Ausnahme der nach Teilnehmern geführten Unterlagen im Fernmelderechnungsdienst wurden Forderungen und Verbindlichkeiten aus Warenlieferungen und Leistungen jeweils nur auf einem Konto gebucht. Das erschwerte die Saldenkontrolle je Kunde oder Lieferant. Deshalb wurden zu jedem Monatsabschluss Saldenlisten aufgestellt und mit den Konten abgestimmt. Im Zuge der Überleitung zu SAP wurde die Verfahrensweise umgestellt. Dies schlug sich auch bei der Umstellung des Kontenrahmens Ost auf den für SAP vorbereiteten Kontenrahmen nieder.

In den Buchhaltungen der neuen Bundesländer gab es geschultes und erfahrenes Personal. Das war eine wesentliche Grundlage für die Neuorganisation des Rechnungswesens. Alle Buchhaltungsplätze wurden weiterhin mit dem Stammpersonal besetzt. Hoch motivierte Teams sorgten für ein gutes Arbeitsklima. Wohltuend war das kompetente und kollegiale Auftreten der verantwortlichen Mitarbeiter der Generaldirektion Telekom Bonn. Die materiellen Voraussetzungen waren hingegen denkbar ungünstig. Der Bestand an Rechenmaschinen, Computern und Bürotechnik war technisch überholt und reichte zahlenmäßig nicht aus. Diese Situation änderte sich schnell durch umfangreiche Neuausstattungen der Buchhaltungen der neuen

Buchungsautomat.

Mitarbeiterin bei der Bearbeitung von Fernmelderechnungen der Deutschen Post der DDR.

Fernmeldeamt	An Stabstelle weiterverrechnet		Auf Konto 3920 (Forderungsverlust) ausgebucht		Unanbringliche Gutschrift (in Konto 6552 vereinnahmt)		Summe
	Anzahl	Betrag	Anzahl	Betrag	Anzahl	Betrag	
Berlin 6	339	-110.930,70	1.532	-560.489,31	83	5.634,90	-665.785,11
Cottbus	12	-7.897,89	1.615	-1.225.711,80	702	215.878,17	-1.017.731,52
Erfurt			3.132	-2.288.766,66	1.036	899.275,53	-1.389.491,13
Frankfurt/ Oder AbrSt Angermünde	652	-70.676,93	139	-88.972,04	744	362.367,25	202.718,28
Gera			1.527	-849.532,85	780	694.007,91	-155.524,94
Halle			1.820	-1.967.833,95	2.814	2.962.510,78	994.676,83
Dir Leipzig	76	-81.740,52	5.796	-2.937.708,73	1.307	782.647,84	-2.236.801,41
Magdeburg	22	-129.535,49	2.582	-1.041.992,24	157	113.250,33	-1.058.277,40
Neubrandenburg	209	-191.334,38	2.144	-983.184,16	801	369.095,34	-805.423,20
Potsdam	1.919	-1.121.281,31	1.459	-2.987.004,07	1.512	1.032.361,32	-3.075.924,06
Rostock				-293.107,78			-293.107,78
Schwerin			2.314	-505.853,11	120	25.624,48	-480.228,63
Suhl			1.665	-583.315,36	803	710.313,38	126.998,02
Summe	3.229	-1.713.397,22	25.725	-16.313.472,06	10.859	8.172.967,23	-9.853.902,05

Tabelle 1: Ausgebuchte Forderungen und unanbringliche Gutschriften 1990 (Beträge in D-Mark).

Bundesländer mit modernen Computern, neuester Kopiertechnik, Telefonanlagen, Druckern und Faxgeräten, die es vorher gar nicht gegeben hatte.

Eine besondere Herausforderung war die buchhalterische Erfassung der aus dem gewaltigen Investitionsprogramm entstehenden Anlagen im Bau. Bei der Deutschen Post wurden die Anlagen im Bau bei den Bezirksdirektionen und bei den zentralen Ämtern als Verbindlichkeit nachgewiesen. Diese mussten in die Finanzrechnung überführt werden. Zu diesem Zweck wurde das vom Kombinat Fernmeldebau entwickelte rechnergestützte Abrechnungsverfahren für Fernmeldebauvorhaben vom Organisations- und Rechenzentrum schnell und unburokratisch angepasst und bei den Fernmeldeämtern eingesetzt. Das ermöglichte eine objektbezogene rechnergestützte Erfassung der vielen Rechnungen für Anlagen im Bau und deren monatlicher Bestandsnachweise.

Eine besondere Herausforderung stellte auch die Zusammenführung der beiden Fernmelderechnungsdienste dar. Während bei der Deutschen Bundespost Telekom die Automatisierung der Rechnungsschreibung schon sehr weit fortgeschritten war, wurde in den neuen

Bundesländern noch sehr viel manuell mithilfe von Formularen abgearbeitet. Die Deutsche Post schrieb Rechnungen nur alle zwei Monate, die Deutsche Bundespost Telekom jeden Monat. Neben diesen und weiteren organisatorischen Unterschieden mussten auch die unterschiedlichen Arbeits- und Informationsverarbeitungsprozesse so schnell wie möglich angeglichen werden. In einem beispiellosen Projekt wurde der Fernmelderechnungsdienst sowohl von der technischen Ausstattung als auch hinsichtlich des Aufbaus und der Schulung der neuen Dienststellen in nur etwas mehr als einem Jahr neu aufgestellt. Nur durch den enormen persönlichen Einsatz aller Beteiligten sowie die hervorragende Zusammenarbeit der Experten aus West und Ost konnte dieses Projekt gelingen. So wurde erreicht, dass die über zwei Mio. neuen Telefonanschlüsse abgerechnet werden konnten und die durch die politischen und wirtschaftlichen Veränderungen hervorgerufenen Verwerfungen, mit denen auch überaus zahlreiche Datenveränderungen durch Umzüge etc. einhergingen, eingearbeitet werden konnten, damit sich die Forderungsausfälle für die Telekom fortan in Grenzen hielten.

Immenser Forderungsverlust

Gerade in dieser Zeit des Umbruchs in den Fernmeldeämtern nahmen die Arbeitsrückstände in den Abrechnungsstellen und Buchhaltungen gewaltig zu. Immer mehr Fernmelderechnungen kamen als unzustellbar zurück, und eingehende Zahlungen konnten nicht verbucht werden, weil der Zahlungsgrund entweder verstümmelt war oder ganz fehlte. Die Ursachen dafür waren vielfältig. Der Zusammenbruch der Wirtschaft hatte dazu geführt, dass ehemalige Staatsbetriebe in mehreren neuen Unternehmen aufgegangen waren, dies auch größtenteils dem Fernmeldeamt mitgeteilt worden war, aber wegen der Prioritätensetzung des zuständigen Vorstands auf neue Anschlüsse nicht bearbeitet wurde. Auch wurden Gebühren teilweise vom falschen Konto abgebucht. Gleichzeitig gründeten sich im Beitrittsgebiet viele Unternehmen neu, von denen leider etliche nicht lange bestanden. In dieser Zeit wurden massenhaft neue Teilnehmerverhältnisse begründet, und binnen oftmals kurzer Zeit existierten diese Unternehmen nicht mehr, wovon sowohl Anmeldedienst als auch der Fernmelderechnungsdienst nichts erfuhren.
Mit dem Ausbauprogramm »Telekom 2000« und den Turn-key-Maßnahmen wuchsen die Probleme noch zusätzlich, weil sich einige Unternehmen nicht an vertragliche Abmachungen hielten und die Abrechnungsstellen Unterlagen erhielten, bei denen rechnungsrelevante Angaben fehlten. Andererseits führten Fehler der Turn-key-Generalunternehmer zu Beschwerden, weil z. B. durch Rufnummernvertauschungen die falschen Kunden mit Gebühren belastet wurden. Wegen der vielen ungeklärten Fälle führten die Abrechnungsstellen keine Mahnungen und Sperren durch. Ende des Jahres 1991 mussten Forderungen in erheblichem Umfang abgeschrieben werden (Forderungsverlust ca. 16 Mio. D-Mark, unanbringliche Gutschriften ca. acht Mio. D-Mark).
Horst Frickel

Mit Hochgeschwindigkeit ins Informationszeitalter

Die Informationsverarbeitung der Deutschen Post musste in die der Deutschen Bundespost Telekom integriert und gleichzeitig modernisiert werden.[23] Im Mai 1990 trafen sich im alten Reichspostministerium in der Mauerstraße in Berlin, zu jenem Zeitpunkt noch Ministerium für Post- und Fernmeldewesen der DDR, Vertreter der Deutschen Post und der Deutschen Bundespost Telekom aus den Arbeitsbereichen Organisation und Informationsverarbeitung, um über Wege und Möglichkeiten einer Annäherung miteinander zu sprechen. Aus diesem ersten zögerlichen und auf beiden Seiten von Unsicherheit geprägten Kontakt wurde ein sich ständig dynamisierender Prozess der Integration, der in einer bescheidenen, aber auch konkreten Form ein Abbild der historischen, politischen, wirtschaftlichen und gleichzeitig menschlichen Entwicklung im Rahmen der Wiedervereinigung darstellt.

Die Deutsche Post der DDR hatte – wie fast alle staatlichen Post- und Fernmeldeverwaltungen – in den 1960er Jahren damit begonnen, die elektronische Daten- oder Informationsverarbeitung für technische und kommerzielle Zwecke einzusetzen. In der stark zentralistisch ausgerichteten Verwaltung war für diesen Arbeitsbereich insbesondere das Organisations- und Rechenzentrum in Berlin verantwortlich. Diese dem Ministerium nachgeordnete Mittelbehörde verfügte über Außenstellen in Stralsund, Leipzig, Dresden und im (Ost-)Berliner Stadtgebiet. Zuarbeit wurde von anderen Mittelbehörden und insbesondere auch in Form von Datenerfassung und -vorverarbeitung in Bezirksrechenstationen genannten Dienststellen geleistet.

Die Informationsverarbeitung der Deutschen Bundespost Telekom war demgegenüber sehr viel voluminöser und stärker dezentralisiert. Neben der Hauptabteilung Datenverarbeitung des Fernmeldetechnischen Zentralamtes Darmstadt waren als wichtige Säulen die 25 Großrechenzentren mit überregionaler Bedeutung und die diversen datenverarbeitungstechnischen Einrichtungen in den Fernmeldeämtern der Telekom einerseits sowie die Planungs- und Programmiergruppen der Anwendungsentwicklung andererseits anzusehen. Die gesamte Organisation für betriebliche und softwaretechnische Auf-

Der erste Arbeitsplatzrechner
Ich kann mich noch gut daran erinnern, als die ersten Arbeitsplatzrechner in unseren ostdeutschen Büros Einzug hielten. Mitte der 1980er Jahre war ich im Organisations- und Rechenzentrum der Deutschen Post tätig. Dort kamen wir für damalige DDR-Verhältnisse schon relativ früh an Geräte der Informationsverarbeitung. Allerdings gab es für eine Abteilung mit 30 bis 40 Mitarbeitern gerade mal einen Arbeitsplatzrechner. So konnte man das Gerät nur nutzen, wenn man im Belegungsplan rechtzeitig ein Zeitfenster reserviert hatte. Aber dadurch war mir ein Computer am Arbeitsplatz nicht völlig fremd, und ich kam recht schnell damit zurecht.
Adelheid Schmalian

Berührungsängste

Wenn eine Aufgabe gut lief, kamen wieder neue hinzu. Ein Meilenstein in die Zukunft war die Ausstattung der einzelnen Arbeitsplätze mit Computern. Nicht jede Mitarbeiterin war darüber glücklich. Einige hatten »Berührungsängste« mit dem PC. Die damaligen Anwenderprogramme waren lange nicht so komfortabel wie heute. Man musste zum Aufrufen der einzelnen Masken schon die entsprechenden Befehle wissen und sie über die Tastatur eingeben. Vor der Wende besaß unsere Dienststelle nur einen Bürocomputer. Er wurde aber auch nach einem strikten Zeitplan noch von anderen Dienststellen mitgenutzt. Auch den Bürocomputer wussten einige Kolleginnen schon zu meiden. Sie tauschten mit denen Arbeit aus, die gern an den PC gingen, und schrieben lieber Bauaufträge, als Daten einzugeben. Damals war noch nicht abzusehen, dass sich die Situation so schnell ändern und der PC ein alltägliches Arbeitsmittel werden würde.

Christine Kramer

gaben außerhalb der Generaldirektion und des Fernmeldetechnischen Zentralamt in Darmstadt war – sieht man von der Lenkungsfunktion der Oberpostdirektionen ab – in den Dienststellen zur Datenverarbeitung der Fernmeldeämter zusammengefasst. Diese doch recht unterschiedliche Organisation war anzugleichen und – als sich der Annäherungsprozess über die Währungsunion zur staatlichen Vereinigung hin entwickelte – in ein einheitliches Gefüge zu bringen.

Während auf westlicher Seite marktgängige technische Systeme eingesetzt waren, die im freien Warenverkehr der »kapitalistischen« Industriestaaten ungehindert über die Grenzen eingekauft wurden, litt die östliche Seite einerseits unter den Mängeln ihres Wirtschaftssystems und des abgeschotteten Marktes, andererseits – als Nachwirkung des Kalten Krieges – unter den Restriktionen der CoCom-Liste, die ja den Export technologisch hochwertiger Güter in den Ostblock verhindern sollte. So war ein erheblicher technologischer Rückstand zu verzeichnen, der im Falle der Deutschen Post noch verschärft war durch eine Fehllenkung und Strangulierung finanzieller Investitionen durch das DDR-Wirtschaftssystem zulasten der Telekommunikation. Geradezu symptomatisch erscheint in diesem Zusammenhang die Tatsache, dass nach der Wende die Deutsche Post ganze Objekte des Staatssicherheitsdienstes mit kompletten Rechenzentren und anderen technischen Einrichtungen übernehmen konnte, die ihr zuvor vorenthalten worden waren.

Die im östlichen Teil Deutschlands bis zum Beitritt dominierende Technologie bei Großrechneranlagen war die sogenannte ESER-Technik (Einheitliches System Elektronischer Rechentechnik), die im gesamten Ostblock nach gleichem Muster gefertigt und eingesetzt wurde. Es handelte sich bekanntermaßen um Nachbauten westlicher Erzeugnisse, insbesondere einer etwa ein Jahrzehnt älteren Generation von IBM-Maschinen. Beteiligt an Entwicklung und Fertigung waren Institute und Unternehmen aus verschiedenen RGW-Staaten, so aus der Sowjetunion, Kuba und den osteuropäischen Ländern wie Bulgarien, Ungarn, Polen, Rumänien, der Tschechoslowakei und der DDR. Die Produktion der ESER-Technik wurde in den fünf Beitrittsländern im Laufe des Jahres 1990 eingestellt, da die überalterten und störanfälligen Geräte keine Abnehmer mehr fanden; weder im Westen noch im (devisenschwachen) Osten. Der volkseigene Betrieb Kombinat Robotron (Hersteller von EDV-Anlagen) zerfiel in über 20 Nachfolgegesellschaften, die – teilweise in Joint Ventures oder in sonstigen Formen der Zusammenarbeit mit westlichen Unternehmen – versuchten, neue Aufgaben im Service, der Wartung oder im Vertrieb zu finden.

Die nicht ganz legale Verknüpfung mit westlicher Technik zeigte zwei unerwartete, aber positive Folgen: Erstens hatte sich damit insbesondere für zwei international bedeutende Hersteller, IBM und DEC, ein Markt geöffnet, der teilweise schon durch verwandte Technik aufbereitet war. Zweitens fand das mit der ESER-Technik vertraute Personal sehr schnell den Zugang zu neueren, im Westen inzwischen gängigen Versionen der einst als Vorbild genutzten Technik. Dieser zweite Effekt kam dem Bestreben entgegen, das übernommene Personal der ehemaligen Deutschen Post sehr schnell mit der nun einzusetzenden Technik vertraut zu machen.

Die Deutsche Bundespost Telekom übernahm drei von sechs Rechenzentren, die Zentrale sowie rund zwei Drittel des am 3. Oktober 1990 vorhandenen Personals; nur der restliche Teil ging in die Bereiche Postdienst und Postbank über. Unter den rund 40.000 Menschen, die die Telekom mit dem Beitritt der DDR zur Bundesrepublik übernommen hatte, befanden sich etwa 1.000 Beschäftigte, die in der Datenverarbeitung tätig waren. Rechnet man die Beschäftigten ab, die infolge der besonderen politischen Situation in Bereiche außerhalb der Verwaltung oder als Rentner abwanderten, ferner diejenigen, die zur Post oder Postbank und infolge natürlicher Fluktuation abgingen, so waren Ende des ersten Quartals 1991 noch etwa 600 Beschäftigte im Bereich Datenverarbeitung der Telekom im Beitrittsgebiet tätig.

Die Telekom war bemüht, alle Mitarbeiter zweckentsprechend und sinnvoll – auch nach Fortbildung oder Umschulung – weiterzubeschäftigen. Es ist wohl einsichtig, dass dies keine ganz leichte Aufgabe war, zumal bei der Deutschen Post – wie generell in der früheren DDR-Verwaltung – ein Missverhältnis zwischen Personalausstattung und tatsächlichem Aufgabenumfang bestand. Während in der ESER-Technik Eigenwartung üblich und möglich war, sollte die Wartung der künftig eingesetzten Hardware wie im Westen aus wirtschaftlichen und technischen Gründen nicht vom Personal der Telekom, sondern vom Wartungsdienst der Herstellerfirma vorgenommen werden. Nach einer gewissen Übergangszeit – spätestens mit dem Auslaufen der ESER-Technik – mussten also die technischen Wartungskräfte in anderen Arbeitsbereichen der Telekom, innerhalb oder außerhalb der Informationsverarbeitung, eingesetzt werden. Das zweifellos sehr viel größere Problem war die beabsichtigte Umorganisation des Datenverarbeitungsbereichs der Telekom, da nun natürlich auch der östliche Teil des Bundesgebietes zu berücksichtigen war. Hierbei konnte dann auch die Übernahme von Arbeitsgebieten vorgesehen werden, die historisch von der Informationsverarbeitung des Post- und Fernmeldewesens abgedeckt wurden.

Die technische Seite der Umorganisation im datenverarbeitenden Bereich lässt sich am einfachsten anhand des Drei-Ebenen-Konzeptes erläutern: a) Auf der untersten Ebene (intelligente Datensichtgeräte, PCs und Zubehör) wurde den Organisationseinheiten im Beitrittsgebiet weitgehend freie Hand gelassen. Orientiert am Beispiel der

Softwareentwicklung auf Umwegen
Für die rechentechnische Unterstützung des Fernmelderechnungsdienstes der DDR gab es das EDV-Verfahren NVPLAB »Nachrichtenverkehrsleistungen – Planung, Abrechnung und Analyse des Fernmeldeverkehres«, welches bereits in den Jahren 1972 bis 1976 entwickelt und 1977 in die Praxis eingeführt worden war. Da es keine Onlineanbindung an die Rechenzentren gab, waren lange Softwareentwicklungs- und Softwarepflegeprozesse unvermeidbar: Die Änderungen wurden auf Lochkarten erfasst, per Kurierdienst zum Rechenzentrum gesendet und dort verarbeitet. Die Ergebnisse wurden dann – wieder per Kurier – an die Softwareentwickler geschickt. Im Regelfall wurden für diesen Ablauf drei Arbeitstage benötigt.
Thomas Penndorf

westdeutschen Fernmeldeämter und Direktionen, konnten sich diese entsprechend ausrüsten; auf Einzelgenehmigungen wurde für das Jahr 1991 und bis zu einer gesetzten Obergrenze von 10.000 D-Mark je Einsatzfall verzichtet, um den Prozess nicht bürokratisch zu behindern. b) Auf der mittleren Ebene wurden die Fernmeldeämter zunächst mit BULL-Anlagen ausgestattet, ein Betreuungszentrum (Diagnose- und Steuerungszentrum) war in Halle/Saale bereits 1990 betriebsfähig. Die Ausstattung mit zentralen und dezentralen Siemens-Rechnern war abhängig vom anwenderseitigen Bedarf. Zunächst waren Berlin und Dresden als Standorte hierfür vorgesehen. c) Großrechnerstandorte (mit ESER- und IBM-Rechnern) waren ebenfalls Berlin und Dresden. Das erste IBM-Rechenzentrum (für den Auskunftsdienst) war auch 1990 bereits betriebsfähig, zwei weitere (für den Fernmelderechnungsdienst und andere Teilnehmerdienste) waren im ersten Halbjahr 1991 einsatzbereit. Integration und Modernisierung der Informationsverarbeitung der ehemaligen Deutschen Post der DDR waren somit erfolgreich durchgeführt.

Standorte von Rechenzentren der Telekom, 1991:

Johann Nußbaum

Turn-key – Schlüsselfertige Systeme für den »Aufbau Ost«

Mehr zum Thema Turn-key:

Die Deutsche Bundespost Telekom war bei ihrem ehrgeizigen Aufbauprogramm schnell an Grenzen gestoßen: Die vorhandene Arbeitskapazität und das Know-how in den neuen Bundesländern reichten – trotz Unterstützung durch westliche Fernmeldeämter im Rahmen der eingeleiteten Partnerschaftsprogramme – nicht aus, um eine schnelle Angleichung der Fernmeldeinfrastruktur zu erreichen. Ein privates Konsortium mit renommierten deutschen, amerikanischen und japanischen Unternehmen brachte den Vorschlag, die Fernmeldehoheit der Telekom für größere Städte in den neuen Bundesländern ganz abzugeben. Die Telekom hätte demnach den viel aufwendigeren und kostenintensiveren Ausbau auf dem Land durchführen sollen. Schließlich scheiterte diese »Rosinenpickerei« am großen Engagement der Telekom und an der Schnittstellenproblematik der unterschiedlichen Vermittlungs- und Übertragungstechniken, denen die ausländischen Unternehmen nicht gewachsen waren.

So entschied die Generaldirektion der Telekom am 16. November 1990, zusätzlich zum Regelprogramm durch die Fernmeldeämter vor Ort auch sogenannte Turn-key-Projekte an die deutsche Fernmeldeindustrie zu vergeben. Es wurden vier Großunternehmer in den Ausbau der Kommunikationsinfrastruktur mit einbezogen. Vorbild war das digitale Overlay-Netz (ein Fernnetz für den überörtlichen Verkehr), das 1990 in Zusammenarbeit mit Unternehmen der deutschen

Der Start für Turn-key am 16. November 1990 in Bonn

Die Telekom hatte die Vertreter von Siemens, Alcatel, Bosch und Philips nach Bonn eingeladen. Wie wir zusätzlich erfuhren, sollte das Ergebnis der Elefantenrunde mit Bundeskanzler Kohl, Minister Schwarz-Schilling, dem Vorstandsvorsitzenden der Telekom, Herrn Ricke, und den beiden Vorstandsvorsitzenden von Siemens und Alcatel, Dr. Baur und Dr. Zeidler, verkündet werden. Das Gespräch mit dem Kanzler hatte am Montag, acht Tage zuvor, stattgefunden. Es kam, wie es kommen musste: Die Sitzung begann mit einem fünfminütigen Trommelfeuer von Arnold Dohmen, dem damaligen Chefeinkäufer der Telekom. Danach wurde die größte Auftragsvergabe in der Geschichte der Telekom verkündet. Die von Alcatel mit einer Kurzstudie empfohlene Turn-key-Auftragsvergabe spielte hierbei eine entscheidende Rolle. Das Recht auf Erstnennung von Turn-key beanspruchte später auch Siemens und vielleicht auch die Spitze der Telekom – die Basis in den Fernmeldeämtern der neuen Länder war anfangs eher skeptisch, wurde aber schnell nach den ersten Erfolgen und der starken Projektleitung durch die Telekom eines Besseren belehrt.

Wolfgang P. Peters

Errichtung eines Funkturms. Mancherorts wurden Türme aus Betonfertigteilen innerhalb weniger Tage errichtet.

Fernmeldeindustrie aufgebaut worden war. Helmut Ricke, Vorstandsvorsitzender der Telekom, bemerkte zu Turn-key: »Unsere Vertragspartner bauen in einer Stadt oder in einer kleineren Region für eine bestimmte Anzahl von Teilnehmern die gesamte Infrastruktur auf, von der Telefonsteckdose im Haus bis zu einer genau definierten Schnittstelle an das überregionale Vermittlungsnetz der Telekom.«

Bei der Auswahl der Generalunternehmer griff die Deutsche Bundespost Telekom auf die Unternehmen zurück, die die in der Bundesrepublik im Einsatz befindlichen digitalen Systemtechniken seit vielen Jahren herstellten und in den Technikgebäuden der Telekom installierten. Sie beherrschten alle Schnittstellenprobleme zwischen ältester analoger und modernster digitaler Systemtechnik in Deutschland. Da nicht alle alten Anlagen gleichzeitig landesweit ersetzt werden konnten, war dieses Know-how zwingend notwendig. So wurde der Übergang in die neue digitale Telekomwelt reibungslos realisiert. Anfang Dezember 1990 wurden die vertraglichen Grundsätze mit den Unternehmen festgelegt. Außerdem wurde das Auswahlverfahren für Subunternehmer, die bei der Deutschen Bundespost Telekom qualifiziert sein mussten, eingeleitet. Derartige Projekte kannte die deutsche Fernmeldeindustrie bisher nur in Ansätzen aus Exportaufträgen.

Schon im Januar 1991 legten Unternehmen aus der Fernmeldeindustrie ihre Angebote für die Planung und den Ausbau der fernmeldetechnischen Infrastruktur vor. Bereits einen Monat später konnten entsprechende Aufträge durch die in den fünf neuen Bundesländern neu gegründeten, regional zuständigen 14 Fernmeldeämter der Telekom erteilt werden. Die Turn-key-Projekte wurden den einzelnen Unternehmen entsprechend ihrem jeweiligen Marktanteil in den alten Bundesländern zugeordnet. Für Turn-key 1991 kamen Siemens, Alcatel Standard Elektrik Lorenz, ANT/Bosch Telecom und DeTeWe zum Zuge. Das Unternehmen Philips Kommunikationsindustrie kooperierte 1991 und 1992 mit DeTeWe.[24]

Die Generalunternehmen mussten umfassende Leistungen erbringen: Sie waren zuständig für den Grundstückskauf für die Technikgebäude und Richtfunktürme, die Durchführung der Genehmigungsverfahren bei den Städten und Gemeinden, sowohl für die Hochbauten als auch für die Tiefbauarbeiten in den öffentlichen Straßen und Plätzen mit Erfüllung der entsprechenden Auflagen, das Errichten von Gebäuden, größtenteils in Fertigbauweise, das Aufstellen von Vermittlungscontainern bzw. von Multifunktionskabinen aus Betonfertigteilen für den Einbau der Technik bei fehlenden Gebäuden, die Planung und Installation der digitalen Vermittlungs- und Übertragungstechnik inklusive Haus- und Klimatechnik, Stromversorgung, Netzersatz- und Batterieanlagen und den Netzausbau in Städten und Gemeinden nach den Vorschriften der Telekom, den sogenannten Fernmeldebauordnungen.

Anfangs wurden Blechcontainer eingesetzt, die sich aber wegen der wechselnden Außentemperaturen bei der Einhaltung des notwendigen Raumklimas als sehr kritisch erwiesen und sich auch wegen ihrer eingeschränkten Kapazität sowie als erkennbare »provisorische Lösung« langfristig nicht bewährt haben. Hochpaarige Erdkabel und Glasfaserkabel, zum Teil zusammen mit Koaxialkabeln für die Rundfunk- und Fernsehversorgung, wurden auf öffentlichem Grund durch qualifizierte Subunternehmer verlegt. Vorher musste ein aufwendiges Planfeststellungsverfahren nach dem Telegrafenwegegesetz durchgeführt werden. Schwierig war auch die Koordinierung mit anderen Sparten wie den Elektrizitäts-, Gas- und Wasserwerken sowie den Verkehrsbetrieben. Diese befanden sich größtenteils noch im Aufbau bzw. in der Umstrukturierung. Große Probleme zeigten auch die Zustimmungsverfahren für die Unterdükerung von Straßen, Flüssen und Bahnstrecken. Niemand empfand sich größtenteils wegen noch

Installation einer Multifunktionskabine.

Ohne bürokratische Hürden

Beim Festnetz haben wir schnell verstanden, dass unsere bewährte Schritt-für-Schritt-Planung dieser Situation nicht gerecht wurde. Daraufhin wurde der Turn-key-Gedanke ins Spiel gebracht. Dessen Kern bedeutet, dass ein Auftragnehmer für alle Arbeiten zuständig ist, die zum raschen Aufbau eines Netzes notwendig sind. Im ersten Jahr hatte man eine Arbeitssituation ohne bürokratische Hürden, weil man zu diesem Zeitpunkt einen quasi rechtsfreien Raum vorfand. Man brauchte nur wenige zu fragen, ob man an der geeigneten Stelle Leitungen verlegen durfte oder nicht. Dadurch ging alles sehr schnell voran. Das galt auch für das Aufstellen von Richtfunktürmen. Dann kam so langsam mehr Bürokratie ins Spiel, und etwa zwei Jahre danach gab es zum Beispiel erste Proteste gegen hohe Richtfunktürme. Aber den »Aufbau Ost« hat das nicht aufgehalten. In manchen Gemeinden waren überhaupt keine Gebäude für Vermittlungsstellen vorhanden. Deswegen wurden Normcontainer mit kompletten und ausgetesteten Vermittlungsstellen geliefert, die in westdeutschen Fertigungen hergestellt wurden. Man konnte eben unkonventionell arbeiten, das brachte den Erfolg.

Diether Stroh

Kabelverlegearbeiten an der Havel.

Ein Kabel durch die Havel:

Die Turn-key-Projekte in Zahlen:

fehlender bzw. unbekannter Organisationsstruktur für zuständig; viel Zeit und Geduld waren notwendig.

Oft fehlten die Unterschriften bei den notwendigen Gestattungsverträgen für die Benutzung von Privatgrundstücken, weil die Eigentümer nicht bekannt bzw. die Eigentumsverhältnisse ungeklärt waren. In solchen Fällen war ein pragmatisches Vorgehen unumgänglich. Hochpaarige Kabel wurden auf Telefonmasten befestigt. Teilweise musste jedoch wegen Lieferengpässen der deutschen Industrie auf Installationsmaterial anderer anerkannter Fernmeldeverwaltungen zurückgegriffen werden.

Fernsprechhäuschen für Münzer und Kartentelefone wurden sehr schnell errichtet und der Abbau der veralteten Öffentlichen Fernsprecher durchgeführt, um möglichst viele Menschen rasch in den Genuss des Telefonierens kommen zu lassen. Die Turn-key-Unternehmer bauten mehr als 5.000 Telefonhäuschen auf. Sogar an diesen gab es anfangs Warteschlangen. Schließlich wurden dann die Fernsprechanschlüsse in Unternehmen und Wohnungen installiert. Dies war zum Teil wegen notwendiger Abstimmungen bei der Arbeitsausführung sehr schwierig und auch zeitaufwendig, da oft die Verantwortlichen, die Hausmeister etc., nicht verfügbar waren und zudem in den Plattenbauten keine Leerrohrnetze zum Einziehen der Telefonkabel vorhanden waren.

Für das erfolgreiche Arbeiten mit den Turn-key-Unternehmen war eine enge, vertrauensvolle Zusammenarbeit der Mitarbeiter der Telekom von West und Ost notwendig. Das hat bestens funktioniert. Die Turn-key-Unternehmen hatten bei ihrer Aufgabenbewältigung im Prinzip mit denselben Schwierigkeiten zu kämpfen wie die Telekom. Es gab aber auch viele positive Erlebnisse bei den betroffenen Behörden und Gemeinden. Viele Behördenleiter und Bürgermeister wollten pragmatisch helfen und ebneten Wege, um für ihre Bürger und die Wirtschaft kurzfristig Telefonanschlüsse zu ermöglichen. Auch Privateigentümer freuten sich oft auf ein baldiges Telefon und stimmten den Gestattungsverträgen auf ihren Grundstücken ohne Wenn und Aber zu.

Der Aufbau der Vermittlungs- und Übertragungstechnik war für alle Generalunternehmer seit Jahren Routine. Der komplette Netzausbau aber war völlig neu für sie. Anderseits waren Turn-key-Projekte im Export, insbesondere in Entwicklungsländern, seit Jahren übliche Praxis; allerdings nicht in solchem Umfang. Außenstehenden mag es einfach erscheinen, ein Kabel im Boden zu vergraben und ein Telefon zu installieren. Die Telekom hat dazu (notwendigerweise) für alle anfallenden Arbeiten ein umfangreiches Regelwerk, die sogenannten Fernmeldebauordnungen, geschaffen, nicht weniger als 32 dicke Bücher! Dieses spezifische Fachwissen mussten sich die Generalunternehmer in kürzester Zeit zum Teil erst aneignen.

Es gab viele Projektgespräche der Turn-key-Beauftragten der Fernmeldeämter mit den Unternehmen und Gemeinden vor Ort zur effizienten Steuerung. Auf kurzem Wege wurden Entscheidungen getroffen und dabei viel Zeit gewonnen. In jedem der 14 Fernmeldeämter waren ein bis drei Telekom-Mitarbeiter nur für Turn-key zuständig. In der Generaldirektion wurde eine Projektgruppe mit zehn Mitarbeitern eingerichtet, die die Arbeiten in einem umfangreichen Berichtswesen verfolgte und regelmäßig vor dem Gesamtvorstand über das Turn-key-Projekt berichtete. Zusätzlich wurden monatlich Gespräche mit den Generalunternehmern über den erreichten Baufortschritt, die Einhaltung der vorgegebenen Ziele und über Nachtragsangebote geführt. Die Fernmeldeämter wirkten mit bei den Planverfahren, überprüften die Ausbauplanungen und prüften vor Ort in Stichproben die verrechneten Leistungen auf Qualität und Quantität. Sie wurden dabei unterstützt von drei bis fünf Mitarbeitern pro Fernmeldeamt aus dem Westen.

Im Turn-key-Programm 1991 war Schnelligkeit oberstes Ziel. Die Teilnehmeranschlüsse wurden gezielt und bedarfsorientiert nur dort installiert, wo Anmeldungen von Unternehmen bzw. Privatpersonen vorlagen. Bei der Telekom war es sonst beim sogenannten Regelausbau üblich, alle Gebäude zum Teil mit mehreren Doppeladern bedarfsorientiert an das Telefonnetz anzuschließen. In 126 Ortsnetzen wurden 320.000 Beschaltungseinheiten[25] aufgebaut, darüber wurden 235.000 neue Telefone geschaltet. Außerdem wurden 2.297 öffentliche Telefonstellen aufgebaut, die ebenso dringend gebraucht wurden. Mit dem Turn-key-Programm 1992 wurden dann 351.000 Beschaltungseinheiten aufgebaut, und in 687.000 Wohnungen wurden Telefonanschlusseinrichtungen installiert. Außerdem wurden 1.472 öffentliche Telefonstellen eingerichtet. Aufgrund des anhaltend positiven und erfolgreichen Verlaufs der Turn-key-Projekte wurde Mitte 1992 die Weiterführung mit einem Programm Turn-key 1993 beschlossen. In 206 Ortsnetzen wurden 330.000 Beschaltungseinheiten aufgebaut, in 530.000 Wohnungen wurden Telefonanschlüsse vorinstalliert, und 281.000 neue Kunden kamen hinzu. Ende 1990 hatte die damalige DDR einen Bestand von 1.905.000 Telefonanschlüssen. Die Telekom hat innerhalb von drei Jahren weit mehr Telefonanschlüsse eingerichtet als die DDR in den 40 Jahren ihres Bestehens, nämlich 2.232.000. Die Turn-key-Anteile waren bereits Ende 1993 mit 572.000 Anschlüssen, also 26 Prozent, erheblich.

Für jede Einzelaufgabe eine eigene »Fernmeldebauordnung«

Darin waren detailliert geregelt: die Planung der Orts- und Fernliniennetze inklusive der oberirdischen Fernmeldelinien, detaillierte Maße und Vorgaben zu Tiefbauarbeiten für Gräben, Kabelkanalanlagen und Kabelschächte sowie Regeln für das Auslegen und Sichern von Kupfer- und Glasfaserkabeln, Trassenfestlegungen und Koordinierung mit anderen Sparten wie Energieversorger, Wasser, Gas, Straßenbeleuchtung, Straßenausbau etc., Festlegen der Kupferaderstärke in mm, abhängig von der Entfernung des Teilnehmers von der Vermittlungsstelle, sowie der Paarigkeit der Kabel – bis zu 2.000 Doppeladern, Suche nach geeigneten Standorten in den Straßen für die notwendigen Verzweigungseinrichtungen, Planung der Erdungsanlagen, des Starkstrom-, Überspannungs-, Blitz- und Korrosionsschutzes, der Druckluftüberwachungsanlagen für Kabel, Erstellen der Lage- und Netzpläne aller Kabelanlagen mittels Datenverarbeitung, Installationstechnik in den Häusern für die Telefonanschlüsse und vieles Weitere mehr.

Johann Nußbaum

Turn-key-Projekte – Partnerschaft Telekom und Wirtschaft. Telefonkarte aus dem Jahr 1992.

IV
Zusammen arbeiten – Der Faktor Mensch

Marcel Boldorf

Zwei Kulturen treffen aufeinander

Die deutsche Vereinigung als Erwartungskrise

Im Zuge des Mauerfalls und der Vereinigungsfeierlichkeiten der Jahre 1989/90 glaubten viele Menschen in Ost und West, das neue Deutschland werde die erfolgreiche Bahn der alten Bundesrepublik einschlagen.[1] Sinnbildlich stand dafür die Äußerung des Bundeskanzlers Helmut Kohl, der Ostdeutschland im Wahlkampf 1990 und erneut in der Haushaltsdebatte im März 1991 »blühende Landschaften« in Aussicht stellte.[2] Solche Aussagen nährten die Hoffnung, dass die Lebensverhältnisse im West- und Ostteil des Landes sich binnen kurzer Zeit angleichen würden. Die Aufbruchstimmung der Vereinigung wiegte die Menschen in einer Sicherheit, für die es angesichts der anhaltenden Wirtschaftskrise, die insbesondere Ostdeutschland betraf, keinerlei Grundlage gab. Die früheren sozialen und wirtschaftlichen Probleme bestanden für die Mehrzahl der Bevölkerung weiter bzw. setzten sich in verschärfter Form fort, wie die Arbeitsmarktdaten zeigten. Deshalb trat an die Stelle der großen Euphorie der Einigungszeit innerhalb kurzer Zeit eine große Ernüchterung.

Die Wirtschaftskrise im neuen Osten

Als wichtigste Ursache für den raschen Einbruch der ostdeutschen Wirtschaft nennen ökonomische Analysen die übereilte Währungsumstellung. Die Einführung der D-Mark, d.h. einer konvertiblen Währung, führte schlagartig zum Wegfall der osteuropäischen Länder als Absatzgebiet. Des Weiteren entfielen die günstigen Rohstoffzufuhren für die ostdeutsche Industrie auf der Basis des RGW-internen Verrechnungssystems. Sichtbar wird der Zusammenbruch in der ostdeutschen Außenhandelsstatistik: Der Exportwert in mittel- und osteuropäische Länder sank von 29,8 Mrd. D-Mark (1990) auf fünf Mrd. D-Mark (1994).[3] Von dieser Entwicklung war insbesondere die verarbeitende Industrie auf dem Gebiet der ehemaligen DDR betroffen. Im Laufe der ostdeutschen Wirtschaftskrise lösten sich die großen Kombinate des Industriesektors auf, und eine Vielzahl dieser Großbetriebe brach zusammen. Das ostdeutsche Sozialprodukt sank von 1989 auf 1990 um 17,3 Prozent und im Folgejahr sogar um 34,8 Pro-

Linke Seite: Montagearbeiten in Walldorf, 1993.

zent. Die Industrieleistung war am stärksten betroffen; sie betrug 1991 nur noch ein Drittel des Wertes von 1989. Umstritten bleibt in diesem Kontext die Privatisierungspolitik der Treuhandgesellschaft, die zwischen 1990 und 2003 insgesamt 17.000 ehemalige Staatsbetriebe in privaten Besitz überführte.[4] Es wird betont, dass sie die volkseigenen Betriebe zur möglichst schnellen Privatisierung um jeden Preis an Investoren verkaufte, die sich kaum für die Sanierung interessierten und vermeintlich lästige Konkurrenten aus marktstrategischen Gründen aufkaufen wollten. Damit habe die Treuhandgesellschaft die ostdeutsche Industrie »plattgemacht«.[5] Gegen diese vereinfachende Interpretation spricht, dass viele westdeutsche Käufer nicht von vornherein die Degradierung der ostdeutschen Industriebetriebe zur »verlängerten Werkbank « planten oder ein »Experimentierfeld« suchten.[6] Insbesondere ist aber darauf hinzuweisen, dass in vielen Fällen die Kaufinteressenten für die staatlichen Betriebe fehlten. Im Ergebnis wurden im produzierenden Gewerbe bis 1994 rund 30 Prozent der 12.354 Betriebe wegen mangelnder Rentabilität geschlossen.[7] Dies zeigte, dass die Produktivität der DDR-Wirtschaft – auch in westlichen Studien – vielfach überschätzt worden war. Hinzu kam die relativ schnelle Angleichung der Löhne und Gehälter. Im ersten Jahr nach der Wirtschafts- und Währungsunion erhöhten sie sich trotz mangelnden Produktivitätszuwachses um rund 65 Prozent und bewegten sich danach immer mehr auf das westdeutsche Niveau zu.[8]

Die Lage auf dem Arbeitsmarkt in Ost und West

Die soziale Dimension der Wirtschaftskrise, die der deutschen Vereinigung folgte, wird durch die Arbeitsmarktstatistik differenziert erfasst.

Der Westen erreichte dagegen bis 1992 den höchsten Beschäftigungsstand seit 1981 (über 30 Mio.), bis sich der Trend im Zuge der Rezession von 1993 umkehrte. Als dort 1994 wieder das Niveau von

Tabelle 1: Beschäftigte in Deutschland 1990 bis 1994 (in 1.000).[9]

	Ost		West		Gesamt	
	1990	1994	1990	1994	1990	1994
Erwerbstätige	7.761	6.678	29.334	29.397	37.445	36.075
Frauen	3.605	2.961	11.749	12.127	15.570	15.088
Männer	4.156	3.717	17.585	17.270	21.875	20.987
Arbeitslose	913	1.142	1.883	2.556	2.602	3.698
Frauen	530	741	915	1.094	1.322	1.835
Männer	383	401	968	1.462	1.281	1.863
Teilzeitbeschäftigte (*)	9,8 %	11,4 %	16,3 %	18,4 %	15,5 %	17,1 %

(*) = in Prozent der Arbeitnehmer insgesamt.

1990 erreicht wurde, erwiesen sich die Frauen als relative Gewinner: Die Frauenerwerbsquote erhöhte sich von 40,1 Prozent (1990) auf 41,3 Prozent (1994). In Ostdeutschland lag der gravierendste Einschnitt auf dem Arbeitsmarkt schon vor dem tabellarisch erfassten Zeitraum: Von 1989 auf 1990 ging die Zahl der Erwerbstätigen von 9,75 Mio. auf 7,76 Mio. zurück. In den folgenden Jahren bis 1994 ging dann nahezu jeder dritte Arbeitsplatz verloren – in der Gesamtsumme 3,6 Mio. Stellen. Zudem war die Fluktuation der Arbeitskräfte sehr groß: Nur ein Viertel der im Jahr 1989 Erwerbstätigen konnte bis Ende 1994 im selben Betrieb verbleiben. Das negative Bild wird durch eine differenzierte Analyse der Arbeitsmarktbilanz bestätigt: Von den rund 9,75 Mio. Erwerbstätigen des Jahres 1989 war im Osten fünf Jahre später nicht einmal mehr die Hälfte voll erwerbstätig: 550.000 Personen befanden sich im Vorruhestand, 800.000 waren in den Westen gezogen, per Saldo gab es einen Überschuss von 400.000 Pendlern nach Westen. Darüber hinaus waren 1,3 Mio. Kurzarbeiter, 800.000 Personen in arbeitsmarktpolitischen Maßnahmen und 1,1 Mio. Arbeitslose. In Ostdeutschland traf der Einbruch die Frauen stärker als die Männer, doch lag die Frauenerwerbsquote 1994 noch drei Prozent höher als in Westdeutschland. Die Zahl der registrierten Arbeitslosen in Ostdeutschland stieg bis Mitte 1991 rasch an und verblieb danach auf dem erreichten hohen Niveau. 1994 war dann auch in Westdeutschland mit 2,56 Mio. ein neuer historischer Höchststand der Arbeitslosigkeit zu verzeichnen. Damit war die Zahl der Arbeitslosen nach der deutschen Vereinigung innerhalb von vier Jahren um mehr als eine Mio. gestiegen. In Bezug auf die Fusion der west- und ostdeutschen Telekommunikationssparten soll das negative Bild der Vereinigungskrise als Hintergrundfolie dienen, um Spezifika der Umstrukturierung bei der Telekom zu erfassen.

Verzweigter Aufbau: Die Struktur des Post- und Fernmeldewesens

Der Verwaltungsaufbau des Fernmeldewesens

Die Deutsche Post unterstand dem 1949 bis 1990 existierenden Ministerium für Post- und Fernmeldewesen der DDR. Als Organ des Ministerrates war es für die Planung und Leitung des Nachrichtenverkehrs, insbesondere der Bereiche Post-, Fernsprech-, Fernschreib- und Funkwesen zuständig. Zugleich war es oberstes Leitungsorgan der Deutschen Post, die wiederum als staatliche Einrichtung das alleinige Recht zur Nachrichtenbeförderung und -übermittlung besaß. Dem Ministerium unterstand das Institut für Post- und Fernmeldewesen, das als Forschungseinrichtung für die Entwicklung und Produktion der zugehörigen Technik zuständig war. Daneben existierte eine

Reihe weiterer zentraler Ämter, die für das Fernmeldewesen von Bedeutung waren. Das Zentrale Post- und Fernmeldeverkehrsamt war, unter dieser Bezeichnung, seit 1979 verantwortlich für den Ausbau und die technologische Ausstattung des Post- und Fernmeldenetzes der DDR, für die Werbemaßnahmen der Deutschen Post sowie für die Organisation internationaler Post- und Fernmeldeverkehrsverbindungen. Das Zentralamt für Materialwirtschaft der Deutschen Post war für die Materialversorgung des Post-, Fernsprech- und Fernschreibwesens, u. a. durch Importe post- und fernmeldetypischer Produkte einschließlich deren Preisüberwachung, zuständig. Das Institut für sozialistische Wirtschaftsführung des Post- und Fernmeldewesens übernahm vor allem die Aus- und Weiterbildung der Post-Mitarbeiter. Als weitere Institutionen existierten das Zentralamt für Berufsbildung der Deutschen Post im Ausbildungsbereich sowie das Fernmeldeamt der Regierung, das seit 1951 beim Präsidium des Ministerrates angesiedelt war und die Abwicklung des Fernsprech- und Fernschreibverkehrs zentraler Staatsorgane und ab 1976 auch des Zentralkomitees der SED übernahm. Schließlich gab es das Rundfunk- und Fernsehtechnische Zentralamt, das 1962 aus dem VEB Anlagenbau für Rundfunk und Fernsehen hervorgegangen war. Es projektierte u. a. funktechnische Anlagen, wie z. B. den Fernseh- und UKW-Turm Berlin, und stellte seine Tätigkeit im Oktober 1990 kurz nach seiner Umbenennung in Zentrum für Funkdienste der Deutschen Post ein.

Jugendkollektiv des Rundfunk- und Fernsehtechnischen Zentralamtes (RFZ) der Deutschen Post der DDR bei der Entwicklung des Exponats »Farbflächengenerator« für die Messe der Meister von Morgen, 1976.

Diese für die DDR typische Staatsbürokratie befand sich überwiegend in der Hauptstadt, sodass sich auch nach dem Mauerfall die im Fernmeldebereich Beschäftigten im Ostteil Berlins konzentrierten. Wie für die Plan- und Staatsverwaltung der DDR allgemein feststellbar, tendierte auch der Post- und Fernmeldebereich zur Ausdehnung der Bürokratie. Beim Übergang auf die stärker dezentrale Struktur des Fernmeldewesens der Bundesrepublik erwies sich die Mitarbeiterkonzentration als nachteiliger Punkt. In Berlin war ein deutlicher Personalüberhang zu beklagen, der sich auch als Folgelast des Übergangs von einem zentralisierten zu einem föderalen System interpretieren lässt.[10] Im Zuge der Umstrukturierung der Zentralämter entfiel eine Vielzahl beruflicher Funktionen, die allein unter den Bedingungen des Überwachungs- und Kontrollsystems der DDR mit seiner staatlich monopolisierten Nachrichtenübertragung einen Sinn machten.

Probleme der Kombinatsbildung

Neben den Zentralämtern existierte das große Kombinat Fernmeldebau, das über 6.500 Mitarbeiter beschäftigte. Es unterhielt die Fernmeldebauämter, die für die Entwicklung des Fernmeldenetzes und die Einführung neuer Technologien verantwortlich waren. Als Monopolist in seinem Bereich zeichnete es sich durch die typischen Probleme aus, die die Kombinatsbildung begleiteten. Mit der Konzentrationswelle Ende der 1970er Jahre wurden die Kombinate zur grundlegenden Organisation der Industrieleitung, indem sie nach einer vollständigen Erfassung nahezu aller Wirtschaftseinheiten strebten. 1980 waren den DDR-Industrieministerien 130 Kombinate direkt unterstellt, die nahezu alle industriellen Waren produzierten und über drei Mio. Arbeitskräfte beschäftigten.[11] Als kennzeichnend für ihre Organisationsform kann die vertikale Integration gelten, d. h. sie fassten mehrere in der Wertschöpfungskette aufeinanderfolgende Fertigungsstufen – von der Forschung und Entwicklung bis zum Absatz – zusammen. Die staatliche Planung verband mit ihrer Bildung die Hoffnung, einen direkten Zugriff auf die Wirtschaftseinheiten zu erhalten und die Planung direkt auf die Kombinate auszurichten.[12] Es sollten Synergieeffekte durch schnellere Umsetzung von Innovationen, bessere Verflechtung und mehr Effizienz bei der Auslastung von Maschinen erzielt werden. Die technokratisch herbeigeführte Entscheidung zur Kombinatsbildung berücksichtigte allerdings ökonomische Erwägungen nur unzureichend.[13]

Gesamtwirtschaftlich betrachtet blieben die Vorteile der betrieblichen Arbeitsteilung auf der Strecke. Durch das bewusste Schaffen von Monopolen wurden alle Elemente ausgeschaltet, die zwischen den organisatorischen Einheiten Wettbewerb oder Konkurrenz hätten herstellen können. Wie für Monopolisten üblich, bestimmte das Kombinat über die Lieferbedingungen. Auch waren Innovationen nur schwer durchsetzbar, sodass Qualitätsmängel auftraten. Zudem strebten Kombinate danach, sich als autarke Wirtschaftseinheiten zu behaupten, sie stellten zahlreiche Vorleistungen selbst her, statt sie auszulagern. Dies war auch im Bereich des Fernmeldebaus festzustellen: Während im Westen bereits alle Aufbauarbeiten an externe Auftragnehmer vergeben wurden, führte das Kombinat Fernmeldebau Arbeiten wie Tiefbau, Kabelverlegungen, technische Inneneinrichtungen mit eigenem Personal durch.

Gleiches galt für andere Aufgaben, die im Gegensatz zum Westen innerhalb der Deutschen Post wahrgenommen wurden, wie die Eigenfertigung von Spezialgeräten und technischen Ausrüstungen, wofür allein das Funkamt über 700 Arbeitskräfte beschäftigte.[14] Da die Deutsche Bundespost Telekom in der Bundesrepublik den Weg des Outsourcings seit der Postreform I konsequent beschritt, war absehbar, dass viele Tätigkeitsbereiche des Kombinats nach der Fusion entfallen würden.

Mitarbeiterin der Deutschen Post der DDR beim Aufbau einer Vermittlungseinrichtung System S 65, Juli 1978.

Alles aus einem Haus

Beim Fernmeldebauamt lernte ich, dass hier viele Tätigkeiten durchgeführt wurden, die grundsätzlich in den westlichen Fernmeldeämtern an andere Unternehmen vergeben wurden. So gab es hier Mitarbeiter, die das Maurerhandwerk erlernt hatten und Kabelschächte mauerten. Es gab einen Maschinenpark, der es ermöglichte, eine komplette Erdkabellinie einschließlich der Tiefbauleistungen zu erstellen. Dazu gehörten Kabelpflüge, Bagger, Lastwagen, Rüttler usw. Diese Bauleistungen des Fernmeldebauamtes wurden dann an das Fernmeldeamt verkauft.

Reinhard Genderka

Angst um den Arbeitsplatz
Als Angestellte im Ministerium für Post- und Fernmeldewesen hatte ich 1989 in der DDR einen sicheren Job und konnte davon ausgehen, dass ich bis zum Erreichen des Rentenalters in etwa 20 Jahren dort Beschäftigung hätte. Ich musste mir bis dahin um meine berufliche Zukunft keine großen Sorgen machen. Dass die DDR so nah vor dem wirtschaftlichen Bankrott stand, war mir und meinen Kollegen im Ministerium in diesem Ausmaß nicht bewusst. Deshalb brachte die politische Wende neben dem voller Freude empfundenen Wegfall des Unterdrückungssystems und dem Gewinn der Reisefreiheit für mich auch die Ungewissheit der beruflichen Zukunft.
So waren meine ersten Kontakte und Gespräche mit den Bonner Kollegen auch von meiner Sorge geprägt, ob ich weiterhin einen Platz im Unternehmen haben würde. Meine anfängliche Unsicherheit legte sich aber recht schnell, nachdem ich die ersten Gespräche mit Frank Uhland, dem damaligen Leiter des Vorstandsbüros in der Generaldirektion Telekom, geführt hatte. Mit seiner Offenheit und dem spürbaren Willen zur partnerschaftlichen Zusammenarbeit hat er es mir leicht gemacht, meine Bedenken zu überwinden.
Adelheid Schmalian

Eine Ausnahme im Osten – Kein Personalabbau bei der Telekom

Infolge der Schrumpfung der ostdeutschen Wirtschaft im Zuge der Privatisierung fielen während der ersten Hälfte der 1990er Jahre ungefähr zwei Drittel der Führungspositionen weg, die 1989 noch existierten.[15] Der Umbruch betraf das Fernmeldewesen nicht in gleicher Weise wie andere Wirtschaftssektoren. Im Bereich Telekommunikation waren in der DDR rund 43.000 der insgesamt 129.000 Beschäftigten der Deutschen Post tätig.[16] Es war absehbar, dass sich die Nachfrage nach Telekommunikationsleistungen – und zwar gerade in den neuen Bundesländern – äußerst positiv entwickeln würde. Das im Wendejahr 1990 verabschiedete Programm »Telekom 2000« sah bis 1997 Investitionen in Höhe von 60 Mrd. D-Mark vor. Die optimistischen Erwartungen in Bezug auf die Entwicklung der Nachfrage nach neuen Telefonanschlüssen bestätigten sich rasch, wie die Übersicht (Tabelle 2) für die erste Hälfte der 1990er Jahre belegt.[17]

Angesichts der realen Auftragslage und glänzender Prognosen stand bei der Telekom ein größerer Personalabbau, anders als im industriellen Sektor, nicht zur Debatte. Es ist davon auszugehen, dass nahezu die gesamte Belegschaft des Telekommunikationsbereiches in das neue Unternehmen übernommen wurde, auch wenn es zu einzelnen Umbesetzungen kam.[18] Die Personalfluktuation dürfte wie in anderen Branchen vor allem die Führungsriege betroffen haben. In den Jahren 1991 und 1992 stellte die Telekom-Ost jeweils 2.000 aus dem Westen stammende Fachkräfte ein. Dies weist auf eine gegenläufige Entwicklung innerhalb des fusionierten Unternehmens hin: Während im Westen der 212.000 Mitarbeiter umfassende Arbeitskräftebestand verringert werden sollte, stand für den Osten durchaus eine expansive Personalpolitik auf der Agenda.

Trotz dieser weitgehend positiven Personalbilanz stellt sich die Frage, ob es auch eine Kontinuität auf der Ebene der Führungskräfte gab. Mitte der 1990er Jahre waren die Managerposten in der ostdeutschen Wirtschaft fast zu einem Viertel mit Personen besetzt, die aus der Bundesrepublik stammten. Der Anteil der Führungskräfte westdeutscher Herkunft nahm in der Folge sogar noch zu, denn um 2003 stammten 30 Prozent der Führungskräfte des ostdeutschen verarbeitenden Gewerbes aus den alten Bundesländern, wobei der Anteil der Übersiedler aus dem Westen mit dem Stellenwert der Führungsfunktion stieg.[19] Im Umkehrschluss bedeutete das, dass zu Beginn des 21. Jahr-

Tabelle 2: Telefonhauptanschlüsse in Ostdeutschland (1981 bis 1993).[20]

1981	1986	1990	1991	1992	1993
41.400	61.300	79.800	453.500	758.000	> 1 Mio.

hunderts ca. 70 Prozent der Angehörigen ostdeutscher Geschäftsführungen in der Zentralplanwirtschaft der DDR sozialisiert worden waren. Noch deutlicher traten die personellen Kontinuitäten zu Tage, wenn man die gehobenen Führungspositionen unterhalb der Geschäftsführungsebene einbezog. Auf dieser Ebene stammten 2003 rund 82 Prozent der Stelleninhaber aus dem alten Kadersystem der DDR. Diesen Betrachtungen zufolge kann man von einem Austausch der alten DDR-Wirtschaftselite im Transformationsprozess nur sprechen, wenn man dies auf die Spitzenpositionen in den Verwaltungen und Unternehmen bezieht. Bei der Telekom dürften sich diese Zahlen angesichts der geringen Zahl an Entlassungen im Vereinigungsprozess in der genannten Größenordnung bestätigen. Auch hier blieb der »Elitenimport« aus der alten Bundesrepublik relativ überschaubar, was das »Zerrbild einer wirtschaftlichen Kolonialisierung Ostdeutschlands«[21] korrigiert.

Qualifikation und Sozialisation von Führungskräften im Osten

Zu Recht kann generell festgestellt werden, dass sich die DDR-Bevölkerung hinsichtlich der formalen Bildung kaum vom westdeutschen Durchschnitt unterschied.[22] In unserem Fall der Angestellten der Telekom-Ost galt, dass sowohl Über- als auch als Unterqualifizierung festzustellen waren. Hoch entwickelt war insbesondere die technische Ausbildung; es gab Berichte, dass viele Akademiker Stellen besetzten, auf denen sie ihr theoretisches Wissen kaum einbringen konnten. Im Prozess der Umstrukturierung der frühen 1990er Jahre wurde über Schwierigkeiten berichtet, der relativ großen Zahl an Hochschulabsolventen neue Arbeitsplätze zuzuweisen.[23] Technische Aspekte nahmen in der Erinnerung vieler Zeitzeugen einen großen Raum ein, z. B. die Hinweise auf die Unterschiedlichkeit der Terminologien und Fachausdrücke, doch fehlte es an entsprechenden ökonomischen Bezugnahmen.[24]

Wichtiger als die formale Qualifikation der Arbeitskräfte war aber das Kriterium, inwiefern die wirtschaftlichen Führungskräfte Ostdeutschlands über strategische und unternehmerische Fähigkeiten verfügten. Hinsichtlich der Anforderungsprofile der Führungskräfte spielten Persönlichkeitsmerkmale wie die soziale Herkunft, die berufliche Ausbildung und die betriebliche Sozialisierung eine entscheidende Rolle.[25] Für die Tätigkeit in den 1990er Jahren war vor allem entscheidend, inwieweit die Manager und Unternehmer angesichts der gewachsenen Erfordernisse der Rendite- und Effizienzkalkulation über fundierte betriebswirtschaftliche Kenntnisse und ökonomisches Denken verfügten. Manche Forscher gehen davon aus, dass die Problembewältigungsstrategien innerhalb von Unternehmen in Ost und West relativ ähnlich waren. Das System der industriellen Produktion fuße auf der tayloristisch-fordistischen Massenproduktion, die systemübergreifend dieselben Anforderungen an das wirtschaftliche Führungspersonal stelle. Daher hätten beispielsweise Kombinatsleiter in der DDR eine hohe technische Qualifikation, große Organisationsfähigkeiten und eine persönliche Durchsetzungskraft ausgezeichnet. Zudem konnten sie sich an wechselnde Produktionsbedingungen anpassen, sodass sie mit Fantasie und Kombinationsvermögen als »Könige der Improvisation« und keinesfalls lediglich als Verwalter der ihnen zugedachten Aufgaben anzusehen seien.[26]

Dieser Deutung einer weitgehenden Funktionsidentität der Führungskräfte bzw. der »Rollenindifferenz in unterschiedlichen Wirtschaftssystemen« ist eine Absage zu erteilen.[27] Der Arbeitsalltag eines sozialistischen Managers unterschied sich in vielen Punkten von demjenigen seines kapitalistischen Namensvetters. Die Funktion leitender Kader kann als »Konfliktvermittlungsinstanz«[28] beschrieben werden. Die Führungskräfte hatten Interessendivergenzen zu moderieren, die sich aus den unterschiedlichen Interessenlagen der betrieblichen Entscheidungsträger ergaben. An den internen Konflikten waren nicht nur das technische und wirtschaftliche Leitungspersonal beteiligt, sondern auch politische Instanzen wie die Betriebsgewerkschaftsleitung und die Betriebsparteiorganisation.[29] Auch ökonomisch betrachtet befanden sich DDR-Betriebe, genauso wie die dienstleistenden Verwaltungen, in einer Aushandlungssituation, die von ihrer Stellung in der Wertschöpfungskette abhing. Die wichtigste Zielgröße war aber stets die Erfüllung des Plansolls. Mit Absatz und Marketing, die in der Marktwirtschaft entscheidend waren, hatten die Führungskräfte von Betrieben oder Kombinaten nur in Ausnahmefällen zu tun.[30] Im DDR-System sozialisierte Führungskräfte konnten deshalb mit dem Übergang in die Marktwirtschaft als überfordert gelten, was sich durch entsprechende Aussagen belegen lässt.[31]

Es ist auch fraglich, ob die von den Führungskräften zu DDR-Zeiten geforderte Improvisationsfähigkeit sich ohne Weiteres auf die strategischen Entscheidungen der 1990er Jahre übertragen ließ. Ein markantes Umstrukturierungsproblem betraf den Abbau der großen Fertigungstiefe, durch die sich vor allem die Kombinate ausgezeichnet hatten. Unter den Knappheitsbedingungen und im Sinne der reibungslosen Planerfüllung versuchten die volkseigenen Betriebe, einen möglichst großen Teil der Zwischenprodukte und Ersatzteile selbst zu produzieren. Was unter DDR-Verhältnissen eine rationale Reaktion auf die fortwährenden Engpässe war, bewirkte eine Neigung zu einer zeit- und materialaufwendigen Do-it-yourself-Strategie.[32] Die im planwirtschaftlichen Rahmen erlernte Fähigkeit zur Improvisation konnte sich unter Bedingungen der Marktwirtschaft als nachteilig erweisen: »Wo im Westen das Ausfüllen eines Bestellscheins genügte, […] waren im Bereich der Deutschen Post viel mehr Eigeninitiative und Einfallsreichtum gefragt.«[33]

Vielen ostdeutschen Kadern mangelte es an Kenntnissen, wie die Strategie des Outsourcings zu nutzen war. Die marktwirtschaftlichen Anforderungen an das unternehmerische Können verlangten die Disposition, »bei jeder Entscheidung, jeder Maßnahme auf den betriebswirtschaftlichen Nutzen zu achten und strategisch zu denken«.[34] Zudem war die Fähigkeit zur Marktanpassung und zur flexiblen Reaktion auf neue Herausforderungen gefragt. Insofern war es ein wesentlicher Unterschied, ob man ein »Virtuose bei Überwindung von Engpässen«[35] war oder sich marktstrategisch behaupten musste. Hinsichtlich der neuen Managementmethoden erschien »plötzlich [alles] anders als jahrzehntelang praktiziert: neue Techniken, neue Organisationen und Abläufe, neue Managementverfahren, neue Mitbestimmungsverfahren, um nur die großen Brocken zu nennen«.[36]

Schon in einem frühen Stadium der Einigungsbewegung etablierte sich der Slogan »Wir wollen keine Postler zweiter Klasse sein«. Wie im folgenden Abschnitt noch zu zeigen, bezog sich diese Forderung vor allem auf die Problematik der tariflichen und sozialpolitischen Gleichstellung. Indes berührte die vermeintliche Unterlegenheit noch eine andere Konfliktlinie, nämlich diejenige zwischen »Wessi« und »Ossi«, die von den Zeitzeugen des Öfteren angesprochen wurde.

Kulturelle und mentale Unterschiede werden immer wieder thematisiert, ohne dass sie systematisch erfassbar sind. Als Hintergrund – mit Blick auf die Führungskräfte – kann die »verordnete Entbürgerlichung«[37] in der DDR angesprochen werden. Der ostdeutsche Teilstaat verstand sich als nivellierendes Gegenmodell zur bürgerlichen Gesellschaft. Solidarität, Kollegialität und Kollektivismus waren von der SED zwecks Herstellung der »Einheit der Arbeiterklasse« vorgegeben, in der Praxis dienten die Vokabeln aber zur »Durchherrschung des Staates«. Schon früh stellte die Herkunft aus der Arbeiterklasse einen entscheidenden Vorteil bei der Besetzung von gesellschaftlichen Führungspositionen dar. Auf der einen Seite wurden bürgerliche Rechte ausgehebelt, auf der anderen bezeichnete man Klassenunterschiede als Relikt aus einer vergangenen Zeit. Für leitende Mitarbeiter war ein »proletarischer Führungsstil« vielversprechend, um den gesellschaftlichen Auftrag zu erfüllen. Zu ihrem Tätigkeitsprofil gehörten daher gewerkschaftliches Engagement, die Verbrüderung mit der Arbeiterschaft, ein kumpelhafter Stil im Umgang mit Untergebenen sowie ein Vordringen des Duzens, insbesondere unter Genossen. All dies prägte den Habitus der ostdeutschen Leitungskader und mochte den Hintergrund gebildet haben, wenn eine kulturelle Skepsis zwischen »Wessis« und »Ossis« auftrat.

Zusammenarbeit praktisch

Eine Schlüsselfunktion für den Erfolg des gesamten Projektes stellte die Art und Weise der Zusammenarbeit zwischen den Menschen aus Ost und West dar. Hier wurde ich als Führungskraft stark gefordert. Grundsätzlich mussten wir gemeinsam die Erfahrung machen, dass das Heranwachsen in den jeweiligen Gesellschaftssystemen dazu geführt hatte, dass trotz gemeinsamer Sprache und Nation, das Handeln auch im beruflichen Alltag unterschiedlich war.

In den vielen Gesprächen, die ich in diesem Zusammenhang führte, stellte ich fest, dass einige West-Kollegen bei den Ost-Kollegen ein Wissen über Technologien, Arbeitsverfahren, Geschäftsabläufe voraussetzten, was diese einfach nicht haben konnten. Oder einige Ost-Kollegen mit der Bereitstellung der Grunddaten sehr »sparsam« waren. Da wurden Bewertungen über die jeweils andere Seite in Umlauf gebracht, die für eine gute Zusammenarbeit nicht förderlich waren. Hier musste ich gemeinsam mit den Konfliktparteien den Ausgleich suchen und für beide Seiten um Verständnis werben. Das war manchmal ganz schön anstrengend, so als »Mittler zwischen Ost und West«.

An dieser Stelle möchte ich die gute Zusammenarbeit mit dem Personalrat erwähnen. Das war sehr hilfreich. Mit der Zeit traten die Schwierigkeiten in den Hintergrund, und unsere Arbeit war sehr erfolgreich.

Reinhard Genderka

Umschulung und Weiterbildung

Es lässt sich festhalten, dass im Bereich der Telekommunikation zwar eine relative Arbeitsplatzsicherheit bestand, weil ausgebildete Mitarbeiter für die Expansionspläne der Telekom dringend gebraucht wurden. Allerdings bedeutete dies keine Garantie einer Weiterbeschäftigung auf dem angestammten Tätigkeitsfeld. Umschulung und Fortbildung wurden zu Schlüsselbegriffen für den Arbeitsweg der ostdeutschen wie vieler anderer Telekom-Mitarbeiter.[38] Ihr Arbeitgeber forderte von ihnen fachliche und räumliche Mobilität.[39] Die ersten Umschulungsprogramme erfassten schwerpunktmäßig die nicht technisch eingesetzten Mitarbeiter. Für die Führungskräfte wurden in der ersten Hälfte der 1990er Jahre spezielle Weiterbildungsprogramme konzipiert, z. B. das Coverdale-Programm »Management-Prinzipien in praktischer Anwendung« im März 1992.[40] Die Umschulungen, z. B. der Leitungskräfte des Fernmeldeamtes Cottbus, fanden zum Teil in westlichen Partnerniederlassungen statt.[41] Auf der Tagesordnung standen aber auch gezielte Firmenschulungen und andere Schulungen und Fortbildungen vor Ort mit Learning by Doing, Dienstunterricht sowie spezielle Lehrgänge an der Betriebsschule oder an den zentralen Bildungseinrichtungen der Telekom.[42] Auch das »Partnerschaftsprogamm«, in dem über 3.000 westdeutsche Telekom-Angestellte im Beitrittsgebiet zeitweise tätig waren, diente dem Zweck der betrieblichen Fortbildung.[43]

Schön, wenn man mit seinen Möglichkeiten spielen kann. Telefonkarte aus dem Jahr 1992, Vorder- und Rückseite.

Sozialsystem und Tarifpartnerschaft

Strukturbruch im Sozialrecht

Bei den Verhandlungen zum Einigungsvertrag pochte die DDR-Seite auf dem Weiterbestehen des Arbeitsgesetzbuches mit seinen weitreichenden Regelungen zum Arbeitsrecht und Arbeitsschutz. Dies war gegenüber dem federführenden Bundesministerium für Arbeit ebenso wenig durchsetzbar wie die Vorstellung, dem früheren DDR-Staatsgebiet einen Sonderstatus innerhalb des vereinten Deutschlands einzuräumen. Grundsätzlich bestimmte der Einigungsvertrag eine Übernahme des bundesdeutschen Rechtes, verbunden mit dem Auftrag an den gesamtdeutschen Gesetzgeber, das Arbeitsvertragsrecht bald neu zu kodifizieren.[44]

Im Einzelnen bedeutete die Neuregelung des sozialen Arbeitsschutzes für die Ostdeutschen teils eine Verbesserung, teils eine Verschlechterung der sozialen Gewährleistungen. Der gesetzlich garantierte Urlaub betrug in der DDR beispielsweise nur 20 Arbeitstage, während er in der Bundesrepublik auf der Basis von Tarifverträgen meist deutlich länger war. Dagegen blieben die großzügigen Regelungen der DDR zur Pflege erkrankter Kinder nur noch bis zum 30. Juni

1991 in Kraft. Auch auf die erheblich längere Dauer des Mutterschaftsurlaubs nach einer Geburt, der 20 Wochen betrug und sich bei Fehlen eines Krippenplatzes auf drei Jahre ausdehnen konnte, musste die ostdeutsche Erwerbsbevölkerung zugunsten der bundesdeutschen Regelung eines achtwöchigen Mutterschaftsurlaubs verzichten.[45]

Lohnentwicklung

In der DDR hatte der Ministerrat in Abstimmung mit dem Bundesvorstand des Freien Deutschen Gewerkschaftsbundes (FDGB) die Tariflöhne festgesetzt.[46] Nach Abschluss des Einigungsvertrages am 17. Juni 1990 erhielten die Gewerkschaften ihre zentrale Rolle als tariffähige Partner auf dem Arbeitsmarkt wieder zurück. In allen wirtschaftspolitischen Bereichen traten sie mit den wieder errichteten Arbeitgeberverbänden oder vergleichbaren Organisationen in Verhandlungen. Gegenüber der früheren Stellung des FDGB lässt sich eine gewisse Schwächung der ostdeutschen Gewerkschaften aufgrund der Heterogenität der Interessen der Mitglieder und einer Diskrepanz zwischen Arbeitslosen und Beschäftigten feststellen.[47] Dieser Befund galt für die Deutsche Postgewerkschaft (DPG) nur bedingt, weil sie ihre Mitgliederzahl infolge der deutschen Einheit massiv steigerte. Ab Oktober 1990 trat sie mit der Telekom-Generaldirektion in Verhandlung und erzielte Regelungen zu Entlohnung, Arbeitszeit, Urlaub und Zulagen. In Bezug auf den Lohn vermochte die DPG zunächst nicht mehr als 60 Prozent des Westniveaus zu verhandeln, was für Unmut unter den Beschäftigten sorgte. Die Folge war im Januar 1991 ein Streik, an dem sich rund 38.000 Post-Mitarbeiter beteiligten.[48] Von diesem Arbeitskampf ausgehend verlief die Lohnpolitik der Gewerkschaften ausgesprochen erfolgreich. Bis zum Ende des Jahrzehnts setzten sie für die Mehrzahl der im Fernmeldewesen Beschäftigten Löhne durch, die sich dem westdeutschen Stand immer mehr annäherten.[49]

Das neue Bild der Arbeitswelt
Der Leistungsdruck und das Arbeitstempo waren plötzlich höher als zu DDR-Zeiten, es gab zum Teil nicht verständliche und oft als kleinlich interpretierte Vorgaben. Einkäufe während der erweiterten Pausenzeiten waren plötzlich nicht mehr möglich, und es wurde mit Befremden erlebt, dass unbekannte Vorgesetzte auf einmal sehr kleinlich darauf achteten, dass die Kolleginnen und Kollegen diese Zeiten einhielten. Viele Arbeitnehmer hatten auch erstmalig, was sie zu DDR-Zeiten nie hatten haben müssen: wirtschaftliche Existenzangst. Ein traditionelles, konservatives Familienbild war im Osten nicht so verbreitet wie im Westen, so gab es plötzlich auch viel mehr Frauen in höheren Positionen, was im Westen so noch nicht üblich war. Betriebliche Leistungen wie Kindertagesstätten oder Frauenruheräume wurden schmerzlich vermisst. Insgesamt fühlten sich die neuen Kolleginnen und Kollegen ungerecht behandelt. Wertvorstellungen, Ausländer, Religionen, innenpolitisches Geschehen etc. waren in dieser Zeit keine Themen für den Frühstückstisch. Man musste sich vorsichtig annähern, mit viel Fingerspitzengefühl auf beiden Seiten. Doch nach und nach wurden die Stärken der jeweils anderen festgestellt und anerkannt, und die Unterschiede verschwanden mehr und mehr. Und der Beruf wurde Basis für Verständnis und Verständigung.
Manon Delloch

Jürgen Hoffmann

Arbeiten bei der Deutschen Post der DDR

Die Personalpolitik und der Personaleinsatz sind im Rahmen einer Fusion zweier großer und dazu sehr unterschiedlicher Unternehmen bzw. Verwaltungen mit völlig voneinander abweichenden Organisationen und Philosophien eine der größten Herausforderungen. Im Rahmen der Zusammenführung der Deutschen Bundespost Telekom und der Deutschen Post war eine Vielzahl komplexer, spannender und vielschichtiger Probleme zu lösen. Die Belange der übernommenen Ost-Mitarbeiter waren angemessen zu berücksichtigen; immer jedoch auch unter der Prämisse, gemeinsam das Aufbauprogramm »Telekom 2000« zu bewerkstelligen. Der erste Schritt war – und da stießen bereits unterschiedliche Ansichten und Wünsche der beiden Seiten Ost und West aufeinander –, aus dem Gesamtpersonalbestand der Deutschen Post heraus die auf den Fernmeldebereich entfallenden Mitarbeiter zu identifizieren, um diese für eine Übernahme in die Telekom vorzubereiten.

Linke Seite: Fernmeldebaumonteure der Deutschen Post der DDR bei der Arbeit an einem Fernmeldekabel, 1986.

Eigenartige Situation

Im Mai 1990 saßen wir, die Vertreter der Deutschen Bundespost Telekom, in Ost-Berlin unseren (künftigen) Kollegen der Deutschen Post der DDR gegenüber und sollten die gemeinsame Vorgehensweise beraten und beschließen – offiziell gleichberechtigte Partner. Aber wie sollte das in der Praxis funktionieren? Enorm wichtig war es angesichts der besonderen Konstellation für uns, nicht als die später sprichwörtlichen »Wessis« aufzutreten; wir wollten überzeugen, nicht diktieren. Dabei war allen – auch uns – klar, dass die West-Organisation beileibe nicht der Weisheit letzter Schluss war, dass sie durchaus Mängel hatte, mit Kompromissen durchsetzt, in einzelnen Bereichen infolge der Schnelllebigkeit der modernen Technologiewelt auch nicht mehr auf dem neuesten Stand war, aber, und nur das war entscheidend: Sie funktionierte. Und das war ausschlaggebend für das vor uns liegende riesige Aufbauprogramm. Es war schlicht keine Zeit, um nach einer vielleicht (noch) besseren Organisation zu suchen. Und daher war das unsere Aufgabe: erklären, überzeugen, bei der Umsetzung helfen und beraten. Und es funktionierte.

Die Kollegen der Deutschen Post akzeptierten die Vorgehensweise und sorgten in ihrem Bereich für eine umgehende und möglichst reibungslose Umsetzung – soweit derartige gewaltige Umwälzungen überhaupt reibungslos möglich sind.

Es war im Frühstadium der späteren Fusion eine angenehme, fruchtbare Zusammenarbeit, auch weil schnell ein vertrauensvolles Klima entstand (Klimawandel einmal anders), die Gesprächspartner verstanden sich als Kollegen, die gemeinsam die Arbeit voranbringen wollten. Wobei dieses »Gemeinsame« gar nicht so erstaunlich ist. Postler – wie auch z. B. Eisenbahner – verstehen sich immer als Kollegen, egal aus welchen Ländern sie kommen; vielleicht liegt das daran, dass sie ja immer, unabhängig von Regimen, gemeinsam in grenzüberschreitenden Vorhaben und auch in internationalen Gremien zusammenarbeiten.

Jürgen Hoffmann

Voller Energie und Tatendrang

Viele Mitarbeiter der Deutschen Post mussten sich nach der Wiedervereinigung nach neuen beruflichen Herausforderungen umschauen und fanden diese im Mobilfunk. Sie hatten zwar alle eine solide Ausbildung, waren qualifizierte Techniker und Ingenieure der Deutschen Post, aber mit branchenfremden Berufserfahrungen. Sie hatten keine Vorstellung von der Dimension und dem Ausmaß der Anforderungen, die während der Aufbauphase von ihnen zu bewältigen waren.

Es fehlte ihnen an fachspezifischem Know-how. Ihre technischen Kenntnisse waren nur rudimentär und mussten schrittweise und sehr schnell aufgearbeitet werden. Learning by Doing war angesagt. Aber sie waren voller Energie und Tatendrang und bereit, sich den neuen Herausforderungen im Interesse einer schnellen Versorgung der neuen Bundesländer mit mobilen Telekommunikationseinrichtungen zu stellen. Sie hatten Freude an der Lösung der Aufgabenstellungen. Die Aussicht auf einen krisensicheren Arbeitsplatz tat ein Übriges. In Kenntnis der Mangelsituation aus ihren vorherigen Arbeitsbereichen hatten sie sich eine Eigenschaft bewahrt: Sie konnten improvisieren und verfügten über eine hohe Flexibilität bei der Lösung der ihnen übertragenen Aufgaben.

Peter Eisenach

Die Deutsche Post – Bereich Fernmeldewesen – verfügte zum Zeitpunkt der Fusion über einen entsprechend den wirtschaftlichen Rahmenbedingungen der DDR qualifizierten, berufsverbundenen Personalbestand von ungefähr 43.000 Beschäftigten. Ausbildung und Qualifizierung waren im technologischen Bereich auf Betrieb, Bedienung, Wartung und Pflege der im Einsatz befindlichen technischen Systeme und Anlagen ausgerichtet.

Das betriebswirtschaftliche Denken und Handeln der Mitarbeiter der Deutschen Post war dabei geprägt von den Bedingungen der zentralen staatlichen Wirtschaftsplanung und Verwaltung. Organisation und Arbeitsabläufe unterschieden sich jedoch im Vergleich zur Deutschen Bundespost Telekom gravierend. Die in Betrieb befindliche alte Technik erforderte tatsächlich einen hohen Pflege-, Wartungs- und Instandhaltungsaufwand, der im Vergleich zur Deutschen Bundespost Telekom einen wesentlich höheren Personalaufwand nach sich zog.

Die über Jahrzehnte andauernde Spaltung Deutschlands hatte jedoch nicht nur in technischer Hinsicht, sondern auch auf dem Gebiet der Sprache tiefe Spuren hinterlassen. Begriffe für Technik, Betriebsabwicklung und Finanzwirtschaft hatten sich – auch systembedingt – auseinanderentwickelt und führten nach der Wiedervereinigung zu Schwierigkeiten in der eindeutigen Verständigung. Auch das für die ostdeutschen Mitarbeiter ungewohnte unternehmerische Auftreten gegenüber Dritten signalisierte Handlungsbedarf. Sehr schnell wurde daher in den Arbeitsgruppen des Unternehmensausschusses eine umfangreiche »Sprachregelung« etabliert, die es ermöglichte, im Unternehmen, aber auch nach außen gleiche Termini anzuwenden und auf diesem Wege eindeutig und vor allem einheitlich zu kommunizieren.

Adelheid Schmalian, Meine erste Dienstreise nach Bonn:

Die aus den neuen Bundesländern übernommenen Arbeitskräfte mussten nun schnellstmöglich auf die neuen Aufgaben vorbereitet werden. Das klingt für einen Außenstehenden vielleicht einfach, war es aber nicht, wenn man bedenkt, dass die Einarbeitung praktisch von heute auf morgen geschehen musste, in einem neuen, ungewohnten organisatorischen Umfeld, mit neuen Arbeitsverfahren, neuen Hierarchien und Einordnungen, neuen Managementmethoden und neuer Technik. Und als wäre all das noch nicht genug, kam ja zusätzlich auch im privaten Bereich der Mitarbeiter mit einem neuen Rechts- und Wertesystem viel Ungewohntes auf sie zu.

Alles war also neu und ungewohnt und bildete so keine einfache Ausgangslage. Aber das fast Unmögliche geschah: Die Integration funktionierte tadellos, der »Aufbau Ost« startete rasant, vor allem dank des Einsatzes der ostdeutschen Mitarbeiter. Es war beeindruckend, mit wie viel Engagement und Begeisterung und wie schnell sich die ehemaligen Arbeitskräfte der Deutschen Post in die neuen Verhältnisse und Gegebenheiten einarbeiteten und so letztlich dem Programm »Telekom 2000« zum Erfolg verhalfen. Eine große Hilfe, vor allem bei der Einarbeitung, war sicherlich auch die Unterstützung der neuen Ost-Niederlassungen durch erfahrene Mitarbeiter aus dem Westen, vor allem im Rahmen des »Partnerschaftsprogramms«, in dem zeitweise über 3.500 West-Mitarbeiter im Beitrittsgebiet tätig waren, aber auch durch den direkten Austausch gleicher Funktionsträger zwischen Ost- und West-Niederlassungen.

Engagement auf allen Ebenen
Im Rahmen der Arbeitsgruppentätigkeit war ich häufig in den neuen Bundesländern unterwegs und erlebte so manches, was bleibende Eindrücke hinterließ. In erster Linie das Engagement und die unbedingte Arbeitsbereitschaft der Mitarbeiter in den Abrechnungsstellen und der Partnerschaftshelfer auch weit über die Regelarbeitszeit hinaus, um dem von anderen verursachten Chaos in den beengten Räumen Herr zu werden. Dass sich auch die Führungskräfte hierbei nicht ausschlossen, erlebte ich mit Helmut Wagner, als wir aus Berlin kommend erst um 20:30 Uhr einen Termin beim Leiter des Fernmeldeamtes Dresden bekamen.
Horst Frickel

Reinhard Genderka, Mein erster Arbeitstag in Magdeburg:

Klaus Demmler
Siegfried Fenske
Jürgen Hoffmann
Lothar Kipf
Heinz Kühn
Waltraud Litzenberger
Dirk Meier
Lothar Schröder

Personalbereiche Ost und West wachsen zusammen

Entwicklung der Mitarbeiterzahlen

Der erste Schritt zur Integration des Ost-Personals war die Aufteilung des Gesamtpersonals auf Post und Telekom, da bei der Deutschen Post die beiden Bereiche – vor allem auf der Ebene der vereinigten Post- und Fernmeldeämter – organisatorisch eng miteinander verbunden waren. Eine erste Aufteilung im Oktober 1990 ergab 43.000 Mitarbeiter für den Bereich Telekom; das entsprach etwa einem Drittel des gesamten Personalbestandes der Deutschen Post. Die Zahl war – im Nachhinein betrachtet – wohl etwas zu hoch; vielleicht auch deshalb, weil einige Mitarbeiter angesichts des enormen Nachholbedarfs in punkto Telekommunikation die besseren Zukunftschancen im Telekom-Bereich sahen und im Zweifel wohl ihre bisherige Tätigkeit diesem Bereich zuordneten, zumal in den Querschnittsbereichen, wie Controlling oder Marketing, eine exakte Aufteilung ohnehin schwierig war.

Ein besonderes Problem war die Konzentration des Personals in Ost-Berlin. In Berlin gab es alle Hierarchie- und Organisationsebenen: das Ministerium, eine Bezirksdirektion, mehrere Betriebsämter und – vor allem – die Masse der Zentralen Ämter. Berechnungen ergaben für die Zeit nach der Umorganisation einen starken Personalüberhang für Berlin. Mit der Folge, dass Versetzungen drohten. Dass dies keine einfache Aufgabe sein würde, wurde allen Beteiligten schnell klar: Es schien so, dass kein Berliner in die »Provinz« wollte und die Provinz auch nicht – vorsichtig ausgedrückt – begeistert auf die Berliner wartete. Dies war womöglich eine Folge der vorausgegangenen »Hauptstadt-Bevorzugung«.

Natürlich kamen angesichts der hohen Zahl von Mitarbeitern im Fernmeldebereich auch Fragen auf. Die Deutsche Post hatte durchschnittlich ungefähr 50.000 Telefonanschlüsse pro Jahr eingerichtet – mit 43.000 Mitarbeitern. Und diese Mitarbeiter sollten jetzt im Rahmen des Programms »Telekom 2000« jedes Jahr über eine Mio. Anschlüsse schalten? Da drängte sich die Frage auf, was diese Arbeitskräfte denn bisher gemacht hatten. Plötzlich sollte also das Arbeits-

(FAST) alles neu
Nach der Wiedervereinigung am 3. Oktober 1990 wurde aus der Deutschen Post Telekom die Deutsche Bundespost Telekom, und damit wurden in unserem Fernmeldeamt die gleichen Strukturen wie in den Altbundesländern geschaffen. Die Sache blieb teilweise die gleiche, aber sie bekam neue Namen. Aus den Dienststellen wurden Ressorts, aus der Fernsprechanmeldestelle (FAST) wurde das Ressort Privatkundenvertrieb (PKV), aus den bisherigen Sachbearbeitern der Dienststellen wurden Mitarbeiter des Privatkundenvertriebs. Die größte Neuerung für alle war jedoch, dass sich jeder neu auf eine Stelle bewerben musste. Das löste damals bei einigen große Verunsicherung aus. Als sich alle in der neuen Struktur eingefunden hatten, oft mit gleicher Tätigkeit unter anderer Bezeichnung, begannen riesige Aufgaben.
Christine Kramer

Kabelverlegearbeiten durch einen Fernmeldebautrupp der Deutschen Post der DDR im Stadtzentrum von Berlin, um 1980.

ergebnis verzwanzigfacht werden – wie sollte das gehen? Eine Steilvorlage für die Stammtische, vor allem natürlich im Westen.

Es galt jedoch zu berücksichtigen, dass der Fernmeldebereich innerhalb der Deutschen Post völlig anders strukturiert und organisiert war als bei der Deutschen Bundespost Telekom. Während im Westen fast alle Aufbauarbeiten an externe Auftragnehmer vergeben wurden – Tiefbauarbeiten, Kabelverlegungen, technische Inneneinrichtungen usw. –, wurde im Osten alles mit eigenen Mitarbeitern ausgeführt.

Allein für den Bereich Fernmeldebau existierte ein riesiges Kombinat Fernmeldebau mit über 6.500 Mitarbeitern, mit eigenem Maschinenpark, einer Zentrale in Berlin und 15 Fernmeldebauämtern. Das Bittere war: Sie hatten bis dahin Aufgaben erledigt, die nach der Fusion weitgehend wegfielen; der Blick in die Zukunft war ungewiss. Auch die große Anzahl zentraler Ämter – es waren insgesamt elf mit Sitz überwiegend in Berlin – zeigt, dass viele zentrale Aufgaben, im Gegensatz zum Westen, innerhalb der Deutschen Post wahrgenommen wurden, wie z. B. Eigenfertigung von Spezialgeräten und technischen Ausrüstungen. Allein im Funkamt waren hiermit über 700 Mitarbeiter beschäftigt. Die Verlagerung von Aufgaben – weg von der Telekom hin zu außenstehenden Auftragnehmern – setzte naturgemäß viele Mitarbeiter frei. Für sie mussten neue Aufgaben gefunden werden – und da kam das Aufbauprogramm »Telekom 2000« gerade recht. Hier wurden sie dringend benötigt.

Um der Arbeitsbelastung Herr zu werden
Ein weiterer Weg zur Bewältigung des Kundenansturms war die Einstellung von Mitarbeitern aus dem Osten. Diese Einstellungen bezogen sich auf Arbeitskräfte mit den verschiedensten Qualifikationen. Aufgrund der sehr unterschiedlichen Vergangenheit und mangelnder Transparenz blühten natürlich Vorurteile. Die »Wessis« hatten immer von der hervorragenden Ausbildung in der DDR gehört und waren dann verblüfft, dass man in dieser Beziehung doch auch nur mit Wasser kochte. Natürlich verwunderte in diesem Zusammenhang auch die Flut an akademischen Titeln und sehr imposanten Berufsbezeichnungen, mit denen die neuen Kolleginnen und Kollegen ausgestattet waren. Das gab jede Menge Stoff für Spekulationen, und es war nicht so leicht, die neuen Kolleginnen und Kollegen mit den Hierarchien in unseren Niederlassungen vertraut zu machen. Gegenseitig bestaunt wurde der jeweilige Kleidungs- und Frisurenstil, und mit den gemeinsamen Gesprächen wuchs die Erkenntnis, dass sich die beiden deutschen Staaten sehr unterschiedlich entwickelt hatten – und es jetzt darum ging, sich kennenzulernen.
Manon Delloch

Die Eingliederung der übernommenen Mitarbeiter in das bestehende West-System erforderte zunächst, dass sie entweder als Sachbearbeiter oder für Supporttätigkeiten eingesetzt wurden. Grundlage dieser Zuordnungen sollten Aus- und Vorbildung sowie die bisher ausgeübten Tätigkeiten sein. Die in der ehemaligen DDR erlangten Bildungsabschlüsse konnten dabei allerdings nicht immer anerkannt werden. Dieses Problem sorgte für großen Wirbel und Unverständnis, waren doch die Bildungsabschlüsse für die Gehaltseinstufung der Mitarbeiter maßgebend. Die endgültige Bewertung der erworbenen Bildungsabschlüsse wurde dann einheitlich von der Kultusministerkonferenz geregelt. Das Ergebnis führte bei einer Reihe von ehemaligen Mitarbeitern der Deutschen Post zu Nachteilen.

Andererseits haben viele Mitarbeiter der Deutschen Post bereits kurz nach dem Mauerfall Kontakt mit den Personalstellen der Fernmeldeämter aufgenommen und ihre Arbeitsleistung angeboten. Diese Angebote konnten seinerzeit nicht sofort angenommen werden, die Regelungen für die Übernahme erfolgten erst nach und nach und dann auch einheitlich für alle. Offensichtlich wollten aber viele Mitarbeiter ihr Schicksal selbst in die Hand nehmen und sich nicht unbedingt auf politische Lösungen verlassen; davon war man ja in der Vergangenheit oft genug enttäuscht worden.

Überraschend schnell und kräftig sank der Personalbestand in relativ kurzer Zeit, auch im problematischen Berlin mit den vielen Mitarbeitern aus den zentralen Ämtern, auf unter 39.000, einschließlich der ca. 3.500 zeitweise aushelfenden West-Mitarbeiter, sicherlich auch ein Ergebnis neuer Vorruhestandsregelungen. Die verbliebenen 39.000 Mitarbeiter waren tatsächlich erforderlich, um die ehrgeizigen Ziele des Programms »Telekom 2000« zu realisieren. In manchen Unternehmensbereichen bzw. Regionen war es sogar so, dass ab dem Frühjahr 1991 die Arbeitskräfte knapp wurden. Zu diesem Zeitpunkt war die Aufbauorganisation weitgehend abgeschlossen, aber die Ablauforganisation lag noch fast überall in den Anfängen und bedurfte massiver Unterstützung. Fachwissen musste in allen Abteilungen noch weiter vermittelt werden, und der Personalbestand wurde durch Einstellungen vom Arbeitsmarkt sowie die Übernahme möglichst vieler Nachwuchskräfte und Umschichtung des vorhandenen Personals aufgestockt. In Zeitungen und auf Plakaten wurde um neue Arbeitskräfte geworben. Einzelne Niederlassungen (z. B. Cottbus) stellten im Laufe der Zeit ca. 800 neue Mitarbeiter ein.

Weitere Einstellungen wurden dann jedoch nicht vorgenommen, denn es war absehbar, dass nach Abschluss des Aufbauprogramms weniger Mitarbeiter benötigt werden würden. Von möglichen 2.400 Stellen wurden in Cottbus 1.985 (teilweise zeitweilig mit West-Mitarbeitern) besetzt, hinzu kamen noch 204 Auszubildende. Ab April 1991 wurden alle Stellen für die Führungskräfte nochmals aus-

Das Fernmeldeamt Cottbus

stellt für sofort oder später aus der nichtberufstätigen Bevölkerung zum Anlernen ein:

Telefonistinnen

für den Schichtdienst.

Wir bieten:

Arbeitszeit 41 Stunden pro Woche,
2 mal 20 Min. bezahlte Pause täglich,
18 Tage Erholungsurlaub,
Tarifzulage für 3- und 2-Schichtdienst,
Prämienzeitlohn, Schichtprämie,
Jahresendprämie, Zusatzurlaub,
zusätzliche Belohnung und Treueprämie,
besondere Altersversorgung,
gute Qualifizierungsmöglichkeiten.

Meldungen erbeten an:

Fernmeldeamt
Abt. Kader/Bildung
75 Cottbus, Berliner Str. 6, Zimmer 239

663 15 14 Hi 488 73 3

Telefonistinnen für sofort oder später gesucht.

geschrieben. An den Besetzungen ändert sich kaum etwas. Darüber hinaus erfolgte erstmalig ab Juli 1992 der Einsatz von Leiharbeitnehmern, der sich in den folgenden Jahren als zwingend notwendige Maßnahme zur personellen Sicherstellung, etwa der Aufgaben im privaten Kundenvertrieb, erweisen sollte.

Die leitenden Personalmitarbeiter der Deutschen Bundespost Telekom haben seinerzeit viel Mühe und Engagement aufgewendet, um den von der Deutschen Post übernommenen Mitarbeitern bei den neu auf sie zukommenden Aufgaben und Gegebenheiten zu helfen. Unterstützt wurden sie dabei von einer Reihe von Führungskräften der Deutschen Post, die sich sehr um die Integration verdient gemacht haben, insbesondere da sie erkannt hatten, dass Zeiten des Aufbruchs eine großzügige Auslegung mancher Regeln und Vorschriften erfordern. Ohne dies wäre eine Übernahme des Personals aus dem Osten in der zur Verfügung stehenden kurzen Zeit gar nicht möglich gewesen. Es war eine interessante Zeit, die den Beteiligten auch viel freie Hand ließ.

Mit viel Engagement bei der Sache, Gotha, 1991.

Besondere Personalangelegenheiten im Rahmen der Fusion

Die Deutsche Post und hier im Besonderen der Fernmeldebereich war sicherlich ein sehr interessantes Betätigungsfeld für die Staatssicherheit. Es war daher davon auszugehen, dass sich eine nicht unerhebliche Anzahl der sogenannten Informellen Mitarbeiter, kurz IM, im Bereich der Deutschen Post tummelten. Mit der unbefristeten Übernahme aller Mitarbeiter der Deutschen Post hatten daher – leider – auch die bis dahin unentdeckten IM einen Arbeitsvertrag erhalten, eine sicherlich nicht unerhebliche Zahl, wenn man bedenkt, dass ungefähr 170.000 IM in der DDR tätig waren und dass der Kommunikationssektor für die Informationsgewinnung der Stasi eine wichtige Rolle spielte. Zusätzlich zu den IM kamen noch – als Nebeneffekt der Auflösungserscheinungen der Staatssicherheit – etwa 2.000 ehemals hauptamtliche Mitarbeiter des Ministeriums für Staatssicherheit – später Amt für Nationale Sicherheit – hinzu, die nach der Auflösung des Ministeriums bzw. des Amtes bei anderen Behörden auf unauffälligen Stellen untergebracht wurden, so auch bei der Post.

Eine funktionsbezogene Überprüfung des übernommenen Personals war daher dringend notwendig und begann unmittelbar nach der Fusion. Zunächst hatte jeder Beschäftigte einen Fragebogen auszufüllen, der von besonderen Arbeitsgruppen ausgewertet wurde. Daneben fanden für die inzwischen bekannt gewordenen ehemaligen hauptamtlichen Mitarbeiter des Ministeriums für Staatssicherheit (erstaunlicherweise gab es massenhaft Unterlagen darüber) Anhörungen mit dem Ziel statt, zu entscheiden, ob gekündigt werden musste – was in etwa 80 Prozent der Fälle erforderlich war – oder ob das Arbeitsverhältnis fortbestehen konnte. Sofern aus den vorliegenden Unterlagen und Auskünften kein klares Bild zu gewinnen war, wurde – funktionsbezogen – eine Überprüfung durch den Sonderbeauftragten der Bundesregierung (»Gauck-Behörde«) veranlasst. Bis zum Abschluss der Überprüfungen im Jahr 1997 waren das ungefähr 11.500 Fälle. 20 Prozent davon erwiesen sich als »verstrickt«, d. h. als belastet durch eine Zusammenarbeit mit der Staatssicherheit.

Schwindende Führungskräfte

Der neue Postminister der DDR ordnete eine Befragung der Mitarbeiter an, ob sie Vertrauen zu ihren Führungskräften der oberen Leitungsebene hätten. Die Führungskräfte mussten sich der Befragung in ihrem Verantwortungsbereich stellen. Das Ergebnis überraschte uns, es lag in allen Bereichen bei 70 bis 80 Prozent Zustimmung. Nur ein Leiter lag unter 50 Prozent.
In der ersten Juliwoche 1990 meldeten sich Mitarbeiter der Direktion bei diesem Leiter des Fernmeldeamtes an und teilten ihm mit, dass fast die gesamte Leitung der Direktion verschwunden sei. Sie waren in Rente gegangen, ohne ihre Beschäftigten zu informieren. Gleichzeitig waren auch einige Führungskräfte der Post- und Fernmeldeämter verschwunden.

Siegfried Fenske

Stasi-Vergangenheit eines Abteilungsleiters

Mir war schon vorher seitens des im März 1991 für den Osten zuständigen Vorstandsmitgliedes angedeutet worden, dass sich einer meiner (Ost-)Abteilungsleiter alsbald bei mir melden würde, was auch sehr schnell geschah. Er war wegen seiner Vergangenheit als IM um seine berufliche Zukunft besorgt. Ich konnte ihn mit dem Hinweis darauf beruhigen, dass ich zunächst die Akten sehen müsse und wir dann gemeinsam entscheiden würden. Bedauerlicherweise brauchte die Stasi-Unterlagenbehörde über zwei Jahre, bis ich die Unterlagen über unsere Zentrale bekam, mit der Aufforderung zur Entlassung aus dem Dienst. Da er zwar fleißig, aber nur »harmloses Zeug« (was nachweislich niemanden geschädigt hatte) geschrieben hatte, konnte ich das Unternehmen vor dem Hintergrund, dass über die Klarnamendatei seine Identität bekannt wurde, überzeugen, für ihn eine »menschliche Lösung« zu finden. Durch meine weitreichenden Kontakte im Konzern einschließlich der Tochtergesellschaften ist das dann auch zu seiner (und meiner) großen Zufriedenheit geschehen.

Eike Rolf Michael

Rückblickend kann man wohl sagen, dass die Deutsche Bundespost Telekom bei diesem heiklen Thema immer bemüht war, mit dem nötigen Fingerspitzengefühl vorzugehen, allen Betroffenen im Rahmen der Gesetze gerecht zu werden, sofern das bei diesem Thema überhaupt möglich war. Zu unterschiedlich waren die Positionen, zu vielschichtig die Probleme und Sichtweisen, vieles ist daher relativ, eine allseits und alle befriedigende Lösung war in einer solchen Situation wohl nicht zu erreichen, nur die relativ beste.

Veränderter Arbeitsalltag

Mit dem Einigungsvertrag traten grundlegende Veränderungen der bisherigen arbeitsrechtlichen Bestimmungen ein. Vertragspartner bisheriger Tarifregelungen (Rahmen- bzw. Betriebskollektivverträge) bestanden nicht mehr. Es wurden deshalb in gemeinsamer Arbeit von Arbeitsgruppen der Deutschen Post und der Deutschen Bundespost »vorläufige arbeits- und tarifrechtliche Regelungen für die Beschäftigungsverhältnisse im Beitrittsgebiet ab 03.10.1990« geschaffen. Diese Regelungen bildeten die Grundlage bis zum Abschluss neuer Tarifverträge für die Beschäftigten der Deutschen Bundespost Telekom aus den neuen Bundesländern und Ost-Berlin. Dabei wurde vom Prinzip der Besitzstandswahrung ausgegangen (Einkommen, Arbeitszeit, Urlaub).

Das Ziel war – natürlich – die umfassende Gleichstellung aller Mitarbeiter im Unternehmen. Es wurden daher in der Folgezeit zahlreiche neue Tarifverträge abgeschlossen, um so Schritt für Schritt das Ziel der Angleichung zu erreichen. Um nur die wichtigsten zu nennen: der Manteltarifvertrag mit Wirkung vom 1. Januar 1991, die Einführung der 40-Stunden-Woche ab 1. April 1991 (von zuvor 42 Stunden pro Woche), ein neues Lohn- und Vergütungssystem mit zunächst 60 Prozent des Westgehaltes mit stufenweiser Anhebung ab dem 1. Juli 1991 bis Oktober 1999, die Anerkennung von Vordienstzeiten. Eine Fülle von neuen Regelungen und Vereinbarungen wurde bereitgestellt, die Angleichung wurde zielgerichtet verwirklicht.

Die Wirkung der neuen Tarifverträge auf die Motivation der Beschäftigten in den neuen Bundesländern sollte man nicht unterschätzen. Man darf nicht vergessen, dass mit dem Zusammenbruch des gesamten Systems eine große Verunsicherung eingetreten war. Jeder fragte sich, wie geht es insgesamt, wie geht es mit mir weiter? Das galt natürlich auch für die Arbeitsverhältnisse bei der Telekom. Ist mein Arbeitsplatz sicher? Zu welchen Bedingungen? Und, ganz wichtig: Wo wird er sein? Mit den Tarifverträgen kehrte eine gewisse Sicherheit ein. Vor allem die ab Februar 1991 für alle gültigen unbefristeten Arbeitsverhältnisse waren in diesem Sinne ein wichtiger

Mangelnde Sensibilität

Gemeinsam mit zwei Bonner Kollegen und einigen Mitarbeitern aus Niederlassungen der neuen Bundesländer fuhr ich in einem Kleinbus zu einer Tagung. Während die »Ossis« nicht wussten, wie es mit ihnen und ihren Familienangehörigen beruflich weitergehen würde, unterhielten sich meine Bonner Kollegen laut und ausführlich über Beförderungsmöglichkeiten für sich und ihnen bekannte Personen in für uns utopischen Regionen.
Während einer »technischen Pause« machte ich die beiden von mir übrigens sehr geschätzten Kollegen auf die Problematik und Wirkung ihrer Diskussion in diesem Umfeld aufmerksam. An ihrer Erschrockenheit merkte ich, dass ihnen die Diskrepanz zwischen unseren Lebensumständen nicht bewusst gewesen war. Auf der Weiterfahrt hatten wir dann gemeinsame Diskussionsstoffe.

Monika Wöllert

Der neue Arbeitsvertrag in letzter Sekunde

Ich war Mitarbeiterin im Zentralen Post- und Fernmeldeamt und unterschrieb am 30. September 1990 einen Änderungsvertrag. Damit war ich Mitarbeiterin der Generaldirektion Ost und gehörte ab dem 3. Oktober 1990 zu einer nicht zu überführenden Einrichtung. Wir erhielten bis zum 31. Januar 1991 befristete Arbeitsverträge. Im Januar 1991 begannen wir uns zu fragen, was wohl danach kommen würde und ob wir am 1. Februar 1991 noch zur Arbeit kommen sollten.
Am 31. Januar 1991 erreichten uns dann tatsächlich unsere neuen Arbeitsverträge aus Bonn. Wir wurden in Gruppen eingeteilt zur Übergabe und Unterschrift der Arbeitsverträge. Mit diesem Arbeitsvertrag wurde ich nach fast 25 Dienstjahren als Berufseinsteiger eingestuft. Eine Diskussion war nicht möglich, und eine Erläuterung über das weitere Vorgehen gab es nicht; entweder man unterschrieb oder war arbeitslos. Ich fühlte mich gedemütigt und im juristischen Sinne genötigt. Auch jetzt noch zeugt diese Verfahrensweise für mich von mangelndem Einfühlungsvermögen in die Situation der vom Zusammenbruch ihrer Umwelt verunsicherten Mitarbeiter aus den neuen Bundesländern und schlechter Informationspolitik. Wenn ich für die erste Eingruppierung noch Verständnis aufbringen kann, musste es wirklich der letztmögliche Tag für die neuen Arbeitsverträge sein?

Monika Wöllert

Schritt. Dass der Lohn zunächst nur 60 Prozent des Westlohns betrug, wurde – zumindest zunächst – angesichts der doch erheblich niedrigeren Lebenshaltungskosten akzeptiert, die langsame – aus Sicht der Betroffenen zu langsame – Angleichung allerdings immer weniger. Dass die unterschiedliche Bezahlung manchmal zu kuriosen Situationen führte, sei nur am Rande vermerkt. Wenn z. B. in Berlin im Kabelgraben Ost- und West-Mitarbeiter für dieselbe Arbeit unterschiedlich bezahlt wurden (es galt die »Spindordnung«, d. h. der Standort seines Spinds bestimmte die Einordnung des einzelnen Arbeiters), war das schon ziemlich erklärungsbedürftig. Aber auch aus heutiger Sicht muss gesagt werden, dass die schrittweise Angleichung trotz gewisser Schwächen der richtige Weg war.

Neuer Zündstoff wurde durch die ab 1. Februar und 1. Juli 1991 in Kraft getretenen Tarifverträge und die damit verbundenen Eingruppierungen gelegt. Dabei kam es aufgrund der in den neuen Arbeitsverträgen festgelegten Tarifgruppen zunächst zu Herabgruppierungen (Nichtanerkennung des Bildungsabschlusses, Fehlen höherwertiger

Neue Kolleginnen und Kollegen

Diese Arbeitsmengen konnten jedoch von den Stammmitarbeitern nicht mehr bewältigt werden. Daher gab es viele Neueinstellungen, die zunächst weitere Probleme mit sich brachten. Die neuen Kolleginnen kamen aus artfremden Betrieben, die zu dieser Zeit leider reihenweise geschlossen wurden. Mehrere waren zuvor im ehemaligen Textilkombinat beschäftigt gewesen, und einige von ihnen hatten vorher noch nie in einem Büro gearbeitet. Sie erhielten von uns Schnellkurse im Bedienen der Schreibmaschinen und im Fertigen von Bauaufträgen zur Einrichtung von Telefonanschlüssen. Inzwischen herrschte auch enorme Raumnot in unserem Gebäude. Um jeden Büroraum und jeden Schreibtisch wurde gefeilscht. Aber irgendwie fand sich auch hier immer wieder eine Lösung. So wurden ein zu DDR-Zeiten eingerichtetes Traditionskabinett und ein Sportraum im Dachgeschoss zu Schreibbüros umgestaltet. Die Büromöbel wurden teilweise von geschlossenen Betrieben übernommen. Die ganze Organisation und Betreuung der neuen Mitarbeiter lief neben den eigentlichen eigenen Aufgaben, die auch nicht zu knapp anstanden. Der Arbeitstag betrug damals recht oft zwölf Stunden. Trotzdem waren wir stolz, in so kurzer Zeit so viel zu erreichen.

Christine Kramer

Personalposten), die jedoch aufgrund der Regelung über die Besitzstandswahrung dann wieder ausgeglichen wurden.

Die für den »Aufbau Ost« teilweise notwendige personelle Aufstockung hatte jedoch weitere Folgen. Der technische Ausbau des neuen Fernmeldenetzes und der Vermittlungsanlagen lief auf Hochtouren und brachte in allen Bereichen der Fernmeldeämter vorübergehende Provisorien mit sich. So waren z. B. zur Bewältigung der enormen Antragsflut im Rechnungsdienst Neustrukturierungen und vor allem personelle Aufstockungen nötig.

Dies verschlechterte die ohnehin schon sehr beengten Raumverhältnisse weiterhin. Ohne zusätzliches Mobiliar bzw. Räume teilten sich nicht selten zwei Personen einen der schon recht betagten Holzschreibtische. An Beistelltischen, teilweise auch im Aufenthaltsraum aufgestellt, wurden Lastzettel sortiert oder Rechnungen getrennt und eingetütet. Fehlerlisten, sogenannte Handtücher, aus dem immer noch verwendeten DDR-Abrechnungsverfahren, wurden auf dem Fußboden ausgebreitet und gesichtet. In den wenigen größeren Diensträumen wuselten statt vier nun acht bis zehn Personen. Kunden, die persönlich wegen ihrer Rechnung vorsprachen, waren häufig irritiert, wenn sie die Mitarbeiter kniend vorfanden. An Technik gab es nur wenige Schreib- und Additionsmaschinen (mit Papierrolle); meist waren es mechanische und schon in die Jahre gekommene Gerätetypen.

Bei der beschriebenen Personalfülle war das Arbeiten fast unmöglich, weil weder genügend Arbeitstische noch Stühle vorhanden waren. Für viele Dienststellen blieb nur die Möglichkeit eines Umzugs in andere Räumlichkeiten. Waren diese einmal gefunden, mussten sie in der Regel erst noch umfangreich saniert oder zumindest renoviert werden. Erst danach stellte sich eine spürbare Verbes-

Mehr zum Thema Raummangel:

Es lebe das Provisorium, Walldorf, 1993.

Büromaterial aus München
In den Büroräumen waren elektrische Schreibmaschinen, aber sonst nichts; kein einziger Rechner, kein Kopierer, kein Faxgerät. Unsere erste Aufgabe war, Rechner, Drucker und auch Schreibmaschinenpapier aus München mitzubringen. Farbiges Papier wurde richtig bestaunt.
Johann Nußbaum

serung der Arbeitsbedingungen für die Mitarbeiter ein. Neben derartigen räumlichen Gegebenheiten waren es aber vor allem soziale Unterschiede, die eine erhebliche Herausforderung für das Zusammenwachsen von Ost und West darstellten. Die Tatsache, dass nahezu alle Güter immer und im Überfluss vorhanden waren, war für viele Ost-Kollegen eine neue Erfahrung – und nicht immer positiv. So hatte die angestrebte Anpassung des Ost-Lebensstandards an den Westen auch ihre Schattenseiten. Es wurde z. B. beklagt, dass bei den »Wessis« die »Menschlichkeit« zu kurz komme, sich alles ums Geld drehe, jeder nur an sich denke und es an Zusammenhalt mangele. Auch das fehlende Recht auf Arbeit und einen bestimmten Arbeitsplatz – trotz der Arbeitsplatzgarantie der Deutschen Bundespost Telekom – hat viele verunsichert. Ebenso der Abbau weiterer sozialer Einrichtungen, wie Betriebs-Kindergärten, des monatlichen Haushaltstags und der Möglichkeit, bei Krankheit der Kinder zu Hause zu bleiben, führten zur Frustration.

Aber auch für die West-Mitarbeiter haben sich durch die Fusion Änderungen ergeben, die das Zusammenwachsen beeinflussten. Durch den Zusammenschluss und die Übernahme der Ost-Mitarbeiter stand der Deutschen Bundespost Telekom ein großes Arbeitskräfte-Potenzial zur Verfügung. So war bei der Besetzung von Stellen eine neue Konkurrenz entstanden, und damit befürchteten viele die Verschlechterung ihrer Erfolgsaussichten. Hinzu kamen zum Teil Misstrauen in politischer Hinsicht oder geringe Leistungsbereitschaft bzw. unkorrekte Arbeitserledigung, »Arbeit ist Stress« und das Pochen auf persönliche Rechte. Das hat in Einzelfällen auch dazu geführt, dass manche Ost-Mitarbeiter nicht mit offenen Armen empfangen wurden. Diese Vorurteile haben sich jedoch auf Dauer nicht halten können. Im Gegenteil, durch unsere neuen Niederlassungen und die Aufteilung der Ost-Bezirke auf die Niederlassungen, durch das Heranführen an die Aufgaben durch Learning by Doing, die Fortbildung und viele Veranstaltungen in den Niederlassungen haben sich die Vorurteile bei den West- und Ost-Mitarbeitern sehr schnell abgebaut und waren schließlich kein Thema mehr.

Mitarbeiterdialog

Durch den Vorstandsvorsitzenden Helmut Ricke wurde im November 1990 das Projekt »Mitarbeiterdialog Telekom 2000« ins Leben gerufen. Zur immensen Aufbauarbeit in den neuen Bundesländern sollte damit ein Bündel von motivierenden Maßnahmen, die sich synergetisch ergänzen, entwickelt werden. Dabei hatten die rasche Integration der Mitarbeiter der ehemaligen Deutschen Post und die umfassende Information über die Telekom eine hohe Priorität. Eine von November 1990 bis Juni 1991 begrenzte intensive Maßnahme zur Information bildete der Dialog ausgewählter Ansprechpartner mit Mitarbeitern im Rahmen dienstlicher Veranstaltungen. Ein Team von 40 ausgesuchten Ansprechpartnern aus Ost und West übernahm für den genannten Zeitraum die Aufgaben der allgemeinen Information, die Entgegennahme von Anregungen, die Beantwortung von Fragen zum Aufbauprogramm und förderte so die Identifizierung der Mitarbeiter mit ihrem neuen Unternehmen. Der Dialog unterstützte damit die Führungskräfte bei der Lösung der schwierigen Aufgaben.

Breite Unterstützung fand das Projekt in den Medien der Deutschen Telekom. Sehr erfolgreich verlief der Dialog mit regionalen Autorenbeiträgen in der Mitarbeiterzeitung »Monitor vor Ort«. In einer örtlichen Ausgabe jeder Niederlassung fanden sich viele Mitarbeiter wieder, und es gab ein großes Interesse. Leider erfolgte mit der Privatisierung der totale Abbau der regionalen Medien, und ein enormer Interessenverlust war die Folge.

Mitarbeiterdialog in der Praxis

Für das Fernmeldeamt Cottbus wurden Klaus Schaefer vom Fernmeldeamt 2 Köln und Heinz Kühn vom Fernmeldeamt Cottbus für den Dialog ausgewählt. In der Phase I (November 1990 bis März 1991) führten sie 35 Dialogveranstaltungen im Raum Cottbus durch und gaben die Probleme vor Ort an die übergeordneten Bereiche zur Lösung weiter. Der ständige Kontakt begünstigte einen vorzeitigen Abschluss des Aufbauprogrammes im Bereich Cottbus (ein Jahr früher als Dresden).

Der korrekte Beamte Klaus Schaefer aus Düren und der lässige und lockere Heinz Kühn bildeten schon nach kurzer Zeit ein funktionierendes Team. Klaus Schaefer war ein sehr aufnahmefähiger Mensch, der sich für alle Belange des Ostens interessierte, aber absolut kein »Besserwessi«. Daraus entwickelte sich auch privat eine sehr enge Freundschaft, die heute noch Bestand hat. Aus dieser ersten Aufgabenstellung ergab sich für mich die Möglichkeit, als Stellenvorsteher Öffentlichkeitsarbeit und Pressesprecher in Cottbus noch elf Jahre aktiv zu sein. Eine tolle Zeit.

Heinz Kühn

Gewerkschaftliche und betriebliche Mitbestimmung

Gewerkschaftliche Entwicklungen

Als die Mauer fiel, führte die Deutsche Postgewerkschaft in Mannheim gerade ihren 16. Kongress durch. Der Konferenzsaal wurde immer leerer, als auf einer Bildschirmwand am Stand der Deutschen Bundespost Telekom, im Foyer des Kongresses, Bilder vom Fall der Mauer gezeigt wurden. Unglaubliches Staunen vermischte sich mit Freude; aber wohl allen Delegierten des Kongresses wurde klar, dies wird auch die gewerkschaftlichen Aufgabenstellungen der nächsten Jahre grundlegend verändern. Ein Delegierter fasste es so zusammen: »Wir können nicht hier drin über Erschwerniszuschläge streiten, während sich da draußen die Welt verändert.« Der Umbruch war tief greifend.

Aus den ersten Plakaten »Wir sind das Volk« wurde später die Losung »Wir wollen keine Postler zweiter Klasse sein« – soziale Gleichberechtigung wurde zum Thema. Die Beschäftigten in Post- und Fernmeldeämtern schlitterten aus der Auflösung der DDR und ihres politischen Systems in die Auflösung der Ordnung der Strukturen bei der Bundespost im Westen. Dem Fall der Mauer folgte eine neue Trennlinie zwischen Post und Fernmeldewesen, zwei Postreformen, die Privatisierung und schließlich die Börseneinführung der Deutschen Telekom AG. Soziale Konflikte waren vorprogrammiert, in denen Gewerkschaftsmitglieder sehr selbstbewusst für ihre Sache stritten. Lothar Schröder kommentierte das Selbstbewusstsein der Gewerkschafter der damaligen Zeit: »Jene, die die Mauer zu Fall gebracht haben, wussten, was Solidarität bedeutet, wieso sollten sie

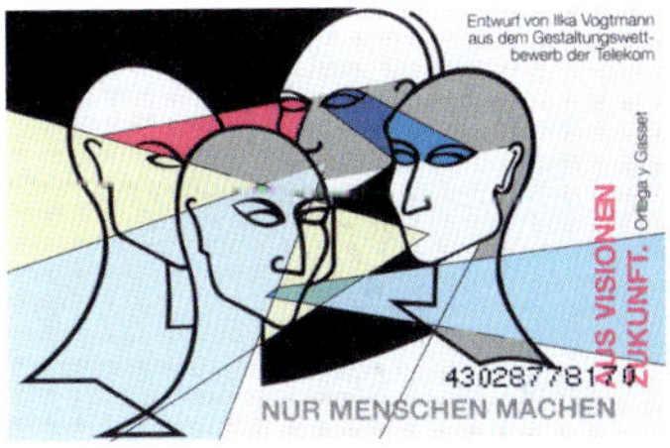

Nur Menschen machen aus Visionen Zukunft. Telefonkarte aus dem Jahr 1993.

Einer Ost – einer West
Lothar Schröder und Peter Praikow waren sich erstmals 1986 bei einem Treffen einer Delegation von Jugendvertretern aus Ost und West in Berlin und Karl-Marx-Stadt (Chemnitz) begegnet. »Das geht hier nicht so weiter – unser System ist so marode wie unsere Infrastruktur.« Dieser Satz von Peter Praikow ist Lothar Schröder in Erinnerung geblieben. Wahrscheinlich auch deshalb, weil er auf einem der langen Spaziergänge übermittelt wurde, zu denen Praikow gedrängt hatte, um tatsächlich eine vertrauenswürdige Dialogatmosphäre zu schaffen. In den Konferenzräumen mussten beide annehmen, dass die Stasi mithörte. Und dies, obwohl gleichzeitig bei einem Großteil der Bevölkerung die Telefoninfrastruktur tatsächlich als marode gelten musste. Peter Praikow nannte drei Zugangsbedingungen für einen häuslichen Telefonanschluss zu Zeiten der DDR: Beziehungen, Glück und Geduld. Eine nachhaltige Infrastruktur wurde erst mit dem »Aufbau Ost« geschaffen, in dem eine ganze Technikgeneration im Osten übersprungen wurde. Mehr Revolution als Evolution in technischer Hinsicht, ebenso wie in der Gesellschaft.
Peter Praikow und Lothar Schröder

aufhören, gemeinsam für bessere Lebens- und Arbeitsbedingungen zu streiten. Wer gelernt hat, sich gegen Unterdrückung, Bevormundung und Bespitzelung zu wehren, der will auch nicht untätig zuschauen, wie Arbeits- und Sozialbedingungen den Aktienmärkten geopfert werden.« Und in der Tat: Immer mehr Menschen organisierten sich. Mit der Integration der ostdeutschen Postgewerkschaft bis zum Ende des Jahres 1991 stieg in der DPG der Mitgliederbestand um 133.000 Personen. »Da bei der Post in den neuen Bundesländern bedeutend mehr Frauen beschäftigt und auch gewerkschaftlich organisiert waren als im Westen, wuchs zugleich der Frauenanteil unter den Mitgliedern der DPG von 34,2 Prozent auf 42,4 Prozent.[50]

Während Telekom-Institutionen in Ost und West im technischen, aber auch im menschlichen Sinne Verbindungen knüpften und den »Aufbau Ost« technisch vorantrieben, engagierten sich die Gewerkschafter für sozialen Fortschritt und demokratische Rechte. Peter Praikow schrieb am 12. Juni 1990 an Lothar de Maizière, der dem Ministerrat in der DDR vorstand, den Protestbrief der neu gegründeten Postgewerkschaft zum »Vorläufigen Grundgesetz der DDR«. »Unverständnis besteht jedoch darüber, dass ›Streik und Abwehraussperrung zugelassen sind, soweit sie nicht gegen den Grundsatz der Verhältnismäßigkeit verstoßen‹. Wir sehen darin einen Eingriff in gewerkschaftliche Rechte und gleichzeitig den Versuch, Streikrecht und Tarifautonomie einzuschränken.« Der Versuch einer derartigen autoritären Einschränkung von Gewerkschaftsrechten misslang.

In den neuen Bundesländern wurde vom 21. bis 23. Januar 1991 eine Urabstimmung durchgeführt. 96 Prozent der Gewerkschaftsmitglieder sprachen sich für einen Arbeitskampf aus, an dem 38.000 Menschen teilnahmen, um Forderungen nach Zahlung eines 13. Monatsgehaltes zu verwirklichen. »Mit dieser Regelung war ein erster Erfolg erzielt worden, aber eine Gleichbehandlung der ostdeutschen mit den westdeutschen Beschäftigten war noch lange nicht erreicht. Nicht nur, dass sich die Löhne und Gehälter in den neuen Bundesländern auf nur 60 Prozent des Westniveaus beliefen, auch die Vordienstzeiten der Beschäftigten bei der Post in der DDR wurden nicht anerkannt, sodass sie quasi wie Berufsanfänger behandelt wurden und – von der entwürdigenden Diskriminierung einmal ganz abgesehen – ihr Verdienst noch geringer ausfiel.«[51]

Am 24. Dezember 1991 konnte zwischen Arbeitgebern und Gewerkschaften verabredet werden, dass mit Ausnahme derjenigen, die in einer besonderen persönlichen Nähe zum SED-Regime gestanden hatten, frühere Beschäftigungszeiten voll anerkannt wurden. Es folgten Auseinandersetzungen um den Rationalisierungsschutz; die Beschäftigungssicherheit gewann für die Postbeschäftigten zunehmend an Bedeutung. Im Postsektor brachte ein geplanter Abbau von über 8.000 Arbeitsplätzen die Gewerkschafter in Aufruhr, während im Telekom-Sektor die ersten Jahre nach der Wiedervereinigung beschäftigungspolitisch andere Vorzeichen trugen. Die Modernisierung der Infrastruktur brachte zunächst beschäftigungspolitische positive Impulse, bevor deren Rationalisierungswirkung erst später Arbeitsplätze kostete. Mitarbeiter der Deutschen Bundespost Telekom aus dem Westen halfen beim »Aufbau Ost« aus.

Allen Post- und Telekom-Beschäftigten lag aber schon 1991 daran, Beschäftigungssicherheit für die Zukunft zu erhalten. Sie engagierten sich ab dem 4. November 1991 in einem Arbeitskampf für einen Rationalisierungsschutztarifvertrag – nicht ohne Wirkung. Am 2. Dezember 1991 gelang es der DPG als erster Gewerkschaft in der Bundesrepublik Deutschland, einen Rationalisierungsschutztarifvertrag für die neuen Bundesländer zu vereinbaren.

Weitere Schritte zur Angleichung von Arbeits- und Lebensbedingungen folgten. Im Mai 1992 wurden bei der Post in den neuen Bundesländern die tariflichen Einkommen der Beschäftigten auf 70 Prozent und ab 1. Dezember 1992 auf 75 Prozent des Westniveaus angehoben. Am 1. Juli 1993 war 80 Prozent des Westniveaus erreicht. 1994 stiegen die Gehälter auf 82 Prozent, und zum 1. Oktober 1995 wurden sie auf 84 Prozent des Westniveaus angehoben. Erst in der Tarifrunde 1996, in der die mittlerweile drei privatisierten Postunternehmen getrennt verhandelt wurden, konnte mit der Telekom ein Stufenplan unter Dach und Fach gebracht werden, der die volle Anrechnung der Löhne und Gehälter bis zum 1. Oktober 1999 in vier Schritten vorsah. Zehn Jahre nach der Wiedervereinigung war damit für alle Beschäftigten des Telekommunikationsunternehmens die tarifliche Gleichstellung erreicht.[52]

Damit wurde auch in sozialer Hinsicht ein Meilenstein beim »Aufbau Ost« verwirklicht, der von engagierten Menschen gefordert, durchgesetzt und realisiert wurde. Das Motto eines späteren Kongresses der nun geeinten Postgewerkschaft lautete: »Menschen machen Innovationen.« Im Rückblick kennzeichnet es sehr treffend das Geschehen im Wandel um Umbruch, um die Schaffung von Telekommunikationsinfrastrukturen, aber auch um Sozialbedingungen.

Mit der Gründung einer freien Gewerkschaft auch im Osten und deren Westintegration waren jedoch gewaltige Anstrengungen notwendig, Menschen mit unterschiedlichen Vorstellungen unter dem Dach der Solidarität zu einem gemeinsamen Handeln zu vereinigen. Nicht ohne Verwerfungen und Irritationen. Die Zeit brachte ihre eigenen Sprachschöpfungen dafür hervor, den »Besserwessi« und den »Wendehals«. Unbeabsichtigt verletzend wirkten die Begrüßungsformeln aus dem Westen für viele Menschen aus dem Osten: »Wie gefällt es dir bei uns?« Diese Frage zielte auf Wertschätzung westlicher Kultur, wertete aber Menschen aus dem Osten in ihren Bedingungen ab und sprach vor allen Dingen nicht vom »Wir«.

Zusammenarbeit zählt.

Und das Wir können nun mal nur die Menschen füllen, die aus »Werktätigen« zu »Berufstätigen« wurden, die sich die Freiheit erkämpften, in der sie dann allerdings als Arbeitnehmer um soziale Besitzstände streiten mussten. Eine bittere Erkenntnis war, dass Freiheit nicht zwangsläufig auch Wohlstand bedeutet. Das Wir bestand u. a. aus Fernmeldebaumonteuren im Osten und Fernmeldehandwerkern im Westen, die den technischen »Aufbau Ost« gemeinsam leisteten, und das Wir war in der Integration der Gewerkschaften schwerer zu verwirklichen als in staatlichen Strukturen, denn einen kollektiven Beitritt der Postgewerkschaft im Osten zur Postgewerkschaft im Westen hat es nie gegeben. Die Mitglieder beendeten, jedes für sich, ihr Mitgliedsverhältnis zum FDGB im Osten und traten der neu gegründeten Postgewerkschaft im Osten bei. Erst die neu gegründete Gewerkschaft wurde dann mit ihren Mitgliedern mit der DPG im Westen zu einer gesamtdeutschen Organisation verschmolzen.

Neuerungen in Sachen Personal- und Betriebsrat

»Wir konnten viele soziale und persönliche Härten abmildern«, erinnert sich Michael Löffler. Nach der Wende machte er sich im Personalrat des Fernmeldeamtes Leipzig für die Interessen der Mitarbeiterinnen und Mitarbeiter stark.

Dies in einer Zeit, die für viele geprägt war von Ungewissheit, Unsicherheit und Ängsten. In der jeder neue Tag auch neue Fragen brachte: Werde ich auf Dauer einen Arbeitsplatz bei der Telekom haben, welche Aufgaben übernehme ich, und welchen sozialen Status werde ich künftig haben?[53] Es waren gerade diese Fragen nach der eigenen beruflichen Zukunft, die den Menschen unter den Nägeln brannten.[54] Dementsprechend wichtig war der Einsatz der 13 Mitglieder und acht Sachverständigen im Leipziger Personalrat für die Interessen der Mitarbeiterinnen und Mitarbeiter. »Personalangelegenheiten mussten wasserdicht sein. Entweder bestanden wir darauf, dass reguläre Arbeitsstellen geschaffen wurden oder nach alternativen Arbeitsplätzen gesucht wurde«,[55] so Löffler weiter. Sichere Arbeitsplätze und die Verbesserung der Arbeitsbedingungen gehörten genauso zu den großen Herausforderungen, die sich nach der Wiedervereinigung den »noch jungen Personalvertretungen« stellten, wie die geänderten arbeits- und tarifvertraglichen Bedingungen, Aufgabeninhalte und Funktionen sowie die unterschiedlichen Organisationsstrukturen.

»Gegenseitig fit gemacht«

Diese Herausforderungen ebenso vor Augen wie die historische Verantwortung, handelten die Personalvertretungen und die Deutsche Postgewerkschaft (DPG) schnell und beherzt, unbürokratisch und direkt. Beide waren noch vor dem Staatsvertrag und der Währungsunion vor Ort in den neuen Bundesländern. Ging es dort doch um nicht weniger als den Aufbau neuer, freier, unabhängiger und demokratischer Mitbestimmungsstrukturen.[56] Eine arbeitsreiche, aber auch spannende Zeit begann. Kooperationsabkommen wurden geschlossen. Partnerschaftsprogramme zwischen Ämtern und Direktionen liefen an: Westdeutsche Personalräte und Gewerkschafter berieten in den Organisationseinheiten der neuen Bundesländer zum Aufbau betrieblicher Interessenvertretungen, die ostdeutschen Personalräte informierten sich bei ihren Kolleginnen und Kollegen in den alten Bundesländern.

Als ob wir wieder laufen lernten

Ich machte mich auf den Weg von Leipzig nach Köln und schaute dort meinen Personalratskollegen über die Schulter. Wir wurden in sämtlichen Fragen des Bundespersonalvertretungsrechtes fit gemacht, lernten unglaublich viel und hörten erstmalig von Beamtenthemen. Gleichzeitig unterstützten Kölner Kolleginnen und Kollegen in Leipzig. Sie führten Sprechstunden, Schulungen und Seminare durch. Gemeinsam mit der Deutschen Postgewerkschaft organisierten sie Personalrats- und Betriebsversammlungen. Letztere, um wichtige Fragen mit den verantwortlichen Führungskräften zu diskutieren und zu erörtern. Und sie halfen, Personalratswahlen durchzuführen, Wahlvorstände zu schulen, Wahlergebnisse auszuwerten, Personalräte einzurichten sowie die ersten Schritte in der praktischen Gremienarbeit zu gehen. Es war wirklich so, als ob wir wieder laufen lernten. Unsere westdeutschen Kolleginnen und Kollegen lehrten uns zudem, nachdrücklich Forderungen zu formulieren und zu stellen, uns zu organisieren und zu mobilisieren. Das hatte zur Folge, dass unser Selbstbewusstsein und -verständnis schnell wuchsen.

Michael Löffler

Ein wachsendes Selbstverständnis bestätigt auch Peter Gallner. Erst als Personalrat beim Fernmeldeamt Landshut, später als Gewerkschaftssekretär der DPG, unterstützte er seine Kollegen in den neuen Bundesländern. »Wir haben in der Zeit viel voneinander gelernt. Beispielsweise zu den unterschiedlichen Regelungen: In den alten Bundesländern bekamen die meisten Mitarbeiter sechs Wochen Urlaub, in der früheren DDR waren es nur drei Wochen. Anders sah es aus, wenn Eltern sich um ihre erkrankten Kinder kümmern mussten. In der ehemaligen Bundesrepublik waren dafür pro Jahr vier Tage, in der ehemaligen DDR jedoch bis zu 28 Tage vorgesehen.« Unterschiede gab es auch bei den Freistellungen für Personalvertreter. Sie waren nach dem Bundespersonalvertretungsgesetz großzügiger bemessen als nach den Regelungen in der früheren DDR.

Der Durst nach echtem Wissen und belastbaren Informationen war nach der Wende groß. Dementsprechend gut besucht waren die Informationsveranstaltungen der Personalvertretungen vor Ort. Meist ruhig und diszipliniert ging es dort zu. Betriebs-, Verwaltungs- und Führungskräfte saßen Seite an Seite. Diese Runden aus Fragen und Antworten dauerten oft mehrere Stunden. Trotzdem blieben die meisten bis zum Schluss. »Große Aufmerksamkeit ernteten wir beispielsweise, als wir beschrieben, dass es neben Gewerkschaften auch noch Personalräte gab, welche unterschiedlichen Aufgaben sie hatten und wie notwendig beide waren«,[57] so Gallner.

Bei der Telekom wählten die Mitarbeiter sowohl auf Amts-, Bezirks- als auch auf Generaldirektionsebene jeweils einen örtlichen Personalrat. Bei den Oberpostdirektionen – also auf Bezirksebene – wurden darüber hinaus Bezirkspersonalräte eingerichtet. In der früheren DDR wählten die Mitarbeiter der Telekom ihre Personalvertretungen in den gleichen Organisationsstrukturen. Eine Premiere, denn Personalräte nach westlichem Muster waren in der ehemaligen DDR unbekannt. Im Juli 1990 hatte die ehemalige Volkskammer dazu ein Gesetz zur sinngemäßen Anwendung des Bundespersonalvertretungsgesetzes verabschiedet. Damit übernahm automatisch der damalige Hauptpersonalrat für das Post- und Fernmeldewesen im Bundespostministerium die Vertretung der Interessen der Mitarbeiter in ganz Deutschland. Ab Ende Mai 1991 konstituierte sich bei der Generaldirektion in Bonn ein eigenständiger Hauptpersonalrat Deutsche Bundespost Telekom.[58] Kurzzeitig nahm er auch Bezirkspersonalrats-Aufgaben in den neuen Bundesländern wahr.

Zu den Arbeitsschwerpunkten des neuen Hauptpersonalrates gehörte von Beginn an die Integration der Mitarbeiter aus den neuen Bundesländern. Ihre Lebens- und Arbeitsbedingungen sollten denen in den alten Bundesländern angeglichen werden. »Wir haben uns insbesondere für die Übertragung der tarifvertraglichen Regelungen West auf die neuen Bundesländer eingesetzt. Das war in einigen Fällen schwierig, weil wir vom Bundesinnenministerium abhängig waren und keine eigenständigen Lösungen anbieten konnten«, berichtet Hans-Georg Boldt. Er kam vom Zentrum für Fernmeldebetrieb Berlin Ost als Sachverständiger für Ost-Tariffragen nach der Wende zum Hauptpersonalrat. Bereits ein Jahr später wurde er in dessen Vorstand gewählt, bevor er zweiter Stellvertreter des Vorsitzenden des Hauptpersonalrats wurde.[59] Nicht ohne Stolz erinnert sich Boldt: »Wir unternahmen große Anstrengungen, um die Menschen in die neuen Strukturen zu integrieren. Erreichen konnten wir etwa, dass die Auszubildenden in den neuen Bundesländern weiterbeschäftigt und die geplanten Schließungen von Kindertagesstätten im Beitrittsgebiet mehrmals hinausgeschoben wurden.«[60] Seine Auswärtssitzungen führte der Hauptpersonalrat häufig in den neuen Bundesländern durch. Zur Vorbereitung waren ihnen gewerkschaftliche Vorbesprechungen oder Betriebsversammlungen vorgelagert. So ließen sich die Anliegen der Personalräte, der DPG und der Beschäftigten in den neuen Bundesländern stärker in die Entscheidungen des Gremiums einbeziehen. Kurios waren, so Boldt, die unterschiedlichen Terminologien und Fachausdrücke,[61] besonders bei Veranstaltungen: »Obwohl wir die gleiche Sprache sprachen, meinten wir oft nicht dasselbe. Oder wir maßen Worten und Begriffen verschiedene Bedeutungen zu.«

Auszubildenden- und Schwerbehindertenvertretungen

Diese Erfahrung machten auch die Vertretungen der Auszubildenden, die ebenfalls beim »Aufbau Ost« aktiv waren. In den neuen Bundesländern trafen sie Personalräte und Jugendvertreter, tauschten sich mit ihnen aus und unterstützten sie. Ab 1991 besuchten sie Ausbildungszentren und Wohnheime in verschiedenen Städten, machten Bestandsaufnahmen und forderten Verbesserungen der damals teils katastrophalen Zustände. »Wir sind übers Land gefahren, wollten etwas stemmen und stellten fest: Wir konnten etwas bewegen«, erinnert sich Lutz Petrowsky. Wenn er nicht unterwegs war, setzte sich der Kommunikationselektroniker vom früheren Fernmeldeamt 2 Bremen in der Hauptjugend- und Auszubildendenvertretung in Bonn für die Interessen von mehr als 20.000 Kollegen in ganz Deutschland ein. Dazu ergriffen er und seine Mitstreiter in den gemeinsamen Sitzungen des Hauptpersonalrats das Wort, wendeten sich direkt an die Fachbereiche in der Generaldirektion oder kämpften im Berufsbildungsausschuss für die Rechte der Azubis.[62] Die örtlichen und bezirklichen Jugendauszubildendenvertretungen in den neuen Bundesländern entstanden nach und nach. Auch dieser Prozess wurde im Rahmen von Partnerschaften im engen Schulterschluss mit der DPG aus den alten Bundesländern heraus begleitet.

Ebenso machten sich die Vertrauenspersonen der schwerbehinderten Menschen bei ihren Kolleginnen und Kollegen in den neuen Bundesländern bekannt, warben um Vertrauen. »Wir halfen aus, bauten Strukturen auf und leisteten Überzeugungshilfe vor Ort«, erinnert sich Sigrid Kramny. Die Vertrauensperson der schwerbehinderten Menschen der Generaldirektion Telekom, seit Ende der 1990er Jahre im Ruhestand, betreute nach dem Mauerfall behinderte Kolleginnen und Kollegen in der Zentrale der Telekom in Berlin.

Resümee

Berufe bei Telekom. Telefonkarte aus dem Jahr 1990.

Damit nicht nur die beiden Unternehmen, sondern auch die unterschiedlichen Mitbestimmungsstrukturen zusammenwachsen konnten, waren gewaltige Anstrengungen nötig. Dass dies gelang, lag nicht zuletzt an den hoch motivierten Mitarbeitern sowie ihren Personalvertretungen in Ost und West.[63] Mit Elan brachten beide Seiten das Beste in den »Aufbau Ost« ein, was sie zu bieten hatten. Gemeinsam wurden sie von dem Willen getragen, schnell belastbare Strukturen und spürbare Verbesserungen zu erreichen. Dass dies möglich wurde, hatte viele Gründe. Zum einen lag es an der hohen Bereitschaft, aufeinander zuzugehen, gemeinsam die drängenden Probleme anzusprechen, zusammenzuarbeiten und sich gegenseitig zu unterstützen. Zum anderen brachten sich die Beteiligten mit viel Optimismus, Eigeninitiative, Kreativität, Improvisations- und Organisationstalent ein. Und nicht zuletzt war ihre gemeinsame Arbeit meist von Verständnis füreinander und gegenseitiger Achtung geprägt.

Das unterstreicht auch Michael Löffler: »In der Rückschau waren es unglaublich spannende und herausfordernde Aufbaujahre. Letztendlich ein Stück gelebte Zeitgeschichte, das wir gemeinsam, aktiv und erfolgreich mitgestalten konnten.« Hans-Georg Boldt ergänzt: »Wir haben nicht über den ›Aufbau Ost‹ geredet, wir haben ihn gemacht. Aus den verschiedenen Kulturen, Mentalitäten, Erfahrungen und Praktiken, die in den Aufbaujahren aufeinanderprallten, konnten wir etwas Neues machen und dabei gemeinsam zusammenwachsen.«

Facetten der Aus- und Weiterbildung

Organisation und Berufsbilder

Hüben und drüben – das gewohnte Bild der Fusion der ost- und westdeutschen Telekommunikationsunternehmen: Zwei Systeme treffen aufeinander, so auch im Bereich der Ausbildung. Unterschiedliche Strukturen, unterschiedliche Berufsbilder, unterschiedliche Verfahren. Es musste ein einheitliches System geschaffen werden, und zwar entsprechend der allgemeinen Übereinkunft auf Basis der Organisation der Deutschen Bundespost Telekom. Auch bei der Deutschen Post der DDR hatte die Ausbildung einen hohen Stellenwert.

Sie wurde, gut organisiert und mit hoher Qualität in gemeinsamen Einrichtungen für das Post-, das Fernmelde- und das Funkwesen durchgeführt. Die Steuerung oblag dem Zentralamt für Berufsbildung/Zentrum für Bildung und Unternehmensführung. Durchgeführt wurde die Ausbildung in 18 Betriebsschulen und einer Berufsausbildungsstelle; umfassend mit praktischen und theoretischen Bereichen. In einem ersten Schritt mussten zunächst die Bildungsstandorte der Deutschen Post räumlich, materiell und personell auf die Telekom und den Postdienst aufgeteilt werden. Die daraus resultierenden 19 Standorte für die Ausbildung im Bereich Telekommunikationstechnik blieben zunächst bestehen und wurden erst später auf 15 reduziert. Neu ins Spiel kamen die zentralen Berufsschulen. Große Teile der theoretischen Ausbildung wurden von den Berufsbildungsstätten zu den Schulen verlagert, eine schwierige Entscheidung für die bisherigen Lehrer: Sie mussten zwischen Berufsschule und Telekom wählen.

Alle bisherigen Mitarbeiter der Ausbildungsbereiche wurden überführt sowie gleichzeitig die Fortführung und der planmäßige Abschluss aller Aus- und Weiterbildungsmaßnahmen organisiert. Ein naturgemäß schwieriges Kapitel war die Anpassung der Berufsbilder. Während die Deutsche Post im technischen Bereich den Beruf des Facharbeiters für Nachrichtentechnik hatte – mit den drei Spezialrichtungen Instandhaltung von Fernsprech- und Fernschreibanlagen, Bedienung und Instandhaltung von Funksendeanlagen sowie Bedienung und Instandhaltung von studiotechnischen Anlagen –, daneben den Fernmeldebaumonteur und den Meister für Nachrichtentechnik, wurden bei der Deutschen Bundespost Telekom die Nachwuchskräfte zum Kommunikationselektroniker ausgebildet.

Nunmehr mussten auch die Auszubildenden der Deutschen Post (immerhin über 5.000) und die Ausbilder auf das neue Berufsbild ausgerichtet werden. Um Anfangsschwierigkeiten zu reduzieren, wurde die technische Ausbildung bis Jahrgang 1989 noch nach den alten Regeln beendet. Erst ab dem Jahrgang 1991 wurde nach dem Berufsbild Kommunikationselektroniker ausgebildet.

Grundsätzlich anders geartet war die Ausbildung im nicht technischen Bereich. Bei der Deutschen Post gab es den Facharbeiter für Fernmeldeverkehr, bei der Deutschen Bundespost Telekom den Fernmeldeassistentenanwärter. Eine Übernahme des ostdeutschen Facharbeiters war wegen des Beamtenstatus in der Westorganisation schwierig, daher wurde zunächst die Facharbeiterausbildung der Ost-Kollegen belassen, verstärkt um die Ausbildungsinhalte Kundenorientierung und Kenntnisse der neu gestalteten EDV-gestützten Teilnehmerdienste. Der letzte Jahrgang der ostdeutschen Facharbeiterausbildung endete 1992. Gleichzeitig wurde in diesem Jahr im Bereich der Deutschen Bundespost Telekom einheitlich das Berufsbild mit

Menschen bei Telekom. Einen Schritt voraus. Telefonkarte aus dem Jahr 1994, Vorder- und Rückseite.

Weniger ist oft mehr – Lehrvideo für Mitarbeiter der Auskunft:

Ausbildung einmal anders
Gern erinnere ich mich an die Einsatzbereitschaft aller, wirklich aller Kolleginnen und Kollegen, die beim Feierabend nicht auf die Uhr schauten und irgendwie immer kurzfristig die Betreuung ihrer Kinder organisierten. Wir waren einfach unglaublich motiviert und fühlten uns von unserer Leitung unterstützt, und unsere Arbeit wurde wertgeschätzt. Die gute Zusammenarbeit mit dem Vertrieb und den technischen Stellen trug ebenfalls wesentlich dazu bei, dass wir etwa 1996 im Vertriebsgebiet Ost jene Rechnungsstelle waren, die hinsichtlich Arbeitsrückständen (Bauaufträge), Anzahl der Andrucke in Fehlerlisten und Kundenbeschwerden die besten Kennzahlen aufzuweisen hatte. Später führte dies dazu, dass wir auch andere Niederlassungen unterstützten, indem wir ihre Mitarbeiter und sogar einen Ressortleiter (Neubrandenburg) in Cottbus ausbildeten.
Ursula Balzer

Studenten der Ingenieurschule »Rosa Luxemburg«, Leipzig, bei der Ausbildung im Labor für Nachrichtentechnik, 1961.

IHK-Abschluss »Kaufmann für Bürokommunikation« eingeführt. Die Einheit war nun auch im Bereich der Telekommunikationsausbildung hergestellt.

Entscheidend für den Erfolg der Umstellung war naturgemäß die umgehende Qualifizierung der Ausbilder hin zu den neuen Verfahren und Berufsbildern. Und es wurde rasch gehandelt: Ein erster zweiwöchiger Lehrgang zur Einführung in die Ausbildung zum Kommunikationselektroniker fand bereits im Oktober 1990 statt, die bei der Telekom bestehende Arbeitsgruppe »Ausbildung der Ausbilder« bekam Hochkonjunktur. Auch waren mit Beginn des Lehrjahres 1990/91 neue Gesetze wirksam geworden, so u. a. das Berufsbildungsgesetz und das Jugendschutzgesetz. Hilfreich, wie in allen anderen Bereichen, waren auch in der Ausbildung die vielen Partnerschaften zwischen Ost- und Westämtern. Engagiert, unkonventionell, effektiv, ein nicht unbedeutender Faktor, darüber hinaus motivierend für beide Seiten. Die Anpassung der Ausbildung war dennoch ein schwieriger Prozess, der allen Beteiligten viel abverlangte. Aber auch hier zeigten sich die große Motivation und Einsatzbereitschaft der Ost-Kollegen. Man wollte den Erfolg, mit großem Engagement, oft mit einem Einsatz weit über das Normale hinaus.

Von der Ingenieurschule zur Hochschule für Telekommunikation Leipzig

Einen besonderen Platz im Bildungssektor der Deutschen Post nahm jahrzehntelang die Ingenieurschule »Rosa Luxemburg« ein. 1953 mit 277 Studierenden gegründet, wurden zunächst »Postwirtschaftler« für einen späteren Berufseinsatz bei der Deutschen Post ausgebildet. Ab 1954 trug die Schule den Namen »Ingenieurschule für Post- und Fernmeldewesen Rosa Luxemburg«, die ingenieurtechnische und ökonomische Ausbildung des Post- und Fernmeldewesens wurde am Standort Leipzig konzentriert. Das Besondere der Schule war – und ist – die Verbindung von Studium und Praxis.

Für das Direktstudium wurde bereits 1974 ein Praxissemester konzipiert, auf dem Gebiet des berufsbegleitenden Studiums leistete die Schule Pionierarbeit. Über Jahre hinweg war bezeichnenderweise der Anteil der Studierenden im Fernstudium im Verhältnis zum Direktstudium viermal so hoch. Diese enge Verbindung von Theorie und Praxis ist es, die den besonderen Ruf der Hochschule ausmachte und sie auch heute noch auszeichnet. Aus der Ingenieurschule der Deutschen Post wurde 1991 die erste Fachhochschule Sachsens, als »Hochschule für angewandte Wissenschaften«; die Telekom übernahm die Trägerschaft und sicherte damit die Finanzierung des Studien- und Forschungsbetriebes. Dass damit auch der traditionsreiche Name Rosa Luxemburg verschwand, wurde von manchen mit einer gewissen Wehmut zur Kenntnis genommen. Seit 2007 führt die Hochschule die Bezeichnung »Hochschule für Telekommunikation Leipzig«. Unabhängig aber vom Namen ist entscheidend, dass die Institution auch nach der Fusion ihren Platz in den neuen Strukturen der Hochschullandschaft und der Telekom gefunden hat und ihre traditionsreiche Tätigkeit, angepasst an die Anforderungen der modernen Telekommunikation, fortsetzen kann.

Weiterbildung der neuen Mitarbeiter

Wichtig für den Erfolg des Programms »Telekom 2000« waren viele Faktoren – auf technischer, organisatorischer oder auch politischer Ebene –, aber alles entscheidend war die Frage, ob man es schaffen würde, rechtzeitig die dafür erforderlichen Arbeitskräfte mit dem notwendigen Know-how bereitzustellen. Und allen Beteiligten war klar, dass dies nur über eine umgehende, umfassende und praxisnahe Weiterbildung des übernommenen Ost-Personals gelingen würde; hier also lag der Schlüssel zum Erfolg. Um es grundsätzlich gleich vorwegzusagen: Bei all diesen Maßnahmen ging es nicht darum, ein niedriges auf ein höheres Niveau anzuheben. Das Bildungsniveau der Ost-Kollegen war hoch, teilweise höher als das der West-Kollegen. So gab es z. B. relativ zur Gesamtzahl der Beschäftigten wesentlich mehr Hochschulabsolventen als bei der Deutschen Bundespost Telekom, was bei der Zuordnung der neuen Arbeitsplätze zu Schwierigkeiten führen konnte: Unter Umständen waren die Kollegen schlicht überqualifiziert für die zur Verfügung stehenden Arbeitsplätze. Anders ausgedrückt: Die Anforderungen waren unterschiedlich, zum Teil im neuen System einfacher. Wo im Westen das Ausfüllen eines Bestellscheins genügte (den Rest erledigte das Fremdunternehmen), waren

Realisierung einer Ingenieursarbeit aus dem Jahr 1975

Das Bildungswesen der ehemaligen DDR befand sich aus unserer heutigen Sicht auf einem hohen Niveau. Wissenschaftliche Arbeiten, Studien, Diplom- und Ingenieursarbeiten hatten einen hohen Standard, fanden aber wegen des Fehlens der materiell-technischen Basis nicht ihre Umsetzung. So verschwanden viele Arbeiten in der Schublade.
Das Thema meiner Ingenieursarbeit an der Ingenieurschule »Rosa Luxemburg« der Deutschen Post in Leipzig befasste sich mit der Planung der fernmeldemäßigen Vollversorgung der Stadt Brandenburg/Havel bis zum Jahr 2000. Zu diesem Zeitpunkt hatte die Stadt eine Versorgung von zwölf Telefonanschlüssen auf 100 Wohnungseinheiten. Der große Arbeitgeber der Stadt, das Stahlwerk Brandenburg mit 9.000 Beschäftigten, hatte mehr Nebenstellenanschlüsse als die Vermittlungsstelle Brandenburg Hauptanschlüsse. Mit dem »Aufbau Ost« und dem Vollausbau der Stadt ab 1990 fand meine wissenschaftliche Arbeit aus dem Jahr 1975 ihre Umsetzung. Die neue Vermittlungsstelle wurde an genau dem Standort errichtet, an dem ich sie geplant und konzipiert hatte.
Fred Kagels

Bei der Arbeit, Arnstadt, 1991.

Diensttourismus

Allerdings kam mit der neuen Hardware auch ein Wermutstropfen. Das System »Datenbank Teilnehmer« wurde nicht von den Altbundesländern übernommen. Dort befand sich bereits ein ähnliches Programm, »Andi«, in Erprobung. Und so lernten wir wieder einmal um. Mit »Andi« wurden die Bauaufträge sofort ins EDV-System gestellt, und die anderen Ressorts, wie Service und Buchdienst, sollten später darauf zugreifen können. Das war bei der »Datenbank Teilnehmer« ebenfalls geplant, aber noch nicht in Anwendung. Aber auch »Andi« war noch nicht so weit. Anfangs mussten die Auftragsblätter für die anderen Bereiche noch ausgedruckt werden. Da langsam Normalität in den Arbeitsalltag zurückkehrte, war es möglich, die Anmeldekräfte nach und nach zu Lehrgängen für das neue Programm zu schicken. Dabei lernten wir den »Diensttourismus« kennen. Obwohl wir auch in Cottbus eine Berufsbildungsstelle hatten, fanden die Seminare immer irgendwo in einer Berufsbildungsstelle in den Altbundesländern statt.
Christine Kramer

im Bereich der Deutschen Post viel mehr Eigeninitiative und Einfallsreichtum gefragt.

Die Weiterbildung hatte daher zunächst nur ein Ziel: die Beschäftigten mit den neuen Gegebenheiten in der Technik, der Organisation, den Führungs- und Managementmethoden und auch den veränderten gesellschaftlichen Verhältnissen vertraut zu machen. Und das Ganze parallel zum laufenden Betrieb; eine Anlauf- oder Vorbereitungsphase gab es nicht.

Im Bereich der beruflichen Bildung wurde die Aus- und Weiterbildung hauptsächlich in den 18 Betriebsschulen bei den Direktionen, den Zentralen Ämtern und der Ingenieurschule »Rosa Luxemburg« durchgeführt. Zentrale Funktionen waren im Ministerium und im Zentralamt für Berufliche Bildung angesiedelt. Die Betriebsschulen blieben zunächst bestehen, um nicht durch ein »Organisationsloch« Zeit zu verlieren. Sehr zeitnah wurde aber an der Neuorganisation gearbeitet, d. h. entsprechend der allgemeinen Vorgehensweise durch die Übernahme der Westorganisation. Das heißt natürlich nicht, dass die Westorganisation auf allen Gebieten das Nonplusultra darstellte, aber es schien der einzige Weg einer zeitnahen Umstellung.

In einem ersten Schritt wurden »Weiterbildungsgruppen« – analog zu den Fernmeldeschulen der Deutschen Bundespost Telekom – eingerichtet, angesiedelt bei einigen der neuen Fernmeldeämter; in der Regel bei denen am Sitz der ebenfalls neu eingerichteten Direktionen. Die Arbeit begann umgehend. Die Schwerpunkte ergaben sich aus den Erfordernissen der Praxis: Bisherige Weiterbildungsmaßnahmen zur Sicherung des laufenden Betriebes wurden ohne Unterbrechung weitergeführt. Mithilfe der Fernmeldeschulen der Telekom wurden die Ost-Kollegen zeit- und zielgruppengenau auf den Einsatz neuester Technik in der jeweiligen Region, unter anderem auch durch computerunterstütztes Training, vorbereitet. Lehrkräfte der Weiterbildung in den neuen Bundesländern wurden gezielt für ihre neuen Aufgaben vor Ort qualifiziert. Unter dem Begriff »Anpassungsfortbildung« wurden kurzfristig Maßnahmen zum Organisationsaufbau der Telekom, zu neuer Technik, zu neuen Betriebsverfahren u. Ä. angeboten.

Die Erfolge der Maßnahmen zeigten sich schnell, und das lag nicht nur an den geschaffenen Rahmenbedingungen, sondern vor allem an der Motivation und der Einsatzbereitschaft der betroffenen Ost-Mitarbeiter, wobei sicherlich die erlebten Erfahrungen an den neuen Arbeitsplätzen zusätzlich motivierten, dass nämlich tatsächlich etwas bewegt, geschaffen wurde. Ein bedeutender Schub war – wie auch in anderen Bereichen – die Hilfe und Hilfsbereitschaft der West-Fernmeldeämter, die im Rahmen vieler Partnerschaften zwischen Ost- und West-Ämtern in enger »Zweisamkeit« die Probleme angingen. Diese Partnerschaften, für die viele West-Kollegen für zum Teil

Rechte Seite: Ganzer Einsatz in Waldorf, 1993.

lange Zeiträume zu Wochenendpendlern wurden, können rückblickend gar nicht hoch genug eingeschätzt werden. 1995 wurde die Weiterbildung im Gesamtbereich der Telekom mit der Bildung von bundesweit sechs Bildungszentren neu geregelt, mit einem Zentrum in Leipzig für den Bereich Ost. Der »Normalzustand« war erreicht.

Managemententwicklung für Führungskräfte aus den neuen Bundesländern

Eines war allen Beteiligten von Beginn an klar: Für die übernommenen Führungskräfte aus den neuen Bundesländern war es keine einfache Situation. Sie sollten führen, Verantwortung übernehmen, mit ihren Mitarbeitern das Programm »Telekom 2000« zügig voranbringen – aber wie? Alles war plötzlich anders als jahrzehntelang praktiziert: neue Techniken, neue Organisationen und Abläufe, neue Managementverfahren, neue Mitbestimmungsverfahren, um nur die großen Brocken zu nennen. Und dazu eine Mannschaft, die genauso überrascht dem Neuen gegenüberstand. Von daher war, sollte das gesamte Projekt nicht verzögert werden oder gar scheitern, die Fortbildung aller übernommenen Mitarbeiter von höchster Dringlichkeit; vor allem aber – mit Blick auf ihre besondere Verantwortung – die Qualifizierung der Führungskräfte. Und es wurde gehandelt, schnell, professionell und zielgerichtet. Praktisch aus dem Stand entwickelte die Führungsakademie der Telekom in Zusammenarbeit mit der Telekom-eigenen Fachhochschule Dieburg schon im Frühjahr 1991 ein spezielles Programm zur Schulung der übernommenen Führungskräfte. Einbezogen wurden alle Führungskräfte der Deutschen Post der DDR, die in Ämtern und Mittelbehörden sowie in der Stabsstelle der Generaldirektion Telekom in Berlin tätig waren. Schwerpunkt des Programms war ein »Fernlehrgang-Präsenz-Konzept«, d.h. ein Selbststudium mit begleitendem und abschließendem Seminar. Diese Form wurde gewählt, um die Abwesenheit der Führungskräfte von ihren Arbeitsplätzen so gering wie möglich zu halten. Das bedeutete aber auch, dass bei den Führungskräften ein gehöriges Maß an

Bauführer im Eilverfahren

Uns wurde aber auch in den Gesprächen klar, dass wir für die vor uns stehenden Kabelbauvorhaben unbedingt Bauführer haben mussten, um die Unternehmen anleiten und beaufsichtigen zu können. Wir überprüften deshalb sofort alle im Netzbau Beschäftigten, ob sie als Bauführer geeignet wären, und stellten ein Fortbildungsprogramm auf. Der Lehrgang sollte sofort am 2. Januar 1991 beginnen. Ein Ausbilder einer Berufsbildungsstelle aus den Altbundesländern erklärte sich bereit, den Lehrgang durchzuführen. Wir verbanden die theoretische Ausbildung sofort mit einem praktischen Teil. Nach der Theorie gingen die Lehrgangsteilnehmer sofort an die Aufnahme der Planungsgebiete: Sie zählten die Klingeln, um die Anzahl der Wohnungseinheiten zu ermitteln, und nahmen die örtlichen Gegebenheiten, wie Straßen, Gehwege, Pflaster, Rasenflächen und Ähnliches, auf. Daraus erstellten die Planer dann die Projekte auf der Grundlage der überarbeiteten Grundausbaupläne.

Siegfried Fenske

Eigeninitiative und Einsatzbereitschaft vorausgesetzt wurde – und auch erbracht wurde. Für das Selbststudium wurden 14 Fernlehrhefte bereitgestellt, gegliedert in: Rechtliche Grundlagen für das Handeln des Unternehmens Deutsche Bundespost Telekom, Einführung in die Wirtschaftswissenschaften, Marktorientierte Unternehmensführung und Management der Unternehmung.

Zur Unterstützung des Selbststudiums wurden vor Ort Arbeitskreise unter der Leitung von speziell ausgebildeten Tutoren eingerichtet, hier konnten offene Fragen diskutiert und geklärt werden. Zusätzlich wurden zu jedem Themenblock ein zweitägiges Seminar unter Leitung der Fachhochschule Dieburg und – ganz wichtig mit Blick auf das tägliche Managementgeschäft – sogenannte Coverdale-Seminare mit intensiven Übungen von Managementprinzipien in praktischer Anwendung angeboten. Darüber hinaus bot die Akademie für Führungskräfte eine freiwillige Lernerfolgskontrolle an, die von der Mehrzahl aller Programmteilnehmer auch erfolgreich absolviert wurde. Das Programm endete im März 1993 mit, das kann rückblickend gesagt werden, einer durchaus positiven Bilanz. Das Ziel, die Führungskräfte aus den neuen Bundesländern in das neue System zu integrieren und für ihre Aufgaben fit zu machen, wurde erreicht, ein nicht zu unterschätzender Faktor für den Erfolg des Programms »Telekom 2000«.

Ausbildung der Führungskräfte
1992 stand für alle Abteilungs- und Dienststellenleiter sowie für die Führungscrew Schulungsbedarf an. In dem sich etwa über ein Jahr erstreckenden Fernlehrgang an der Akademie für Führungskräfte sollte uns der Unterschied von Plan- und Marktwirtschaft vermittelt werden. Im Nachhinein muss jedoch festgestellt werden, dass wir den größten Teil des Gehörten bereits aus unserer Hoch- und Fachschulausbildung kannten. Im Gegenteil: Hatten wir im Finanzwesen schon Jahrzehnte Bilanzen nach dem System der doppelten Buchführung erstellt, mussten wir uns jetzt mit Kameralistik befassen, welch ein Rückschritt. Besonders erinnerlich ist mir eine Episode, als ein Gastprofessor über die Vorteile des Berichtswesens referierte und ganz erstaunt feststellen musste, dass die Deutsche Post der DDR seit Jahren Kosten, Leistungen und Erlöse bewertete. Nur hieß es bei uns Analyse und nicht neudeutsch Controlling.
Ebenfalls 1992, im Februar, fand ein einwöchiges Coverdale-Seminar in landschaftlich schöner Umgebung in Bad Saarow statt. Wieder waren alle Abteilungs- und Dienststellenleiter geladen. Unvergesslich ist mir die völlig andere Art und Weise der Wissensvermittlung, die uns das Rüstzeug für eine neue Qualität der personellen Führung und Leitung sowie Hilfe bei der Bewältigung des Tagesgeschäftes gab.
Ursula Balzer

V
»Ruf doch mal an!« – Marketing und Vertrieb

Christian Kleinschmidt

Von der »Wartegesellschaft« zum Wettbewerb um den Kunden

Marketing, verstanden als marktorientierte Unternehmensführung, spielte bei der Deutschen Bundespost bzw. bei der Telekom erst vergleichsweise spät eine Rolle. Zwar kann man bereits für die frühen 1980er Jahre einzelne Marketingelemente bei der Bundespost beobachten, und formal wurde im Jahr 1982 ein Ressort mit der Bezeichnung »Marketing« eingeführt[1] – was im Vergleich zu Konsumgüterunternehmen eine deutliche Verspätung darstellte[2] –, doch blieb die Bundespost noch bis Ende des Jahrzehnts eine Behörde, die sich nicht in einem Marktumfeld bewegte und dementsprechend auch kaum Marketing betrieb. Dies änderte sich Ende der 1980er bzw. zu Beginn der 1990er Jahre,[3] als drei entscheidende Faktoren zusammentrafen, die eine Markt- und Marketingorientierung der Deutschen Bundespost beschleunigten: eine zunehmend internationale Ausrichtung des Unternehmens im Zeitalter der Globalisierung, die in engem Zusammenhang damit stehende Postreform sowie schließlich die Wiedervereinigung nach 1989. Erst jetzt hielt eine Marketingstrategie im Sinne einer marktorientierten Unternehmensführung, einer koordinierten und integrierten Politik eines Marketingmix aus Produktentwicklung, Preisgestaltung, Distribution und Werbung (die »4 P«)[4] Einzug bei der Deutschen Bundespost Telekom. Darüber hinaus kamen neue Marketinginstrumente zum Einsatz, sodass in diesem Zusammenhang von einem »Paradigmenwechsel im Dienstleistungsmarketing« gesprochen werden kann.[5]

Dies war ein sich über mehrere Jahre hinziehender Prozess, der – so soll im Folgenden gezeigt werden – auch im Zuge der Wiedervereinigung wichtige Impulse erhielt. Dabei wird mit Blick auf die Entwicklung nach 1989 der Bruch zwischen stark regulierten, monopolistischen Märkten in der Bundesrepublik Deutschland einerseits und dem System staatlicher Planwirtschaft in der DDR andererseits sehr deutlich. Dort hinkte die Fernmeldeversorgung etwa ein Jahrzehnt hinter westlichen Standards her. Insofern bestand hier eine große Herausforderung, den Übergang von einer staatlich gelenkten zu einer marktwirtschaftlichen Ordnung und damit zu einer Markt- und Marketingorientierung zu bewältigen.

Linke Seite: Mitarbeiterinnen der Deutschen Bundespost Telekom während einer Messe in Suhl, 1991.

Die Situation der Fernmeldeversorgung in der DDR

Die Fernmeldeversorgung in der DDR war Teil des Systems zentraler Planwirtschaft. Träger der Fernmeldeversorgung war die Deutsche Post. Dies war eine einheitliche staatliche Einrichtung, die vom Minister für Post- und Fernmeldewesen zentral geleitet wurde. Im Zuge der deutschen Teilung nach dem Zweiten Weltkrieg hatten sich zwei separate Postgebiete herausgebildet, und spätestens ab 1948 entwickelten sich die Telefonnetze der Bundesrepublik Deutschland und der Deutschen Demokratischen Republik unabhängig voneinander. Die Aufgaben der Post bzw. des Fernmeldewesens der DDR wurden im Gesetz über das Post- und Fernmeldewesen in den Jahren 1959 und 1986 definiert. Danach bestand der Infrastrukturauftrag der Deutschen Post darin, das steigende Bedürfnis der Bevölkerung und Wirtschaft der DDR nach Post- und Telekommunikationsdiensten zu befriedigen. Dieser Infrastrukturauftrag konnte jedoch durch die Einbindung der Deutschen Post in ein System zentraler Ressourcenzuteilung nur unzureichend umgesetzt werden, da die Ressourcenknappheit in zahlreichen Gebieten der DDR-Volkswirtschaft sich auch und gerade auf dem Gebiet der Fernmeldeversorgung bemerkbar machte.[6] Obwohl sich auch die westdeutsche Fernmeldeversorgung bis zur Wiedervereinigung im Jahr 1989 im Rahmen staatlicher monopolistischer Strukturen der Deutschen Bundespost entwickelte, führte die fortschreitende Modernisierung zu einer deutlichen Auseinanderentwicklung beider Systeme mit einer ungleich besseren Telekommunikationsversorgung in der Bundesrepublik.

Zwar lässt sich für die DDR eine kontinuierlich ansteigende Zahl von Hauptanschlüssen und Sprechstellen beobachten, doch während Mitte der 1950er Jahre das Verhältnis der Hauptanschlüsse in der BRD im Vergleich zur DDR noch 1,5 zu eins betragen hatte, stieg der Versorgungsunterschied bis Mitte der 1980er Jahre auf 4,5 zu eins an. Etwas weniger dramatisch verlief die Entwicklung bezogen auf die Zahl der Sprechstellen pro 100 Einwohner, wobei die DDR auch hier deutlich dem Versorgungsgrad in der Bundesrepublik hinterherhinkte. Grob gesprochen blieb die Entwicklung in der DDR bezüglich der Fernmeldeversorgung in Privathaushalten bis in die 1970er Jahre etwa zehn Jahre hinter der bundesdeutschen zurück und erreichte erst im Jahr 1989 das bundesdeutsche Niveau der 1970er Jahre. Hinsichtlich der Bereitstellung von öffentlichen Sprechstellen und Münzfernsprechern war die Differenz nicht ganz so ausgeprägt, aber auch hier war der Versorgungsgrad der Deutschen Bundespost deutlich höher als derjenige der Deutschen Post der DDR.[7]

Erstaunlich ist zudem, dass nicht nur im Vergleich zur Bundesrepublik und anderen westeuropäischen Staaten, sondern selbst im Vergleich zu osteuropäischen Ländern wie Bulgarien, der Tschecho-

Jahr	Hauptanschlüsse pro 100 Ew./Deutsche Post	Hauptanschlüsse pro 100 Ew. /Deutsche Bundespost	Sprechstellen pro 100 Ew./Deutsche Post	Sprechstellen pro 100 Ew./Deutsche Bundespost
1946	0,86	-	2,10	-
1950	-	2,83	-	5,03
1956	2,88	4,33	6,06	8,19
1960	3,51	5,80	7,54	10,79
1965	4,49	8,35	9,73	14,91
1970	5,59	14,13	12,24	22,47
1975	6,81	21,23	15,38	31,70
1980	8,10	33,87	18,86	46,38
1985	9,42	42,18	21,89	62,08
1989	11,11	-	24,87	-

Tabelle 1: Entwicklung der Hauptanschlüsse und Sprechstellen in der DDR und der BRD, 1946 bis 1989.[8]

slowakei oder Jugoslawien das Fernsprechnetz der DDR ein geringeres Versorgungsniveau aufwies.[9]

Und auch innerhalb der DDR gab es große Versorgungsunterschiede. Während es 1989 in Rostock, Dresden oder Karl-Marx-Stadt (Chemnitz) etwa elf Fernmeldeanschlüsse je 100 Wohneinheiten gab, lag die Zahl in Leipzig und Schwerin bei 17, in Ost-Berlin sogar bei 43 Anschlüssen je 100 Wohneinheiten. Dies spiegelt die unterschiedliche Konsum- und Versorgungslage zwischen der DDR-Provinz und den Großstädten, allen voran Ost-Berlin, wider.[10] Darüber hinaus gab es eine berufsgruppenbezogene Ungleichverteilung der Telefonanschlüsse. Ärzte, Rechtsanwälte oder Angestellte staatlicher Organe waren eher im Besitz eines Telefonanschlusses als andere Haushalte.[11]

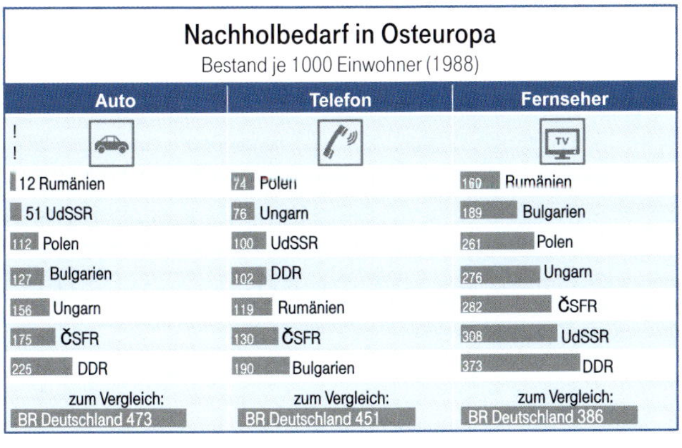

Der Nachholbedarf an Konsumgütern in Osteuropa.

Schließlich war auch die Qualität des öffentlichen Fernsprechdienstes[12] der Deutschen Post häufig unzureichend. Dies betraf etwa die Verbindungsqualität oder die Möglichkeit, überhaupt Fernsprechverbindungen herzustellen. Letztere erfolgten bis in die 1980er Jahre noch handvermittelt. Zugleich kam es häufig zu Nebengeräuschen, Lautstärkeverlusten oder Übersprechungen. Bei einem Großteil der Fernsprechanschlüsse in der DDR handelte es sich um Zweier- oder sogar Viereranschlüsse, die wiederum für die Nutzer mit Einschränkungen verbunden waren. »Es konnten jeweils zwei Teilnehmer zu einem bestimmten Zeitfenster den Anschluss teilen – ähnlich unseren Zweieranschlüssen im Westen. Nur dass die Nutzung der Leitung zusätzlich in drei Zeitfenster je Tag unterteilt war: Zwei Teilnehmer konnten die Leitung von sechs bis zwölf Uhr, zwei von zwölf bis 18 Uhr und zwei weitere von 18 bis sechs am nächsten Morgen nutzen […].«[13] Interne Berichte des Ministeriums für Post- und Fernmeldewesen der DDR konstatierten, dass das »Fernmeldewesen bezüglich seiner Leistungsfähigkeit und seiner Leistungsqualität erheblich hinter den nationalen Erfordernissen sowie dem internationalen Niveau zurück [-bleibe]«.[14]

Insgesamt kann man feststellen, dass die Versorgung der DDR-Bürger mit Telekommunikationsdienstleistungen sogar schlechter war »als die Versorgung mit anderen Gütern und Dienstleistungen« und auch »wesentlich schlechter, als es dem Wirtschaftsniveau der DDR angemessen war«.[15] Dies lässt sich auch an den Wartezeiten für Telefonanschlüsse ablesen. Diese konnten durchaus zehn bis 20 Jahre betragen und lagen damit noch höher als diejenigen für Automobile. Die DDR war eben eine »Wartegesellschaft«.[16] Es liegt nahe, diese »Unterversorgung« nicht allein auf das ökonomische System der Planwirtschaft und deren Ressourcenknappheit zurückzuführen, sondern entsprechende Defizitursachen auch im politischen System der DDR zu suchen. Zum einen betraf dies die staatlichen Investitionsplanungen in der DDR, die dem Dienstleistungssektor gegenüber dem Konsumgütersektor eine geringere Bedeutung zumaßen. Darüber hinaus hatten Fragen der Kommunikation der Bürger im Allgemeinen und der Telekommunikation im Besonderen einen geringeren Stellenwert – im Unterschied etwa zu Rundfunk und Fernsehen. Dies wiederum hatte gravierende Auswirkungen auf die Investitionen im Bereich der Telekommunikation und führte zu einer »drastischen Lücke zwischen Kommunikationsbedarf und dem Diensteangebot« in der DDR mit »einem Rückstand von zehn bis 15 Jahren im Niveau der technischen Basis gegenüber entwickelten Ländern«.[17]

Ende 1989 standen 1,8 Mio. Hauptanschlüssen in der DDR etwa 1,2 Mio. Anträge auf Einrichtung eines neuen Anschlusses gegenüber, die einerseits den »Telefonverkehrsstau« in der DDR zum Ausdruck brachten und andererseits mit großen Herausforderungen verbunden waren. Hierzu zählen, neben der Wiedervereinigung, vor allem die beiden Postreformen und später die Gründung der Telekom AG, die noch zu Zeiten der »alten« Bundesrepublik in Angriff genommen wurden. Sie stellten wiederum eine Reaktion auf die in den 1980er Jahren zunehmende Internationalisierung und Globalisierung dar, die mit einer Öffnung der Märkte und einer politisch und ökonomisch gewollten Deregulierung verbunden waren.[18]

Massennachfrage nach Telefonanschlüssen

Neue Telefonhäuschen werden errichtet.

Im Zuge der Wiedervereinigung war die Erwartung an die Bundespost Telekom deshalb groß, den »Telefonverkehrsstau« zu verringern und die Anzahl der Telefonanschlüsse, insbesondere im Osten Deutschlands, zügig auszubauen. Millionen Kunden in der ehemaligen DDR wünschten sich ein Telefon – und das möglichst rasch. Dieser Wunsch fiel nicht nur in Zeiten des politischen Umbruchs, sondern auch in eine Phase technischer Neuerungen, es ging also nicht allein um einen »normalen« privaten Telefonanschluss sowie die zusätzliche Aufstellung öffentlicher Telefone, sondern auch um den Ausbau des Mobilfunknetzes sowie um die Einrichtung von Btx- und ISDN-Anschlüssen.

Im Jahr 1989 allerdings war das vorrangige Ziel zunächst einmal die Aufrechterhaltung des alltäglichen Betriebes, insbesondere in Zeiten politischer Unruhe und Unsicherheit. Die Bewältigung der Verkehrsüberlast und die Befriedigung der großen Nachfrage nach Telefonanschlüssen hatte jedoch schon bald eine Priorität für die Bundesregierung im Rahmen der Deutschlandpolitik, sodass noch im November 1989 erste Treffen von Vertretern der beiden Postministerien stattfanden. Schließlich ging es darum, die für die wirtschaftliche Entwicklung in Ostdeutschland notwendige Infrastruktur auszubauen und in West- und Ostdeutschland gleiche Lebensbedingungen zu schaffen. Der Ausbau und die Modernisierung des ostdeutschen Telefonnetzes sollten dementsprechend vorangetrieben werden, was im Zuge der Wiedervereinigung und der Postreform dann in organisatorischer und technischer Hinsicht[19] auch geschah. 1993 standen in Ostdeutschland 4,1 Mio. Telefonanschlüsse zur Verfügung, sodass in einem Zeitraum von drei Jahren seit der Wiedervereinigung mehr Telefone installiert worden waren als im gesamten Zeitraum der DDR, ja sogar seit der Einführung des Telefons im Jahr 1881.[20] Im Zuge des Programms »Telekom 2000« sollten bis 1997 auf dem Gebiet der Telekommunikation die Bedingungen an das Niveau in Westdeutschland angeglichen werden.[21]

Die Erwartungen in Wirtschaft und Gesellschaft an einen raschen Ausbau des Telefonnetzes waren riesengroß. Im Zuge des »Aufbau

Das Warten geht weiter

Nach zum Teil jahrelanger Wartezeit war die Ungeduld der Bürgerinnen und Bürger extrem groß. Konnten sie doch erkennen, dass sich auf der einen Seite abhängig vom gerade stattfindenden Ausbau des Telefonnetzes in den gut versorgten Gebieten die Wartezeit wesentlich verkürzt hatte. Andererseits mussten im noch nicht vom Aufbauprogramm betroffenen Wohngebiet nach wie vor längere Wartezeiten in Kauf genommen werden.

Bärbel Panthen

Der Notstand in Sachen Telefonanschluss
Die Bevölkerung bestürmte uns mit ihren Forderungen nach Telefonanschlüssen. In aufreibenden Diskussionen versuchten wir klarzumachen, dass die entsprechenden Voraussetzungen wie Vermittlungstechnik und Kabelwege dafür nicht so schnell geschaffen werden konnten. Die damalige große Aufbruchsstimmung ermutigte viele Menschen auch zu rebellischen Aktionen. Es gab bei unseren Kundenberatungen oft arge Beschimpfungen und Drohungen. Manche Kunden waren der Meinung, es ändere sich nicht sofort alles und sie bekämen ihren Telefonanschluss nicht umgehend, weil noch immer die gleichen Mitarbeiter vor Ort waren. Auch Belagerungen wurden angedroht. Kunden wollten so lange vor Ort bleiben, bis sie ihre Rufnummer bekommen würden. Eine Frau machte es wahr und kam zur Kundenberatung mit Decke und Picknickkorb. Sie wollte so lange sitzen bleiben, bis sie schriftlich ihre Telefonnummer und einen kurzfristigen Einrichtungstermin für ihren Anschluss erhalten hätte. Erst als einige Zeit nach Dienstschluss der zur Hilfe gerufene Abteilungsleiter ihr klarmachte, dass es Hausfriedensbruch sei und er die Polizei rufen werde, packte sie ihre Sachen und ging unter großem Protest. Es war schon eine verrückte Zeit.
Christine Kramer

Ost« sollten zunächst einmal die Wünsche und Bedürfnisse der Kunden ermittelt werden. Mithilfe von Mitarbeitern westdeutscher Fernmeldeämter wurden in ostdeutschen Anmeldestellen Strategien entwickelt, möglichst unbürokratisch den Bedarf an Telefonanschlüssen zu ermitteln: »Wir überlegten nun gemeinsam, wie wir – ohne den ganzen Papierkram in den Schränken zu berücksichtigen – effektiv und strukturiert Telefonanschlüsse einrichten könnten. Denn eines war sicher: Jeder, der noch keinen Telefonanschluss hatte, wollte einen haben. [...] Ich entwickelte eine Postwurfsendung, die wir nach Feierabend in alle Kästen der Ausbaustraße warfen. Inhalt: ein offizieller, leerer Antrag für einen Fernsprechanschluss, ein Prospekt mit den wenigen Telefon-Modellen (rot oder grün – Tisch oder Wand, Typ 611), zwischen denen man sich damals entscheiden konnte – sowie ein Anrufbeantworter oder Faxgerät. Außerdem wurde dem Brief noch ein adressierter Rückumschlag beigefügt. Das war's!«[22] Das klang einfach und unkompliziert. Doch auch wenn in kurzer Zeit nach der Wende Millionen neuer Telefonanschlüsse eingerichtet wurden, so gab es doch häufig Grund für Kritik, Beschwerden und Reklamationen von Seiten der Kunden. Hier zeigten sich nicht nur neue Herausforderungen im Zuge der Wiedervereinigung und der großen Nachfrage nach neuen Telefonanschlüssen in Ostdeutschland, sondern auch mit Blick auf die Ziele der allgemeinen Postreform und der in diesem Zusammenhang angestrebten Markt- und Kundenorientierung auf dem Gebiet der Telekommunikation.

Kundenanliegen und Beschwerden

Die Zahl der Anträge auf einen Telefonanschluss, die nach der Wiedervereinigung nicht sofort bearbeitet werden konnten, stieg aufgrund der rasch wachsenden Neuzugänge Anfang der 1990er Jahre an und überstieg im Jahr 1991 die Zwei-Mio.-Grenze.[23] Der »Run« auf die Telefonanschlüsse nahm bisweilen kuriose Züge an. Hier wird deutlich, dass insbesondere in den Zeiten des Umbruchs hohe Erwartungen der Kunden auf zum Teil überforderte Mitarbeiter und unzureichende Strukturen der Post trafen und dass sich daraus ein Klima der Unzufriedenheit, des Misstrauens bis hin zu Aggressivität entwickelte. Dazu beigetragen haben mag auch die Tatsache, dass bei der Bearbeitung der Anträge Bearbeitungsstufen festgelegt wurden, wonach zunächst u. a. Geschäftskunden und Unternehmensgründer sowie Journalisten versorgt wurden, während private Bürger eine geringere Priorität genossen.[24] Wenn die *Berliner Zeitung* noch 1995 titelte: »Ost-Berlin: Langes Warten auf's Telefon. Telekom kann Zusagen nicht erfüllen«,[25] so fühlte sich manch ostdeutscher Bürger auch an die »Wartegesellschaft« der DDR erinnert. Verschärft wurde diese

Unzufriedenheit durch offensichtliche Fälle von Betrug und Kriminalität. So florierte zeitweise das Geschäft mit den 0190er-Nummern und den sogenannten Sex-Hotlines, die zu überhöhten Telefonrechnungen führten und gerichtliche Auseinandersetzungen nach sich zogen. Die Telekom reagierte mit der Einrichtung technischer Sicherheitssysteme, die im Bedarfsfall bestimmte Verbindungen sperrten.[26] Neben Rechnungsreklamationen und Beschwerden über lange Wartezeiten kam es zu Beginn der 1990er Jahre auch zu Problemen bei der Lieferung und beim Einbau der Telefongeräte.

»Zivile« und alltägliche Kundenanliegen und Beschwerden wurden im Rahmen der Fernsprechanmeldedienste bearbeitet. Daraus ging im Jahr 1991 der »Privatkundenvertrieb« hervor. Um den riesigen Aufgabenberg bewältigen zu können, wurde im Rahmen des Programms »Aufbau Ost« Aufbauhilfe aus dem Westen bereitgestellt. Zahlreiche Mitarbeiter aus der alten Bundesrepublik wurden in ostdeutschen Städten gezielt im neu geschaffenen Privatkundenvertrieb eingesetzt.

Im Zuge eines umfangreichen Aktualisierungsprogramms wurden zu Beginn der 1990er Jahre alle Kunden angeschrieben und um Bestätigung ihrer Anträge gebeten. Ab 1992 bestand die Möglichkeit einer telefonischen Kundenberatung.[27] Im weiteren Verlauf entstanden neue Einrichtungen und Institutionen, die sich mit Fragen der Rechnungs- und Gebührenanwendungen und der Auskünfte sowie insgesamt des Qualitätsmanagements beschäftigten.[28]

Insgesamt lässt sich also für die ersten Jahre nach der Wiedervereinigung festhalten, dass dem riesigen Ansturm auf Telefonanschlüsse infolge des »Telefonstaus« in der ehemaligen DDR und einer Übergangszeit, die gekennzeichnet war durch Unzufriedenheit und Beschwerden aufgrund langer Wartezeiten und zum Teil auch technischer Probleme, durch Lösungsansätze in Form von Institutionalisierung und Professionalisierung auf dem Gebiet der Kundenberatung und des Vertriebs begegnet wurde, die wichtige Schritte auf dem Weg zu einem markt- und kundenorientierten Unternehmen darstellten.

Ich war »Aufbauhelfer«

Eine der ersten Aufgaben, die ich während meines Einsatzes in der Niederlassung Leipzig zusammen mit den Mitarbeitern vor Ort anpacken musste: die Verbesserung der Kundenberatung. Der Stab der Aufbauhilfe wurde in den Folgemonaten auf 30 Mitarbeiter und Mitarbeiterinnen aus dem Direktionsbereich Freiburg erweitert. Deren Aufgabe war es, neben der Schulung der Leipziger PKVler auch gemeinsam mit den Kräften vor Ort die Umsetzung der neuen Aufträge termingerecht fertigzustellen und die Umschaltung auf die neuen aufgebauten Ortsvermittlungsstellen Zug um Zug vorzubereiten. Außerdem schulten wir die Mitarbeiter in Beratungskompetenz und Kundenfreundlichkeit, in der Einführung der Telekommunikationsordnung und der neuen Betriebssoftware »Kontes Andi«.

Hans-Erich Weiner

Vom Antragsteller zum Kunden

Wenn im Jahr 1991 bundesweit aus den »Fernsprechanmeldestellen« der »Privatkundenvertrieb« hervorging, verweist die Änderung der Begrifflichkeit auch auf eine Neuorientierung im Anbieter-Konsumenten-Verhältnis der Telekom. Die Zeitschrift *Absatzwirtschaft* formulierte Mitte der 1990er Jahre: »Die Deutsche Telekom steht an einer historischen Schwelle, an der Wende von der Monopol- zur Marktwirtschaft, von der Gebührenhoheit zur Preisfreiheit [...].«[29] Die Deutsche Bundespost Telekom verstand sich zunehmend als

Dienstleistungsunternehmen, dessen Ziel vor allem in der Erfüllung von Kundenwünschen und der Verbesserung der Kundenzufriedenheit bestand, und eben nicht mehr als staatlicher Monopolist oder Behörde, die sich mit Antragstellern auseinanderzusetzen hatte. Dieser Wandel stellte auch die Mitarbeiter der Telekom vor neue Herausforderungen, und es sollte noch eine Weile dauern, bis sich die neuen Begrifflichkeiten durchgesetzt hatten. Mitarbeiter der Telekom erhielten Schulungen zur Kundenberatung. In Umfragen wurden die Kunden zum Thema Kundenzufriedenheit befragt. Vor allem aber wurde das Dienstleistungs- und Serviceangebot der Telekom verbessert und ausgeweitet.

»Sprechen Sie uns an!«, Werbung vor dem Fernmeldeamt Potsdam.

Im Jahr 1991 begann die Telekom mit der Einführung einer kostenlosen Hotline-Nummer (01113/»Telekom Direkt«), unter der Anfragen zur Bereitstellung eines Telefonanschlusses, zu Störungen oder zur Telefonrechnung beantwortet wurden, aber auch Anregungen und Kritik entgegengenommen wurden. Die Hotline war von acht bis 18 Uhr geschaltet, sodass eine gute Erreichbarkeit garantiert war. In einigen Fällen besuchten Telekom-Mitarbeiter die Kunden auch persönlich.[30] Nur wenige Jahre später konnte das kostenfreie Serviceangebot rund um die Uhr ausgedehnt werden.[31] Diese Serviceeinrichtungen waren Teil eines Programms, welches den bundesweiten Umbau der Fernmeldeämter zu regionalen Servicecentern vorsah. Damit verbunden war nicht nur eine Verbesserung der Kommunikation mit den Kunden – insbesondere mit Blick auf deren gestiegenen Informationsbedarf –, sondern auch das Ziel der Imageverbesserung und der Sympathiegewinnung der Deutschen Bundespost Telekom. »Rein rechnerisch hatte nach vier Jahren ›Telekom Direkt‹ bereits jeder fünfte Kunde bei der 01113 angerufen. Der überwiegende Teil der Anrufe – 77 Prozent – kam von den sogenannten Privatkunden. Der Anteil der Geschäftskunden lag zu diesem Zeitpunkt noch bei 19 Prozent, stieg aber kontinuierlich an.«[32]

Ein besonderer Stellenwert auf dem Gebiet der Kundenbetreuung bzw. des Kundendienstes kam dem Fernsprechentstörungsdienst zu. Mit der Aufhebung des Endgerätemonopols Ende 1991 war die Telekom dem Wettbewerb anderer Anbieter ausgesetzt und sah sich einer wachsenden Zahl von Störungsmeldungen gegenüber. Dies war nicht zuletzt auch eine Folge der Wiedervereinigung und einer zunehmend unübersichtlichen Situation in Zeiten des Umbruchs und im Zuge der Liberalisierung des Fernsprechmarktes. Hauptursachen für das gestiegene Störungsaufkommen waren fehlende TAE-Dosen, »die unsachgemäße Anschaltung bei noch vorhandenen Zweieranschlüssen, die Nutzung nicht zugelassener Telefonapparate, die Verschaltungen in Verteilereinrichtungen, Störungswiederholungen und die unzureichende Aktualität der internen Datenbanken«.[33] Insbesondere in den Jahren 1992 bis 1994 befand sich der Telekom-Service »am

Rand seiner Leistungsfähigkeit« und hatte »seine größte Feuertaufe zu bestehen«.[34] Im Jahr 1994 wurde das Ziel ausgegeben, 90 Prozent aller Störungen innerhalb der ersten drei Tage zu beheben. Diese Frist wurde ein Jahr später auf zwei Tage verkürzt, und bei Nichteinhaltung wurde den Kunden eine Gutschrift gewährt.[35]

Mitte der 1990er Jahre gab es erneut umfangreiche Veränderungen im Bereich des Kundenservice. Das betraf organisatorische Fragen wie die Einführung von Regionalleitern Service, von Verwaltungs- und technischen Assistenten sowie den verstärkten Einzug von Informationstechnologie im Kundenservice. Hierunter fällt zum Beispiel die bundesweite Einführung des Systems »SMILE« (Service Montage Information und Lenkung), das zum neuen Herzstück im Privatkundenservice wurde.

Nicos Bliefert, Ich denke mit einem Lächeln an SMILE zurück:

Auch dies war eine wichtige Entwicklung hin zu einer stärkeren Kundenorientierung und zugleich ein Schritt auf dem Weg zu einem modernen Dienstleistungsmarketing.

Neue Vertriebswege, Produkte und Dienstleistungen: Vom Vertrieb zum modernen Dienstleistungsmarketing

Die Telekom verstand sich nach 1989 zunehmend als Dienstleistungsunternehmen. Der Wandel von einer Behörde zu einem Dienstleistungsunternehmen war, wie bereits einleitend angedeutet, begleitet von einem »Paradigmenwechsel im Dienstleistungsmarketing«.[36] Unter Dienstleistungsmarketing wird die »zielgerichtete systemspezifische (marktorientierte, zuteilungsorientierte oder zuwendungsorientierte) Ausrichtung, Führung und dementsprechende Gestaltung aller Aktivitäten von Dienstleistungen anbietenden Einzelwirtschaften (z. B. Unternehmung, Wohltätigkeitsorganisation, Universität, Freiberufler, Polizeibehörde) verstanden«.[37] Über den klassischen Marketing-Mix der »4P« (product, price, place, promotion) hinaus zeichnete sich der Paradigmenwechsel im Dienstleistungsmarketing bei der Telekom in Form einer Erweiterung um drei weitere »P« aus, welche die Bereiche »personal«, »physical facilities« und »process management« betrafen.[38]

Die Produktpolitik umfasste neben den traditionellen Endgeräten für die Verbraucher neue Produktangebote wie den Kabelanschluss, neue Kommunikationslösungen für Geschäftskunden, die Einführung von Funktelefonen oder auch gewerbliche Mobilfunklösungen. Von einer flexiblen Preispolitik kann man zu Beginn der 1990er Jahre allerdings noch nicht sprechen, da die Gestaltung der Tarife zunächst weiterhin durch staatliche, d. h. monopolistische, Leistungs- und Versorgungsgrundsätze geprägt war.[39] Größere Handlungsspielräume und Marketingaktivitäten ergaben sich demgegenüber im Bereich der Vertriebs- und der Kommunikationspolitik (»place« und »promotion«). So kam es, wie bereits weiter oben dargestellt, zu einer Neuausrichtung der Telekom-Niederlassungen, wobei die Kernaufgaben der insgesamt 39 Privatkunden- und Geschäftskundenniederlassungen im Vertrieb und im Service von Dienstleistungen und Produkten bestanden.[40] Intensiv verstärkt wurde die Kommunikationspolitik (»promotion«). Dies betrifft u. a. die klassische Werbung mit breit angelegten Kampagnen sowie Direktmarketing (Anschreiben, Broschüren, Gebührenblätter) und Sponsoring-Aktivitäten, etwa im Sportbereich. Aber auch die Telefonkarte wurde zunehmend als wirksames Werbemittel eingesetzt.

In den neuen Bundesländern gab es zahlreiche Werbeaktivitäten, die sich der Massenmedien Radio und Fernsehen bedienten. In Kooperation mit dem Mitteldeutschen Rundfunk (MDR) und SAT.1 gestaltete die Telekom Ratgebersendungen wie »Telethek« oder »Wir in Berlin Kennwort Telekom«, die eine große Öffentlichkeitsreichweite besaßen. Im Berliner Postmuseum wurde von der Telekom 1992 eine große Ausstellung mit dem Titel »So viel Anfang war nie« unter der Schirmherrschaft der damaligen Bundestagspräsidentin Rita Süssmuth eröffnet.

»So viel Anfang war nie« – Mehr zur Ausstellung:

Zeitungen wie das »Lichtenberger Monatsblatt« initiierten Leseraktionen unter dem Titel »Rund um das Telefon«, die speziell die Bürgerinnen und Bürger eines bestimmten Stadtbezirks ansprachen. In ländlichen Regionen wurden »Telefonmobile« eingesetzt, um die Kunden über die neuen Telekommunikationsmöglichkeiten zu informieren.[41]

Seit Beginn der 1990er Jahre lassen sich dementsprechend umfangreiche und neue Marketingaktivitäten beobachten, wobei der Telekom einerseits bescheinigt wurde, »technisch in Topform« zu sein, andererseits aber durchaus auch noch »Marketing-Defizite« aufzuweisen.[42] Insbesondere in den Bereichen »personal«, »physical facilities« und »process management« wurden deshalb die Marketingaktivitäten intensiviert, und diese trugen schließlich auch zum »Paradigmenwechsel im Dienstleistungsmarketing« bei.

Das Kontaktpersonal mit den Kunden wurde zunehmend als ein wichtiges Marketinginstrument verstanden. Der mit der Umstellung von einer Behörde bzw. von einem Staatsunternehmen in einen Dienstleistungsanbieter verbundene Einstellungswandel in Richtung Kundenorientierung war eine große Herausforderung. Ziel war es, den Mitarbeitern Werte wie Verlässlichkeit und Schnelligkeit bei der Lösung von Kundenproblemen, Höflichkeit und Vertrauenswürdigkeit sowie Einfühlungsvermögen zu vermitteln. Dies konnte nur mithilfe eines gezielten Personalinformationssystems, mit Personalfortbildungen auf allen Mitarbeiterebenen und durch Personalanreizsysteme, etwa in Form von Verkaufswettbewerben, gelingen.[43]

Das Telekom-Telefonmobil in Arnstadt, 1992.

In Ergänzung des klassischen Marketingmix zielten Maßnahmen auf dem Gebiet der »physical facilities« auf eine Verbesserung des physischen Umfeldes der angebotenen Dienstleistungen. Dies betraf die Räumlichkeiten der Telekom-Niederlassungen bzw. -läden, deren Ausstattung sowie auch das Erscheinungsbild des Personals bis hin zum Telekom-Fuhrpark. Überlegungen zu einem neuen Corporate Design sowie einer Corporate Identity sollten ab 1990 bundesweit für ein einheitliches Erscheinungsbild und Zusammengehörigkeitsgefühl der Telekom und ihrer Mitarbeiter sorgen. Es wurden allgemeine Schrift- und Gestaltungsrichtlinien sowie Farbkombinationen (weiß, schwarz, grau, magenta) festgelegt, die das traditionelle Design und die Farbgebung der »gelben Post« ablösten. Ein neues Ladenbausystem signalisierte Transparenz und Kundenfreundlichkeit, die Verkaufsflächen wurden vergrößert, Selbstbedienung eingeführt sowie störende Barrieren zwischen Kunden und Verkäufern abgebaut.[44]

Als letztes der sieben »P« beschloss die Telekom im Jahr 1993 die Einführung von »process management«-Maßnahmen in Form eines »Total Quality Management« (TQM). TQM geht zurück auf japanische Managementinstrumente, die seit den 1980er Jahren in Deutschland in unterschiedlichen Branchen und Unternehmen zum Einsatz kamen.[45] Aus Sicht der Telekom kam es dabei weniger auf eine Verbesserung bzw. Optimierung der Produktionsmethoden an als auf die Implementierung eines kundenorientierten Qualitätsmanagements. Konkret ging es darum, die Bereitstellung von Telefonanschlüssen sowie die Erreichbarkeit von Telekom-Mitarbeiterinnen und -Mitarbeitern zu verbessern. Diese Maßnahmen wurden dann auf weitere Bereiche und »Schlüsselprozesse« im Sinne einer Qualitätsverbesserung und -kontrolle übertragen, von der Entstörung über die Rechnungsstellung bis hin zum Management kritischer Kundenäußerungen.[46]

Im Zuge der Wiedervereinigung und im Zeitalter der Globalisierung vollzog die Telekom damit innerhalb eines Jahrzehnts einen grundlegenden Wandel von einem Staatsunternehmen in der DDR bzw. einer staatlichen Behörde in der Bundesrepublik zu einem kundenorientierten Unternehmen, der nur dann erfolgreich verlaufen konnte, wenn er durch eine entsprechende marktorientierte Unternehmensführung begleitet wurde. Der »Paradigmenwechsel im Dienstleistungsmarketing« leistete einen wesentlichen Beitrag dazu.

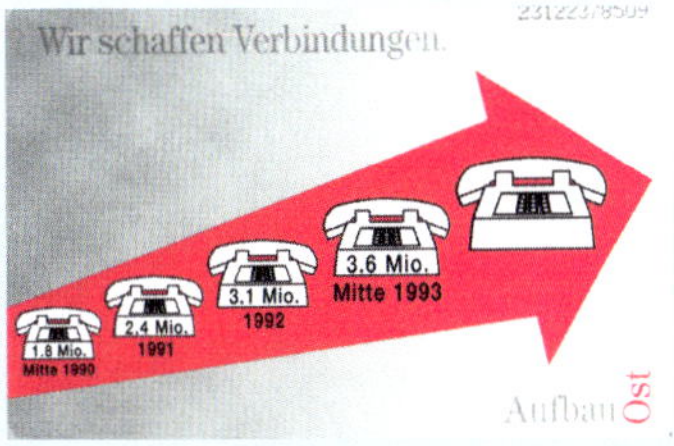

Telefonkarten zum »Aufbau Ost«.

Mehr zu Telefonkarten:

NIMM RÜCKSICHT AUF WARTENDE
Fasse dich kurz!
Benutzungsanweisung
Vertrauens-Münzfernsprecher Nr. 42/181
Der Vertrauens-Münzfernsprecher soll durch die vereinfachte Kassiereinrichtung die ungestörte Dienstbereitschaft des öffentlichen Fernsprechers im Interesse der Bevölkerung entscheidend erhöhen
1. Handapparat abnehmen
2. Wählen und Gespräch führen
3. Für jede gebührenpflichtige Ortsverbindung 0,20 DM einwerfen
-beachten: keine Geldrückgabe-
4. Bei Gesprächsschluß Handapparat auflegen
Geldeinwurf
DRP

Klaus Hellebusch
Wolf Reiner Menzel
Armin Weise

Anschlussmangel – Vom Telefonieren unter erschwerten Bedingungen

Telefonieren in der DDR

Die zweite Hälfte des 20. Jahrhunderts war global von bedeutsamen Veränderungen in den Telekommunikationsbeziehungen der Wirtschaft, wie ganz allgemein der Kommunikation zwischen den Menschen geprägt. Obwohl es noch deutliche Unterschiede in der weltweiten Verfügbarkeit von Telekommunikation gab, wurde das Ziel immer eindeutiger, *jedem* Menschen diese zu ermöglichen. Während das Bundespostministerium schon Anfang der 1970er Jahre entschieden hatte, sofort alles zu unternehmen, um Hauptanschlüsse einzurichten und damit die Wartelisten abzubauen – 650.000 Antragsteller warteten auf westlicher Seite auf einen Telefonanschluss –, blieb die Deutsche Post der DDR nur Zaungast solcher Entwicklungen. Die Wartelisten in der DDR waren im Laufe der Zeit immer länger geworden. Den einzigen Lichtblick bildeten die Wohnungsneubaugebiete, die durch den VEB Komplexer Wohnungsbau finanziert wurden. Hier konnte auch die Deutsche Post den Bedarf annähernd decken.

Eine Vereinbarung vom März 1979 zwischen den Ministerien für Bauwesen und für Post- und Fernmeldewesen der DDR regelte die fernmeldetechnische Hausinstallation. Danach war eine industriell vorgefertigte Fernsprechinstallation als integrierter Bestandteil der Wohngebäude im volkseigenen und genossenschaftlichen Wohnungsbau vorgesehen. Anders als in Neubaugebieten wurde die Einrichtung von Telefonanschlüssen in bereits bestehenden Gebieten, vor allem aber im ländlichen Raum, unzumutbar vernachlässigt. In Landgemeinden, zu denen oft nur eine oberirdische Minimalversorgung bestand, besaßen einen Hauptanschluss lediglich der Rat der Gemeinde, die Landwirtschaftliche Produktionsgenossenschaft, die Landpoststelle und – wenn dort ansässig – Revierpolizist, Schule, Kindergarten, Gemeindeschwester, Revierförster und Feuerwachturm, Gaststätte und Verkaufsstelle für den täglichen Bedarf. Anträge von Privatpersonen konnten aufgrund der prekären materiell-technischen Situation nicht berücksichtigt werden. Allerdings war wenigstens im Einvernehmen mit dem Rat der Gemeinde die Einrichtung einer gemeindeöffentlichen Fernsprechstelle möglich.

Linke Seite: Frau beim Telefonieren in einer Fernsprechzelle des Postamtes Berlin N4, ausgestattet mit einem öffentlichen Vertrauensmünzsprecher der Deutschen Post der DDR, 1960.

Um der zunehmenden Flut von Anträgen zu begegnen, erließ das Ministerium für Post- und Fernmeldewesen der DDR im Jahr 1984 die »Rahmenrichtlinie zur Vergabe von Fernsprechanschlüssen«. Danach erhielten auch Anträge von Schwerstbehinderten, Ärzten in eigener Praxis, Gemeindeschwestern, Handwerksbetrieben und Dienstleistungseinrichtungen Priorität. Der Paragraf 3 des Gesetzes über das Post- und Fernmeldewesen vom 9. Dezember 1985 bestimmte sogar, dass die gesellschaftlichen Nachrichtenverkehrsbedürfnisse erfüllt und die für die Durchführung des Post- und Fernmeldeverkehrs notwendigen baulichen Anlagen und technischen Kapazitäten planmäßig geschaffen werden sollten.

Der Minister für Post- und Fernmeldewesen der DDR hatte seit Jahren in einer Vielzahl von Vorlagen an die damalige Parteiführung – das Zentralkomitee der SED – und an den Ministerrat der DDR auf die verhängnisvolle Fehlentwicklung der Telekommunikationsinfrastruktur als Wachstumsträger der Wirtschaft und Ausdruck der Lebensqualität für die Bürger hingewiesen. Ignoranz, Selbstherrlichkeit und Fehleinschätzung der tatsächlichen Wirtschaftslage und Lebenssituation der Bevölkerung brachten jedoch alle Vorschläge frühzeitig zu Fall. Selbst die Gewinne aus den jährlichen Fernmeldeverkehrsleistungen, darunter auch die Postpauschale der Bundesrepublik Deutschland, wurden dem eigentlichen Verfügungsbereich entzogen und für andere Wirtschaftszweige verwendet. Immer wieder unterschätzten oder ignorierten die zentralen Wirtschaftslenker der Partei die Dramatik der Situation. Der Minister für Post- und Fernmeldewesen der DDR konnte daher der ihm übertragenen Verantwortung nicht gerecht werden. So war das Programm der SED vom April 1986 – die »Direktive des XI. Parteitages der SED zum Fünfjahrplan für die Entwicklung der Volkswirtschaft der DDR in den Jahren 1986 bis 1990« – für den Ausbau des Fernmeldewesens ein einziges Desaster, da es schlichtweg zu wenig Anschlüsse plante. Als Schwerpunkt wurde dort nämlich die Einrichtung von mindestens 300.000 Fernsprechanschlüssen – darunter 100.000 in der Hauptstadt der DDR – vorgegeben. 1986 lagen aber bereits mehr als 930.000 Anträge auf Einrichtung von Hauptanschlüssen, darunter 850.000 Anträge auf Wohnungsanschlüsse, vor. Ende 1989, am Ende des Fünfjahrplanes, waren in der DDR insgesamt 1.826.000 Hauptanschlüsse eingerichtet. 1,3 Mio. nicht umgesetzte Anträge, mit Wartezeiten von bis zu 20 Jahren (einige sogar noch länger), lagen in den Ämtern der Deutschen Post; davon 155.400 allein in Berlin. Eine große Zahl der Anträge war von hoher persönlicher und gesellschaftlicher Dringlichkeit, wie z. B. von Schwerstbehinderten oder von Freiberuflern.

Hajo Schulze, einer der bekanntesten Sportjournalisten im Cottbuser Raum, hatte seinen Beruf über Jahrzehnte ohne ein eigenes Telefon ausgeübt. »Das Hotel zur Sonne«, so schreibt er, »besaß mitten im urigen Gastraum gleich neben dem Tresen eine richtige Telefonzelle. Das war ein brauner Holzkasten, wie sie früher nur in Bahnhofshallen oder Postämtern standen. Daneben saß ich Sonntag für Sonntag. [...] Kurzberichte und Tabellen wurden nach Berlin an die Redaktionen durchgegeben, wenn die Verbindung zustande kam. [...] Eines Tages aber wurde das Korrespondenz-Büro dem Sonnenwirt zu viel. Er sah wohl sein Geschäft gestört [...].«[47] Ab 1977 war dem freiberuflich tätigen Journalisten dann genehmigt worden, Pressegespräche von Telefonen der Deutschen Post aus zu führen.

Ein *eigener* Anschluss?

Die Entwicklung der Infrastruktur im Fernmeldewesen der DDR hielt also mit dem gestiegenen Bedarf nicht Schritt. Es wurde nach technischen Lösungen für die Mehrfachausnutzung von vermittlungstechnischen Einrichtungen und Anschlussleitungen gesucht. Als zunächst effektivste Lösung bot sich die Schaltung von Gemeinschaftsanschlüssen an, die in ihrer einfachsten Ausführung mit konventioneller Relaistechnik ausgestattet waren. Nachteilig war, dass die sich den Anschluss teilenden Parteien nicht gleichzeitig sprechen und sich nicht gegenseitig anrufen konnten. Pech hatte daher derjenige, der einen Vielsprecher zum Partner hatte. Der Anteil solcher Gemeinschaftsanschlüsse an allen Anschlüssen betrug über 60 Prozent. Bei den Wohnungsanschlüssen waren es sogar 98 Prozent. Bis in die 1970er Jahre waren auch bei der Deutschen Bundespost solche Anschlüsse in Betrieb. Dort wurden jedoch ab 1981 Anschlusssysteme eingeführt, die beide Anschlüsse gleichwertig gestalteten; es konnte hier gleichzeitig telefoniert werden. Dies führte zu einem zügigen Abbau der Wartelisten in der BRD.[48]

Anders als bei der Deutschen Bundespost führten etwa zeitgleich die enormen Versorgungsengpässe bei der Deutschen Post zu einer heute beinahe kurios anmutenden Entwicklung. Die Rede ist vom Zeitgemeinschaftsanschluss, auch als »Mondscheintelefon« in die Geschichte eingegangen; eine Entwicklung des Instituts für Post- und Fernmeldewesen der DDR in Halle. Dabei ging es um einen Gemeinschaftsanschluss mit zeitlich eingeschränkter Benutzbarkeit. Ein Teilnehmer konnte den einem benachbarten Betrieb gehörenden Anschluss von Montag bis Freitag in der Zeit von 6:30 Uhr bis 16:30 Uhr nicht zum Anrufen nutzen, hingegen ganztägig angerufen werden. Obwohl die Diskussionen um die Sinnhaftigkeit dieser Art des Anschlusses früh und heftig geführt wurden, setzte sich angesichts der unzureichenden Zahl von Anschlüssen das Argument der besseren Auslastung der Ressourcen durch. Von 1983 bis 1989 wurden daher mehr als 14.000 Zeitgemeinschaftsanschlüsse eingerichtet.

Der Umgang mit den Beschwerden der Bürger

Schnelle Hilfe für parteinahe Bürger

Es gab einen Vorgang Mitte der 1980er Jahre, bei dem der der Staatsführung nahestehende Bürger Gotthard F. zur Beantwortung seiner Beschwerde persönlich aufzusuchen und das Anliegen in dessen Berliner Wohnung mit dem Ziel einer schnellen Lösung abschließend zu führen war. Es gab Kaffee und Kuchen, das Anwesen wurde besichtigt, dem Stellvertreter des Ministers wurde berichtet. Der nach jedem starken Regen vollgelaufene Kabelschacht – Auslöser der Beschwerde – wurde im Nachgang zügig saniert. Der Beschwerdeführer und einige leitende Genossen waren wohl zufrieden.

Wolf Reiner Menzel

Die 1,3 Mio. nicht ausgeführten Anträge führten verständlicherweise zu Unmut. Der Bürger, der angesichts dieser Entwicklung nicht von vornherein resignierte, erinnerte sich daran, dass ihm von Staats wegen das Recht zugestanden wurde, »durch Vorschläge und Beschwerden an der Leitung von Staat und Wirtschaft teilzunehmen«.[49] Während in den 1970er Jahren die auf ihren Telefonanschluss wartenden Bürger jeweils dienstags ihre Beschwerden den Mitarbeitern des Anmeldedienstes der Deutschen Post vortrugen, veränderte sich die Situation in den 1980er Jahren völlig. Die von den Anmeldestellen für den Fernmeldedienst nun getrennten Dienststellen für Beschwerden waren von montags bis freitags geöffnet und mit einer wachsenden Zahl von Mitarbeitern besetzt. Auch der Ton der Beschwerdeführer wurde schärfer; die Gespräche eskalierten zuweilen. Mitte der 1980er Jahre waren die Beschwerden über den fehlenden Telefonanschluss – nach den Beschwerden auf Wohnraum – an die zweite Stelle der Unzufriedenheitsskala der DDR-Bürger gerückt. Die Staatsorgane reagierten: Die Beschwerden wurden Chefsache.

Dem Stellvertreter des Ministers für Betrieb und Verkehr wurde nunmehr in persönlich vorgetragenen Berichten die Situation bei der Bearbeitung der Beschwerden (Zahl der Eingänge, Erledigung, Überschreitungen der Bearbeitungsfristen) im Brennpunkt der Unzufriedenheit – in Berlin – erläutert. An der prekären Gesamtsituation änderte sich dadurch aber nichts. Im Gegenteil: Die Anzahl der Einwendungen wuchs sprunghaft an. Kamen beispielsweise 1987 in der Berliner Direktion monatlich etwa 700 Beschwerden an, so erhöhte sich die Zahl kontinuierlich bis auf 2.200 im Monat gegen Ende 1989. Diese dramatische Entwicklung spiegelte sich natürlich auch in dem für Berlin zuständigen Fernsprechamt wider. Dort ging täglich eine Flut von 500 bis 800 Beschwerden und Nachfragen ein. Die Zahl der Entscheidungsgremien und Mitarbeiter zur Mängelverwaltung sowohl im Fernsprechamt als auch in der Bezirksdirektion und im Ministerium wuchs ständig und wurde immer unübersichtlicher. Bei der Entscheidung über die Vergabe eines Anschlusses waren eine Vielzahl von Sonderlisten und besonderen sogenannten Bedarfsträgern zu berücksichtigen. In der Regel waren dort aber kaum »normale« Antragsteller enthalten. Wurde ein Anschluss eingerichtet, musste mit einem rasanten Anstieg der Beschwerden aus dem Umfeld des Wohnsitzes gerechnet werden. Als »achtbarer« Erfolg wurde schließlich die von »höchster« Stelle getroffene Entscheidung gewertet, dass wiederholte Beschwerden auch endgültig abgeschlossen werden konnten, die betreffende Person bekam also keine weitere Antwort.

Ursula Balzer
Kerstin Bossenz
Monika Wöllert

Im Dienst der Deutschen Post der DDR

Die Deutsche Post hatte laut gesetzlicher Bestimmung den nationalen und internationalen Fernmeldeverkehr sicherzustellen. Die zur Unterstützung des eigentlichen Fernsprechverkehrs erforderlichen Aufgaben des Anmelde-, Buch-, Auskunfts-, Ansage-, Auftrags- und Entstörungsdienstes wurden unter der Bezeichnung Hilfs- und Sonderdienste zusammengefasst. Anmelde-, Buch- und Auskunftsdienst waren dabei eng miteinander verknüpft. Die Grundlage für den Buch- und den Auskunftsdienst bildeten die vom Anmeldedienst erfassten Teilnehmerdaten. Erst seit 1975 erfolgten die Auftragserteilung und damit einhergehend die Information aller beteiligten Dienststellen mit einem im Durchschreibverfahren erstellten Auftragssatz, der nun auch die Reihenfolge der Abarbeitung regelte. Für die Belange des Anmeldedienstes führte die Deutsche Post das EDV-System »Datenbank Teilnehmer« mit dem Ziel ein, einmal erfasste Teilnehmerdaten mehrfach zu nutzen und Informationen unter wesentlicher Reduzierung des manuellen Aufwandes zu generieren.

Der Anmeldedienst war (offiziell) die einzige Kontaktstelle zwischen der Deutschen Post und den Antragstellern bzw. Teilnehmern. Dementsprechend gab es in allen Post- und Fernmeldeämtern sowie

Bearbeitung von Anträgen auf einen Telefonanschluss.

im Fernsprechamt Berlin eine Anmeldestelle. Dort wurden alle Anträge bearbeitet, die zum Beginn, zur Änderung oder Beendigung eines Teilnehmerverhältnisses im Fernmeldenetz der Deutschen Post führten. Aufgrund der wachsenden Kapazitätsengpässe mussten die Anträge dann priorisiert werden, wobei der Antragsteller die Dringlichkeit nachweisen musste.

Endlich, ein Telefon! – Anmelde- und Buchdienst

Alle Anträge, die nicht sofort realisiert werden konnten, erhielten eine siebenstellige Antragsnummer, beginnend mit dem Jahr der Antragstellung (zweistellig), und wurden in Antragskontrolllisten erfasst. Außerdem wurde für jedes Ortsnetz eine Vormerkkartei geführt. In die Vormerkkarte wurde jede Aktivität zum Antrag, z. B. Auskundungsergebnis,[50] Nachfrage, erteilte Auskunft u. Ä. eingetragen. Wenn es fünf Jahre keine Nachfragen zum Antrag gab, wurde der Antragsteller zur Aktualisierung des vorgemerkten Antrags angeschrieben. Für die Einrichtung und den Anschluss von Fernmeldeanlagen an das Fernmeldenetz war eine Anschlussgenehmigung der Deutschen Post erforderlich. Für die Genehmigung eines Antrags war der Leiter des Amtes verantwortlich, der dabei oftmals jedoch auf politische Einflussnahmen Rücksicht nehmen musste. Das Vertragsverhältnis zwischen Teilnehmer und Deutscher Post kam also nur nach ausdrücklicher Genehmigung des Antrages seitens der Post zustande. Die Genehmigung wurde immer nur für einen bestimmten Anschluss und nur diesem bestimmten Antragsteller erteilt. Da in den zentralen Fünfjahrplänen die Anzahl der zu bauenden Wohnungen immer die Anzahl der neu einzurichtenden Fernsprechanschlüsse überstieg, stieg die Zahl der Wartenden automatisch ständig an. Neben den ohnehin langen Wartezeiten sorgte für Unmut, dass es bevorzugte Personengruppen gab.

Die Deutsche Post gab Verzeichnisse der Fernsprech-, Telex- und später auch Datenteilnehmer heraus. Für die Fernsprechteilnehmer wurden in zweijährigem Zyklus Bezirksfernsprechbücher und Branchenbücher herausgegeben. Der Aufbau entsprach dem in der Bundesrepublik. Von jedem Bezirksfernsprechbuch wurden im Zentralen Buch- und Mikrofilmdienst Nordhausen, einer dem Post- und Fernmeldeamt Nordhausen angegliederten Dienststelle, Mikrofilmvorlagen aufbereitet. Die Mikrofiches wurden den Auskunftsstellen dann als Arbeitsunterlage zugesandt. Um den Fernsprechauskunftsdienst aktuell zu halten, mussten die Mikrofilmvorlagen ständig aktualisiert werden. Dazu wurden sie nach der Verfilmung von Nordhausen zur Durchsicht an die Bezirksbuchstellen gesandt. Der Austausch erfolgte hierbei in einem 14tägigen Rhythmus.

In Nordhausen befand sich von jedem Teilnehmerverzeichnis ein Lochbandmanuskript. Vor Herausgabe eines neuen Bezirksfernmeldebuches wurde das alte Lochband am Organisationsautomaten eingelesen und mit den aktualisierten Mikrofilmvorlagen verglichen. Alle in den Mikrofilmvorlagen eingearbeiteten Berichtigungen wurden am Organisationsautomaten in das Klarschriftmanuskript übernommen. Von diesem Manuskript wurde gleichzeitig ein neues Lochband gefertigt und der Druckerei zum Druck übergeben. Nach der Korrekturlesung fertigte die Druckerei außerdem einen Satz in größerer Schrift für die Druckspalten der Mikrofilmvorlagen; und der Zyklus begann erneut. Die mit der Stammdatenerfassung aufgebaute und über den Änderungsdienst ständig aktualisierte Datenbasis bildete seit Anwendung der elektronischen Datenbank die Grundlage für die Herstellung sowohl der Mikrofiches für den Auskunftsdienst als auch der Bezirksfernsprechbücher.

Die Mikrofiches wurden auch nach Einführung der digitalen Datenbank weiterhin in 14tägigem Rhythmus hergestellt. Für die Herausgabe eines Bezirksfernsprechbuches wurde beim Rechenzentrum die Herstellung von Magnetbändern mit den aktuellen Teilnehmerdaten in Auftrag gegeben. Die dort im Lichtsatzsystem hergestellten Umbruchseiten wurden in Nordhausen Korrektur gelesen. Auch weil die Zahl der auf einen Anschluss wartenden Bürger ständig wegen Kapazitätsmangels wuchs, waren die Verwaltung und Kontrolle der Einträge der existierenden Daten mit einem enormen Aufwand betrieben worden.

Bei bestehenden Teilnehmerverhältnissen wurden Bucheinträge grundsätzlich nur nach einer entsprechenden Meldung des Teilnehmers verändert. Bei Tod oder Auszug eines Lebenspartners wurde dies aber oftmals vom in der Wohnung verbleibenden Partner »vergessen«. Der in der DDR herrschende Mangel an Fernsprechanschlüssen führte dazu, dass die Meldung unterblieb, weil die Menschen fürchteten, dass die Übernahme des Anschlusses nicht genehmigt werden könnte. Mit der wachsenden Zahl ausreisender Bürger entwickelte sich dies zum Problem. Die Ausreisewilligen erhielten die Genehmigung oft sehr kurzfristig und hatten dann ganz andere Dinge zu erledigen, als ihren Anschluss zu kündigen. Damit blieben sie im Bezirksfernsprechbuch als Teilnehmer veröffentlicht, was zu unnötigen Nachfragen der auf einen Anschluss wartenden Bürger führte und politisch natürlich auch nicht erwünscht war. Es gab auch Fälle, wo noch vor 1945 eingerichtete Anschlüsse unter dem alten Eintrag im Bezirksfernsprechbuch standen, z.B. das ehemalige Anwesen »Carinhall« Hermann Görings, das unter dem vermeintlichen Personennamen Karin Hall geführt wurde.

Um solche Fehler zu vermeiden, wurde zusätzlich zum normalen Korrekturlesen ein »politisches Korrekturlesen« vor Veröffentlichung eines neuen Bezirksfernsprechbuches angeordnet. An der Herstellung der Bezirksfernsprechbücher waren viele Stellen beteiligt, deren Produktionsmöglichkeiten aufeinander abgestimmt werden mussten. Die beiden Druckereien »Graphischer Großbetrieb Völkerfreundschaft« in Dresden und »Neues Deutschland« in Berlin sollten zu gleichen Teilen beauftragt werden. Aber bei einer Druckerei war die Anzahl der Bögen, die gebunden werden konnten, begrenzt. Diese konnte also z. B. das Bezirksfernsprechbuch für Berlin nicht binden. Außerdem hatte die Produktion von Schulbüchern Vorrang; d. h., es gab nur begrenzte Zeitfenster für den Druck der Bezirksfernsprechbücher. Auch sollte die Auslieferung nicht in den Jahresendverkehr fallen, um eine zusätzliche Belastung der Postämter in dieser Zeit zu vermeiden. In der staatlich gelenkten Planwirtschaft erhielt die Deutsche Post sowohl die Druckereien als auch die Papiermenge zugewiesen. Steigende Teilnehmerzahlen führten sowohl hinsichtlich des Umfanges des einzelnen Bezirksfernsprechbuches als auch der zu druckenden Exemplare zu einem steigenden Papierbedarf. Trotzdem wurde Mitte der 1980er Jahre das der Deutschen Post zugewiesene Papierkontingent um acht Prozent gekürzt, der gesetzlich vorgeschriebene Herausgabezyklus aber nicht verlängert. Das führte dazu, dass speziell für die Fernsprechverzeichnisse ein neuer Schrifttyp mit kürzeren Unterlängen entwickelt und vom Drei- zum Vier-Spaltendruck übergegangen wurde.

Mehr zum Thema Handvermittlung:

Deutsch-deutsche Gespräche – Handvermittelter Ferndienst

Ende der 1980er Jahre war innerhalb der DDR der größte Teil der Ortsnetze mit dem Selbstwählferndienst erreichbar. Dagegen wurde aus politischen Gründen der gesamte Fernsprechverkehr in die BRD und nach West-Berlin über die Handvermittlung abgewickelt. Dabei waren die Fernämter in den Bezirksstädten nicht selbst in der Lage, die Verbindung herzustellen. Alle Gespräche wurden über die beiden Kopfämter Magdeburg (für die BRD) und Potsdam (für West-Berlin) vermittelt, d. h., alle Gespräche nach Berlin wurden zunächst nach Potsdam, die nach Westdeutschland nach Magdeburg und dann nach West-Berlin bzw. in den Westen Deutschlands vermittelt. Um Magdeburg zu entlasten, wurden in den Fernmeldeämtern Leipzig und Schwerin einzelne Arbeitsplätze als Kopfämter eingesetzt, um Gespräche nach Süd- bzw. Norddeutschland zu vermitteln. Die Gesprächswünsche der Bürger wurden auf Gesprächszettel aufgenommen und dann mit dem Fernschreiber nach Magdeburg bzw. Potsdam übermittelt. Diese beiden Ämter bauten dann auf einer stark eingeschränkten Leitungsanzahl die Gespräche in die BRD oder nach West-Berlin auf und riefen das zuständige Fernamt zurück. Von hier aus wurden dann die Verbindungen mit den Teilnehmern in der DDR hergestellt. »Hier ist das

Fernamt Cottbus, Ihr Gespräch in die BRD, bitte sprechen«, so lautete die entsprechende Anweisung. Die Gebühren für diese deutsch-deutschen Gespräche beliefen sich auf 1,50 Mark pro Gesprächsminute. Dagegen kostete das Gespräch im Ortsverkehr 0,15 Mark. An Tagen mit hohem Verkehrsaufkommen, wie an Feiertagen, wurden die Gespräche nur als »dringend« gegen doppelte Gebühr angenommen. Die Minute kostete dann drei Mark. So konnte das zehnminütige Gespräch mit der Tante im Westen anlässlich des Weihnachtsfestes schnell einmal 30 Mark und mehr kosten. Bei einem durchschnittlichen Monatsverdienst von 600 Mark war das eine stattliche Summe. Oftmals wurde wegen der Einschränkungen nur ein Bruchteil der gewünschten Gespräche hergestellt. Dies führte zu Verärgerung bei den Bürgern und in Folge wiederum zu Beschwerdebriefen. Diese mussten mittels Schreibmaschine und Textkonserven, die extra zu diesem Zweck von der Bezirksdirektion der Deutschen Post politisch korrekt erstellt wurden, dann beantwortet werden.

Mitarbeiterinnen des Fernamtes der Deutschen Post der DDR in Berlin mit Sprechgarnitur bei der Vermittlung von Ferngesprächen im Auslandssaal, um 1970.

Das »Fräulein vom Amt« – Auskunftsdienst

Fernsprechauskunft Suhl.

Die Auskunftsstellen in den kleineren Post- und Fernmeldeämtern wurden in den 1980er Jahren Schritt für Schritt in den Bezirksstädten zentralisiert. Die Arbeitszeiten dort beliefen sich auf die Zeit zwischen sechs Uhr und 22 Uhr. Für die Nachtstunden wurden die Anfragen vom Fernamt übernommen. Die Damen der Auskunft stellten sich nicht mit Namen vor. Jede erhielt am ersten Tag ihrer Tätigkeit eine fortlaufende Nummer, die bei der Begrüßung genannt wurde: »Auskunft 62, guten Tag.« Jedes Fernmeldeamt hatte eine nationale Auskunftsstelle, welche Auskünfte über alle in den Verzeichnissen enthaltenen Teilnehmer der Deutschen Post erteilte. Die Auskunft beinhaltete nur Ortsnetzkennzahl und Rufnummer des gewünschten Teilnehmers, jedoch keine Adresse. Der Anruf des Auskunftsdienstes war gebührenfrei.

Für Auskünfte über internationale Teilnehmer, dazu zählte auch die BRD, gab es eine eigene Rufnummer. Die Internationale Auskunft war eine Dienststelle im Fernamt Berlin. Die Auskunftserteilung erfolgte anhand der aus den Ländern zugesandten Telefonbücher, sofern mit diesen ein Austausch der Bücher vereinbart war. Die Telefonbücher aus der BRD wurden von zentraler Stelle nach einem strengen Schlüssel auf die Fernämter verteilt, nachdem zuvor die einliegenden Werbungen entfernt worden waren. Bei fehlenden Telefonbüchern wurde von der Internationalen Auskunft die gewünschte Rufnummer telefonisch bei der Auskunft des jeweiligen Landes erfragt.

Neben der Auskunftserteilung wurden einige kleinere Dienstleistungen angeboten. Zum einen ein Weckdienst, bei dem die Weckaufträge der Kunden auf kleine Formblätter aufgenommen wurden. Bei Schichtbeginn wurden diese nach Zeiten sortiert und in eine Mappe eingelegt. Die Telefonistin durfte nun den Zeitpunkt nicht verpassen, um den »Kunden« zu wecken. Ein weiteres »Highlight« war das wöchentliche Aufsprechen eines Berichts zum Einsatz von Pflanzenschutz- und Schädlingsbekämpfungsmitteln auf Tonband, das sich die Landwirte unter einer bestimmten Rufnummer anhören konnten. Zum Sprechen dieses Berichtes gab es eine schalldichte, winzige Kabine am Rande des Fernamtssaales. Darin befanden sich nur das Tonbandaufnahmegerät, ein Mikrofon sowie eine Sitzgelegenheit. In der Tür war eine kleine Scheibe eingelassen, sodass jeder von außen sehen konnte, ob sich jemand darin befand. Wegen der in den Fernmeldeämtern vorhandenen nicht mehr zu reparierenden Uralttechnik für den Ansagedienst konnten regionale Ansagen kaum noch angeboten werden. Mit der in den 1970er Jahren aus der BRD gelieferten Ansagetechnik, die im Fernsprechamt Berlin installiert war, wurden die wichtigsten Ansagen (u. a. Wetter und Zeit) zentral bereitgestellt.

Am Ende die Rechnung! – Fernmelderechnungsdienst

Die Fernsprechanschlüsse aller Ortsnetze eines Bezirks wurden im zweimonatlichen Zyklus, in sogenannten Losen, abgerechnet. An genau festgelegten Arbeitstagen jedes Monats wurden die durchweg mechanischen Gesprächszähler durch Mitarbeiter der Vermittlungsstellen mit einer auf einem besonderen Gestell montierten Pentacon-Kamera fotografiert.

Unmittelbar danach wurden die Rollfilme im eigenen, provisorisch ausgestatteten Labor entwickelt. Nachdem die Negativfilme auf Lesbarkeit und Vollständigkeit geprüft worden waren, wurden sie datentechnisch verarbeitet. Nach einem genauen Zeitplan erhielt die Abrechnungsstelle dann Hinweis- und Fehlerlisten, die geprüft und bearbeitet wurden. Gleiches galt für die täglichen Bankeinzahlungen der Kunden, die in der Abteilung Planung/Finanzen verbucht wurden. Die postkartengroßen Fernmelderechnungen wurden in perforiertem Endlospapier geliefert. Aufgabe der Mitarbeiter war es, die Rechnungen unter Beifügung von Lastzetteln für handvermittelte Ferngespräche, Weckaufträge sowie für Telegramme und Fernschreiben zu kuvertieren und dem Versand zu überstellen.

Ausschnitt eines Zählergestells.

Ursula Balzer
Gerda Bartels (†)
Kerstin Bossenz
Siegfried Fenske
Angela Freitag
Klara Mikolitsch
Günter Rehs
Lutz Straube

Vom Fernsprechanmeldedienst zum Privatkundenvertrieb

Als 1991 die Fernsprechanmeldestellen bundesweit zum Privatkundenvertrieb wurden, gab es plötzlich per Definition keine Antragsteller mehr, sondern Kunden; und Anträge wurden zu Aufträgen. Das hatte vor allem rechtliche Auswirkungen auf die Bearbeitung der Kundenanliegen. So wurde z. B. für jeden Auftrag eine Grundstückseigentümererklärung benötigt, die die Fernmeldeämter berechtigte, dort ihre Anschlüsse und technischen Einrichtungen zu errichten. Auch mussten sich die Bearbeitungszeiten der Aufträge künftig an konkreten Vorgaben orientieren, um einer etwaigen Schadensersatzpflicht aus dem Weg zu gehen. Schon der neue Name machte deutlich, dass es nun nicht nur um die Bearbeitung der Aufträge gehen, sondern auch darauf ankommen würde, die Produkte und Leistungen der Deutschen Bundespost Telekom der Kundschaft anzubieten.

Es sollte mindestens noch ein Jahr dauern, bis sich die neuen Begrifflichkeiten bei den Beschäftigten und auch bei den Kunden eingeprägt und durchgesetzt hatten. Um dem neuen Profil gerecht zu werden, wurde der Privatkundenvertrieb organisatorisch in Vertriebsunterstützung und Verkaufsbezirke unterteilt. Die Vertriebsunterstützung passte die zentral vorgegebenen Konzepte, Rahmenregelungen und Anweisungen zum Aufbau an die örtlichen Gegebenheiten an, damit diese zeitnah in den Verkaufsbezirken umgesetzt werden konnten. Eine lange Eingewöhnungszeit in die sicher ungewohnte Arbeitssituation blieb den Beteiligten nicht, denn das Aufbauprogramm Ost lief bereits auf vollen Touren. Die damit verbundene flächendeckende Versorgung mit Telefonanschlüssen sollte schneller voranschreiten als von den Kunden erwartet.

Fernschrank.

Zur Bewältigung der Aufgaben im »Aufbau Ost« gehörte eine effektive, auf die Belange des Fernmeldewesens in den neuen Bundesländern zugeschnittene IT-Unterstützung. Nach einer umfangreichen Untersuchung im Januar 1990 entschied die Telekom sich für das EDV-Verfahren »Datenbank Teilnehmer«, welches bereits vor der Wiedervereinigung bei der Deutschen Post eingesetzt worden war. In den Jahren nach der Wiedervereinigung unterstützte dieses Verfahren die Abarbeitung des Auftragsstaus im Fernmeldewesen in den neuen Bundesländern und bildete die EDVseitige Grundlage für eine flächendeckende Versorgung der neuen Bundesländer mit Fernsprechanschlüssen.[51]

Die Erfassung der vorliegenden Anträge in der »Datenbank Teilnehmer« und die Prüfung der Akten vermittelten sehr schnell den subjektiven Eindruck, dass es mehr Anträge für einen Telefonanschluss als Haushalte in den neuen Bundesländern gab. Es war in der Vergangenheit nicht selten vorgekommen, dass vorsorglich schon mal alle Haushaltsmitglieder einen Antrag stellten, um irgendwann zum Zuge zu kommen. So war es nach dem Fall der Berliner Mauer vor der Umsetzung der Bauaufträge für die Bereitstellung der Anschlüsse zwingend notwendig, die Aktualität der Anträge zu prüfen, um nicht unnötige Arbeit und Kosten zu produzieren. In einem groß angelegten Aktualisierungsprogramm wurden in der Reihenfolge des Ausbauprogramms 1991/92 alle Antragsteller namentlich angeschrieben und um Bestätigung ihrer Anträge und Ergänzung fehlender Daten gebeten.

Für diese Aktion wurden bei den Mitarbeitern auch in Heimarbeit mögliche Überstunden genehmigt, die unkompliziert und pauschal vergütet wurden. Daher fanden sich immer wieder Kollegen, die mit Unterstützung von Familienangehörigen diese Aufgabe gerne übernahmen. Wesentlich schwieriger und aufwendiger war die Bearbeitung des Rücklaufs. Dabei war die Löschung/Archivierung nicht mehr aktueller Anträge die leichteste Übung. Diese Fälle gab es zahlreich, aber für einen Großteil der Anträge wurde wider Erwarten die Aktualität bestätigt. Dabei ließen es sich viele Antragsteller leider nicht nehmen, ihre Rückantwort mit Fragen nach der konkreten Versorgungssituation zu verbinden.

Mit Fortschreiten der deutschen Einheit wuchs das Kommunikationsbedürfnis zwischen beiden Teilen Deutschlands explosionsartig an. Zu Beginn des Jahres 1990 war das Anrufaufkommen so stark angestiegen, dass die Rufnummer des Fernamtes minutenlang besetzt war. An den Fernschränken, an denen die Anrufe zur Vermittlung optisch signalisiert wurden, blinkten die Anzeigen wie eine Weihnachtsbeleuchtung.

Als eine Sofortmaßnahme wurden provisorische Fernvermittlungsstellen im Umfeld der Dienststellen der Deutschen Post errichtet, in denen ausschließlich handvermittelte Gespräche in die alten Bundesländer geschaltet wurden. Hierbei waren Fernmeldeämter in den großen Knoten Hamburg, München, Stuttgart, Köln usw. aus dem Osten Deutschlands direkt erreichbar. Im Unterschied zu früher wurden diese Gespräche aber nun unmittelbar weiterverbunden und nicht wie zuvor auf Gesprächszetteln notiert. Nach der Reform der Vorwahlen wurde in kurzer Zeit dann der gesamte Fernsprechverkehr in die alten Bundesländer in den Selbstwählferndienst überführt.

»Datenbank Teilnehmer« mit neuen Herausforderungen

Mit der neuen technischen Ausstattung des »Datenbank-Teilnehmer«-Verfahrens stellten sich neue Herausforderungen an Programmierer und Anwenderberater. In enger Zusammenarbeit mit der Datenübertragungsstelle in Magdeburg und den Datenleitungsstellen in den Fernmeldeämtern mussten Installation, Inbetriebnahme, ggf. Fehlersuche und -beseitigung durchgeführt werden. Der Wissenszuwachs auf diesem neuen Gebiet war immens! Was habe ich auf den winzigen Monitor des Schnittstellenanalysators gestarrt und Hexadezimalwerte entschlüsselt, Stellen gezählt und Zeichen getaktet. Noch heute zehre ich vom Grundlagenwissen, welches wir gezwungen waren, uns in sehr kurzer Zeit anzueignen. Learning by Doing – es war eine harte, aber gute Schule.

Lutz Straube

Pressemitteilung für Aufnahme des SWFD nach der BRD

Das Fernmeldeamt Cottbus teilt mit :

Ab 1. Juli 1990 wird im Fernsprechverkehr der Selbstwählferndienst mit der BRD aufgenommen.
Das betrifft vorerst nur die Fernsprechteilnehmer der Ortsnetze Cottbus Stadt und Land einschließlich des Ortsnetzes Döbern.
Erreichbar ist die BRD im SWFD unter Benutzung der Vorwahlkennziffer 04 zuzüglich der Ortsnetzkennzahl der BRD. Dabei ist zu beachten, daß bei der Ortsnetzkennzahl die erste Ziffer 0 nicht mitzuwählen ist.
Beispiel: Stuttgart, Ortsnetzkennzahl der BRD: 0711
Im SWFD zu wählen:
Vorwahlkennziffer der BRD: 04
Ortsnetzkennziffer Stuttgart
ohne erste Ziffer 0 : 771

Stuttgart im SWFD: 04711

Pressemitteilung des Fernmeldeamtes Cottbus zur Einführung des Selbstwählferndienstes.

Das rasant gewachsene Kommunikationsverlangen steigerte die Bedeutung der Auskunft, die ab Mitte 1990 im Osten neu aufgebaut wurde.

Diese Zeit war für die Mitarbeiter überhaupt mit vielen Veränderungen verbunden. Einige wurden als Multiplikatoren in Ulm für das neue Auskunftssystem geschult. Diese Dienstreisen in die alten Bundesländer waren für viele ein besonderes Erlebnis, da sie oft die erste Reise in den Westen überhaupt waren. Nach ihrer Rückkehr teilten die Mitarbeiter ihre neu gewonnenen Erkenntnisse mit ihren Kollegen. Mit Beginn des neuen Auskunftszeitalters hatte auch die Nennung der persönlichen Identifikationsziffer bei Auskunftsersuchen als Namensersatz ausgedient. Die Kolleginnen meldeten sich mit ihrem echten Namen oder einem wohlklingenden Synonym. Denn bereits damals galt: »Unser Lächeln kann man hören!«

Mit der Wiedervereinigung der beiden deutschen Staaten galt es auch, die verschiedenen Abrechnungssysteme im Post- und Fernmeldewesen der DDR und der BRD zusammenzuführen. Größtenteils war dies aufgrund der Verschiedenheit und der technischen Rückständigkeit im Osten nicht möglich. Die Lösung war der Neuaufbau und die Neustrukturierung. Die Jahre nach 1990 wurden somit zu einer aufregenden Zeit des Aufbruchs. Es begann in den neuen Ländern damit, dass zum 31. Dezember 1990 die Bezirksdirektionen Deutsche Post und die Post- und Fernmeldeämter sowie das Fernsprechamt Berlin aufgelöst wurden. Im Jahr 1991 lief der technische Ausbau des neuen Fernmeldenetzes und der Vermittlungsanlagen auf Hochtouren. Dabei ging es in allen Bereichen der neu gebildeten Fernmeldeämter nicht ohne die Schaffung vorübergehender Provisorien, um die enorme Antragsflut von Fernsprechanschlüssen abzuarbeiten. Für den Rechnungsdienst hieß dies Neustrukturierung und vor allem personelle Aufstockung. Im Februar 1991 trafen sich die Leiter der Rechnungsstellen des Beitrittsgebietes und Mitarbeiter des Fernmeldetechnischen Zentralamtes Darmstadt zu einem ersten Erfahrungsaustausch, bei dem es um aktuelle Probleme der Eingliederung in den bestehenden Fernmelderechnungsdienst West ging.

In den Rechnungsstellen der neuen Bundesländer wurden Pläne für den jeweiligen Fernmeldeamtsbereich erarbeitet, die die Grundlage für die Umstellung auf eine monatliche Rechnungslegung ab dem 1. Januar 1992 bilden sollten. Dazu war eine Übersicht über die Anzahl und die Standorte der Vermittlungsstellen in einem Fernmeldebereich nötig. Einige der Vermittlungsstellen waren sehr klein und befanden sich oft abseits von Gemeinden in ländlichem Gebiet. Gemeinsam mit den Zählerstandsfotografen galt es, Fahrstrecken zu optimieren und gleichzeitig die Menge der zu fotografierenden Gestellreihen und der damit verbundenen Anzahl von Telekomrechnungen aufzuteilen.

Die meisten Dienststellen wurden im Laufe der Jahre 1992 und 1993 personell vergrößert. Die Struktur der Rechnungsdienste entsprach nun den Rechnungsstellen in den Altbundesländern. Seit Januar 1992 erfolgte die monatliche Rechnungslegung für die Kunden. Inzwischen waren die Arbeitsplätze im Rechnungsdienst in der Regel mit Datensichtgeräten[52] ausgestattet. Aus den Masken, die die Datensichtgeräte lieferten, konnten nicht allzu viele Informationen entnommen werden. Der Vorteil der neuen Datenverarbeitungstechnik war jedoch, dass die von den Baubezirken abgerechneten Bauaufträge nun sofort datentechnisch erfasst wurden.

Ein zunehmendes Problem waren die Zahlungsrückstände der Kunden. Bei jedem Kundenkontakt versuchten die Mitarbeiter, die Zustimmung zum Lastschrifteinzug zu bekommen. Das war kein leichtes Unterfangen, da das Vertrauen in die Deutsche Bundespost Telekom noch nicht gewachsen war. Vor 1990 war der Personenkreis, der über ein Telefon verfügt hatte, äußerst begrenzt gewesen. 80 Prozent der Rechnungen wurden per Lastschriftverfahren beglichen. Säumige Kunden gab es so gut wie nicht, befürchteten sie doch, in diesem Fall ihren Telefonanschluss zu verlieren. War doch mal ein Betrag nicht beglichen, so erschien er als Übertrag auf der neuen Rechnung.

Die Fernsprechauskunft in Suhl wird modernisiert

Durch die Wiedervereinigung war das Auskunftsersuchen nach Telefonnummern im Westen sehr groß, und die vorhandenen Auskunftsplätze waren total überlastet. Es musste in über 100 Telefonbüchern nachgeschlagen werden. Wir besorgten aus München sechs Mikrofilmgeräte, die dort nicht mehr gebraucht wurden, da im Westen bereits die digitale Auskunft eingeführt war. Anfang Februar 1991 transportierten wir fünf moderne digitale Datensichtgeräte aus Reservebeständen der Telefonauskunft Ingolstadt nach Suhl. Damit wurde innerhalb von zwei Tagen die erste rechnergestützte Auskunft in den neuen Bundesländern in Betrieb genommen, sie war an den Rechner der Auskunft in München über direkte Leitungen angebunden.

Johann Nußbaum

Datensichtgerät.

Ein teures Vergnügen

Einen besonderen Reklamationsboom gab es ab 1994 im Privatkundenbereich. Anbieter im In- und vor allem im Ausland machten mit sogenannten Sex-Hotlines über die 0190er-Rufnummern (jetzt 0900) das große Geschäft. Im Amtsbereich spürten wir einige Telefonstuben auf, in denen mithilfe von Wählcomputern rund um die Uhr 0190er-Nummern erzeugt wurden. Auch wenn der Großteil neugierige Kunden waren und nichts mit Telefonstuben zu tun hatten, waren sie sich der Höhe der entstehenden Kosten nicht bewusst. Bei Reklamationen vor Ort wurde abgestritten, jemals derartige Rufnummern gewählt zu haben. Manche Kunden weinten bitterlich, und gelegentlich kam es in meinem Dienstzimmer zu ehelichen Auseinandersetzungen, wenn ich den Kunden anhand eines Anrufprotokolls (dem Vorläufer des Einzelverbindungsnachweises) beweisen konnte, wann und zu welcher Zeit diese Hotline in Anspruch genommen worden war. Die Schaltung dieses Nachweises war erst durch die zunehmende digitale Technik möglich geworden. Die Telekom versuchte nun, über ein Sicherheitssystem gegenzusteuern: Auslandsgespräche, die eine bestimmte Zeitdauer überschritten, wurden in der digitalen Vermittlungsstelle angezeigt. Wir prüften sofort und sperrten die betreffenden Anschlüsse.

Ursula Balzer

Ein nicht zahlender Kunde hatte auf diesem Wege vier Monate Zahlungsaufschub. Mit der Währungsunion orientierten sich die Kunden neu. Um die Rechnung zunächst prüfen zu können, verlegten sich viele Kunden auf die Überweisung. Diese wurde jedoch häufig fehlerhaft ausgefüllt, sodass die Rechnungsstellen unzählige nicht zuordenbare Zahlungseingänge verzeichneten.

Die Zeitspanne von der Einrichtung eines Anschlusses bis zur ersten Rechnungslegung war anfangs noch sehr lang. Im Durchschnitt betrug sie drei Monate, in selteneren Fällen bis zu einem halben Jahr. Ursachen hierfür waren die massenhaften Zuschaltungen nach Vollendung der Bauvorhaben, aber auch die verzögerte Bereitstellung der Daten durch Subunternehmer im Turn-key-Programm. Die Höhe der dann aufgelaufenen monatlichen Entgelte sowie der Gesprächsgebühren war wiederum ein möglicher Grund für Zahlungsverzug, Mahnung und gegebenenfalls Stundung. Erst als die Rechnungsstellen mit der Reklamationsbearbeitung und der Rechnungslegung von Neuanschlüssen auf dem Laufenden waren, konnten entsprechend dem Arbeits- und Fristenplan faktengestützt Mahnungen für unbezahlte Rechnungen versandt und Anschlüsse gesperrt werden. Um die Menge der Mahnungen zu reduzieren, musste der Anteil an Abbuchern (Lastschriften) signifikant erhöht werden. Den größten Effekt erzielte in einem Maßnahmenbündel die enge Zusammenarbeit mit Banken und Sparkassen, wo Werbematerial ausgelegt und unter den darüber gewonnenen Abbuchern Telefonkarten und als Hauptpreis ein Telefon verlost wurden. Mit monatlichen Rechnungen an bundesweit etwa 40 Mio. Kunden mussten eine entsprechende Software entwickelt sowie spezielle Rechenzentren und Buchungsstellen neu aufgebaut werden.

Um den Umgang mit Rechnungen, Gebühreneinwendungen und Auskünften zu optimieren, richteten die Dienststellen Telefongruppen ein. Diese stellten das Eingangstor zum Fernmelderechnungsdienst dar; sie nahmen mündliche Beschwerden an und gaben Auskünfte zu Rechnungsanfragen. Das sparte vielen Kunden Schriftverkehr oder persönliches Vorsprechen. Grund für häufige Beschwerden war die Tatsache, dass vielerorts (ländlicher Bereich, Altstadtviertel usw.) der Abschlusspunkt der Linientechnik (Schnittstelle zwischen Telefon- und Hausnetz) außerhalb von Gebäuden angebracht und damit teilweise frei zugänglich war. Reklamierende Kunden waren davon überzeugt, dass sich Unbefugte aufgeschaltet und so horrende Rechnungen auf ihre Kosten erzeugt hatten. Bei genauerer Prüfung stellte sich jedoch heraus, dass diese Fälle tatsächlich nur sehr vereinzelt vorgekommen waren.

Auch die Umbenennung von Straßen und die Einführung der neuen Postleitzahlen führten zu zahlreichen Komplikationen. In Berlin kam hinzu, dass Straßennamen und Rufnummern doppelt vergeben waren. Die zunehmenden Störungsmeldungen ergaben sich auch durch das eigenmächtige Anschalten nicht zugelassener Fernsprechendgeräte, den Austausch von Tastwahlapparaten gegen vorhandene mit Wählscheibe, eigene, abenteuerliche Verdrahtungen von Zweitapparaten und die zunehmenden Bautätigkeiten in den Ortsnetzen. Wurde beim Telefonkunden diesbezüglich ein Verstoß gegen das Gesetz über Fernmeldeanlagen und die Allgemeinen Geschäftsbedingungen festgestellt, konnte nur mit einem hohen Verwaltungsaufwand dagegen vorgegangen werden.

Mit Einführung digitaler Vermittlungsstellen wurden notwendige Massenumschaltungen durchgeführt, die zwar eine große Zahl neuer Anschlüsse schufen, gleichzeitig aber auch zu weiteren Störungen führten, da Anschlüsse über Nacht eine andere Rufnummer erhalten hatten oder einfach nicht mehr funktionierten. Die auf diesem Wege hereinkommenden Störungsmeldungen konnten zunächst nicht mehr in der gesetzten Drei-Tages-Frist abgearbeitet werden. Gleichzeitig begannen die Diskussionen über ein umfassenderes Verständnis von Kundendienst: Der neue Service stand für größeres Bemühen um den Kunden, flexibles Agieren und eine starke Kundenorientierung. Mit der Einführung des Informationssystems »Telekom Service« konnten von einem Standort aus die Aufgaben des bisherigen Entstörungsdienstes zentral koordiniert und auf die Errichtung von Fernsprechanschlüssen sowie auf die interne Qualitätssicherung zugegriffen werden. Diese Umgestaltung wäre ohne massiven persönlichen Ein-

Praktische Hilfe im »Telekom Direkt«-Nachtdienst

Mit Einführung von »Telekom Direkt« konnten die Kunden nun über eine bundeseinheitliche Rufnummer ihre Anfragen und Wünsche an die Telekom richten. Meist handelte es sich um das Einrichten bestimmter Leistungsmerkmale, wie dem Zählimpuls (ZIM), oder um die Anforderung der Formblätter für die Einzelverbindungsübersicht (EVÜ) zur Fernmelderechnung. Unsere Mitarbeiter druckten dann ein Blatt mit den Kundenstammdaten aus und versahen es mit einem Stempel, der den Wunsch des Kunden zeigte. »EVÜ zusenden« oder »ZIM einrichten«. Diese Blätter wurden vom Gruppenleiter sortiert und an die bearbeitenden Dienststellen oder Arbeitsplätze gesandt. Berge von Ausdrucken bedeckten die Schreibtische, und oft hallte die Frage »Wo ist der ZIM- Stempel?« durch das Büro. Einen großen Teil der Arbeitszeit waren die Mitarbeiter mit dem Bearbeiten und Zuordnen der Papiere beschäftigt. Die Zeit für ausführliche Kundengespräche war knapp und die Mitarbeiter für das Anbieten bzw. Verkaufen von Produkten kaum ausgebildet und auch nicht motiviert.
Aber gelegentlich wurde auch ganz praktische Hilfe an der »Telekom Direkt«-Leitung geleistet. So rief einmal ein sehr aufgeregter Herr von einem Münzfernsprecher an. Er habe sich verfahren und wir sollten ihm doch bitte schön sagen, wie er zu einer bestimmten Adresse in der Stadt komme, er sei von außerhalb. Auf die Frage unserer Kollegin, warum er nicht die Auskunft angerufen habe, erklärte er: »Dort war besetzt, und bei Ihnen bekommt man doch auch Auskünfte.« Er meinte weiterhin, es ginge um Leben und Tod und sie solle sich bitte beeilen. Unsere Kollegin bot an, doch vielleicht die Polizei zu rufen, verwarf diese Idee aber sofort, als sie die Adresse hörte: Es war die Entbindungsstation des Krankenhauses!
Auch berichteten die Kollegen immer wieder von interessanten Gesprächspartnern im Nachtdienst. So kam es zum Gedankenaustausch mit Krimiautoren, Angehörigen des Hochadels oder Prominenten. Durch das geringe Anrufaufkommen waren damals auch längere Gespräche möglich, ohne die Hotline lahmzulegen.

Kerstin Bossenz

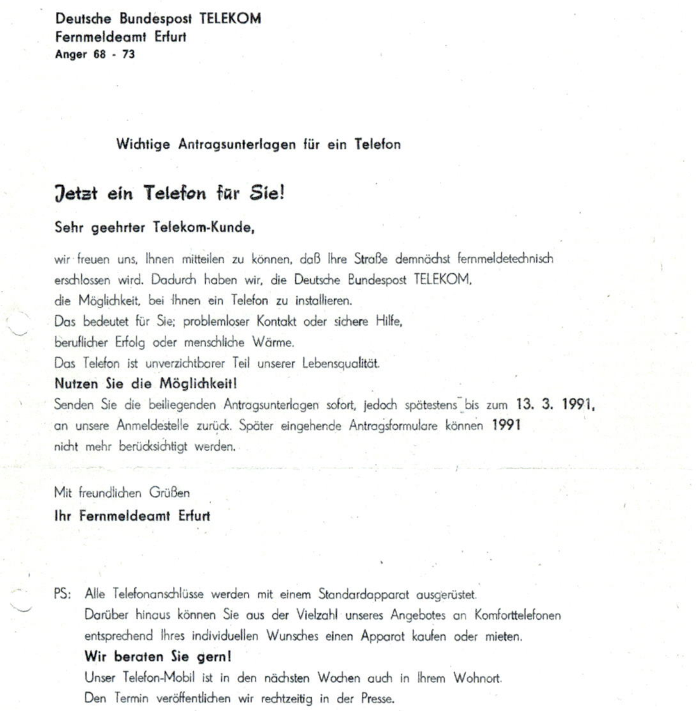

Deutsche Bundespost TELEKOM
Fernmeldeamt Erfurt
Anger 68 - 73

Wichtige Antragsunterlagen für ein Telefon

Jetzt ein Telefon für Sie!

Sehr geehrter Telekom-Kunde,

wir freuen uns, Ihnen mitteilen zu können, daß Ihre Straße demnächst fernmeldetechnisch erschlossen wird. Dadurch haben wir, die Deutsche Bundespost TELEKOM, die Möglichkeit, bei Ihnen ein Telefon zu installieren.
Das bedeutet für Sie: problemloser Kontakt oder sichere Hilfe, beruflicher Erfolg oder menschliche Wärme.
Das Telefon ist unverzichtbarer Teil unserer Lebensqualität.
Nutzen Sie die Möglichkeit!
Senden Sie die beiliegenden Antragsunterlagen sofort, jedoch spätestens bis zum **13. 3. 1991**, an unsere Anmeldestelle zurück. Später eingehende Antragsformulare können **1991** nicht mehr berücksichtigt werden.

Mit freundlichen Grüßen
Ihr Fernmeldeamt Erfurt

PS: Alle Telefonanschlüsse werden mit einem Standardapparat ausgerüstet.
Darüber hinaus können Sie aus der Vielzahl unseres Angebotes an Komforttelefonen entsprechend Ihres individuellen Wunsches einen Apparat kaufen oder mieten.
Wir beraten Sie gern!
Unser Telefon-Mobil ist in den nächsten Wochen auch in Ihrem Wohnort.
Den Termin veröffentlichen wir rechtzeitig in der Presse.

Etwas ganz Neues in den neuen Bundesländern: Die Telekom wirbt um Kunden, hier Fernmeldeamt Erfurt.

satz und starke Motivation der betreffenden Beteiligten nicht möglich gewesen. Ein Anwachsen der Störfälle kam auch durch die im Rahmen des Programms Turn-key eingesetzten Subunternehmen zustande, die oft eine sehr großzügige Auslegung des vorgeschriebenen Regelausbaus praktizierten. So blieben Komplikationen und Unzulänglichkeiten nach Übergabe an das Fernmeldeamt nicht aus. Insbesondere wurden durch den Telekom-Service zusätzlich zum normalen Fehleraufkommen noch diese Mängel beseitigt. Schwerpunkte dieser Störungen waren das Fehlen und Ersetzen der TAE-Dosen, die unsachgemäße Anschaltung bei noch vorhandenen Zweieranschlüssen, die Nutzung nicht zugelassener Telefonapparate, die Verschaltungen in Verteilereinrichtungen, Störungswiederholungen und die unzureichende Aktualität der internen Datenbanken. Die Störungsquote in den Orts- und Knotenvermittlungsstellen war auch durch permanente Wahlwiederholungen verursacht. Trotz regelmäßiger Wartungs- und Instandhaltungsarbeiten konnte auch der Verschleiß der technischen Ausstattung nicht mehr aufgehalten werden, was zu ständigen Reparaturen oder Austausch führte.

Der feste Wille aller Servicekräfte der Telekom, in dieser angespannten Lage einen termintreuen, kundenfreundlichen und hochwertigen Service anzubieten, war ungebrochen. Der Telekom-Service hatte in den Jahren 1992 bis 1994 am Rand seiner Leistungsfähigkeit seine größte Feuertaufe zu bestehen. Zur Unterstützung der nicht weniger gewordenen Anforderungen in den neuen Niederlassungen wurde mit dem Telekom-Service-Ost-Team eine zentral gesteuerte Organisationseinheit gebildet, die mit Beratern vor Ort differenzierte Problemlösungen und einheitliche vergleichbare Arbeitsabläufe durchsetzen helfen sollte. Der Begriff Langzeitstörung hatte nun drastisch an Bedeutung verloren: Da bereits 1994 die Vorgabe, 87 Prozent aller Störfälle binnen dreier Tage zu beheben, erreicht worden war, wurde im Folgejahr die Frist zur Behebung von Störungen an Telefonanschlüssen sogar auf zwei Werktage verkürzt. Bei Nichteinhaltung wurde dem Kunden eine Gutschrift gewährt, falls die Störung nicht an seinem Telefon lag oder durch höhere Gewalt verursacht worden war.

Mit der schrittweisen Umgestaltung zum Privatkundenvertrieb rückte auch die Kundenorientierung in den Vordergrund und ersetzte Schritt für Schritt das »Teilnehmerverhältnis«. Mit der Einrichtung von »Telekom Direkt« wurde ein zentraler Ansprechpartner für persönliche, telefonische oder schriftlich vorgetragene Anfragen der Kunden geschaffen. Über diese bundeseinheitliche Telefonnummer hatten die Kunden die Möglichkeit, ihre Beschwerden, Nachfragen und Wünsche zu Telekom-Produkten oder Störungsmeldungen telefonisch zu übermitteln. »Telekom Direkt« diente einer verbesserten Kommunikation mit den Kunden und löste zudem »kritische Fälle« aus dem Alltagsgeschäft der Dienststellen heraus. Das Echo der Kunden auf diesen neuen Service war auf breiter Front sehr positiv.

Daher waren die Teams von »Telekom Direkt« vorwiegend mit dem Thema »Bereitstellung eines Telefonanschlusses« und den damit verbundenen Recherchen zum Status und möglicher Realisierbarkeit der Aufträge und der technischen Versorgung betraut. Diese Vorgänge erforderten im Einzelfall intensive Recherchen. Aufgrund der Ungeduld einiger Kunden in den noch nicht ausgebauten Gebieten gestaltete sich diese Betreuung für die »Telekom Direkt«-Teams nicht immer einfach. Viele Kunden hatten unrealistische Vorstellungen bezüglich der Geschwindigkeit, mit welcher der Ausbau in den Stadtgebieten erfolgen müsste. Bedingt durch die Gesamtsituation waren auch Arbeitsrückstände im Bereich des Fernmelderechnungsdienstes entstanden, deren Problem-Spitzen ebenfalls im »Telekom Direkt«-Team eingingen und dort gelöst werden mussten. Dies erforderte besonderes sensibles Geschick und gleichzeitig konsequentes Verhandeln im Umgang mit den häufig sehr aufgebrachten Anrufern. Etliche Kunden suchten das »Telekom Direkt«-Team auch persönlich auf, um von Angesicht zu Angesicht die Situation zu besprechen. So konnten sie dort häufig beruhigt werden, es wurde im persönlichen Gespräch gemeinsam eine Lösung in Aussicht gestellt oder der Sachverhalt erläutert.

»Telekom Direkt« – Eine Erfolgsgeschichte

Im März 1991 begann die Pilotphase für den neuen Service »Telekom Direkt«. In den ersten zwölf Monaten nutzten rund 11.000 Kunden die kostenfreie »Telekom Direkt«-Hotline für ihre Anliegen. Von den 11.000 Anfragen und Anliegen konnten rund 6.000 bereits an der Telefonvermittlung beantwortet werden. 4.600 Vorgänge wurden zu den Fachdienststellen weitergeleitet, und in etwa 200 Fällen musste das eigentliche »Telekom Direkt«-Team tätig werden, um die betreffenden Kunden zufriedenzustellen. Nach Abschluss der Pilotphase wurde der Service dann im Frühjahr 1992 bundesweit geschaltet; in den neuen Bundesländern allerdings wegen der technischen Gegebenheiten zunächst noch unter einer Übergangsnummer.
1995 kamen auf der kostenfreien Rufnummer pro Woche dann bereits rund 600 Anrufe an. Rein rechnerisch hatte also nach vier Jahren »Telekom Direkt« bereits jeder fünfte Kunde bei der 01113 angerufen. Der überwiegende Teil der Anrufe, 77 Prozent, kam von den sogenannten Privatkunden. Der Anteil der Geschäftskunden lag zu diesem Zeitpunkt noch bei 19 Prozent, stieg aber kontinuierlich an.

Klara Mikolitsch

Produkte und Dienstleistungen telefonisch zu bestellen oder zu vertreiben, kam Mitte der 1990er Jahre in Mode. Auch die Deutsche Telekom AG schuf große Callcenter. Die Entwicklung der digitalen Welt nahm Fahrt auf. Mehrere Datenbank-Anwendungen wurden speziell für den Vertrieb geschaffen. Die Mitarbeiter konnten so bundesweit auf die Kundendaten zugreifen und Aufträge für Produkte einstellen. Langjährige Kollegen fürchteten: »Das funktioniert nie! Das geht nicht! Man kann doch keinen Auftrag für einen Telefonanschluss ohne Unterschrift am Telefon entgegennehmen! Da kann ja jeder irgendwem einen Anschluss beauftragen!« Doch man konnte! Für die Beauftragung von höherwertigen Produkten wurde der Anrufer zurückgerufen, um eine Legitimation zu erhalten. Das Zusenden einer Auftragsbestätigung und ein Widerrufsrecht für den Kunden waren weitere Sicherheitsbausteine. Mitte der 1990er Jahre war bereits ein erheblicher Teil des Programms zur Versorgung mit Fernsprechanschlüssen realisiert, sodass Personal aus anderen Bereichen des Fernmeldeamtes zu den Callcentern umgesetzt werden konnte. Die Begeisterung für einen Job im Callcenter hielt sich allerdings meist in engen Grenzen. Ein gutes Argument war jedoch die leistungsorientierte Prämie, die für das Erreichen der Vertriebsziele des jeweiligen Teams gezahlt wurde.

Thomas Dämmrich
Karl-Heinz Haufe
Fred Kagels
Wolf Reiner Menzel
Bärbel Panthen
Rainer Riechers
Sabine Schulze

Der Kunde im Mittelpunkt

Kontakt zum Kunden

Besonders hohe Anforderungen stellte das Programm »Telekom 2000« an die Mitarbeiter des Vertriebs. Hunderttausende Antragsteller warteten 1990 in jedem Bezirk auf einen Anschluss.

Viele neue Anträge – jetzt Aufträge genannt – kamen hinzu. Alle Kundenakten waren verteilt auf 80 ehemalige Post- und Fernmeldeämter der DDR und auf die 15 neu strukturierten Fernmeldeämter. Dort mussten sie zusammengeführt und auf die neu geschaffenen Privatkunden- und Geschäftskundenvertriebe aufgeteilt werden. Dass sich darunter auch unzählige Doppel- und Mehrfachanträge, sowie »Karteileichen« mit unterschiedlichem Bearbeitungsstand versteckt hielten, erschwerte die Bereinigung dieses sehr bedenklichen Aktenchaos zusätzlich.

Der Umgang mit dieser besonderen Situation gestaltete sich in den jeweiligen Fernmeldeämtern durchaus unterschiedlich. Der Leiter des Fernmeldeamtes Cottbus etwa ergriff drastische Maßnahmen: Das Amt schloss mehrere Tage seine Pforten für die Außenwelt. Alle verstreut bei den vielen Außenposten des Bezirks lagernden Kundenakten kamen auf lange Tische und wurden mit viel personellem Aufwand

Mehr zum Thema Anschlussmangel:

Die Antragsflut

Eine weitere neue Situation ergab sich für uns mit den »Beratern« aus den Altbundesländern, die uns hier in Cottbus unterstützen sollten. Staunend und ungläubig standen sie vor unseren Schränken mit den vielen Ordnern, in denen Tausende Anträge auf Telefonanschlüsse einsortiert waren. So etwas kannten sie gar nicht. In den Altbundesländern lief zu dieser Zeit bereits die Werbung für einen Zweitanschluss. Unsere Antragsmassen führten zu der Ansicht, dass sicherlich eine große Anzahl gar nicht mehr aktuell sei. Deshalb mussten alle Antragsteller angeschrieben werden, um ihren Auftrag auf einem Formblatt der Deutschen Bundespost Telekom zu erneuern. Es war eine immense Arbeit, die nur mit Unterstützung anderer Dienststellen möglich war. Wir provozierten mit diesen Anschreiben zusätzlich unzählige Nachfragen der Kunden zu ihren alten Anträgen, ob die bisherige Wartezeit weiter zähle, wann die Anschlüsse erfolgen sollten etc. Daneben erschlug uns der Rücklauf der Aufträge. Wir erhielten täglich wäschekörbeweise Posteingang. Das war nur zu bewältigen, indem wir die neuen Aufträge nach Ortsnetzen, Orten und Straßen in einem großen Sitzungssaal sortierten. Aber da auch unter unseren Mitarbeitern Aufbruchsstimmung herrschte, gab es große Bereitschaft zu Überstunden. Jeder war bemüht, das riesige Arbeitspensum zu erledigen und damit möglichst bald die gleichen Verhältnisse wie in den Altbundesländern zu schaffen.

Christine Kramer

An die Telefonarbeiter – Kundenunzufriedenheit einmal anders:

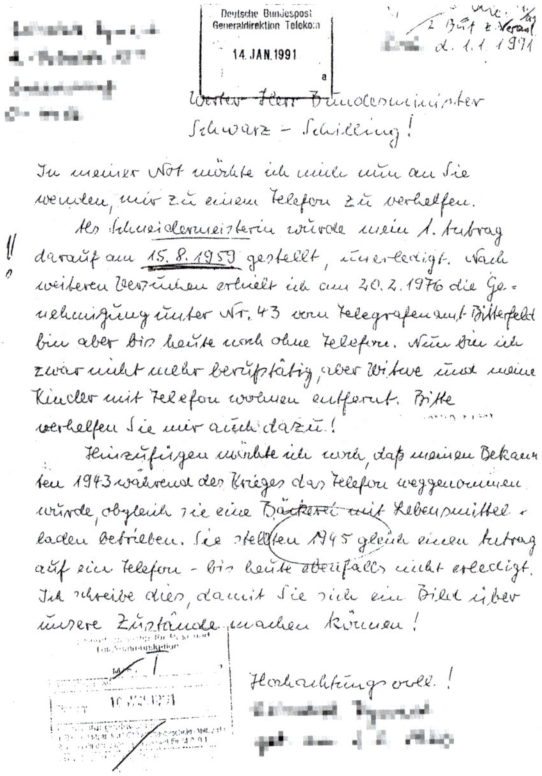

[redacted]

Deutsche Bundespost
Generaldirektion Telekom
14. JAN. 1991

[redacted] d. 1. 1. 1991

~~Werter Herr Bundesminister~~
Schwarz-Schilling!

In meiner Not möchte ich mich nun an Sie wenden, mir zu einem Telefon zu verhelfen.

Als Schneidermeisterin wurde mein 1. Antrag darauf am 15.8.1959 gestellt, unerledigt. Nach weiteren Versuchen erhielt ich am 20.2.1976 die Genehmigung unter Nr. 43 vom Telegrafenamt Bitterfeld bin aber bis heute noch ohne Telefon. Nun bin ich zwar nicht mehr berufstätig, aber Witwe und meine Kinder mit Telefon wohnen entfernt. Bitte verhelfen Sie mir auch dazu!

Hinzufügen möchte ich noch, daß meinen Bekannten 1943 während des Krieges das Telefon weggenommen wurde, obgleich sie eine Bäckerei mit Lebensmittelladen betrieben. Sie stellten 1945 gleich einen Antrag auf ein Telefon – bis heute ebenfalls nicht erledigt. Ich schreibe dies, damit Sie sich ein Bild über unsere Zustände machen können!

Hochachtungsvoll!
[redacted]

Ein Telefonanschluss nach 30 Jahren.

Abenteuerliche Geschichten im Anmeldedienst

Zu Beginn der neuen Zeitrechnung war der Anmeldedienst eine stark frequentierte Dienststelle. Nicht zuletzt die rasante Entwicklung der Privatwirtschaft erzeugte einen immensen Bedarf an Fernsprechanschlüssen. Ob Handwerksbetrieb oder kleiner Getränkehandel, jeder Kunde wollte möglichst schnell einen Anschluss. Um diese Angelegenheit zu beschleunigen, erfuhren die Mitarbeiterinnen an den Anmeldeplätzen manch abenteuerliche Geschichte.

Ich erinnere mich an eine Sprechstunde, in der ich als »diensthabender Leiter« saß. Es klopfte, die Tür ging auf und ein Herr im Anzug schleppte zwei Kästen Bier und diverse Werbeartikel der entsprechenden Brauereien herein. Als er sah, dass hier eine Frau diensthabender Leiter war, machte er ein sehr enttäuschtes Gesicht. Auf meine Nachfrage, was er denn wünsche, erklärte er mir mit großer Geste, er betreibe jetzt einen Getränkehandel und benötige unbedingt einen Telefonanschluss. Natürlich war seine Adresse erst in frühestens einem halben Jahr im Ausbaugebiet.

Ich versuchte, ihn charmant zu vertrösten. Er fragte mich mit todernstem Gesicht, ob ich denn den wirtschaftlichen Aufschwung der neuen Bundesländer verhindern wolle? »Natürlich nicht!«, antwortete ich und versuchte, ihm zu erklären, dass auch die Deutsche Bundespost Telekom die Infrastruktur von 40 Jahren DDR nicht innerhalb eines Jahres aufholen konnte. Er setzte ein freundliches Gesicht auf und meinte, wenn er gewusst hätte, dass hier eine Frau Chef ist, hätte er Wein mitgebracht, um die Wichtigkeit seines Gewerbes deutlich zu machen. Ich lächelte freundlich zurück und erklärte, die Dringlichkeit seines Anliegens durchaus verstehen zu können. Aber auch eine ganze Kiste Champagner konnte den Ausbauplan des Fernmeldeamtes nicht in Zauberei verwandeln. Ich bat ihn äußerst nett, auch die beiden Kästen Bier wieder mitzunehmen.

Er erklärte ernüchtert: »Nee, die schleppe ich jetzt nicht die Treppen wieder runter! Vielleicht überlegen Sie es sich ja noch einmal. Sie können ja mal kosten.« Mit einem kurzen Gruß verließ er das Büro. Die beiden Kästen Bier spendierte ich zur nächsten Abteilungsfeier.

Kerstin Bossenz

von Hand so lange durchgesiebt und geordnet, bis ein hinreichend zuverlässiger Daten- und Bearbeitungsstatus herauskam. So rigoros und konsequent hatten das bis dahin nur wenige geschafft. Erst durch die viel spätere Datenbank-Erfassung aller Kundendaten konnte man – übrigens auch bei einigen Fernmeldeämtern im Westen – von einer gesicherten und fortschreibbaren Kundendatei sprechen.

Die Zahl der Vertriebspunkte war nach der Wende für lange Zeit allerdings zu gering. Seit 1990 fehlten ja auch die Postämter als Anlaufstellen für Kunden und Nachfrager. Auf dem Land waren bald gelb-rot leuchtende »Telefonmobile« unterwegs, die nach einem festen »Fahrplan« wöchentlich in verschiedenen kleineren Städten standen. Hier konnten die Kunden den Stand der Dinge hinsichtlich der Einrichtung privater Telefonanschlüsse erfahren.

In den Zentren der Städte wurden erste Telefonläden eingerichtet, in denen die Bevölkerung telefonieren und faxen, aber auch Informationen erhalten konnte. Diese provisorisch eingerichteten Läden nannte man auch »Telehaus« oder »Telebüro«. Die Mitarbeiter in diesen Vertriebspunkten wurden für die Beratung und den Verkauf von Telekom-Dienstleistungen und Produkten extra geschult.

Das erste »Telebüro« in Suhl

Den Kunden wurden bereits Anfang Dezember 1990 in einem Fertigholzhaus im Zentrum von Suhl – in einem sogenannten Telebüro – erste Dienstleistungen angeboten. Von einem Schreibtisch aus konnten die Kunden der Telekom mit einem Ausnahmehauptanschluss, der direkt an das Ortsnetz Coburg angeschlossen war, problemlos in den Westen telefonieren und Telefaxe absetzen. Außerdem wurden dort Endgeräte und Telefonkarten verkauft. Unsere »Hütte« war sehr gefragt, und wir hatten viele dankbare Kunden!

Johann Nußbaum

T-Shops im Osten

Im Zuge der Wiedervereinigung der beiden deutschen Staaten entwickelte die Deutsche Bundespost Telekom 1990 ein Vertriebskonzept für die neuen Bundesländer, dessen Corporate Identity mit dem in den alten Bundesländern identisch war. Ziel war es, mit den Telekom-Shops und Kundenberatungsräumen flächendeckend in den neuen Bundesländern präsent zu sein. Die Kunden sollten schnell und kompetent beraten werden. Parallel zur rasant voranschreitenden Ausbaustrategie galt es, die Telekom-Produkte professionell zu vermarkten und den Kunden ein positives Telekom-Image zu vermitteln. Allerdings ließ sich das geplante Vertriebskonzept nicht so schnell wie vorgesehen umsetzen.

Die Nachfrage nach Telekommunikationsdienstleistungen war wesentlich größer als der Ausbau der Telekommunikationsinfra-

Telekom-Service-Center, Telekom-Beratung, Telekom-Laden in Magdeburg.

Telefonhäuschen in Neubrandenburg.

Passanten beim Telefonieren an einem mobilen Fernsprechhäuschen der Deutschen Telekom vor dem Leipziger Rathaus, um 1992.

struktur. Daher wurden zwei kurzfristige Maßnahmen ergriffen, um die wenig zufriedenstellende Situation für die Kunden zu beheben. Die Zahl der öffentlichen Münzfernsprecher auf dem Gebiet der ehemaligen DDR wurde schnell und deutlich erhöht. Als Übergangslösung kamen daneben auch Telefonhäuschen auf Rädern zum Einsatz.

Auch wurden in sogenannten Telebüros erste Dienstleistungen angeboten: Kunden konnten telefonieren, Faxe versenden, Telefonkarten und zum Teil auch Endgeräte kaufen. In Zusammenarbeit mit der Postreklame (später DeTeMedien) und den Kommunen wurden Container als Telebüros aufgebaut. Mit kontinuierlichem Aufbau der Telekom-Shops wurden 1992/93 die Telebüros dann nach und nach wieder geschlossen. Der erste Telekom-Laden in den neuen Bundesländern wurde am 15. April 1991 in Wernigerode eröffnet. Bis 1993 waren es insgesamt 33; die Zahl der Telekom-Läden in den alten Bundesländern lag zu diesem Zeitpunkt bei gut 300.

Die Einführung von Kassensystemen (1991/92) und Kartenzahlungen (1992/93) in den Telekom-Shops war eine notwendige Folge des zunehmenden Privatisierungsbestrebens der Deutschen Bundespost Telekom und ermöglichte den Direktverkauf von Endgeräten und Zubehör an den Kunden. Kontinuierlich wurde auch die Warenpalette an Endgeräten und Zubehör ausgebaut. Tragende Säule des Vertriebs waren aber immer noch die Verträge über Telekommunikationsdienste (Festnetz, Mobilfunk und Datendienste).

Optimierung des Privatkundenvertriebs

Nach der Wiedervereinigung waren die 18 neu geschaffenen Privatkundenvertriebe (PKV) in den Fernmeldeämtern von Rostock über Berlin bis Suhl über die Maßen ausgelastet. Sie mussten riesige War-

Ein erster Telefonladen in Cottbus

Ein weiterer Schritt hin zu einer besseren Telekommunikationsversorgung der Bevölkerung war die Eröffnung des ersten Telefonladens in Cottbus im April 1991. Es war neu, dass die Telefonapparate nicht mehr untrennbarer Bestandteil des Telefonanschlusses waren. Die Kunden hatten jetzt die Wahl, den Apparat zu mieten oder käuflich zu erwerben. Dazu erhielten wir in der Bürgerstraße in einem Anbau eines alten Gebäudes einen leer stehenden Ladenraum, ca. 20 m² groß, der im Innenraum sehr schön saniert wurde. Den Lagerraum mussten wir uns allerdings mit einem Gemüsegeschäft im Haupthaus teilen. Unsere Telefonapparate standen einträchtig neben Holzstiegen mit Möhren, Kohlköpfen und Obst. Noch kurioser war die Sanitäreinrichtung. Für das »Bedürfnis« stand in einem Nebengebäude über den Hof ein Plumpsklo zur Verfügung. Glücklicherweise nahm das Angebot an Telefonapparaten, Faxgeräten, Btx-Geräten und damals noch Mobilfunktelefonen des C-Netzes eine rasante Entwicklung. Schon bald war der Laden für die breite Palette an Geräten viel zu klein. Inzwischen gab es auch keine »Handelsorganisation« (HO) und keinen »Konsum« mehr. Dadurch boten sich ordentlichere leer stehende Geschäftsräume. Cottbus bekam einen viel größeren, schöneren Telefonladen in bester Lage direkt am Altmarkt. Eröffnung war am 3. Dezember 1993.

Christine Kramer

telisten für Telefonanschlüsse managen, drängelnde Kunden informieren und die Auftragsbearbeitung im Zuge des Aufbauprogramms hochfahren. Der Privatkundenvertrieb musste Massenumschaltungen bewältigen und den örtlichen oder großflächigen Ausbau mit neuen Techniken (z. B. drahtlose oder optische Anschlussleitungen) und mit Generalunternehmern (Turn-key) administrativ organisieren. Kunden werben und Vertriebsziele verfolgen – wie inzwischen in den alten Bundesländern – war noch nicht das Thema. Die »Fabrik« zum Aufbau der Telekommunikationsinfrastruktur hatte zunächst Vorrang. Die bundeseinheitlich vorgesehene Aufbau- und Ablauforganisation war dagegen auf das Ziel »Wettbewerbsorientierung« ausgerichtet, was schon der Namensteil »Vertrieb« in der Organisationsbezeichnung ausdrückte. Es knirschte in den Fernmeldeämtern der neuen Bundesländer an allen Ecken und Enden, es gab Arbeitsrückstände in der Auftragsbearbeitung, Schnittstellenprobleme im Massengeschäft, und die Kundenberatung war häufig noch nicht zufriedenstellend.

Deshalb wurden Mitte 1992 für ein Jahr im Bereich des Privatkundenvertriebs sogenannte Optimierungsteams eingesetzt, mit deren Unterstützung die Führungskräfte vor Ort vor allem die Ablauforganisation verbessern sollten. Als praxisorientierte interne Unternehmensberatung sollten diese Teams den Privatkundenvertrieb durchleuchten und Transparenz herstellen, Verbesserungsvorschläge

Aufbauhilfe beim Privatkundenvertrieb in Leipzig von 1991 bis 1992

Es war an einem Montag im Juli 1991. Ich kam von einem erholsamen Urlaub an der Côte d'Azur zurück, als mich der Anruf meines Kollegen Herbert Kugler im Büro in Ravensburg erreichte. Er rief mich aus Leipzig an, wo er seit drei Wochen im Optimierungsteam mitarbeitete. Ausführlich schilderte er mir die Probleme, die er und seine Teamkollegen in der Niederlassung Leipzig erkannt hatten. Er fragte mich, ob ich einige Wochen nach Leipzig zur Unterstützung des dortigen Leiters Privatkundenvertrieb kommen könne. Ich konnte mir das vorstellen. Der Privatkundenvertrieb Ravensburg war gut organisiert, auf die Mitarbeiter konnte ich mich verlassen. Nachdem ich meinen Vertreter eingewiesen und mit meiner Familie, die die ersten zwei Wochen mitkommen würde, alle Einzelheiten besprochen und organisiert hatte, ging es mit unserem Familienbus nach Sachsen.
Der Juli 1991 war auch in Sachsen sehr heiß, als ich in Leipzig ankam. Ich ging zu Fuß über den Augustusplatz, querte die Ringstraße und stand vor einem eindrucksvollen Gebäude. Es war die große Hauptpost, in der auch die Telekom-Direktion und die Telekom-Niederlassung untergebracht waren. Ich betrat die riesige Schalterhalle, um nach dem Eingang zur Telekom-Niederlassung zu fragen. Es waren nur drei von 25 Schaltern besetzt, und dort standen Kunden Schlange. Der Telekom-Zugang war wohl seitlich zum Hintergebäude am Grimmaischen Steinweg. Ich verließ die Schalterhalle und bog um die Ecke. Dort sah ich eine ca. 50 m lange Schlange von Wartenden, die sich alle vor einer Türe neben einer Pförtnerloge anstellten. »Die wollen doch nicht alle zur Telekom«, war mein erster Gedanke. Ich fragte die Wartenden in der Schlange, wie lange sie denn schon hier stünden und was ihr Anliegen sei. In breitem Sächsisch antwortete einer in der Mitte der Wartenden. Er stehe hier seit eineinhalb Stunden in der Sonne und wollte wissen, ob sein vor fünf Jahren gestellter Antrag auf einen Telefonanschluss bald verwirklicht werden könnte. Ich wusste nun: Hier gibt's Arbeit. Der nicht sehr freundliche Pförtner ließ mich unwillig passieren, nachdem ich ihm meinen Unternehmensausweis gezeigt und ihm gesagt hatte, dass Herr Bugenings, der Leiter Privatkundenvertrieb, mich erwartete.

Hans-Erich Weiner

erarbeiten, Fachwissen transferieren und bei konkreten Anforderungen unterstützen. So wurde jeder der fünf Direktionen in den neuen Bundesländern ein solches Team mit erfahrenen Kollegen aus den alten Bundesländern zugeordnet. Zahlreiche Mitarbeiter machten sich auf den Weg, um ein Jahr in Ostdeutschland zu arbeiten und zu leben. Ein intensiver Abschnitt im Berufsleben, den wohl keiner vergisst und aus dem für manche auch eine längere Weichenstellung wurde.

Die Teams bestanden aus je einem Leiter Privatkundenvertrieb, Sachbearbeiter Vertriebsunterstützung, Leiter Verkaufsbezirk und ein bis zwei Gruppenleitern aus dem Bereich Auftragsbearbeitung. Die Teammitglieder kannten zwar nicht die Besonderheiten des »Aufbau Ost«, beherrschten aber die Regelorganisation und sahen die Dinge zunächst mit den offenen Augen eines Außenstehenden. Damit standen den Verantwortlichen in den unterstützten Fernmeldeämtern kompetente Ansprechpartner der gleichen Funktion gegenüber, von denen sie profitieren konnten, an denen sie sich aber auch reiben mussten; die ihnen manchmal als »Besserwessis« erschienen, die viel erzählten, aber selbst gar nicht die immensen Herausforderungen zu bewältigen hatten. Die ihnen andererseits aber auch zu Partnern wurden, neue Sichtweisen gaben, Probleme ohne Scheu ansprachen und mit denen gemeinsam konkrete Veränderungen erarbeitet und umgesetzt werden konnten.

Das Fernmeldetechnische Zentralamt in Darmstadt koordinierte im Auftrag der Generaldirektion das Projekt und sorgte für den Know-how-Austausch über alle Teams hinweg. Im Juli 1993 zeigte der Situationsbericht der Optimierungsteams, dass der angestrebte Regelzustand zu 75 Prozent erreicht war. Die Auftragsbearbeitung war auf das Datenbank-System umgestellt. Die Kunden erhielten eine Eingangsbestätigung, und die technischen Dienststellen hatten für den Ausbau genaue Daten, wo wie viele Anschlüsse nachgefragt wurden. Die Deutsche Bundespost Telekom bekam die Massen an Aufträgen immer besser in den Griff. Zum Abschluss des Projektes stellte der Geschäftsbereichsleiter Marketing und Vertrieb fest, dass diese Projektarbeit nicht nur den »Aufbau Ost« unterstützt, sondern auch den Wandel der Telekom befördert habe: »Entscheidungsfreude vor Ort, Kompetenz und Verantwortung vereinigt in einem Team, und Kundenfreundlichkeit, verstanden als ganzheitlicher Prozess im Unternehmen, haben Ihre Arbeit geprägt und zum Vorbild gemacht«, bedankte er sich bei allen Beteiligten.

Entdeckung der Großkunden im Osten

Nach der Wende vollzog sich in Ostdeutschland eine umfassende Reorganisation der Industrie über die Aktivitäten der Treuhand, aber auch durch Neuansiedlungen und die großflächige Anlage von Gewerbegebieten sowie Technologie- und Gründerzentren, die wiederum neue Unternehmen anzogen. Die Überführung großer Werkflächen der ehemaligen volkseigenen Betriebe (VEB) und Kombinate im öffentlichen Raum war im Einigungsvertrag gesetzlich geregelt worden. Basis und Voraussetzung für die Entwicklung wirtschaftlichen Handelns war eine entsprechende Kommunikationsinfrastruktur – eine große Herausforderung für die Deutsche Bundespost Telekom.

Zusätzlich entstand mit der Öffnung des Marktes für Endgeräte und Telekommunikationssysteme im Jahr 1990 in den alten wie neuen Bundesländern ein großer Bedarf an moderner Telekommunikationstechnik. In der Wirtschaft und der Verwaltung mussten marode und veraltete Nebenstellenanlagen ausgetauscht werden. Wettbewerber der Telekom, wie z. B. Siemens, waren bereits vor der Währungsunion aktiv auf diesem Markt tätig und begannen, Marktanteile aufzubauen.

Für die Deutsche Bundespost Telekom bestand deshalb dringend Handlungsbedarf zur Sicherung von Marktanteilen im Geschäfts-

Die Konkurrenz schläft nicht

Die Vertriebsprofis der deutschen Fernmeldeindustrie stürzten sich im Osten sofort auf den Verkauf neuer und großer Telefonanlagen bei Behörden, Verbänden und Verwaltungen. Da es sich hier ausnahmslos um wichtige Geschäftskunden handelte, sah sich auch die Deutsche Bundespost Telekom zusätzlich gedrängt, möglichst schnell die dafür notwendigen Telefonleitungen bis zur Übergabestelle betriebsfähig einzurichten. Auch die beim Netzausbau beteiligten Turn-key-Unternehmen waren natürlich daran interessiert, dass ihre eigenen Endgeräte innerhalb der anschließbaren Häuser vermarktet werden konnten.

Karl-Heinz Haufe

Anfangsschwierigkeiten im Geschäftskundenvertrieb

Für uns vom Geschäftskundenvertrieb wuchs der Druck mit der zunehmenden Ansiedelung ausländischer und westdeutscher Unternehmen stetig. Sie trafen auf eine immer besser werdende Infrastruktur und wollten natürlich auch bei der Telekommunikation Erfolge sehen. Ohne Telefon ist nun mal kein vernünftiger Betrieb möglich. Es war ohnehin auf dem Telekommunikationsmarkt viel in Bewegung. ISDN wurde eingeführt, das Funknetz ausgebaut, Btx, Cityruf, Bildtelefonie, schnurlose Telefone, neue, effizientere und billigere Telefonanlagen. Der Bedarf war groß, so war es für uns vom Vertrieb nicht besonders schwer, in kurzer Zeit viele Telefone, Anlagen und Anschlüsse zu verkaufen.
Allerdings führte die große Nachfrage anfangs zu Lieferengpässen beim Zulieferer. Wurden die Geräte und Telefonanlagen dann endlich vom Logistikzentrum ausgeliefert, wussten wir meist nicht, wo sie deponiert waren. Lagerbezeichnungen stimmten oft nicht überein. Nun ging die Suche los! Telefonisch war das schwierig. Mancher Lagerist wusste ja nicht, dass »Focus« oder »Octopus« Telefonanlagen waren. So machten wir uns selbst auf die Suche. Da hatte man das Gefühl, einige Lagerverwalter hatten die Wende noch nicht realisiert und übten sich noch in der Planwirtschaft. Der Wille war in großem Maße vorhanden, nur an der Umsetzung haperte es noch. Dies ist nicht als Vorwurf gemeint, denn die ostdeutschen Kolleginnen und Kollegen kannten es ja nicht anders.
In vielen Gesprächen und Seminaren leisteten wir Überzeugungsarbeit, auch auf die Gefahr hin, dass wir als »Besserwessis« hingestellt wurden. Es machte auch Freude, wenn man feststellen konnte, dass es jeden Tag ein kleines bisschen besser ging.
Unsere Servicekräfte hatten bis dato bei jeder neu eingeführten Telekommunikationsanlage von der Vertreiberfirma mehrtägige Lehrgänge für Einbau, Bedienung und Wartung erhalten. Damit war es nun vorbei, zu wenige Kräfte, zu wenig Zeit, also Learning by Doing. Es entstand ein reger Erfahrungsaustausch zwischen Vertrieb und Service. Das Wichtigste waren für uns letztlich zufriedene Kunden und akzeptable Zeitspannen für Lieferung und Einbau der Geräte und Anlagen. Das gelang uns nicht immer, aber immer öfter.
Mein persönliches Fazit aus dieser Zeit: Wir waren ein gutes Team, leisteten Hilfe zur Selbsthilfe. Wir hatten am Ende, auch nach vielen persönlichen Bekanntschaften, das Gefühl, einen kleinen Beitrag für das Zusammenwachsen von Ost und West, nicht nur auf dem Telekommunikationssektor, geleistet zu haben.

Klaus Wirsing

kundensegment, insbesondere bei Großkunden. Aus diesem Grund beauftragte sie die Detecon (Deutsche Telekom Consulting GmbH), das sogenannte Projekt »Aktivierung des Geschäftskunden-Vertriebes Ost« umzusetzen. Ziel war es, schnell und flexibel in den neuen Bundesländern Großkunden zu akquirieren und damit die Zeit des Aufbaus der regulären Geschäfts- und Großkundenvertriebe zu überbrücken. Das Projekt begann im Januar 1991 mit einer geplanten Laufzeit von zwei Jahren. Die Personalauswahl erfolgte telekomintern über Assessment-Verfahren anhand vertriebsorientierter Kriterien. In jedem der neuen Bundesländer wurde je ein regionales Vertriebsteam gebildet. Diese Teams bestanden aus zehn Vertriebsbeauftragten, jeweils fünf Mitarbeiter aus den alten und fünf Mitarbeiter aus den neuen Bundesländern. Dabei brachten die Mitarbeiter aus den alten Bundesländern das Telekom-Know-how und die Mitarbeiter aus den neuen Bundesländern die Kundenkontakte und die regionalen Kenntnisse in das Team ein. Zu Beginn des Projektes wurden für alle Mitarbeiter umfangreiche Produkt- sowie Vertriebsschulungen durchgeführt.

Nach kurzer Anlaufzeit wurde im ersten Halbjahr 1991 der Vertrieb von Telekommunikationsprodukten, insbesondere von großen Telefonanlagen, aufgenommen. Bedeutende Unternehmen in der Verwaltung und Industrie wurden als Kunden gewonnen. Aufgrund des großen Vertriebserfolges wurde das Projekt nicht wie vorgesehen im Dezember 1992 abgeschlossen, sondern noch bis Ende 1995 verlängert. Im Laufe des Jahres 1994 wurde in den 39 deutschen Niederlassungen jeweils eine Abteilung Großkunden-Management eingerichtet. Vorrangige Ziele waren die Sicherung und der Ausbau des Geschäftes insbesondere im Datenkommunikationssektor – der Fernsprechbereich war noch monopolgeschützt. Die einzurichtenden Abteilungen Großkunden-Management waren dezentral organisiert und sollten aus kleinen, tatkräftigen Teams bestehen. Sie bildeten eine Mini-Telekom: eigene Bestellabwicklung mit beschleunigten Prozessen, eigenes Consulting Team, gesonderte Service-Gruppe, eigenständiges Marketing von der Zentrale bis in die Niederlassungen. Von den Kunden wurde die Neuorganisation einhellig begrüßt. Zum Projektende wurden die entsprechenden Vertriebsmitarbeiter in den regulären Geschäftskunden- sowie den Großkundenvertrieb überführt.

Das Großkunden-Management erwies sich in den neuen Bundesländern als ebenso notwendige wie erfolgreiche Maßnahme, weil sich die spezialisierten Teams schnell und kompetent um die Belange der einzelnen Großkunden kümmern konnten. Auf diese Weise gelang es der Telekom, die staatlichen Stellen sowie die vorhandenen Unternehmen zeitnah mit der benötigten Telekommunikationsinfrastruktur zu versorgen. Dies schuf die Voraussetzungen für eine Neuansied-

Kunden schlagen ihre Weihnachtsbäume fürs Fest

Bereits im dritten Quartal jeden Jahres hatte die Marketingabteilung unserer Potsdamer Niederlassung alle Hände voll mit den Vorbereitungen für das alljährlich stattfindende »Weihnachtsbaumschlagen« für unsere Geschäftskunden zu tun. Abstimmungen mit den Förstereien, dem Technischen Hilfswerk, dem Roten Kreuz, Künstleragenturen, Zeltvermietern und vielen anderen waren zu tätigen. Es war jedes Mal ein tolles Programm, das bei unseren Geschäftskunden großen Anklang fand. Die Lokationen wurden gemeinsam mit den Forstverwaltungen immer gut ausgesucht. Ob nun Schonung unter einer Hochspannungsleitung im Wald bei Michendorf, ehemaliger Grenzstreifen bei Falkensee oder Forst im Ruppiner Land bei Neuruppin, den Kunden war der Weg nie zu weit. Der Abzweig von der Landstraße in den Wald wurde immer durch einen von der Niederlassung gepflegten, aus DDR-Zeiten stammenden Trabant gekennzeichnet. Von Lagerfeuer und Grillgerichten über Musik bis hin zur Bastelstraße für Kinder war alles vorbereitet. Die Kunden konnten wählen zwischen Selberschlagen eines Baumes oder der Mitnahme eines durch die Forstverwaltung geschlagenen Baumes. Ob nun Kunde oder Kundenberater, die Waldluft tat allen gut, man sah es an der frischen Gesichtsfarbe. Diese Veranstaltung zum Jahresende war immer ein guter Anlass, um die Leistungen und den Service der Telekom auszuwerten und Pläne für das neue Jahr zu besprechen.

Fred Kagels

lung von Unternehmen und die weitere wirtschaftliche Entwicklung der Regionen. Am 1. Januar 1993 wurde darüber hinaus die DeTeSystem (heute T-Systems) gegründet – eine 100prozentige Tochter der Deutschen Bundespost Telekom, die damals die 200 größten und meist auch international agierenden Unternehmen Deutschlands betreute.[53]

Einladung zum Geschäftskundenforum 1992.

Telekom
Geschäftskundenforum '92

Herzlich willkommen

zu unserem Geschäftskundenforum '92 – unserer Truck-Tour durch 15 Städte der neuen Bundesländer.

Im Rahmen dieser außergewöhnlichen Veranstaltung möchten wir Sie über die Telekom und ihre Aktivitäten informieren, Ihnen unsere Produkte vorstellen und Sie zu einem individuellen Beratungsgespräch einladen.

In mehreren Trucks und einem Informationszelt präsentieren Ihnen die Telekom-Fachberater Telekommunikation zum Anfassen:

Truck 1: Kleine und mittlere Telekommunikationsanlagen

Truck 2: Mittlere und große Telekommunikationsanlagen

Truck 3: Mobilfunk, Telefaxdienst

Truck 4: Daten- und Satellitenkommunikation, Telexdienst

Informationszelt: Informationen über Leistungsstärke und Aufgabenschwerpunkte des Unternehmens Telekom sowie zum Stand von Netzausbau und Infrastruktur

Wir freuen uns auf Ihren Besuch!

Veranstaltungskalender:

03.-05.03.	Magdeburg
07./09./10.03.	Leipzig
12.-14.03.	Halle
16.-18.03.	Erfurt
20.-21.03.	Suhl
23.-24.03.	Gera
26.-28.03.	Chemnitz
30.03.-01.04.	Dresden
03.-04.04.	Cottbus
06.-07.04.	Frankfurt/Oder
09.-11.04.	Berlin
13.-15.04.	Potsdam
21.-22.04.	Neubrandenburg
24.-25.04.	Rostock
27.-28.04.	Schwerin

Öffnungszeiten täglich von 8 bis 18 Uhr

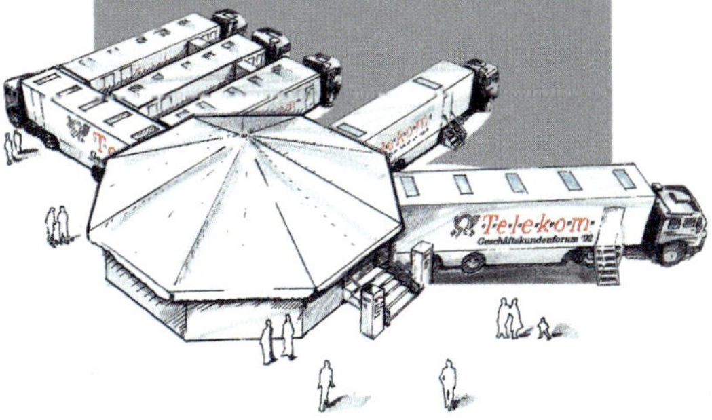

Karl-Heinz Haufe
Wolf Reiner Menzel
Bärbel Panthen

Kommunikation – Eine neue Herausforderung

Beim Blick auf die vorhandene Infrastruktur des Fernmeldewesens in der DDR war offensichtlich, dass hier ein Markt mit gigantischer Nachfrage zu befriedigen war, wesentlich gesteuert durch die gesetzlich vorgegebene Pflicht zur Grundversorgung seitens der Telekom. Dieser Markt stand ganz im Gegensatz zu dem nahezu gesättigten Markt im Westen, wo das Familientelefon und der Doppelanschluss – wie der Zweitwagen – fast schon zum Standard gehörten. Die inzwischen auch im Osten bekannten Werbeslogans »Telefon – weil man's braucht«, »Mondscheintarif« oder »Ruf doch mal an« waren Reizworte, die in den neuen Bundesländern lapidar kommentiert wurden mit: »Ja wie denn, wenn's noch nich' jeht.« Die erfolgreichen Marketingkampagnen der 1980er Jahre waren noch von Bonn aus zentral gesteuert worden.[54] Dagegen wurden alle Vermarktungsaktivitäten in den neuen Bundesländern dezentral, überwiegend regional durchgeführt. Die Präsidenten der fünf neuen Direktionen im Osten des Landes und die Leiter der neu strukturierten Fernmeldeämter waren in dieser Hinsicht weitgehend autonom. Wichtig war lediglich, dass sie die vorgegebenen Absatzziele erreichten. Und die im Programm »Telekom 2000« aufgefächerten Absatzmengen waren nicht nur sehr ambitioniert, sondern auch ein Novum in ihrer geforderten konsequenten Umsetzung.

Im gesamten Marketing und bei der Öffentlichkeitsarbeit gab es keine zentrale Steuerung, sondern nur ein zentrales Controlling. Dagegen konzentrierte man sich auf die lokalen Bedürfnisse. So wurden Landräte, Bürgermeister sowie Wirtschaftsverbände eingeladen oder besucht, um die Schwierigkeiten einer schnellen Telefonversorgung, vorrangig für öffentliche Telefonstellen, zu diskutieren und den dringenden Bedarf der Geschäftskunden zu ermitteln. Gleichzeitig konnten diese Stellen zur Lösung von Problemen, insbesondere bei Baumaßnahmen und Grundstücksfragen, beitragen. Auch ungewöhnliche, sehr kreative Lösungen wurden gesucht und gefunden. Das Handeln der Beteiligten war nicht mehr von strikten Vorschriften gelenkt, sondern lösungsorientiert.

Unmittelbar nach dem Mauerfall hatte das Bedürfnis nach zuverlässigen Informationen zur Neugestaltung der Telekommunikationslandschaft immer mehr zugenommen. Die Mitarbeiter der Deutschen

Post der DDR waren zwar nun frei im Denken und vorerst auch frei im Wort, aber noch ungeübt im Bereich der Öffentlichkeitsarbeit. Überall im Land waren es die Redaktionen der Bezirkszeitungen und der lokalen Presse, die nunmehr in den Direktionen und Ämtern der Deutschen Post Antworten auf die Fragen nach Entwicklung der Infrastruktur im Fernmeldewesen, speziell zur Versorgung mit Telefonanschlüssen verlangten.

Mit dem Tag der Wiedervereinigung am 3. Oktober 1990 wurde die Deutsche Post auf die Deutsche Bundespost überführt. Damit wurde die zwischen November 1989 und Oktober 1990 weitestgehend selbstständige Öffentlichkeitsarbeit der Deutschen Post auf ein früheres Niveau zurückgefahren. So jedenfalls empfanden es viele der Journalisten von Presse, Rundfunk und Fernsehen, die sich regelmäßig in der Berliner Mauerstraße (hier befand sich das Ministerium für Post- und Fernmeldewesen der DDR) eingefunden hatten. Es war nun festgelegt, dass die Anliegen der Journalisten unmittelbar dem für die Öffentlichkeitsarbeit zuständigen Bereich in Bonn vorzulegen und die Genehmigung der Interviewwünsche von dort abzuwarten sei. Die Verantwortlichen in Bonn waren der Auffassung, dass die im Ostteil Berlins vorsprechenden Journalisten möglicherweise unzureichend bis fehlerhaft über die Strategie und die Philosophie des öffentlichen Unternehmens informiert würden. Für die Journalisten und für die Ost-Berliner Dienststellen eine wenig nachvollziehbare Prozedur, die zu erheblichen Irritationen und peinlichen Wartezeiten führte. Mit der Bildung eines Fachbereiches für Kundenanliegen sowie Pressearbeit und PR für das Beitrittsgebiet zum 1. Dezember 1991 erübrigten sich diese Vorgaben dann wieder.

Die Generaldirektion Telekom hatte 1992 nach einem Auswahlverfahren zu drei aufeinanderfolgenden Intensiv-Seminaren »Konfliktkommunikation/Medienkooperation« eingeladen. Ziel dieser Maßnahme war es, mittels Kooperationsprojekten zwischen der Deutschen Bundespost Telekom und verschiedenen Fernsehsendern den Infrastrukturausbau und -aufbau in den neuen Bundesländern durch gezielte Beiträge zu unterstützen und zu begleiten. Auch sollten die TV-Kooperationen in den Bereichen Ratgeber, Verkauf, Vertriebswege und Product-Placement so gefestigt und ausgebaut werden. Im Ergebnis der Schulungen wurde drei Seminarteilnehmern bescheinigt, für Einsatze in Fernsehsendungen nun geeignet zu sein. In Kooperation mit dem Mitteldeutschen Rundfunk (MDR) und mit SAT.1 war die Telekom seit Mitte 1993 in den Ratgebersendungen »Telethek« (MDR) und den Sendungen von SAT.1 – »Wir in Berlin Kennwort ›Telekom‹«, später Regional-Report Berlin Brandenburg »Telekom nachgefragt« – bis Ende 1995 ein- bis zweimal monatlich live auf Sendung.

Die Sendungen waren als Werbekampagne der Deutschen Bundespost Telekom öffentlichkeitswirksam angelegt. Die erwartete Zustimmung der Zuschauer blieb nicht aus. In Anlehnung an den Stand des Programms »Telekom 2000« wurde mit insgesamt 32 unterschiedlichen Zuschauer-, Sender- und Telekom-relevanten Themen die angestrebte Zuschauerresonanz erreicht. Zu den Themen gehörten u. a. solche, wie Auftrag, Telefonanschluss, Störungen, Ortsnetzkennzahlen, Mobiltelefon, Telekom-Telekarte, T-Card, Recycling, Telefonrechnungen und Tarife sowie Homebanking. Mit jeder Ausstrahlung wurden die Zuschauer auf die Möglichkeit hingewiesen, sich mit ihren Fragen, Sorgen und auch kritischen Anmerkungen an die Sender zu wenden, die diese an die Telekom vermittelte. »Die anfänglich ausschließlich den »Aufbau Ost« unterstützenden Ratgeber-Themen wurden auf Grund der insgesamt großen Resonanz im Jahr 1994 auch auf die bundesweiten Regionalreports in Nordrhein-Westfalen, Bayern, Niedersachsen, Hessen und Rheinland-Pfalz ausgeweitet.«[55] Auch mit dem Rundfunk boten sich Medienkooperationen an: Unter dem Motto »Hörer fragen – Experten antworten« erhielt 1994 die Niederlassung Berlin die Möglichkeit, den Hörern des Berliner Rundfunks zu ihren Fragen rund ums Telefon Rede und Antwort zu stehen.

In Brandenburg startete der Privatsender »BB-Radio« einen Monat lang jeweils montags bis freitags eine halbstündige Serie »rund ums Telefon«, mit Experten der Telekom und mit Hörern, die auf der einen Seite »Dampf ablassen« konnten (wie beim Leserbrief), aber auch ein anschlussbereites Telefon gewinnen konnten. Die Sendungen haben

Die Telekom zu Gast beim Berliner Rundfunk

1994 wurde die Niederlassung Berlin eingeladen, den Hörerinnen und Hörern des Berliner Rundfunks zu ihren Fragen rund ums Telefon Rede und Antwort zu stehen. Für die Beantwortung der Fragen zur Bearbeitung und Realisierung von Anträgen auf einen Telefonanschluss wurde ich als Expertin ausgewählt. Christa Seebach konnte als Vertreterin des Fernmelderechnungsdienstes und Expertin für Rechnungsanfragen und Reklamationen für die Teilnahme an den Sendungen gewonnen werden. Gerhard Klatt war im Entstörungsdienst tätig und als Experte für die Bereitstellung und Entstörung von Telefonanschlüssen und Endgeräten der Dritte im Bunde. Am 1. September 1994 ging es dann mit unserem ersten Rundfunkauftritt los. Pünktlich um neun Uhr eröffnete der Moderator Andreas Firl die Sendung, und unter der Telefonnummer 030/201914 wurden die Hörertelefone, an denen wir drei zunächst saßen, für die Anrufer freigeschaltet. Erwartungsgemäß konzentrierten sich die Anrufe auf die Frage, wann das eigene Wohngebiet mit Telefonanschlüssen versorgt werden würde, auf Störungen, die beispielsweise nach der Umschaltung eines Zweier- in einen Einzelanschluss auftraten, oder auf Unstimmigkeiten in der Telefonrechnung. Je nach Allgemeingültigkeit der Anliegen und der Bereitschaft der Anrufer wurden die Fragen und unsere Antworten während der einstündigen Sendung live ausgestrahlt. Zwischendurch gab uns der Moderator mit seinen Fragen die Gelegenheit, Informationen in eigener Sache, wie zum Beispiel die bevorstehende Eröffnung eines T-Shops, die Möglichkeiten der Inanspruchnahme besonderer Vergünstigungen im Telefondienst oder Hinweise für die Anschaltung eigener Endgeräte anzusprechen.
Nach einer Stunde Sendezeit hatte sich zwar unsere Aufregung noch nicht gelegt. Dennoch wurde uns sowohl vom Sender als auch von verschiedenen Anrufern signalisiert, wie gut sie es finden, dass sich die Telekom auch regional in öffentlichen Foren den kritischen Fragen ihrer Kunden stellt. Nicht zuletzt die hohe Resonanz auf diese Sendung und die auch danach noch im Sender eingegangenen Anfragen führten dazu, dass im Abstand von jeweils ca. vier Wochen noch drei weitere Sendungen ausgestrahlt wurden.

Bärbel Panthen

bei vielen Hörern zum Verständnis beigetragen, warum die Deutsche Bundespost Telekom nun vielen schnell einen Telefonanschluss schalten konnte, aber andere wegen fehlender Anschlussleitungen noch Geduld aufbringen mussten.

Derartige Aktionen gab es auch bei »Radio PSR« (Sachsen), »Radio Brocken« und später auch beim MDR. Diese Aufklärungsarbeit war nicht nur absatz-, sondern ebenso imagefördernd. In der Presse wechselte die Tonalität: Es wurde nun positiv über die Aufbauleistung berichtet und nicht länger kritisch über die mangelhaften Zustände geschrieben. Sowohl der intensive Mitarbeitereinsatz von bis zu 5.000 Menschen als auch die hohen Investitionen im Osten waren von der Presse anfangs nicht wahrgenommen worden bzw. sie hatte nicht darüber berichtet. Der Informationsbedarf der Zuhörer konzentrierte sich zunächst im Wesentlichen auf drei Schwerpunkte: Informationsmöglichkeiten über den konkreten Zeitpunkt der Bereitstellung des eigenen Telefonanschlusses, Störungsbeseitigung nicht funktionierender Telefonausstattungen und Bereitstellung neuer Anschlusstechniken und Endgeräte sowie Reklamationen und Erklärungsbedarf zu den Telefonrechnungen.

Trotz dieser mit keinem anderen Programm zur Wiederherstellung der deutschen Einheit vergleichbaren Dimension des »Aufbau Ost« im Kommunikationswesen tobte zunächst in den Medien eine wortgewaltige Hysterie gegen die Deutsche Bundespost Telekom, gegen das Programm, aber auch gegen die Partner im Aufbau. Der Umgangston war selten fair, kaum anerkennend und damit auch nicht unterstützend. Tagebuchartig und scharfzüngig wurde der »Aufbau Ost« – vorzugsweise in den Printmedien – diskreditiert. Umso wohltuender die von Fairness und Respekt getragene Information zum »Jubiläumsanschluss, dreimillionster Telefonanschluss in Ost-Deutschland« am 5. August 1994 im Regional Report Berlin-Brandenburg des Senders SAT.1:

»Nur jeder zehnte Einwohner der früheren DDR verfügte zu Honeckers Zeiten über einen Telefonanschluss. [...] Beim ›Aufbau Ost‹ legte sich das Unternehmen so richtig ins Zeug, und heraus kam eine wahre große Aufbauleistung, die fast rekordverdächtig erscheint. Heute gab es sogar einen Grund zu feiern. Große Freude heute Morgen bei dem Brandenburger Burkhard Fohlmeister. Endlich ist auch er stolzer Besitzer eines Telefonanschlusses. Lange hatte der Geschäftsmann aus Jasaris darauf gewartet, und jetzt war es gleichzeitig ein Jubiläum. Sein Anschluss ist der dreimillionste seit der deutschen Vereinigung in den neuen Ländern. [...] Bereits gestern Abend war ihm im Berliner Rathaus von Bürgermeisterin Christine Bergmann und Telekom-Vorstandsmitglied Wilhelm Pällmann symbolisch der dreimillionste Anschluss überreicht worden. Dazu gab es von der Telekom als Geschenk eine Telefonanlage für 2.500 D-Mark.

Die Relativität der Anschlusszahlen
Für all jene, die noch keinen Anschluss hatten, verkündete Dieter Gallist, Leiter der Stabsstelle Berlin: »Telekom will in diesem Jahr in den neuen Bundesländern 500.000 Telefonanschlüsse legen.« (Handelsblatt, 22. Januar 1991) Die Presse nannte aber auch die Zahl von mehr als zwei Mio. Kunden, die noch auf der Warteliste standen. Und diese Liste wurde im Folgejahr sogar noch umfangreicher. Allein daraus wird deutlich, wie schwer es war, globale Ankündigungen verbraucherfreundlich zu verkaufen. Da schien es vorerst besser, Erfolgsmeldungen selektiv und lokal zu verbreiten.
Karl-Heinz Haufe

Die symbolische Vereinigung der Ortsnetze West und Ost in Berlin am sogenannten Einschalttag.

Für das Unternehmen ist die zweite Halbzeit beim ›Aufbau Ost‹ angelaufen. Derzeit gibt es in Ostdeutschland 4,8 Mio. Telefonanschlüsse. Damit verfügt bereits jeder Dritte über seinen eigenen. Eins ist sicher. Das einst marode Telefonnetz der DDR wird bald durch Glasfaserkabel und Digitaltechnik zu den modernsten der Welt gehören.«[56]

Die Telekom reagierte auf die zunehmende Flut von Aufträgen, auch auf die Beschwerden der bereits lange Wartenden, wie auch auf die von neuen Kunden mit einer stetig an ihrem Programm ausgerichteten Informationspolitik. In einer Fülle von Pressemitteilungen der Zentrale und der Regionalbereiche konnte das Unternehmen gegenüber der Öffentlichkeit stets deutlich machen, dass Programm und Stand der Realisierung nicht nur eingehalten, sondern in vielen Positionen deutlich übertroffen wurden.

Die Fertigstellung großer Vorhaben erfolgte häufig mit spektakulären Veranstaltungen unter Einbeziehung der Bürger, auch unter freiem Himmel. So beim Turmfest 1996 anlässlich der Wiedereröffnung des Fernsehturmes am Berliner Alexanderplatz vom 1. bis 5. Mai 1996. »Mit der nach dem Fall der Mauer aufgekommenen Ost-Nostalgie vollzog der Berliner Fernsehturm die Wandlung vom politisch stark vereinnahmten und verklärten Symbol zu einem Wahrzeichen, das zu ganz Berlin gehört [...]. Dies ist in dieser Form kaum einem anderen Ost-Bauwerk geglückt.«[57] Als Eigentümer dieses imposanten Wahrzeichens im Herzen der Stadt bot sich für die Deutsche Telekom die Chance, sich den zahlreichen Festbesuchern zu präsentieren. Die Deutsche Telekom hatte 1995 und 1996 mehr als 50 Mio. D-Mark in die Modernisierung der Sendeanlagen investiert. Dabei erhielt die Antenne ab 327 Metern eine neue leistungsfähige Spitze.[58]

Schließlich wurde auch der offizielle Abschluss des »Aufbau Ost« medienwirksam vermarktet. Mit einem Festakt, bei dem Bundeskanzler Helmut Kohl und Vorstandsvorsitzender Ron Sommer das nunmehr fertiggestellte modernste Netz seiner Bestimmung übergaben, erklärte die Telekom diesen für abgeschlossen.

Bundeskanzler Helmut Kohl empfängt Ron Sommer und Rolf-Dieter Leister.

VI
West-Berlin und Ost-Berlin – »So nah und doch so fern«

Rainer Karlsch

Die Berliner Wirtschaft im Wandel

Die legendäre Gründungszeit

In der Geschichte des Fernmeldewesens, heute zumeist nur noch als Telekommunikation bezeichnet, spielte Berlin eine besondere Rolle. Nach der Gründung der Deutschen Reichspost im Mai 1871 beschränkte das Staatsunternehmen sich nicht länger auf die klassischen Postdienstleistungen, sondern wandte sich frühzeitig dem Telegrafenwesen zu.[1] Überhaupt stand die Reichspost dem technischen Fortschritt aufgeschlossen gegenüber, was vor allem dem Agieren des Generalpostmeisters Heinrich von Stephan zu verdanken war. Schon seit einigen Jahrzehnten hatte es Versuche zur Entwicklung von Telefonapparaten gegeben, doch erst dem Amerikaner Alexander Graham Bell gelang es, aus dieser Erfindung Kapital zu schlagen und die Ideen seiner Vorgänger bis zur Marktreife weiterzuentwickeln. Was daraufhin in Berlin geschah, ist zur Legende geworden.[2]

Außenansicht des Reichspostmuseums, um 1897.

Außenansicht des Haupttelegrafenamtes der Deutschen Reichspost in Berlin, Oberwall-/Ecke Französische Str. 33 b/c, um 1929.

Von Stephan war von der neuen Technik fasziniert und ließ zwei Bell-Telefone, die er am 26. Oktober 1877 erhalten hatte, noch am selben Tag ausprobieren. Der Versuch fand zwischen dem Generalpostamt in der Leipziger Straße Nr. 15 – dem späteren Sitz des Reichspostministeriums, heute Sitz des Museums für Kommunikation – und dem gut einen Kilometer entfernten Haupttelegrafenamt in der Französischen Straße – dem ältesten Fernmeldeamt Deutschlands, heute Hauptstadtrepräsentanz der Deutschen Telekom AG – statt.

Berlin erlebte eine Sternstunde der Technikgeschichte. Nachdem die ersten Worte ins Telefon gesprochen wurden und hörbar ankamen, erklärte von Stephan: »Meine Herren, diesen Tag müssen wir uns merken!« Nach weiteren erfolgreichen Versuchen über größere Distanzen gab von Stephan die Fertigung von Telefonen bei Werner von Siemens in Auftrag und informierte Reichskanzler Otto von Bismarck über die Absicht, Telefone an allen Postorten aufzustellen. Nur drei Wochen nach dem historischen Telefonat wurde in Friedrichsberg bei Berlin, ein historisches Stadtviertel an der heutigen Grenze zwischen den Stadtteilen Friedrichshain und Lichtenberg, die erste Reichstelegrafenanstalt eingerichtet und im Januar 1881 das erste handvermittelte Fernsprechamt eröffnet. Anfangs war das Tele-

Linke Seite: Zwei Servicetechniker vor dem Brandenburger Tor in Berlin, 1994.

»Hallo Berlin«:

„Hallo Berlin": Nach 40 Jahren Trennung können die Berliner seit dem 27. Juni wieder ohne Vorwahl von einer Hälfte der Stadt in die andere telefonieren. Grund für die Telekom, mit den Hauptstädtern ein Volksfest zu feiern

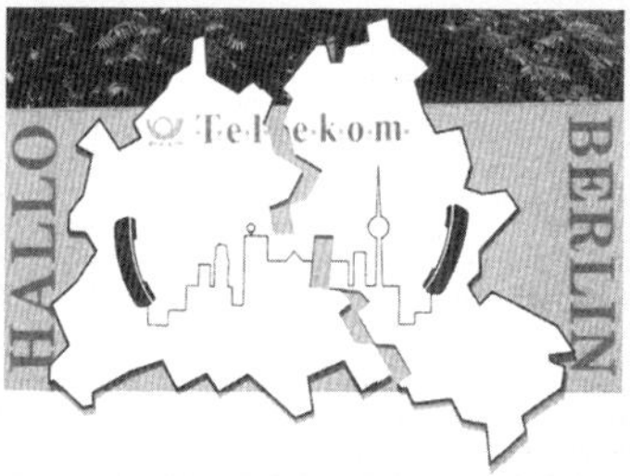

Ausschnitt eines Artikels aus der Mitarbeiterzeitschrift *Monitor*, Januar 1993.

fon als Prestigeobjekt einer kleinen Schicht vorbehalten, doch schon bald stieg die Zahl der Fernsprechteilnehmer rasant an. Damit wurde die deutsche Hauptstadt auch auf dem Gebiet der Telekommunikation zu einem »Exerzierfeld der Moderne«.[3] Überhaupt stellt es sich dem rückschauenden Betrachter so dar, dass die Jahre bis zum Ersten Weltkrieg für Berlin eine Art Goldenes Zeitalter waren, geprägt durch eine große Dynamik und ein bis dahin nie gekanntes Wirtschaftswachstum.[4] Freilich ist an diesem Bild manches auszusetzen, verwiesen sei nur auf die Demokratiedefizite des Obrigkeitsstaates und die ungelöste Arbeiterfrage. Dennoch heben sich die Gründerjahre und die daran anschließenden friedlichen Jahre bis 1913 stark vom folgenden »Zeitalter der Extreme« ab.

Berlin wurde durch den Zweiten Weltkrieg und die Teilung der Stadt weit zurückgeworfen. Erst mit der friedlichen Revolution der Ostdeutschen und dem Fall der Mauer ergaben sich ab Ende 1989 ganz neue Chancen. Berlin wurde zum »Labor der deutschen Einheit«, mit allen damit verbundenen Hoffnungen und Risiken. Just in diese Zeit fiel die Postreform I, die den Grundstein für die Privatisierung des Telekommunikationsbereichs legte. Die Weichen dafür wurden in Bonn, infolge der deutschen Teilung von 1950 bis 1994 Sitz der Deutschen Bundespost, gestellt. Die Deutsche Post AG und die Deutsche Telekom AG gehörten zu den ersten Unternehmen, die sich in großem Stil für das Zusammenwachsen von West- und Ost-Berlin engagierten. Es gab keinen anderen Bereich der Infrastruktur, in dem der Modernisierungsbedarf im Ostteil der Stadt größer war als im Post- und Fernmeldewesen. Zudem mussten die getrennten Kommunikationsnetze wieder verknüpft und erweitert werden. Dies alles geschah in einer Zeit rasanter technischer Umbrüche – ISDN, Internet, DSL, Breitband usw. –, die die Telekommunikation von Grund auf veränderten. Ein kultureller Wandel im Kommunikationsverhalten war die Folge.[5]

Um die Entwicklungen im Telekommunikationsbereich wenigstens in großen Zügen ins Zeitgeschehen einordnen zu können, wird im Folgenden ein schlaglichtartiger Rückblick auf die Wandlungen des Wirtschaftsstandorts Berlins gegeben.

Berlin als kontinentaleuropäische Industriemetropole

Als in Berlin noch der Kaiser residierte, war die deutsche Hauptstadt das Kraftzentrum einer sich rasant entwickelnden Industrienation. Hier konzentrierten sich Macht, Industrie und Geld. Zwischen 1871 und 1918 hatte sich Berlin von einer Residenzstadt zur größten kontinentaleuropäischen Industriemetropole entwickelt. Die Zahl der Einwohner war in diesen knapp fünf Jahrzehnten von rund 827.000 auf mehr als zwei Mio. gestiegen. Rechnet man noch die Vororte hinzu, die 1920 in die Großgemeinde Berlin mit einbezogen wurden, so lebten inzwischen fast vier Mio. Einwohner in der Hauptstadt.[6] Hauptursache für das geradezu explosionsartige Bevölkerungswachstum waren die Zuwanderung aus anderen Landesteilen und die Geburtenüberschüsse. Berlin zog als großer Industrie- und Dienstleistungsstandort Arbeitssuchende an. Seine Position als Industrie- und Bankmetropole konnte Berlin trotz schwerer Rückschläge durch den Ersten Weltkrieg (1914 bis 1918), die Inflation (1919 bis 1923) und die Weltwirtschaftskrise (1929 bis 1933) behaupten.

Im Jahr 1936, das für die folgenden Angaben als Basisjahr dienen soll, arbeiteten mehr als die Hälfte aller Beschäftigten Berlins in der Industrie und im Handwerk. Mit rund 574.000 Arbeitnehmern im produzierenden Gewerbe übertraf Berlin in absoluten Zahlen sogar Länder wie Württemberg oder Thüringen.[7] Neben einer hohen Erwerbsquote zeichnete sich die Berliner Industrie durch eine deutlich über dem Reichsdurchschnitt liegende Produktivität aus.[8] Träger dieser Entwicklung waren die »jungen« Industrien, vor allem der Maschinenbau und die Elektroindustrie. Jeder zehnte Beschäftigte des deutschen Maschinenbaus war in einem Berliner Unternehmen tätig.[9] Allein diese Branche zählte rund 60.000 Beschäftigte. Produziert wurden vor allem Werkzeug- und Kraftmaschinen, aber auch Lokomotiven und Waggons. Zu den bekanntesten Unternehmen der Branche gehörten August Borsig, Ludwig Loewe & Co. sowie Hasse & Wrede.

Das Paradepferd der Berliner Industrie war jedoch die Elektroindustrie. Mehr als 146.000 Menschen, rund 25 Prozent aller Berliner Industriebeschäftigten, waren in diesen Unternehmen tätig. Zwei Branchenriesen dominierten: Siemens und AEG. Hinzu kamen ihre beiden bedeutendsten Tochtergesellschaften Telefunken und Osram und weitere große Spezialfirmen, wie die Lorenz AG und die Deutsche Telephonwerke und Kabelindustrie AG (DeTeWe). Wichtigster Produktionszweig der Berliner Elektroindustrie im Bereich der Schwachstromtechnik war seit dem erwähnten ersten Telefonat des Generalpostmeisters von Stephan die Herstellung von Fernmeldegeräten aller Art. Ähnlich beeindruckende Wachstumszahlen wurden später bei der Fertigung von Rundfunkgeräten und elektrischen Haushaltsgeräten erreicht.

In der deutschen Hauptstadt gab es die größte Ansammlung von Unternehmen der Elektroindustrie weltweit.[10] Davon zeugte die Tatsache, dass rund sieben Prozent der Weltproduktion im Bereich der Elektrotechnik in Berlin hergestellt wurden.[11] An den wichtigsten Innovationen in der Stark- und Schwachstromtechnik war die Berliner Elektroindustrie führend beteiligt. So wurde in Berlin 1909 von Siemens das erste Großstadt-Fernsprechamt Europas mit 2.500 Anschlüssen eingerichtet.[12] Mit Bewunderung sprachen Zeitgenossen daher von der »Elektropolis«.

Auch Unternehmen der Nahrungs- und Genussmittelindustrie, der Druck- und Papierverarbeitung, der chemischen Industrie und der feinmechanisch-optischen Industrie waren in Berlin stark vertreten und hatten jeweils Zehntausende neue Arbeitsplätze geschaffen. In Berlin erfolgte der Ausbau veredelungsintensiver Produktlinien, die von der engen Kooperation zwischen den Unternehmen und den damals erstklassigen Hochschulen und sonstigen Forschungseinrichtungen profitierten. Nicht zu vergessen: Mit dem Aufkommen von Kino und Rundfunk wurde Berlin auch zur führenden Medienstadt.

All dies wurde flankiert vom Aufstieg der Hauptstadt zum führenden Banken- und Börsenplatz in Deutschland.[13] So wurden u. a. solch bedeutende Privatbanken wie die Disconto-Gesellschaft (1851), die Deutsche Bank (1870), die Berliner Bank (1889) und die Allianz Versicherungs-Aktiengesellschaft (1890) in Berlin gegründet. Andere Finanzinstitute, wie die Dresdner Bank (1884) und die Commerzbank (1905), verlagerten ihre Hauptverwaltungen bzw. den Schwerpunkt ihrer Geschäftstätigkeit in die Hauptstadt.[14] Das Deutsche-Bankier-Buch von 1930 nannte allein in den vier wichtigsten Straßenzügen des Bankenviertels Unter den Linden, Jägerstraße, Französische Straße und Behrenstraße 125 Institute.[15] Die Nähe zur Reichsbank begünstigte diese Konzentration. Die Berliner Börse entwickelte sich bis zum Ersten Weltkrieg zu einer der bedeutendsten Börsen der Welt. Die hohe Zahl an Industrie- und Dienstleistungsunternehmen und Beschäftigten sorgte für ein hohes Steueraufkommen. Berlin war vor dem Zweiten Weltkrieg schuldenfrei und konnte seine haushaltspolitischen Aufgaben mit dem Steueraufkommen und den Einnahmen aus den Eigenbetrieben finanzieren.[16]

Wirtschaft in einer geteilten Stadt

Die schlimmsten Folgen für die Stadt brachte ab 1933 die Aufrüstungs- und Kriegswirtschaft des nationalsozialistischen Regimes. Das Eigentum jüdischer Unternehmer wurde »arisiert«, die Besitzer emigrierten oder wurden ermordet. Der Investitionsgüterbereich wurde weitgehend auf Rüstungsproduktion umgestellt, die Konsumgüterindustrien eingeschränkt.

Die Alliierten griffen die Stadt mit Fortdauer des Krieges immer heftiger aus der Luft an. Es gelang ihnen jedoch nicht, die Kriegsindustrien entscheidend zu treffen. Stattdessen legten die Luftangriffe große Teile der Wohnquartiere und öffentlichen Gebäude in Schutt und Asche. Bei heftigen Bodenkämpfen in den letzten Kriegswochen wurde die Stadt, insbesondere ihr Zentrum, noch mehr verwüstet. Von Mai bis Anfang Juli 1945 war ganz Berlin allein von den Truppen der Roten Armee besetzt.

Ein Großteil der Industrie in den späteren Westsektoren wurde in dieser Zeit von der sowjetischen Besatzungsmacht demontiert. Das Bild, das sich den Westalliierten bot, als sie im Juli 1945 in die Westsektoren Berlins einzogen, war verheerend. Eine amerikanische Zeitung kommentierte es wie folgt: »Das Problem der deutschen Nachkriegsindustrie hat sich für Berlin gelöst: Es gibt dort keine Industrie mehr.«[17] Auch wenn dies eine journalistische Zuspitzung war, so sind sich Volkswirte und Historiker doch weitgehend darüber einig, dass West-Berlin durch die sowjetischen Demontagen mehr als 60 Prozent seiner Industriekapazitäten verloren hatte.[18] In Ost-Berlin waren die Demontageschäden in der Investitionsgüterindustrie keineswegs geringer. Eine Schonung des sowjetischen Sektors gab es nicht.[19] Die beiden wichtigsten Berliner Industriebranchen, die Elektroindustrie und der Maschinenbau, verloren auf die gesamte Stadt bezogen rund drei Viertel ihres Ausrüstungsvermögens. Lediglich das Kabelwerk Oberspree (KWO) der AEG behielt als einziger Berliner Großbetrieb der Elektroindustrie mehr als die Hälfte seiner Ausrüstungen.[20] Die hohen Demontageschäden stellten eine schwere Hypothek für den Wiederaufbau der Berliner Wirtschaft insgesamt dar. Im Vergleich dazu konnte die westdeutsche Industrie mit einem erstaunlich intakten Kapitalstock den Wiederaufbau beginnen. Entscheidend war letztendlich aber weniger die Höhe der Schäden als die Fähigkeit zur Überwindung der Verluste.[21] Diesbezüglich wurden der Berliner Wirtschaft im wahrsten Wortsinn enge Grenzen durch ihr Abschneiden vom Hinterland gesetzt. Die Berliner Betriebe fielen weit zurück. Dies schlug sich auch in einer nunmehr deutlich niedrigeren Produktivität nieder.[22]

Die Kriegsfolgen, die Teilung der Stadt und die Blockade 1948/49 führten zu einer massiven Abwanderung und Standortverlagerung von Unternehmen aus Berlin in die Westzonen bzw. die Bundesrepublik. Allein bis 1950 wird die Zahl der abgewanderten Unternehmen auf mindestens 2.000 geschätzt.[23] Das Schlagwort vom »Berlin-Risiko« machte die Runde. Dahinter verbarg sich neben Unsicherheiten, die sich aus der angespannten weltpolitischen Lage zwangsläufig ergaben, für viele noch in Berlin ansässige Unternehmen auch die Angst, ganz vom westdeutschen Markt verdrängt zu werden. Während deshalb die Großunternehmen der Elektroindustrie mit wenigen Ausnahmen ihre Unternehmenssitze nach Westdeutschland verlegten, hielten die führenden Maschinenbauer an ihrem bisherigen Unternehmenssitz fest. Für letztgenannte Unternehmen war die Wettbewerbsposition auf dem westdeutschen Maschinenmarkt wenig aussichtsreich. Anders auf dem Gebiet der Elektrotechnik. Die hohe Nachfrage führte zu einem raschen Ausbau der elektrotechnischen Industrie in Westdeutschland. Mit DeTeWe beließ letztendlich nur ein einziges Unternehmen der Elektrotechnik alle leitenden Bereiche in West-Berlin.

Bundeskanzler Helmut Kohl und US-Präsident Bill Clinton mit Zeitzeugen anlässlich des 50. Jahrestages der Einrichtung der Berliner Luftbrücke.

Der Produktionsindex von West-Berlin lag im Jahr 1950 gerade einmal bei rund einem Drittel des Vorkriegsstandes (1936), wohingegen die Bundesrepublik diesen bereits deutlich übertraf. Dank der amerikanischen Luftbrücke überstand West-Berlin seine erste Existenzkrise. Allerdings hatten West-Berliner Unternehmen nun mit dauerhaften Nachteilen zu kämpfen: Die hohe Wirtschaftskraft Berlins in der Vorkriegszeit beruhte nicht nur auf der Industrieproduktion, sondern auch auf den Dienstleistungen, die Berlin für den Gesamtstaat erbrachte. Der Wegfall eines beträchtlichen Teils dieser Funktionen schwächte die Wirtschaft empfindlich.[24] Die Insellage der Stadt führte zu erhöhten Transportkosten. Viele Unternehmen zogen ihre Forschungs- und Entwicklungskapazitäten aus der Stadt ab oder schränkten diese ein. Angesichts der unsicheren politischen Lage gab es kaum ausländische Investitionen in West-Berlin. Im Jahr 1950 gab es nur noch 150.000 Industriebeschäftigte im Westteil der Stadt. Die Arbeitslosenquote lag bei rund 30 Prozent, was auf Dauer politisch nicht zu verkraften war. Notstandsarbeiten, überwiegend finanziert aus Marshallplan-Mitteln, konnten nur vorübergehend die sozialen Probleme lindern, stellten aber keinen dauerhaften Ersatz für industrielle Arbeitsplätze dar. Der westliche Teil der Stadt bedurfte der Hilfe von außen, der Schutzgarantie der Westmächte und der wirtschaftlichen Unterstützung der rasch erstarkenden Bundesrepublik.

Zu einem erheblichen Umfang waren die Erfolge beim Wiederaufbau dann der Einbeziehung West-Berlins in das westdeutsche Wirtschafts- und Währungssystem zu verdanken.[25] Der West-Berliner Magistrat, die Industrie- und Handelskammer, die Berliner Zentralbank und zahlreiche Sachverständige erarbeiteten im Januar 1951 einen Langzeitplan für den Ausbau der Wirtschaft West-Berlins. Ziel war es, 200.000 neue Arbeitsplätze in der gewerblichen Wirtschaft zu schaffen. Dafür sollten Produktion und Absatz, gemessen am Stand von 1950, etwa verdreifacht werden. In den ersten Jahren des Wiederaufbaus bildeten die Gegenwertfonds der amerikanischen Hilfen an Westdeutschland die wichtigste Finanzierungsquelle für die West-Berliner Wirtschaft. Hinzu kamen öffentliche und private amerikanische Mittel zur Aufbaufinanzierung. Außerdem hatte der Wirtschaftsrat für die Bizone bereits im November 1948 das »Notopfer Berlin« beschlossen, eine Steuermarke in Höhe von zwei Pfennig, die im späteren Gebiet der Bundesrepublik von den Absendern von Postsendungen zusätzlich zum normalen Porto verwendet werden musste. Das Nothilfegesetz galt bis März 1956.

Der Bund regelte 1950 mit dem »Gesetz zur Förderung der Wirtschaft von Groß-West-Berlin« sowie 1952 mit dem »Gesetz über die Stellung Berlins im Finanzsystem des Bundes« die finanzielle Unterstützung beim wirtschaftlichen Aufbau West-Berlins. Seit Herbst 1954 ermäßigte die Bundespost die Gebühren im Fernsprechverkehr sowie im Paketdienst mit West-Berlin. Subventioniert wurde auch der Güterverkehr. Hinzu kam eine Reihe von Steuerpräferenzen für West-Berliner Betriebe und Arbeitnehmer. Dank dieser und weiterer Maßnahmen gelang eine wirtschaftliche Trendwende. Die spezifische Ausgestaltung der Subventionsgesetze begünstige den Ausbau kapitalintensiver, aber wertschöpfungsarmer Produktionszweige. Davon profitierten vor allem die Hersteller von Süßwaren und Zigaretten sowie Kaffeeröstereien. Die Qualifikationsanforderungen an die Belegschaften dieser Unternehmen waren vergleichsweise gering.[26] Bis 1961 wuchs die Zahl der Industriebeschäftigten auf den Höchststand von 315.000 an. Damit wurde, wenn auch später als in Westdeutschland, in West-Berlin nahezu Vollbeschäftigung erreicht. Zu den Beschäftigten in West-Berliner Betrieben gehörten bis zum Bau der Mauer auch mehr als 100.000 Grenzgänger aus der DDR und Ost-Berlin.[27] Das »Schaufenster des freien Westens« übte zunehmend eine Magnetwirkung aus. Die Bundeshilfe stieg von mehr als 0,5 Mrd. D-Mark im Jahr 1952 auf 1,2 Mrd. D-Mark in 1961 an und erreichte 1980 bereits 9,25 Mrd. D-Mark. Mehr als 53 Prozent des West-Berliner Haushalts wurden 1980 durch die Bundeshilfe gedeckt.[28] Nach dem Mauerbau 1961 trat die Förderpolitik in eine neue Phase. Bei voller Aufrechterhaltung der bis dahin gängigen Absatzförderung wurden Investitionen in der West-Berliner Wirtschaft noch stärker gefördert und weitere einkommenspolitische Maßnahmen beschlossen, die auf den Erhalt von Stammbelegschaften zielten. Die wirtschaftliche Entwicklung verlief dadurch bis Anfang der 1970er Jahre durchaus günstig. Die Erdölpreiskrisen von 1973/74 und 1979/80 markierten dann das Ende des Nachkriegsbooms und des Zeitalters der nachfrageorientierten Wirtschaftspolitik in den meisten westlichen Ländern. Diese Krisen schlugen auch auf die West-Berliner Wirtschaft durch, deren lange überdeckten strukturellen Probleme nun aufbrachen.[29] Die Beschäftigtenzahlen in der Elektroindustrie und im Maschinenbau gingen von 1970 bis 1989 jeweils um nahezu die Hälfte zurück. Auch Traditionsunternehmen mussten schließen. Die strukturellen Schwächen traten deutlich hervor. Forschung und Entwicklung fanden in den meisten West-Berliner Unternehmen nicht mehr in dem Umfang statt wie vor dem Krieg. Berlin hatte seine einstige Stellung als Technologiezentrum verloren.[30]

Die nahezu komplett verstaatlichte Wirtschaft in Ost-Berlin litt, eingebettet in das planwirtschaftliche System der DDR, unter einer anhaltenden Investitionsschwäche, zumal sich die Schwerpunkte der ersten Fünfjahrpläne auf andere Regionen konzentrierten.[31] Die Zahl der Industriebeschäftigten stieg, nicht zuletzt aufgrund einer niedrigen Produktivität, von ca. 130.000 im Jahr 1950 auf rund 180.000 im Jahr 1958 an.[32] Die Branchenstruktur der Vorkriegszeit, mit hohen Anteilen der Elektroindustrie und des Maschinenbaus, war erhalten geblieben. Hinzu kamen ein wachsender Dienstleistungsbereich durch die Hauptstadtfunktion Ost-Berlins und der Ausbau von Betrieben der Leicht- und Lebensmittelindustrie. In den 1970/80er Jahren nahm die Zahl der Industriebeschäftigten in Ost-Berlin sogar noch zu, was vornehmlich auf das 1976 beschlossene »Berlinprogramm« und den Ausbau von Konsumgüterindustrien zurückzuführen war. Die Kehrseite der Medaille bestand in der weiter abnehmenden Wettbewerbsfähigkeit bei der Herstellung von Verbrauchsgütern.

Unterschiedlich waren Ende der 1980er Jahre vor allem die Betriebsgrößen in West- und Ost-Berlin. In West-Berlin dominierten kleine und mittelständische Unternehmen mit weniger als 100 Beschäftigten. Nur ein Prozent aller Betriebe verfügte über mehr als 1.000 Beschäftigte. Auf diese Großbetriebe entfielen aber fast 40 Prozent aller Industriebeschäftigten. Die Ost-Berliner Industrie wurde hingegen von Großbetrieben, sogenannten Kombinaten, beherrscht. Einen Mittelstand gab es nicht. Trotz aller Unterschiede gab es aber auch erstaunliche Gemeinsamkeiten in der Wirtschaftsstruktur der beiden Stadthälften.[33] Nur noch jeweils ein Fünftel der Erwerbstätigen war 1989 im verarbeitenden Gewerbe tätig. Zwar dominierten noch immer die alten Leitbranchen, jedoch bedurften sie hoher staatlicher Subventionen, da ihr Innovationspotenzial nicht ausreichte, um auf den Märkten bestehen zu können.

Die Einheitseuphorie

Rund vier Jahrzehnte lang war Berlin die Stadt, in der es alles zweimal gab – zwei Bürgermeister, zwei Währungen, zwei Staatsbibliotheken, zwei politische Wahrheiten. Im Jahr 1987 gab es auch zwei 750-Jahr-Feiern, die mit großem Aufwand und in Konkurrenz zueinander organisiert wurden.[34] Nichts schien auf ein baldiges Ende der Teilung der Stadt und ein Ende der Teilung Europas hinzudeuten. Auch die Rede des amerikanischen Präsidenten Ronald Reagan, die er am 12. Juni 1987 auf West-Berliner Seite vor dem Brandenburger Tor hielt, wurde damals eher als ein Relikt des Kalten Krieges denn als eine wirkliche Option empfunden. Reagan forderte den sowjetischen Staats- und Parteichef Michail Gorbatschow auf, die Berliner Mauer niederzureißen: »Come here to this gate! Mr. Gorbachev, open this gate! Mr. Gorbachev, tear down this wall!« Die Redenschreiber des Präsidenten hatten nach einem starken Bild gesucht. So wie einst John F. Kennedy vor dem Schöneberger Rathaus den West-Berlinern die amerikanische Unterstützung zusicherte, gelang nun auch Reagan ein rhetorischer Coup, der sich freilich erst im Nachhinein als ein solcher erweisen sollte. Gut zwei Jahre später fiel die Mauer. Wieder einmal schauten »die Völker dieser Welt« auf Berlin. Nach Blockade

Knappe Mehrheit für Berlin
Es sind nunmehr fast zwölf Stunden einer leidenschaftlichen Debatte vergangen. Am Abend des 20. Juni 1991 erfolgte schließlich die entscheidende Abstimmung im provisorischen Plenarsaal des ehemaligen Bonner Wasserwerks. Am Ende sind 338 Abgeordnete – eine knappe Mehrheit – des Deutschen Bundestages dafür, Berlin zum Sitz von Parlament und Regierung zu machen. In der Folge haben diverse Gesetze und Beschlüsse diese Entscheidung gestützt und konkretisiert.
Andreas Hofert

Berlin hatte sich verändert
Das letzte Mal war ich im Sommer 1987 als Technischer Leiter der Deutschen Bundespost zur Vorbereitung der Weltkonferenz für Satellitentechnik 1988 in Berlin gewesen. Als Gastgeber einer Arbeitsgruppe europäischer Telekom-Verwaltungen hatten wir im Reichstag getagt; also direkt an dem Berlin trennenden Todesstreifen der Zonengrenze. Es war bereits Abend und dunkel, als ich in einer Tagungspause vor die Tür trat und hinter das Gebäude ging. Da stand ich direkt am Stacheldraht, und die zwei Posten der Nationalen Volksarmee auf einem Wachturm wurden auf mich aufmerksam. Ein Scheinwerfer ging an und blendete mich. Ein Gefühl von Kälte, Bedrohung und Feindseligkeit schlug mir entgegen. Ich spürte es am eigenen Leib. Die Deutschen dort drüben waren Feinde. Das war klar.
Im Februar 1990 war dies alles ganz anders. Jetzt war der Todesstreifen lebendig geworden. Ich fuhr mit dem Taxi vom Flughafen Tegel über eine provisorische Übergangsstelle in der Nähe des Brandenburger Tores, die notdürftig frisch über den Todesstreifen asphaltiert war. Viele Fahrzeuge, zu viele für die kleine Straße, nutzten diesen Übergang von West nach Ost. Es war ein reges Treiben. Nichts mehr zu spüren von Kälte und Bedrohung. Die Zeichen standen nun auf Begegnung.
Frank Uhland

und Luftbrücke 1948/49 und Mauerbau 1961 wurde am 9. November 1989 zum dritten Mal nach dem Zweiten Weltkrieg in Berlin Weltgeschichte geschrieben. Doch dieses Mal waren es nicht die Mächtigen, von denen die Ereignisse ausgingen, sondern es war die Bevölkerung der DDR, deren friedliche Proteste grundstürzende Veränderungen erzwangen.

Allein am ersten Wochenende nach der Maueröffnung kamen über zwei Mio. Menschen aus Ost-Berlin und der DDR nach West-Berlin.[35] Es war eine kurze Zeit der Euphorie, aber auch der Illusionen. Viele Berliner und mehr noch das Ausland erwarteten einen Einheitsboom und einen schnellen Wiederaufstieg Berlins zur Weltstadt. Tatsächlich erlebte die West-Berliner Wirtschaft einen Boom, der aber nur bis 1992 anhielt. Die neu hinzugekommenen Konsumenten steigerten die Güternachfrage, was West-Berliner Unternehmen Umsatzsteigerungen bescherte. Um den Einheitsboom bewältigen zu können, wurden bis Ende 1990 mehr als 10.000 neue Mitarbeiter eingestellt. Gut ausgebildete Fachkräfte aus Ost-Berlin und der DDR drängten auf den West-Berliner Arbeitsmarkt.

Als der Deutsche Bundestag am 20. Juni 1991 nach leidenschaftlichen Debatten den Hauptstadtbeschluss fasste, war der Jubel in Berlin groß. Der Bundestag verlegte seinen Sitz von Bonn nach Berlin. Im Jahr 1994 wurde das Berlin-Bonn-Gesetz beschlossen, das die Verlegung der wichtigsten Bundesministerien nach Berlin vorsah.[36] Von der Rückgewinnung der Hauptstadtfunktion, der Zuwanderung von Medienunternehmen und Finanzdienstleistern sowie dem Aufschwung des Tourismus erhoffte sich die Politik eine Katalysatorwirkung für die Berliner Wirtschaft. Zumindest die emporschnellenden Immobilienpreise schienen diese These zu bestätigen. All dies erweckte die Fiktion von einer rasch möglichen Rückkehr zur Normalität.

Das geeinte Deutschand tat sich jedoch mit seiner alten, neuen Hauptstadt schwer. Nicht wenige Bundesbürger hatten sich in den vergangenen Jahrzehnten an die Bonner Republik gewöhnt und Berlin nur noch als einen Empfänger von Subventionen wahrgenommen. Auch bei vielen Ostdeutschen war Berlin eher unbeliebt. Sie hatten sich oft genug über die Bevorzugung der »Hauptstadt der DDR« geärgert. Die Befindlichkeiten der Deutschen auf den Punkt brachte ein amerikanischer Journalist, der in Anspielung auf die Milliardensubventionen für West- und Ost-Berlin davon sprach, dass sich 1990 in Berlin »zwei sozialistische Stadthälften« vereinigt hätten. Berlin wurde zu einer »verzögerten Hauptstadt«.[37] Doch die Verzögerung der Hauptstadtverlegung hatte auch Vorteile: Die Ängste der Nachbarn schwanden.

Schwierige Umbauprozesse

Die meisten Prognosen über einen baldigen Wirtschaftsaufschwung erwiesen sich als viel zu optimistisch. Erst allmählich wurde auch einer größeren Öffentlichkeit bewusst, dass es kein Zurück zum Berlin der Vorkriegszeit mit Hunderttausenden von Industriearbeitsplätzen und den Zentralen der wichtigsten deutschen Unternehmen, Großbanken, Versicherungen und Medienkonzernen mehr geben konnte. Der Stadt stand ein mühevoller Umbau bevor.

Im Jahr des Mauerfalls zählte die Berliner Industrie noch rund 378.000 Erwerbstätige, fast 206.000 im Ostteil und rund 173.000 im Westteil. Von der Überbesetzung vieler Betriebe in Ost-Berlin einmal ganz abgesehen, erschwerten die strukturellen Probleme der Berliner Industrie den Neubeginn nach der Wiedervereinigung. Das Produktionsprogramm vieler Betriebe in West- wie Ost-Berlin war nicht mehr zeitgemäß und ohne staatliche Subventionen kaum wettbewerbsfähig.[38] Auch gab es eklatante Schwächen im Bereich von Forschung und Entwicklung. Bedingt durch die Jahre der Teilung fehlten leistungsfähige Zulieferer im Umland. Über einen eigenständigen Zugang zu internationalen Absatzmärkten verfügten nur wenige Berliner Unternehmen. Hinzu kam für die Ost-Berliner Betriebe nach der Währungsunion – ein irreführender Begriff, denn es ging im Juli 1990 um die Ausdehnung des Geltungsgebietes der D-Mark auf das Gebiet der ihrem Ende zusteuernden DDR – der weitgehende Zusammenbruch ihrer vornehmlich osteuropäischen Absatzgebiete. Das Anlagevermögen der meisten Betriebe des verarbeitenden Gewerbes in Ost-Berlin war veraltet. Auf den schnellen Übergang zur D-Mark war die Ost-Berliner Industrie, wie die Wirtschaft der DDR insgesamt, denkbar schlecht vorbereitet. Nach der Auflösung der Kombinate kam es zu einem rasanten Abbau von Industriearbeitsplätzen. Daneben waren auch alle anderen Bereiche vom Arbeitsplatzabbau betroffen.

Die Wirtschaftsförderung für West-Berlin wurde sehr schnell eingestellt. Im Jahr 1991 hatte die Bundeshilfe ihren Höchststand mit fast 14,5 Mrd. D-Mark erreicht.[39] Danach folgte ein rascher Abbau. Die letzte monatliche Rate wurde im Dezember 1994 überwiesen. Auch die Förderinstrumentarien jenseits der Bundeshilfe – dazu zählten u. a. Steuererleichterungen für westdeutsche Abnehmer von West-Berliner Industrie- und Dienstleistungsprodukten, Sonderabschreibungen und Investitionszulagen, Lohnzulagen (»Zitterprämie«) – wurden sehr schnell bis 1994 eingestellt. Durch den Wegfall der Bundeshilfe und der Berlinförderung wurde Berlin, wie es der Finanzexperte Hans Willi Weinzen ausdrückte, zum »Sparschwein der Einheit.«[40] Es gab in den 1990er Jahren keinen vergleichbaren Abbau von Subventionen im Bundeshaushalt.

Der zu rasche Subventionsabbau führte zu einem Suburbanisierungsprozess, d. h. einem Ausweichen vieler Unternehmen ins Umland. Während das verarbeitende Gewerbe in Berlin Arbeitsplätze verlor, entwickelte sich rund um die Hauptstadt ein Speckgürtel, der noch durch Strukturmittel der Europäischen Union gefördert wurde. In weniger als zehn Jahren schrumpfte die Zahl der in ganz Berlin im verarbeitenden Gewerbe Tätigen von knapp 380.000 auf weniger als 200.000.[41] In den West-Bezirken ging fast die Hälfte aller Arbeitsplätze im produzierenden Gewerbe verloren, in den Ost-Bezirken sogar drei Viertel. Besonders dramatisch verlief der Personalabbau in den einstigen Führungssektoren: Elektrotechnik, Maschinenbau, Chemie und Nahrungsmittelindustrie. Zwar wurde die Hauptstadt ab 1995 in den bundesstaatlichen Finanzausgleich einbezogen, jedoch erhielt Berlin nicht mehr wie in den 1980er Jahren rund die Hälfte seines Haushalts vom Bund, sondern nur noch etwa 20 Prozent. Die Politik wollte die daraus folgenden dramatischen Konsequenzen lange nicht wahrhaben. Daher fielen die Finanzplanungen des Landes Berlin Anfang der 1990er Jahre viel zu optimistisch aus. Eine Finanzkrise war die Folge. Erst 1996 begann ein mühevoller Konsolidierungsprozess. Die Volksabstimmung zur Fusion von Berlin und Brandenburg am 5. Mai 1996 fand demnach zu einer denkbar ungünstigen Zeit statt und scheiterte am Votum der Brandenburger Bevölkerung.

An der Schwelle zum 21. Jahrhundert entfielen auf das verarbeitende Gewerbe in Berlin nur noch gut zehn Prozent der Erwerbstätigen, gegenüber knapp 20 Prozent im Jahr 1991. Insgesamt wurde das verarbeitende Gewerbe der Stadt zehn Jahre nach der Wiedervereinigung von Kleinbetrieben geprägt. Im Jahr 2001 gab es nur noch 34 Industriebetriebe mit 500 oder mehr Beschäftigten.[42] Wirtschaftsforscher mussten daher konstatieren, dass die Industrie in Berlin ihre Basis weitgehend verloren hatte. Rund vier Jahrzehnte hatte das »Berliner Modell« in beiden Stadthälften nicht auf technologischer Wettbewerbsstärke basiert, sondern auf staatlicher Subventionierung und

Wettbewerbsschutz. Der Umbauprozess war mühsam und verlief langsamer als erhofft. Für einen Abgesang auf Berlin als »Phönix im Sand«[43] war es trotzdem zu früh.

Eine neue Gründerzeit?

Von Berlin zu allen Punkten der Erde – wir schaffen Verbindung. Telefonkarte aus dem Jahr 1991, Vorder- und Rückseite.

Seit 2005 erzielte die Berliner Wirtschaft erstmals nach dem Zweiten Weltkrieg etwas höhere Wachstumsraten als die übrige Bundesrepublik. Dies kann als Zeichen dafür gesehen werden, dass allmählich hauptstadtspezifische Standortfaktoren stärker zu wirken beginnen. Dazu gehören: Internationalität, die Nähe zur Politik, das vielfältige kulturelle Angebot, ein gut ausgebauter öffentlicher Personennahverkehr, Technologieparks und insgesamt 79 wissenschaftliche Einrichtungen. Der Berlin-Tourismus boomt wie nie zuvor und auch als Messe- und Kongressstadt ist Berlin gefragt. An der Schwelle zum 21. Jahrhundert kristallisierten sich mit der Umwelt- und Energietechnik, der Verkehrssystemtechnik und der Logistik neue Wachstumsbranchen heraus.[44] Neue Chancen ergaben sich aus der mit großem Aufwand betriebenen Modernisierung der Straßen- und Schienenverbindungen und der Kommunikationsnetze. Berlin verfügt mit einer Strecke von 200.000 km über das umfangreichste Glasfasernetz in ganz Europa.

Wie sehr sich die Wirtschaftsstruktur der Hauptstadt gewandelt hat, zeigt ein Blick auf die größten Arbeitgeber in Berlin.[45] Auf Platz eins steht die Deutsche Bahn AG mit rund 18.500 Mitarbeitern, gefolgt von der Vivantes Netzwerk für Gesundheit GmbH mit mehr als 14.000 Beschäftigten. Die Siemens AG folgt auf dem dritten Platz mit mehr als 13.000 und die Deutsche Telekom AG auf Platz sechs mit rund 7.600 Beschäftigten. Von der Öffentlichkeit zunächst kaum beachtet, etablierten sich in Berlin seit den späten 1990er Jahren zahlreiche kleine Internetunternehmen. Erst in den 2000er Jahren rückten diese Unternehmen mehr und mehr in den Fokus der Medien. Einige Jungunternehmer, wie Oliver Samwer (Rocket Internet) und Lukasz Gadowski (Team Europe), sind zu Stars der Szene aufgestiegen und international bekannt. Inzwischen wächst die digitale Wirtschaft in Berlin schneller als in jeder anderen deutschen Großstadt. Im Jahr 2012 wurden in Berlin 469 Internetunternehmen neu gegründet, in München 269 und in Hamburg 164.[46] Zur Internetbranche wurden in Berlin im Jahr 2012 5.353 Unternehmen mit insgesamt knapp 38.000 Beschäftigten gerechnet. Damit liegt Berlin, gemessen an der Zahl der Beschäftigten in Internetunternehmen, inzwischen knapp vor München und Hamburg. Günstig entwickelten sich auch die Umsätze dieser Unternehmen. Sie stiegen von rund 7,4 Mrd. Euro im Jahr 2009 auf fast neun Mrd. Euro im Jahr 2011. Für die Deutsche Telekom AG hat sich Berlin zum wichtigsten Innovationsstandort entwickelt. Inzwischen arbeiten knapp 500 Mitarbeiter aus fast 50 Ländern in den Telekom Innovation Laboratories (T-Labs). Aus diesen Kooperationen sind mittlerweile 25 Unternehmensgründungen hervorgegangen, die ebenfalls zur Etablierung der digitalen Wirtschaft in Berlin beigetragen haben.

Mehr zu den T-Labs:

Freilich sollte das Wachstum der Internetbranche in Berlin nicht überbewertet werden. Noch liegt die durchschnittliche Mitarbeiterzahl je Unternehmen gerade einmal bei sieben Personen. Viele Gründer werden wieder vom Markt verschwinden. Noch sind in Berlin die großen Exits – Unternehmensverkäufe die viele Mio. einspielen und der Branche zusätzlichen Auftrieb geben – rar. Auch gibt es erst ganz wenige Börsengänge. Trotzdem bleibt festzuhalten: Die deutsche Hauptstadt hat es im Jahr 2014 auf Platz 5 der digitalen Standorte in Europa gebracht. Damit sind die Voraussetzungen für eine neue Gründerzeit gegeben, über die dann eines Tages hoffentlich auch solche Legenden berichtet werden können, wie aus den Anfangszeiten des Telefonierens in Berlin.

Norbert Frenzel
Lothar Kipf
Klaus Werner

»In Berlin war alles anders« – Die Infrastruktur-Ausgangslage in Berlin

Zum Zeitpunkt des Mauerfalls existierten zwei komplett getrennte Fernmeldenetze in Berlin. Dieser Zustand war auf einem der Höhepunkte des Kalten Krieges entstanden, als am 27. Mai 1952 alle Verbindungen zwischen Ost- und West-Berlin auf Befehl der sowjetischen Besatzung hin gekappt worden waren. Zwischen diesen beiden Ortsnetzen konnte man lediglich über handvermittelten Auslandsverkehr miteinander kommunizieren, was zu langen Wartezeiten im innerstädtischen Fernsprechverkehr führte.[47]

Am 9. November 1989 war der Westteil Berlins mit einem Versorgungsgrad von 50 Prozent relativ gut mit Kommunikationsmitteln versorgt. Er diente der Deutschen Bundespost Telekom sogar als Erprobungsfeld für neue Dienste, z. B. für den Bildschirmtext (Btx). Im Ostteil hingegen – der Versorgungsgrad lag hier bei 30 Prozent – waren nur die Spezialnetze, wie z. B. das der NVA oder der Stasi auf dem Stand der Technik; das öffentliche Fernsprechnetz hingegen war technisch rückständig. Zwischen West-Berlin und der BRD bestanden ca. 10.000 Leitungen, zwischen BRD und West-Berlin ca. 15.000 Leitungen. Zwischen Ost-Berlin und West-Berlin waren 72 Leitungen und in der Gegenrichtung ca. 400 Leitungen geschaltet. Grund für die deutlich geringere Zahl an Leitungen von Ost nach West war das Bestreben der DDR-Führung, die Westkontakte nach Möglichkeit einzuschränken. Bereits im Dezember 1989 wurden Überlegungen zur künftigen Entwicklung der Telekommunikation für ganz Berlin vom Referat Vermittlungstechnik/Netze der Direktion Berlin angestellt. Zuerst standen naturgemäß die Technik und die Verbindungen zwischen Ost und West im Vordergrund, Überlegungen zur Organisation und Personalzusammenführung folgten dann später.

Ausgehend von dem bei der Deutschen Bundespost Telekom bekannten Netzzustand für den Bereich West-Berlin und dem bekannten Verbindungsstatus »National-International« mit der Deutschen Post der DDR lag der Fokus auf der Analyse des Netzzustandes für Ost-Berlin. Direkte Informationen waren jedoch von der Deutschen Post zu diesem Zeitpunkt noch nicht zu erhalten. Deshalb wurden von externen Quellen Informationen über das Netz der DDR kurzfristig beschafft und ausgewertet. Hierbei kam man zu dem Schluss, dass

Linke Seite: Bewohner aus West- und Ost-Berlin stehen auf der Mauerkrone am Brandenburger Tor, 10. November 1989.

Kennzeichenverfahren Deutsche Bundespost und Deutsche Post

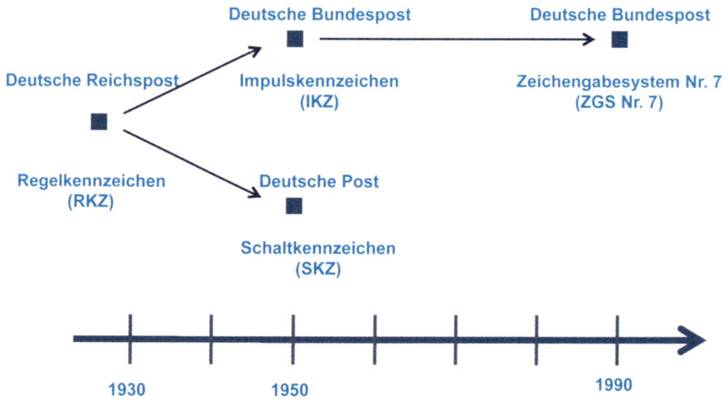

Entwicklung der Kennzeichenverfahren der Deutschen Bundespost und der Deutschen Post der DDR.

das Hauptproblem das nicht kompatible Kennzeichenverfahren (Sprache der Vermittlungssysteme untereinander) war, obwohl die bestehenden Kennzeichenverfahren den gemeinsamen Ursprung in der Deutschen Reichspost hatten.

Aus den Regelkennzeichen waren 1950 im Bereich der Deutschen Bundespost die Impulskennzeichen entwickelt worden. Die wichtigsten Änderungen waren hier die Einführung des Wahlendezeichens und die Durchwahlkennzeichen für Nebenstellenanlagen. Im Bereich der Deutschen Post ging man in diesem Zeitraum auf Schaltkennzeichen über, sodass sich die beiden Systeme hier auseinanderentwickelt hatten.

Damit war klar, dass lediglich auf der Ebene der Impulskennzeichen eine kurzfristige und schnelle Verknüpfung beider Netze möglich sein würde. Die Situation des Post- und Fernmeldewesens war in der geteilten Stadt hinsichtlich der Zuständigkeiten und der Organisation recht schwierig. Im Westteil Berlins wurde das Post- und Fernmeldewesen von der Landespostdirektion geleitet. Obwohl diese formal eine eigenständige Postverwaltung bildete, wurde sie de facto wie eine Oberpostdirektion der Deutschen Bundespost geleitet: Der Präsident hatte fünf Vorgesetzte (drei alliierte Kommandanten, den Bundessenator und den Bundespostminister). Aus Sicht Ost-Berlins aber war die Landespostdirektion die oberste Dienstbehörde der eigenständigen politischen Einheit West-Berlin. In Ost-Berlin gab es die Bezirksdirektion Berlin, die entgegen den Besatzungsbestimmungen als mittlere Lenkungsstufe direkt dem Ministerium für Post- und Telekommunikation der DDR zugeordnet war. Dies führte dazu, dass zwar auf Arbeitsebene vernünftig zusammengearbeitet wurde, auf

Deutsche Bundespost	**Deutsche Post der DDR**
Landespostdirektion Berlin	1 Bezirksdirektion
Fernmeldeämter 1 bis 5	1 Fernsprechamt
Fernmeldezeugamt	Zentralamt für Materialwirtschaft, aufgelöst: 30.9.1991
Postmuseum	Postmuseum
	1 Fernamt
	1 Funkdirektion
	Zentraler Fernmeldebaubetrieb, aufgelöst: 30.9.1991
	Zentrum für Fernmeldebetrieb, aufgelöst: 31.10.1991
	Zentralamt für Funkdienste, aufgelöst: 31.12.1991
	Organisations- und Rechenzentrum, aufgelöst: 31.8.1992

Tabelle 1: Organisationseinheiten in Berlin vor der Fusion bis zum 30. August 1990.

Direktionsebene aber keinerlei Kontakt bestand. Das änderte sich erst nach dem Fall der Mauer: Auf allen Ebenen wurden neue Beziehungen geknüpft, um gemeinsam die nun um ein Vielfaches gestiegene Nachfrage zu bewältigen.

Um das Beitrittsgebiet so schnell wie möglich auch organisatorisch auf einen den alten Bundesländern vergleichbaren Stand zu bringen, schien es unabdingbar, die bestehenden Strukturen schnellstmöglich aufzugeben und sie durch die damals bewährte westdeutsche Organisationsform zu ersetzen. Aus diesem Grund organisierte sich die Bezirksdirektion Berlin zwischenzeitlich nach dem Vorbild der Landespostdirektion Berlin in die Bereiche Post- und Fernmeldewesen um. Im Rahmen der Fusion wurde die damalige Landespostdirektion Berlin von der Generaldirektion Telekom beauftragt, zum 1. Februar 1991 aus den Dienststellen der Deutschen Post und den Dienststellen der Deutschen Bundespost Telekom eine neue gemeinsame Organisation nach den Richtlinien der Deutschen Bundespost Telekom aufzubauen. Auf Direktionsebene fusionierte die Landespostdirektion Berlin mit der Bezirksdirektion Berlin der Deutschen Post zur Oberpostdirektion Berlin. Gleichzeitig wurden die im Ostteil der Stadt bestehenden Ämter des Fernmeldewesens – das Fernamt und das Funkamt – aufgelöst. Die Aufgaben und das Personal wurden am 1. Februar 1991 von den bestehenden Ämtern des Fernmeldewesens – den Fernmeldeämtern 1 bis 6 und dem Fernmeldezeugamt sowie der Oberpostdirektion Berlin – übernommen. Auf der Ämterebene wurde das neue Fernmeldeamt 6 für die Bezirke Lichtenberg, Marzahn und Hellersdorf gegründet. Die Bezirke Pankow, Weißensee und Hohenschönhausen wurden dem Fernmeldeamt 5, die Bezirke Mitte, Prenzlauer Berg und Friedrichshain dem Fernmeldeamt 2 und die Bezirke Treptow und Köpenick dem Fernmeldeamt 4 jeweils als Territorialbereiche angegliedert.

Ein reines »Ostamt«

Das Fernmeldeamt 6 Berlin fand 1991 seinen Standort in Berlin-Karlshorst und verantwortete die fernmeldetechnische Versorgung der Stadtbezirke Berlin-Lichtenberg, -Marzahn, -Hellersdorf und -Hohenschönhausen und war im Gegensatz zu den übrigen Fernmeldeämtern ein reines »Ostamt«, einschließlich seiner Mitarbeiterinnen und Mitarbeiter.
Bärbel Panthen

Die ehemalige Funkerschule in Königs Wusterhausen
Nach einem Jahr Pause vom »Aufbau Ost«, in der ich in Bonn als Geschäftsgebietsleiter für Marketing Telefonnetzkommunikation tätig gewesen war, kehrte ich in den Osten zurück, und zwar als Privatkundenniederlassungsleiter in Berlin-Tegel. Der »Aufbau Ost« war in Berlin bis auf den Abschluss der Netzdigitalisierung zum größten Teil abgeschlossen. In den Jahren 1997 bis 2000 galt es, sich auf die Öffnung des Telekommunikationsmarktes und den Regierungsumzug vorzubereiten. Kundenorientierung, Umsatzsteigerung und Kostensenkungsmaßnahmen lauteten nun die Ziele. Kurz nach meiner Ankunft in Berlin stellte ich fest, dass die ehemalige Funkerschule der Deutschen Post in Königs Wusterhausen, an der viele aus dem Osten stammende Telekom-Mitarbeiterinnen und -Mitarbeiter ausgebildet worden waren, geschlossen war. Eine Schande, denn das Gebäude war nach der Wende mit hohen finanziellen Aufwendungen zu einer modernen Fortbildungsstätte ausgebaut worden. Berlin verfügte zur damaligen Zeit nur über eingeschränkte Fortbildungs- und Tagungsmöglichkeiten. Zum Glück gelang es mir, Erhard Meinel und Friedrich Weiser von der Führungskräfteakademie zu überzeugen, die Funkerschule kurzfristig wieder zu eröffnen. Sie dient heute noch als Bildungszentrum.
Hermann Josef Becker

Neben den örtlichen Institutionen und der Bezirksdirektion bestanden im Ostteil der Stadt zwölf verschiedene Mittelbehörden, die bereits vor der Fusion auf die folgenden sechs Organisationseinheiten reduziert worden waren: Zentraler Fernmeldebaubetrieb, Zentralamt für Materialwirtschaft, Zentrum für Fernmeldebetrieb, Zentrum für Funkdienste, Organisations- und Rechenzentrum, Postmuseum. Diese verbliebenen zentralen Mittelbehörden wurden bis Ende 1991 aufgelöst. Das Organisations- und Rechenzentrum (Ost) wurde zum 1. Januar 1992 in ein neu gebildetes Entwicklungszentrum überführt.

Diese Umorganisation des Fernmeldewesens stellte die Weichen für das Berliner Aufbauprogramm. Es musste schnell und effektiv entschieden und gehandelt werden. Die neue Niederlassungsstruktur sollte den zügigen Ausbau der Kabelnetze und der Vermittlungstechnik fördern und damit auch in absehbarer Zeit den Kunden zugutekommen, die im Ostteil der Stadt teilweise schon 20 Jahre auf ihren Telefonanschluss warteten. Die Umorganisation war naturgemäß mit Problemen verbunden. Die Umstrukturierung der Oberpostdirektion Berlin sowie die der Ämterebene musste dabei in ungewöhnlich kurzer Zeit durchgeführt werden. Im ersten Schritt mussten die Probleme der räumlichen Unterbringung, Ausstattung der Arbeitsplätze sowie Fragen der Aus- und Fortbildung gelöst werden.

Die Zusammenführung des Personals in Ost- und West-Berlin

Das Problem der Personalzusammenführung war komplex; es war abhängig von vielen Vorgaben, Regelungen, Verträgen und den zwischenmenschlichen Aspekten. Grundlage für die Übernahme des Personals der Deutschen Post der DDR bildeten die Regelungen des Einheitsvertrages zwischen der Bundesrepublik und der DDR und die Absprachen auf höchster politischer Ebene. In der Praxis war die Umsetzung dieser Vorgaben allerdings nicht immer einfach. Hinzu kam, dass sich die Deutsche Bundespost Telekom in den alten Bundesländern, bedingt durch das Gesetz zur Neustrukturierung des Post- und Fernmeldewesens – Poststrukturgesetz I –, das am 1. Juli 1989 in Kraft getreten war, selbst in einer Phase des Umbruchs befand.[48]

Die Übernahme des Personals der Deutschen Post durch die Deutsche Bundespost Telekom stellte für alle Beteiligten eine riesige Herausforderung mit großer Verantwortung für das anvertraute Personal dar, und zwar in Ost und West. Bei der Personalübernahme war neben der formalen Seite der Übernahme und dem Wunsch, sowohl dem Unternehmen als auch den Mitarbeitern gerecht zu werden, vor allem die menschliche Seite zu berücksichtigen. Hierbei galt es, Ängste zu vermeiden, den richtigen Ton zu finden, die Integration voranzutreiben, die Grenzen aufzuzeigen, Mitarbeiter wertzuschätzen und in Ost und West gleich zu behandeln.

Der letzte Punkt war sicher der wichtigste und zugleich der schwierigste. Vorrangige Aufgabe der mit der Personalzusammenführung betrauten Funktionsträger war, dass die Integration der Mitarbeiter reibungslos und ohne Vorurteile vor sich ging. Es durfte nicht das Gefühl aufkommen, dass es sich auf der einen Seite um »Wessis« und auf der anderen Seite um »Ossis« handelte. Es sollte stattdessen nur Mitarbeiter der Telekom geben. »Grau ist jedoch alle Theorie!« In der täglichen Praxis sah es dann teilweise etwas anders aus. Dies lag einerseits am Verhalten einzelner Mitarbeiter aus Ost und West, war aber auch in der Tatsache begründet, dass hier zwei Lebensarten aufeinandertrafen, die sich in 40 Jahren nicht unterschiedlicher hätten entwickeln können. Hinzu kam z. B. die unterschiedliche Bezahlung gleicher Arbeitsleistungen. Solche Regelungen waren damals durchaus geeignet, den sozialen Frieden nachhaltig zu stören und Unsicherheit bei den Mitarbeitern zu verbreiten.

Personalstand des Bezirks Berlin am 1. November 1991:

Im Rahmen der Umstrukturierung waren faktisch alle Mitarbeiter der ehemaligen Ost-Berliner Fernmeldeämter – und das waren immerhin etwa 4.500 Menschen – übernommen worden. Dazu kamen die zuvor in den zentralen Mittelbehörden Beschäftigten (ca. 1.600). Damit waren im Bereich der Oberpostdirektion Berlin etwa 13.000 Mitarbeiter beschäftigt. Diese aus tarifpolitischen Gründen erforderliche komplexe Konstruktion der Personalvertretungen und Zuständigkeiten – das Fernmeldeamt 6 war für alle Personalentscheidungen verantwortlich – erwies sich in der Praxis als unbefriedigend. Eine solche Regelung gab es übrigens nur in Berlin. Keine andere Direktion war so stark mit den Integrationsproblemen an der Nahtstelle Ost/West betroffen wie die Oberpostdirektion Berlin. Insofern hatten die Berliner auch mit erheblichen Problemen zu kämpfen, waren doch die von der Generaldirektion Telekom getroffenen Entscheidungen und Regelungen in vielen Fällen fast ausschließlich auf die klar abgegrenzten Problemfelder der Direktionen in den neuen Bundesländern zugeschnitten und berücksichtigten die besondere Lage in Berlin kaum.

In Berlin war überdies eine einmalige Personalsituation eingetreten. Denn nur hier hatte die Personalvermischung zwischen den alten und neuen Bundesländern in erheblichem Umfang stattgefunden. Durch einen aus Mitgliedern verschiedener Bereiche (Ost und West) gebildeten und von der Direktion eingesetzten Arbeitskreis wurde seinerzeit versucht, die Ursachen der Integrationsprobleme ausfindig zu machen und Problemlösungen zu finden. Dabei wurde festgestellt, dass die Gründe für diese Schwierigkeiten sowohl im psychologischen Bereich lagen – z. B. Vorurteile auf beiden Seiten, Erfahrun-

Arbeiten in Ost- und West-Berlin
Für die Berliner, insbesondere die aus dem Ostteil der Stadt, wirkte es so, als kämen plötzlich alle Führungskräfte aus dem Westen und ihre eigene Qualifikation wäre nichts mehr wert. Hinzu kam der Neid untereinander. Einige der neuen Kolleginnen und Kollegen verstanden es, sich schneller und besser zu positionieren, was natürlich zu den ersten Diskussionen zu Stasi-Zugehörigkeiten führte und Misstrauen säte. Für die Kollegen, die aus der ehemaligen DDR kamen, war es wichtig, einen Einsatzort im Westen zu bekommen, um ein Westgehalt zu erhalten und man achtete sehr darauf, seinen Einsatzort im Westteil der Stadt nicht zu verlieren. Es dauerte doch einige Jahre des Zusammenwachsens, in denen uns auch einige Kolleginnen und Kollegen aufgrund ihrer Vergangenheit wieder verließen.
Manon Delloch

gen in unterschiedlichen Gesellschaftssystemen, teilweise erheblich voneinander abweichende Lebens- und Arbeitsweisen/Mentalitäten – als auch in der unterschiedlichen Behandlung der Mitarbeiter aus Ost und West durch das Unternehmen, insbesondere in Bezug auf die Löhne und Gehälter. Aufgrund der einmaligen Situation gab es keinerlei Erfahrungen und Regelungen zur Lösung der entstandenen Probleme; die Betroffenen mussten daher ständig nach neuen Wegen suchen.

Zur Überführung der Zentralen Mittelbehörden Ost wurde seinerzeit eine Projektgruppe gegründet, die in Zusammenarbeit mit der Direktion Berlin und den Personalstellen der Niederlassungen die schwierige Aufgabe der Zuordnung des Personals ausgezeichnet gelöst hat. Diese Projektgruppe stand letztendlich für die größte Personalumsetzung des Unternehmens, welche die Deutsche Bundespost Telekom in weniger als neun Monaten durchführte. Wichtig dabei war, dass die Mitarbeiter ihren neuen Aufgaben mehrheitlich qualifikationsgerecht auf zum Teil neu geschaffenen Arbeitsplätzen zugeordnet werden konnten. Sie haben in der Regel nicht ihren bisherigen, jedoch einen zumutbaren ähnlichen Arbeitsplatz erhalten. Die Arbeit dieser Gruppe hat erheblich dazu beigetragen, den Mitarbeitern in der schwierigen Zeit der Umstrukturierung neue Zuversicht zu vermitteln und den Integrationsprozess zu fördern.

Besonders prekär war die Frage der Führungskräfte. Bedingt durch Fluktuation, durch Abgänge und Verrentungen mussten fast alle Abteilungsleiterpositionen neu besetzt werden. Ferner waren durch die Fusion eine Vielzahl neuer Abteilungen und damit neuer Positionen gebildet worden. Zusätzlich musste noch eine Reihe von Mitarbeitern des höheren Dienstes gegen den erbitterten Widerstand der Direktionsleitung in die neuen Bundesländer, zur Generaldirektion, zur Stabsstelle »Aufbau Ost« und zum Bundespostministerium abgegeben werden. Natürlich war die Geschäftsleitung der Direktion bemüht, Führungskräfte der ehemaligen Deutschen Post zur Neubesetzung zu gewinnen. Da aber die Überprüfung der «Gauck-Behörde« auf demokratische Zuverlässigkeit erst nach und nach durchgeführt werden konnte, mussten dann auch einige der eben eingearbeiteten Mitarbeiter wieder abgelöst werden.

Kritisch war die Eingruppierung der übernommenen Mitarbeiter der Deutschen Post der DDR in die bestehende West-Vergütungsgruppe mit nur 60 Prozent der West-Vergütung und einer wöchentlichen Arbeitszeit von 42 Stunden im Verhältnis zu 38,5 Wochenstunden im Westen. Diese tariflich vereinbarte Regelung rief insbesondere in Berlin Unverständnis hervor. Denn nur in Berlin fand eine direkte Personalvermischung zwischen Ost und West statt, mit der Folge, dass Ost- und West-Mitarbeiter gemeinsam an einem Thema arbeiteten, gleichermaßen für die Arbeitsergebnisse verantwortlich waren, aber unterschiedlich bezahlt wurden. Dieser mehr als unbefriedigende Zustand wurde erst später durch neue Tarifverträge ab dem 1. März 1993 bereinigt.

Eine Vielzahl weiterer tariflicher Regelungen erschwerte zusätzlich die Zusammenführung in Berlin. So gab es nicht nur die Unterschiede zwischen Ost- und West-Mitarbeitern, sondern darüber hinaus auch noch Unterschiede innerhalb der Ost-Mitarbeiter. Diese wurden nämlich aus tarifpolitischen Gründen gemeinsam beim Fernmeldeamt 6 Berlin geführt; auch die im Westteil der Stadt Tätigen. Die im Westteil der Stadt tätigen Ost-Mitarbeiter erhielten jedoch nach dem Berlin-Förderungsgesetz eine Berlin-Zulage und zusätzlich eine persönliche Ausgleichszulage, die im Ostteil der Stadt tätigen Mitarbeiter jedoch nicht. Damit waren die Arbeitsplätze im Westteil der Stadt sehr begehrt. Es dauerte eine Weile, bis auch dieser unhaltbare Zustand beendet wurde: Das Tarifniveau Ost-West betrug noch im Oktober 1996 88 Prozent. Mit einer stufenweisen Anhebung erreichte es im Oktober 1999 schließlich das Westniveau.

Ein besonders heikles Thema, das seit der Fusion mit der Bezirksdirektion Berlin ständig präsent war und regelmäßig für erheblichen Zündstoff sorgte, war die ehemalige Mitgliedschaft zahlreicher Ost-Mitarbeiter beim Ministerium für Staatssicherheit. Es war immer wieder eine große menschliche Enttäuschung, über einzelne Mitarbeiter plötzlich den Bescheid der »Gauck-Behörde« zu erhalten. Vielfach waren es Leistungsträger, die das Unternehmen Hals über Kopf verlassen mussten. Die Stasi-Unterlagen der »Gauck-Behörde« zeigten immer wieder, welche persönlichen Tragödien sich aufgrund der gefertigten Berichte abzeichneten und mit welcher Akribie und gleichzeitig Abscheulichkeit Berichte über die Auszuspähenden angefertigt worden waren. In Berlin wurde in fast allen dieser Fälle eine fristlose Kündigung – und das betraf immerhin mehrere hundert Mitarbeiter – ausgesprochen. Denn zum einen war ein Vertrauensverhältnis mit solchen Mitarbeitern nicht aufzubauen und sie stellten überdies auch keine geeigneten Repräsentanten für einen demokratischen Neuaufbau dar. Auch sollten auf diese Weise die anderen Mitarbeiter geschützt werden.

Dieses äußerst unschöne Thema hat das Unternehmen lange und nachhaltig beschäftigt. Die klare und feste Haltung der Verantwortlichen kam aber schließlich dem Integrationsprozess zwischen West und Ost zugute.

Ein einziger weißer Fleck
In den DDR-Stadtplänen vor 1989, »Berlin, Hauptstadt der DDR«, war das Gebiet zwischen Bahnhofs-, Gensler-, Freienwalder- und Lichtenauer Straße im Ortsteil Hohenschönhausen ein einziger weißer Fleck. Auf diesem militärischen Sperrgebiet lagen die Haftanstalt des Ministeriums für Staatssicherheit (Stasi-Knast) sowie weitere Einrichtungen, wie etwa das Archiv, die Druckerei, ein Krankenhaus, Forschungs- sowie die zentrale Ermittlungsabteilung. Insgesamt arbeiteten 2.500 hauptamtliche Mitarbeiter der Staatssicherheit in diesen Einrichtungen, die naturgemäß über eine besondere Infrastruktur – im Gegensatz zur DDR-Bevölkerung – fernmeldetechnisch voll versorgt waren. Nach dem Fall der Mauer hatten sich in kürzester Zeit auf dem Gebiet Gätnerstraße/Große-Leege-Straße/Ferdinand-Schultze-Straße viele neue Unternehmen angesiedelt. Das waren insbesondere Autovertretungen und diverse Kleinbetriebe. Die fernmeldetechnische Versorgung wurde von zwei Teilvermittlungen gewährleistet, die in Summe etwa 1.500 belegte Rufnummern hatten und jeweils mit unter 50 Doppeladern an das öffentliche Telefonnetz angeschlossen waren. Im Rahmen der Veränderungen musste dieses System in normale Anschlüsse gewandelt werden, da keine der Rufnummern einen Zähler hatte und die Kosten durch einen monatlichen Pauschalbetrag abgegolten wurden. Diese Aufgabe wurde nun kurzfristig mir übertragen. Der große Vorteil war damals, dass das Einheitsfernmeldeamt, dessen Struktur fast ohne Änderungen in die Telekom-Niederlassung 5 Berlin übergegangen war, noch auf alles (Baubezirk, Service und Anmeldedienst/Vertrieb) Zugriff hatte. Durch meine Kontakte zum Service bekam ich sofort Unterstützung bei der Erfassung des Beschaltungsbestandes. Es dauerte aber doch etwa vier Monate, bis wirklich alle Nutzer erfasst waren und eine Lösung zur Umschaltung erarbeitet war. Die gegründete Arbeitsgruppe war nicht glücklich, dass ich nahezu die komplette Organisation der Umschaltung vorgab.
In diesem Vierteljahr lernte ich viele Geschäftsführer der im Gebiet angesiedelten Unternehmen kennen. Schließlich ging es ja nun auch um den Verkauf von Telekommunikationsanlagen. Besonders dankbar war ich dem damaligen Technischen Direktor der Wohnungsbaugesellschaft Hohenschönhausen. Durch ihn bekam ich den Hinweis, dass das ehemalige Bauunternehmen der Stasi nun Olympiabau hieß. Ganz freundlich bat ich in deren Plankammer um die Zeichnungen der Straßenlagen mit den Kabelkanälen und Schächten. Gegen Zahlung eines Betrages von unter 40 D-Mark (Kopiergebühren) bekam ich alle Messblätter. Die Pläne hatten alle unterschiedliche Maßstäbe, wohl ein Markenzeichen der Stasi. Vier Tage später gab es angeblich einen Brand in der Plankammer; man konnte nun nichts mehr bekommen. Die Verantwortliche der Plankammer unserer Niederlassung nannte mir einen fünfstelligen Betrag, den wir gegenüber der manuellen Bestandsfeststellung der unterirdischen Kabelanlagen eingespart hatten.
Die Hauptarbeit beim Schreiben der ca. 1.500 Aufträge leistete eine fleißige Auszubildende nach meinen Angaben. Alle beteiligten Kollegen schafften die Umschaltung auf Regelrufnummern des Ortsnetzes Berlin an einem Tag. Ich bin damals gar nicht richtig dazu gekommen, allen beteiligten Kollegen zu danken. Fast im Zweijahresrhythmus wurde der Vertrieb umorganisiert.
Bernd Weimann

Mehr Informationen zum Stasi-Gefängnis:

Norbert Frenzel
Günter Herrnleben
Adolf Jagob
Jürgen Lolischkies
Klaus Werner

Schnelle Hilfe – Erste Anschlüsse in Berlin

Verknüpfung der beiden Netze

Wie schon ausgeführt, war es lediglich auf der Ebene der Impulskennzeichen – mit einer entsprechenden Modifikation der vorhandenen Kennzeichenumsetzer (alt) – möglich, die beiden Ortsnetze Ost-Berlin und West-Berlin zu verbinden. In direkter Zusammenarbeit mit dem Fernmeldetechnischen Zentralamt in Darmstadt wurde in Berlin die Pilotfunktion übernommen und eine sofortige Entwicklung der technischen Anpassungsmaßnahmen – unter Einbindung aller Unternehmen der deutschen Fernmeldeindustrie – eingeleitet. Dies geschah, noch bevor im politischen Raum Ergebnisse zwischen West und Ost zustande kamen bzw. die Wiedervereinigung in Sichtweite war. Bereits im März 1990 konnte daher mit der Erprobung der neuen Kennzeichenumsetzer zwischen West-Berlin und Ost-Berlin begonnen werden. Im Mai 1990 war diese Phase abgeschlossen und somit der Grundstein für die schnelle Verknüpfung und Vereinheitlichung beider Netze gelegt worden.

Ohne diese Entwicklung hätte jeder Vermittlungsstellenstandort in der DDR jährlich individuell programmiert und betreut werden müssen. Das wäre weder für die Lieferanten der Vermittlungstech-

Sonderkartendoppel zur Telecard 94. Beide Hälften gehören zusammen. Wie die Stadt. Telefonkarten aus dem Jahr 1994, Vorder- und Rückseiten.

Abbau der alten analogen Vermittlungstechnik im Fernamt Berlin-Ost, 1991.

nik noch für die Deutsche Post der DDR personell und betriebswirtschaftlich möglich gewesen. Zudem hätte die bedarfsdeckende Erneuerung des Netzes in der DDR wohl mehr als 15 Jahre gedauert.

Erhöhung der Leitungszahlen

Unmittelbar nach dem Fall der Mauer versuchten die Telekommunikationsunternehmen beider Staaten, so schnell wie möglich eine Verbesserung der Kommunikationssituation zwischen den beiden Teilen Berlins zu bewerkstelligen. In erster Linie sollte die Zahl der Wählleitungen vergrößert werden. Zunächst wurden aber Provisorien installiert. So wurden an allen ehemaligen Grenzübergängen Telefonzellen aufgebaut oder man durfte von den grenznahen Postämtern kostenlos Gespräche im Selbstwählferndienst führen. Die eigentliche Leitungsvermehrung blieb längerfristig jedoch der einzig gangbare Weg für eine dauerhafte Verbesserung der deutsch-deutschen Telekommunikationssituation, der von beiden Seiten gemeinsam beschritten wurde. Im Herbst 1991 verfügte Berlin über 622 Ost-West-Leitungen und 1.800 West-Ost-Leitungen.

Nur die Ortsnetzvereinigung im Festnetz nach Standards der Deutschen Bundespost Telekom und ohne innerstädtische Vorwahlnummer (zunächst 0372, dann 9) konnte die Leitungsfrage endgültig und dauerhaft lösen. Diese Vereinigung der beiden Ortsnetze wurde am 27. Juni 1992 mit einem Festakt auf dem Alexanderplatz vollzogen. Damit waren gleichzeitig die Voraussetzungen für die Ansiedlung von Wirtschaftsunternehmen und den geplanten Umzug von Regierung und anderen Verfassungsorganen nach Berlin geschaffen.

Weitere Meilensteine, wie die Einführung des Zeittaktes und des Nahverkehrs, wurden erfolgreich umgesetzt. Der Zeittakt stieß bei vielen Berlinern auf Widerstand, die Dauergespräche mit den Enkeln innerhalb Berlins zu einer Gebühreneinheit dem verbilligten Gespräch nach Potsdam vorgezogen hätten.

»Die Rückstände müssen weg«
So lautete der Tenor für den Start unseres Opti-Teams für ein Berliner Fernmeldeamt, das sowohl seine West-Kunden nicht mehr kundenorientiert betreuen konnte, als auch mit dem Ausbau in den östlichen Stadtteilen zu kämpfen hatte. Kurzerhand gewann Teamleiter Bernd Jäger 53 Mitarbeiter seiner Dürener Heimatniederlassung dafür, in Samstagsschichten 5.000 Berliner Kundenaufträge abzuarbeiten. So wurden die Arbeitsrückstände auf die Menge von fünf Arbeitstagen halbiert und Kundenbeschwerden reduziert. Die Berliner Mitarbeiterinnen und Mitarbeiter kamen etwas aus der Tretmühle heraus und waren besser in der Lage, sich anderen notwendigen Themen zu widmen.
Thomas Dämmrich

Transfer von Anschlüssen von West-Berlin nach Ost-Berlin

Ein Teil der seitens der Telekom für West-Berlin bis 1990 geplanten analogen Standardanschlüsse wurde kurzerhand nach Ost-Berlin umgeplant. Bis zum 31. Dezember 1992 konnten auf diese Weise insgesamt 10.710 Beschaltungseinheiten (Standardanschlüsse) und 25 Basisanschlusskonzentratoren (digitale Universalanschlüsse ISDN mit jeweils zwei Beschaltungseinheiten) mit insgesamt 8.402 Beschaltungseinheiten (4.201 Basisanschlüsse) in Betrieb genommen werden. Hierbei kam es zu dem bemerkenswerten Umstand, dass z. B. in einem Anschlussbereich in Ost-Berlin insgesamt zwei Fernmeldeämter aus drei verschiedenen Vermittlungsstellen mit fünf verschiedenen Rufnummerngruppen eine entsprechende Versorgung bereitstellten. Allein die organisatorischen Probleme beim Aufbau dieser Technik und insbesondere beim nachfolgenden Service für die Kunden waren für die Telekom in Berlin immens.

Das ISDN-Netz (Integrated Service Digital Network) war 1990 bundesweit erst im Aufbau, sodass Technik aus dem Netz vorzeitig verfügbar gemacht werden musste, da auch die Lieferanten über keine technischen Reserven für Neulieferungen verfügten. Im Rahmen der übertragungstechnischen Kapazitäten (Glasfaser und Übertragungstechnik) konnten darüber hinaus deshalb zunächst nur 55 Primärmultiplexanschlüsse in Ost-Berlin bereitgestellt werden. Erst 1991 konnte mit der weiteren Bereitstellung von ISDN-Anschlüssen im Osten Berlins fortgefahren werden, weil bis zu diesem Zeitpunkt noch die CoCom-Liste (sie galt noch bis 1994) den Einsatz verhinderte. Damit wurden in den Jahren 1991/92 zunächst 1.024 Basisanschlüsse aus dem Ortsnetz West-Berlin als Netzressource in Ost-

Kurz(fristig)e Leitungen
Ende 1989 wurde ich das erste Mal in den Vertriebsbereich des damaligen Fernsprechamtes 2 Berlin eingeladen. Meine Tätigkeit im Fernsprechamt Berlin (DDR) war unter anderem mit dem temporären Aufbau von Pressezentren verbunden. Die ersten freien Wahlen in der DDR waren in Sichtweite und es begann ein reger Austausch, wie die auf uns zukommenden Ereignisse technisch bewältigt werden konnten. Ich wurde sofort in die Frage einbezogen, welche Vermittlungsstellen in »Grenzlage« noch kabelseitige Aufnahmemöglichkeiten hatten. Kurzfristig schaffte es ein Team des Fernsprechamtes und der Oberpostdirektion Berlin, an mehrere Vermittlungsstellen im Ostteil der Stadt Kabel mit beschaltungsfähigen Rufnummern »West« anzubringen. Das war für Korrespondenten, Politik und Wirtschaft ein wichtiger Standortvorteil.
Im Laufe des Frühjahrs 1990 wurden also intensiv »Westanschlüsse« im Bereich Berlin-Mitte und -Prenzlauer Berg eingerichtet. Als die Rufnummern doch knapp wurden, drehte ich die Sache um, und es wurden auch ca. 100 Rufnummern Ost, vor allem zu Kunden nach Tiergarten und Charlottenburg, geschaltet. Es handelte sich durchweg um analoge Anschlüsse, bei denen immer beachtet werden musste, die Drahtlänge von fünf Kilometern nicht zu überschreiten.
Bernd Weimann

Berlin und ausschließlich für Geschäftskunden bereitgestellt. Eine anschließende Erweiterung dieser Basisanschlusskonzentratoren erfolgte noch im Jahr 1992.

Eine digitale Vermittlungsstelle mit allen Anschlussarten entsteht

Nachdem in Ost-Berlin das ehemalige Regierungsnetz und später das Netz des Ministeriums für Staatssicherheit der Deutschen Bundespost übertragen worden war, ergab sich Anfang 1991 die Möglichkeit, eine digitale Vermittlungsstelle mit ca. 11.000 Beschaltungseinheiten zu errichten. Siemens wurde beauftragt, die Vermittlungsstelle mit allen Gewerken (Hochbau, Klima, Stromversorgung usw.) aufzubauen und bis zum 30. Juni 1991 bereitzustellen. Diese Vermittlungsstelle lag im Netz Ost-Berlin, wurde netztechnisch aber auch in das Netz West-Berlin eingebunden. Dies war sozusagen der Beginn der Wiedervereinigung der beiden Berliner Ortsnetze.

Bei der Inbetriebnahme dieser Vermittlungsstelle ergaben sich allerdings ganz erhebliche Probleme. So musste beispielsweise die Beschaltung der Vermittlungsstelle mehrmals trotz wartender Kunden unterbrochen werden, weil die ausschließlich für Geschäftskunden bereits in Betrieb befindlichen Telefonanschlüsse so intensiv genutzt wurden, dass die Vermittlungsstelle wegen zu knapper Netzkapazität völlig überlastet war. Erst nach weiteren kurzfristigen Aufstockungen der Leitungen konnten weitere Kundenanschlüsse realisiert werden. Ein tägliches Netzmanagement mit schnellen Reaktionszeiten war also unabdingbar.

Ausweitung des C-Netzes

Zum Zeitpunkt des Mauerfalls am 9. November 1989 wurde mit dem Funktelefonnetz C das Stadtgebiet von West-Berlin durch die beiden Großzellen Berlin (W) 23 im Postgiroamt Kreuzberg und Berlin (W) 25 in Frohnau mit 142 Sprechkanälen versorgt. Als eine weitere Hilfsmaßnahme gegen den Kommunikationsnotstand in Ost-Berlin wurde das C-Netz auf den Ostteil der Stadt ausgeweitet. Dabei übernahm der Mobilfunk eine Ersatzfunktion, um den zahlreichen Antragstellern, die auf einen Festnetzanschluss warteten, wenigstens mobile Anschlussmöglichkeiten bereitzustellen. Diese Lösung krankte allerdings an zweierlei: Erstens war das C-Netz nicht für lange Ferngespräche konzipiert und zweitens gab es infolge der rasant steigenden Zahl an Unternehmensgründungen in Ost-Berlin (u. a. Banken, Versicherungen, Kfz-Werkstätten für West-Pkw) schlichtweg zu viele

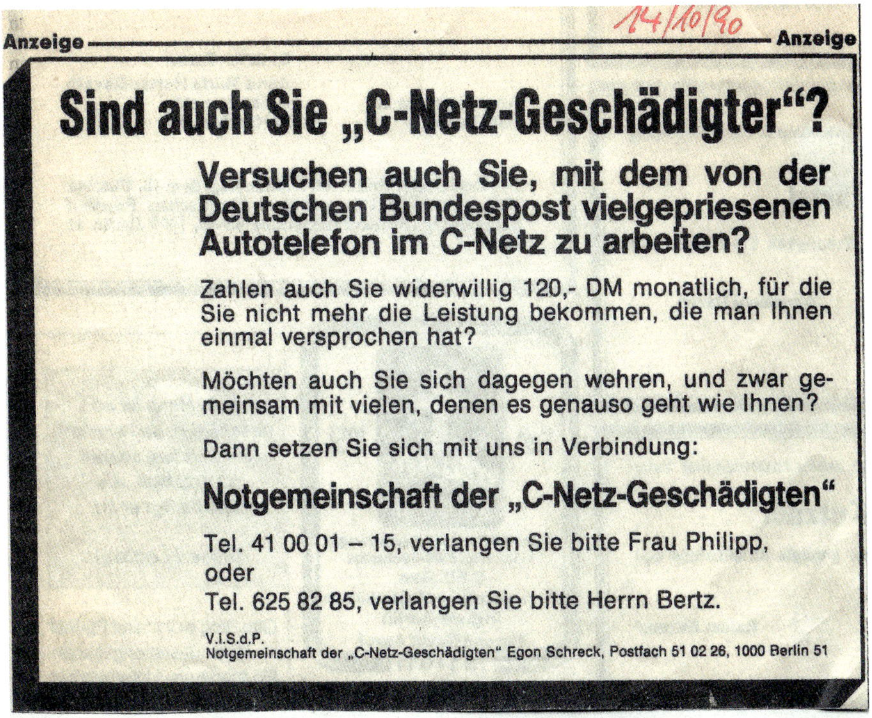
14/10/90

Anzeige — Anzeige

Sind auch Sie „C-Netz-Geschädigter"?

Versuchen auch Sie, mit dem von der Deutschen Bundespost vielgepriesenen Autotelefon im C-Netz zu arbeiten?

Zahlen auch Sie widerwillig 120,- DM monatlich, für die Sie nicht mehr die Leistung bekommen, die man Ihnen einmal versprochen hat?

Möchten auch Sie sich dagegen wehren, und zwar gemeinsam mit vielen, denen es genauso geht wie Ihnen?

Dann setzen Sie sich mit uns in Verbindung:

Notgemeinschaft der „C-Netz-Geschädigten"

Tel. 41 00 01 – 15, verlangen Sie bitte Frau Philipp,
oder
Tel. 625 82 85, verlangen Sie bitte Herrn Bertz.

V.i.S.d.P.
Notgemeinschaft der „C-Netz-Geschädigten" Egon Schreck, Postfach 51 02 26, 1000 Berlin 51

Aufruf der Notgemeinschaft »C-Netz-Geschädigter«. Zeitungsanzeige in der Berliner Morgenpost vom 14. Oktober 1990.

Mobilfunkteilnehmer, sodass während der Hauptverkehrszeiten das C-Netz wegen Überlastung regelmäßig zusammenbrach. Zwischen acht und 18 Uhr war es reine Glückssache, einen freien Sprechkanal zu finden, sodass sich die Telekom genötigt sah, eine zehnminütige Gesprächszeitbegrenzung einzuführen. Im Gegenzug gründete sich auf Teilnehmerseite eine »Notgemeinschaft der ›C-Netz-Geschädigten‹« mit dem Ziel, die Erstattung der monatlichen Grundgebühr in Höhe von 120 D-Mark und den Wertverlust der bis zu 8.000 D-Mark teuren Portys bzw. Handys wegen Nichtverfügbarkeit des Netzes einzuklagen.

Dieser Umstand sowie die weiterhin stürmische Nachfrage im Bereich der mobilen Kommunikation zwangen die Deutsche Bundespost Telekom, das C-Netz – noch vor der bis Weihnachten 1990 geplanten Inbetriebnahme eines flächendeckenden Kleinzellennetzes – um die drei Großzellen Schäferberg (Berlin-Wannsee), Birkholzaue und Karlshorst (beide DDR) mit insgesamt 202 Sprechkanälen zu erweitern. Dabei sollte der Schäferberg die provisorische Versorgung der Transitautobahn nach Helmstedt gewährleisten und Birkholzaue gemeinsam mit Karlshorst das Ost-Berliner Stadtgebiet entlasten.

Wegen der gebotenen Eile entschied sich die Deutsche Bundespost Telekom bei der Montage des Antennenträgers auf dem Fernmelde-

Hubschraubermontage auf dem Fernmeldeturm Birkholzaue, 30. Juli 1990.

turm Birkholzaue (Zelle 503) nordöstlich von Berlin Ende Juli 1990 für eine bis dato unkonventionelle Methode: Unter den Augen der Volkspolizei der DDR erfolgte hier die Mastmontage mithilfe eines Schwerlast-Hubschraubers der Interflug (sowjetische Bauart, mit max. 6,9 t Zuladung), der in Schönefeld (dem Gebiet des künftigen BER-Flughafens) stationiert war.

Dieses zeitsparende Verfahren konnte im Spätherbst 1990 auch auf den Ost-Berliner Plattenbauten für die Kleinzellen 106 (Franz-

Jacob-Straße 1) und 107 (Wilhelm-Florin-Straße 19) angewendet werden. Die komplizierten, aber erfolgreichen Montagearbeiten einschließlich der Schaffung temporärer Hubschrauberlandeplätze führten jedoch im dicht besiedelten Stadtgebiet neben der Lärmbelästigung zu umfangreichen Straßensperrungen und anderen Sicherungsmaßnahmen.

Schon wenige Monate später, am 22. Dezember 1990, konnte das Gesamtberliner C-Netz mit einem Investitionsaufwand von 35 Mio. D-Mark und nunmehr 506 Sprechkanälen termingerecht von fünf Großzellen auf 32 Kleinzellen, davon 24 in West-Berlin und acht in Ost-Berlin, umgestellt und in Betrieb genommen werden. Eine flächendeckende Versorgung Berlins war jetzt gewährleistet. Dieser politisch gewollte und betrieblich zwingend notwendige Fertigstellungstermin war auch deshalb so bedeutsam, weil einem später bestätigten Gerücht zufolge im Ostteil der Stadt unter vielen Weihnachtsbäumen ein Handy oder Porty läge, mit dem sich die Berliner ein besonderes Weihnachtsgeschenk machen wollten. Am Erfolg dieses terminlich sehr eng bemessenen Projektes wirkten Bedienstete aus allen Regionen des wiedervereinigten Deutschlands mit. Dazu gehörten für den Ostteil Berlins insbesondere Mitarbeiter der oberen Behörden der ehemaligen Deutschen Post (Zentralamt für Funkdienste/Funkdirektion, Rundfunk- und Fernsehtechnisches Zentralamt etc.), zeitweise aber auch ranghohe Offiziere aus den technischen Bereichen des Ministeriums für Staatssicherheit, deren Fachwissen und Ortskenntnisse nach einhelliger Meinung für das Projekt hilfreich waren. Von den Angehörigen des Ministeriums haben wir uns im Februar 1991 wieder verabschiedet, weil die Deutsche Bundespost Telekom – aus verständlichen Gründen – keine hauptamtlichen Mitarbeiter des Ost-Berliner Geheimdienstes beschäftigen durfte.

Mehr Informationen zur Einrichtung des C-Netzes in Berlin:

Übergabe des ersten SSA-Containers an die Deutsche Post der DDR

In der nachrichtentechnischen Industrie der DDR war intensiv an der Entwicklung moderner digitaler Vermittlungssysteme gearbeitet worden. Das konzipierte Systemkonzept ähnelte dem System S12 des Unternehmens Standard Elektrik Lorenz (SEL). Auf der Leipziger Frühjahrsmesse 1989 war deshalb mit SEL die Lieferung eines Small-Stand-Alone (SSA)-Containers vereinbart worden. Ziel war es, mit dieser Technik der verteilten Steuerung erste Erfahrungen in der Telekommunikationsindustrie und bei der Deutschen Post zu sammeln. Da in diesen Containerzentralen (digitalen Systemen) keine ISDN-Leistungsmerkmale implementiert waren, unterlagen sie nicht den CoCom-Beschränkungen und konnten in die DDR geliefert werden.

Der erste SSA-Container zur Verwendung im Netz der Deutschen Post wird am 11. November 1989 im Institut für Post- und Fernmeldewesen Ost-Berlin montiert.

In Vorbereitung auf den geplanten Einsatz und den Betrieb des ersten SSA-Containers wurden am Standort des Instituts für Post- und Fernmeldewesen (IPF) in Berlin umfangreiche bauliche und technische Voraussetzungen geschaffen. Der Container sollte zeitnah als Testzentrale nutzbar sein. So wurde u. a. für ca. 300 Teilnehmer ein komplett neues Hausnetz in den Räumen des Instituts für Post- und Fernmeldewesen installiert. Gleichzeitig wurden Mitarbeiter der Industrie und der Deutschen Post durch SEL-Mitarbeiter geschult. Am 11. November 1989, einen Tag nach der Wende und dem Fall der Mauer, wurde die Lieferung des SSA-Containers an die Deutsche Post der DDR planmäßig realisiert und der SSA-Container auf dem Hof des IPF aufgestellt.

Die offizielle Übergabe des SSA-Containers an die Deutsche Post war gleichzeitig der Start für erste informelle Gespräche mit SEL über einen Ersatz der Internationalen Vermittlungsstelle und des Internationalen Fernamtes (IFA) durch entsprechende SEL-Systeme. Insgesamt wurden ab 1990 im Fernsprechnetz der Deutschen Post 14 dieser Container für eine schnelle Telefonversorgung der Bevölkerung eingeschaltet. Damit konnten kurzfristig ca. 34.000 Beschaltungseinheiten (Teilnehmeranschlüsse und Verbindungsleitungen) geschaltet werden. Die Container wurden zeitlich begrenzt eingesetzt und nach der Einrichtung der digitalen Vermittlungsstellen wieder demontiert.

Aufbau und Inbetriebnahme der Internationalen Vermittlungsstelle als erste digitale Vermittlungsstelle im Ostteil Berlins

Die Internationale Vermittlungsstelle hatte schon zu DDR-Zeiten keineswegs mehr den Kapazitätsanforderungen für internationale Verkehrsbeziehungen entsprochen. Modernisierungsüberlegungen, die in der ersten Jahreshälfte 1989 mit der Systemfirma »Nicola Tesla« (ehem. Jugoslawien) angestellt worden waren, wurden nach dem Mauerfall storniert. Stattdessen wurden im Dezember 1989 Gespräche mit Alcatel SEL aufgenommen.

Die Entscheidung der Deutschen Post, die bestehende analoge Internationale Vermittlungsstelle Berlin, System ARM 202 und Technikkomponenten des Koordinatenschaltersystems MN60 (Bestandteil des Internationalen Fernamtes, IFA) abzulösen, war automatisch mit einem Systemwechsel (vom analogen zum digitalen System) verbunden. Für eine Systemerweiterung wären umfangreiche Hochbaumaßnahmen erforderlich gewesen, für die wiederum ein erheblicher Flächenbedarf notwendig gewesen wäre. Mit der Ablösung des Systems ARM 202 und der Einführung eines digitalen Vermittlungssystems wurde nur ca. ein Zehntel Systemfläche benötigt, was in etwa einer Verdopplung der Kapazitäten entsprach.

Am 8. Februar 1990 wurde ein Vertrag über den Ersatz der existierenden Internationalen Vermittlungsstelle und des Internationalen Fernamts der DDR, inklusive der erforderlichen Übertragungstechnik, Raumlufttechnik, Doppelfußboden und der 48V-Stromversorgung sowie Dieselnetzersatzanlage, mit Alcatel SEL geschlossen. Auf Basis der politischen Entwicklungen in der DDR und dem zu diesem

»Wir machen das, Bereitstellung 31. Oktober 1990.«

Der 15. Dezember 1989 war mein Geburtstag. Zusammen mit meinem Kollegen von Siemens war ich zur Telekom nach Bonn für eine Brainstormingrunde in kleinem Kreis eingeladen. Leitungen hieß das Thema; genau genommen: Wie kann man schnell zusätzliche Leitungen schalten? Der Engpass von Ostdeutschland in den Westen war die internationale Fernvermittlungsstelle in der Dottistraße in Ost-Berlin, mit ganzen 2.000 Leitungen.
Wenn man die durch die leistungsfähigere digitale Technik ersetzen könnte und gleichzeitig um den Faktor zehn aufstockte? So Karl Thomas, der Einladende und Verantwortliche bei der Telekom für den Bereich Vermittlungstechnik. Und das Projekt müsse noch 1990 fertig werden, 1991 sei zu spät: »Das halten wir politisch nicht durch.«
Nun muss man wissen, dass derart große Bauvorhaben Planungs- und Durchführungszeiträume von ca. 18 Monaten haben; vorausgesetzt, es sind keine Anpassungsentwicklungen an andere Zeichengabesysteme erforderlich. Hinzu kam, dass weder ich noch der Kollege von Siemens eine Ahnung hatten, was wir in der Dottistraße vorfinden würden. Andererseits war unbestritten, dass wir mit einer solch großen Vermittlungsstelle schlagartig den Verkehrsfluss von und in die neuen Bundesländer verbessern konnten. Thomas wusste, dass er etwas fast Unmögliches verlangte, hielt es aber dennoch für die mit Abstand beste Lösung. So gab ich mir einen Ruck, die Geburtstagsfreude versetzte mir einen zusätzlichen Kick, und da der Siemens-Vertreter nur den Kopf schüttelte und keine Anzeichen eines Einlenkens machte, hörte ich mich sagen: »Wir machen das, Bereitstellung 31. Oktober 1990.«
Peter Landsberg

Zeitpunkt bereits absehbaren Ziel einer engeren Zusammenarbeit zwischen der DDR und der BRD wurde durch die Telekom die Entscheidung getroffen, dass zukünftig alle technischen Komponenten, die im Fernsprechnetz der DDR eingesetzt werden, auf Basis der Standards und technischen Spezifikationen der Telekom realisiert werden sollten. Diese Grundsatzentscheidung der Deutschen Bundespost war ein Glücksfall für eine weitsichtige technische Politik im Zusammenwachsen der beiden Fernsprechnetze und die Grundlage für viele weitergehende Schritte bei der Unterstützung der Deutschen Post durch Spezialisten der Telekom beim Netzausbau in der DDR.

Nach erfolgreichem Abschluss der erforderlichen Funktions- und Abnahmetests konnte die Internationale Vermittlungsstelle bzw. das Internationale Fernamt am 28. November 1990 als erste digitale Vermittlungsstelle der Deutschen Bundespost Telekom in den neuen Bundesländern in Betrieb genommen werden. Mit der Inbetriebnahme und dem parallelen Aufbau von weiteren Glasfaser- und Kupferkabeln (Basis der Erweiterung von Übertragungswegen) sowie dem Aufbau hochkanaliger PCM-Systeme (Puls-Code-Modulations-Systeme) wurden die Fernsprechleitungen sofort um ein Vielfaches erweitert, verdoppelt bzw. verdreifacht.

Tabelle 2: Anzahl der vorhandenen Leitungen zwischen DDR und BRD.

Richtung	Stand Dezember 1989	Stand Dezember 1990
DDR – BRD	111 Leitungen	1.249 Leitungen
BRD – DDR	690 Leitungen	1.494 Leitungen

Ebenfalls zum 28. November 1990 wurde das Internationale Fernamt, System S12 SO, in Betrieb genommen. Ab diesem Termin erfolgte dann die schrittweise Verlagerung des handvermittelten Fernsprechverkehrs vom alten System mit Handvermittlungsplätzen zum neuen System mit Bildschirmbedienplätzen. Mit der Abschaltung der ehemaligen Landeskennzahl der DDR »37« wurden die internationalen Leitwege im Fernsprechverkehr von und nach Deutschland (neue und alte Bundesländer) umgestaltet. Dabei wurden bereits 1992 internationale Verkehrsbeziehungen (Leitungsbündel) von der Internationalen Vermittlungsstelle Berlin abgeschaltet. Durch die deutsche Wiedervereinigung wurde der Verkehr zwischen den alten und neuen Bundesländern nationaler Verkehr und der ehemalige Fernsprechverkehr zwischen neuen und alten Bundesländern über die Internationale Vermittlungsstelle Berlin wurde abgeschaltet. Mit der Realisierung der digitalen Hauptvermittlungsstellen in den neuen Bundesländern war eine Erweiterung der Internationalen Vermittlungsstelle Berlin ab 1991 nicht mehr erforderlich. Im Zusammenhang mit weiteren Automatisierungen im internationalen Fernsprechverkehr wurde das Internationale Fernamt Berlin 1994 abgeschaltet. Im Rahmen weiterer Konzentrierungen des internationalen Fernsprechverkehrs im Fernsprechnetz der Deutschen Telekom konnte schließlich im Jahr 1997 auch die Internationale Vermittlungsstelle Berlin abgeschaltet und komplett demontiert werden.

Einsatz von Glasfasertechnik

Die Deutsche Bundespost Telekom hatte schon frühzeitig zum Aufbau einer leistungsfähigen Telekommunikationsinfrastruktur ein Konzept zum Einsatz der optischen Nachrichtenübertragung entwickelt. Erfahrungen und Erkenntnisse auf dem Gebiet der Glasfasertechnik hatte die Telekom bereits mit verschiedenen Systemen gesammelt. Anfang 1975 wurde in Berlin die erste Glasfaserversuchsstrecke zwischen zwei Fernsprechvermittlungsstellen gebaut. In den Folgejahren entwickelte sich die optische Nachrichtentechnik sehr schnell, sodass ab 1987 diese Technologie im Fernliniennetz regelmäßig eingesetzt wurde. Nachdem sich die Glasfaser in der oberen Netzebene durchgesetzt hatte, wurde sie auch im Ortsverbindungsnetz zur Verbindung neuer digitaler Vermittlungsstellen eingesetzt. Mit der Glasfaser konnte der bereits vorhandene Fernmeldeverkehr kostengünstiger als über Kupfersysteme abgewickelt werden. Der neue Ansatz der Telekom, der mit dem Begriff »Glasfaser bis zum Haus« gekennzeichnet war, zielte darauf ab, eine Glasfaserinfrastruktur auch im Teilnehmeranschlussbereich zu errichten. Dienste wie z. B. Telefon, Datenübertragung, Rundfunk und TV konnten bereits über Glasfaser angeboten werden.

Seit 1993 wurden die Glasfaserzugangsnetze in den neuen Bundesländern verstärkt mithilfe der OPAL-Technik (Optische Anschlussleitung) ausgebaut. Berlin als Regierungssitz und Metropole fand bei der Glasfaserversorgung besondere Berücksichtigung. In der Technikniederlassung Nordost (sie umfasst das Ortsnetz Berlin und die Bundesländer Brandenburg und Mecklenburg-Vorpommern) wurde die OPAL-Technik in insgesamt 105 Anschlussbereichen aufgebaut, von denen acht im Ortsnetz Berlin lagen. Im Niederlassungsbereich wurden damit etwa 230.000 Wohneinheiten mit dieser Technik realisiert, davon allein ca. 100.000 im Ortsnetz Berlin. Der Anschlussbereich der Vermittlungsstelle in Berlin-Friedrichshain wurde sogar komplett mit Glasfasertechnik versorgt. Bis Ende 1996 hatte die Telekom bereits 1,2 Mio. Wohneinheiten (zum überwiegenden Teil in den neuen Bundesländern gelegen) über Glasfaser angeschlossen.

Besonderheit der Glasfasertechnologie:

Norbert Frenzel
Andreas Hofert
Adolf Jagob
Olaf Mât
Wolf Reiner Menzel

Langfristige Programme – Die telekommunikative Einheit Berlins

Ortsnetzzusammenführung und Weiterentwicklung des »Berliner Telefonnetzes«

Komplexität
Ich bin jetzt schon längere Zeit dabei, mich in die alten Netzwelten reinzudenken, was nach 20 Jahren trotz vorhandener Unterlagen aber nicht ganz einfach ist. Das Nebeneinander von analoger und digitaler Technik, die Verbindung von vermittlungstechnischen Ost- und Westsystemen, die vorübergehende Parallelität von alten und neuen Kennzahlen, die Vermischung von Orts- und Fernverkehr, der enorme öffentliche Zeitdruck und der Zwang, die knappen Ressourcen durch Minimalkonfigurationen und Verkehrslenkung optimal zu nutzen, haben der Ortsnetzvereinigung in Berlin eine besondere zeitliche und verkehrstechnische Dynamik verliehen. Vermutlich waren die Herausforderungen für das Ortsnetz Berlin genauso komplex wie für die Digitalisierung der gesamten neuen Bundesländer, die aber durch das Fernmeldetechnische Zentralamt und die Generaldirektion Telekom über die zentrale Koordinierungsgruppe knochenhart gesteuert worden ist.
Klaus Jäckel

In Berlin ergab sich für eine endgültige Wiedervereinigung der beiden bestehenden Ortsnetzteile zu einem Ortsnetz die Problematik der doppelten Rufnummern. Das Problem bestand darin, dass nur die Deutsche Bundespost Telekom – mit einer Ausnahme, die der Bundesrechnungshof zu verantworten hatte – sich an die Rufnummernstruktur vor der Netztrennung im Jahr 1961 gehalten hatte; die Deutsche Post der DDR jedoch nicht. Die Deutsche Post hatte zu einem relativ späten Zeitpunkt auch Rufnummern vergeben, die in West-Berlin vorhanden waren. Die Gründe hierfür lagen bei der fehlenden Vermittlungstechnik für eine kompatible Netzgestaltung. Somit war die Deutsche Post gezwungen, das Netz weiterhin mit einer sechsstelligen Rufnummernkapazität zu nutzen, und es waren eben nur rein numerisch die Rufnummernbereiche des Ortsnetzes West-Berlin in Ost-Berlin schaltbar.

Unter der Priorität »schnelle Vereinigung« und dem Minimum an Änderungen von Kundenrufnummern im gesamten Ortsnetz war allein die weitgehende Wiederherstellung der Rufnummernstruktur aus der Zeit vor 1961 sinnvoll. Diese Erkenntnis hatte zur Folge, dass in Ost-Berlin ca. 140.000 Rufnummern und in West-Berlin ca. 15.000 Rufnummern zu ändern waren. Wobei die Rufnummerngruppe 24 in Ost-Berlin allein aus quantitativen Gründen bestehen blieb, obwohl sie schon immer zur Rufnummernstruktur des Ortsnetzes West-Berlin gehörte. Bemerkenswert war, dass es nicht zu einer einzigen Kundenbeschwerde bei dieser Umschaltung im Interesse der schnellen Ortsnetzvereinigung kam, obwohl es sich hier um einen zentralen Teil der Telefonversorgung für West-Berlin gehandelt hatte.

Bundespostminister Christian Schwarz-Schilling und Helmut Ricke (Vorstandsvorsitzender der Deutschen Bundespost Telekom) bei den Feierlichkeiten zur Netzzusammenschaltung in Berlin am 27. Juni 1992.

Digitalisierung des Ortsnetzes Berlin

Die Digitalisierung der analogen Vermittlungsstellen in West-Berlin erfolgte auf Grundlage eines Investitionsplanes, der kurzfristig um die Vermittlungsstellen in Ost-Berlin erweitert worden war. Priorität war die schnelle Bedarfsdeckung. So sollte zunächst die digitale Vermittlungstechnik an den ausgewählten Netzknoten (alt oder neu) aufgebaut und die vorhandenen analogen Systeme dort direkt angebunden werden. So konnten die Netzkapazitäten unter Beibehaltung aller bestehenden Kundenanschlüsse digitalisiert werden. Durch Teilauswechslungen wurde dann schrittweise die Volldigitalisierung der einzelnen Netzknoten (Vermittlungsstellen) angegangen. Unerlässliche Voraussetzung war jedoch die Modifikation der Kennzeichenumsetzer (alt) zu *einem* Kennzeichenumsetzer (neu).

Nach dieser konzeptionellen Phase musste zunächst der entsprechende Finanzmittelbedarf für Investitionen ermittelt werden, wobei die Priorität auf der schnellen Versorgung von Ost-Berlin lag. Mittelfristig wurden deshalb die Investitionen in Ost-Berlin bevorzugt. Ein kurzfristiger Stopp der Maßnahmen in West-Berlin war nicht möglich, da er wegen der Prozessstruktur im Vorfeld einer Auswechslung der Vermittlungstechnik (ab etwa zwei Jahren vor Inbetriebnahme) exorbitante Zusatzkosten verursacht hätte und damit betriebswirtschaftlich nicht zu vertreten war.

Nun wieder eins
Ein besonders emotionaler und stolzer Augenblick für die zahlreichen Berliner Bürger war nach der faktisch vollzogenen Wiedervereinigung des Berliner Ortsnetzes am 26. Juni 1992 die symbolisch vollzogene Vereinigung der beiden Stadthälften am Berliner Fernsehturm zu dem nun telekommunikativ wiedervereinten Ganzen.
Wolf Reiner Menzel

Tabelle 3: Investitionen in der Vermittlungstechnik (in D-Mark).

Bezugsbereich	1990	1991	1992	1993	1994
Ost-Berlin	30.259.845	102.963.840	175.908.681	278.278.439	149.618.558
West-Berlin	148.233.955	200.330.160	169.721.319	74.022.561	97.650.442
Berlin	178.493.800	303.294.000	345.630.000	352.301.000	247.269.000

Tabelle 4: Nettozugang an Beschaltungseinheiten (analog und digital) in der Vermittlungstechnik.

Bezugsbereich	1990	1991	1992	1993	1994
Ost-Berlin	20.295	53.330	115.882	206.352	167.428
West-Berlin	41.368	55.907	111.806	54.890	109.274
Berlin	61.663	109.237	227.688	261.242	276.702

Tabelle 5: Bestandsdaten der Vermittlungstechnik für die Jahre 1990 bis 1994 (jeweils 31.12.).

Ost-Berlin	BE	Bezugsbereich	1990	1991	1992	1993	1994
	BE A	TV St	0	8.428	114.024	309.117	469.687
	BE D	TV St	0	5.600	17.648	41.358	71.196
	BE G	TV St	0	0	0	1.800	37.000
	BE O	OV St	438.755	478.057	476.295	462.043	403.863
Summe	BE X	TV St / OV St	438.755	492.085	607.967	814.318	981.746

BE A: analoge Beschaltungseinheiten; BE D: digitale Beschaltungseinheiten; BE G: Beschaltungseinheiten Glasfaser (analog und digital); BE O: analoge Beschaltungseinheiten an elektromechanischen Vermittlungsstellen.

Damit stieg auch die Anzahl der Beschaltungseinheiten in den Jahren 1990 bis 1994 für Ost-Berlin. Ab 1992 wurde dann die Vereinigung auch administrativ komplett vollzogen und das Ortsnetz Berlin nach einheitlichen Investitions- und Planungskriterien behandelt. Die ursprüngliche Planung hatte vorgesehen, die Digitalisierung der Vermittlungstechnik bis etwa 2010 abzuschließen. Aufgrund der technischen Entwicklung sowie der Bedarfsentwicklung und den Vorgaben aus den Postreformen I und II wurde das Enddatum immer weiter vorgezogen. Diese Beschleunigung der Umsetzung hatte Folgen, sodass die Arbeiten als Projektarbeit (interdisziplinär) durchgeführt werden mussten. Es wurde eine Koordinierungsgruppe gebildet, die eigenständige Verhandlungen mit den zu beauftragenden Technikfirmen und den unterstützenden Niederlassungen aus anderen Bun-

27. Juni 1992: Berlin ist telefonisch vereint. Telefonkarte aus dem Jahr 1992, Vorder- und Rückseite.

desländern führte. Im Jahr 1996 wurden im Ortsnetz Berlin mehr als eine Mio. digitaler Beschaltungseinheiten aufgebaut und Bauvorhaben im Wert von mehr als einer Mrd. D-Mark realisiert. Damit verbunden waren Anschlussbereichsveränderungen, viele übertragungs- und linientechnische Vorhaben sowie eine umfangreiche Kundenbetreuung. Die vorgezogene Digitalisierung des Ortsnetzes Berlin konnte Ende 1996 abgeschlossen werden. Seit diesem Zeitpunkt erfolgte nur noch eine nachfrageorientierte Erweiterung, eine Substitution oder eine Reduktion von Anschlusseinheiten.

Leitung gekappt

Bei der Bewältigung dieses immensen Umfangs in einem so kurzen Zeitraum gab es auch einige Unterbrechungen für Kunden. So wurde z. B. versehentlich ein Hauptkabel im Stadtbezirk Mitte durchtrennt, über das das Haus der Journalisten versorgt wurde. Da gab es schon einen kleinen Aufschrei, und unser Pressesprecher H. B. Krüger musste mit geschickten Formulierungen vor der Kamera Rede und Antwort stehen.

Olaf Mât

Informationsverbund Berlin-Bonn (IVBB) – Ein Infrastrukturprojekt der besonderen Art

Die Herausforderung für die Telekom begann 1994 mit dem Beschluss der Bundesregierung, jedem Bundesministerium einen ersten und einen zweiten Dienstsitz zuzusprechen und somit jedes Ressort sowohl in Berlin als auch in Bonn anzusiedeln.

Verbunden damit sollte die bisher im Bonner Behördennetz geführte sichere Kommunikation künftig auch über die dislozierten Standorte erfolgen. Als ersten Schritt und Sofortmaßnahme errichtete die Telekom im Auftrag des Bundesinnenministeriums ein separates Netz zwischen Bonn und Berlin mit eigenständigen ISDN-Vermittlungsstellen und baute – wie bereits in Bonn vorhanden – eine neue, vom öffentlichen Netz getrennte Infrastruktur in Berlin auf. Nachfolgend erkannte aber die Bundesregierung die Notwendigkeit einer langfristig breitbandigen Kommunikationsplattform, da die Arbeiten am PC, die Erreichbarkeit per E-Mail und webbasierte Anwendungen immer mehr zunahmen.

Informationsverbund Berlin-Bonn (IVBB), Logo.

Es sollte aber noch bis zum 5. Januar 1998 dauern, bis unter Beteiligung der Deutschen Telekom ein Konzept für einen breitbandigen Informationsverbund Berlin-Bonn vorlag, das Bundesamt für Sicherheit in der Informationstechnik das Sicherheitskonzept freigab und ein Vertrag zwischen der Telekom-Tochter DeTeSystem (heute T-Systems) und dem Bundesinnenministerium unterzeichnet wurde. Gerade noch rechtzeitig, um den bis zum Jahr 2000 vorgesehenen Umzug von Parlament und Regierung arbeitsfähig in Berlin abzuschließen. Mit Inbetriebnahme des neuen breitbandigen IVBB-Netzes wurden auch die Dienste aus dem Bonner Behördennetz (z. B. Telefonie und E-Mail) sowie des Behördennetzes Berlin überführt. Neue Dienste wie Videokonferenzen wurden etabliert und eine IP-Service-Plattform zu einem wichtigen Kern des gesamten IVBB entwickelt.

Als technische Infrastruktur verbinden Glasfaserleitungen die einzelnen Standorte untereinander sowie die beiden Städte Berlin und Bonn. Dazu wurde die etablierte und zuverlässige Übertragungstech-

Häuser mit Geschichte
In Berlin gibt es zwei historische Post- bzw. Telekom-Gebäude mit großer Bedeutung: das Postmuseum in der Mauerstraße und der Gebäudekomplex Französische Straße/Jägerstraße, ehemaliger Sitz des Kombinats Fernmeldebau der Deutschen Post. Zwischen beiden Gebäuden fand die erste Telefonverbindung in Deutschland statt. Schnell war die Idee geboren, beide Objekte langfristig für die Telekom zu sichern. Das Objekt in der Mauerstraße ging an die Museumsstiftung, an der Post und Telekom beteiligt sind. Aber was sollte mit dem anderen Objekt geschehen? Da Dr. Pällmann sich auch sehr für Architektur und Geschichte interessierte und gerade die Gründungszeit für Hauptstadtrepräsentanzen begonnen hatte, lag es nahe, im Komplex Französische Straße/Jägerstraße eine Hauptstadtrepräsentanz für die Telekom zu planen. Zunächst galt es, die Vorstände für die Idee zu gewinnen. Dr. Pällmann führte viele Gespräche und war letztendlich erfolgreich.
Hermann Josef Becker

nik der Synchronen Digitalen Hierarchie eingesetzt. Die Anforderungen an die Sicherheit umfassten neben der Vertraulichkeit und der Integrität auch die Verfügbarkeit. Aufbauend auf dieser gemeinsamen IVBB-Infrastruktur konnten die angeschlossenen Behörden ihre Liegenschaften anforderungsgerecht und sicher miteinander vernetzen, behördenübergreifend kommunizieren sowie IT-Verfahren nutzen. Auch die personell und organisatorisch dedizierte Betriebsorganisation erweiterte die Telekom zeitgleich mit der Inbetriebnahme der Technik. Der technische Betrieb des Netzes und der Dienste, das Netzmanagement, ein User-Help-Desk und weitere Aufgabenbereiche wuchsen somit parallel zum Infrastrukturaufbau bzw. entstanden am Standort Berlin in neuer Form. Mit der Erweiterung des gemeinsamen Intranets und des Internetzugangs stiegen jedoch auch die Bedrohungen. Viren, Trojaner, Hacker, Spams und weitere Angriffe mussten und müssen abgewehrt werden, sodass ein permanenter Ausbau der Sicherheitsmaßnahmen durch Firewalls, Filter, Kryptierung usw. erfolgt.

Das Kaiserliche Haupttelegrafenamt wird Hauptstadtrepräsentanz der Deutschen Telekom AG

Bereits 1992 begannen bedeutende Unternehmen wie Siemens, Deutsche Bahn, Volkswagen, Veba, ZDF u. a. zunehmend, noble Hauptstadtadressen als Repräsentanzen in Berlin zu planen und zügig zu entwickeln. Auch bei der Deutschen Bundespost Telekom wurde die Frage einer angemessenen Hauptstadtrepräsentanz diskutiert. Mit der Entscheidung, dass der Vorstand der Telekom in Bonn verbleiben würde, gewann dieses Thema nochmals an Bedeutung, sodass der für den »Aufbau Ost« zuständige Vorstand und der Präsident der Berliner Direktion dem Vorstand in Bonn einen entsprechenden Vorschlag machten. Als geeignetster Standort ergab sich in einer Untersuchung der Liegenschaften, die der Telekom gehörten, der Standort Jäger-, Oberwall-, Französische Straße in Berlin-Mitte. Der bisherige Hausherr, der Stammbetrieb des Kombinates Fernmeldebau, übergegangen in den Zentralen Fernmeldebaubetrieb, war 1991 im Zusammenhang mit der Überführung seiner Aufgaben in die Regelorganisation der Deutschen Bundespost Telekom aufgelöst worden. Damit stand das Objekt Jägerstraße für das angedachte Vorhaben zur freien Disposition. Eine Arbeitsgruppe erarbeitete nun ein umfassendes Konzept, das beginnend im Oktober 1993, alle planerischen Schritte für eine Nutzung der rekonstruierten Immobilie wie bauliche Realisierung, Vorentwurf, Haushaltsgrundlage, Abrissarbeiten im Gebäude, Sanierungsbeginn und -durchführung bis zur Fertigstellung im Dezember 1996 enthielt. Da die Tätigkeit des Vorstandsbereiches »Aufbau Ost« planmäßig am 31. Juli 1994 in das Regelgeschäft der Fachvorstände der Generaldirektion Deutsche Telekom überführt wurde, waren die Weichen für das Weiterführen der Aufgabe nunmehr zu stellen. Am 17. Januar 1995 beschloss der Vorstand der Deutschen Telekom AG schließlich, die Hauptstadtrepräsentanz in der Berliner Jägerstraße aufzubauen und zu nutzen.

Die Neugestaltung des historischen Baukörpers bis hin zur Wiederherstellung der zweigeschossigen historischen Räume im dritten Obergeschoss, die erst während der Abrissarbeiten wiederentdeckt wurden, konnten in Abstimmung mit dem Leiter der Arbeitsgruppe mit zusätzlichen Mitteln und unter Einbeziehung des Denkmalschutzes gesichert werden. Für den historisch wertvollen ehemaligen Hauptapparatesaal des ehemaligen Kaiserlichen Telegraphenamtes war ein begehbarer Fensterausschnitt in der Größe von 130 m² als bauliche Infrastruktur für Präsentationen mithilfe von 3D-Lasern, Hologrammen oder 3D-Projektionen vorgesehen. Es gab keinen Zeitverzug und der vorgegebene Kostenrahmen wurde eingehalten.

Die Hauptstadtrepräsentanz:

Hauptstadtrepräsentanz der Deutschen Telekom AG, eröffnet im Februar 2000.

VII
Fazit und Ausblick

Jan-Otmar Hesse

Von der grenzenlosen zur unbegrenzten Telekommunikation

Ein Leben ohne die Möglichkeiten der technischen Kommunikation, wie es auf dem Gebiet der DDR kurz vor der Wiedervereinigung für die meisten Menschen Realität war, ist aus der Perspektive der Gegenwart kaum mehr denkbar. Heute ist es schlichtweg unvorstellbar, dass man in Deutschland nicht jederzeit und überall seine Familie, Freunde und Geschäftspartner anrufen oder auf andere Weise elektronisch kontaktieren könnte, selbst wenn sich diese an den entlegensten Plätzen der Welt befinden. Telefonzellen – sofern diese sich überhaupt außerhalb von Museen noch auffinden lassen – erscheinen den Kindern und Jugendlichen als eine unverständlich antiquierte Einrichtung, bei den Älteren erwecken sie wenigstens noch nostalgische Gedanken. So allgegenwärtig ist heute die elektronische Kommunikation, dass sie mancher bereits als Last empfindet. Knappheiten wie in der DDR sind jedenfalls heute kein Thema mehr. Die Gegenwart hat den Nutzen elektronischer Kommunikation auf die Spitze getrieben. Sie hat sie dergestalt zu einem Kernelement unseres Alltags gemacht, dass die gewaltigen technischen und organisatorischen Voraussetzungen, die für die elektronische Kommunikation notwendig sind, als pure Selbstverständlichkeiten allzu leicht in Vergessenheit geraten.

Um diese technischen und organisatorischen Voraussetzungen unserer modernen Kommunikation geht es in diesem Buch. Es handelt von einer kurzen Phase in der deutschen Telekommunikationsgeschichte, als die hohen Ansprüche an eine Kommunikationsinfrastruktur bereits existierten und sich gleichsam täglich steigerten, die Infrastruktur selbst aber noch nicht vorhanden war. Es handelt von einer Situation, in der die alte Bundesrepublik gerade zum Sprung in das Kommunikationszeitalter ansetzte, stattdessen aber zunächst eine Zeitreise in die technische Museumslandschaft sozialistischer Fernsprechämter antreten musste.

Es handelt von den Menschen und den Unternehmen, die in kürzester Zeit für Millionen Einwohner der ehemaligen DDR ein modernes Telekommunikationsnetz aufbauten und damit eine wichtige technische Voraussetzung für das gesellschaftliche und wirtschaftliche Zusammenwachsen der beiden deutschen Staaten schufen. Als das

Linke Seite: Arbeiten an einer LTE-Antenne.

Lagebesprechung auf der Baustelle.

Programm »Telekom 2000« 1997 offiziell abgeschlossen wurde, waren in Ostdeutschland fast sechs Millionen neue Telefonanschlüsse gelegt worden und tausende Kilometer an Verbindungsleitungen, davon 140.000 km in der damals auch im Westen noch wenig verbreiteten Glasfasertechnologie. Auf dem Gebiet der ehemaligen DDR war in nur sieben Jahren eines der modernsten Telekommunikationsnetze der Welt entstanden, mit vollständig digitaler Vermittlungstechnologie und einem beachtlich ausgebauten Mobilfunknetz. In denkbar kurzer Zeit war die Anschlussdichte auf »westliches« Niveau angehoben worden. Verfügte Ende der 1980er Jahre nur jeder zehnte DDR-Bürger über einen Telefonanschluss, so waren es 1997 die Hälfte der Bürger und damit faktisch jeder Haushalt.

Der Ausbau der Kommunikationsinfrastruktur war 1997 aber keineswegs abgeschlossen. Von heute aus betrachtet hatte der Übergang zur Kommunikationsgesellschaft vielmehr gerade erst begonnen. Vor allem die Durchsetzung des Internets und der Mobiltelefonie revolutionierte seit den späten 1990er Jahren die bundesrepublikanische Gesellschaft – wie viele andere westliche Gesellschaften auch. Vor dem Hintergrund dieser jüngeren Erfahrungen soll in diesem Beitrag abschließend danach gefragt werden, wie die gigantische Aufbauleistung der Telekom und der anderen an dem Projekt beteiligten Unternehmen am Anfang der 1990er Jahre die deutsche Gesellschaft und die deutsche Wirtschaft langfristig verändert hat. Kann der von der Telekom vorangetriebene Netzausbau als die Realisierung des technisch Möglichen begriffen werden, der letztlich nur auf veränderte gesellschaftliche Bedürfnisse reagiert hat? Oder schufen die innovativen und teilweise regelrecht visionären Projekte der Telekom die Bedürfnisse erst, sodass die Kommunikationsinfrastruktur letztlich als ein Motor des gesellschaftlichen Wandels zu interpretieren ist? Wie hat umgekehrt die Erfahrung des »Aufbau Ost« die Telekom und andere Unternehmen organisatorisch, institutionell und unternehmenspolitisch verändert? Was ist aus den Menschen geworden, die eine wichtige Phase ihres Berufslebens mit dem Großprojekt des »Aufbau Ost« verbracht haben? Diesen Fragen nach den mittel- und langfristigen Wirkungen des »Aufbau Ost« für das wiedervereinigte Deutschland soll in diesem Beitrag nachgegangen werden.

Die Kommunikationsgesellschaft seit der Wiedervereinigung

Der Übergang zu einer modernen Kommunikationsgesellschaft setzte in der alten Bundesrepublik einige Jahre vor der Wiedervereinigung ein, markiert vielleicht am deutlichsten durch die Einführung des Privatfernsehens 1984 und die Vorbereitungen auf die Poststrukturreform, also die im Wesentlichen durch die Initiativen der Europäischen Kommission angetriebene Politik der Privatisierung von Post und Telekommunikation. Mit diesen ordnungspolitischen Weichenstellungen in der alten Bundesrepublik, die angesichts einer mehr als 100jährigen staatsmonopolistischen Vorgeschichte tatsächlich eine revolutionäre Zäsur darstellten, fiel die Wiedervereinigung eher zufällig zusammen. Das erste westdeutsche Poststrukturgesetz wäre jedenfalls auch ohne die Wiedervereinigung in Kraft getreten. Durch den historischen Zufall verschmolzen nun aber Wiedervereinigung und Deregulierung der Telekommunikation zu einem umso stärkeren Impuls für den Übergang zur Kommunikationsgesellschaft in Deutschland.

Wie rasant dieser Übergang in beiden Teilen des wiedervereinigten Deutschlands gewesen ist, lässt sich am besten durch einige Zahlen illustrieren. Die quantitative Bilanz des »Aufbau Ost« ist bereits hinlänglich gezogen worden. In Bezug auf die Telefondichte und die Netzqualität war bereits 1997 die Einheit erreicht worden. Aber der eigentliche Quantensprung im Übergang zur Kommunikationsgesellschaft vollzog sich ja nicht durch die 1990 bereits antiquierte Telefonkommunikation, auch wenn diese letztlich die entscheidende und unverzichtbare Grundlage für die spätere Entwicklung darstellte. Erst die Verbindung von Telefonnetz und elektronischer Datenverarbeitung führte in die Kommunikationsgesellschaft der Gegenwart. Bis in die 1980er Jahre waren Computer in Privathaushalten noch die Domäne von Bastlern gewesen, die die Computer als Bausätze in Spezialläden erwarben. Seit den 1980er Jahren änderte sich dies und der Computer trat seinen Siegeszug in den westdeutschen Privathaushalten an. Nur ein Viertel der repräsentativen Vierpersonenhaushalte in der alten Bundesrepublik besaßen 1989 einen Computer; im Durchschnitt aller Haushalte dürfte der Wert noch deutlich niedriger gewesen sein.[1] 2002 waren immerhin bereits 57 Prozent der Haushalte im wiedervereinigten Deutschland mit einem Computer ausgestattet. Bis 2013 stieg der Anteil deutlich auf 83 Prozent der Haushalte. Nur 43 Prozent der Haushalte hatten 2002 zudem einen Internetanschluss. Heute nutzen nahezu alle Haushalte mit Computern auch das Internet. Insbesondere in Mehrpersonenhaushalten mit Kindern war 2012 bereits eine statistische Vollversorgung mit Computern und auch mit Internetanschlüssen erreicht.[2] 80 Prozent der Haushalte nutzen den Computer und das Internet täglich. Dabei unterscheiden sich die Verbreitung des Computers und des Internets sowie die Nutzung zwischen Ost und West kaum mehr.[3]

Was diese Zahlen aber sehr deutlich machen, ist die Tatsache, dass die Verbreitung des Computers sich erst im Medienverbund mit dem Internet zu beschleunigen begann, während zuvor für viele Haushalte der Computer nur geringe Nutzungsmöglichkeiten bot. Weil das Internet aber anfänglich ausschließlich über die Telefonnetze aufge-

Aufbau eines Sendemastes für den Mobilfunk in den neuen Bundesländern.

rufen wurde, kommt dieser Infrastruktur eine Schlüsselrolle im Übergang zur Kommunikationsgesellschaft und damit für die Modernisierung der gesamtdeutschen Gesellschaft zu. Seit einigen Jahren gehört auch das Fernsehen zu diesem Medienverbund, der heute faktisch vollständig über Breitbandnetze mit hohen Übertragungsraten vernetzt ist.

Parallel zum Ausbau der Festnetze vollzog sich mit der Durchsetzung des Mobilfunknetzes noch eine zweite Medienrevolution, die unseren heutigen Alltag vielleicht noch sehr viel tief greifender verändert hat. Nicht einmal eine Million Teilnehmer hatten 1992 die ersten kommerziellen Mobilfunknetze in Deutschland, die unmittelbar nach der Wiedervereinigung auch in Ostdeutschland aufgebaut worden waren. Fünf Jahre später gab es bereits 8,2 Mio. Mobilfunkteilnehmer, was einer Penetrationsrate von etwas mehr als zehn Prozent entsprach.[4] 1999 gab es fast 23,5 Mio. Mobilfunkkunden, und nur ein Jahr später hatte sich die Zahl noch einmal verdoppelt, sodass zur Jahrtausendwende eine Penetrationsrate von fast 60 Prozent erreicht wurde. Seit 2006 gibt es in Deutschland rein rechnerisch mehr Mobiltelefonteilnehmer (also SIM-Karten) als Einwohner. 2009 besaß durchschnittlich jeder Bundesbürger 1,3 SIM-Karten.[5] 37 Prozent der Internetnutzer verwendeten 2012 neben dem Festnetz auch mobile Geräte, insbesondere Smartphones für Internetdienste. In der Altersgruppe der zwischen 16 und 24jährigen lag der Anteil sogar bei 59 Prozent. Dabei war Deutschland mit diesem Nutzungsprofil aber nicht einmal Vorreiter des Übergangs zur mobilen, allgegenwärtigen Kommunikation, sondern lag deutlich unter dem EU-Durchschnitt, der von den noch stärker der mobilen Kommunikation huldigenden Gesellschaften in Skandinavien und Großbritannien angeführt wird.[6] Es ist mithin davon auszugehen, dass auch hierzulande die Ablösung der technischen Kommunikation von den Festnetzanschlüssen noch weiter voranschreiten und die unbegrenzte Kommunikation mit Abwesenden den Alltag noch viel mehr dominieren wird.

Der wichtigste Antrieb für die rasche Verbreitung von neuen Telekommunikationstechnologien und mobilen Medien waren zweifellos die drastisch sinkenden Preise. Zwar steigt in Deutschland auch das allgemeine Preisniveau seit Jahren nur moderat mit Raten von weniger als zwei Prozent pro Jahr. Im Bereich des Nachrichtenwesens sind die Preise aber in den letzten 25 Jahren fast ständig gefallen, sodass Kommunikationsdienstleistungen gegenüber anderen Gütern und Dienstleistungen noch deutlicher im Preis gesunken sind. Nach der zweiten Stufe der Postreform II, die erstmals 1998 Wettbewerbsunternehmen im Telefondienst zuließ, waren die Preise der Fern- und Auslandsgespräche innerhalb von 18 Monaten um 80 bis 85 Prozent gesunken. Zwischen 2000 und 2008 fielen die Preise der mobilen Telefonie um zwölf Prozent, der Festnetz- und Internetanschlüsse um elf Prozent. Seit 2008 sind die Preise nochmals um etwa acht bzw. fünf Prozent zurückgegangen. Insbesondere im Verhältnis zu anderen Gütern und Dienstleistungen ist das Telefonieren also langfristig und nachhaltig deutlich billiger geworden.

Noch stärker sanken die Preise für Geräte, die für die moderne Kommunikation notwendig sind. Die Preise für Personalcomputer und Notebooks waren beispielsweise 2008 gegenüber 2000 um 80 Prozent gesunken.[7] Obwohl die Haushalte in der Bundesrepublik in zunehmendem Maße die Kommunikationsdienstleistungen in Anspruch nehmen und sich hierbei über eine sehr deutlich steigende Qualität der Leistungen freuen können (beispielsweise über höhere Datenübertragungsraten), ist wegen der sinkenden relativen Preise doch der Anteil der Konsumausgaben, den Privathaushalte für Nachrichtenübermittlung aufwenden, immer weiter zurückgegangen, obwohl er als typischer »Luxuskonsum« nach dem »Engelschen Gesetz« bei steigenden Einkommen relativ hätte zunehmen sollen. 2012 betrugen die Ausgaben der Haushalte in Deutschland für die Nachrichtenübermittlung nur noch 2,5 Prozent der gesamten Monatsausgaben im Gegensatz zu 2,8 Prozent fünf Jahre zuvor. 1990 lag der etwas anders berechnete Ausgabenanteil allerdings bei nur 1,3 Prozent.[8] Die Haushalte in Ostdeutschland gaben mit 2,8 Prozent 2012 einen deutlich höheren Anteil ihres Einkommens für die Nachrichtenübermittlung aus, was wohl auf die niedrigeren durchschnittlichen Einkommen in Ostdeutschland zurückgeht. Die Tendenz sinkender Ausgabenanteile für Nachrichtenübertragung bei gleichzeitig steigendem Konsum zeigte sich aber auch dort.

Schon diese wenigen und oberflächlichen Fakten der deskriptiven Statistik lassen erkennen, dass der Übergang zur modernen Kommunikationsgesellschaft jedenfalls nicht allein auf einen Wandel der Bedürfnisse und der Strukturen der Gesellschaft in der Postmoderne zurückzuführen ist. Die sich ständig verbilligenden Angebote der technischen Kommunikation waren vielmehr ein entscheidender Motor dieses Prozesses und damit auch die Ausbauleistungen der Telekommunikationsunternehmen. Was aber verursachte diese rasche Expansion des Angebots an Telekommunikationsdienstleistungen in der Bundesrepublik?

Die Bedeutung des Marktes und des Wettbewerbs

Jedenfalls in der wirtschaftswissenschaftlichen Literatur zum Wandel der Telekommunikationsinfrastruktur der letzten 25 Jahre wird der entscheidende Impuls darin gesehen, dass Wettbewerb auf den Telekommunikationsmärkten zugelassen wurde. Hierdurch habe sich nicht nur eine Preiskonkurrenz eingestellt, sondern auch eine

Innovationskonkurrenz, so die vorherrschende Meinung. Hatte das erste Poststrukturgesetz 1990 noch im Wesentlichen organisatorische Änderungen gebracht und das staatliche Telefonmonopol primär auf dem Endgerätemarkt geöffnet, erlaubte erst das im Rahmen der zweiten Poststrukturreformgesetzgebung erlassene Telekommunikationsgesetz von 1996 den Betrieb von Telefondienstleistungen durch Wettbewerbsunternehmen der Telekom.[9] Call-by-Call-Anbieter und »Preselect«-Unternehmen schossen wie Pilze aus dem Boden und führten zu einem erheblichen Preisdruck, auch auf die Ferngesprächspreise des ehemaligen Monopolisten. Gerade als der »Aufbau Ost« gleichsam in friedlicher Koexistenz von privaten Turn-key-Anbietern und ehemaligem Monopolunternehmen beendet worden war, wurde diese zweite Stufe der Liberalisierung gezündet. Dabei war das Ergebnis zunächst alles andere als ein freier Wettbewerbsmarkt. Denn die privatwirtschaftliche Konkurrenz der Telekom wurde nicht nur mit zahlreichen Auflagen bezüglich technischer Standards und Universaldienstverpflichtungen belegt. Das zur Regulierungsbehörde umgebildete ehemalige Postministerium griff im Rahmen der Ex-ante-Regulierung auch direkt in die Preiskonkurrenz ein und untersagte der Deutschen Telekom Tiefstpreisangebote, weil man befürchtete, der ehemalige Monopolist würde seine noch vorhandene Marktmacht zu Dumpingpreisen benutzen, um die unliebsame Konkurrenz schnell wieder aus dem Markt zu drängen.[10] Umgekehrt könnte man diese etwas merkwürdige Situation, in der selbst die konservative Monopolkommission für die Beibehaltung von Hochpreisen der Telekom votierte, auch so interpretieren, dass die Politik um den Erhalt der Wettbewerbsunternehmen besorgt war und diesen zunächst möglichst große Marktanteile sichern wollte, bevor man zum Wettbewerb übergehen würde.

Die Deutsche Telekom sah sich jedenfalls am Ende der 1990er Jahre mit einer schnell an Bedeutung gewinnenden Konkurrenz konfrontiert. 1999 waren insgesamt rund 1.500 Telekommunikationsdienstleister in Deutschland registriert, die sich insbesondere in den lukrativen Wachstumsmärkten tummelten. Bei den Auslands- und Ferngesprächen hatten sich die Wettbewerbsunternehmen einen Marktanteil von 35 Prozent erwirtschaften können. Bezogen auf alle im Land telefonierten Minuten weist der Tätigkeitsbericht der Regulierungsbehörde im Jahr 1999 einen Marktanteil von 14 Prozent für die Wettbewerber aus. Auf dem schon länger für den Wettbewerb geöffneten Mobilfunkmarkt war die Telekom noch stärker in der Defensive und verfügte Ende 1999 über einen Marktanteil von 41,5 Prozent, während hier Mannesmann mit 42,5 Prozent der Marktführer war.[11] Diese tendenzielle Schwächung des früheren Monopolisten und der Bedeutungsgewinn der neuen Wettbewerbsunternehmen hielt auch an, als sich die Wettbewerber in großer Zahl über das neu geschaffene Börsensegment des »Neuen Marktes« refinanzierten, was bekanntlich in einer Scheinkonjunktur und anschließenden Börsenkrise endete. Für die meisten Investoren erfüllten sich die künstlich genährten überschäumenden Erwartungen an die Kommunikationsrevolution jedenfalls kurzfristig nicht.

Diese neue Situation des umfassenden Wettbewerbs in mehreren Marktsegmenten hat gleichwohl dazu geführt, dass die Telekom in den letzten 25 Jahren ihren Personalbestand ganz erheblich reduziert hat. War das Unternehmen aus der westdeutschen Poststrukturreform mit etwa 200.000 Beschäftigten hervorgegangen, zu denen rund 40.000 Telekommunikationsbedienstete des Fernmeldebereichs der ehemaligen DDR hinzukamen, so arbeiteten acht Jahre später nur noch knapp 180.000 Beschäftigte für das Unternehmen. Ein Großteil der freigesetzten Beschäftigten konnte dabei von den Wettbewerbern der Telekom aufgenommen werden, deren Beschäftigungsstand 1998 mit 34.000 angegeben wurde.[12] 2008 war der Beschäftigtenstand der Deutschen Telekom auf 131.000 weiter sehr deutlich gesunken, während die Wettbewerber nun 56.000 Personen beschäftigten. Die Branche insgesamt hatte sich damit personell sehr deutlich verkleinert, und dieser Trend hielt auch danach an, wobei insbesondere die Telekom die Personaleinsparungen fortsetzte und heute mit nur noch 118.000 Beschäftigten in Deutschland auskommt – der Hälfte der Beschäftigtenzahl zum Zeitpunkt der Wiedervereinigung.[13]

Weil die Steigerung der Leistungsfähigkeit der Kommunikationsinfrastruktur eine ganz erhebliche Rationalisierung erforderlich machte, die letztlich durch die Digitalisierung der Netze erreicht wurde, war dieser Personalabbau unausweichlich und lässt sich durchaus als die personalpolitische Kehrseite der Preissenkungen interpretieren, von der vor allem die Konsumenten in den letzten Jahren profitiert haben, in Ost- wie in Westdeutschland. Darüber hinaus ist aber eben auch festzuhalten, dass die Beschäftigungseffekte des »Aufbau Ost« nur vorübergehender Natur gewesen sind. In der zweifellos wichtigen Phase unmittelbar nach der Wiedervereinigung mag die Personalnachfrage der Telekom stabilisierend auf die zusammenbrechende Wirtschaft in Ostdeutschland gewirkt haben, wie sie in den Zeitzeugenberichten des Personalkapitels dokumentiert worden ist. Nachhaltig war diese Stabilisierungsfunktion aber nicht. Und auch die um die Jahrtausendwende von der Regulierungsbehörde geäußerte Hoffnung, die von der Telekom im Wettbewerb freigesetzten Arbeitskräfte würden von den Konkurrenten aufgenommen werden, erfüllte sich nicht. Solche Perspektiven entstanden vor dem Hintergrund der allgemein wirtschaftspolitisch konstatierten »Dienstleistungslücke«, die die Bundesrepublik gegenüber anderen Industrienationen aufzuweisen schien, welche einen deutlich höheren Anteil an Dienstleistungsbeschäftigten hatten. Deutschland schickte sich an, diesem Entwicklungspfad nachzueifern und die Privatisierung der Telekommunikation mit den zahlreichen vermeintlich vielversprechenden Wettbewerbern wurde als ein Bereich mit Expansionspotential angesehen, eine Perspektive, die sich in Deutschland wie auch in anderen Ländern spätestens in der Finanzkrise als unbegründet herausstellte.

Wenn damit jenseits der Ausbauphase des ostdeutschen Netzes der Strukturwandel der Telekommunikation im Übergang zur Kommunikationsgesellschaft gerade keine gravierenden Beschäftigungsimpulse hervorbrachte, weil dieser ja durch eine Rationalisierung der technischen Kommunikation ausgelöst wurde, so sind gleichwohl gesamtwirtschaftliche Wachstumseffekte zu konstatieren. Diese beruhen zum einen auf einer ganzen Reihe von Nachfrageimpulsen des Telekommunikationsbereichs auf Dienstleistungen und technisches Gerät aus anderen Sektoren. Zum anderen bewirkte der Ausbau der Kommunikationsinfrastruktur nicht nur eine Verbilligung der privaten Kommunikation, sondern auch der geschäftlichen Kommunikation in anderen Wirtschaftszweigen. Diese Effekte führten – einer Studie des DIW folgend – unmittelbar zu einer Steigerung des Wirtschaftswachstums, die anteilig direkt auf den Netzausbau zurückzuführen sei: Fast 13 Prozent des zwischen 2002 und 2012 insgesamt erreichten realen Wirtschaftswachstums (einem Plus des BIP von 126 Mrd. Euro, gerechnet in Preisen von 2012) wurden durch die Ausweitung und den Bedeutungszuwachs der Mobiltelefonie erreicht; der Ausbau der Breitbandnetze habe nach Meinung der Autoren der Studie sogar 41 Prozent zu diesem Wachstum beigetragen, wobei die zusätzliche Wertschöpfung überwiegend auf die Wettbewerber der Telekom zurückzuführen sei.[14]

Breitband-Glasfaserkabel.

Wie wurde das Unternehmen verändert?

Aus der heutigen Sicht müssen die Wiedervereinigung und der »Aufbau Ost« daher wie eine Art Startschuss für eine permanente Veränderung der Telekom erscheinen, eine Initialzündung des Umbaus des Gesamtunternehmens, die letztlich bis in die entlegensten Winkel des Unternehmens auch im Westen reichte. Dies wird auch bestätigt durch den Ausspruch des, für den »Aufbau Ost« zuständigen Vorstandsmitglieds der Telekom, Wilhelm Pällmann, der den »Aufbau Ost« als einen Weckruf für den Westen bezeichnete, wobei er dies vor allem darauf bezog, dass durch den Übergang zu digitalen Netzen im Osten auch der Westen technologisch aufgerüstet werden musste.

Diese Perspektive lässt sich aber ebenso auf die Ebene der Organisation des Unternehmens, der Personalführung und selbst der Unternehmenskultur beziehen. Denn auch in diesen Bereichen begann mit der Wiedervereinigung im Westen ein tief greifender Wandel innerhalb des Unternehmens, auch wenn nicht immer eindeutig zurechenbar ist, ob der »Aufbau Ost«, der technologische Wandel oder die Veränderung der ordnungspolitischen Rahmenbedingungen den eigentlichen Impuls hierfür darstellte. Einiges spricht allerdings dafür, dass es auch auf dieser Ebene »Weckrufe« durch den »Aufbau Ost« gegeben haben dürfte.

Dies betrifft zum einen die besondere Entwicklung der Einstellung ostdeutscher Mitarbeiter zur Marktwirtschaft und die hiervon ausgehenden Rückwirkungen auf das Gesamtunternehmen. Aus soziologischen Studien zur ostdeutschen Wirtschaftselite wissen wir, dass sich unter den Unternehmensleitern vor allem mittelständischer Betriebe in überproportionalem Maße eine »konkurrenzwirtschaftliche Einstellung« kultiviert hat, die der im Westen stärker anzutreffenden Einstellung vom »sozialen Marktwirtschaftler« in vielen Punkten entgegengesetzt war: Ostdeutsche Mittelständler halten in weit höherem Maße Betriebsräte und Gewerkschaftsarbeit in ihren Unternehmen für überflüssig; sie sehen in stärkerem Maße Einkommensungleichheiten als grundsätzlich positives Marktergebnis an und haben größere Skepsis gegenüber staatlicher Intervention. Diese Ergebnisse haben auch dann Bestand, wenn man die stärker großbetriebliche Organisationsstruktur der westdeutschen Wirtschaft in Rechnung stellt.[15] Auch wenn von den Forschern dieser Unterschied zwischen ostdeutscher und westdeutscher Wirtschaftselite als ein typisches Transformationsphänomen angesehen wird, das in den letzten Befragungen bereits der Tendenz nach immer mehr eingeebnet worden ist, so dürfte sich der Einstellungsunterschied innerhalb der Telekom zwischen den west- und ostdeutschen Mitarbeitern durch-

Anschub für den Westen

Das analoge Netz funktionierte im Westen reibungslos, aber eine Internet-Entwicklung wäre damit nicht möglich gewesen. Es brauchte also schon eine gehörige Portion Weitblick, um die Entscheidung zur Digitalisierung zu treffen. Ohne die Wende hätte es diesen Sprung in Richtung Digitalisierung und Glasfaser im Westen wohl kaum gegeben; zumindest nicht so schnell und vor allem nicht bei der »letzten Meile« bis zum Teilnehmer. Die Investitionen in die alte Technologie wären zwar günstiger, aber nur eine kurzfristige Lösung gewesen. Das Kupfernetz im Anschlussbereich war gut und intakt, und es bestand nicht die Notwendigkeit, es auszutauschen. Im Osten war das anders, die Technologie war total veraltet und die Versorgungsdichte deutlich geringer. Da mussten wir sowieso ran, also auch Tiefbau, was ja am teuersten ist. Es waren riesige Volumen zu stemmen. Dazu brauchte man einen Treiber. Und die Wende im Osten war ein solcher Technologie-Treiber für den Westen. Die Digitalisierung lief dann im Westen nach dem gleichen Schema ab, wie es der Osten vorgelebt hatte. Auch die Arbeitsweise der Telekom hatte sich geändert. Man könnte fast sagen, der Westen ist durch den vom »Aufbau Ost« ausgelösten Schwung, aus einem Dornröschenschlaf erwacht. Vor der Wende lief es im Westen eher ruhig, und dann schwappte der Elan aus dem Osten über. Möglicherweise wäre auch das Monopol früher weg gewesen, wenn man im Westen nicht so nachgezogen hätte. Der politische Druck war da. Damit hätte die Telekom vielleicht nicht mehr die finanzielle Kraft gehabt, den Aufbau im Osten zu Ende zu bringen und die Weichen für heute zu stellen.

Hermann Josef Becker und Friedrich-H. Fuß

Alles ist eben relativ

1997 bekam ich auf ganz andere Weise noch einmal Kontakt mit den Leistungen, die die Deutsche Telekom mit dem »Aufbau Ost« vollbracht hatte. Als Geschäftsgruppenleiter Internationale Geschäftsstrategie begleitete ich unseren Vorstandsvorsitzenden Dr. Sommer auf seiner ersten Chinareise. Während eines Treffens mit dem chinesischen Minister für Telekommunikation erläuterte Dr. Sommer ihm, dass die Telekom aufgrund ihrer Erfahrungen und des großen Erfolgs mit dem »Aufbau Ost«-Programm ein guter Kooperationspartner für den Ausbau des chinesischen Mobilfunknetzes und der infrastrukturschwachen Gebiete im Westen Chinas sei.

Ein Lächeln machte sich auf dem Gesicht des Ministers breit: »Lieber Herr Dr. Sommer, wenn ich mit dem Finger schnipse, stehen Millionen von Soldaten bereit, alle Baumaßnahmen in unserem Land sehr schnell und gut auszuführen. Wo ich ihre Hilfe benötige, ist beim Beschaffen der finanziellen Mittel und des Know-hows. Kurz gesagt, ich brauche Ihr Geld und einige Experten, die uns beim Aufbau von Mobilfunkunternehmen und dem Betrieb von Mobilfunknetzen in Ballungszentren unterstützen. Ihre Erfahrungen, die sie durch das Aufbauprogramm Ost gewonnen haben in allen Ehren, aber die helfen uns gar nicht.«

Herrn Sommer war die Enttäuschung nach diesen Worten anzusehen und mir wurde bewusst: Was für unser Volk von 80 Mio. Menschen eine Meisterleistung bedeutete, war offenbar nichts für ein Land wie China – mit einer Bevölkerung von 1,3 Mrd. ist eben alles relativ!

Frank Uhland

aus gespiegelt haben. Damit müsste aber eben auch auf der Ebene der Mitarbeitereinstellung die ostdeutsche Telekom eine Impulswirkung für den Übergang des ehemaligen Staatsmonopolisten in ein globales Unternehmen erbracht haben. Hierfür spricht zudem, dass sich auch all die anderen Charakteristika der ostdeutschen Wirtschaftselite innerhalb des Telekom-Personals wiederfinden lassen: ein höherer Prozentsatz von Technikern in unternehmerischen Führungspositionen beispielsweise und eine relativ hohe Kontinuität des Personals.

Der Umbau der Netze machte eine permanente Anpassung der internen Organisation des Unternehmens notwendig, in die auch Erfahrungen aus dem »Aufbau Ost« eingeflossen sein dürften. Letztlich konnte durch den Übergang zu digitalen Netzen der gesamte Außendienst erheblich reduziert werden und die Telekom wurde nicht zuletzt zu einem Pionierunternehmen in der Entwicklung von Telefonservice-Angeboten im Dialog mit den Kunden. Der Monteur, der in das heimische Wohnzimmer kommt und dort an der Telefonbuchse arbeitet, gehört damit immer mehr der Vergangenheit an, und der Kampf mit Warteschleifen und der Kontakt mit Telekom-Mitarbeitern in weit entlegenen Service-Centern, die ihrerseits an Drittanbieter ausgelagert werden können, bestimmt den Kundenkontakt der Telekom immer mehr: Selbst die Spartenorganisation des Unternehmens stand zwischenzeitlich zur Disposition. Die gezieltere Betreuung des Großkundengeschäftes entwickelte sich zu einem wichtigen neuen Geschäftsbereich, der mit der Gründung der Vorgängergesellschaft der T-Systems (DT System) 1993 aufgebaut wurde. In den lokalen Fernmeldeämtern wurden nun ebenfalls eigene Stabsstellen eingerichtet, damit die Großkunden nicht für jedes Detail mit unterschiedlichen Stellen verhandeln mussten. Die Mitarbeiter dieser neuen »Abteilungen Großkundenmanagement« erinnern sich insbesondere an den deutlichen Perspektivwandel in der Kundenbehandlung, die mit dieser Maßnahme einherging, waren die Kunden doch zuvor wie in Behörden als Antragsteller behandelt worden.

Der Wandel der unternehmensinternen Organisationsstruktur und der damit verbundene Einstellungs- und Verhaltenswandel der Mitarbeiter auf vielen verschiedenen Ebenen des Unternehmens stand aber schließlich im Zusammenhang mit der Heranbildung der Telekom als international agierendem Großunternehmen. War die westdeutsche Telekom als bundeseigenes Unternehmen einerseits durch die Monopolgesetzgebung vor inländischer Konkurrenz geschützt, war ihm andererseits die Möglichkeit zur internationalen Expansion auch verwehrt gewesen und damit die Möglichkeit, an dem Übergang zur modernen Kommunikationsgesellschaft in anderen Ländern geschäftlich zu partizipieren. Diese Situation änderte sich in den 1990er Jahren, für die Telekom wie auch für andere deutsche Großunternehmen. Einige deutsche Unternehmen gerieten in den Blick internationaler Großkonzerne, und Traditionsnamen wie die Hoechst AG verschwanden nach der Fusion mit Rhône-Poulenc zu Aventis. Andererseits sahen die »Roaring Nineties« (Joseph Stiglitz) die internationale Expansion deutscher Großkonzerne, und die deutschen Direktinvestitionen im Ausland stiegen steil an. Der westdeutsche »rheinische Kapitalismus« veränderte deutlich sein Gesicht. Insbesondere der nationale Fokus der Unternehmen und Standards des deutschen Sozialstaats lösten sich im globalen Kapitalismus auf.[16]

Die Telekom fügte sich in diese Neuausrichtung des deutschen Kapitalismus nahtlos ein und wurde als eines der größten Unternehmen im Land zu einem der wichtigsten Akteure in diesem Prozess. Das Unternehmen entwickelte ein lebhaftes und lukratives Auslandsgeschäft, wofür auch der »Aufbau Ost« entscheidende Impulse

MATAV 2000

Die Deutsche Telekom hatte gemeinsam mit Ameritech in der Ausschreibung der Ungarischen Regierung etwa zwei Drittel der Knotenvermittlungsstellen-Bereiche des führenden Telekommunikationsunternehmens des Landes gewonnen. Die Bedingungen im Vertrag waren sehr ambitioniert, so sollten bis zum Jahr 2000 alle vorhandenen und neu eingehenden Telekommunikationsaufträge ohne Wartezeiten abgebaut sein. Die einzusetzenden Investitionen spielten dabei keine Rolle. Die MATAV-Generaldirektion hatte ein Investitionsprogramm erarbeitet, das der Deutschen Telekom zu hoch erschien. Die Niederlassung Cottbus sollte dies überprüfen und erforderlichenfalls anpassen. Die erste Bestandsaufnahme der Situation in Ungarn durch die Cottbuser Abordnung war nicht gerade berauschend. Wir stellten fest, dass der Versorgungsgrad noch weitaus schlechter war als in der DDR. Es gab noch viele Handvermittlungen in ländlichen Gebieten, die nachts nicht besetzt waren. Die Vermittlungsstellen in den Städten waren bis auf wenige Ausnahmen heillos veraltet, eine Auswechslung war dringend erforderlich. Das Kabelnetz war – wie in der DDR – unbrauchbar und musste ersetzt werden. Es gab leistungsfähige Tiefbauunternehmen, die aus einem Leiter, einem Meister und einer Sekretärin bestanden. Alle Tiefbauleistungen wurden in Handarbeit ausgeführt, da der Einsatz von Maschinen zu teuer war. Die benötigten Arbeitskräfte wurden über den freien Arbeitsmarkt beschafft. Erfreulich war, dass immerhin das überregionale Netz zwischen den Knotenvermittlungsstellen fertig war.

Wir beschäftigten uns nur kurze Zeit mit dem ungarischen Programm, weil wir es für zu ambitioniert und in der zur Verfügung stehenden Zeit nicht realisierbar hielten. Die Ausbauziele waren zu hoch gesteckt und damit zu kostenintensiv. Daher stellten wir umfangreiche Untersuchungen an, um die Entwicklung des Lebenshaltungsindex bis zum Jahr 2000 zu ermitteln. Daraus leiteten wir die Höhe der Ausgaben ab, die den Haushalten im Durchschnitt für die Telekommunikation zur Verfügung stehen würden. Gleichzeitig ermittelten wir in vielen Gesprächen mit den Lieferanten fernmeldetechnischer Materialien die für Ungarn relevanten Kosten. Dabei konnten wir die Vorstellungen der Lieferunternehmen teils drastisch reduzieren. Uns half dabei eine Festlegung der ungarischen Regierung, »wer in Ungarn baut, muss auch in Ungarn produzieren«, und die Produktionskosten in Ungarn waren relativ niedrig.

Die laufenden Ergebnisse unserer Arbeit wurden ständig mit der Generaldirektion und den ungarischen Ämtern abgestimmt. Wir kamen dabei nicht immer gleich zu konformen Ergebnissen, konnten uns aber mit unseren Argumenten, basierend auf den Erfahrungen »Aufbau Ost«, durchsetzen. Die von uns ermittelten Kosten lagen im Endergebnis um 15 Prozent unter den Kosten des eigenen Programms der MATAV. Das war ein großer Erfolg, auch wenn wir uns mehr erhofft hatten.

Die Generaldirektion bestätigte unsere Ausarbeitung und sie ging in die Realisierung. Das Projekt konnte erfolgreich abgeschlossen werden. Eine Abrechnung im Jahr 2001 ergab, dass Vertragsbedingungen und Investitionskostenrahmen eingehalten worden waren und der vorhergesagte Versorgungsgrad nur um 0,2 Prozent verfehlt worden war. Die Erfahrungen aus dem »Aufbau Ost« konnten also erfolgreich für das MATAV-Projekt angewendet werden.

Siegfried Fenske

Noch mehr internationales Interesse:

gab. Aus den Erfahrungen in der Organisation und Durchführung eines raschen Netzausbaus konnte beispielsweise ein vollkommen neues Geschäftsfeld entwickelt werden, auf dem die Telekom zwischenzeitlich weltweit tätig ist. Unmittelbar konnten die Experten des »Aufbau Ost« ihre Erfahrungen in das Projekt zur Modernisierung des ungarischen Telefonnetzes (MATAV 2000) einbringen, das die Telekom übernehmen konnte.

Die Erfahrungen mit dem »Aufbau Ost« halfen dabei vor allem zunächst bei der realistischen Kalkulation und dem Gewinn der Ausschreibung. Auch in anderen ehemaligen Ostblockstaaten beteiligte sich die Telekom an der Modernisierung der Telefoninfrastruktur. Darüber hinaus gab es auch im »Westen« Kooperationsprojekte beim Netzausbau, wie beispielsweise ein größeres Projekt mit Südafrika. Die Mitarbeiter des »Aufbau Ost« hielten zudem überall in der Welt Vorträge über ihre Erfahrungen. Und schließlich gab es Unternehmensübernahmen, von denen die Übernahme des amerikanischen Mobilfunkunternehmens VoiceStream 2001 und die Expansion von T-Mobile USA wohl die spektakulärsten waren, bedeuteten sie doch einen Angriff des ehemaligen europäischen Monopolisten auf den Markt im Mutterland der technischen Kommunikation.

Fazit: Die Telekom und die Kommunikationsgesellschaft

Die Veränderung der Telekom seit der Wiedervereinigung war vielschichtig. Sie war eingebettet in den Übergang des wiedervereinigten Deutschlands zu einer modernen Kommunikationsgesellschaft, bestimmte diesen aber gleichzeitig auf zentrale Weise mit. Innerhalb dieses langfristigen und die gesamte Gesellschaft erfassenden Transformationsprozesses war der »Aufbau Ost« nur eine Episode, aller-

Internationales Interesse

Als über viele Jahre den Part Öffentlichkeitsarbeit Begleitender waren für mich die Gespräche mit den am »Aufbau Ost« interessierten Besuchern aus vielen geografischen Breiten dieser Welt stets ein besonderer Höhepunkt. Gerade in den Jahren von 1992 bis 1994 gaben wir im Vorstandsbereich »Aufbau Ost« eine Vielzahl detaillierter Informationen zum Infrastruktur-Programm »Telekom 2000« weiter.
Konnten wir doch zunächst auch einmal aus dem Nähkästchen über unsere möglicherweise bewusst so vernachlässigte Infrastruktur in der DDR informieren, ohne Repressalien befürchten zu müssen. Das Spannende war dann natürlich, den Bogen zum Heute zu schlagen, denn das war ja das die Besucher stark interessierende Detail.
Besonders im Gedächtnis geblieben ist mir das Gespräch mit Sang-Bong Park (FU Berlin) aus Südkorea. Die politische Lage in seiner Heimat war in mancher Hinsicht vergleichbar mit der Situation in den beiden deutschen Staaten. Aufgrund dieser Parallelen hoffte er auf eine baldige Wiedervereinigung von Nord- und Südkorea. Er lud mich daher nach Korea ein, um bei der dann nötigen Wiederherstellung einer einheitlichen Infrastruktur auf dem Fernmeldesektor »Schützenhilfe« zu leisten. So einfach dahin gesprochen, machte es mir doch seine Gedanken und Wünsche deutlich, die bei uns inzwischen politisch überwunden und gesellschaftlich auf einen guten Weg gebracht waren.
Ich hatte zugesagt!

Wolf Reiner Menzel

Es war nicht alles rosig, aber alle haben ihr Bestes gegeben
Es war eine spannende Zeit, eine Zeit der großen Herausforderungen, aber auch eine Zeit, in der vieles machbar war, was sonst in einem Behördenapparat unmöglich gewesen wäre. Alle Beteiligten haben aus meiner Erinnerung heraus ihr Bestes gegeben und zum Teil Unmögliches möglich gemacht. Ich bin sicher, dass die damals bestehenden Probleme im Interesse aller und gemeinsam mit den Betroffenen, den Gewerkschaften und den Personalvertretungen gut gelöst worden sind. Ich bin aber auch sicher, dass bei dem einen oder anderen nicht alles so gelaufen ist, wie er es sich vorgestellt hat, und dass Verärgerung und Enttäuschung aufgetreten sind. Wir haben uns immer als Teil einer großen Familie gesehen und ich glaube, dass daher auch die Zusammenführung von Ost und West im Bereich der Telekommunikation im Verhältnis zu anderen Behörden so schnell und auch ziemlich reibungslos ablaufen konnte. Der Erfolg war sicher auch darin begründet, dass zwischen der Telekom und der Deutschen Post schon frühe und unkonventionelle Maßnahmen zur Zusammenführung beschlossen wurden, bevor die Vereinigung überhaupt spruchreif wurde. Ich habe dann jahrelang mit vielen ehemaligen Mitarbeitern der Deutschen Post der DDR sehr gut und vertrauensvoll zusammengearbeitet, ihr fachliches Wissen und ihre Kollegialität sehr geschätzt. Dafür an dieser Stelle ein aufrichtiges Dankeschön!
Lothar Kipf

dings eine Episode mit Langzeitwirkungen, die weit über das Gebiet der neuen Bundesländer hinausstrahlte. Die Weckruf-These des für den Aufbau verantwortlichen Vorstandsmitglieds Wilhelm Pällmann hat mithin nur allzu große Berechtigung im Hinblick auf die technische Entwicklung in Ost und West, aber genauso auf die organisatorische und unternehmenspolitische Entwicklung. Der »Aufbau Ost« wurde zum marktwirtschaftlichen Experimentierfeld, in dem der ehemalige Staatsmonopolist seine Fähigkeit als Wettbewerbsunternehmen ausprobieren konnte und das mit großem Erfolg.

Das Unternehmen profitierte dabei von dem überdurchschnittlichen Engagement seiner Mitarbeiter und der großen Anpassungsbereitschaft der ehemaligen Mitarbeiter der Post- und Fernmeldeverwaltung der DDR. Dabei muss immer wieder berücksichtigt werden, dass niemand zu Beginn der 1990er Jahre die rasante Entwicklung vorhersehen konnte, die die Telekommunikation nehmen würde. Eine rasche Internetrecherche über das Mobiltelefon, wenn Konsumenten im Supermarkt Preise vergleichen wollen, oder das Lesen von E-Mails während einer Bahnfahrt, erschien auch am Ende des Programms »Telekom 2000« selbst Experten sicher noch wie Science-Fiction. Dass der »Aufbau Ost« weit über die eigentliche Zielsetzung hinaus Bedeutung nicht nur für die neuen Bundesländer, sondern für das Unternehmen Telekom haben würde, war damals noch nicht absehbar.

Die Aufbauleistung der Telekom und ihrer Partnerunternehmen hat dafür gesorgt, dass in der Bundesrepublik dieser gesellschaftliche Transformationsprozess möglich wurde. Telekommunikationsunternehmen sind heute weit mehr als nur Dienstleister für die Bereitstellung einer Kommunikationsinfrastruktur, sondern sie prägen bereits kommunikationstechnische Visionen der Gesellschaft. Auch wenn die Deutsche Telekom AG kein öffentliches Unternehmen mehr ist,

Bilanz des Programms »Telekom 2000«

Das Programm »Telekom 2000« war bereits im Frühjahr 1990 – also noch vor der Wiedervereinigung – gemeinsam von beiden deutschen Telekom-Unternehmen erarbeitet worden. Erklärtes Ziel des Programms war die bedarfsgerechte Versorgung der neuen Bundesländer und Ost-Berlin im Zeitraum 1990 bis 1997 mit modernster Telekommunikationsinfrastruktur sowie -dienstleistungen und -produkten. Es gehört zu den bedeutendsten ingenieurtechnischen und organisatorischen Leistungen, die weltweit beim Aufbau von Telekommunikations-Infrastrukturen vollbracht wurden. Mit einem finanziellen Aufwand von 50 Mrd. D-Mark entstand aus einem völlig unterentwickelten, veralteten und von der Politik der DDR vernachlässigten Fernmeldesystem termingemäß eines der modernsten Telekommunikationsnetze der Welt.

Das Programm war breit gefächert. Schon nach eineinhalb Jahren (1993) war der Bau des sogenannten Overlay-Netzes abgeschlossen, das deutsche Fernmeldenetz war wieder komplett. Parallel zum Aufbau der Ferntrassen wurden in den Ortsnetzen im wahrsten Sinne des Wortes Milliarden in der Erde vergraben. Infolge der territorialen Ausdehnung und des quantitativen Umfangs nahm der Ausbau des Ortsnetzes die geplanten sieben Jahre voll in Anspruch. Neben der Telefonnetzkommunikation wurden ein integriertes digitales Datennetz und der Mobilfunk vorangetrieben. Im Rundfunk- und TV-Sendernetz erfolgte die Schließung von Versorgungslücken der öffentlich-rechtlichen Rundfunkanstalten. Die entstandenen modernen digitalen Netzstrukturen mussten durch neue Vertriebsformen und einen flexiblen und leistungsfähigen Service ergänzt werden. Bereitstellungszeiten für einen Telefonanschluss von fünf Tagen sind heute an der Tagesordnung; Antragsteller bei der Deutschen Post der DDR hatten mitunter 18 Jahre gewartet. Im Service veränderten sich Welten.

Die Deutsche Bundespost Telekom, und später die Deutsche Telekom AG, war im Rahmen dieses Programms der größte Einzelinvestor im Osten Deutschlands und sicherte dort damit fast 100.000 Arbeitsplätze; davon fast 45.000 Beschäftigte im eigenen Unternehmen und 50.000 durch Auftragsvergabe an die Wirtschaft und mittelständische Unternehmen, die in verschiedenen Formen in die Realisierung des Programms eingebunden waren.

Das Programm »Telekom 2000« war damit in zweifacher Hinsicht von wesentlicher Bedeutung für den wirtschaftlichen Aufschwung im Osten Deutschlands. Zum einen war der Aufbau der Telekommunikations-Infrastruktur eine der entscheidenden Voraussetzungen für die strukturelle Umgestaltung und weitere Entwicklung der Wirtschaft, und zum anderen war das Programm selbst durch den hohen Investitionseinsatz, den Ausrüstungsbedarf und die erforderlichen Hoch- und Tiefbauleistungen ein bedeutsamer wirtschaftlicher Faktor.

Die Mittel wurden vom Kapitalmarkt aufgenommen und mussten verzinst und getilgt werden. Die ursprünglich geplanten Investitionsaufwendungen konnten durch Steigerung der Produktivität und sinkende Preise der Nachrichtentechnik um zehn Mrd. D-Mark unterschritten werden. Mit einem Festakt in Anwesenheit von Bundeskanzler Helmut Kohl und dem Vorstandsvorsitzenden der Deutschen Telekom AG, Ron Sommer, wurde am 10. Dezember 1997 in der Niederlassung Neubrandenburg der »Aufbau Ost« offiziell erfolgreich abgeschlossen und das Engagement und die Einsatzbereitschaft der Mitarbeiter der Telekom und der am Programm beteiligten Unternehmen gewürdigt. Die Geschichte der Telekommunikation war um ein bedeutsames Kapitel erweitert worden.

Werner Baudis und Wolf Kahle

»Telekom 2000« in Zahlen:

trägt es damit aber auch ein großes Maß an gesellschaftlicher Verantwortung. Der Schutz der Privatsphäre und die Datensicherheit sind für moderne Gesellschaften zunehmend wichtige Themen. Nicht zuletzt auch der verantwortliche und sozialverträgliche Umgang mit elektronischer Kommunikation ist ein Diskussionsthema für die Weiterentwicklung der Kommunikationsgesellschaft, dem Telekommunikationsanbieter sich nicht entziehen sollten. Mit allen heutigen und zukünftigen Visionen über die unbegrenzte Kommunikation entstehen eben auch Herausforderungen für die Begrenzung der negativen Auswüchse.

Der »Aufbau Ost« stand historisch gesehen am Beginn all dieser gewaltigen Transformationen der letzten 25 Jahre. Zweifellos war er nicht die Ursache des Übergangs zur Kommunikationsgesellschaft. Aber er ist eben auch nicht zu beschränken auf die sieben Jahre des Programms »Telekom 2000«, die es nur dauerte, in den fünf neuen Bundesländern ein dem alten Westdeutschland vergleichbares, am Ende sogar überlegenes Telefonnetz aufzubauen. Seine Wirkungen gingen weit, weit darüber hinaus, innerhalb wie außerhalb der Telekom. Hiervon handelt dieses Buch.

Timotheus Höttges
Vorstandsvorsitzender
Deutsche Telekom AG

Eine neue Zeitenwende – Auf dem Sprung in die Gigabit-Gesellschaft

Es waren aufregende Tage im Dezember 1989, und es war für alle Beteiligten eine Herausforderung, mit der Entwicklung überhaupt Schritt zu halten. Das galt auch für die Journalisten aus dem Westen, die Bundeskanzler Helmut Kohl damals nach Dresden begleiteten – seinem ersten offiziellen Besuch in der DDR nach dem Fall der Mauer. Doch so sehr sie sich auch mühten, mit ihren Redaktionen in Hamburg, Frankfurt oder München zu telefonieren, um Bericht zu erstatten: Diese neuen, schweren Mobiltelefone, die einige mit sich führten, wollten einfach nicht funktionieren. Es gab im Osten Deutschlands schlicht noch kein Netz dafür – das hatten sie nicht bedacht.

Mit westdeutscher Überheblichkeit hatte das nichts zu tun. Im Gegenteil: Die alte Bundesrepublik war damals selbst Handy-Entwicklungsland. Nur wenige waren geübt im Umgang mit den mobilen Geräten. Nicht einmal 200.000 Kunden nutzten Ende der 1980er Jahre das C-Netz genannte Mobilfunkangebot der Bundespost.

Die kleine Anekdote zeigt zweierlei: Wer in Verbindung bleiben will, braucht Telekommunikation. Und Telekommunikation braucht Infrastruktur. Der Auf- und Ausbau des Telekommunikationsnetzes in den neuen Bundesländern gehört deswegen unbestritten zu den großen Erfolgsgeschichten, wie sie so nur die Wiedervereinigung Deutschlands schreiben konnte. Insgesamt rund 50 Mrd. D-Mark investierte die Deutsche Telekom im Rahmen ihres Programms »Telekom 2000« in den neuen Bundesländern.

Festnetz und Mobilfunk wurden innerhalb weniger Jahre auf den neuesten Stand gebracht, die Zahl der analogen Telefonanschlüsse von 1,8 Mio. auf 7,6 Mio. nahezu vervierfacht. Eine Kraftanstrengung, die sich lohnte: Hatte vor der Wende nur jeder zehnte Einwohner in der ehemaligen DDR ein Telefon, verfügte schon Ende 1997 nahezu jeder zweite Bürger in den neuen Ländern über einen eigenen Anschluss. Die beteiligten Mitarbeiterinnen und Mitarbeiter aus beiden Teilen Deutschlands dürfen – und sollten – stolz sein, auf das, was sie damals erreicht haben. Die Deutsche Telekom – wir – sind stolz auf sie.

Erfrischend und dynamisch
Die turbulenten Jahre des Aufbaus seit 1990 waren eine äußerst erfrischende und dynamische Periode, in der ich hohes Engagement, Einfallsreichtum – gepaart mit Durchhaltevermögen und schneller Entscheidungsfähigkeit – bei allen Kollegen der ersten Stunden vorgefunden habe. Alles Eigenschaften, die sich bei dem heutigen Team, das dem vollen Wettbewerb ausgesetzt ist, hoffentlich erhalten haben.
Karl-Heinz Haufe

Linke Seite: Innenansicht eines Rechenzentrums.

Neubau des Fernmeldeamtes und einer Teilnehmervermittlungsstelle in Leipzig.

Vor neuen Herausforderungen

Heute gehört ein engmaschiges Kommunikationsnetz zur Grundversorgung, und wir ärgern uns über die wenigen verbliebenen Funklöcher. Die letzten »weißen Flecken« in einem Breitbandnetz, das längst viel mehr können muss, als Sprache zu transportieren.

Im vereinten Deutschland gibt es heute viel mehr Handys als Einwohner. Internetfähige Smartphones und Tablets haben Einzug gehalten und verändern unser aller Leben. Wer es nicht glaubt, der stelle sich auf einen x-beliebigen Bahnsteig und halte nach jemandem Ausschau, der nicht auf seinen kleinen Handybildschirm starrt. Wo wir früher einfach nur gewartet haben, schreiben wir heute E-Mails, wir lesen und schauen Videos, wir prüfen, ob unser Anschlusszug pünktlich ist, wir kaufen ein Ticket und erledigen Bankgeschäfte. Alles mit dem Smartphone. Telefonieren ist für viele längst zur Nebensache verkommen.

Wir sind es gewohnt, immer und überall Zugang zu diesem Netz zu haben. So sehr, dass jede Ausnahme ein Ärgernis darstellt. Die Deutsche Telekom sorgt dafür, dass Kunden überall in Deutschland einen angemessen schnellen Zugang zu unseren Services haben. Daran arbeiten wir. Und deswegen investieren wir – ein Vierteljahrhundert nach dem Mauerfall – weiter in dieses Netz. Und zwar mehr als jeder andere. Allein in Deutschland betragen die Investitionen in einem Zeitraum von sechs Jahren insgesamt 23 Mrd. Euro – also in etwa so viel wie beim »Aufbau Ost«.

Das Netz bleibt wichtig. Unser Netz ist die Basis unseres Geschäfts. Netze bauen können wir nachweislich besser als andere – und davon wollen wir auch in Zukunft profitieren. Es braucht alle Anstrengung – finanziell wie technologisch –, unseren Vorsprung zu halten und, wo immer es geht, auszubauen. Aber das ist bei Weitem nicht die einzige Herausforderung, vor der wir stehen. Unter ganz anderen Bedingungen als vor 25 Jahren liegen erneut große und nicht weniger bedeutsame Aufgaben vor uns. Doch diesmal geht es nicht um ein nationales Anliegen, um die Überwindung eines Gefälles zwischen Ost und West, zwischen Nord und Süd oder zwischen Stadt und Land. Es geht auch nicht um die Infrastruktur allein.

Diesmal geht es um die Herausforderungen durch eine globale und zunehmend digitale Welt, die uns zugleich völlig neue Möglichkeiten eröffnet. Die Verfügbarkeit und den Zugriff auf Informationen in einer nie dagewesen Qualität und Fülle zum Beispiel. Oder die vom Ort unabhängige Zusammenarbeit mit Partnern in aller Welt. Die Herausforderungen, die damit einhergehen, betreffen uns alle. Für die Telekom berühren sie gleichsam die Grundfesten des unternehmerischen Handelns. Sie verändern Geschäftsmodelle und Märkte. Neue Spieler tauchen auf – alte verschwinden, wenn sie nicht in der Lage sind, mit den immer schneller werdenden Innovationszyklen mitzuhalten.

Auf drei dieser Herausforderungen möchte ich in diesem Beitrag näher eingehen – und erläutern, wie sie unsere Branche beeinflussen und verändern:

- Die Digitalisierung des Alltags
- Die Digitalisierung der Wirtschaft
- Digitalisierung und Selbstbestimmung

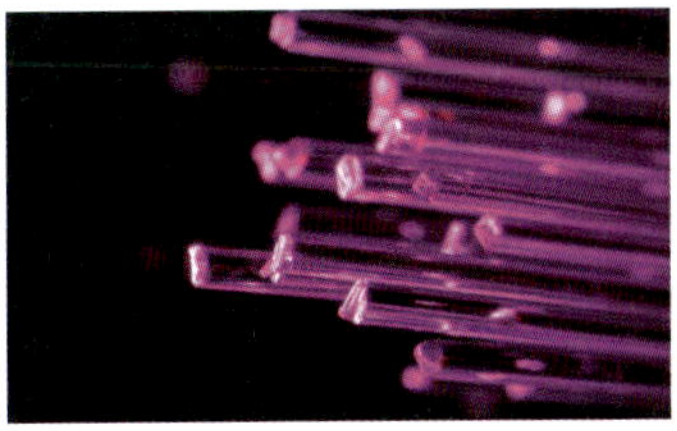

Glasfaserkabel.

Die Digitalisierung des Alltags

Ich sagte es bereits: Wer sich heute ein neues Mobiltelefon zulegt, greift in der Regel zu einem Smartphone. Damit kann man zwar auch telefonieren, vor allem aber ermöglicht es jederzeit den Zugang zum mobilen Internet. Die Einführung des iPhones von Apple – dem inzwischen viele Hersteller mit eigenen Geräten folgten – hat Markt und Nutzerverhalten revolutioniert. Es war das erste Gerät, mit dem das Surfen im Internet wirklich Spaß machte. Der Einsatz eines berührungsempfindlichen Bildschirms, des sogenannten Touchscreens, veränderte die Art und Weise, wie wir unsere Mobiltelefone

Timotheus Höttges.

und inzwischen das Internet insgesamt nutzen. Allein in Deutschland haben schon 40 Mio. Menschen so ein Smartphone, ein Großteil nutzt dafür das Netz der Telekom.

Einst machte der Mobilfunk den Menschen unabhängig vom Festnetzanschluss in den eigenen vier Wänden. Wer sich erinnert, wie wir damals auf heißen Kohlen saßen, wenn wir einen Anruf erwarteten, gleichzeitig aber für einen wichtigen Termin vor die Türe mussten, weiß, wovon die Rede ist. Heute regeln wir so vieles unterwegs, dass uns die Gewohnheit erst auffällt, wenn wir unser »Zweithirn« einmal zu Hause vergessen haben. Das mobile Internet erweitert unsere Handlungsfähigkeit enorm. Und dabei geht es gar nicht allein um den mobilen Zugriff auf private Daten, die wir inzwischen vornehmlich digital nutzen – etwa unsere Musik- oder Büchersammlung, unser Fotoarchiv oder unsere Urlaubsvideos. All das haben wir immer dabei, wenn wir das wollen.

Aber fast genauso schnell können wir jederzeit und von überall eher auf die Bibliotheken in aller Welt zugreifen, in den Fotosammlungen großer Agenturen recherchieren oder die neuesten Hits hören. All diese Inhalte kommen dabei direkt aus der Cloud, wie es im Branchenjargon heißt. Gemeint sind große Rechenzentren, sogenannte Serverparks, die Teil des Internets sind und den Endgeräten immer mehr Speicher- und Rechenleistung abnehmen. Selbstverständlich lässt sich damit auch sehr viel Geld verdienen. Denn egal, ob der Privatkunde Speicherplatz für seine Fotosammlung mietet oder Unternehmen ganze Büroanwendungen auf externen Servern vorhalten – dahinter verbirgt sich immer auch ein Geschäftsmodell. Auf über 100 Mrd. Euro schätzen Experten das Marktvolumen in diesem Bereich bis zum Jahre 2017.

Jedes Smartphone – ein Unikat

Smartphones – ebenso die etwas größeren Tablet-Computer – sind auch deswegen so smart, weil sie sich an die Vorlieben ihres Besitzers anpassen lassen. Dank unzähliger kleiner Programme, die man – ganz nach persönlichen Vorlieben – über das Internet direkt auf sein Gerät laden kann. Es geht um die sogenannten Apps. Allein Apple hat bereits über 75 Mrd. dieser Mini-Programme vertrieben. Sie erst machen das Gerät zum unverzichtbaren Alleskönner: von der Einkaufsliste bis zur Taschenlampe, von der Spielkonsole über den Schallmesser bis zum Navigationsgerät. Und selbstverständlich beherrschen sie auch die Office- und E-Mail-Programme, die die meisten von uns im Berufsleben brauchen.

Smartphones sind so zu einem großen Teil mitverantwortlich für den explosionsartigen Anstieg des weltweiten Datenaufkommens. Rund zwei Mio. Suchanfragen bei Google, etwa 200 Mio. verschickte E-Mails, 72 Stunden neues Videomaterial bei YouTube: Das ist das Internet heute – in nur einer Minute. Und doch stehen wir gerade erst am Anfang dieser Entwicklung. Das US-Unternehmen Cisco schätzt, dass sich der weltweite Internet-Datenverkehr im Jahr 2017 auf 1,4 Zettabyte belaufen wird. Um sich diese Menge vorstellen zu können, denken Sie an sämtliche Informationen aus 120 Tageszeitungen, die täglich an alle sieben Mrd. Menschen auf der Erde verteilt werden – ein ganzes Jahr lang.

Es handelt sich natürlich nur um eine Prognose. Es spricht deswegen einiges dafür, dass sie längst überholt sein wird, wenn Sie dieses Buch in Händen halten. Außer Frage aber steht, dass es einen intelligenten Mix aus verschiedenen Festnetz- und Mobilfunktechnologien braucht, um dieser immer höher anschwellenden Datenflut Herr zu werden.

Mehr zum megaschnellen Internet:

Wir bauen das megaschnelle Internet.

Dafür müssen wir heute Entscheidungen treffen, die zukünftige Entwicklungen und Nutzerszenarien vorwegnehmen. Das Netz der Zukunft wird sich vom heutigen vor allem durch drei Merkmale unterscheiden.

Das Netz wird immer schneller

Nehmen wir exemplarisch den Mobilfunk: Bis Ende des Jahres 2016 wollen wir 85 Prozent der Bevölkerung in Deutschland mit dem schnellen Standard LTE versorgen. Schon heute erreichen wir damit Spitzengeschwindigkeiten von bis zu 150 Mbit/s, bald schon wird es doppelt so schnell sein. Im Frühjahr 2014 konnten wir bei einem Versuch unter realen Bedingungen sogar einen neuen Weltrekord aufstellen – mit einer Übertragungsgeschwindigkeit von 580 Mbit/s. Eine komplette Musik-CD wird bei diesem Tempo in rund zehn Sekunden geladen.

Beim Breitbandausbau im Festnetz erreichen wir höhere Kapazitäten durch eine Kombination aus Glasfaser und dem sogenannten Vectoring. Dabei wird dem herkömmlichen Kupferkabel die doppelte Bandbreite entlockt. Auf diese Weise werden auf der letzen Meile – das ist die Strecke vom Verteilerkasten bis zum Hausanschluss – bis zu 100 Mbit/s erreicht.

Immer schneller

Durch die heutige LTE-Technologie passiert folgendes: Die Leute wollen alle breitbandig und mobil surfen. Zum einen werden die Funkzellen wegen der benötigten hohen Kapazitäten deutlich kleiner. Zum anderen müssen diese großen Datenmengen von der Antenne in das Festnetz abgeführt werden, und das bedeutet, dass die Glasfaserdichte steigen muss, denn Kupferkabel können diese Datenmengen nicht mehr übertragen. Die zahlreichen Internetanwendungen, wie etwa Videoübertragung, treiben die Entwicklung weiter voran; das Datenvolumen steigt explosionsartig. Heute muss man das keinem mehr erklären, damals war das noch anders. Ich erinnere an das Minitel in Frankreich, wo die Menschen millionenfach statt gedruckter Telefonbücher die Minitels kostenlos erhielten. In Deutschland dachte man industriepolitisch anders und schreckte bei Bildschirmtext vor einer solchen Entscheidung zurück. Es gab eine technische Vision, aber keine Kunden-Vision.

Hermann Josef Becker und Friedrich-H. Fuß

Technologien wachsen zusammen

Der Mix macht es, und der Blick auf den Kundenwunsch zeigt den Weg auf. Denn unsere Kunden wollen immer und überall online sein. Sie wollen Zugang zu den eigenen Daten, in bester Qualität und möglichst günstig. Ganz egal, mit welcher Technik – ob Festnetz, Mobilfunk oder WLAN. Nur ein Beispiel dafür, wie wir daran arbeiten, diesen Wunsch zu erfüllen, ist der sogenannte Hybrid-Router. Er kombiniert die unterschiedlichen Technologien aus festem Breitbandanschluss und LTE – und wählt automatisch die schnellste Verbindung. Wir wollen, dass unsere Kunden nicht fragen müssen, *wie* sie ins Netz kommen, sondern nur *wie schnell*.

Das Netz wird einfach

Das Internet-Protokoll wird zur gemeinsamen Sprache, sozusagen zur *lingua franca* der vernetzten Welt. Damit wird die Netzarchitektur deutlich vereinfacht. Vieles, was heute Hardware ist, wandert in die Software, also in die Steuerungsprogramme. Und vieles, was heute an Software an vielen Orten verteilt ist, wird zentralisiert. Das macht den Betrieb einfacher, weil weniger per Hand eingestellt und ausgetauscht werden muss. Und weil alle Anwendungen auch auf allen Geräten funktionieren. Von der Sprachtelefonie zu den Textchats, von der Videokommunikation bis zu unserem Fernsehangebot mit Social-Media-Funktionen. Damit rückt auch ein paneuropäisches

Netz näher, das leichter zu warten sein wird, grenzüberschreitend funktioniert und unseren Kunden viele Vorteile bringen wird.

Auf diese Weise hat die Telekom bereits heute die notwendigen Weichen gestellt, um den raschen Transport der zunehmenden Datenströme auch zukünftig zu gewährleisten. Aber eines scheint schon heute festzustehen: Leistungsstärkere Netze und schnellere Verbindungen werden wieder neue Dienste ermöglichen, die ihrerseits dann wieder nach mehr und mehr Leistung und Geschwindigkeit verlangen. Es ist ein ewiger Kreislauf – mit zunehmender Dynamik. Sicher ist: Das Netz ist nie fertig, wir werden weiter viele Mrd. in die Infrastruktur investieren müssen.

Von der Deutschen Telekom – und anderen Netzbetreibern – darf man verlangen, dass sie alle Daten zuverlässig und mit der versprochenen Geschwindigkeit durch ihr Netz leiten. Oft wird aber übersehen, dass Videokonferenzen, komplexe Onlinespiele oder Telemedizin heute deutlich höhere Qualitätsanforderungen an das Netz stellen als etwa das Abrufen einer E-Mail oder der Aufruf einer Website.

Wir wollen für solche sensiblen Anwendungen neue Spezialdienste ermöglichen. Zum Beispiel bei einer Videokonferenz live aus dem OP. Wenn dabei der Experte in Übersee konsultiert wird, und der womöglich – per Fernsteuerung der Instrumente – selbst am Eingriff

Außenaufnahme des größten Cloud-Rechenzentrums Deutschlands in Biere.

teilnehmen soll, muss garantiert sein, dass die Videobilder ruckelfrei übertragen werden. Hier kann es buchstäblich um Leben und Tod gehen, und dafür braucht es unserer Überzeugung nach eine Art Überholspur im Internet. Die Möglichkeit also, bestimmte markierte Pakete auf der Datenautobahn zu priorisieren. So wie die Post einen Expressversand hat oder die Bahn eine erste Klasse.

Offen für Partner

Aber noch einmal zurück zu den vielen neuen Diensten, die schon heute unseren Alltag bereichern. Wir wollen, dass unsere Kunden stets die modernsten und besten Internet-Anwendungen nutzen können. Wir können und wollen gar nicht alles selbst machen. Vielmehr laden wir Partner-Unternehmen ein, sich einfach an unsere IT-Landschaft anzudocken. Dafür hat sich die Telekom schon in den vergangenen Jahren geöffnet, und das wollen wir in Zukunft noch viel mehr tun. Dafür unterstützen wir aufstrebende Start-ups schon in der Gründungsphase. Oder wir entwickeln gemeinsam mit etablierten Partnern neue Services für unsere Kunden. Dazu bieten wir ihnen ebenso einfache wie sichere Schnittstellen an.

Innenansicht eines Rechenzentrums.

Was für den Zugriff auf unsere Unterhaltungsmedien und das Wissen der Welt gilt, gilt so auch für das Konsumverhalten insgesamt. Immer mehr Einkäufe werden virtuell – über die großen und zahllose kleine Online-Shops – getätigt. So steht den Kunden eine praktisch unbegrenzte Auswahl von Waren aus aller Welt zur Verfügung. Wer bei den großen Online-Händlern bestellt, bekommt sein Paket in der Regel am nächsten Tag. Was dieser Boom schon heute für den lokalen Einzelhandel bedeutet, erleben wir in vielen städtischen Einkaufszonen. Und längst testen die großen Player, allen voran die Internet-Riesen Google und Amazon, Logistik-Ketten, die die Zustellung sogar am gleichen Tag versprechen. Experimentiert wird etwa mit ferngesteuerten Transport-Drohnen. Da tut sich ein neuer, großer Markt auf für Produzenten und Händler verderblicher Güter, also vor allem Lebensmittel. Basis ist immer die zuverlässige Verfügbarkeit schneller Kommunikationsnetze.

Beschleunigte Kommunikation

Beschleunigt hat sich aber auch die Kommunikation selbst. Sie erfolgt mehr und mehr in Echtzeit. Wer heute auf einen Berg steigt und vom Gipfelkreuz ein Urlaubsfoto im sozialen Netzwerk postet, darf sich über die ersten Kommentare der Daheimgebliebenen freuen, noch bevor er mit dem Abstieg beginnt. Die populären – und oft kostenlosen – Messenger-Dienste zeigen selbstverständlich an, ob der Gesprächspartner online ist und für einen Chat, also ein kleines Gespräch, zur Verfügung steht. Schon wandern Videos und Bilder, geschriebene wie gesprochene Nachrichten, hin und her.

Relativ junge Services wie WhatsApp berühren das Kerngeschäft der Telekommunikationsbranche. Rund 40 Mrd. Dollar an Umsatz gehen ihr dadurch bis zum Jahre 2016 verloren. Unternehmen wie der Deutschen Telekom bleibt gar keine Wahl: Wir müssen uns an diese schnellen Veränderungen anpassen. Denn das ist eine der Lehren aus der Entwicklung der vergangenen Jahre: Es kommt zu einer Art digitalem Darwinismus, bei dem es eben auch Verlierer gibt. Anders ausgedrückt: Wer sich nicht an die digitale Welt anpasst, der geht mit seinem Geschäft unter. Bekanntestes Beispiel ist die Musikindustrie, die in den Jahren 2004 bis 2008 weltweit einen Umsatzverlust von rund 40 Prozent verzeichnete (von rund zwölf auf sieben Mrd. Dollar). Und selbst die, die einst Pioniere waren – wie das Unternehmen Apple, das mit iTunes dem Online-Kauf digitaler Musik zum Durchbruch verhalf –, sehen ihr Geschäftsmodell schon wieder durch neue Dienste bedroht. Beim sogenannten Streaming wird die Musik nicht auf das Smartphone geladen, sondern allein für den Moment des Hörens »live« vom Server eines Anbieters wie Spotify gezogen. Oder denken wir an den Handyproduzenten Nokia, der vom Weltmarktführer in kürzester Zeit zum Übernahmefall durch Microsoft wurde.

Kundenservice neu denken

Auf der anderen Seite verändert die Digitalisierung unseres Alltags grundsätzlich das Verhältnis von Unternehmen und ihren Kunden. Wer selbst ständig online ist und sich privat in Echtzeit austauscht, erwartet diese Unmittelbarkeit auch als Kunde. Fragen, Wünsche, Vorschläge – aber auch Kritik – werden online geäußert, vornehmlich in den sozialen Medien. Hier nicht zu reagieren, ist keine Option, wenn man das Thema Kundenbindung ernst nimmt. Man kann eben nicht verhindern, dass im Netz über das eigene Unternehmen geredet wird. Aber man kann versuchen, erklärend einzugreifen – wenn man seinen Kunden auf Augenhöhe begegnet. Das Netz beeinflusst im positiven wie im negativen Sinne: Kaufempfehlungen von Freunden haben Einfluss auf das eigene Konsumverhalten. Auf der anderen Seite gipfelt vermeintliches oder echtes Fehlverhalten von Unternehmen schnell in einem »Shitstorm« des Missfallens, der sich in Windeseile im Netz verbreitet.

Uns als Deutsche Telekom betrifft dieser Wandel vielleicht besonders. Einerseits ermöglichen wir mit unseren Netzen diese Art der Kommunikation. Andererseits sehen wir uns als Technologieführer natürlich auch an der Spitze der technischen und kulturellen Entwicklung. Dass wir unser Serviceangebot unter der Überschrift »Telekom hilft« schon früh auf Facebook und den Kurznachrichtendienst Twitter ausgeweitet haben, entspricht diesem Wandel in der Kunden-Produzenten-Beziehung. Wir treffen unsere Kunden – gerade die jüngeren – genau dort, wo sie sich sowieso aufhalten und über unsere

Produkte austauschen. Die Digitalisierung hat auch den Kundenservice schneller, direkter und transparenter gemacht. Wie sich gleichzeitig ganze Industrien und Produktionsprozesse digitalisieren – und was das für volkswirtschaftliche Auswirkungen hat –, das möchte ich im nächsten Abschnitt näher beleuchten.

Die Digitalisierung der Wirtschaft

Die ICT, also die Informations- und Telekommunikationsbranche, hat sich längst zum Treiber ganzer Industriezweige entwickelt. Professor Nicholas Negroponte, der berühmte Vordenker der Internet-Branche aus den USA, hatte es Mitte der 1990er Jahren vorhergesagt.[1] Seine These, dass alles, was digitalisiert werden kann, auch digitalisiert werde, hat sich in weiten Teilen bestätigt. Wir stehen bereits vor der nächsten großen Stufe: Alles was miteinander verbunden werden kann, wird verbunden: das Internet der Dinge – ich komme darauf noch zurück. Allen voran beobachten wir das, wie schon beschrieben, in der Unterhaltungs- und Medienbranche. Aber auch in den klassischen Industriesektoren wie Maschinen- und Anlagenbau, Fahrzeugbau oder Landwirtschaft gibt ICT als Querschnittstechnologie schon jetzt entscheidende Wachstumsimpulse. Investitionen in diesem Bereich sind heute für 23 Prozent des gesamtwirtschaftlichen Produktivitätswachstums in Deutschland verantwortlich. So sichert die deutsche ICT-Wirtschaft 360.000 Arbeitsplätze in anderen Branchen.[2]

Gesellschaftliche Bedeutung

Die Bedeutung intelligenter ICT-Lösungen für die zukünftige Entwicklung wichtiger gesamtgesellschaftlicher Aufgaben ist kaum zu überschätzen. Nehmen wir nur den Gesundheitssektor: ICT kann zu einer verbesserten Qualität beitragen, etwa durch eine sinnvolle Vernetzung von Ärzten, Patienten, Krankenhäusern und Versicherungen. Aber auch durch eine spürbare Unterstützung im täglichen Leben. Neue intelligente Verfahren helfen, im Alter ein selbstbestimmtes Leben zu führen. Etwa durch leicht zu bedienende Systeme, die wichtige Vitaldaten direkt an den Hausarzt senden, was gerade in ländlichen Gebieten mit geringer Hausarztdichte von Bedeutung sein kann. Aber es geht noch weiter: Matten, die selbstständig erkennen, ob jemand stürzt – oder Kameras, die im Notfall den Notarzt von ganz allein rufen.

Oder das Beispiel Energie: Intelligente Stromzähler, sogenannte Smart Meter, werden auf breiter Basis Einzug in die Haushalte halten und neue Formen der Energiesteuerung ermöglichen. Für eine künftige Energieversorgung, die deutlich stärker auf regenerative

Arbeiten an einer Glasfaserverbindungsstelle.

Quellen zurückgreift, wird es immer wichtiger, möglichst genau zu wissen, wo und wann wie viel Energie produziert und verbraucht wird. Das ist eine wesentliche Voraussetzung für ein effizienteres Energiemanagement – und moderne IT und Telekommunikation machen das möglich.

Damit einher geht die zunehmende Vernetzung der heimischen vier Wände. Wenn alles steuerbar ist und alles auch untereinander kommuniziert, ist der Eisschrank, der selbstständig neue Lebensmittel ordert, nur ein netter Nebeneffekt. Räume erkennen, welcher Bewohner sie betritt und dimmen das Licht entsprechend, legen die richtige Musik auf und regeln die Heizung. Im Bad weiß die Mischbatterie, dass der Hausherr gerne kalt duscht und dabei Verkehrsfunk hört. Wer verreist, lässt abends die Jalousien herunter und kontrolliert die Alarmanlage – alles von unterwegs. Die Telekom gehört in Deutschland mit der Plattform Qivicon zu den Vorreitern dieser Entwicklung. Dass auch Google zu Jahresbeginn Mrd. in die Übernahme von Nest investierte, einen Hersteller von Thermostaten und Rauchmeldern, und Apple wenig später mit HomeKit eine eigene Plattform für die Heimvernetzung ankündigte, kann als sicheres Indiz für das Entwicklungspotenzial dieses Bereichs gelten.

Die vierte industrielle Revolution

All das sind die Vorboten von Entwicklungen, die das Wirtschaftsleben so tief greifend verändern werden, dass man von der vierten industriellen Revolution sprechen kann. Alles wird digital, und alles, was Daten liefern kann – weil es zählt, misst, kommuniziert –, wird auch vernetzt.

Da kommt einiges auf uns zu. Bis 2020 wird der mobile Datenverkehr 150mal größer sein als noch 2010. Die Vernetzung von Geräten jenseits von Computern und Handys – das sogenannte Internet der Dinge – verstärkt diesen Trend. Allein in Deutschland wird es 2017 pro Einwohner sechs vernetzte Geräte geben. Weltweit sollen es bis zum Jahr 2020 etwa 50 Mrd. Geräte sein. Denken Sie an Brillen mit Internetanschluss. Oder an Kleidung mit eingenähten Chips. Oder Fitnessarmbänder, die direkt mit dem eigenen Computer verbunden sind: Gemeinsam ist ihnen, dass sie den Träger darin unterstützen können, ein gesünderes Leben zu führen. Indem sie ihm zum Beispiel am Abend signalisieren, dass die als Tagesziel festgelegten 10.000 Schritte noch längst nicht getan sind. Und die am Morgen über die Länge des Schlafs Auskunft geben. Einen Namen hat der Trend auch: »Quantified Self« – auf Deutsch etwa »Das vermessene Ich«. Was den Kunden freut, interessiert auch die Industrie. Denn diese sogenannten Wearables (auf Deutsch die »tragbaren« Systeme) liefern Daten, wie sie selbst modernste Marktforschung bislang nicht kannte. Eine Menge Daten – die sich, einmal gesammelt, dank moderner IT auch analysieren lassen. »Big Data« ist der Fachbegriff, der das automatische Auswerten von großen Datenmengen beschreibt.

Wer glaubt, dabei handele es sich nur um eine Spielerei, der unterschätzt das Fantasiepotenzial der Unternehmen: Woher wissen amerikanische Supermarktketten, welche Produkte nach Unwetterwarnungen besonders gefragt sind? Wie erkennen Suchmaschinen, dass eine Grippewelle im Anflug ist? Durch die Auswertungen großer Datenmengen in Echtzeit.

So bekommen Menschen, die über ihr Fitnessarmband Informationen über ihre liebste Laufstrecke teilen, vielleicht Online-Werbung für entsprechende Laufschuhe. Und wenn anders als angenommen die meisten Läufer gar nicht auf Waldstrecken, sondern innerhalb der Stadt laufen, beeinflusst das vielleicht die Produktlinien der Sportschuhindustrie. Und wenn die Daten der Läufer direkt in ein Prognosesystem der Hersteller einfließen, braucht es für die entsprechende Empfehlung womöglich nicht einmal einen Produktmanager. Der Werkscomputer stellt selbsttätig auf eine höhere Produktion dieses Modells um – und sorgt auch für die Bestellung entsprechender Rohstoffe.

Apropos Produktion. Auch hier kündigen sich Veränderungen an, und noch lässt sich nur schwer voraussagen, wie tief greifend sie tatsächlich sein werden. Spannend sind sie allemal. Was sich noch vor Kurzem nur einige Großkonzerne leisten konnten, hat sich binnen weniger Jahre zu einem Massenphänomen mit völlig neuen Möglichkeiten gemausert. Die Rede ist von 3D-Druckern, die jede erdenkliche Form ausdrucken können. In der Industrie helfen sie, die – natürlich digitalen – Entwürfe des Ingenieurs ohne Umweg auf die Produktionsstraße zu bekommen. So sinken Stückkosten und sogar kleinste Serien rechnen sich.

Während kleine Modelle dieser Drucker sich für daheim eignen und auch für Privatleute erschwinglich sind, geht die Entwicklung auch in diesem Sektor weiter. An einem Labor des Massachusetts Institute of Technology (MIT) sprechen sie bereits vom 4D-Printing – mit dem Faktor Zeit als vierter Dimension. Dabei wird ein Werkstoff ausgedruckt, der sich nach einer gewissen Zeit wie von Geisterhand verformt und seine endgültige Form einnimmt. Auch hier gilt: Der Fantasie für den Einsatz sind keine Grenzen gesetzt, zum Beispiel bei Kleinstimplantaten in der Medizin.

Vernetzte Armbänder oder Sportschuhe, das ist so gesehen nur der erste Schritt in eine Zukunft, in der digitale Systeme das Leben des Menschen nicht nur messen und dokumentieren, sondern Funktionen übernehmen, die er selbst nicht mehr ausüben kann. Denken Sie an Implantate für Schwerhörige, an digital gesteuerte Herzschrittmacher oder an Systeme, die Farben in Töne übersetzen. All das ist bereits Realität. Und längst forschen Wissenschaftler in aller Welt an Möglichkeiten, Maschinen per Gedankensteuerung Befehle zu geben. Prothesen, die Nervensignale verstehen und in Bewegung übersetzen, gibt es bereits.

Folgt auch dieser Bereich der Logik, dass alles, was digitalisiert werden kann, digitalisiert wird? Und dass alles, was vernetzt werden kann, vernetzt wird? Werden wir eines Tages womöglich in der Lage sein, ein Back-Up unseres Gedächtnisses auf einer digitalen Festplatte zu speichern? Und wollen wir das überhaupt? Die Gesellschaft wird verhandeln müssen, wie weit wir diese Art von Digitalisierung zulassen wollen. Und wo wir ethische Grenzen setzen müssen.

Verteilerknoten in einem Rechenzentrum.

Maschinen, die mit Maschinen sprechen

Mehr noch als im persönlichen Umfeld werden wir die geschilderte Vernetzung also bei Maschinen erleben, die Daten sammeln und analysieren und selbsttätig die automatisierte Steuerung optimieren. Navigationssysteme werden immer präziser, Assistenzsysteme immer ausgefeilter. Einige Hersteller testen bereits vernetzte Autos im echten Straßenverkehr, die komplett ohne Fahrer auskommen. Auch Fabriken produzieren immer effizienter, weil etwa Werkstoffe und Maschinen miteinander kommunizieren und weil die Maschinen insgesamt intelligenter und lernfähig werden.

Selbst die Landwirtschaft wird digital: Ein Pilotprojekt dazu haben wir mit dem führenden Landmaschinenhersteller Claas umgesetzt. Mähdrescher und Traktoren wurden mit Dutzenden Sensoren ausgestattet und über LTE miteinander verbunden. Das eine Fahrzeug übermittelt dem anderen – ganz autark – den optimalen Zeitpunkt für die Aufnahme des Korns. Denn ist der Korntank des Mähdreschers voll, muss der Traktor die Ernte übernehmen. Dafür mussten bislang beide Fahrzeuge ständig nebeneinander herfahren. Das ist dank der neuen, intelligenten Lösung nicht mehr nötig. Das Beispiel zeigt, wie der sinnvolle Einsatz der Technologie helfen kann, Zeit und Rohstoffe einzusparen.

Die Übermittlung der Daten und der Grad ihrer Vernetzung sind abhängig von verlässlichen Netzen wie dem unseren. Wir machen Daten verfügbar, immer und überall. Und wir machen sie nutzbar: durch Angebote wie Speicherplatz auf unseren sicheren Servern oder auch durch Plattformen für die sichere Kommunikation zwischen Maschinen.

Sicherheit wird zum Schlüsselfaktor

Angesichts der eben geschilderten Beispiele wird klar, dass dem Thema Sicherheit in der digitalisierten Welt eine immer wichtigere Rolle zukommt. Je mehr Verantwortung der Mensch an den Computer abgibt, desto größere Bedeutung erlangen umfassende Sicherungssysteme. Schon heute verzeichnet allein die Deutsche Telekom täglich bis zu 800.000 Angriffe auf digitale Fallen (sogenannte Honeypots – also »Honigtöpfe«), die wir aufstellen, um unsere Systeme zu schützen. Die auf Virenschutz-Software spezialisierte US-Firma Kaspersky fand im Jahr 2013 weltweit 315.000 neue Computerviren – jeden Tag. Schon 2012 bezifferte Europol den wirtschaftlichen Schaden in Europa durch Cyberkriminalität auf 750 Mrd. Euro.

Die Bedrohung ist real und zuerst denkt man dabei natürlich an sicherheitssensible Ziele. Stellen Sie sich nur einmal vor, ein Kraftwerk, eine Chemieanlage oder ein Flughafen wird von Hackern lahmgelegt. Auf der anderen Seite haben wir aber auch erlebt, was es bedeutet, wenn Privates nicht mehr privat ist. Die massenhafte und anlasslose Überwachung der Kommunikation durch amerikanische Behörden hat uns das schmerzhaft vor Augen geführt. Die Diskussion darüber, welches politische Selbstverständnis, welche Rechte unsere Gesellschaft zur Grundlage der digitalen Kommunikation machen will, ist in vollem Gange. Darum soll es im nächsten Abschnitt gehen.

Digitalisierung und Selbstbestimmung

Digitalisierung verschafft dem Einzelnen Möglichkeiten zur Selbstverwirklichung und Teilhabe. Sie kann Demokratisierung treiben: Der »Arabische Frühling« wäre ohne den Austausch im Netz und die Organisation von Protesten und Demonstrationen nicht möglich gewesen.

Nutzer werden Produzenten und Verleger im Netz: Sie entwickeln Open Software, schreiben journalistische Beiträge, bewerten Produkte, arbeiten von verschiedenen Standorten aus an gemeinsamen Projekten. Sie haben die Möglichkeit, sich durch digitale und kostenlos vermittelte Lerninhalte ihr ganzes Leben lang weiterzubilden und sich ständig neu zu erfinden. Durch die Digitalisierung können Individuen mehr für sich selbst, aber auch für die Gesellschaft tun, und das vor allem mit anderen zusammen. Bereits 6,6 Mio. Deutsche haben soziale Projekte über das Internet unterstützt, das ist in etwa jeder achte Internetnutzer.[3]

Digitalisierung schafft auch Freiräume für Unternehmen: Sie machen sich immer stärker die Fähigkeiten der »freien Produzenten« im Netz zunutze und stärken damit ihre eigene Kreativität und Innovationsfähigkeit. Man spricht von *open innovation*. Das verändert auch die Unternehmen selbst, starre Arbeitswelten lösen sich auf, Hierarchien werden flacher, Entscheidungen leichter.

Objektiv stärkt die Digitalisierung also die Freiheit des Einzelnen. Gleichzeitig aber wird das Freiheitsgefühl durch die Datensammel- und Auswertungswut von Geheimdiensten und globalen Internet-Konzernen gleichermaßen kompromittiert. Der digitale Fußabdruck des Einzelnen wird immer größer und tiefer. Wir wissen heute, dass das, was technisch an Überwachung möglich ist, auch tatsächlich für Überwachung genutzt wird. Der Mensch wird zum gläsernen Individuum. Und ein gläserner Mensch ist nicht mehr frei.

Denn wer davon ausgeht, dass er überwacht wird, verhält sich anders als zuvor. Er beurteilt seine persönlichen Optionen anders und trifft auf dieser Basis Entscheidungen, vielleicht in Richtung eines antizipierten sozial erwünschten Verhaltens. Wer davon ausgeht, dass jeder Klick im Internet Informationen preisgibt, anhand derer nicht nur ein komplettes Persönlichkeitsprofil erstellt werden kann, sondern auch Prognosen über künftiges Verhalten, der versagt sich viel-

Abhörmethoden

Mir wurde erzählt, wie das Abhören in der DDR u. a. technisch realisiert wurde. Die Stasi störte den Anschluss, indem eine Ader getrennt wurde. Der Teilnehmer meldete die Störung. Daraufhin kam ein Techniker zur »Störungsbeseitigung« in die Wohnung. Der Apparat wurde von ihm so geschaltet, dass auch bei aufgelegtem Hörer das Mikrofon funktionierte und der gesamte Raum ständig abgehört werden konnte. In den Vermittlungsstellen waren die entsprechenden Weiterschaltungen permanent vorhanden. Das war nun – Gott sei Dank – vorbei.

Johann Nußbaum

leicht die Nutzung bestimmter Dienste. Ein Beispiel: Wer sucht schon online nach seinem Lieblingswein, wenn er beim nächsten Besuch beim Online-Buchhändler Empfehlungen zu Büchern über Suchttherapie präsentiert bekommt?

Wer was preisgibt

Also einerseits mehr Freiheit durch die Digitalisierung, andererseits weniger Freiheit durch digitale Ausleuchtung. Das Argument, Menschen müssten ja nicht so viel im Internet über sich preisgeben, ist fragwürdig. Natürlich ist jeder Einzelne in der Pflicht, mit seinen Daten sorgfältig und verantwortungsvoll umzugehen. Aber jeder hat das Recht, sich im Internet frei zu bewegen und jeden legalen Inhalt abzurufen, wie es ihm beliebt. Auf Surfen, E-Mail und Social Media ganz zu verzichten, bedeutet quasi den Gang in Isolierung und Ignoranz. Schließlich wird vieles bereits nur noch im Internet angekündigt, diskutiert und bewertet.

Wir können und wollen die Uhr nicht zurückdrehen. Darum geht es auch nicht. Jede Technologie ist zunächst einmal wertneutral, kennt keine Ethik. Folglich kann sie zum Fortschrittsgewinn und für das Gemeinwohl eingesetzt, aber auch missbraucht werden. Die digitale Gesellschaft muss lernen, mit dieser neuen Unsicherheit zu leben. Gleichzeitig kann sie aber zumindest teilweise digitalen Freiheitsraum zurückerobern.

Vor diesem Hintergrund ist die Idee, auch hierzulande allen Menschen das Programmieren beizubringen, nicht ohne Charme. Ganz nach dem Vorbild der Initiative code.org aus den USA, die schon 35 Mio. Menschen dazu brachte, einen einstündigen Schnupperkurs anzuschauen. Die Hoffnung: Wer versteht, wie und auf welche Weise das Internet funktioniert und wie es Daten über uns ansammelt, geht mit den eigenen Informationen vielleicht sensibler um.[4]

Das Recht auf Vergessen

Es geht um sehr grundsätzliche Fragen: Wem gehören meine Daten? Wie groß ist die Selbstbestimmung in der digitalen Welt? Gebe ich sie durch das Setzen eines Häkchens bei »Ich stimme zu« für immer auf? Das alles sollten wir diskutieren – und die richtigen Antworten finden. Für das Recht auf Vergessen hat der Europäische Gerichtshof im Frühjahr 2014 Stellung bezogen.

Als Garant für ein europaweit hohes Datenschutzniveau brauchen wir die europäische Datenschutzgrundverordnung. Eine Verordnung, die auch auf Unternehmen außerhalb Europas angewendet werden muss, wenn die ihre Dienstleistungen EU-Bürgern anbieten. Wir wollen nicht, dass unsere Kinder auf einem Kontinent groß werden, der die Kontrolle über wichtige Kommunikationsdienste komplett aus den Händen gegeben hat.

Die Debatte über die gesellschaftlichen Veränderungen, die mit der Digitalisierung einhergehen, hat gerade erst begonnen. Wir begrüßen das und werden als Unternehmen auch zukünftig an der Diskussion teilnehmen. Als vertrauenswürdiger Partner in der digitalen Welt – ganz so, wie wir es uns auf die Fahnen geschrieben haben.

Der rasche Aufbau eines gesamtdeutschen Kommunikationsnetzes nach dem Fall des Eisernen Vorhangs ist eine Erfolgsgeschichte. Die heute mit der Digitalisierung einhergehenden Möglichkeiten zu persönlicher Entfaltung und Teilhabe wären ohne die damalige Kraftanstrengung nicht denkbar. Ein Ende dieser Entwicklung ist nicht absehbar, und Digitalisierung und Vernetzung werden uns – wie aufgezeigt – weiter vor große Herausforderungen stellen.

Aber es geht dabei nicht nur um Technologie. Als die Bürger der DDR vor 25 Jahren ihre Freiheit eroberten, entrissen sie den Agenten der Staatssicherheit auch die Macht über alle Post- und Fernmeldeeinrichtungen. Nach Jahren des Abhörens und Bespitzelns durfte Kommunikation endlich wieder privat sein. Wie wertvoll, empfindlich und schützenswert dieses Recht ist, hat die Entwicklung der jüngsten Vergangenheit gezeigt. Wir sollten es als Mahnung verstehen und – sowohl als Gesellschaft insgesamt wie auch jeder in seiner Rolle – dafür eintreten, dass Privates auf Wunsch genau das bleiben darf: privat.

Denn nur wenn uns das gemeinsam gelingt, können wir die historisch großen Chancen ergreifen und sinnvoll nutzen, die sich uns angesichts des digitalen Wandels ganz ohne Zweifel bieten. Die Deutsche Telekom wird dabei als führendes europäisches Telekommunikationsunternehmen abermals eine wichtige Rolle spielen.

Anhang

Die Aufsichtsrats- und Vorstandsvorsitzenden
der Telekom von 1989 bis 2014

Autorenverzeichnis

Anmerkungen

Bildnachweis

Die Aufsichtsrats- und Vorstandsvorsitzenden der Telekom von 1989 bis 2014

Aufsichtsratsvorsitzender von 1989 bis 1996: Rolf-Dieter Leister
Vorstandsvorsitzender von 1989 bis 1994: Helmut Ricke

Schwerpunkte: Privatisierung, Internationalisierung, Digitaler Mobilfunk, Forschung und Entwicklung, Neuausrichtung interner Strukturen, Digitalisierung, »Aufbau Ost«.
In den ersten fünf Jahren stand die beginnende Transformation von einer Ministerialbehörde zum global agierenden Unternehmen im Vordergrund. Der beginnende fundamentale Wandel des Marktumfeldes und die sich abzeichnende vollständige Liberalisierung des Marktes prägten die interne Vorbereitung der Telekom auf diese Entwicklung. Eine besondere Rolle nahm der Aufbau der Telekommunikationsinfrastruktur in den neuen Bundesländern ein.

Aufsichtsratsvorsitzender von 1996 bis 2000: Helmut Sihler
Vorstandsvorsitzender von 1995 bis 2002: Ron Sommer

Schwerpunkte: Börsengang, Einstieg ins US-Geschäft, Kundenorientierung, Vorbereitung auf Marktöffnung im Kerngeschäft, Start DSL-Breitbandtechnologie, 4-Säulen-Strategie.
Die Börseneinführung der T-Aktie im November 1996 gab das Startsignal für den vollständigen Wandel in einen kunden- und wettbewerbsorientierten, technologisch breit aufgestellten, international ausgerichteten Konzern. Mit dem Kauf von VoiceStream und Powertel (heute T-Mobile USA) begann der Einstieg ins US-Geschäft. Das Programm »Aufbau Ost« wurde abgeschlossen, ebenso die Digitalisierung des Netzes. Auf Basis der 4-Säulen-Strategie (T-Com, T-Mobile, T-Online, T-Systems) erfolgte der Umbau des Konzerns.

Aufsichtsratsvorsitzender von 2000 bis 2003:
Hans-Dietrich Winkhaus
Vorstandsvorsitzender 2002: Helmut Sihler

Schwerpunkte: Überprüfung der Unternehmensstrategie, Entschuldung, Ausbau Mobilfunk.
Der frühere Aufsichtsratsvorsitzende Prof. Dr. Helmut Sihler übernahm für eine fünfmonatige Übergangszeit das Amt des Vorstandsvorsitzenden von Ron Sommer.

Aufsichtsratsvorsitzender von 2003 bis 2008: Klaus Zumwinkel
Vorstandsvorsitzender von 2002 bis 2006: Kai-Uwe Ricke

Schwerpunkte: Verbesserung der finanziellen Situation des Konzerns, Neustrukturierung, Wachstum, kundenbezogenes divisionsübergreifendes Geschäftsmodell, zentrale Wachstumsfelder.
Entschuldung und ertragsorientiertes Wachstum hatten oberste Priorität beim unternehmerischen Handeln. Weitere strategische Ziele waren die finanzielle Sanierung des Konzerns, ein profitables Wachstum und der Ausbau der Marktführerschaft. Mit der Neuausrichtung auf die zentralen Wachstumsfelder Breitband/Festnetz, Mobilkommunikation und Geschäftskunden setzte der Konzern auf einen weiteren Wachstumsschub.

Aufsichtsratsvorsitzender seit 2008: Ulrich Lehner
Vorstandsvorsitzender von 2006 bis 2013: René Obermann

Schwerpunkte: Netzoffensive USA, Strategie »Verbessern-Verändern-Erneuern«, Markenstrategie, Neustrukturierung Unternehmen, Datensicherheit, Service-Offensive, Internationaler Mobilfunk, Mobiles Internet, Netzinvestitionen für die Gigabit-Gesellschaft.
Das Unternehmen sollte weltweit einer der Marktführer für Produkte und Services rund um das »vernetzte Leben und Arbeiten« werden. Die neue Markenstrategie führte Festnetz und Mobilfunk zusammen. Hohe Investitionen in breitbandige Netze und Produkte waren Voraussetzung für eine hochmoderne Infrastruktur um Kunden Kommunikations-, Transaktions-, Unterhaltungs- und IT-Dienstleistungen bereit zu stellen. Diese Infrastruktur ist das Fundament für künftiges Wachstum des Konzerns in der Gigabit-Gesellschaft.

Vorstandsvorsitzender seit 2014: Timotheus Höttges

Schwerpunkte: Europäische Marktführerschaft als integrierter Anbieter, Digitalisierung, Integrierte Netze, Datenschutz.
Auf Basis von vier strategischen Schwerpunkten soll die Telekom zum führenden integrierten Anbieter von Telekommunikations-Dienstleistungen in Europa werden. Das Unternehmen setzt auf integrierte IP-Netze und will die vierte industrielle Revolution als führender europäischer Telekommunikationsanbieter begleiten. Dabei sind einheitliche und hohe Datenschutzstandards für alle Anbieter unabdingbar.

Autorenverzeichnis

Mehr zu den Autoren:

Ursula Balzer, ehemals Mitarbeiterin im Bereich Rechnungsführung/Statistik und Ressortleiterin Fernmelderechnungsdienst

Gerda Bartels (†), ehemals Sachbearbeiterin Fernmelderechnungsdienst der Direktion Berlin

Anita Bartsch, ehemals Mitarbeiterin in der Anmeldestelle für Fernmeldeeinrichtungen Würzburg, freiwillige Abordnung nach Chemnitz im Rahmen des Partnerschaftsprogramms

Dr. Werner Baudis, bis 1990 im Ministerium für Post- und Fernmeldewesen der DDR tätig; von 1990 bis 2004: u. a. Tätigkeit im Vorstandsbereich »Aufbau Ost« der Telekom

Dr. Hans Baur, ehemaliges Vorstandsmitglied, Siemens AG

Hermann Josef Becker, ehemals Leiter des Bonner Vorstandsbüros »Aufbau Ost«; später Niederlassungsleiter in Potsdam und Berlin; anschließend Leiter Nationale Netze und Vorsitzender des Konzernsprecherausschusses der Deutschen Telekom AG

Siegfried Berthold, ehemaliger Leiter der Technischen Verkehrs-, Anlagen- und Netzplanung in Cottbus; ab November 1989 zusätzlich Pressesprecher und ab 1991 Abteilungsleiter für Planung und Bauvorbereitung in der Linientechnik

Wolfgang Blaschke, ehemals verantwortlich für den Betrieb Bildschirmtext (DxJ, T-Online) sowie für den Betrieb IP-Plattform in den neuen Bundesländern Berlin, Brandenburg und Mecklenburg-Vorpommern

Nicos Bliefert, ehemaliger Sachbearbeiter im Telekom Service des Fernmeldeamtes 3 Berlin; anschließend Leiter Servicelenkung in diversen Niederlassungen in Berlin

Prof. Dr. Marcel Boldorf, Professor für Deutsche Geschichte und Kultur an der Université Lyon 2, Frankreich

Kerstin Bossenz, ehemalige Abteilungsleiterin Betrieb im Fernmeldeamt Cottbus der Deutschen Post; nach der Wende Abteilungsleiterin für Finanzen/Vertrieb und Betriebsdienst

Dr. Wolfgang Brnjak, Leiter der Abteilung Compensation, Benefits & Pension Services, Deutsche Telekom AG

Thomas Dämmrich, ehemals Sachbearbeiter Privatkundenvertrieb und Mitglied der Arbeitsgruppe Ortsnetzvereinigung bei der Landespostdirektion Berlin

Manon Delloch, ehemals Mitarbeiterin im Vertriebsteam für Geschäftskunden des Fernmeldeamtes 2 Berlin

Klaus Demmler, ehemaliger Abteilungs- und später Niederlassungsleiter des Fernmeldeamtes Cottbus

Ronald Dingeldey, ehemals Beauftragter des Vorstands der Deutschen Bundespost Telekom für die Zusammenarbeit mit der Deutschen Post der DDR

Hans Edingloh, ehemaliger Leiter des Zentralbereichs Logistik; später Präsident der Direktion Dortmund

T. Klaas von Ehren, ehemaliger Leiter Zentraler Einkauf; Referatsleiter im Bundespostministerium; später Sprecher der Leitung des Zentralbereichs Konzerneinkauf bei der Deutschen Telekom AG

Peter Eisenach, ehemaliger Abteilungsleiter Technik und Anlagen, Funkdirektion der Deutschen Post; anschließend Leiter Planung Projektgruppe Mobilfunk für die neuen Bundesländer Berlin, Brandenburg und Mecklenburg-Vorpommern

Siegfried Fenske, ehemaliger Leiter des Fernmeldeamtes Cottbus; ab 1991 Leiter des neuen Fernmeldeamtes Cottbus der Deutschen Bundespost Telekom

Detlef F. Firch, ehemals Mitglied der deutsch-deutschen Arbeitsgruppe Mobilfunk und Leitung »Aufbau Ost« für Funkruf; derzeit Leiter der Abteilung Strategy Competitive & Market Intelligence Europe, Deutsche Telekom AG

Angela Freitag, ehemals tätig im Mitarbeiterstab Koordination Aufbau und Einsatz im »Telekom Direkt«-Team in der Niederlassung 5 Berlin

Norbert Frenzel, ehemaliger Sachbearbeiter Vermittlungstechnik/Netze/Produktmanagement in der Direktion Berlin

Horst Frickel, ehemaliger Leiter des Zentrums Fernmelderechnungsdienst

Friedrich-H. Fuß, ehemaliger Bereichsvorstand Technik, T-Home (jetzt Telekom Deutschland GmbH)

Reinhard Genderka, ehemaliger Abteilungsleiter für Planung und Bauvorbereitung des Fernmeldeliniennetzes im Fernmeldeamt Magdeburg; ab 1991 zusätzlich Projektleiter für Turn-key-Vorhaben

Jens Gollwitzer, ehemaliger Projektleiter »Aufbau Ost« für den Privatkundenvertrieb in der Generaldirektion der Deutschen Bundespost Telekom

Hans Gusbeth, freier Journalist, schreibt über Post/Telekom seit über 30 Jahren

Karl-Heinz Haufe, ehemaliger Abteilungsleiter für Marketing, Vertrieb und Prognose bei der Direktion Potsdam

Klaus Hellebusch, ehemaliger Abteilungsleiter in der Linientechnik beim Fernmeldeamt Ansbach; später für Vermittlungs- und Übertragungstechnik, danach für Vertrieb und Service der Geschäftskundenniederlassung 5 Berlin

Günter Herrnleben, ehemaliger Projektleiter im Fernmeldeamt 1 Berlin, u. a. verantwortlich für die Erweiterung des West-Berliner C-Netzes auf das Ost-Berliner Stadtgebiet und das Umland, anschließend Projektleiter für den Informationsverbund Berlin-Bonn (IVBB)

Prof. Dr. Jan-Otmar Hesse, Professor für Allgemeine Geschichte, insbesondere Wirtschaftsgeschichte an der Universität Bielefeld

Franz Hiergeist, ehemaliger Leiter des Geschäftsbereichs Terrestrische Netze und Übertragungswege in der Generaldirektion der Deutschen Bundespost Telekom

Andreas Hofert, ehemaliger Referatsleiter in den Direktionen Potsdam und Berlin sowie der Projektgruppe Metropole (Berlin) für zukunftssicheren kundenorientierten Netzausbau

Jürgen Hoffmann, ehemaliger Geschäftsbereichsleiter und Vertreter des Vorstands im Vorstandsbereich »Aufbau Ost« der Generaldirektion der Deutschen Bundespost Telekom

Timotheus Höttges, Vorstandsvorsitzender der Deutschen Telekom AG

Addi Hübner, seinerzeit in verschiedenen leitenden Funktionen im Bereich Logistik bei der Oberpostdirektion Nürnberg tätig

Irene Hundt, ehemalige Leiterin der Haupttelegrafenstelle Cottbus

Klaus Jäckel, ehemals Stellenvorsteher Netzmanagement Telefonnetz sowie Mitglied der Koordinationsgruppe Ortsnetzvereinigung Berlin

Adolf Jagob, ehemaliger Ressortleiter Fernsprechvermittlungsbetrieb in der Niederlassung 2 München; Berater für Betrieb Vermittlungstechnik u. a. in den Niederlassungen Suhl und Cottbus

Prof. Dr. Ralph Jessen, Professor für Neuere Geschichte an der Universität zu Köln

Fred Kagels, ehemaliger Abteilungsleiter Verkehr/Netze im Fernmeldeamt Brandenburg; danach Abteilungsleiter 3 (PKV/GKV/Buchdienst/Rechnungsdienst) in der Niederlassung Potsdam

Dr. Wolf Kahle, ehemaliger Fachbereichsleiter im Vorstandsbereich »Aufbau Ost« der Generaldirektion der Deutschen Bundespost Telekom

Prof. em. Dr. Walter Kaiser, zuletzt: Professor für Wirtschafts-, Sozial- und Technologiegeschichte an der Rheinisch-Westfälischen Technischen Hochschule Aachen

Dr. Rainer Karlsch, freiberuflicher Wirtschaftshistoriker und Publizist

Dr. Klaus Kinkel, ehemals Bundesjustiz- und Bundesaußenminister; derzeit als selbstständiger Rechtsanwalt tätig und Vorsitzender der Deutschen Telekom Stiftung

Lothar Kipf, ehemaliger Abteilungsleiter Technik und Organisation/Personal beim Fernmeldeamt 2 Berlin; anschließend Abteilungsleiter Organisation bei der Oberpostdirektion Berlin

Prof. Dr. Christian Kleinschmidt, Professor für Wirtschafts- und Sozialgeschichte an der Philipps-Universität Marburg

Dr. Helmut Kohl, Bundeskanzler der Bundesrepublik Deutschland vom 1. Oktober 1982 bis 27. Oktober 1998

Christine Kramer, ehemals Mitarbeiterin der Fernsprechanmeldestelle bzw. nach der Wiedervereinigung des Privatkundenvertriebs im Fernmeldeamt Cottbus

Joachim Krumrei, ehemals Hauptingenieur Vermittlungstechnik im Technischen Büro des Fernamtes Berlin und Sachbearbeiter Planungsstelle für Fernmeldeanlagen des Fernmeldeamtes 1 Berlin

Heinz Kühn, ehemaliger Leiter der Abteilung Öffentlichkeitsarbeit und Pressesprecher der Niederlassung Cottbus

Horst Peter Kujath, seinerzeit beim Bundesministerium für Post- und Telekommunikation, Bereich Nationale Satellitensysteme tätig; Leiter des Bereiches Planung weltweiter Netzwerke

Jochen Kütter, ehemals Referatsleiter Informationsverarbeitung im Bundesministerium für Post- und Fernmeldewesen; später Leiter der Oberpostdirektion Düsseldorf

Peter Landsberg, ehemaliger Bereichsleiter; ab 1992 Vorstandsvorsitzender von Alcatel SEL

Waltraud Litzenberger, Vorsitzende des Konzernbetriebsrats der Deutschen Telekom AG

Michael Löffler, ehemaliges Aufsichtsratsmitglied der Deutschen Telekom AG

Dr. Jürgen Lolischkies, ehemaliger Projektleiter SSA-Container und Internationale Vermittlungsstelle/Internationales Fernamt Berlin; danach Abteilungsleiter im Zentrum für Telekommunikation Berlin

Gerhard Lubosch, ehemaliger Abteilungsleiter Hochbau/Technik im Fernmeldeamt Cottbus

Lothar de Maizière, letzter Ministerpräsident der DDR (1990), danach Bundesminister für besondere Aufgaben; derzeit Rechtsanwalt in Berlin

Olaf Mât, ehemaliger Abteilungsleiter Betrieb Verbindungsnetz, einschließlich des Informationsverbundes Berlin-Bonn

Dirk Meier, Mitarbeiter im Stab des Konzernbetriebsrats, Deutsche Telekom AG

Wolf Reiner Menzel, ehemaliger Fachbereichsleiter für den Bereich Kundenanliegen, Presse, PR, HR für das Beitrittsgebiet und Projektleiter für den Aufbau einer Konzern-Repräsentanz in Berlin

Eike Rolf Michael, ehemaliger Präsident der Telekom-Direktion Rostock (mit Gesamtverantwortung inkl. Hochbau und Mobilfunk für den Aufbau der Telekommunikationsinfrastruktur in Mecklenburg-Vorpommern)

Klara Mikolitsch, ehemalige Leiterin Kommunikation und Öffentlichkeitsarbeit/Presse beim Managementstab der Telekom-Niederlassung Ravensburg

Johann Nußbaum, ehemaliger Leiter des Fernmeldeamts in Suhl (Thüringen), danach Turn-key-Projektleiter in Bonn

Dr. Wilhelm Pällmann (†), ehemaliger Vorstand »Aufbau Ost« der Deutschen Bundespost Telekom (1991–1995)

Bärbel Panthen, ehemalige Leiterin Vertriebsunterstützung und Leiterin Verkaufsbezirk im Privatkundenvertrieb Fernmeldeamt 6 Berlin

Thomas Penndorf, ehemals Mitarbeiter der Forschungsabteilung Leipzig des Organisations- und Rechenzentrums Berlin, verantwortlich für Software des Fernmelderechnungsdienstes der DDR

Dr. Wolfgang P. Peters, ehemaliger Vertriebsleiter Geschäftsbereich Telecom und Generalbeauftragter »Aufbau Ost«, Alcatel SEL

Peter Praikow, ehemaliger Vorsitzender der Deutschen Postgewerkschaft (in Ostdeutschland) und anschließend Vertreter Ost im Hauptvorstand der Deutschen Postgewerkschaft

Günter Rehs, ehemals Mitarbeiter in der Bezirksdirektion für Post- und Fernmeldewesen Cottbus; danach dort Abteilungsleiter Technischer Service

Helmut Ricke, ehemaliger Vorstandsvorsitzender der Deutschen Bundespost Telekom (1989–1994)

Dr. Rainer Riechers, ehemaliger Vertriebsleiter für Öffentliche Auftraggeber bei der Siemens Nixdorf Informationssysteme AG, Berlin; Leiter Großkunden Management Brandenburg der Deutschen Telekom AG

Hans Schaffarzik, ehemaliger Leiter Immobilien in der Generaldirektion der Deutschen Bundespost Telekom

Adelheid Schmalian, ehemalige persönliche Assistentin und Leiterin des Sekretariats der Generaldirektion Telekom (Ost-Berlin); ab Anfang 1991 Referentin im Vorstandsbüro des Vorstandsvorsitzenden in Bonn

Lothar Schröder, Mitglied des Bundesvorstands ver.di, Berlin; Stellvertretender Vorsitzender des Aufsichtsrats der Deutschen Telekom AG

Dr. Sabine Schulze, ehemals Mitarbeiterin im Arbeits- und Koordinierungsausschuss der Generaldirektion der Deutschen Telekom, Referentin im Privatkundenvertrieb

Prof. Dr. Christian Schwarz-Schilling, ehemaliger Bundesminister für Post und Telekommunikation (1982–1992)

Christoph Stephan, ehemaliger Leiter Regionales Rechnungswesen in der Direktion Berlin

Dr. Manfred Stolpe, ehemaliger Ministerpräsident des Landes Brandenburg (1990–2002)

Gernod Stratenberg, ehemaliger Produktmanager, Alcatel SEL

Lutz Straube, ehemals tätig in der Anwenderberatung, Einführung und Entwicklung der IV-Anwendungen »Datenbank Teilnehmer« und »Kontes Andi« im Fernmeldeamt 6 Berlin

Diether Stroh, ehemaliger Leiter des Inland-Vertriebs für Öffentliche Vermittlungstechnik, Siemens AG

Gerd Tenzer, ehemaliges Vorstandsmitglied Technik Netze der Telekom (1990–2002)

Ewald Adam Teske, ehemaliger Niederlassungsleiter der Deutschen Telekom Planungs- u. Bauorganisations-GmbH, Erfurt

Frank Uhland, ehemaliger Leiter des Vorstandsbüros, Assistent des Vorstandsvorsitzenden Helmut Ricke und Geschäftsgruppenleiter Internationale Geschäftsstrategie

Dr. Heinz Uhlig, bis 1990 stv. Minister für Post- und Fernmeldewesen der DDR, danach ehemaliger Geschäftsführer der Telekom-Tochtergesellschaft »Deutsche Fernkabelgesellschaft« (später DeTeLine)

Bernd Weimann, ehemals im Geschäftskundenvertrieb des Fernmeldeamtes 5 Berlin tätig

Hans-Erich Weiner, ehemaliger Leiter der Anmeldestelle/Privatkundenvertrieb beim Fernmeldeamt Ravensburg

Armin Weise, ehemaliger Abteilungsleiter Vertrieb, Fernsprechamt Berlin; danach Abteilungsleiter Vertrieb Privatkunden, Niederlassung 6 Berlin

Peter Welle-Broßwitz, Senior Experte im Bereich Abschlüsse der Deutschen Telekom Accounting GmbH

Klaus Werner, ehemaliger Präsident der Landespostdirektion, danach der Oberpostdirektion und der Direktion Telekom und schließlich Leiter der Hauptstadtrepräsentanz

Klaus Wirsing, ehemaliger Disponent in der Vertriebsabwicklung beim örtlichen Geschäftskundenvertrieb Fernmeldeamt Chemnitz

Dr. Klaus Wolf, ehemaliger Minister für Post- und Fernmeldewesen der DDR (November 1989 bis März 1990), anschließend Staatssekretär für Post- und Fernmeldewesen (bis Oktober 1990)

Monika Wöllert, ehemals Sachbearbeiterin, betriebliche Regelungen Privatkundenvertrieb, Stabsstelle Berlin; danach Projektleiterin: Einführung übertragungstechnischer Systeme im Zugangsnetz, Fernmeldetechnisches Zentralamt Berlin

Anmerkungen

I Politik und Telekommunikation

1 Tobias Robischon, *Telekommunikationspolitik im deutschen Einigungsprozeß. Steuerung und Eigendynamik sektoraler Transformation*, Frankfurt a. M. 1999, 13. Zum Einigungsprozess insgesamt vgl. die Überblicksdarstellung von Andreas Rödder, *Deutschland einig Vaterland. Die Geschichte der Wiedervereinigung*, München 2009.

2 Die Begriffsentwicklung lässt sich gut über entsprechende Abfragen im Ngram Viewer von Google Books verfolgen. https://books.google.com/ngrams (16.07.2014).

3 Andreas Wirsching, *Abschied vom Provisorium. 1982–1990*, München 2006, 255 f. Vgl. auch Anselm Doering-Manteuffel / Lutz Raphael, *Nach dem Boom. Perspektiven auf die Zeitgeschichte seit 1970*, Göttingen 2008; Eckart Conze, *Die Suche nach Sicherheit. Eine Geschichte der Bundesrepublik Deutschland von 1949 bis in die Gegenwart*, München 2009, 579–688.

4 Wolfgang Brnjak, *Vom Verwaltungsakt zum Management. Die Transformation der Deutschen Telekom von einer Behörde zu einem markt- und kundenorientierten Unternehmen*, Göttingen 2009, 62 ff.; Eva-Maria Ritter, *Deutsche Telekommunikationspolitik 1989–2003. Aufbruch zu mehr Wettbewerb. Ein Beispiel für wirtschaftliche Strukturreformen*, Düsseldorf 2004, 12–64.

5 Die Details bei Brnjak, *Vom Verwaltungsakt zum Management*, 62–75, und Ritter, *Telekommunikationspolitik*, 60–91.

6 Ritter, *Telekommunikationspolitik*, 30 f.; Gabriele Metzler, *»Ein deutscher Weg«. Die Liberalisierung der Telekommunikation in der Bundesrepublik und die Grenzen politischer Reformen in den 1980er Jahren*, in: Archiv für Sozialgeschichte 52 (2012), 163–190, hier 180.

7 Grundgesetz Artikel 71, 2.

8 Tobias Jaeck, *Infrastruktur und Infrastrukturlücke in Ostdeutschland*, in: Bundeszentrale für politische Bildung (Hg.), *Lange Wege der deutschen Einheit*. Dossier, Bonn 2010, http://www.bpb.de/geschichte/deutsche-einheit/lange-wege-der-deutschen-einheit/47271/infrastruktur?p=all (10.07.2014).

9 Das »Coordinating Committee for Multilateral Export Controls« legte zwischen 1949 und 1994 in seinen CoCom-Listen fest, welche Technologien und Güter von den NATO-Mitgliedsländern und einigen anderen Staaten, die sich dem Embargo anschlossen, nicht in die Ostblockstaaten exportiert werden durften.

10 Neben dem »Integrierten Stabsnetz der Partei- und Staatsführung der DDR und der bewaffneten Organe« ist etwa das »Sonderfernsprechnetz des Ministerrates der DDR«, das sogenannte R-Netz, zu erwähnen. Siehe dazu die Dokumente in: http://www.quickiwiki.com/de/Sonderfernsprechnetz _des_Ministerrates_der_DDR (11.07.2014).

11 Robischon, *Telekommunikationspolitik*, 92.

12 Stefan Wolle, *Die heile Welt der Diktatur. Alltag und Herrschaft in der DDR 1971–1989*, Berlin 1998, 53.

13 Manfred Stolpe, *Der Fall der Kommunikationsmauer*, in diesem Band, 50 ff. Einen sehr anschaulichen Eindruck vom Telefonalltag in der DDR vermittelt die Dokumentation des Mitteldeutschen Rundfunks: Jörg Mischke (Regie), *Fasse Dich kurz – Telefonieren in der DDR* (2007). Allgemein zur kulturellen Dimension des Telefonierens, allerdings ohne DDR-Bezug: Sabine Zelger, *»Das Pferd frißt keinen Gurkensalat«. Kulturgeschichte des Telefonierens*, Wien 1997.

14 Siehe zum Folgenden: Robischon, *Telekommunikationspolitik*, 52–66.

15 In der DDR war dies das »Ministerium für Post- und Fernmeldewesen der DDR«, in der Bundesrepublik das »Bundesminis-

terium für Post- und Fernmeldewesen«, das mit der Postreform von 1989 in »Bundesministerium für Post und Telekommunikation« umbenannt wurde.

16 Robischon, *Telekommunikationspolitik*, 63.

17 Gute Überblicke bieten: Klaus-Dietmar Henke (Hg.), *Revolution und Vereinigung 1989/90. Als in Deutschland die Realität die Phantasie überholte*, München 2009; Ilko-Sascha Kowalczuk, *Endspiel. Die Revolution von 1989 in der DDR*, München [2]2009; Ehrhart Neubert, *Unsere Revolution. Die Geschichte der Jahre 1989/90*, München 2008.

18 Dieter Grosser, *Das Wagnis der Währungs-, Wirtschafts- und Sozialunion. Politische Zwänge im Konflikt mit ökonomischen Regeln*, Stuttgart 1998, 149 ff.

19 Klaus Müller, *Nachholende Modernisierung? Die Konjunkturen der Modernisierungstheorie und ihre Anwendung auf die Transformation der osteuropäischen Gesellschaften*, in: Leviathan 19 (1991), 261–291.

20 Wirsching, *Abschied vom Provisorium*, 701.

21 Grundlegend zum Gesamtkomplex: Gerhard A. Ritter, *Der Preis der deutschen Einheit. Die Wiedervereinigung und die Krise des Sozialstaats*, München 2006; vgl. auch Klaus Schroeder, *Der Preis der Einheit. Eine Bilanz*, München 2000, und Karl-Heinz Paqué, *Die Bilanz. Eine wirtschaftliche Analyse der Deutschen Einheit*, München 2009.

22 Jürgen Kocka, *Vereinigungskrise. Zur Geschichte der Gegenwart*, Göttingen 1995.

23 Grosser, *Wagnis*, 134.

24 Bundeskanzler Dr. Helmut Kohl vor dem Deutschen Bundestag am 28.11.1989, in: http://webarchiv.bundestag.de/archive/2009/0109/geschichte/parlhist/dokumente/dok09.html (12.7.2014).

25 Robischon, *Telekommunikationspolitik*, 103–117.

26 Grosser, *Wagnis*, 141 f.; Robischon, *Telekommunikationspolitik*, 108.

27 Robischon, *Telekommunikationspolitik*, 106, FN 6, 113.

28 Ebd., 113.

29 Ebd., 122–139.

30 Ebd., 200.

31 Siehe hierzu die Ausführungen im Beitrag von Wolfgang Brnjak, *Globalisierung und technologischer Fortschritt in der Telekommunikation – Von der Notwendigkeit, bewährte Dinge zu verändern*, in diesem Band, 31–43.

32 Ausführlich dazu Ritter, *Telekommunikationspolitik*, 60–91, sowie Helmut Cox, *Regulierung, Privatisierung und Globalisierung von Post und Telekommunikation. Rückblick und Ausblick über zehn Jahre Post- und Telekommunikationsreform in Deutschland*, in: Jahrbuch für Wirtschaftsgeschichte 1 (1999), 73–100, und Brnjak, *Vom Verwaltungsakt zum Management*, 76 ff.

33 Ritter, *Preis der Einheit*, 298.

34 Brnjak, *Vom Verwaltungsakt zum Management*, 6 ff. So auch nachfolgende Ausführungen.

35 Die ausschließliche Gesetzgebung über das Post- und Fernmeldewesen stand nach Artikel 73 Nr. 7 GG (alte Fassung) dem Bund zu und ermächtigte diesen nach Artikel 80 GG (alte Fassung) zum Erlass von Rechtsverordnungen, beispielsweise über die Grundsätze und Gebühren für die Benutzung der Einrichtungen des Post- und Fernmeldewesens.

36 Rödder, *Deutschland einig Vaterland*, 309.

37 Hans-Werner Sinn, *Volkswirtschaftliche Probleme der Deutschen Vereinigung*, Opladen 1996, 9.

38 Dieter Grosser, *Die deutsche Einheit – wirtschaftlich misslungen?*, Grünwald 2000, 38.

39 Rödder, *Deutschland einig Vaterland*, 309.

40 Norbert Gawron u. a., *Über den Netzausbau in Ostdeutschland zu einem einheitlichen Telekommunikationsnetz in ganz Deutschland*, in: Gerd Tenzer/Heinz Uhlig (Hrsg.), Telekom 2000. Moderne Telekommunikation für die neuen Bundesländer, Heidelberg 1991, 71.

41 Auszüge aus dem Kamingespräch, das Hans Gusbeth am 18. Februar 2013 mit Helmut Ricke, Gerd Tenzer, Dr. Heinz Uhlig und Frank Uhland in St. Augustin führte.
42 Auszüge aus dem Text *»Das gibt's nur einmal – das kommt nie wieder … und das ist gut so«* von Dr. Klaus Wolf.
43 Auszüge aus dem Kamingespräch, das Hans Gusbeth am 18. Februar 2013 mit Helmut Ricke, Gerd Tenzer, Dr. Heinz Uhlig und Frank Uhland in St. Augustin führte.

II Technik – Von Provisorien, Kreativität und Spitzentechnologie

1 Fernmeldemuseum Aachen, http://www.fernmeldemuseum-aachen.de und http://www.fernmeldemuseum-aachen.de/presse/broschuere.pdf, 6 f. Diese sowie alle folgenden URLs der Netzressourcen sind nach dem Stand vom Juni 2014 zitiert.
2 Fernmeldemuseum Dresden, http://www.ighft.de.
3 Fernmeldemuseum Bottmersdorf, http://www.fernmeldemuseum-bottmersdorf.de.
4 »Automatic Telephone-Exchange«, US-Patent 447918, beantragt am 12. März 1889.
5 »Calling Device for Telephone-Exchanges«, US-Patent 597062, beantragt am 20. August 1896.
6 Fernmeldemuseum Dresden, http://www.ighft.de/technik/systeme.htm.
7 Ohne Quellenangabe wird berichtet, dass in Schwerin die 1935 installierte Vermittlungsanlage mit Hebdrehwählern bis zu ihrem Ersatz durch eine digitale Anlage im Jahr 1995 fast unverändert in Betrieb war; http://de.wikipedia.org/wiki/Hebdrehw%C3%A4hler.
8 *Geschenk an ANT: Ein Veteran der Vermittlungstechnik*, in: ANT Nachrichten, Informationen für die Mitarbeiter der ANT Nachrichtentechnik GmbH 34 (April 1992), 5.
9 Fernmeldemuseum Bottmersdorf, http://www.fernmeldemuseum-bottmersdorf.de.
10 Fernmeldemuseum Dresden, Überblick über die Vermittlungssysteme der deutschen Fernmeldeverwaltungen vom Beginn der Automatisierung bis heute, http://www.ighft.de/technik/systeme.htm; http://www.ighft.de/index.htm.
11 Volkmar Schweizer, *Geschichte der Telekommunikation in Chemnitz (2)*, in: Museumskurier des Chemnitzer Industriemuseums und seines Fördervereins 22 (2008), 7.
12 Robert J. Chapuis/Amos E. Joel, Jr., *Electronics, computers and telephone switching, A book of technological history as Volume 2: 1960–1985 of »100 Years of Telephone Switching«*, Amsterdam [2]2003, 163, 295, 304; G. E. Schindler u. a. (Hrsg.), *A History of Engineering and Science in the Bell System. Switching Technology*, Murray Hill 1982, 252–257; Standard Elektrik Lorenz AG (Hg.), *Taschenbuch der Nachrichtentechnik*, Berlin [3]1988, 277–285. Vgl. auch: http://omahatelephonehistory.blogspot.de/2010/03/101-ess.html.
13 E. Georgii, *Moderne Vermittlungstechnik*, in: Krieg im Aether, Vorlesungen an der Eidgenössischen Technischen Hochschule in Zürich im Wintersemester 1965/1966, http://www.hamfu.ch/_upload/Moderne_Vermittlungstechnik.pdf, 8 f.
14 Schindler u. a. (Hrsg.), *A History of Engineering and Science*, 249–262; *1967: The No. 1 Electronic Switching System (ESS)*, http://www.atlantatelephonehistory.info/part4.html#1967.
15 A. Feiner/W. S. Hayward, *No. 1 ESS Switching Network Plan*, in: The Bell System Technical Journal 43/5 (1964), 2193–2220, DOI: 10.1002/j.1538-7305.1964.tb04123.x.
16 Anton A. Huurdeman, *The Worldwide History of Telecommunications*, Hoboken (NJ) 2003, 492 f.; *Neues aus Forschung, Industrie und Wirtschaft, Leo Pungs zum 80. Geburtstag*, in: Frequenz 17/7 (1963), 278, DOI: 10.1515/FREQ.1963.17.7.278; H. Oden/H. Scho[ö]nemeyer, *Aspects of, and Experience with, a Reed Switching System using Wired Program Logic*, in:

IEEE Transactions on Communication Technology 13/1 (1965), 50–55; DOI: 10.1109/TCOM.1965.1089095.

17 Erdmann Thiele (Hg.), *Telefunken nach 100 Jahren. Das Erbe einer deutschen Weltmarke*, Berlin 2003, 339 f.

18 Dietrich Arbenz, *Vom Trommelwähler zu Optiset E: Die Geschichte der drahtgebundenen Telefone für die Wählnebenstellenanlagen von Siemens (1950–2000)*, München 2009, 84; Chapuis/Joel, *100 Years of Telephone Switching*, 206–210; vgl. als Netzressource auch: http://www.bayern-online.com/v2261/showdetl.cfm?User_ID=22695042&St=424132284&St2=451212926&St3=72734835&DS_ID=5&Product_ID=23925&DID=203.

19 Arbenz, *Vom Trommelwähler*, 189, 344; Chapuis/Joel, *100 Years of Telephone Switching*, 212.

20 Chapuis/Joel, *100 Years of Telephone Switching*, 211; Huurdeman, *The Worldwide History*, 491 f.; vgl. als Netzressourcen: http://www.devcon3.de/automatische-vermittlung.htm, http://www.lkn.ei.tum.de/museum/koppel felder.html.

21 Chapuis/Joel, *100 Years of Telephone Switching*, 212–215; J. Nicholas Ziegler, *Technologiepolitik. Innovationsstrategien in Deutschland und Frankreich*, Frankfurt a. M. 1999, 106–110; vgl. als Netzressource: Jürgen Schröter, *DIV-Wettbewerb und -Einführung*, http://public.beuth-hochschule.de/~schroter/hauptkapitel_3/kapitel_5.pdf; SEL ist im Unternehmen Alcatel-Lucent aufgegangen, DeTeWe im Unternehmen Aastra; T&N ging an Bosch, später an Avaya.

22 Chapuis/Joel, *100 Years of Telephone Switching*, 214.

23 Ebd., 211 f., 245.

24 Ebd., 309, 369.

25 Vgl. z. B. das Harold James Stirling erteilte Deutsche Patent DE1176708 B, Schaltungsanordnung für Fernsprechvermittlungsstellen mit Halbleiter-Dioden, die in einem Sprechstrom-Übertragungsweg angeordnet sind, veröffentlicht 27.8.1964; außerdem Georgii, *Moderne Vermittlungstechnik*, 5–8.

26 Schindler u. a. (Hrsg.), *A History of Engineering and Science*, 421 ff.

27 R.E. Staehler, *1A Processor: Organization and Objectives*, in: The Bell System Technical Journal 56/2 (1977), 119–134, DOI: 10.1002/j.1538-7305.1977.tb00179.x; http://alcatel-lucent.com/bstj/vol56-1977/articles/bstj56-2-119.pdf; K.E. Martersteck, *No. 4 ESS: Prologue*, in: Bell System Technical Journal 60/6 (1981), 1041–1048, hier 1045, DOI: 10.1002/j.1538-7305.1981.tb03397.x, http://www3.alcatel-lucent.com/bstj/vol60-1981/articles/bstj60-6-1041.pdf. Die Entwicklung der Mikroelektronik prägte auch die Hardware der beiden Module Time Slot Interchange (TSI) und Time Multiplexed Switch (TMS), die das Vermitteln über die eingehende Zeitstufe, die Raumstufe und die ausgehende Zeitstufe realisierten, also die für die digitale Übertragung und Vermittlung entscheidende Kombination von Raummultiplex und Zeitmultiplex. Realisiert wurden diese Module zuerst mit ICs in Small-Scale-Integration, dann in Medium-Scale-Integration.

28 »Switching technology leapt forward in 1976«, vgl. https://www.corp.att.com/history/nethistory/switching.html; »… a major breakthrough for long-distance call completion time«, https://www.corp.att.com/attlabs/reputation/timeline/76digital.html.

29 Chapuis/Joel, *100 Years of Telephone Switching*, 409 f.

30 Das auf die Prozessoren des EWSD abgestimmte Betriebssystem APS (Application Program System) war im Übrigen in der Programmiersprache CHILL (CCITT High Level Language) geschrieben, einem Mitglied der in internationaler Zusammenarbeit entwickelten Algol-60-Familie. Vgl. Nick Skaperda, Siemens, *The EWSD today, plans for tomorrow*, Global Telecommunications Conference, 1988, and Exhibition. »Communications for the Information Age.« Conference Record, GLOBECOM '88, in: IEEE (1988), 1211–1220, hier 1216, DOI: 10.1109/GLOCOM.1988.26024; Chapuis/Joel, *100*

Years of Telephone Switching, 410–414, hier 412 f.

31 Thiele, *Telefunken nach 100 Jahren*, 185 f.

32 Joachim Claus, *ISDN Implementation Strategy of the Deutsche Bundespost – From the ISDN Pilot Project to Commercial Services*, in: IEEE Journal on Selected Areas in Communications, Vol. SAC-4, No. 3 (May 1986), 390–397, hier 390.

33 *Satellitenkommunikation – DFS Kopernikus*, in: ANT Nachrichtentechnische Berichte 7 (Oktober 1990), 2 und passim.

34 Horst Gänßmantel/Klaus Seidensticker, *Das Deutsche Fernmelde-Satelliten-System Kopernikus*, in: ANT Nachrichtentechnische Berichte 7 (Oktober 1990), 6–10; *Telekom weitet TK-Dienste via Satellit auf die DDR aus*, in Computerwoche, 3.8.1990, http://www.computerwoche.de/a/telekom-weitet-tk-dienste-via-satellit-auf-die-DDR-aus,1147032; persönliche Mitteilung Just-Dietrich Büchs, 9.4.1999.

35 Claus, *ISDN Implementation Strategy*, 397.

36 *ITU-T Recommendation I.120 (03/93)*, previously CCITT Recommendation I.120, Integrated Services Digital Networks (ISDNs), Malaga-Torremolinos, 1984; amended at Helsinki 1993, http://www.itu.int/rec/T-REC-I.120-199303-I/en. Die Standardisierungsaktivitäten des unter dem Dach der International Telecommunication Union (ITU) arbeitenden CCITT wurden nach Umorganisation der ITU 1993 von dem neuen Ausschuss Telecommunication Standardization Sector (ITU-T) getragen.

37 *Digital Subscriber Signalling System No. 1 (DSS 1), ITU-T Recommendation Q.933 (1993)*, … prepared by the ITU-T Study Group XI (1988–1993), https://www.itu.int/rec/T-REC-Q.933-199303-S/en; Firoz Kaderali, *Digitale Kommunikationstechnik, Netze, Dienste, Informationstheorie, Codierung, Übertragungstechnik, Vermittlungstechnik, Datenkommunikation, ISDN*, http://www.kaderali.de/fileadmin/vorlesungsskripte/Buch%20KT%20%28A4%29.pdf, 32.

38 ISDN Standards Management (ISM); *The ETSI basic guide on the European integrated services digital network, ETR 010*, 7. Aufl., März 1993, http://www.etsi.org/deliver/etsi_etr%5C001_099%5C010%5C07_60%5Cetr_010e07p.pdf; *ETSI soll die Standardisierung vorantreiben, ISDN: Euro-Protokolle bilden kleinsten gemeinsamen Nenner*, in: Computerwoche, 8.11.1991, http://www.computerwoche.de/a/isdn-euro-protokolle-bilden-kleinsten-gemeinsamen-nenner,1142828; *European ISDN Atlas: a user's guide to the Integrated Services Digital Network*, Gentofte 1991, 163. Einer persönlichen Mitteilung von Wolfram Seidel folgend soll darauf hingewiesen werden, dass beide Standards inkompatibel sind und es bis 2006 eine Co-Existenz von 1TR6 und EDSS1 im Netz der Telekom gab.

39 *ISDN-Netzverbund der Post übergeben*, in: Computerwoche, 6.11.1987, http://www.computerwoche.de/a/isdn-netzverbund-der-post-uebergeben, 1162173.

40 K.H. Rosenbrock, *ISDN — Das diensteintegrierende digitale Fernmeldenetz der Zukunft*, in: Friedrich Baur (Hg.), Nutzungsbilanz moderner Informations- und Kommunikationssysteme aus Anwendersicht, User Experience in the Application of Modern Information and Communication Systems, Berlin 1988, 66–95, http://link.springer.com/book/10.1007/978-3-642-83515-5; vgl. als Netzressourcen: http://www.computerwoche.de/a/nationaler-paukenschlag-fuer-isdn-pilotphase,1161707, https://itunews.itu.int/En/2868-TELECOM-87-BR-The-age-of-communication-networks-and-telecom-Services-for-a-world-ofnations.note.aspx.

41 Dirk Larisch, *Netzwerktechnik*, Bonn [2]2005, 225.

42 Z.B.: Heiko Schwarzburger, *Feinste Glasfaser für den Osten der Republik*, in: vdi nachrichten, 29.9.2000, http://www.ingenieur.de/Branchen/IT-Telekommunikation/Feinste-Glasfaser-fuer-Osten-Republik.

43 Marie-Luise Hoffmann/Gunhild Lütge, *Blind für die Risiken, Ein ZEIT-Gespräch mit Herbert Kubicek*, in: Die Zeit, Nr. 6 (3.2.1989), http://www.zeit.de/ 1989/06/ blind-fuer-die-risiken.

44 Matthias Huber, *Die Glasfaser in ihrem Lauf ... hält DSL immer noch auf*, 25. Februar 2008, Telepolis (Print), http:// www.heise.de/tp/druck/mb/artikel/27/ 27348/1.html.

45 *Deutsch-französische Konsultationen in Bad-Kreuznach, am 29. und 30. Oktober 1984*, in: Bulletin des Presse- und Informationsamtes der Bundesregierung 131 (1.10.1984), 1155; Susanne Päch, *Die D2-Story. Mobilkommunikation. Aufbruch in den Wettbewerb*, Düsseldorf 1994, 87.

46 Für eine kurze historische Übersicht: Philippe Dupuis, *GSM and UMTS in an Historical Perspective*, [Proceedings] of the European Personal Mobile Communications Conference, 9–11 March, 1999, Paris (»EPMCC '99«), 1.1, 6 Seiten. Vgl. auch: Michel Mouly/Marie-Bernadette Pautet, *The GSM System for Mobile Communications*, Palaiseau 1992; Päch, *Die D2-Story*; Friedhelm Hillebrand, *Die Pionierzeit des GSM-Standards und des D1-Netzes von 1982 bis 1992*, Wilburgstetten 2013; vgl. als Netzressourcen: Friedhelm Hillebrand, *Zusammenstellung von GSM-Schlüsseldokumenten*, http:// www.gsm-history.org/19.html, Stephen Temple, *Inside the Mobile Revolution. A Political History of GSM*, 2010; http:// www.gsmhistory.com/wp-content/ uploads/ 2013/01/Inside-a-Mobile-Revolution-Temple-20101.pdf.

47 Tobias Robischon u. a., *Die politische Logik der deutschen Vereinigung und der Institutionentransfer: Eine Untersuchung am Beispiel von Gesundheitswesen, Forschungssystem und Telekommunikation*, MPIfG discussion paper (1994), No. 94/3, 40, http://hdl.handle.net/10419/ 43724; vgl. auch: *Abkommen zwischen der Regierung der BRD und der Regierung der UdSSR über einige überleitende Maßnahmen, 12. Oktober 1990*, in: Bulletin des Presse- und Informationsamtes der Bundesregierung 123 (17.10.1990), 1281–1294, hier 1289.

48 *Telekommunikation, Wohin die DDR geführt werden soll*, in: Das Printarchiv der Absatzwirtschaft, ASW 7 (1990), 56, http://www.absatzwirtschaft.de/content/_ p=1004040,an=900701031.

49 *Vom »DDR-Projektteam« zu UMTS*, 21. Oktober 2005, http://www.nnz-online. de/news/news_lang.php?ArtNr=29893.

50 *Deutsche Telekom schließt Aufbau Ost ab*, Pressemitteilung vom 10.12.1997, http://www.pressrelations.de/NEW/ standard/result_main.cfm?r=2071&sid= &aktion=jour_pm&print=1&pdf=1.

51 Z.B.: GMD, Das Magazin, MDR FERNSEHEN, 22.11.2011, Meine Geschichte »Ein technisches Husarenstück – Das erste Handy der DDR«; http://www.mdr. de/geschichte-mitteldeutschlands/ meine-geschichte122_page-0_zc-6615e895. html; Kai Posmik, *Erich Honeckers Ingenieure waren wirklich innovativ, zumal in Mexiko. Dort bauten sie das erste Telefonfunknetz des Landes. Das einzige Handy der DDR*, in: Berliner Zeitung, 15.5.2010; http://www.berliner-zeitung.de/archiv/erich-honeckers-ingenieure-waren-wirklich-innovativ--zumal-in-mexiko--dort-bauten-sie-das-erste-telefonfunknetz-des-landes-das-einzige-handy-der-DDR,10810590,10717028.html; Teilnehmergerät im privaten Radiotechnik-Museum von Bernd Schmidl in Luckenwald bei Berlin, vgl. http://www. radiomuseum.org/r/funkwe_koe_urtes_ netz_uhf_radio_telefonie_blaumeise_3. html.

52 Robischon u. a., *Die politische Logik*, 29.

53 Herbert Hörz, *Zum Technologieverständnis in der Akademie der Wissenschaften der DDR – Erfahrungen eines Wissenschaftsphilosophen*, in: Sitzungsberichte der Leibniz-Sozietät der Wissenschaften zu Berlin, Bd. 99 (2008), 259–282, hier 269–272, http://leibnizsozietaet.de/ wp-content/uploads/2012/11/bd_99_14-H%C3%B6rz.pdf; Herbert Hörz, *Über die Technikwissenschaften im System der Wissenschaften – Anmerkungen zu einem aktuellen Thema*, in: LIFIS

[Leibniz-Institut für interdisziplinäre Studien] ONLINE, 11.3.2008, http://www.leibniz- institut.de/archiv/hoerz_11_03_08.pdf, 3.

54 Peter Nötzoldt, *Technikwissenschaften an der Akademie der Wissenschaften der DDR*, in: Dresdner Beiträge zur Geschichte der Technikwissenschaften 30 (2005), 3–30, Tabelle 3, http://www.qucosa.de/fileadmin/data/qucosa/documents/14029/DBGT30_2005_Noetzoldt.pdf.

55 Jens Niederhut, *Wissenschaftsaustausch im Kalten Krieg: Die ostdeutschen Naturwissenschaftler und der Westen*, Köln 2007, 300.

56 Manuel Schramm, *Wirtschaft und Wissenschaft in DDR und BRD: Die Kategorie Vertrauen in Innovationsprozessen*, Köln 2008, 80ff.

57 Hörz, *Zum Technologieverständnis*, 260; Hörz, *Über die Technikwissenschaften*.

58 Josef Reindl, *Akademiereform und biomedizinische Forschung in Berlin-Buch*, in: Gerhard A. Ritter u. a. (Hrsg.), *Antworten auf die amerikanische Herausforderung. Forschung in der Bundesrepublik und der DDR in den »langen« siebziger Jahren*, Frankfurt a. M. 1999, 339–360, hier 347, 356.

59 Schramm, *Wirtschaft und Wissenschaft*, 33.

60 Rudi Hinte, *Informatik, Rechentechnik, Kybernetik und Automatisierung in Adlershof. Zur Geschichte des Forschungszentrums Adlershof der Akademie der Wissenschaften (Teil X)*, in: Adlershofer Zeitung 223 (November 2012), 8f.

61 Ottomar Herrlich, *Gründung und Wirken der Sektion Informationsverarbeitung der Technischen Universität Dresden. Ein Gedächtnisbericht (2004)*, in: Friedrich Naumann/Gabriele Schade (Hrsg.), Informatik in der DDR – Eine Bilanz, Tagungsband zu den Symposien 7. bis 9. Oktober 2004 in Chemnitz, 11. bis 12. Mai 2006 in Erfurt, 319–330, http://st.inf.tu-dresden.de/download/history_sect8.pdf.

62 Jürgen Funke u. a., *Integrierte Teilnehmeranschluß-Steuerschaltung (IASS), U1500PC050, Kurzbezeichnung: U1550.*, http://www.gfai.de/~heinz/publications/papers/1985_IASS.pdf; Gerd Heinz, *Zwischen den Fronten, Festrede zum Ausscheiden von Dr. Karl-Adolf Zech, genannt »Ali«, aus dem Berufsleben.* Abschiedsfeier am 14.12.2006 im Siemens-Werk für Signalbau ..., http://www.gfai.de/~heinz/publications/lectures/pdfs/1982_Ali.pdf.

63 *Abgeschnitten von der Außenwelt*, in: Peter Frieß/Peter M. Steiner (Hrsg.), Deutsches Museum Bonn, Forschung und Technik in Deutschland nach 1945, Katalog zur Eröffnung, München 1995, 362f.; Andre Beyermann, *Staatsauftrag: »Höchstintegration«. Thüringen und das Mikroelektronikprogramm der DDR*, http://archive.today/ISC8J#selection-203.1-205.51; Jörg Roesler, *Wirtschaft der DDR*, Erfurt 2002, 37, 39, http://www.lzt-thueringen.de/files/irtschaft_der_DDR.pdf; Clemens Vollnhals (Hg.), *Jahre des Umbruchs. Friedliche Revolution in der DDR und Transition in Ostmitteleuropa*, Göttingen 2011, 104f.; vgl. trotz der polemischen Töne Wolfgang Weber, *DDR – 40 Jahre Stalinismus. Ein Beitrag zur Geschichte der DDR*, Essen 1993, 97.

64 Gerhard Krüger, *Deutsch-deutsche Wendezeit in der Informatik*, in: Hannes Hartenstein u. a. (Hrsg.), Informationstechnologie und ihr Management im Wissenschaftsbereich, Festschrift für Prof. Dr. Wilfried Juling [Karlsruhe, im September 2009], a.a.O., 11–14, hier insbes. 12, http://www.scc.kit.edu/downloads/oko/Festschrift_Prof_Juling.pdf.

65 *VEB Kombinat Nachrichtenelektronik. Digitale Netze halten Einzug in der* DDR, in: Computerwoche, 7.3.1986, http://www.computerwoche.de/a/digitale-netze-halten-einzug-in-der-DDR,1163565; Fernmeldemuseum Dresden, OZ 100, http://www.ighft.de/technik/oz100/oz100.htm.

66 Angela Schmole, *Abteilung 26. Telefonkontrolle, Abhörmaßnahmen und Videoüberwachung* (MfS-Handbuch, Bd. 3,19), Berlin ²2009, 39, http://www.nbn-resolving.org/urn:nbn:de:0292-97839421301962; vgl. auch: http://www.bstu.bund.de/DE/Wissen/Publikationen/Publikationen/handbuch_abt-26_schmole.pdf?__blob=publicationFile.

67 Reinhard Buthmann, *Hochtechnologien und Staatssicherheit. Die strukturelle Verankerung des MfS in Wissenschaft und Forschung der DDR* (Reihe B: Analysen und Berichte 1/2000), Berlin 2000, hier 197, Anm. 1209, http://www.nbn-resolving.org/urn:nbn:de: 0292-97839421304628; Schmole, *Abteilung 26*, 39, Anm. 209, http://www.nbn-resolving.org/urn:nbn:de:0292-97839421301962; *DDR auf der Leipziger Frühjahrsmesse um Profilierung bemüht. Schlüsseltechnologien sind auf dem Vormarsch*, in: Computerwoche, 28.5.1982, http://www.computerwoche.de/a/schluesseltechnologien-sind-auf-dem-vormarsch,1183022; vgl. insbesondere Heinz Gutbier/Bertram Greve, *Der Beitrag des Werkes Radeberg an Entwicklung und Produktion von Datentechnik im VEB Kombinat Robotron*, Fassung vom 3.5.2011, Arbeitsgruppe Betriebsgeschichte Robotron Radeberg, http://fesararob.de/Publikation/Gutbier/fe-rob%20Datentechnik.pdf sowie: Steuerkomplex SK ENSAD, http://fesararob.de/HTML_DV/ENSAD.html.

68 *Entwicklung und Produktion von Datentechnik in Radeberg*, http://fesararob.de/HTML_DV/Einleitung.html.

69 Werner Thote, *Rafena, Robotron und die Wende 1965 bis 1993*, Arbeitsgruppe Betriebsgeschichte Robotron Radeberg, http://fesararob.de/Publikation/Thote/fe-rob%20Geschichte4.pdf; zugleich Stadt Radeberg (Hg.) in Zusammenarbeit mit der Arbeitsgruppe Stadtgeschichte, Radeberger Blätter zur Stadtgeschichte 5 (August 2007) 13 f.; vgl. auch: Peter Kahnt/Siegfried Mieth, Arbeitsgruppe Betriebsgeschichte Robotron Radeberg, *Einsatz von Richtfunktechnik aus Radeberg im In- und Ausland*, Arbeitsgruppe Betriebsgeschichte Robotron Radeberg, Fassung vom Oktober 2012, 9, http://fesararob.de/Publikation/Roemer/fe-rob%20KV4.pdf. Zum unternehmensgeschichtlichen Aspekt vgl. ANT Nachrichtentechnik Radeberg GmbH; http://fesararob.de/HTML_RF/Histo_Rifu_ANT.html.

70 Z.B.: Schweizer, *Geschichte der Telekommunikation*, 6 f., http://web.saechsisches-industriemuseum.com/fileadmin/data/Chemnitz/Infothek/kur_22.pdf; Profil Volker Kliem, Entwicklungsingenieur Nachrichtentechnik/Elektronik, in: http://de.linkedin.com/in/volkerkliem; vgl. auch Rainer Kohlschmidt, *Jitterstörungen bei der Übertragung von PCM-Signalen über Kabel*, Dissertation Ilmenau 1976, http://www.gbv.de/dms/ilmenau/toc/183545419.PDF; vgl. auch Bundesarchiv, DM 302 Institut für Post- und Fernmeldewesen der DDR, Projekt »Zeitgeteiltes übertragungssystematisches PCM 480 m. Versuchsanlage auf symmetrischen Telefon-Kabeln 32 31 02«, Laufzeit 1984–1986, Signatur DM 302/4773, http://www.argus.bundesarchiv.de/DM302-41517/index.htm?kid=77d4b89a-b73e-4b63-801e-692890d245d8.

71 Fernmeldemuseum Dresden, Technik, PCM-Technik; http://www.ighft.de/technik/PCM/pcm.htm.

72 Werner Thote, Arbeitsgruppe Betriebsgeschichte Robotron Radeberg, *Richtfunktechnik aus Radeberg 1947 bis 2003*, Fassung vom Februar 2010, http://fesararob.de/Publikation/Thote/fe-rob%20Richtfunk.pdf, 13.

73 Werner Thote, Arbeitsgruppe Betriebsgeschichte Robotron Radeberg, *Richtfunktechnik aus Radeberg: 1948 bis 1990*, Manuskript für die Firmenzeitung ANT, http://fesararob.de/Quellen/Thote_%c4llg/fe-rob%20RF_M1.pdf.

74 Kahnt/ Mieth, *Einsatz von Richtfunktechnik*.

75 Bereits ab Ende 1999 verkaufte allerdings die Robert Bosch GmbH die wichtigsten Produktbereiche ihres Unternehmensbereichs Bosch Telecom.

76 Werner Thote, *Entwicklung und Produktion von Erzeugnissen der Richtfunktechnik im VEB Robotron-Elektronik Radeberg*, ausgearbeitet von der zeitweiligen Arbeitsgruppe Betriebsgeschichte Robotron Radeberg in Zusammenarbeit mit der Arbeitsgruppe Stadtgeschichte Radeberg, Fassung vom 31.7.2007, 8, http://fcsararob.de/Publikation/Thote/robotron34d_WT.pdf. Die Quadraturamplitudenmodulation QAM kombiniert die noch bei PCM 120-2000 und PCM 10- 300/400/800 benutzte Phasenmodulation mit der Amplitudenmodulation. Vgl. auch: Wolfram Geidel u. a., *Modulare SDH-Richtfunk-Gerätefamilie für den Weitverkehr*, in: ANT Nachrichtentechnische Berichte 1 (März 1994), 67–81, hier 68.

77 Thote, *Richtfunktechnik aus Radeberg: 1948 bis 1990*.

78 *20 Jahre Institut für Nachrichtentechnik*, in: Funkamateur 11 (1981), 534, http://www.bkfn.de/images/20jahreint.pdf.

79 *Einsatz von Telekommunikation nur bei gesamtgesellschaftlichem Bedarf: DDR hat mit neuen Medien noch nicht viel im Sinn*, in: Computerwoche, 20.1.1984, http://www.computerwoche.de/a/DDR-hat-mit-neuen-medien-noch-nicht-viel-im-sinn,1172460; *Gläserne Leitung im Berliner Fernsprechnetz*, in: ND-Archiv: Neues Deutschland vom 12.12.1981, https://www.nd-archiv.de/artikel/894669.html.

80 *Auch die DDR hatte ihre Glasfaserkabel!*, in: Berliner Kurier, 6.6.2006, http://www.berliner-kurier.de/archiv/auch-die-DDR-hatte-ihre-glasfaserka-bel-,8259702,4040336.html.

81 *Deutsche Telekom schließt Aufbau Ost ab*.

82 Norbert Gilson/Walter Kaiser, *Elektrizität – Energie – Information. Die Geschichte der Fakultät für Elektrotechnik und Informationstechnik an der RWTH Aachen*, Diepholz 2010, 87, 162.

83 Judy E. O'Neill, *The Role of ARPA in the Development of the ARPANET, 1961–1972*, in: IEEE Annals of the History of Computing 17/4 (1995), 76–81.

84 Eike Jessen, *Wissenschaftsnetze in Deutschland und Europa. Erwartungen und Erreichtes*, in: Klaus R. Dittrich u. a. (Hrsg.), INFORMATIK 2003 – Innovative Informatikanwendungen, Bd. 2, Beiträge der 33. Jahrestagung der Gesellschaft für Informatik e.V. (GI), 29. September–2. Oktober 2003 in Frankfurt a. M., zugleich Lecture Notes in Informatics (LNI) 35 (2003), 121–127, http://subs.emis.de/LNI/Proceedings/Proceedings35/GI-Proceedings.35–14.pdf. Vgl. auch: *Hintergrundbericht*, 14.6.2004, 20 Jahre Deutsches Forschungsnetz, https://www.dfn.de/publikationen/pressemitteilungen/pmhintergrund140604/; https://www.dfn.de/fileadmin/5Presse/Downloads/PM_Hintergrund20JahreDFN.pdf.

85 Frank Dittmann, *Datennetze im COMECON*, in: Wolfgang Coy/Peter Schirmbacher (Hrsg.), Informatik in der DDR, Tagung Berlin 2010; 127–137, hier 135, http://edoc.hu-berlin.de/conferences/iDDR2010/all/PDF/iDDR.pdf; http://edoc.hu-berlin.de/conferences/iDDR2010/dittmann-frank-127/PDF/dittmann.pdf; Frank Dittmann, *Technik versus Konflikt, Wie Datennetze den Eisernen Vorhang durchdrangen*, http://www.zeithistorische-forschungen.de/Portals/_zf/documents/pdf/2012-2/Dittmann_2009.pdf, 118.

86 *Modems: Modem VM2400*, in: Virtuelles Computermuseum über die Entwicklung der Rechentechnik in der DDR, Dokumentation der Arbeit des damaligen Marktführers Robotron sowie anderer Firmen, http://www.robotrontechnik.de/html/standorte/nel.htm.

87 Gerhard Merkel, *Forschungsarbeiten zur Informatik in der Akademie der Wissenschaften der DDR*, in: Birgit Demuth (Hg.), Informatik in der DDR, Grundlagen und Anwendungen, Drittes Symposium »Informatik in der DDR«, 15. und 16. Mai 2008, in Dresden, Deutschland, 29–40, hier 33–37; vgl. auch: *Einsatz von Telekommunikation*.

88 Hans-Martin Adler, *Deutsches Forschungsnetz, Neues im X-WiN*, DFN-Betriebstagung, 3.3.–4.3.2009, Folien 30

und 31, https://www.dfn.de/fileadmin/3Beratung/Betriebstagungen/bt50/plenum-xwin-hma.pdf.

89 *Entwicklung und Produktion von Datentechnik in Radeberg*, Kapitel 4, Datenfernverarbeitung; http://fesararob.de/HTML_DV/Einleitung.html.

90 Siehe hierzu: *Übergabe des ersten SSA-Containers an die Deutsche Post der DDR* in diesem Band, 311 f.

91 Wilhelm Pällmann, *Das Programm Aufbau Ost – »Telekom 2000«*, in: Deutsche Bundespost Telekom (Hg.)/ Werner Baudis (Red.), Telekom 2000 – Schrittmacher beim Aufbau Ost, Köln 1994, 11 f.

92 *Erst die Einheit, nun die Pleite*, in: Die Zeit, Nr. 8 (15.2.1991).

93 Man hatte im Laufe des ersten Bauabschnitts 4.800 Kanalkilometer Richtfunkverbindungen mit neuen 140 Mbit/s-Systemen über insgesamt 47 Funkfeldern und 250.000 Leitungsanschlüsse für digitale Fernleitungen in 13 digitalen Fern- und Ortsvermittlungsstellen in Betrieb genommen.

94 Der Aufbau des 900-MHz-Netzes nach dem GSM Standard mit erweiterten Leistungsmerkmalen begann Mitte 1991.

95 So dokumentierte die DeTeMobil News 4/94 vom 15.4.1994 für die Niederlassung Leipzig die tägliche Abwicklung von 1,2 Mio. Gesprächswünschen im C-Netz und fast 710.000 im D1-Netz, für mehr als 86.000 C-Netz- und 50.000 D1-Netz-Kunden.

96 Dies meldete das Nordhäuser Tageblatt am 20.2.1991.

III Organisation – Strukturelle Herausforderungen des Zusammenwachsens

1 Thomas Schnöring/Uwe Szafran, *Telecommunications in Eastern Germany. A Success Story of East-West Integration*, in: Telecommunications Policy 18 (1994), 453–469.

2 Ebd.

3 André Steiner, *Von Plan zu Plan. Eine Wirtschaftsgeschichte der DDR*, München 2004, 189.

4 Jan-Otmar Hesse, *Im Netz der Kommunikation. Die Reichs-Post- und Telegraphenverwaltung 1876–1914*, München 2001.

5 Siehe hierzu auch den Beitrag von Klaus Demmler u. a., *»Aus zwei mach eins« – Die Unternehmen wachsen zusammen*, in diesem Band, 156–164.

6 Siehe hierzu auch den Beitrag von Hans Baur, *Eine Mobilfunk-Notaktion*, in diesem Band, 134.

7 Siehe hierzu sowie ausführlich zum Themenbereich Finanzen und Rechnungswesen den Beitrag von Christoph Stephan und Peter Welle-Broßwitz, *Finanzen und Rechnungswesen im »Aufbau Ost«*, www.grenzenloseleistung.de.

8 Jörg Roesler, *Toleranz und Intoleranz bei der Entwicklung einer neuen Corporate Identity für privatisierte ostdeutsche Großbetriebe nach 1990*, in: Sitzungsbericht der Leibnitz-Sozietät der Wissenschaften zu Berlin 91 (2007), 23–38.

9 Siehe hierzu: Johann Nußbaum, *Kreative Logistik*, in diesem Band, 146.

10 Siehe hierzu auch den Beitrag von Hans Schaffarzik, *Immobilien der Deutschen Post der DDR*, in diesem Band, 165–170.

11 Siehe hierzu den Beitrag von Hans Baur und Diether Stroh, *Bei der Enteignung vergessen*, in diesem Band, 167.

12 Siehe hierzu den Beitrag von Johann Nußbaum, *Die Rosa-Luxemburg-Kaserne*, in diesem Band, 170.

13 Siehe hierzu den Beitrag von Johann Nußbaum, *Turn-key – Schlüsselfertige Systeme für den »Aufbau Ost«* in diesem Band, 189–193.

14 Hesse, *Im Netz der Kommunikation*; Volker Schneider, *Staat und technische Kommunikation. Die politische Entwicklung der Telekommunikation in den USA, Japan, Großbritannien, Deutschland, Frankreich und Italien*, Opladen 1999.

15 Christian Zangs, *Die Bedeutung differierender Verständnisse von Unternehmensverantwortung für Fusionen und Übernahmen*, Diss. Hamburg 2012.

16 Näheres vgl. Wilfried Günther/Heinz Uhlig, *Telekommunikation in der* DDR – *Die Entwicklung von 1945 bis 1989*, in: Wissenschaftliches Institut für Kommunikationsdienste (Hg.), Diskussionsbeitrag Nr. 90 (Juni 1992), Bad Honnef 1992.

17 Daneben stellte die DBP Telekom 356 Zuordnungsanträge bei den zuständigen Oberfinanzdirektionen für Grundstücke, die ihr laut Einigungsvertrag zustanden und machte in 48 Fällen Rückübertragungsansprüche gegenüber Gebietskörperschaften, Parteien und Massenorganisationen für nach 1945 bis 1990 abgegebene Grundstücke geltend. Neben dem Verkauf von Grundstücken bei dauernder Entbehrlichkeit oder zu Zwecken der Straßenlandabtretung und Grenzbereinigung wurden bis 2001 545 Rückübertragungsansprüche Dritter an die Deutsche Bundespost Telekom bzw. die Deutsche Telekom AG gerichtet. Davon wurden bis 2001 insgesamt 300 Ansprüche abgewehrt, 56 Grundstücke zurückgegeben und bei 67 Grundstücken eine Entschädigungszahlung festgelegt.

18 Der »Rat für Gegenseitige Wirtschaftshilfe« (RGW) wurde 1949 von einigen Ostblockstaaten in Reaktion auf den Marshallplan gegründet. Er diente der Koordinierung der Außenwirtschaftsbeziehungen in den Planwirtschaftsländern. In den 1960er Jahren wurde er mit der Errichtung einer zentralen Abrechnungsstelle faktisch zu einem Währungsblock ausgebaut, in dem die Sowjetunion die anderen Staatshandelsländer alimentierte. Im Zug der Perestroika wurde der RGW 1991 aufgelöst. Ralf Ahrens, *Gegenseitige Wirtschaftshilfe? Die DDR im RGW. Strukturen und handelspolitische Strategien 1963–1976*, Köln 2000.

19 JITEX war ein 1988/89 von einer Logistik-Projektgruppe unter der Leitung der Diplomingenieure Hans-Willi Karuschkat und Joachim Haß entwickeltes und eingeführtes System, mit dem in den alten Bundesländern 1990 schon die ersten großen Erfolge erzielt werden konnten.

20 Die Ergebnisse des Kassendienstes (zentraler Kassenabschluss der Generalpostkasse) wurden nach einem Kontenplan von Titel in Konten der Gewinn- und Verlustrechnung (Titel der Klassen 1 und 2), Aktiva (Klassen 3 und 4) und Passiva (Klassen 5 und 6) übertragen und in einem Hauptbuch der Gewinn- und Verlustrechnung (GuV) und einem Hauptbuch der Bilanz ausgewiesen. Alle Buchungen im Rahmen der Jahresabschlussarbeiten erfolgten in diesen Hauptbüchern.

21 Dies erfolgte durch Kennzeichnung von Buchungen in einem besonderen Zeitraum (13. Monat) und der Erfassung der darüber noch anstehenden sogenannten »rückständigen und verfrühten Einnahmen und Ausgaben« sowohl für Betrieb als auch Anlage per Meldung.

22 Eine Verknüpfung zwischen den einzelnen Anwendungen war nur in wenigen Fällen gegeben. So wurden Daten aus dem Kassendienst je Titel in die Konten der Hauptbücher und in die Konten der Anlagenfortschreibung übertragen. Die Ergebnisse der Abschreibungsberechnungen sowie andere Veränderungen und Ergebnisse aus den übrigen Bereichen mussten jedoch per Dateneingabe von Hand eingebucht werden. Bei diesen Anwendungen handelte es sich um nicht mit den Hauptjournalen verzahnte Nebenbücher; es waren klassische Insellösungen, deren Abstimmung zu den Berichts- und Bilanzstichtagen mit extrem viel Aufwand verbunden war.

23 Der nachfolgende Text beruht in gekürzter Fassung auf folgendem Artikel: Jochen Kütter, *Informationsverarbeitung in Ost und West*, in: Zeitschrift für Post und Telekommunikation 5 (1991), 32–36.

24 Dieselben Unternehmen wurden auch 1992 und 1993 mit den Turn-key-Vorhaben betraut, wobei sich DeTeWe und ANT/Bosch Telecom zu einer Bietergemeinschaft zusammenschlossen. Die weiteren Beauftragungen von Turn-key-Projekten waren keine Selbstläufer,

sondern jedes Mal das Ergebnis schwieriger Verhandlungen. Während der Turn-key-Programme 1992 und 1993 wurden parallel zur Industrie immer mehr Gewerke durch die 14 Fernmeldeämter in den neuen Bundesländern in eigener Zuständigkeit errichtet. Als Schwerpunkte verblieben den Generalunternehmen der kosten- und personalintensive Ausbau der Ortsanschlussnetze und die Anbindung der Vermittlungsstellen über Glasfaserkabel und Richtfunk an das Fernnetz. Die Turn-key-Projekte wurden in der zweiten Jahreshälfte 1994 abgeschlossen.

25 Eine Beschaltungseinheit ist eine bereitgestellte Rufnummer in der Vermittlungsstelle für einen möglichen Telefonanschluss.

IV Zusammen arbeiten – Der Faktor Mensch

1 Siehe zum Folgenden: Eckart Conze, *Die Suche nach Sicherheit. Eine Geschichte der Bundesrepublik Deutschland von 1949 bis in die Gegenwart*, München 2009, 745 f.

2 Günther Schmid/Frank Oschmiansky, *Arbeitsmarktpolitik und Arbeitslosenversicherung*, in: Gerhard A. Ritter (Hg.), Geschichte der Sozialpolitik in Deutschland seit 1945, Bd. 11: Bundesrepublik Deutschland 1989–1994. Sozialpolitik im Zeichen der Vereinigung, Baden-Baden 2007, 435–490, hier 449.

3 Joachim Bergmann/Rudi Schmidt, *Industrielle Beziehungen. Institutionalisierung und Praxis unter Krisenbedingungen*, Opladen 1996, 221.

4 Heinrich Best, *Cadres into Managers. Structural Changes of East German Economic Elites before and after the Reunification*, in: Historische Sozialforschung 30 (2005), 6–24, hier 18 f.

5 Schmid/Oschmiansky, *Arbeitsmarktpolitik und Arbeitslosenversicherung*, 450. Vgl. auch Paul Windolf, *Die Transformation der ostdeutschen Betriebe*, in: Berliner Journal für Soziologie 6 (1996), 467–488.

6 Im Gegensatz zu: Windolf, *Die Transformation der ostdeutschen Betriebe*, 474.

7 Udo Ludwig, *Licht und Schatten nach 15 Jahren wirtschaftlicher Transformation in Ostdeutschland*, in: Deutschland-Archiv 38 (2005), 410–416, hier 411.

8 Horst Pötzsch, *Deutsche Geschichte von 1945 bis zur Gegenwart. Die Entwicklung der beiden deutschen Staaten*, München 1998, 267.

9 Schmid/Oschmiansky, *Arbeitsmarktpolitik und Arbeitslosenversicherung*, 446.

10 Siehe hierzu den Beitrag von Jürgen Hoffmann, *Arbeiten bei der Deutschen Post der DDR*, in diesem Band, 207–209.

11 Reiner Breuer, *Zum Prozeß der Kombinatsbildung in der Industrie der DDR am Ende der sechziger Jahre*, in: Jahrbuch für Wirtschaftsgeschichte IV (1983), 25–51, hier 25.

12 Peter Skyba/Christoph Boyer, *Politische Rahmenbedingungen 1971–1981*, in: Christoph Boyer u. a. (Hrsg.), Geschichte der Sozialpolitik in Deutschland, Bd. 10: Deutsche Demokratische Republik. Bewegung in der Sozialpolitik, Erstarrung und Niedergang, Baden-Baden 2008, 1–66, hier 17.

13 André Steiner, *Von Plan zu Plan. Eine Wirtschaftsgeschichte der DDR*, München 1994, 185.

14 Siehe hierzu den Beitrag von Klaus Demmler u. a., *Personalbereiche Ost und West wachsen zusammen*, in diesem Band, 210–233.

15 Best, *Cadres into Managers*, 18.

16 Thomas Schnöring/Uwe Szafran, *Telecommunications in Eastern Germany. A Success Story of East-West Integration*, in: Telecommunications Policy 18 (1994), 453–469, hier 459.

17 Siehe hierzu: Demmler u. a., *Personalbereiche Ost und West.*

18 Schnöring/Szafran, *Telecommunications in Eastern Germany*, 463.

19 Ebd., 460. Siehe hierzu auch Demmler u. a., *Personalbereiche Ost und West.*

20 Best, *Cadres into Managers*, 19.

21 Markus Pohlmann, *Die Industriekrise in Ostdeutschland. Zur Rolle der ökonomischen Eliten und ihren Unternehmenspolitiken*, in: Deutschland-Archiv 38 (2005), 417–424, hier 417.

22 Werner Smolny, *Produktivitätsentwicklung in Ostdeutschland. Bestandsaufnahme und Ansatzpunkte einer Erklärung*, in: Jahrbücher für National ökonomie und Statistik 223 (2003), 239–254, hier 251.

23 Schnöring/Szafran, *Telecommunications in Eastern Germany*, 460. Siehe ebenfalls: Demmler u. a., *Personalbereiche Ost und West.*

24 Siehe hierzu den Beitrag von Demmler u. a., *Personalbereiche Ost und West.*

25 Barbara Koller, *Psychologie und Selektion. Die Entwicklung der persönlichkeitsbezogenen Anforderungsprofile an die Wirtschaftseliten seit den sechziger Jahren*, in: Volker Berghahn u. a. (Hrsg.), Die deutsche Wirtschaftselite im 20. Jahrhundert. Kontinuitäten und Mentalitäten, Essen 2003, 337–351, hier 337 f.

26 Jörg Roesler, *Die Stunde der Generaldirektoren? Ein zu Unrecht vergessenes Moment der »Wende in der Wirtschaft«*, in: Deutschland-Archiv 38 (2005), 443–454, hier 453.

27 Rudi Schmidt, *Die zwei Welten der ostdeutschen Manager*, in: Historische Sozialforschung 30 (2005), 231–237, hier 231.

28 Ebd., 234.

29 Georg Wagner-Kyora, *Karbidarbeiter in der Bargaining-Community. Klassenlage und Identitätskonstruktion*, in: Renate Hürtgen/Thomas Reichel (Hrsg.), Der Schein der Stabilität. DDR-Betriebsalltag in der Ära Honecker, Berlin 2001, 191–216.

30 Schmidt, *Zwei Welten*, 236.

31 Marcel Boldorf, *Elitentausch? Die betrieblichen Führungskräfte in Ostdeutschland seit den 1980er Jahren*, in: Friederike Sattler/Christoph Boyer (Hrsg.), European Economic Elites. Between a New Spirit of Capitalism and the Erosion of State Socialism, Berlin 2009, 265–280.

32 Gernot Gutmann, *In der Wirtschaftsordnung der DDR angelegte Blockaden und Effizienzhindernisse für die Prozesse der Modernisierung, des Strukturwandels und des Wirtschaftswachstums*, in: Eberhard Kuhrt u. a. (Hrsg.), Die Endzeit der DDR-Wirtschaft. Analysen zur Wirtschafts-, Sozial- und Umweltpolitik, Opladen 1999, 1–60, hier 37.

33 Siehe hierzu: Demmler u. a., *Personalbereiche Ost und West.*

34 Evelyn Preusche, *Betriebliche Akteure zwischen Plan- und Marktwirtschaft. Arbeitsbeziehungen in ostdeutschen Industriebetrieben nach der Wende*, München 1997, 61.

35 Windolf, *Die Transformation der ostdeutschen Betriebe*, 473.

36 Siehe hierzu: Demmler u. a., *Personalbereiche Ost und West.*

37 Konrad Jarausch, *Die Umkehr. Deutsche Wandlungen 1945–1995*, München 2004, 249–256.

38 Siehe hierzu ebenso: Demmler u. a., *Personalbereiche Ost und West.*

39 Ebd.

40 Ebd.

41 Ebd.

42 Ebd.

43 Ebd.

44 Gerhard A. Ritter, *Sozialpolitische Denk- und Handlungsfelder*, in: Ders. (Hg.), Geschichte der Sozialpolitik, Bd. 11, 107–340, hier 189.

45 Siehe hierzu auch: Demmler u. a., *Personalbereiche Ost und West.*

46 Reinhard Richardi, *Arbeitsverfassung und Arbeitsrecht*, in: Ritter (Hg.), Geschichte der Sozialpolitik, Bd. 11, 343–394, hier 348.

47 Ritter, *Sozialpolitische Denk- und Handlungsfelder*, 245.

48 Karl Lauschke, *»Zusammenhalten und gestalten«. Von der traditionellen Beamtenorganisation zur streitbaren Gewerkschaft. Die Deutsche Postgewerkschaft bis zur Bildung von ver.di*, Hamburg 2009, 87.

49 Siehe: Demmler u. a., *Personalbereiche Ost und West.*

50 Lauschke, *»Zusammenhalten und gestalten«*, 84 ff.
51 Ebd.
52 Ebd.
53 Zeitschrift für Post und Telekommunikation 11 (1990), 8 ff.
54 *Beim Büro der DPG in Ost-Berlin: Tausend Fragen, tausend Ängste,* in: Deutsche Post 12 (1990), 22 f.
55 *Personalratsarbeit bei FA Leipzig: Die Sache muss wasserdicht sein,* in: Deutsche Post 3 (1992), 45 ff.
56 https://geschichte.verdi.de/stichworte/dteinheit (18.06.2014).
57 Deutsche Post 6 (1990), 12.
58 Telekom Extra 5 (1990), 14.
59 Telekom Monitor 1 (1994), 2.
60 Telekom Monitor 9 (1991), 2.
61 Gerd Tenzer/Heinz Uhlig (Hrsg.), *Telekom 2000. Moderne Telekommunikation für die neuen Bundesländer,* Heidelberg 1991, 48.
62 Telekom Monitor 12 (1993), 9.
63 Deutsche Bundespost Telekom (Hg.)/ Werner Baudis (Red.), Telekom 2000 – Schrittmacher beim Aufbau Ost, Köln 1994, 5.

V »Ruf doch mal an!« – Marketing und Vertrieb

1 Wolfgang Brnjak, *Vom Verwaltungsakt zum Management. Die Transformation der Deutschen Telekom von einer Behörde zu einem markt- und kundenorientierten Unternehmen*, Göttingen 2009, 57; siehe auch Absatzwirtschaft 4 (1991), 95.
2 Zur Marketinggeschichte anderer Unternehmen und Branchen siehe Christian Kleinschmidt/Florian Triebel (Hrsg.), *Marketing. Historische Aspekte der Wettbewerbs- und Absatzpolitik*, Essen 2004, sowie Hartmut Berghoff (Hg.), *Marketinggeschichte. Die Genese einer modernen Sozialtechnik*, Frankfurt a. M. 2007.
3 Ausführlich hierzu: Brnjak, *Vom Verwaltungsakt zum Management.*
4 Die »4P« stehen für die englischen Begriffe »product«, »price«, »place« und »promotion«.
5 Jürgen Hesse u. a., *Paradigmenwechsel im Dienstleistungsmarketing unter besonderer Berücksichtigung des Dienstleistungsmarketing des Unternehmens Deutsche Bundespost Telekom.* (IFAWISO working paper 02/94).
6 Wilfried Günther/Heinz Uhlig, *Telekommunikation in der DDR. Die Entwicklung von 1945–1989,* in: Wissenschaftliches Institut für Kommunikationsdienste (Hg.), Diskussionsbeitrag Nr. 90, Bad Honnef 1992, VII, 10, 13; Tobias Robischon, *Telekommunikationspolitik im deutschen Einigungsprozess. Steuerung und Eigendynamik sektoraler Transformation,* Frankfurt a. M. 1999, 32 f.
7 Günther/Uhlig, *Telekommunikation in der DDR,* 100.
8 Ebd., 88.
9 Dietrich Buchheim, *Vorstellungen zum beschleunigten Ausbau des Fernmeldenetzes der DP,* in: Eberhard Witte (Hg.), Telekommunikation in der DDR und der Bundesrepublik, Heidelberg 1990, 21.
10 Ebd., 22.
11 Siehe hierzu den Beitrag von Ursula Balzer u. a., *Im Dienst der Deutschen Post der DDR,* in diesem Band, 251–257.
12 Daneben gab es Sondernetze u. a. für die NVA, die Sowjetarmee, die Deutsche Reichsbahn, das Ministerium für Staatssicherheit, zahlreiche Infrastruktureinrichtungen etc., auf die an dieser Stelle nicht eingegangen werden kann. Vgl. hierzu Günther/Uhlig, *Telekommunikation in der DDR.*
13 Siehe hierzu den Beitrag von Anita Bartsch, *»Kurze Dienstwege« für die Einrichtung neuer Telefonanschlüsse,* in diesem Band, 125.
14 Zitiert nach Günther/Uhlig, *Telekommunikation in der DDR,* 102.
15 Karl-Heinz Neumann, *Volkswirtschaftliche Aspekte der Telekommunikation in der DDR und der Bundesrepublik,* in: Witte (Hg.), Telekommunikation in der DDR, 163.

16 Stefan Pahlke, *Warten auf ein Telefon, mit Permanenz und Penetranz,* in: Neue Gesellschaft für Bildende Kunst (Hg.), Wunderwirtschaft. DDR-Konsumkultur in den 60er Jahren, Köln 1996, 166–174, hier 172.
17 Günther/Uhlig, *Telekommunikation in der DDR,* VII, 90.
18 Dazu ausführlicher Brnjak, *Vom Verwaltungsakt zum Management,* 76ff.
19 Robischon, *Telekommunikationspolitik,* 98–193; Gerd Tenzer, *Telekommunikation als verbindende Infrastruktur,* in: Witte (Hg.), Telekommunikation in der DDR, 37.
20 Wolf Kahle, *»Aufbau Ost« termingemäß abgeschlossen,* in: Post- und Telekommunikationsgeschichte 3 (1998), 198.
21 Dietmar Glaß, *Stand und Entwicklung der Telekommunikation auf dem Gebiet der ehemaligen DDR,* in: Nachrichtentechnik, Elektronik 41 (1991), 47; Robischon, *Telekommunikationspolitik,* 159.
22 Siehe hierzu den Beitrag von Bartsch, *»Kurze Dienstwege«.*
23 Kahle, *»Aufbau Ost«,* 109f.
24 Siehe hierzu den Beitrag von Klaus Hellebusch u. a., *Anschlussmangel – Vom Telefonieren unter erschwerten Bedingungen,* in diesem Band, 247–250.
25 Zitiert nach Pahlke, *Warten auf ein Telefon,* 174.
26 Siehe hierzu den Beitrag von Ursula Balzer, *Ein teures Vergnügen,* in diesem Band, 262.
27 Siehe hierzu den Beitrag von Thomas Dämmrich u. a., *Der Kunde im Mittelpunkt,* in diesem Band, 267–275.
28 Siehe hierzu den Beitrag von Balzer u. a., *Im Dienst der Deutschen Post der DDR.*
29 *Der verpatzte AG-Auftakt der Telekom. Staatsbetrieb oder Global Player?,* in: Absatzwirtschaft 1 (1995), 18.
30 Ursula Balzer u. a., *Vom Fernsprechanmeldedienst zum Privatkundenvertrieb,* in diesem Band, 258–266.
31 Siehe hierzu den Beitrag von Kerstin Bossenz, *Praktische Hilfe im »Telekom Direkt«-Nachtdienst,* in diesem Band, 263.
32 Klara Mikolitsch, *»Telekom Direkt« – Eine Erfolgsgeschichte,* in diesem Band, 265.
33 Siehe hierzu den Beitrag von Balzer u. a., *Vom Fernsprechanmeldedienst.*
34 Ebd.
35 Ebd.
36 Hesse u. a., *Paradigmenwechsel im Dienstleistungsmarketing.*
37 Stichwort »Dienstleistungsmarketing« von Anton Meyer, in: V. Hermann Diller (Hg.), Vahlens Großes Marketing Lexikon, München 2001, 293.
38 Hesse u. a., *Paradigmenwechsel im Dienstleistungsmarketing,* 21.
39 Ebd., 30f.
40 Ebd., 31ff.
41 Siehe hierzu den Beitrag von Karl-Heinz Haufe u. a., *Kommunikation – Eine neue Herausforderung,* in diesem Band, 276–281.
42 Eckhard Rahlenbeck, *Telekom mit Marketing-Defizit,* in: Horizont. Zeitung für Marketing, Werbung und Medien 19 (1994), 40.
43 Hesse u. a., *Paradigmenwechsel im Dienstleistungsmarketing,* 40ff.
44 Ebd., 42f.; Dämmrich u. a., *Der Kunde im Mittelpunkt.*
45 Vgl. Christian Kleinschmidt, *Wahrnehmung amerikanischer und japanischer Management- und Produktionsprozesse durch deutsche Unternehmer 1950–1985,* Berlin 2002.
46 Hesse u. a., *Paradigmenwechsel im Dienstleistungsmarketing,* 43ff.; Siehe hierzu auch den Beitrag von Balzer u. a., *Vom Fernsprechanmeldedienst.*
47 Hans-Joachim Schulze, *Kaupe. Aus den Notizblöcken und Erinnerungen eines Cottbuser Journalisten,* Cottbus 2005.
48 Unterrichtsblätter der Deutschen Bundespost. Ausgabe B: Fernmeldewesen 7 (1981), 265.
49 Aus dem Erlass des Staatsrats der DDR vom 27.2.1961 (weiterentwickeltes Eingabenrecht).
50 Bei einer Auskundung wurde ermittelt, ob der Antrag realisierbar ist, d. h. ob sowohl Anschlussrufnummer als auch Anschlussleitung komplett zur Verfügung stehen.

51 1995 war dieser Versorgungsgrad erreicht und die gesamten Teilnehmerdaten aus den neuen Bundesländern wurden erfolgreich in das westdeutsche EDV-System migriert. Damit war ein einheitlicher Datenbestand für alte und neue Bundesländer entstanden.

52 Ein Bildschirm, der an einen Großrechner angeschlossen war, mit Tastatur für die Eingabe von Daten.

53 Vgl. http://www.computerwoche.de/heftarchiv/1993/29/1129060/ (16.07.2014).

54 Gerhard Möller (Gesamtbearb.), *Marketing der Deutschen Bundespost*, Heidelberg 1985.

55 Das Zitat stammt aus dem Filmbeitrag »Product Promotion/TV 1994/95« der ERT Agentur für Kommunikation GmbH & Co. KG, die in den Jahren 1994/95 Telekom-Mitarbeiter für Fernsehauftritte schulte.

56 SAT.1, Regional Report Berlin-Brandenburg, 5. August 1994.

57 Dirk Berger/Ingo Müller, *Von der Partei zur Party. Der Berliner Fernsehturm als Grafisches Symbol*, Berlin 2003.

58 In den Jahren von 1995 bis 1999 wurde die in der Turmkugel installierte Betriebstechnik vollständig erneuert. Heute werden mehr als 60 Hör- und Fernseh-Rundfunkprogramme abgestrahlt, darunter auch die digitalen Programme DVB-T.

VI West-Berlin und Ost-Berlin – »So nah und doch so fern«

1 Karl Sautter, *Geschichte der Deutschen Post*, Bd. 3: Geschichte der Deutschen Reichspost, 1871 bis 1945, Frankfurt a. M. 1951.

2 Klaus Beyrer (Hg.), *Kommunikation im Kaiserreich. Der Generalpostmeister Heinrich von Stephan*, Heidelberg 1997.

3 Jochen Boberg u. a. (Hrsg.), *Exerzierfeld der Moderne. Industriekultur in Berlin im 19. Jahrhundert*, Bd. 1, München 1984.

4 Wolfgang Ribbe (Hg.), *Geschichte Berlins*, Bd. 2: Von der Märzrevolution bis zur Gegenwart, Berlin 2002, 725.

5 Frank Hartmann, *Globale Medienkultur. Technik, Geschichte, Theorien*, Wien 2006.

6 Ribbe, *Geschichte Berlins*, 693 ff.

7 Reichsamt für wehrwirtschaftliche Planung (Hg.), *Die deutsche Industrie. Gesamtergebnisse der amtlichen Produktionsstatistik*, Berlin 1939, 132, 144.

8 Deutsches Institut für Wirtschaftsforschung (Hg.), *Berlins Wirtschaft im Übergang. Die früheren Lebensbedingungen. Der Weg seit dem Zusammenbruch. Berlins Zukunft*, Berlin 1947.

9 Reichsamt für wehrwirtschaftliche Planung (Hg.), *Die deutsche Industrie*, 132.

10 Wilfried Feldenkirchen, *Siemens 1818–1945*, München 1995; Peter Strunk, *Die AEG. Aufstieg und Niedergang einer Industrielegende*, Berlin 2000.

11 Johannes Bähr, *Industrie im geteilten Berlin (1945–1990). Die elektrotechnische Industrie und der Maschinenbau im Ost-West-Vergleich*, Berlin 2001, 25.

12 Sigfried von Weiher, *Berlins Weg zur Elektropolis. Technik- und Industriegeschichte an der Spree*, Berlin 1974, 124.

13 Hans Pohl (Hg.), *Geschichte des Finanzplatzes Berlin*, Frankfurt a. M. 2002.

14 Peter Borscheid, *100 Jahre Allianz*, München 1990; Lothar Gall u. a. (Hrsg.), *Die Deutsche Bank 1970–1995*, München 1995; Pohl, *Geschichte des Finanzplatzes*.

15 Berliner Bank (Hg.), *Eine Bank für Berlin. Die Geschichte der Berliner Bank von 1950 bis heute*, Berlin 2010, 16.

16 Frank Zschaler, *Öffentliche Finanzen und Finanzpolitik in Berlin 1945–1961*, Berlin 1995.

17 Zitiert nach: Karl C. Thalheim, *Berlins wirtschaftliche Entwicklung nach dem Zweiten Weltkrieg*, in: Otto-Friedrich Gandert u. a., Heimatchronik Berlin, Köln 1962, 763–866, hier 767.

18 Bähr, *Berliner Industrie*, 53 f.

19 Rainer Karlsch/Burghard Ciesla, *Vom »Karthago-Frieden« zum Besatzungspragmatismus. Wandlungen der sowjetischen Reparationspolitik und ihre Umsetzung 1945/46*, in: Hartmut Mehringer u. a. (Hrsg.), Erobert oder befreit?, München 1999.
20 Vgl. Jörg Roesler, *Wiederaufbau des Kabelwerkes Oberspree (KWO)*, in: Jahrbuch für Wirtschaftsgeschichte (1986, Sonderband), 209–262.
21 Bähr, *Berliner Industrie*, 62.
22 Franz Seume, *Die Industrie*, in: Deutsches Institut für Wirtschaftsforschung/ Ferdinand Friedensburg (Hrsg.), Berlins Wirtschaft in der Blockade, Berlin 1949, 38.
23 Bähr, *Berliner Industrie*, 71.
24 Ribbe, *Geschichte Berlins*, 1068.
25 Thalheim, *Berlins wirtschaftliche Entwicklung*, 763–866.
26 Burghardt Hofmeister, *Berlin (West). Eine geographische Strukturanalyse der zwölf westlichen Bezirke*, Berlin 1990, 102.
27 Katherine Pence, *Herr Schimpf und Frau Schande. Grenzgänger des Konsums im geteilten Berlin und die Politik des Kalten Krieges*, in: Burghard Ciesla u. a. (Hrsg.), Sterben für Berlin? Die Berliner Krisen 1948 und 1958, Berlin 2000, 185–202.
28 Hans Willi Weinzen, *Die Hauptstadt Berlin – zu teuer?*, in: Werner Süß/Ralf Rytlewski (Hrsg.), Berlin. Die Hauptstadt. Vergangenheit und Zukunft einer europäischen Metropole, Berlin 1999, 415–434, hier 417.
29 Bähr, *Berliner Industrie*, 244.
30 Wolfgang Rupf, *Der Wirtschaftsstandort Berlin*, in: Süß/Rytlewski (Hrsg.), Berlin, 389–414.
31 Jörg Roesler, *Die Entwicklung Berlins als industrielles Zentrum in der sozialistischen DDR*, in: Zeitschrift für Geschichtswissenschaft 6 (1987), 531–536.
32 Bähr, *Berliner Industrie*, 269.
33 Investitionsbank Berlin (Hg.), *Berlins Industrie nach der Wiedervereinigung. Was bringt die neue Gründerzeit?*, Berlin 2004, 28 f.
34 Jens Schöne, *Das doppelte Stadtjubiläum. 750 Jahre Berlin*, Vortragsmanuskript 2007.
35 Wilfried Rott, *Die Insel. Eine Geschichte West-Berlins 1948–1990*, München 2009.
36 Andreas Salz, *Bonn-Berlin. Die Debatte um Parlaments- und Regierungssitz im Deutschen Bundestag und die Folgen*, Münster 2006.
37 Alfred Grosser, *Hauptstadt Berlin. Die Symbolik, die Realität und das Europa der Werte*, in: Süß/Rytlewski (Hrsg.), Berlin, 252.
38 Investitionsbank Berlin (Hg.), *Berlins Industrie nach der Wiedervereinigung*, 31.
39 Weinzen, *Die Hauptstadt Berlin*, 418.
40 Ebd., 420.
41 Ebd., 397 ff.
42 Investitionsbank Berlin (Hg.), *Berlins Industrie nach der Wiedervereinigung*, 37.
43 Wolf Jobst Siedler, *Phönix im Sand. Glanz und Elend der Hauptstadt*, München 2000.
44 Rupf, *Der Wirtschaftsstandort Berlin*, 400 ff.
45 *Liste der größten 100 Arbeitgeber Berlins*, IHK März 2013.
46 Zusammengestellt nach Angaben des Statistischen Landesamts von Berlin für das Jahr 2013.
47 Noch 1945 hatte der alliierte Befehl BK/O (545) 36 vom 23.8. geregelt, dass trotz Aufteilung Berlins in vier Sektoren, ein einheitliches Post- und Fernmeldewesen beizubehalten sei. Allerdings wurde bereits am 8.9.1945 in Ost-Berlin die Zentralverwaltung für Post- und Fernmeldewesen (ZVPF) für das Gebiet der sowjetisch besetzten Zone gegründet.
48 Vergleiche hierzu den Beitrag von Wolfgang Brnjak, *Globalisierung und technologischer Fortschritt in der Telekommunikation – Von der Notwendigkeit, bewährte Dinge zu verändern* in diesem Band, 31–43.

VII Fazit und Ausblick

1 Susanne Schnorr-Becker, *Neue Ökonomie und amtliche Statistik*, in: Wirtschaft und Statistik 3 (2001), 165–175. Der Wert bezieht sich auf einen durchschnittlichen Vierpersonenhaushalt von Angestellten und Arbeitern.

2 Sabine von Thenen/Petra Scheerbaum, *Mobile Internetnutzung in Deutschland und Europa 2012*, in: Wirtschaft und Statistik 1 (2014), 35–42.

3 Der Anteil der Haushalte mit Computern lag 2013 in Ostdeutschland bei 80 % in Westdeutschland bei 84 %, der Internetanschlüsse bei 83 % bzw. 78 %, was auf die unterschiedliche demographische Struktur zurückzuführen sein dürfte. Statistisches Bundesamt, *Fachserie 15, Reihe 4, »Wirtschaftsrechnungen«, Private Haushalte in der Informations- und Kommunikationsgesellschaft*, Wiesbaden 2014.

4 Regulierungsbehörde für das Post- und Telekommunikationswesen (Hg.), *Der Telekommunikations- und Postmarkt 1999*, Bonn 1999, 12.

5 Bundesnetzagentur (Hg.), *Jahresbericht 2009*, Bonn 2010, 50.

6 von Thenen/Scheerbaum, *Mobile Internetnutzung*.

7 Statistisches Bundesamt, *Fachserie 17, Reihe 9.1, »Preise und Preisindizes für Nachrichtenübermittlung«*, Wiesbaden März 2013; Statistisches Bundesamt (Hg), Informationsgesellschaft in Deutschland, Wiesbaden 2009, 68.

8 Statistisches Bundesamt, *Fachserie 15, Reihe 1, »Wirtschaftsrechnungen 2012«*, Wiesbaden 2014; Alfred Reckendrees, *Consumption patterns of German households. A time series of current household accounts, 1952–98*, in: Cologne Economic History Paper 02/2007.

9 Helmut Cox, *Regulierung, Privatisierung und Globalisierung von Post- und Telekommunikation. Rückblick und Ausblick über zehn Jahre Post- und Telekommunikationsreform in Deutschland*, in: Jahrbuch für Wirtschaftsgeschichte 1 (1999), 73–102.

10 Jörn Kruse/Justus Haucap, *Zuviel Wettbewerb in der Telekommunikation?*, in: Wirtschaftsdienst 2 (2002), 92–98.

11 Regulierungsbehörde für das Post- und Telekommunikationswesen (Hg.), *Tätigkeitsbericht 1998/1999*, Bonn 1999, 7.

12 Ebd.

13 Ferdinand Pavel u. a., *Wachstumsfaktor Telekommunikation – Zum Beitrag der Telekommunikationsbranche zur wirtschaftlichen Entwicklung in Deutschland*, in: DIW Berlin: Politikberatung kompakt 78, Berlin 2014, 4.

14 Ebd., 54f.

15 Bern Martens/Ralph-Elmar Lungwitz, *Vom sozialistischen Leiter zum mittelständischen Unternehmer – Ostdeutsche Unternehmensleiter nach zwei Jahrzehnten der Transformation*, in: Heinrich Best/Everhard Holtmann (Hrsg.), Aufbruch der entsicherten Gesellschaft. Deutschland nach der Wiedervereinigung, Frankfurt 2012, 104–122.

16 Werner Plumpe, *Das Ende des deutschen Kapitalismus*, in: WestEnd. Neue Zeitschrift für Sozialforschung 2 (2005), 3–25; Joseph E. Stiglitz, *Die Roaring Nineties. Vom Boom zum Crash*, München 2005.

17 Nicholas Negroponte, *Being Digital*, New York 1995.

18 Vgl. Bundesministerium für Wirtschaft und Energie (Hg.), *Monitoring-Report Digitale Wirtschaft 2013*, Berlin 2013.

19 Siehe hierzu: http://www.bitkom.org/de/. presse/74532_74427.aspx (24.7.2014).

20 Vgl. Ranga Yogeshwar, *Ein gefährlicher Pakt*, in: FAZ, 18.3.2014, Feuilleton, 12.

Bildnachweis

Bundesarchiv, Koblenz:
14 (B 145 Bild-00049950/Fotograf: Arne Schambeck); 23 (B 145 Bild-00049008/ Fotograf: Heiko Specht); 45 (B 145 Bild-00059615/Fotograf: Klaus Lehnartz); 62 (Bild 183-1989-1212-403/Fotograf: Holger Busch); 64 (Bild 183-1989-1212-404/Fotograf: Holger Busch); 182l. (Bild 183-C0123-0002-001/Fotograf: Friedrich Gahlbeck); 281u. (B 145 Bild-00190429/ Fotograf: Julia Fassbender); 288 (B145 Bild-00019441/Fotograf: Julia Fassbender); 296 (B 145 Bild-00196545/Fotograf: Klaus Lehnartz).

Bundesministerium des Innern, Berlin, Pressestelle:
319.

Deutsche Telekom AG, Bonn:
Buchcover, 26, 27, 47, 49, 58, 71, 92o., 94, 110, 122, 127, 131o., 270m., 280, 281o., 282, 317, 321, 322, 326, 330, 338, 340, 341, 342, 345, 346, 349, 351, 381 (Fotos 1-6), 382 (Fotos 2, 4, 5), 382 (Fotos 1, 3/Fotograf: Andreas Pohlmann).

Fotografen:
Daniel Biskup: 8; Joachim Donath: 270o., 242, 269r.; Volker Döring: 269l., 269m.; Fabian Schwan-Brandt: 343; Christoph Stache: 234.

Museum für Kommunikation, Frankfurt/ Main:
84-86, 111m., 113l., 113m. 113r., 138l., 198, 199, 206, 211, 228, 246, 255, 257, 258, 283o.,283m., 306, 324.

Privatsammlungen:
Privatbesitz Siegfried Fenske: 37, 176r., 213o, 260, 261, 275; Privatbesitz Reinhard Genderka: 163; Privatbesitz Günter Herrnleben: 309, 310o., 310m., 310u., 310r.; Privatbesitz Eberhard Hirscht, Alcatel SEL: 30, 82, 106, 109, 118, 123, 131m., 140, 148, 150, 168, 172, 177, 182r., 190, 191, 194, 213u., 217, 222, 229, 231, 239, 244, 251; Privatbesitz Ulrike Hoffmann-Hunschok: 151; Privatbesitz Jürgen Lolischkies: 312; Privatbesitz Wolf Reiner Menzel: 268; Privatbesitz Johann Nußbaum: 111l., 111r., 138r.; 256, 264; Privatbesitz Adelheid Schmalian: 174; Privatbesitz Christian Schwarz-Schilling: 53 (Fotograf: Chr. Dalchow); Privatbesitz Frank Uhland: 81.

Unternehmensarchiv der Deutschen Telekom AG, Bonn:
37o. (Geschäftsbericht Deutsche Bundespost Telekom 1990, 52); 37u. (Produktkatalog, Inv.-Nr. 11633); 42 (Telekom Monitor Extra 3 (1991), Beilage zu Telekom Monitor 7 (1991); 161 (Telekom Monitor 4 (1991), 6); 176l. (Telekom aktiv in Thüringen, Inv.-Nr. 13609); 192 (Telekom Monitor 4 (1993), 9); 284 (Telekom Monitor 1 (1993), 7).

Unternehmensarchiv der Deutschen Telekom AG, Bonn, Telefonkarten-Sammlung:
147, 193, 204, 219, 226, 227, 245o., 245m., 245u., 294, 305, 318.

Eigens für diese Publikation erstellte Darstellungen:
92u. (nach Telekom Monitor 6 (1991), 4); 137, 152, 183, 237, 298 (nach einer Grafik von N. Frenzel).

Impressum

1. Auflage

Herausgeber: Dr. Klaus Kinkel
Projektkoordination: Dr. Wolfgang Brnjak, Bonn
Redaktion: Dr. Andrea H. Schneider, Dr. Tanja Roos, Frankfurt am Main
Umschlaggestaltung: Büro Jorge Schmidt, München
Layout und Satz: mogwitz design, München
Lithographie: Helio Repro, München
Druck und Bindung: Mohn Media Mohndruck GmbH, Gütersloh
Printed in Germany

FSC® www.fsc.org
MIX
Papier aus verantwortungsvollen Quellen
FSC® C011124

Verlagsgruppe Random House FSC® N001967
Das für dieses Buch verwendete FSC®-zertifizierte Papier *Condat matt Périgord* liefert Condat, Le Lardin Saint-Lazare, Frankreich.

ISBN 978-3-421-04670-3

www.dva.de